国家社会科学基金青年项目
"《古兰经》注释研究"（06CZJ007）结项成果
宁夏大学"211工程"重点建设学科成果
教育部区域和国别研究培育基地宁夏大学阿拉伯研究中心成果
阿拉伯世界与中国内陆向西开放协同创新中心成果

《古兰经》注释研究

GULANJING ZHUSHI YANJIU

金忠杰 ◎ 著

中国社会科学出版社

图书在版编目(CIP)数据

《古兰经》注释研究 / 金忠杰著. —北京：中国社会科学出版社，2012.12（2021.5 重印）
ISBN 978-7-5161-1982-2

Ⅰ.①古… Ⅱ.①金… Ⅲ.①古兰经—注释 Ⅳ.①B961

中国版本图书馆 CIP 数据核字(2012)第 311521 号

出 版 人	赵剑英
责任编辑	张　林
特约编辑	韩小群
责任校对	周　昊
责任印制	戴　宽

出　　版	中国社会科学出版社
社　　址	北京鼓楼西大街甲 158 号
邮　　编	100720
网　　址	http://www.csspw.cn
发 行 部	010-84083685
门 市 部	010-84029450
经　　销	新华书店及其他书店
印　　刷	北京明恒达印务有限公司
装　　订	廊坊市广阳区广增装订厂
版　　次	2012 年 12 月第 1 版
印　　次	2021 年 5 月第 3 次印刷
开　　本	710×1000　1/16
印　　张	40.25
插　　页	2
字　　数	660 千字
定　　价	88.00 元

凡购买中国社会科学出版社图书，如有质量问题请与本社营销中心联系调换
电话：010-84083683
版权所有　侵权必究

摘　　要

人类各大文化体系，都有为"经典"作"注释"的学术传统。伊斯兰文化体系为其渊源经典《古兰经》作注，亦不例外。

史料表明，《古兰经》问世以来文本从未变化，变化的是对它的注释。因此，自伊斯兰教先知穆罕默德注释《古兰经》伊始，历代注释家基于经训教义原则，秉承注释学术传统，发扬文化创制精神，与时俱进地解读着《古兰经》的微言大义，揭示着《古兰经》的经义经旨，从而使伊斯兰教始终顺应时代发展和社会进程，使伊斯兰文化生生不息，不断发展。

《古兰经》注释历经两大时期——口耳相传和文字记录——形成注释学（'Ilm al-Tafsīr）。注释学的学科立论、界定、要求和方法，为学界注释《古兰经》确立了明确的学科理论和严格的学术规范，从而使历代注释家基于注释学原理原则解读了《古兰经》的基本要义；阐述了《古兰经》宗教信仰与社会应用相结合的二元一体性；揭示了《古兰经》丰富的文化内涵与深刻的现实意义；回答了伊斯兰教与伊斯兰文化如何适应社会发展的问题。

《古兰经》注释的发展历程表明，它的注释种类——传闻注释、见解注释、专题注释、示意注释与科学注释；注释内容——语言学注释、法学注释、哲学注释、苏菲注释与古兰学式注释；注释派别——逊尼派注释、什叶派注释、哈瓦利吉派注释、穆尔太齐赖派注释与近现代注释；注释语言——源语注释与外语注释，这些历代穆斯林阐释《古兰经》的学术动态，都反映了伊斯兰文化学术的纵深发展。历代注释家出于各自教派、学派与学科目的和需要，推出的风格迥异、内容不一、既有时代特色、也有社会烙印的各类注释成果,为伊斯兰社会文化的发展,提供着各具特色的文化元素、思想资源与精神养分。

《古兰经》注释中蕴涵的文化性、社会性、思想性和时代性,很大程度上决定了《古兰经》及其注释,是宏富博大的伊斯兰文化的缩影,是借以推动伊斯兰社会发展的指导思想,是发展伊斯兰教各种思想的理论基础,是伊斯兰教与时俱进的具体表现。它在伊斯兰教与伊斯兰社会文化历史进程中,肩负着独特的学术使命,具有举足轻重的学术价值、社会作用和历史意义。

本书作为国家社会科学基金青年项目"《古兰经》注释研究"(06CZJ007)的最终成果,期望通过研究《古兰经》注释,能够为进一步探究伊斯兰文化的核心内容;为促进我国伊斯兰教学术界对《古兰经》的研究及"解经"工程向纵深发展;为发展我国伊斯兰宗教学的内涵并拓展其研究领域;为丰富我国阿拉伯学、伊斯兰学乃至中东学的学科建设;为推动中华文明与伊斯兰文明之间的深入理解和交流,发挥相应的积极作用。

关键词: 伊斯兰文化 《古兰经》 注释

Abstract

For every cultural system in human life, there's the academic tradition to annotate its classic, so does Islam to *Al-qur'ān.* It is proved by historical documents that *Al-qur'ān.* is eternal and consistent however human society may evolve in history. What keeps changing is its annotation in its adaptation to the changing society. Therefore, started from Prophet Muhammad, mufassirs have interpreted the essence of Al-qur' an based on *Al-qur'ān.* and hadīth and aqīdah, for the purpose of developing Islamic spirit, revealing the significance of *Al-qur'ān.* , and preserving Islamic culture in the ever-changing social development.

The formation of Islamic 'ilm al-tafsir has experienced two major stages—Al-naql and al-tadwīn. The basic principles, requirements, approaches as well as primary definitions in 'ilm al-tafsīr generate explicit academic theories and set standards for the annotation of *Al-qur'ān.* , which subsequently enables annotators from generations to interpret its essence, to elaborate the dual integrity of Islamic religion with the social lives, to reveal its deep cultural meaning and social significance, and to respond to the questions of how Islam and its culture could adapt to social development.

The historical improvement of the annotation to *Al-qur'ān.* is the development of Isalmic academic study. The variety of annotation types—Al-tafsiral-ma' thūr, Al-tafsir bi al-ra'y, Al-tafsir al-mawdu'iyy, Al-tafsir al-ishari, Al-tafsir al-ilmiyy, the contents of annotation—linguistics, jurisprudence, philosophy, al-tafsir al-sūfiyya, al-tafsir bi 'ulūm al-quar'ān, the different schools of annotation—al-sunnah, al-shi' āh, al-khawarij, al-mu'tazilah, contemporary annotation, and the different languages in annotation—Arabic language and various foreign languages all indicate the academic orientations in this field of study and reflect its profound development. *Al-qur'ān.* annotation bears a rich variety in style, content and social impact and contributes greatly to the profundity of 'ilm al-Tafsir. These annotations not only feed new elements in Islamic cultural development, but become the indispensable academic achievement in human civilization.

The cultural, social, philosophical as well as temporal features embedded in *Al-qur'ān.* annotations are in a large sense summarize *Al-qur'ān.* . *Al-qur'ān.* annotation is the epitome of Islamic culture, the combination of various schools within Islamic religion, the necessary impetus for the Islamic social development, and is the representation of how Islam keeps its pace with social development. In brief, *Al-qur'ān.* annotation shoulders a special academic task with its significant academic value, social function and historical meaning.

This project focuses mainly on the subject of *Al-qur'ān.* annotation. It is expected through this study of *Al-qur'ān.* annotation to explore in depth the core of Islamic culture, to advance the *Al-qur'ān.* study in China, to extend Chinese Islamic religious study, to enrich the subject design in Arab study, Islamic study and Middle East study, and to mediate and enhance actively the mutual understanding between Chinese culture and Islamic culture.

Key word: Islamic culture   Holy *Al-qur'ān.*   Al-tafsir

موجز البحث

إن لكل ثقافة إنسانية تقليدا أكاديميا يهتم بتفسير تراثها وكتبها المقدسة، وجدنا أن الثقافة الإسلامية لم تخل عن هذا التقليد إذ إن تفسير القرآن الكريم يكون دليلا على ذلك.

دلّت السجلات التاريخية على أن القرآن الكريم لم يتغير شيئا بعد نزوله حتى اليوم، كما جعله الله سبحانه وتعالى مخلدا أبدى الآباد، ولكن يتغير تفسيره بتغير العصور. منذ أن النبي عليه السلام يفسر القرآن الكريم في بدأ نزوله، فيشتغل العلماء في كل عصر بتفسيره، ويكشفون معاني القرآن الكريم ومقاصده وأسراره مع مرور الزمان في ضوء القرآن الكريم والحديث الشريف و أصول العقيدة الإسلامية، بناء على الاجتهاد الإسلامي وتقليد التفسير الأكاديمي، لكي يجعلوا الإسلام ومجتمعه يتساير مع تغير الزمان والتطور الاجتماعي، كما يجعلوا الثقافة الإسلامية تتقدم بلا توقف ولا إنقطاع.

يمر علم تفسير القرآن الكريم بالمرحلتين الكبيرتين أي عهود النقل وعصور التدوين حتى يصير علما مستقلا. أما تعريف علم التفسير وشروطه وأساليبه فحددت النظريات العلمية الواضحة، والقواعد العلمية الدقيقة للباحثين والمفسرين، فيعتمد المفسرون في الأجيال التالية على مطالب هذا العلم وأصوله في استخراج معاني القرآن الأساسية، وتبيين الوحدة بين عقيدة الإسلام والمجتمع، وتوضيح مفاهيمه الثقافية الواسعة ومدلولاته الواقعية العميقة، والرد على أن الإسلام وثقافته كيف يلائمان التقدم الإجتماعي.

شهدت مراحل تفسير القرآن الكريم أن أنواع التفسير لها التفسير المأثور والتفسير بالرأي والتفسير الموضوعي والتفسير الإشاري والتفسير العلمي، ومناهجه لها المنهج اللغوي والفقهي والفلسفي والصوفي، ومذهب التفسير الإسلامي من السنة والشيعة والخوارج والمعتزلة وأهل الحديث، و كل هذه النتائج العلمية بينت الحركات العلمية للمفسرين في جميع العصور، وانعكست تطور الثقافة والأكاديمية الإسلامية انعكاسا عميقا. خاصة أن كتب التفسير المختلفة المتميزة بالأساليب والمناهج والمذاهب والعلوم المتنوعة على أيد المفسرين تقدم العناصر الثقافية اللازمة والثروات الفكرية الواجبة والأغذية الروحية الضرورية لتطور الثقافة الإسلامية واجتماعه، كما تساهم في توسيع الكنوز الثقافية البشرية وتطوير المرحلة الحضارية الإنسانية مساهمة كبيرة.

جدير بالذكر أن الخصائص الثقافية والاجتماعية والفكرية والعصرية المنذخرة في تفاسير القرآن الكريم تدل على أن التفاسير القرآنية تدل على أن التفاسير القرآنية هي صورة مصغرة للثقافة الإسلامية، و عمل ضروري

للتقدم بالاجتماع الإسلامي إلى الأمام ، وتعبير شامل عن الأفكار الإسلامية، وتجسيد واضح للمسايرة الإسلامية مع العصور. ومن ثم أن التفاسير القرآنية تتحمل الرسالة العلمية الفذة في مراحل تطور الإسلام وثقافته واجتماعه، فمن الطبيعي أن تفسير القرآن الكريم يمتلك القيم العلمية العظيمة والدور الاجتماعي الكبير والأهمية التاريخية العميقة.

قد اخترت موضوع دراسات تفسير القرآن الكريم كمشروع دراسي على المستوى الوطني لكى أتمنى أن تلعب دورا إيجابيا أكثر فأكثر في البحث عن الأسرار المحورية للثقافة الإسلامية، وتطوير الدراسات القرآنية، وتوسيع المجالات الدراسية الإسلامية، وتوطيد علم العرب وعلم الإسلام وحتى علم الشرق الأوسط في الصين، وتعميق التبادل والتفاهم بين الحضارة الصينية والحضارة الإسلامية بوجه عميق خلال دراسات تفسير القرآن الكريم.

【 ألفاظ المفتاح 】 : الثقافة الإسلامية والقرآن الكريم والتفسير

目 录

摘　要 …………………………………………………………… (1)

导　言 …………………………………………………………… (1)
 第一节　项目选题与理论意义 ………………………………… (1)
 第二节　研究现状与课题内容 ………………………………… (8)
 第三节　课题重难点和创新点 ………………………………… (14)
 第四节　课题的研究方法 ……………………………………… (16)

第一章　《古兰经》概观 ……………………………………… (18)
 第一节　《古兰经》的成书 …………………………………… (19)
  一　《古兰经》启示的性质 ………………………………… (19)
  二　《古兰经》启示的形式 ………………………………… (21)
  三　《古兰经》启示的成书 ………………………………… (22)
 第二节　《古兰经》的内容 …………………………………… (23)
 第三节　《古兰经》的影响 …………………………………… (27)

第二章　《古兰经》注释学概观 ……………………………… (30)
 第一节　《古兰经》注释学的立论 …………………………… (30)
  一　注释学的立论依据 ……………………………………… (30)
  二　注释学的立论要素 ……………………………………… (32)
 第二节　《古兰经》注释学的定义 …………………………… (38)

一　太弗西尔 …………………………………………… (39)
　　二　太厄维勒 …………………………………………… (40)
　　三　"太弗西尔"与"太厄维勒"的异同 ………………… (41)
　第三节　《古兰经》注释学的条件 ……………………………… (44)
　　一　注释家的学术原则 ………………………………… (45)
　　二　注释家的学科知识 ………………………………… (48)
　　三　注释家的学术修养 ………………………………… (60)
　第四节　注释《古兰经》的方法 ………………………………… (63)
　　一　分析注释法 ………………………………………… (64)
　　二　概括注释法 ………………………………………… (65)
　　三　比较注释法 ………………………………………… (66)
　　四　专题注释法 ………………………………………… (67)

第三章　《古兰经》注释发展史 …………………………………… (74)
　第一节　《古兰经》注释的起源 ………………………………… (74)
　第二节　《古兰经》注释的发展 ………………………………… (78)
　　一　口耳相传注释时期 ………………………………… (78)
　　二　文字记录注释时期 ………………………………… (134)
　第三节　《古兰经》翻译与译注 ………………………………… (147)
　　一　《古兰经》翻译的发展 …………………………… (147)
　　二　翻译《古兰经》的方法 …………………………… (151)
　　三　《古兰经》的译注 ………………………………… (157)
　　四　《古兰经》译注的意义 …………………………… (160)

第四章　《古兰经》注释的种类 …………………………………… (169)
　第一节　传闻注释 ………………………………………………… (170)
　　一　传闻注释的定义 …………………………………… (170)
　　二　传闻注释的条件 …………………………………… (173)
　　三　传闻注释的渊源 …………………………………… (177)
　　四　羸弱的传闻注释 …………………………………… (204)
　第二节　见解注释 ………………………………………………… (227)

一　见解注释的定义……………………………………………(227)
　　二　见解注释的分类……………………………………………(230)
　　三　见解的学术条件……………………………………………(233)
　　四　见解的避免事项……………………………………………(235)
　　五　见解注释的渊源……………………………………………(235)
　　六　见解的方法规则……………………………………………(237)
　　七　见解中的错误源……………………………………………(239)
第三节　专题注释……………………………………………………(241)
　　一　专题注释的起源时期………………………………………(242)
　　二　专题注释的实践时期………………………………………(245)
　　三　专题注释的理论时期………………………………………(249)
　　四　专题注释经义的作用………………………………………(256)
第四节　示意注释……………………………………………………(257)
　　一　示意注释的学术定义………………………………………(257)
　　二　示意注释的法理根据………………………………………(259)
　　三　示意注释要求的条件………………………………………(261)
第五节　科学注释……………………………………………………(263)
　　一　科学注释的定义……………………………………………(264)
　　二　科学注释的分歧……………………………………………(266)
　　三　科学注释的成就……………………………………………(279)

第五章　《古兰经》注释的内容……………………………………(283)
第一节　语言学注释…………………………………………………(284)
　　一　语音学注释…………………………………………………(285)
　　二　词汇学注释…………………………………………………(286)
　　三　语法学注释…………………………………………………(290)
　　四　修辞学注释…………………………………………………(295)
第二节　法学注释……………………………………………………(304)
　　一　《古兰经》立法与特点……………………………………(305)
　　二　《古兰经》的立法内容……………………………………(310)
　　三　法学派注释《古兰经》……………………………………(313)

第三节　哲学注释 (334)
- 一　《古兰经》与伊斯兰哲学 (334)
- 二　哲学注释《古兰经》的缘起 (338)
- 三　哲学注释《古兰经》的个案 (342)
- 四　哲学注释《古兰经》的他见 (356)

第四节　苏菲注释 (359)
- 一　苏菲与《古兰经》注释 (359)
- 二　苏菲的理论注释 (364)
- 三　苏菲的示意注释 (367)

第五节　古兰学式注释 (380)
- 一　古兰学发展概观 (380)
- 二　古兰学与注释学的二元一体关系 (388)
- 三　古兰学式注释 (392)

第六章　注释《古兰经》的派别 (396)

第一节　逊尼派注释 (398)
- 一　逊尼派概况 (398)
- 二　逊尼派注释 (402)

第二节　什叶派注释 (407)
- 一　什叶派概况 (407)
- 二　什叶派注释 (411)

第三节　哈瓦利吉派 (429)
- 一　哈瓦利吉派概况 (429)
- 二　哈瓦利吉派注释 (434)

第四节　穆尔太齐赖派注释 (441)
- 一　穆尔太齐赖派概况 (441)
- 二　穆尔太齐赖派注释 (447)

第五节　近现代注释 (463)
- 一　科学层面的注释 (465)
- 二　派别层面的注释 (469)
- 三　叛教层面的注释 (472)

四　社会层面的注释……………………………………………(475)

第七章　著名注释家及其典籍…………………………………(479)
第一节　传闻注释家及其典籍…………………………………(479)
　　一　泰伯里的《古兰经注释总汇》……………………………(479)
　　二　萨迈尔甘迪的《知识之海》………………………………(484)
　　三　塞阿莱卜的《古兰经注阐释》……………………………(486)
　　四　拜鄂瓦的《启示华貌》……………………………………(489)
　　五　伊本·阿廷耶的《天经注释编要》………………………(490)
　　六　伊本·凯西尔的《伊本·凯西尔古兰经注》……………(491)
　　七　赛阿利卜的《古兰经注释精华》…………………………(492)
　　八　哲拉鲁丁·苏尤蒂的《经训经注辑珍》…………………(494)

第二节　见解注释家及其典籍…………………………………(496)
　　一　法赫鲁丁·拉齐的《幽玄之钥》…………………………(496)
　　二　拜达维的《启示光辉和经义奥秘》………………………(498)
　　三　奈塞菲的《启示解知和经义真谛》………………………(501)
　　四　哈兹尼的《启示真义释萃》………………………………(502)
　　五　艾布·哈雅尼的《海洋》…………………………………(504)
　　六　内沙布尔的《古兰经妙义览胜》…………………………(506)
　　七　哲拉鲁丁·马哈里和哲拉鲁丁·苏尤蒂的
　　　　《哲拉莱尼古兰经注》……………………………………(509)
　　八　海推卜·舍尔拜尼的《明灯》……………………………(510)
　　九　艾布·苏欧德的《古兰经览胜导读》……………………(511)
　　十　阿鲁西的《古兰经义精华》………………………………(513)

第三节　穆尔太齐赖派注释家及其典籍………………………(515)
　　一　嘎迪·阿布杜·坚巴尔的《完美无缺的古兰经》………(515)
　　二　谢里夫·穆尔泰达的《神益之贵和项链之珠》…………(516)
　　三　宰迈赫舍里的《启示真相揭示》…………………………(518)

第四节　什叶派注释家及其典籍………………………………(521)
　　一　阿布杜·拉提夫·卡兹拉尼的《光明之镜与奥秘之龛》……(521)
　　二　哈桑·阿斯凯里的《阿斯凯里经注》……………………(525)

三　泰伯尔西的《经义汇解》……………………………………（526）
　　四　穆拉·穆赫辛·卡希的《古兰经真注》…………………（529）
　　五　赛义德·阿卜杜拉·阿拉维的《古兰经注释》…………（532）
　　六　素丹·穆罕默德·呼罗珊的《阐明功修等级的幸福》…（533）
　　七　邵卡尼的《全能主的胜利》………………………………（535）
　第五节　哈瓦利吉派注释家及其典籍……………………………（537）
　　一　穆罕默德·本·优素福·伊特菲什的《后世之本》……（537）
　第六节　近现代注释家及其典籍…………………………………（538）
　　一　谭塔维·焦海里的《焦海里经注》………………………（538）
　　二　穆罕默德·阿布笃的《古兰经注》………………………（541）
　　三　穆罕默德·拉希德·里达的《光塔古兰经注》…………（544）
　　四　穆罕默德·穆斯塔法·穆拉吉的《穆拉吉经注》………（546）

第八章　《古兰经》注释在中国……………………………………（549）
　第一节　《古兰经》的中文译注…………………………………（550）
　　一　《古兰经》的中文翻译……………………………………（551）
　　二　《古兰经》的中文译注……………………………………（554）
　第二节　《古兰经》译注名典举要………………………………（558）
　　一　王静斋的《古兰经译解》…………………………………（558）
　　二　马坚的《古兰经》译注……………………………………（563）
　　三　林松的《古兰经韵译》……………………………………（569）
　　四　马金鹏的《古兰经译注》…………………………………（572）
　　五　马仲刚的《古兰经简注》…………………………………（576）
　第三节　《古兰经》的维吾尔文译注……………………………（580）

结　论………………………………………………………………（584）
　第一节　《古兰经》注释的文化性………………………………（584）
　第二节　《古兰经》注释的社会性………………………………（593）
　第三节　《古兰经》注释的思想性………………………………（597）
　第四节　《古兰经》注释的时代性………………………………（601）

参考文献 …………………………………………………………（606）

附录 《古兰经》注释结构图 ………………………………（621）

后记 ………………………………………………………………（622）

图表目录

表1 各地流传版本经文节数比较 …………………………………（24）
表2 圣门弟子与再传弟子的注释特点比较 ………………………（109）
表3 《古兰经》词汇注释 …………………………………………（287）
表4 《古兰经》句法注释 …………………………………………（294）
表5 什叶派十二伊玛目世系表 ……………………………………（331）
表6 刘智翻译的《古兰经》首章 …………………………………（551）
表7 《古兰经》中译本一览表 ……………………………………（553）
表8 《古兰经》中文译注一览表 …………………………………（556）
图1 《古兰经》与伊斯兰教义学和伊斯兰哲学关系图 …………（336）

导　言

第一节　项目选题与理论意义

北京大学教授季羡林（1911—2009）在《东方文化史》中，梳理了世界上没有中断的文化体系，他认为："在世界上延续时间长，没有中断过，真正形成独立体系的文化只有四个——中国文化体系，印度文化体系，阿拉伯伊斯兰文化体系和希腊、罗马开始的西欧文化体系。"[①]

这些文化体系，之所以历经千年得以传承，是因为它们都有自己的经典著作，凭借这些经典形成了自己的信众，也代代相传，绵延不绝。而为"经典"作"注释"，则是四大文化体系的学术传统。因此，经典注释历来是文化体系传承中最重要也最关键的学术要素。根据《辞海》对"经典"和"注释"的定义，"经"是"指历来被尊崇为典范的著作或宗教的典籍"，[②]"注释"亦称"'注解'，对文章中词汇、内容、引文出处等所作的说明。'"[③] 四大文化体系均产生了理解和解释经典的学问——注释学（或称诠释学和解释学），并催生了绵延不绝的注释成果。比如，中国

[①] 季羡林：《东方文化史·序》，黄山书社1987年版，第1页。
[②] 《辞海》，上海辞书出版社1999年版，第3302页。
[③] 同上书，第2568页。
"注释"的同义术语还有"注疏"："注疏：注文和解释注文的文字的合称。旧时称解释古书意义的为'注'（注有传、笺、解、章句等名），疏通注文意义的为'疏'（疏有义疏、正义、疏义等名）。宋人把古人关于经书的注本、疏本合为一编，因有'注疏'这一合称。如《十三经注疏》。"——见《辞海》，上海辞书出版社1999年版，第2568页。

文化体系有着两千年注释经典的历史,如《左传》是对《春秋》的注释,《系辞》是对《易经》的注释,以及历代学者对《论语》、《大学》和《中庸》等儒家经典的注释,从国学家、语言文字学家皇侃(1886—1935)《论语义疏》荟萃的汉魏六朝近五十家《论语》注释,就可见中国文化注释经典的学术传统及其丰硕成果。① 印度文化体系对佛教经典如《阿含经》、《法华经》等作了精深细微的注释。西欧文化体系中的犹太教,因注释《密西纳》和《塔木德》而形成了犹太释经传统;基督教因注释《圣经》而形成了圣经解释学;西方学者因注释经典而形成了诠释学(Hermeneutik),构建了神学诠释学、法学诠释学、历史诠释学、科学诠释学等具有专业性质的诠释学学科。② 伊斯兰文化体系因注释《古兰经》,形成了《古兰经》注释学(简称经注学)。

对西亚民族社会发展而言,伊斯兰文化体系的出现,就是它的历史转折点,而伊斯兰文化体系所注释的《古兰经》(Al-qur'ān),则是形成伊斯兰文化体系的最核心动力。③

根据伊斯兰教"经训"和教义④,以"启示"⑤形式问世的"《古兰经》就是真主的话语。由天使传给穆罕默德的信息是从天书上来的,而非

此外,学界通常亦用"诠释"指称注释,并有"诠释学"(Hermeneutik)的称谓。其中,"诠"是指"详细解释;阐明真理"——见《辞海》,上海辞书出版社1999年版,第1125页。

① 关于中国的注释学,详见汪耀楠《注释学纲要》,语文出版社出版1991年版。

② 诠释学的同义术语有"解释学",它"泛指任何解析、注释和研究文献资料的学问。主要指对本文之意义的理解和解释的理论。解释学的思想,在古希腊即已产生,各种宗教和各派学者对它有不同的理解。在现代,主要有圣经解释学和哲学解释学。圣经解释学亦译'解经学',是犹太教、基督教专事研究和诠释《圣经》的学科。"——见《辞海》,上海辞书出版社1999年版,第5607页。

③ 《古兰经》(Al-qur'ān 是一个阿汉构词,取该词在阿语原音中的"qur'ān"(古兰)的音译,以及汉语的"经"后,组合成为该部经典的中文名称。它的中译名还有:《古尔阿尼》、《可兰经》、《古兰真经》、《宝命真经》、《天经》、《天方国经》。

④ "经"是指《古兰经》,"训"是指伊斯兰教先知穆罕默德的言行录,中国穆斯林通常合称为"经训"。

⑤ "启示"在《辞海》中有两种解释,"一是'开导;启发;二是亦称'天启'。基督教谓上帝直接向人显示'真理'的行动以及这种真理本身。"——《辞海》,上海辞书出版社1999年版,第4478页。

创造的，永远和真主一致，所以有'书之母'或'保护良好的碑文'之称。这本永恒的圣书代表了真主的教诲以及真理和对世界的意志。以前先知的书，如耶稣的《福音书》或摩西的《托拉》（Torah），都出自这一原始资料。《古兰经》是真主的最高和最后的经文，通过真主选中的传布者引导迷惑的人们。以前的先知追随者，如基督教徒和犹太教徒，将信息讹误，因此有必要把《古兰经》送到人间以恢复神的教诲的纯真。"[①]

《古兰经》的问世，不仅催生了伊斯兰教与伊斯兰文化，构建了该文化体系中的诸多学科，同样为世界历史和人类文明的发展、文化的进步和学术的繁荣作出了重要贡献。《古兰经》既改变了公元7世纪处于转型期的阿拉伯社会，推动了阿拉伯历史进程，同样促成了历史上阿拉伯伊斯兰哈里发国家的建立。时至今日，《古兰经》不但一如既往地影响着阿拉伯伊斯兰国家的社会发展和现代化进程，而且还影响了穆斯林各民族的现状与未来、社会与经济、文化与教育、思想与行为，是包括中国2000多万穆斯林在内的全世界16亿左右的穆斯林，在宗教生活和社会生活中所遵循的根本准则。

鉴于《古兰经》之于伊斯兰教、伊斯兰文化和穆斯林社会的渊源性及其发挥的重大作用和深远影响，历代穆斯林都是根据他们对《古兰经》有关段落的理解，形成自己的价值判断和行为方式。因此，历代穆斯林学者都力求对《古兰经》进行全方位的注释和解读，以彰显《古兰经》蕴涵的教义内涵、社会价值与时代导向。他们的注释直接影响统治者、各教派学派和穆斯林的思想认识、观念主张和行为方式，影响穆斯林社会的发展。诸如，以正统派自居的逊尼派对《古兰经》的正统注释，深刻影响甚至决定了历史上以逊尼派为国教的阿拉伯伊斯兰王朝和帝国，以及当今奉逊尼派教义为国教的伊斯兰国家的意识形态、政治结构、法律体系、经济体制、社会主张和思想学说等，如奉逊尼派为国教、以哈乃斐法学为立法司法准则的奥斯曼帝国（1299—1922），通过全面注释《古兰经》中的立法经文，制定了以伊斯兰教法为核心的行政、宪法、刑法和瓦克夫法等实体法规，完善了伊斯兰立法体系。什叶派学者通过注释《古兰经》有关经文而确立的"伊玛目"（Imām）学说，直接决定了古今什叶派国家

---

① 《大美百科全书》卷15，外文出版社、光复书局1994年版，第323页。

的宗教教义、政治主张、社会基础和思想观念等。同样，伊斯兰历史上形成的各种学派和社会思潮，都是基于注释《古兰经》完成了各自的学说主张和社会思想，如中世纪穆尔太齐赖派、现代伊斯兰社会主义思潮、当代伊斯兰中间主义思潮等，都无一例外地从《古兰经》注释中汲取思想元素。同理，伊斯兰文化体系的很多学科，均直接或间接地得益于《古兰经》注释，形成不同的学科体系，如古兰学、教法学、教义学、哲学、伦理学、苏菲学、语言学、史学等。总之，《古兰经》注释蕴藏的丰富多彩的内容，一方面深刻反映着历代穆斯林统治者和伊斯兰信众的社会生活和时代需求、人与现实世界的各种关系，以及对真善美和理想社会的向往与追求；另一方面积淀了历代穆斯林学者传承文化、更新知识、创新思维和认识世界的经验过程和实践结果。

　　从文化发生学角度来讲，伊斯兰文化本质上就是"古兰经文化"（Al-thaqāfah al-āqur'niyyah）。《古兰经》是伊斯兰文化形成、发展和成熟的渊源，《古兰经》注释（Tafsir al-qur'ān）则是指导和帮助穆斯林解析《古兰经》内容、彰显《古兰经》价值和精神、阐发《古兰经》文化的不可或缺的学术举措。透视一千四百余年的《古兰经》注释史，其重心主要有三：

　　其一，《古兰经》注释是伊斯兰教最重要的文化遗产。自伊斯兰教先知穆罕默德（Muhammad，约570—632）注释《古兰经》至今，历代注释家均根据所属教派、学派与学科，从信仰教义、意识形态、派别观点、社会主张、学术思想、各类学科等不同层面，努力注释着《古兰经》的微言大义，推出了风格迥异、内容不一、富有时代特色、展现社会特征、具有历史印记的卷帙浩繁的注释文献，既为伊斯兰文化与穆斯林社会的发展提供着必不可少的文化元素、思想资源与精神养分，也是伊斯兰文明体系最具影响力的学术成果。

　　其二，《古兰经》注释是具有实践意义的学术研究。历代穆斯林面对复杂的社会环境和不断变化的时代，总能通过注释《古兰经》的学术举措和文化活动，使伊斯兰教与伊斯兰文化与时俱进，始终表现出生生不息的活力，从而既为穆斯林解决了如何全面了解、正确理解和具体运用《古兰经》的问题，也阐述了《古兰经》宗教内涵与社会应用相结合的二元一体性；既揭示了《古兰经》蕴涵的丰富文化内涵与深刻的现实意义，也回答了伊斯兰教如何适应社会发展和时代步伐；既反映了经注精神与历代穆斯林政权政策的相辅相成，也展现了经注内容与时代要求和社会核心价值观的相协调。尤应指出的是，学术界对《古兰经》的注释，将在当前与未来，为丰富伊斯兰文化宝库，推动伊斯兰文明发展，引导世界穆斯林构建和谐社会，促进人类和平进程发挥更加积极的作用。

其三，《古兰经》注释是最富有时代意义的理论创新。伊斯兰文化体系在历史进程中，唯有不断地注释《古兰经》和创新注释理论，才能使伊斯兰文化的内涵与外延不断丰富；伊斯兰文化体系只有解决了《古兰经》注释的理论创新问题，才能使伊斯兰文化体系的理论创新不断发展；伊斯兰文化体系只有将《古兰经》注释的理论创新作为一个理论创新突破口，方能突破制约伊斯兰文化体系理论创新的瓶颈。反之，如果穆斯林信仰《古兰经》但僵化《古兰经》注释及其理论创新，就会造成伊斯兰文化体系"一障百障"的局面。同理，如果穆斯林注释《古兰经》且不僵化注释的理论创新，就会使伊斯兰文化体系及其理论创新在发展过程中，始终保持其独特的文化生命力。换言之，《古兰经》在宗教层面的神圣性和社会层面的严肃性，决定了《古兰经》注释的理论创新对于伊斯兰文化体系的理论创新，很大程度上具有引信和导向作用，从穆罕默德·阿布笃（Muhammad 'abduh，1849 – 1905）创新注释理论就可见一斑。他"提倡应用新的经注学理论解释《古兰经》，应把属于基本信仰的启示和属于社会立法性的启示加以区别。从《古兰经》和可靠的圣训中寻求类似现代思想的因素，自由运用理智进行新的教法演绎，创制新的律例和新的'公议'原则。"[①]

综上，《古兰经》注释是历代穆斯林阐发经文经义内涵、弘扬伊斯兰义理、整理伊斯兰文化的一项重要学术活动。它因丰富和发展了伊斯兰文化而被认为是综合研究《古兰经》、伊斯兰教与伊斯兰文化，以及穆斯林社会发展的珍贵文献，是历代穆斯林追求知识、探索真理、创新文化的深刻体现和具体反映。

在伊斯兰文化史上，注释《古兰经》与研究《古兰经》注释的学术活动几乎同步亦趋，呈现相辅相成的发展趋势。这主要体现在，自伊斯

---

① 宛耀宾总主编：《中国伊斯兰百科全书》，四川辞书社1994年版，第389页。

文化史上第一代学者、先知穆罕默德的圣门弟子伊本·阿拔斯（Ibn 'Abbās, 619-687）首次对"《古兰经》注释"进行分类以来，后世学者便对《古兰经》注释不断地做出各种不同程度的整理与归类、分析与研究，学术成果颇为丰富。近现代以来，随着学术研究条件的改进与学科的细化，《古兰经》注释研究活动更是呈现出繁荣的景象。

如果说历代穆斯林学者注释《古兰经》反映的是他们对《古兰经》的综合理解和解释，那么，学术界透过宏观和微观角度，从整体和个案层面深入地对《古兰经》注释所作的研究，实质上就是对这些注释的综合梳理与分析、归纳与分类、总结与定性。因此，从学术价值和文化意义层面看，研究《古兰经》注释的重要性并不逊于对《古兰经》作注释。一方面，如果注释学界不对《古兰经》进行全面而精确的注释，穆斯林就会在理解和运用《古兰经》时，产生认知上的缺失甚或偏颇；另一方面，如果学术界不对《古兰经》注释进行分析、研究和定性，穆斯林就会面对浩如烟海的各类注释成果不知所措或难以辨析，甚至会陷入只知其一而不知其二的认知盲区。因此可以说，注释《古兰经》和研究《古兰经》注释乃是同等重要的学术活动，两者彼此互动具有的"二元一体"结构，共同建构了"注释经文"和"研究释文"的整体框架，为历代穆斯林排除阅读《古兰经》障碍、理解和运用《古兰经》教义、认知《古兰经》注释、整理《古兰经》注释典籍，都发挥着缺一不可的重大作用。

"《古兰经》注释研究"作为项目选题，其学术价值、理论意义与现实意义体现如下：

其一，学术价值。首先，通过研究《古兰经》注释，可以进一步把握《古兰经》的经义经旨，探究伊斯兰文化的核心内容，并对于了解《古兰经》以原理原则形式蕴涵的教义学、哲学、法学、苏菲学、文学、语言学、历史学、政治学、社会学、经济学、教育学等内容，以及宗教史、世界史、文化史、哲学史和科学史等学科，都具有重要的学术价值。其次，《古兰经》注释研究，有利于学术界梳理、分析和总结历朝历代穆斯林统治者借助《古兰经》注释建构国家形态和社会基础、伊斯兰各教派和学派通过《古兰经》注释完善宗派主张和思想体系、历代穆斯林汲取《古兰经》注释元素确立宗教、社会和时代层面的核心价值观的基本情况。最后，《古兰经》注释研究有助于推动中国学术界的《古兰经》研究向纵深发展，拓宽研究领域，进一步准确理解和把握伊斯兰教，并丰富和发展中国伊斯兰研究的内涵；有利于中国学术界整理《古兰经》注释古籍与梳理《古兰经》注释文献的学术工作。

其二，理论意义。首先，与国外同类研究成果相比较，中国历史上的《古兰经》注释研究仅有零散成果，基本上没有较为系统而全面的研究成果。因此，该选题首次对国内外的《古兰经》注释概况做了较为详细的梳理和比较全面的分析总结，具有一定的原创意义。其次，中国伊斯兰文明作为中华文明的重要组成部分，中国伊斯兰学术界的《古兰经》注释研究尤应在原有基础上推出具有一定水平的研究成果，一方面服务于国内外文化形势发展的需要；另一方面有助于读者了解中华文明体系与伊斯兰文明体系之间的经典注释和文化互动情况，为他们提供了解《古兰经》注释典籍的基本信息以及必要的注释范本。最后，《古兰经》注释研究实际上是构建伊斯兰社会核心价值观的重要关节，是中国伊斯兰教研究的重要组成部分。因此，《古兰经》注释研究一定程度上有助于中国穆斯林借鉴、选择和运用《古兰经》注释中那些与时代精神、核心价值与社会和谐相契合的文化资源和理论根据，来不断建构与完善他们的社会核心价值观。

其三，现实意义。首先，世界范围内的《古兰经》注释研究，一方面可以让世界穆斯林了解《古兰经》注释的古今概况；另一方面通过注释进一步地折射《古兰经》的内涵义理，阐发《古兰经》构建的人与真主、人与自然、人与社会、人与人的和谐关系，由此彰显伊斯兰教的基本精神，也可为有效预防违背经训精神的思想与行为，以及为经训所确立的伊斯兰中和之道提供学理基础、法理渊源和实践依据。其次，就世界伊斯兰教而言，在全球化和现代化进程中，《古兰经》注释研究有助于推动世界伊斯兰教解经工程的深入发展；有助于该项学术工程的内涵与外延不断拓展，解经的思想与方法不断拓宽，解经的宗旨与作用不断提高，解经的内容与领域不断丰富，解经的时代精神和社会价值更加突出。就中国伊斯兰教而言，在当前文化大发展大繁荣的新形势与新要求下，《古兰经》注释研究有助于推动中国伊斯兰教解经工程的发展，完善中国伊斯兰教经学体系的建设，深化中国伊斯兰教的经学思想，促进中国伊斯兰教解经工程与世界伊斯兰教解经工程同步并行，正如中国国家宗教局副局长蒋坚永于

2009年4月8日在"解经工作联络会议"上的讲话所言:"解经工作要更开放。要以世界眼光学习借鉴世界伊斯兰教经学思想建设的优秀成果,结合中国实际和中国伊斯兰教的实际,丰富解经内容。解经工作要更系统。要着力推进中国伊斯兰教经学思想建设,进一步挖掘和弘扬伊斯兰教教义中的积极内容,将伊斯兰教与社会主义社会相适应引向更加深入。"① 最后,《古兰经》注释研究,有利于当前中国穆斯林学术界通过总结与借鉴古今中外符合时代要求和社会发展的优秀注释成果,根据中国穆斯林的实际情况和现实需要,正确和准确地注释《古兰经》教义,从而一方面促使他们达观向上、努力奋斗、开拓进取、更新知识、宽容和谐、与时俱进,以实现两世幸福的终极目标;另一方面引导他们为进一步树立国家意识、维护国家稳定、加强民族团结、发展文化教育、促进经济建设、推动社会和谐作出更大贡献。

综上,系统研究《古兰经》注释,从学术价值和现实需要来讲,都具有相应的文化价值和一定的现实意义。

第二节 研究现状与课题内容

一 国外研究现状

《古兰经》之于伊斯兰文化体系的重要性不言而喻。它的根本作用体现在它是伊斯兰教与伊斯兰文化体系的渊源经典。它的巨大价值体现在它是伊斯兰教信仰思想的最高准则,伊斯兰教立法的首要依据,穆斯林社会和宗教生活与行为道德的准绳,伊斯兰教各学科与各派别的理论基础。它的深远影响体现在,由于它是"伊斯兰教的基础,是一切精神问题和伦理问题的最后根据,故《古兰经》具有重大的宗教影响"②,并在各个时空和不同的历史和文化背景下,对穆斯林国家的社会发展、政治结构、经济形态、司法体系、文化教育、伦理道德、生活方式和风尚习俗等,都产生了不同程度的影响。

---

① 《解经工作联络员会议在京举行》,载《中国穆斯林》2009年第2期。
② 希提:《阿拉伯通史》,马坚译,商务印书馆1979年版,第148页。

伊斯兰教和伊斯兰文化一千四百多年的发展史上，历代穆斯林学者都高度重视对《古兰经》的研究和注释，研究成果层出不穷，注释典籍更可谓汗牛充栋。在穆斯林学术界不遗余力地研究《古兰经》注释、推出卷帙浩繁的成果过程中，形成了一门专门研究和注释《古兰经》的学科——注释学（'Ilm al-Tafsīr）。与此相呼应的是，穆斯林学者，特别在中世纪伊斯兰文化鼎盛时期的学者们，开始大量从事《古兰经》注释的研究。到了现当代，更有许多穆斯林学者在传统研究的基础上通过新视角，运用新方法和新理论，对《古兰经》注释进行系统全面和深入的研究，无论是综合研究还是个案分析，理论总结还是文献梳理，成果都很丰硕。其中，具有代表性的专著有：

1. 艾布·苏莱曼·罕塔布的《古兰经修辞阐释》。

2. 法赫德·鲁米的《古兰经注释原理及注释方法研究》、《伊历十四世纪的经注趋势》、《当代见解注释派的方法》。

3. 哈立德·本·奥斯曼·赛布特的《注释学原则——综述与研究》。

4. 马哈茂德·舍勒图特的《古兰经注释》。

5. 穆罕默德·阿卜杜·拉哈曼·比萨尔的《古兰经研究论集》。

6. 穆罕默德·艾布·舍赫布的《古兰经注释典籍中的以色列传闻注释与伪造注释》。

7. 穆罕默德·侯赛因·扎哈卜的《古兰经注释与注释家》、《古兰经注释研究论集》、《注释学》、《经训中的以色列传闻》。

8. 穆罕默德·萨迪格·阿尔仲的《古兰经注释的方法》。

9. 穆萨伊德·阿里·贾法尔与穆哈伊·希拉利·萨尔罕合著的《古兰经注释家的各种方法》。

10. 穆萨伊德·坦雅尔的《古兰学及古兰经注释原理论集》、《语言学经注》、《注释原理》。

11. 穆斯塔法·穆斯林的《古兰经专题注释研究》、《现代经注学派的各种观点》。

12. 萨布尔·穆塔瓦利的《逊尼派的经注方法》。

13. 哈立德·阿卜杜·拉赫曼·俄克的《古兰经注释原理》。

14. 塔希尔·马哈茂德·穆罕默德·雅古卜的《古兰经注释中的错误因》。

15. 伊金塔斯·焦莱德·塔斯希尔的《注释古兰经的伊斯兰派别》。

除包括以上专著在内的不胜枚举的研究成果外，随着学术繁荣和学科发展，阿拉伯伊斯兰世界各大学中但凡设有《古兰经》和伊斯兰研究专业的院系，其硕博生围绕《古兰经》注释所作的学位论文，以及有关学者为深化研究《古兰经》注释，在相关学术刊物上发表的学术论文亦数不胜数。尤应指出的是，马来西亚国际伊斯兰大学于2006年主办的"古兰经注释与圣训注解方法国际研讨会"，将当前的《古兰经》注释研究推向了一个新高度。在此次史无前例的会议上，来自世界各地的古兰学家、注释学家、圣训学家与宗教学家等，围绕《古兰经》注释研究提交的40余篇学术论文，很大程度上推动着全球范围内的《古兰经》注释研究不断向纵深发展。

综上，国外的《古兰经》注释研究涵盖了《古兰经》注释的各个层面。既有学者从通史角度研究《古兰经》注释史，也有学者从断代史角度研究某一时期的《古兰经》注释；既有学者对《古兰经》注释进行综合研究，也有学者作个案研究；既有学者研究《古兰经》注释学，也有学者研究《古兰经》注释原理；既有学者研究不同学科对《古兰经》的注释，也有学者研究《古兰经》注释的内容；既有学者研究《古兰经》注释的类型，也有学者研究注释《古兰经》的方法；既有学者研究伊斯兰各教派与学派对《古兰经》的注释，也有学者致力于《古兰经》注释典籍研究；既有学者研究《古兰经》的源语注释，也有学者研究《古兰经》的外语注释，还有学者运用比较法研究《古兰经》的源语注释和外语注释之间的共同点和差异点。此外，亦不乏学者结合史学的文献考证方法甄别真伪注释，结合圣训考据学辨析注释中的传述系统和错误注释，结合各种学科原理分析注释中蕴涵的各科知识。总之，国外尤其是阿拉伯伊斯兰文化体系对《古兰经》注释的研究全面系统，成果丰硕。

二 国内研究现状

《古兰经》注释典籍传入中国的时间，可追溯至中国伊斯兰教经堂教育形成与发展时期。但中国的《古兰经》注释研究，由于起步晚，资料有限，总体上还比较薄弱。1978年改革开放以来，情况已有改观，先后问世的论著有：

1. 专著成果

（1）纳忠先生主持翻译的埃及学者艾哈迈德·爱敏所著《阿拉伯－伊斯兰文化史》（商务印书馆1982年始陆续出版）的第1册第6篇第1章、第2册第2篇第5章、第3册第4章、第6册第1章，分别不同程度地研究了《古兰经》注释的形成与发展、《古兰经》注释学、著名注释家、注释典籍、注释内容、注释派别。该部译著堪称国内出版物中研究《古兰经》注释最多的著作。

（2）《中国大百科全书》（中国大百科全书出版社1988年版）宗教卷的"古兰经注"词条，约用1000字的篇幅概要说明了注释定义、口头经注、经注发展、经注类型、各派主要经注著作和近现代经注。

（3）宛耀宾先生总主编的《中国伊斯兰百科全书》（四川辞书出版社1994年版），从词条角度言简意赅地介绍了《古兰经》注释学、逊尼派经注、什叶派经注、苏菲派经注、穆尔太齐赖派经注和近现代经注。

（4）杨怀中先生与余振贵先生主编的《伊斯兰与中国文化》（宁夏人民出版社1995年版）第9章，在介绍《古兰经》的中文译本时，简要叙述了各译本中的注释，以及《古兰经》的中文注释特点。

（5）林松先生的《古兰经知识宝典》（四川人民出版社1995年版）第5章"对《古兰经》的注疏与求索"，从"历代名家注疏举要"和"新的求索与试探"两个层面阐述了《古兰经》注释。此外，该书在介绍《古兰经》的中文译本时，亦对译本中的注释做了介绍。同样，林松先生的《古兰经在中国》（宁夏人民出版社2007年版），阐述中译本的《古兰经》时，亦就部分译本中的注释做了概要叙述。

（6）中文版《简明不列颠百科全书》（卷14）（中国大百科全书出版社1999年版）的"《古兰经》"词条，在介绍《古兰经》时，约用500字篇幅，提及了《古兰经》注释学，并列举了《塔百里古兰经注》和《凯沙甫》两部著作，以及19世纪现代主义催生的经注。

（7）纳忠先生的《阿拉伯通史》（商务印书馆1999年版）第58章第1—2节、金宜久先生主编的《伊斯兰教》（中国社会科学出版社2009年版）第2章第1节第5小节、何兆国先生主编的《古兰经概述》（宁夏人民出版社1991年版）第3章、蔡伟良先生的《中世纪阿拉伯伊斯兰文化》（上海外语教育出版社2006年版）第3章第1节，均从某一个角度概要叙述了《古兰经》注释。

（8）马金鹏先生在《古兰经译注》（宁夏人民出版社 2005 年版）的《译者的话》之第 4 部分《按照〈古兰经学〉办事》中，概要研究了哲拉鲁丁·苏尤蒂的《古兰经学通论》、《古兰经》注释者应有志向、著名圣门弟子注释家、《古兰经》的注释和翻译者应具备的 15 项基础知识。同样，作者在《译者的话》第 5 部分《选用〈古兰经〉注释中最好的注释范本》中，简要介绍了阿拉伯语的 7 部权威注释文献。

（9）马仲刚先生在《古兰经简注》（宗教文化出版社 2005 年版）的附录"《〈古兰经〉简介》"之第 8 部分"《〈古兰经〉的注释及其学者》"中，分别概要阐述了"注释的产生及其发展"、"经训注释"、"意见注释"、"注释的层次"、"各时代的注释者"。

2. 论文成果

（1）马贤先生的《古兰经注释刍议》，载《中国穆斯林》，1985（2）。

（2）穆萨·马斌先生的《蜚声伊斯兰世界的伟大经注——泰伯里及其〈经注大全〉》，载《中国穆斯林》，1995（6）。

（3）优素福·胡来夫先生的《古兰经注释的各派学说》，载《世界宗教文化》，1987（1）。

（4）海宗元先生的《哲俩伦丁和简明古兰经注》，载《中国穆斯林》，1992（5）。

（5）丁俊先生的《古兰经注疏概观》，载《西北民族学院学报》，1999（1）；《穆圣与古兰经注疏》，载《西北史地》，1999（4）；《论古兰经经注学》，载《伊斯兰文化》第 2 辑，甘肃人民出版社 2009 年版。

（6）马春贞先生的《漫谈早期的古兰经注及经注学者》，载《中国穆斯林》，2001（5—6）。

（7）希文先生的《漫谈伊斯兰教的经与注》，载《世界宗教文化》，2004（4）。

以上所列论文和专著，或宏观或微观地就《古兰经》注释做了不同程度的叙述和研究。然而至今没有出现一部比较系统和全面研究《古兰经》注释的学术专著。由此可见，由于各种原因，中国伊斯兰教学术界对《古兰经》注释的研究，与伊斯兰文化体系对它的研究存在很大差距，是可以理解的。有鉴于此，本书以《〈古兰经〉注释研究》为题，试图在这一领域作初步尝试，旨在通过相对丰富的资料梳理和分析，较为系统而全面地展现《古兰经》注释的主要层面。

三　本书研究内容

本书旨在探索《古兰经》注释的形成和发展、类型与内容、教派与学派注释、注释成果与特点、源语注释与汉语注释等。

导言部分共四节，主要阐述本书的理论意义和学术价值、国内外研究现状及主要研究内容、本书研究的重难点和创新点、课题的研究方法。

第一章共三节，分别从《古兰经》的成书、内容和影响三个层面，概要介绍《古兰经》。该章目的在于，唯有明确了注释对象——《古兰经》，才能明晰和进入本书研究的主体——《古兰经》注释。

第二章概要介绍《古兰经》注释学，以求通过学科视角来了解《古兰经》注释在伊斯兰文化发展史上的学术地位和学科价值。本章有四节：《古兰经》注释学的学科立论、学科定义、学科条件，以及注释《古兰经》的方法。

第三章主要从史的角度，叙述《古兰经》注释的起源和发展，以管窥其历史概貌。本章共三节，分别是《古兰经》注释的起源、发展和《古兰经》的翻译与译注。《古兰经》的翻译与译注部分，着重论述了《古兰经》注释发展的延伸现象——外语译注《古兰经》。一则说明《古兰经》注释是由源语注释和外语注释两大体系形成而构建了《古兰经》注释学术活动的整体格局，两者在解读与阐发《古兰经》微言大义等方面发挥着相提并论的重大作用；二则折射《古兰经》注释为伊斯兰教根植所在地发挥着重大作用。

第四章从类别层面，用五节篇幅归纳和阐述了《古兰经》注释的五种类型——传闻注释、见解注释、专题注释、示意注释、科学注释。

第五章用五节篇幅，阐述了伊斯兰文化中具有代表性的几个传统学科，运用各自学科理论对《古兰经》所作的注释，成为《古兰经》注释的核心内容——语言学注释、法学注释、哲学注释、苏菲注释和古兰学式注释。

第六章分五节，阐述了伊斯兰教主体教派、重要学派和近现代学者对

《古兰经》的不同注释——逊尼派注释、什叶派注释、哈瓦利吉派注释、穆尔太齐赖派注释、近现代注释。

第七章重点介绍了《古兰经》注释史上，具有代表的33位著名注释家及其典籍与注释特点，从而通过注释文本的案例角度，考察《古兰经》注释的丰硕成果。本章共六节，分别阐述了传闻注释的8部典籍；见解注释的10部典籍；穆尔太齐赖派注释的3部典籍；什叶派注释的7部典籍；哈瓦利吉派注释的1部典籍；近现代注释的4部典籍。

第八章重点介绍了《古兰经》注释在中国。该章有23节，第1节介绍《古兰经》在中国的翻译和译注。第2节阐述了5部颇具代表性的中文译注典籍及其特点。第3节概要介绍了《古兰经》的维吾尔文译注。

结论部分旨在从宏观角度——《古兰经》注释具有的文化性、社会性、思想性和时代性，总结和定性《古兰经》及其注释是伊斯兰文化的缩影，是推动伊斯兰社会发展的必然举措，是伊斯兰教各种思想的综合体现，是伊斯兰教与时俱进的具体显现。它在伊斯兰教与伊斯兰文化历史进程中肩负着独特的学术使命，具有举足轻重的文化价值和社会作用。

第三节 本书重难点和创新点

（一）本书的重点在于：相对全面地研究《古兰经》注释的主体层面，尤其是它的重要层面——注释学科概况、注释形成概况、注释类型概况、各派注释概况等；着力挖掘《古兰经》注释的核心内容与潜在价值；透析《古兰经》注释折射的精神内涵与文化意义；反映《古兰经》注释蕴涵的文化价值和学术作用；揭示《古兰经》注释折射的经义经旨。

（二）本书的难点在于：由于伊斯兰历史时间跨度长，《古兰经》涵盖学科门类广，伊斯兰教派别众多，注释典籍纷繁庞杂，注释学科要求细微，涉猎学科资料广泛，因此对其系统梳理和全面研究难度大，尤其对研究注释中蕴涵的文化意义和学术价值等都颇具挑战性和开拓性。可以说，《古兰经》本身的性质，决定了对它的研究是一项艰难庞杂的学术工程。因此，《古兰经》注释具有的学科综合性和学科交叉性特点，很大程度上成为制约本书研究的学术瓶颈。这个学术瓶颈对于尚欠学术功底，学养疏浅的笔者而言，具有很大难度，突破这一学术瓶颈，实属不易。

（三）本书的新点在于：尽管本书的选题颇具难度，但为了首次相对比较系统而全面地研究《古兰经》注释，笔者依然不揣冒昧，试图在国内外学界前人研究的基础上，探究注释的概貌及其丰硕的学术成果，挖掘注释的学术价值和时代精神，从而通过注释层面进一步解读《古兰经》，了解伊斯兰教。基于这个出发点，本书的新点在于：

其一，选题新。世界范围内，相关学术界从各个层面和各个角度研究《古兰经》的成果可谓百花争艳。然而，中国有关学术界对《古兰经》的研究不及国外，对《古兰经》注释的研究更处于起步阶段。甚至从系统研究角度来讲，《古兰经》注释领域的研究尚属学术空白——既无学术专著问世，业已发表的成果也显得比较零散。因此，本书无论从研究《古兰经》角度而言，还是从研究《古兰经》注释的全面性和系统性而言，选题都有它"新"的一面。

其二，资料新。本书为了比较全面而系统的研究《古兰经》注释，竭尽全力选用了中国学术界此前尚未运用到的权威的第一手参考资料——阿拉伯语的研究成果，从而确保了论文所用资料的原始性、权威性、真实性和翔实性。本书在引用资料时，既有阿拉伯伊斯兰文化体系中早期学者运用传统方法著作的经典文献，更有现当代学者运用新方法与新理论完成的学术专著。鉴于此，相对国内以往资料而言，本书的"新"点尤其体现在资料的运用上——阿拉伯语原始资料，包括《古兰经》注释典籍和研究注释的文献，其中既有"古典"（'Ummahāt al-kutub）文献，也有现当代学术成果。

其三，内容新。相对国内以往的《古兰经》注释研究而言，本书参考引用的新资料，决定了本书研究的新内容。本书基于伊斯兰文化体系注释学界前人的大量研究成果，尽可能展现了《古兰经》注释的主体层面。因此，本书中的绝大部分内容，较之国内以往同类研究的零散成果而言，以内容新颖且丰富而见长。

其四，结构新。本书研究由近及远、由此及彼地进入研究对象——《古兰经》注释——的步骤，决定了本书的结构新。亦即，本书的结构呈递进式，环环相扣，步步相接。通过简介《古兰经》，步入《古兰经》注释研究；通过概议《古兰经》注释学，步入《古兰经》注释的主体层面，从而使本书的研究基本上做到了先整体后局部、先历史后现状、先成果后案例、先阐述后结论。由此，本书的"新"点亦体现于结构相对完整且严密。

第四节　本书的研究方法

本书以《古兰经》的阿拉伯文注释典籍、注释学文献和研究注释的学术成果为切入点，在结构上以伊斯兰文化发展史为经，以具有代表性的注释典籍和研究文献为纬，综合运用历史文献学、历史学、文化学、宗教学、语言学、翻译学，以及伊斯兰教传统学科之古兰学、注释学、圣训学、教义学等学科的相关理论和方法，采用综合研究与案例分析相结合、文献资料与学术访谈互动、理论与实践相佐证、宏观与微观相交叉的方式，本着资料翔实、论据充分、立论准确、论述公允的治学态度，坚持历史辩证和实事求是的学术原则，尽可能条理比较分明、层次比较清楚地展现《古兰经》注释的形成发展、类型内容、注释派别、各语注释、成果文献等，探讨《古兰经》注释对《古兰经》微言大义的延伸，最终旨在通过本书的研究，能够为我国相关学界，尤其是伊斯兰学术界进一步研究伊斯兰教的经典《古兰经》及其注释，提供可资借鉴的一些经验和资料，以期抛砖引玉，供学界同人深化对该领域的研究。

此外，本书中还须说明的几个重要事项是：

1. 本书中凡引述的《古兰经》译文，均出自中国社会科学出版社于1981年出版的马坚先生译本。笔者为行文方便，省略了《古兰经》的章名和章次号与节数号，仅以括号中的数字表示。冒号前为章，冒号后为节，如21：45，即为《古兰经》第21章第45节经文。

2. 本书为方便读者一目了然地明晰《古兰经》注释的主体层面，制作了"《古兰经》注释结构图"，见附录。

3. 本书中凡出现的阿拉伯人名、地名、书名，以及专业术语的译名，如果《中国伊斯兰百科全书》中已有之，就采用该书中的译名；如果该书中没有，则人名和地名以新华社制定的阿汉译名表为准。书名则采取意译方式处理。

4. 本书中人名的生卒年，如果《中国伊斯兰百科全书》中已有公历年，就采用该书中标示的公历生卒年。如果该书中没有，则直接采用伊斯兰教历的生卒年标示，如伊历235—301。如果人名后没有标示生卒年，则表示生卒年不详。

第 一 章

《古兰经》概观

世界各大宗教，都有"依经立教"的经典，一神教（Monotheism）亦不例外。① 一神教体系的犹太教、基督教和伊斯兰教都宣称，他们均根据一部"天启经典"（Al-kitāb al-samā'iyy），作为立教之根，言教之本，行教之纲，"三个一神教的宗教——犹太教、基督教和伊斯兰教的信友们，均坚持圣经仅由唯一真神所默感，因此与世界上的其他书籍不同。"② 一神教的伊斯兰教定性，其渊源经典《古兰经》（Al-qur'ān），是独一无二的真主的"启示"（Al-wahy）。③

穆斯林基于《古兰经》和伊斯兰教先知穆罕默德的"圣训"（Al-hadīth al-nabwiyy）深信，《古兰经》既是一神教系统中的最后一部天启经典，也是"伊斯兰教唯一的根本经典。它是穆罕默德在23年的传教过程中陆续宣布的'真主启示'的汇集"④，它对于伊斯兰教而言，"是最主要也是首要的最高经典，是最根本最有权威的立法依据。它对伊斯兰教的兴起、传播与发展，始终起着无可比拟、也不容取代的指导作

---

① "一般认为，一神教包括犹太教、基督教和伊斯兰教。一神教相信他们所崇奉的独一无二的神不但创造了人类和世界，还用其智慧和权能主宰世界和人类。他是无所不在，无所不能，无所不知的精神实体，既超越于世界之上，又内在于世界之中，信者可通过祈祷与他接近。一神教否认其他神灵存在，但不否认存在其他精神体。"——参见《中国大百科全书》（宗教卷），中国大百科全书出版社1988年版，第451页。

② 傅和德：《旧约背景》，宗教文化出版社2002年版，第248页。

③ 关于《圣经》与《古兰经》的"启示"，参见丁士仁《神圣的交流——〈圣经〉与〈古兰经〉的"启示观"》，载 http：//www.norislam.com/html/70/n-5570.html［2009－04－17］。

④ 宛耀宾总主编：《中国伊斯兰百科全书》，四川辞书出版社1994年版，第165页。

用，对阿拉伯世界的历史、文化、思想和社会生活诸方面，都有着极其深刻而久远的影响。千百年来，全世界的穆斯林，都以它为指导宗教生活、品德修养、社会生活乃至评判是非善恶的准则；东、西方学者，也都将它视为研究伊斯兰教的首要必读文献，视为探索伊斯兰教真谛所在的金钥匙。"[1]

自古以来，历代学界对《古兰经》各层面的研究可谓纷繁庞杂，硕果不断，笔者限于篇幅，仅从三个方面对其予以概述。

第一节 《古兰经》的成书

"古兰"（qur'ān）称谓，[2] 语出《古兰经》第 56 章（大事章）第 77 节经文"这确是宝贵的《古兰经》。"[3] 学术界谈及《古兰经》的"成书"，必先要言及《古兰经》的问世方式——"启示"。换言之，明确了"启示"的性质与形式，也就明晰了《古兰经》的问世和成书。

一 《古兰经》启示的性质

"启示"在《辞海》中有两种解释，"一是'开导；启发'；二是亦称'天启'。基督教谓上帝直接向人显示'真理'的行动以及这种真理本身。"[4] 从该定义不难看出，伊斯兰教作为一神教体系的最后一个宗教，穆斯林学术界根据《古兰经》和圣训指出，《古兰经》是以"启示"的

---

[1] 林松：《古兰经知识宝典》，四川人民出版社 1995 年版，第 5 页。
[2] 古兰学界对"古兰"一词的含义持两种观点：其一，该词系派生词，有三种说法。一是该词派生于单词"诵读"（Qirā'ah 或 Qur'ān），表示供人们诵读的经典；二是该词派生于单词"连接"（Qaran 或 Qarā'in），表示《古兰经》各章节互相连接；三是派生于单词"汇集"（Qara'），表示《古兰经》汇集了前代所有天启经典的大义、知识和精神。其二，该词系专有名词，特指伊斯兰教的渊源经典《古兰经》。显然，就《古兰经》的性质而言，第二种观点成为绝大多数学者的主张。
[3] "古兰"一词，在《古兰经》中共出现 58 次，散见于 37 章中。埃及古兰学家、注释学家哲拉鲁丁·苏尤蒂（Jalal al-Din al-Suyūtī，1445 – 1505）在《古兰经学通论》（*Al-'itqān fī 'ulūm al-qur'ān*）中归纳指出，《古兰经》共有 55 个名称。关于各名称的来源及其意义，详见丁俊《古兰经名称考释》，载《阿拉伯世界》2005 年第 3 期，第 19—22 页。
[4]《辞海》，上海辞书出版社 1999 年版，第 4478 页。

形式问世。

在阿拉伯语言学层面，"启示"意为"指点、启发、授意、暗示"。"启示"的语言学意义即为"暗示性告知"（Al-i'lām Fi al-khafāi），① 亦称"天性启示"（Al-'iliham Al-ghariziny），简称"天启"。② 根据《古兰经》中所言真主（Allah）对蜜蜂的启示："你的主曾启示蜜蜂：'你可以筑房在山上和树上，以及人们所建造的蜂房里，'"（16：68）穆斯林学界指出，原意为"暗示性告知"的"启示"，转意为"真主给他的众使者和众先知教导的宗教事物和教律，真主或通过天使将启示授予他们，或直接与他们交谈。"③

在伊斯兰宗教学术语中，学界根据真主启示给先知穆罕默德的经文，说明了"启示"具有的宗教术语性质："我确已启示你，犹如我启示努哈和在他之后的众先知一样，也犹如我启示易卜拉欣、易司马仪、易司哈格、叶尔孤白各支派，以及尔撒、安优卜、优努司、哈伦、素莱曼一样。我以《宰逋尔》赏赐达五德。我确已派遣许多使者，他们中有我在以前已告诉你的，有我未告诉你的。真主曾与穆萨对话。"（4：163）学术界根据此节经文认为，"启示"就是"真主降示给众先知和使者的语言（kalām Allah），众先知接到的启示显而易明，它是确凿无疑的、人类语言不能与之相提并论的话语。启示中的种种奇迹（Al-mu'jāizt），证实着众使者传达的真主使命的真实性。"④ 基于启示在宗教术语层面的意义，"穆斯林之所以把《古兰经》尊崇得高于一切，是因为他们相信这是造物主的启示，具有非凡性；他们把古兰经称为'凯拉姆·拉'（kalām Allah），意思是'真主的语言'，是真主通过启发、默示、转达等方式向伊斯兰教先知穆罕默德颁发的指令，是传播伊斯兰教过程中的方针，是必须遵循的规范与准则。"⑤

---

① 哈立德·阿布杜·拉哈曼·俄克：《古兰经注释原理》，贝鲁特纳法伊斯出版社2003年版，第37页。
② 同上。
③ 同上。
④ 同上。
⑤ 林松：《古兰经知识宝典》，四川人民出版社1995年版，第5页。

据上，语言学和宗教学术语中的"启示"，即意味着《古兰经》的问世方式，两者名虽异但内涵同，穆斯林言"《古兰经》启示"必指"真主之语"，"《古兰经》是真主的语言，是降示给先知穆罕默德的经典，是礼拜中诵读的经典。"① "穆斯林认为它是'真主的语言'和穆罕默德的最大奇迹，也是个人行为的准则。"②

"启示"，无论出现在伊斯兰教文献典籍中，还是穆斯林言及《古兰经》性质时，都显得不可或缺。首先，经文"你说：'我只借启示而警告你们'"（21：45）界定，"启示"是《古兰经》的55个名称之一，由此可见其重要性。其次，该词无论从穆斯林信仰角度，还是从伊斯兰学理角度出发，都意味着"启示"是"基于《古兰经》内容，对《古兰经》性质的定性。"③ 最后，"启示"蕴涵的意义折射出，来自"真主启示"（wahy Allah）的《古兰经》，是"真主之语"（kalām Allah），而不是"人类之语"（kalām Al-'insān），因为"在穆斯林看来，《古兰经》不同于一般意义上的宗教经典。《古兰经》是真主的言语（凯拉姆），源自'天经原本'，'记录在一块受保护的天牌上。'（85：22）"④

二 《古兰经》启示的形式

古兰学家研究了《古兰经》启示的不同形式。当代埃及研究《古兰经》注释的专家穆罕默德·侯赛因·扎哈卜（Muhammad husayn al-dhahabī, 1915 – 1977）教授，在《古兰经注释研究论集》（*Buhūth fī 'ulūm al-tafsir*）中，总结了《古兰经》启示的三种形式：

1. 梦境启示（Al-wahy al-manāmī），即先知穆罕默德在梦中接受真主的启示。

2. 灵感启示（Al-wahy al-'ilhāmī），即真主将启示直接置于先知穆罕默德的心中，他毫不犹豫、毫无怀疑地定性，这是来自真主的必然知识。

---

① 曼纳尔·敢塔尼：《古兰学》，利雅得知识出版社1996年版，第17页。
② 《中国大百科全书》（宗教卷），中国大百科全书出版社1988年版，第135页。
③ 哈立德·阿布杜·拉哈曼·俄克：《古兰经注释原理》，贝鲁特纳法伊斯出版社2003年版，第37页。
④ 周燮藩：《真主的语言——〈古兰经〉简介》，中国社会科学出版社1994年版，第2页。

3. 天使哲伯莱依勒（Al-wahy bi Jabrā'īl）颁降启示，这是《古兰经》绝大部分经文问世的常规形式。①

三 《古兰经》启示的成书

史载，每当《古兰经》节文启示后，先知穆罕默德就将其口授给圣门弟子（Ashab al-Nabiy）予以记录。先知穆罕默德在世时，《古兰经》节文的记录，"还是一些零星的散片片，或仅仅是保存在圣门弟子的记忆中。哈里发艾布·伯克尔时代，命人从事收集，不过仍没有抄录在一个本子里，只是将记载着《古兰经》篇章的零星的散片片收拢在一起，或将圣门弟子所记忆的抄录下来。主持收集者为赛德·撒比特，收集好后，存在艾布·伯克尔处。艾布·伯克尔死后，交给欧麦尔，欧麦尔死后，由他的女儿哈福赛保存。到了奥斯曼继任哈里发后，由哈福赛处取出来，命赛德·撒比特、伊本·祖白尔和赛德·阿斯三人抄集成册；然后又抄录多本，分发到各个城市，以为标准《古兰经》。"②

由上，《古兰经》的成书分两个阶段完成。其一，启示问世和分散记录阶段，时间为610年至623年，即先知穆罕默德领受启示到他去世的23年间。其二，收集成册与统一定本阶段。其中，收集成册的时间为艾布·伯克尔（Abu Bakr al-Suddīq, 573—634）任首位哈里发（632—634在位）时，下令收集和整理分散的经文记录，然后缀辑成册，命名为"穆斯哈夫"（Mushaf，意为汇集本）。统一定本的时间是奥斯曼（'ūthmān, 577—656）任第三任哈里发（644—656在位）期间，"指派栽德等人，以艾布·伯克尔时期搜集起来的汇集本为依据，重行进行订正、整理，统一《古兰经》的内容和章次编排，并以古莱什语统一《古兰经》文字。整理成书后，定为'标准穆斯哈夫'，亦称'奥斯曼定本'，以区别于艾布·伯克尔时期的汇集

---

① 参见穆罕默德·侯赛因·扎哈卜《古兰经注释研究论集》，开罗圣训出版社2005年版，第244—255页。关于《古兰经》"启示"的详细情况，参见埃及爱资哈尔大学阿布杜·哈米德·易卜拉欣·塞德哈尼（'Abd al-hamīd 'Ibrāhīm sadhān）教授的专著《启示与古兰经》（Al-wahy wa al-qur'ān），埃及公共书局1993年版。

② 艾哈迈德·爱敏：《阿拉伯—伊斯兰文化史》第1册，商务印书馆1982年版，第210页。

本，并令抄出数部，除麦地那保存一部外，分送麦加、大马士革、库法、巴士拉等重镇，并宣布其他抄本一律无效，予以焚毁。至今，全世界穆斯林都通用这个定本。"①

《古兰经》成书后，多位穆斯林学者和多种百科全书对它做了定义。阿拉伯历史哲学家伊本·赫勒敦（Ibn khaldun, 1332—1406），在《历史绪论》（Al-muqaddamah）中的定义具有代表性："《古兰经》是真主的语言，是降示给他的先知穆罕默德，书写在封面和封底之间而代代相传的经典。"② 中国《辞海》的定义将其描述为："伊斯兰教最高和根本的经典。'古兰'系阿拉伯语 Qur'ān 的音译，意为'诵读'或'读物'。中国旧称'天经'、'天方国经'、'宝命真经'等。共一百一十四章，六千二百余节。文字上分为三十等份，俗称三十卷。是穆罕默德在 22 年（610—632）全部传教过程中作为真主的'启示'陆续颁降的经文，为该教立论、立法的首要依据。"③

第二节 《古兰经》的内容

《古兰经》共 30 卷，60 段落，114 章，各章长短不一，最长的有 286 节，最短的仅有 3 节。《古兰经》的节数，由于古兰学家对某些节文的划分方法各执己见，故有 10 种说法。最少的说法是 6204 节，最多的说法是 6666 节。我国学者刘智（1660—1745）认为是 6666 节，马邻翼（1865—1938）在《伊斯兰教概论》中认为是 6616 节，王静斋（1879—1949）的《古兰经译解》则界定为 6246 节。《古兰经》因降示地点主要在麦加（Makkah）和麦地那（Al-madīnah）两座城市，故古兰学家将 114 章分为"麦加章"和"麦地那章"。麦加章共 86 章，占全经的 2/3；麦地那章共

---

① 宛耀宾总主编：《中国伊斯兰百科全书》，四川辞书出版社 1994 年版，第 168 页。关于《古兰经》的成书，详见穆罕默德·萨利姆·穆赫辛（Muhammad sālim muhsin）：《古兰经历史》（Tārīh al-qur'ān），吉达伊斯法罕出版社 1973 年版。

② 伊本·赫勒敦：《历史绪论》，贝鲁特阿拉伯遗产复兴出版社 1999 年版，第 437 页。

③ 《辞海》，上海辞书出版社 1999 年版，第 334 页。

28章，占全经的1/3。①

表1　　　　　　各地流传版本经文节数比较　　　　　　单位：节

经文版本	节数*	节数**	节数
麦地那版	6214	6211	6666
麦加版	6219	6219	
库法版	6236	6239	
巴士拉版	6214	6204	
叙利亚版	6226	6225	
普通版	6225		

（＊见 A Comprehensive Commentary on the Quran, Comrising Sale's Translation and Preliminary Discourse, Sale's Preface, Vol. I , London, 1985, p. 45；＊＊见马坚译《古兰经简介》。）②

穆斯林认为，《古兰经》虽然是原理原则，但它是一部包罗万象的经典，涉猎广泛，内容丰富，因此对其内容的研究和分类，历来成为教内外、东西方有关学者的研究对象。

巴基斯坦于1928年召开的东方学者会议，研究《古兰经》的体系后认为，其主要内容包括：（1）信仰；（2）宗教义务；（3）命令与禁戒；（4）警告与捷报；（5）辩论与竞争；（6）故事和传说；（7）法令（政治法、刑法、军事法等）；（8）教诲与指导。这种概括可以说是对全经内涵大体作了归纳，或者说是就基本内容作了分类。③

---

① 哲拉鲁丁·苏尤蒂在《古兰经学通论》中，对《古兰经》的麦加章和麦地那章作了解释：（1）先知穆罕默德迁徙麦地那前降示的经文统称为麦加章（610—622年期间），迁徙麦地那后降示的经文统称为麦地那章（622—632年期间），无论经文是在麦加降示，还是在麦地那降示。（2）只要在麦加降示的经文通称麦加章，即使在迁徙后降示；同理，麦地那章是降示于麦地那。（3）麦加章是针对麦加人降示，麦地那章是针对麦地那人降示。——哲拉鲁丁·苏尤蒂：《古兰经学通论》，贝鲁特阿拉伯图书出版社2003年版，第35—36页。

② 金宜久主编：《伊斯兰教》，中国社会科学出版社2009年版，第46页。

③ 林松：《古兰经知识宝典》，四川人民出版社1995年版，第34—35页。

法国学者乔里·拉布姆（Joule lābum）的《古兰经注释》（*Tafsir al-qur'ān*），对《古兰经》的主体内容作了基本分类。他的著作共分 18 篇 350 章，每章论及一个主体。这就意味着，他从 18 个大类角度，将《古兰经》内容细化为 350 个小类。18 篇分别是：（1）历史篇；（2）先知穆罕默德篇；（3）宣教篇；（4）以色列人篇；（5）《讨拉特》篇；（6）基督教篇；（7）形而上学篇；（8）认一论篇；（9）《古兰经》篇；（10）宗教篇；（11）信仰篇；（12）功修篇；（13）法律篇；（14）社会制度篇；（15）科学技术篇；（16）商业篇；（17）伦理道德篇；（18）成功篇。[①]

美国学者裴立普·K.希提在《阿拉伯通史》的第九章中，概括《古兰经》的主要内容为，"麦加时期启示的，约计九十章，是属于艰苦奋斗时期的，大半短小尖锐、慷慨激昂。90 章的主题是真主的独一及其德性、人的本分和将来的报应。麦地那时期启示的约计 24 章（约占全部《古兰经》的 1/3），是在胜利时期启示的（unzilat），大半是长篇大论，以立法为主题。在这 24 章里，制定了信条以及关于礼拜、斋戒、朝觐、禁月等的典礼和规章，还包含着戒饮酒、戒赌博、戒食猪肉的法律；关于天课（zakt，宰卡）和圣战（jihād，只哈德）等财政和军事法令；关于杀人、报复、高利贷、结婚、离婚、通奸、继承、释奴等民事和刑事的法律。第二章、第四章和第五章包含最大部分立法的资料。"[②]

中国学者马坚（1906—1978）在《古兰简介》的第五部分《古兰经的纲要和特色》中，分门别类地梳理了《古兰经》的 20 个主题内容：（1）承认客观真理的存在；（2）教人注意观察和思维；（3）确定社会发展的规律；（4）承认人类为世界的主人翁；（5）反对禁欲和苦行；（6）提倡劳动，反对乞讨；（7）严禁剥削和贪污；（8）规定天课制度，反对窖藏金银；（9）反对浪费，奖励节约；（10）奖励团结互助，反对分门立户；（11）承认一切正当的宗教，反对干涉他人的信仰；（12）反对迷信，反对神权；（13）承认男女平等，提高妇女地位；（14）限制多妻，取缔娼妓；（15）爱护孤儿，保护孤儿财产；（16）释放俘虏，解放奴隶；（17）确定人类平等，提倡博爱大同；（18）分清敌友，毫不妥协；

[①] 穆斯塔法·穆斯林：《古兰经专题注释研究》，叙利亚笔社 2005 年版，第 22 页。

[②] 希提：《阿拉伯通史》，马坚译，商务印书馆 1979 年版，第 143—144 页。

(19) 提倡民主，反对独裁；(20) 反对战争，拥护和平。马坚在梳理后尤其指出，《古兰经》里还有许多教义、教律、格言、寓言、故事，都围绕上述内容和宗旨展开。

《中国伊斯兰百科全书》的"《古兰经》"词条认为，《古兰经》的全部内容确立了伊斯兰教的基本教义和根本制度，主要有：(1) 与多神教和"有经人"的论争；(2) 信仰纲领；(3) 宗教义务和社会义务；(4) 伦理道德；(5) 教法律例；(6) 传说人物故事。[①]

当代阿拉伯学者穆罕默德·穆斯塔法·穆罕默德（Muhammad musaafā Muhammad）教授于 1976 年完成的《古兰经分类全编》(Al-fahras al-mawdhū'ī li a'yāt al-qur'ān al-karīm)，从辞典角度，深入地梳理了《古兰经》的内容。作者先从宏观角度，将它的主题内容界定为 31 大类，然后又从微观角度细化了每个大类，从而将其内容细化为 600 余个小类。31 个大类是：(1) 信仰；(2) 启示；(3) 使命；(4) 复生日；(5) 知识与学者；(6) 伊斯兰教的基石；(7) 叩首；(8) 祈求与纪念；(9) 天课；(10) 施舍；(11) 斋戒；(12) 朝觐；(13) 战争；(14) 迁徙和圣战；(15) 犯罪；(16) 犯罪者的下场；(17) 顺从；(18) 禁戒；(19) 婚配；(20) 离婚；(21) 期限；(22) 死亡；(23) 交易；(24) 食品；(25) 工作与劳动；(26) 真主宽待人类；(27) 伊斯兰与妇女；(28) 伊斯兰与奴隶制；(29) 《古兰经》与比喻；(30) 使者与先知的故事；(31) 故事与历史。[②]

当代阿拉伯学者哈立德·阿布杜·拉哈曼·俄克（Khālid 'abd al-rahmān al-'ak）教授，基于历代古兰学家的研究，从经文颁降的历史发展阶段角度，将其内容界定为两大主题——麦加章内容和麦地那章内容。俄克教授认为，麦加章和麦地那章的内容因各自篇幅长短不一而各具特色，内容侧重点也有所差异。"麦加章篇幅偏短，主要围绕信仰教义，即真主的独一性、信仰天使、众先知、末日等展开，尤其是彻底解放了当时阿拉伯人从父辈继承来的基于多神崇拜的思想观念，转向了新的认一论信

[①] 宛耀宾总主编：《中国伊斯兰百科全书》，四川辞书出版社 1994 年版，第 167—168 页。

[②] 穆罕默德·穆斯塔法·穆罕默德：《古兰经分类全编》，贝鲁特大马士革伊斯兰书局 1994 年版。刘建荣先生于 1999 年出版了该书的中译本。

仰体系。麦地那章篇幅较长，围绕宗教义务、社会制度、国家建设、伦理道德、经济贸易、人际关系准则、法律条规、凡事协商等社会事务展开。"①

第三节 《古兰经》的影响

《古兰经》作为伊斯兰教与伊斯兰文化之根，它在伊斯兰宗教、伊斯兰文化、穆斯林社会和宗教生活中，发挥的作用和产生的影响不言而喻。穆斯林认为，《古兰经》的影响是多方位、多层面、多角度的，因此如果微观地细究它在各个层面的影响，将势必难以面面俱到，故笔者综合中外文献，仅从宏观角度，提纲挈领性地归纳它的主体影响：

1. 它催生了伊斯兰教，确立了穆斯林信仰，构建了伊斯兰文化，奠定了穆斯林社会基础。

2. 它统一了四分五裂的阿拉伯社会，重构了它的社会制度，并使伊斯兰教凭借它走出阿拉伯半岛，成为世界性宗教。

3. 它对于伊斯兰整体与穆斯林个体而言，是大到立教之本、立国之基、立法之源，小至个人修身养性、为人处世、待人接物的规范，是穆斯林精神生活和物质生活的准则。

4. 它规范了阿拉伯语，使阿拉伯半岛南北方言得以统一，尤其对于散居半岛各地的阿拉伯部落人维护其语言和心理上的统一，发挥巨大作用，产生重大影响。

5. 它既是一部宗教经典，也是阿拉伯有史以来第一部韵体散文形式的文献，更因语言精练，文体优美，修辞超绝而被奉为阿拉伯文学的典范。此外，《古兰经》中的很多命题和故事典故，始终是阿拉伯伊斯兰文学家的思想渊源和创作题材。

6. 它是伊斯兰文化诸多学科，如教义学、法学、哲学、文学、历史学、教育学、经济学、遗产学、语言学、句法学、词法学、修辞、韵律

---

① 哈立德·阿布杜·拉哈曼·俄克：《古兰经注释原理》，贝鲁特纳法伊斯出版社2003年版，第36页。

学等人文社会科学，以及天文学、地理学、物理学等自然科学的理论基础。

7. 它是伊斯兰宗教思想、文化思想、社会思想、哲学思想、教育思想、历史思想、经济思想、军事思想、伦理思想、法律思想、科学思想等各种思想，以及穆斯林宇宙观、人生观、认识观、价值观、道德观、生活观、行为观等各种观念的渊源。

8. 它既是研究先知穆罕默德和伊斯兰教，以及《古兰经》问世时阿拉伯半岛社会情况的重要历史文献，也是考察宗教史、世界史、文化史、哲学史和科学史的权威文献。

据上，《古兰经》对伊斯兰教、伊斯兰文化和穆斯林社会的影响巨大而久远。在世界穆斯林看来，"《古兰经》是真主'神圣的语言'，是一部'永久法典'。它是伊斯兰教信仰和教义的最高准则，是伊斯兰教法的渊源和立法的首要依据，是穆斯林社会生活、宗教生活和道德行为的准绳，也是伊斯兰教各学科和各派别学说赖以建立的理论基础"[1]。"《古兰经》等同于科学家们的研究所，语言学家们的宝典，欲精通阿拉伯语者的老师，诗歌忠爱者的韵律学的典籍，情操的陶冶者，法律法令的法律宝典。此前的所有天启经典就优美的意蕴、和谐的言辞而言，都不能与之一章等量齐观。因此，我们看到伊斯兰民族里的优秀阶层都不断地遵循《古兰经》，引证其经文支持自己的语言。同样，那些能力不断提高、思维更敏捷的人都将他们的观点建立在《古兰经》经文上。"[2]

裴立普·K. 希提在《阿拉伯通史》中，就《古兰经》的影响讲道："《古兰经》是伊斯兰教的基础，是一切精神问题和伦理问题的最后根据，故《古兰经》具有重大的宗教影响，这是一个方面。在穆斯林看来，教义学、教律学、科学这三件东西，是同一事务不同的三个方面，因而《古兰经》就成为高等普通教育的科学手册和教科书。"[3]

马坚综合东西方和教内外学者的见解，概括了《古兰经》的影响："凭着这部《古兰经》，穆罕默德在二十三年之中把一盘散沙的阿拉伯人

---

[1] 宛耀宾总主编：《中国伊斯兰百科全书》，四川辞书出版社1994年版，第165页。
[2] 阿卜杜·拉哈曼·曼苏尔·沙尔：《古兰经百科问答》第1部，金忠杰译，甘肃人民出版社2010年版，第6页。
[3] 希提：《阿拉伯通史》，马坚译，商务印书馆1979年版，第148页。

铸就成一个坚强的民族。凭着这部《古兰经》，阿拉伯民族在百年之中解放了亚非欧三洲上被罗马帝国和波斯帝国所奴役的几百万人民。后来，他们创造了灿烂辉煌的文化，引起了欧洲各国的文艺复兴。阿拉伯人为了使新入教的各民族和自己的子孙能正确地了解《古兰经》经义，而草创阿拉伯的文字学、文法学、修辞学、圣训学、教律学、法理学、教义学，并且记载穆罕默德的遗教，以及阿拉伯的民间歌谣、传说和故事。因此，阿拉伯语文的学科和伊斯兰教的学科，都是以《古兰经》为中心的。故《古兰经》在阿拉伯文学史上，在伊斯兰文化史上，都占一个极其重要的地位。"①

总而言之，由于《古兰经》之于伊斯兰教和伊斯兰文化的不可或缺性和无可替代性，因此"捍卫《古兰经》的经文促使人们改进了原来不正确的阿拉伯文字，为理解其意首先必须研究阿拉伯语的语法和词汇。包括《圣经》在内，历史上似乎没有一本书比《古兰经》得到如此多的研究和评价，图书馆中充满了用伊斯兰教世界各种文字对它各方面进行研究的书籍。"② 历代穆斯林学界"围绕《古兰经》，形成了经注学、古兰学、诵经学等专门［研究《古兰经》的］学科。穆斯林学者曾写过不少介绍、评价和赞颂该经的专著；西方文艺复兴运动后，不少的社会科学家、文学家以及近代的一些东方学家，对《古兰经》也进行研究，相继发表过评论，肯定了它在阿拉伯—伊斯兰文化史上的影响和地位。"③

---

① 《古兰经》，马坚译，中国社会科学出版社 1981 年版，第 9—10 页。
② 《大美百科全书》卷 15，外文出版社、光复书局 1994 年版，第 323 页。
③ 宛耀宾总主编：《中国伊斯兰百科全书》，四川辞书出版社 1994 年版，第 169 页。

第二章

《古兰经》注释学概观

《古兰经》问世以来，伊斯兰文化体系学术界为研究它的方方面面，构建了诸多学科，作为全面了解、正确理解和准确运用《古兰经》的门径。《古兰经》注释学界对经文微言大义的注释，以及由此而生的"注释学"('ilm Al-Tafsīr)[①]，成为解读它的必然举措和主体学科。鉴于注释学是引导注释、制衡注释、研究注释、甄别注释、发展注释的专业学科，因此笔者在阐述《古兰经》注释之前，首先概要阐述"注释学"，以便从学科角度进入注释的主体层面。

第一节 《古兰经》注释学的立论

一 注释学的立论依据

作为天启经典——真主的语言，《古兰经》的领受者先知穆罕默德能否注释它？《古兰经》是否明确回答？寻根问典，《古兰经》就此讲道："集合它和诵读它，确是我的责任。当我诵读它的时候，你当静听我的诵读。然后解释它，也是我的责任。"（75：17—19）"我降示你教诲，以便你对众人阐明他们所受的启示，以便他们思维。"（16：44）这两节经文

[①] "Al-Tafsir"，源自《古兰经》第25章第33节，王静斋阿訇将其翻译为"注释"；刘锦标先生、马坚教授、时子周先生、仝道章先生都译为"解释"；林松教授译为"解析"。笔者根据《辞海》，将其译为"注释"，以便与"学"形成组合，作为《古兰经》"注释学"的名称。

中的"集合"、"解释"和"阐明",解决了先知穆罕默德注释经文的问题,并通过确定他的使者身份,责令他对其加以实践。因此,在《古兰经》的23年启示历程中,每有经文降示,他就及时将其口授给圣门弟子（Ashāb al-nabiyy）,并从语言和义理等角度,为他们解析经文的遣词造句,阐释经文的要旨大义。同样,圣门弟子凡遇到不解经文时,也及时请教他解惑释疑。先知穆罕默德对《古兰经》的注释,直接反映在《古兰经》收集定本后,圣训学界编辑完成的六大部圣训集中[①],无论是专门阐释有关经文的圣训,还是所有圣训从广义角度解读整部《古兰经》。

如果说先知穆罕默德作为真主的使者、《古兰经》的领受者,他对经文的精准理解胜于任何人——既有优先注释权,注释的权威性也毋庸置疑;那么,根据《古兰经》,先知穆罕默德是封印众先知的"至圣"（Khātim al-'anbiyā'）,注释经文的重任是否随着他的去世而告终,继他之后的穆斯林是否有责任及权利注释它? 如果允许注释,谁来注释,怎样注释,注释的程度如何? 对此,《古兰经》同样给予答案。它在责成先知穆罕默德注释经文的同时,确立了他之外的人注释经文的法理依据:"这是我所降示你的一本吉祥的经典,以便他们沉思经中的节文,以便有理智的人们觉悟"（38:29）,以及注释《古兰经》的可行性:"只有真主和学问精通的人,才知道经义的究竟。"（3:7）基于此,历代穆斯林注释家秉承先知穆罕默德的圣行精神注释经文,并采用这两节经文中的"Al-Ta'wil"（解释）和"Al-Tafsīr"（解释）,作为注释《古兰经》的学科——注释学（'ilm Al-Tafsīr）的专业术语,"《古兰经》注释是一门阐

---

① 六大部圣训集（Al-Sihāh al-Sittah, Taysir al-Usūl）,中世纪伊斯兰教逊尼派圣训学家辑录汇编的有关穆罕默德言行录的6部权威性经典:《布哈里圣训实录全集》、《穆斯林圣训实录全集》、《艾布·达乌德圣训集》、《提尔密济圣训集》、《奈萨仪圣训集》和《伊本·马哲圣训集》。前两种又称为"圣训两真本"（al-Sahihān）。这六部圣训集,穆斯林学者公认为是最真实可靠的汇集。千百年来在教内一直被奉为仅次于《古兰经》的重要经典。其中所收圣训既是穆斯林信仰和行为的准则,又是法学家依照时代条件和社会的发展变化而随时创制教法律例的经典依据和第二法源。此外,历代伊斯兰教义学家、经注学家、哲学家、历史学家和伦理学家等,也无不结合各自的专业加以应用和奉行,已成为伊斯兰教经学和文化遗产的组成部分,在教内影响颇大。不少后辈学者还为它们分别作过注和简注。近现代以来,其中的一些选编本被译为各种文字,在中国亦有部分汉文译本。——参见宛耀宾总主编《中国伊斯兰百科全书》,四川辞书出版社1994年版,第319页。

明真主的语言,解析《古兰经》辞藻及其内涵的学科。"①

据上,《古兰经》首先允许人类对这部天启经典进行思考,并责成有理智者通过思考和研究,系统解读经文的微言大义,彰显其宗教内涵、社会价值、普世精神、现实意义等。其次,《古兰经》不但允许人类对它的诵读音韵、语言修辞、降示背景等表层进行注释,并且允许学问精通的人,深入研究和注释其中蕴涵的教义教法、哲学伦理、道德观念、宗教义务、社会义务、社会制度、政治经济、文化教育、社会科学、自然科学、工农牧商、故事教诲、对话辩论等内容,由此使穆斯林认识到,这是一部广义上集宗教与社会为一体的经典,而不仅仅是一部狭义的、纯宗教意义上的文本经典,否则就失去了它应有的引导作用、文化属性和普世价值等功能。

二 注释学的立论要素

学科立论是学科的基础,学科以立论为支点,形成系统理论,并成为学科发展的依据和标准。《古兰经》注释学的形成概莫能外。诚然,注释学的形成由诸多因素构成,但其主要因素基于以下几个主体方面:

(一) 注释学基于伊斯兰教法

首先,学术界根据经文"只有真主和学问精通的人,才知道经义的究竟"(3:7)、"这是我所降示你的一本吉祥的经典,以便他们沉思经中的节文,以便有理智的人们觉悟"(38:29),从法学角度为注释学的形成确立了理论基础,界定了注释《古兰经》的可行性。其次,法学家基于经文中的"沉思经文"和"精通学问",说明注释经文只是其中部分人才能涉猎,而不是人人都可涉足的学术领域。因此,注释的学术活动,被法学家界定为"副主命"(Farid Al-kifāy)。② 换言之,只要部分人从事这项特殊工作,就代表全体穆斯林完成了该项工作。如果没有任何人去完成,则说明全体穆斯林在渎职。有鉴于此,历代穆斯林注释家代替全体穆斯林从事的《古兰经》注释工程,已从单纯的学术层面上升到教法高度,

---

① 穆罕默德·侯赛因·扎哈卜:《古兰经注释与注释家》卷1,开罗知识出版社2001年版,第14页。

② 哲拉鲁丁·苏尤蒂:《古兰经学通论》,贝鲁特阿拉伯图书出版社2003年版,第852页。

决定了注释学形成的必然性及其特殊的学术地位与学科价值。是故,历代穆斯林中那些具备注释条件的专业学者,秉承注释的圣行与精神,义不容辞地代表全体穆斯林注释《古兰经》的学术举措,为全体穆斯林了解、理解和实践《古兰经》,奠定了深厚的法理基础。

(二) 注释学基于理论渊源

有"《古兰经》通事"(Tarjamān al-Qurán)和"民族贤哲"(hibr al-Ummah)之称的圣门弟子注释家伊本·阿拔斯,对注释的划分,是注释学立论形成和发展的理论渊源。哲拉鲁丁·苏尤蒂(Jalal al-Din al-Suyūtī, 1445 – 1505)在《古兰经学通论》中,记载了伊本·阿拔斯对注释的划分。①

1. 阿拉伯人知悉的注释

《古兰经》的语言是阿拉伯语,因此阿拉伯人对于了解、理解和注释经文,有着得天独厚的优势。他们由于精通阿拉伯语辞源学、句法学、语言学、修辞学、韵律学,以及语体风格中的表达形式、语意语境、语意转换知识,所以他们相对知晓经文的注释。诸如经文"你尝试吧!你确是显赫的,确是尊贵的!"(44∶49)即使这节经文的辞藻是褒奖,但阿拉伯人根据经文上下文,稍作注释就能判断该节经文意在考验。② 然而,这对于非阿拉伯穆斯林而言,语言障碍致使他们对经文的理解远不如阿拉伯人。鉴于此,注释家务必在精通阿拉伯语,了解阿拉伯语体风格的情况下注释经文。反之,"如果对阿拉伯语的实质一无所知,就没有权利涉足《古兰经》注释"③。

2. 故作不知后肆意注释而被否认的注释

诚然,《古兰经》并不是一概晦涩难懂,而一些经文无须注释就能知其大意,"每一个词意明确的单词,读者都能从中知悉真主的意图,故不

---

① 哲拉鲁丁·苏尤蒂:《古兰经学通论》,贝鲁特阿拉伯图书出版社 2003 年版,第 867 页。
② 穆萨伊德·坦雅尔:《古兰学及古兰经注释原理论集》,利雅得穆罕底斯出版社 2005 年版,第 123 页。
③ 哈立德·阿布杜拉·哈曼·俄克:《古兰经注释原理》,贝鲁特纳法伊斯出版社 2003 年版,第 47 页。

需注释（Al-Ta'wil）。"① 从语言层面来讲，无须注释就能明白的经文，主要是指认主独一的经文，如"你应当知道，除真主外，绝无应受崇拜的。"（47：19）命令经文，如"你们当谨守拜功，完纳天课，与鞠躬者同齐鞠躬。"（2：43）禁止经文，如"你们不要接近私通，因为私通确是下流的事，这行径真恶劣！"（17：32）尽管这些经文的大义一目了然，但不乏有人故作不知而肆意地妄加注释，因此伊本·阿拔斯界定，此类注释得不到认可，"妄称不知经文词义的任何人都不能得到宽恕，因为这些词义对任何人而言，都是必知的。"②

3. 众学者的注释

大体来讲，尽管阿拉伯人对理解和注释《古兰经》具有语言优势，但从整部经文来讲，需要注释的经文远胜于无须注释的经文。这是因为，"穆斯林群体因不解很多经文而需要众学者的注释，无论是法律经文，还是其他经文大义。"③ 由此，历代学者的注释是针对绝大部分经文而言，诸如阐释经文辞藻、演绎教律教法、阐述经文概要、分类经文大义等。他们在通晓阿拉伯语言及语境、熟悉阿拉伯习俗、精通法学原理、了解经文降示背景、明确先后停止经文、深谙诵读学，以及深刻领悟经训的基础上，从创制角度探究经文究竟，梳理经文义理。注释家伊本·凯西尔（Ibn kathīr，1302—1373）在《伊本·凯西尔古兰经注》（*Tafsir al-qur'ān al-'azīm*）前言中讲道："如果圣门弟子们既在《古兰经》中找不到注释，也没有听到先知谈及时，就凭借思考进行创制（Al-'ijtihad）注释。他们是阿拉伯人中的一代精英，目睹了经文的降示背景，熟悉阿拉伯人的习俗、《古兰经》的辞藻与内涵……尤其圣门弟子伊本·阿拔斯在注释《古兰经》方面享有重要的地位，先知曾为他祈祷：'主啊！你使他通晓伊斯兰教，教授他注释。'因此，他被冠以'经注之父'的称号。"④同样，众学者的创制注释是注释的重要来源之一，是根据经训原则使伊斯

---

① 哲拉鲁丁·苏尤蒂：《古兰经学通论》，贝鲁特阿拉伯图书出版社2003年版，第867页。
② 同上。
③ 穆萨伊德·坦雅尔：《古兰学及古兰经注释原理论集》，利雅得穆罕底斯出版社2005年版，第126页。
④ 伊本·凯西尔：《伊本·凯西尔经注》，贝鲁特知识出版社1987年版，第1卷，第16页。

兰教及伊斯兰文化与时俱进的具体表现形式。众学者的创制注释，对于理解经文极其重要，因此他们必须持严谨态度，不得肆意创制，泽尔克西（Al-zarkashiny，？－1392）就此讲道："经文中每个单词或许有两个乃至两个以上的意义，故不允许非专业学者涉足创制注释。专业学者们务必致力于求证，他们在创制注释中不得仅凭自己的主观意见进行注释。"①

4. 唯有真主知晓的注释

如果说众学者可以根据注释学原理解读《古兰经》的绝大部分经文，那么有些经文则不在他们注释的范围内。这是因为，真主是这些经文的终极知晓者和唯一阐释者，而"但凡妄称知道经文究竟者，就是谎言。"②学者们不能涉足注释的经文，主要是关于"幽玄之事（Al-ghayb）、末日复活、章首字母、人的灵魂、隐晦经文"等。由于这些经文的特殊性，伊本·阿拔斯界定，众学者没有任何权利注释这些唯有真主知晓的经文，"任何人都没有权利注释这类经文，谁勉为其难地加以注释，谁就在犯罪，并且为真主说谎，因为只有真主最知这些经文的究竟。"③

（三）注释学基于三项要素

拉吉布·艾斯法哈尼（Al-rāghib al-'asfahānī，？－1108年）根据伊本·阿拔斯对注释的理论分类，又对注释学立论形成的基本要素做了总结。他讲道，"对穆斯林而言，最优秀的工作莫过于注释《古兰经》。注释学的形成基于三项基本要素：揭示《古兰经》内容；注释《古兰经》的目的；穆斯林迫切需要注释。"④

1. 揭示《古兰经》的内容

鉴于《古兰经》是伊斯兰教的"百科全书"，内容包罗万象，唯有通过注释家系统解读经文内容，挖掘经文大义，探究经文究竟，才能彰显经文蕴涵的宗教性、社会性、知识性、学科性、价值性、普世性和适时性

---

① 哈立德·阿布杜·拉哈曼·俄克：《古兰经注释原理》，贝鲁特纳法伊斯出版社2003年版，第47页。
② 穆萨伊德·坦雅尔：《古兰学及古兰经注释原理论集》，利雅得穆罕底斯出版社2005年版，第126页。
③ 同上。
④ 哈立德·阿布杜拉·哈曼·俄克：《古兰经注释原理》，贝鲁特纳法伊斯出版社2003年版，第29页。

等，正如哲拉鲁丁·苏尤蒂所言："《古兰经》是真主的语言，是智慧之源，美德之本。《古兰经》告知过去，明示未来，判断世人。它不受反驳，经中的奇迹也不受破坏。"① 因此，注释家处于揭示《古兰经》丰富内容的出发点，在掌握相关学科的基础上，致力于解读其内容——一切智慧之源——的举措②，形成了注释学立论的内在因素之一。

2. 注释《古兰经》的目的

从伊斯兰教义层面来讲，穆斯林借助注释，能够进一步明晰《古兰经》启示的终极目的所在；从教法层面来讲，穆斯林务必了解并实践经中的命令，远离经中的禁令；从社会层面来讲，穆斯林要明确《古兰经》构建的社会责任以及如何正确地处理好各种社会关系，维护社会各阶层的合法权益，遵守社会秩序和规范，恪守社会中道和社会伦理，从而使《古兰经》成为推动社会整体发展的指导，正如经文所言："我曾降示这部经典，阐明万事，并作归顺者的向导、恩惠和喜讯。"（16：89）

学术界明确指出，为使穆斯林"牢牢抓住坚固的把柄，获得永垂不朽的真正幸福"③，注释家作为注释经文的权威人和责任人，务必根据经文明确注释的八个目的：④

（1）解析《古兰经》阐述的信仰，指出何谓以物配主，有经文为证："他们舍真主而祈祷的众神灵，当你的主的命令降临的时候，对于他们无济于事，只使他们更受损伤。"（11：101）

（2）树立《古兰经》教导的以先知穆罕默德为典范的伦理道德，有经文为证："你确是具备一种伟大的性格的。"（68：4）有人就先知穆罕默德的性格请教圣妻阿伊莎（'ā'ishah，613－678），她如此注释了这节经文："先知的性格就是《古兰经》。"

---

① 哲拉鲁丁·苏尤蒂：《古兰经学通论》，贝鲁特阿拉伯图书出版社2003年版，第853页。

② 哈立德·阿布杜拉·哈曼·俄克：《古兰经注释原理》，贝鲁特纳法伊斯出版社2003年版，第29页。

③ 哲拉鲁丁·苏尤蒂：《古兰经学通论》，贝鲁特阿拉伯图书出版社2003年版，第853页。

④ 哈立德·阿布杜拉·哈曼·俄克：《古兰经注释原理》，贝鲁特纳法伊斯出版社2003年版，第64—66页。

（3）演绎教律法规，有经文为证："我降示你这部包含真理的经典，以证实以前的一切天经，而监护之。故你当依真主所降示的经典而为他们判决，你不要舍弃降临你的真理而顺从他们的私欲。我已为你们中每一个民族制定一种教律和法程。"（5：48）

（4）维护穆斯林团结和鼓励穆斯林协商，有经文为证："你们当全体坚持真主的绳索，不要自己分裂。"（3：103）"他们的事务，是由协商而决定的。"（42：38）

（5）诠释《古兰经》中各民族的历史和故事，有经文为证："我借着启示你这部《古兰经》而告诉你最美的故事。"（12：3）①

（6）解读《古兰经》中的教育。通过注释让穆斯林明白时代发展和社会需要的先进科学技术；明白知识对于人类的重要性；明白有知者与无知者的本质区别；明白求知、进取、创新是社会发展的根本动力，有经文为证："他以智慧赋予他所意欲的人；谁禀赋智慧，谁确已获得许多福利。唯有理智的人，才会觉悟。"（2：269）"你说：'有知识的与无知识的相等吗？唯有理智的人能觉悟。'"（39：9）

（7）诠释《古兰经》中的各种训诫与警告，报喜与许诺，这类经文不胜枚举。

（8）阐释《古兰经》的超绝性（Al-mu'jiz），证明先知穆罕默德使命的真实性，有经文为证："难道他们说他伪造经典吗？你说：'你们就试拟作一章吧！'"（10：38）

3. 穆斯林迫切需要注释

首先，从阿拉伯语言学角度来讲，即使《古兰经》是阿拉伯语，但阿拉伯人对它的了解和理解也不尽相同。因此，除了阿拉伯人自身因识读《古兰经》在语言辞藻、理解经文的微言大义等方面迫切需要注释外，其他民族的穆斯林尤其需要注释。

其次，社会健康有序、稳定和顺的发展，都需要完整的思想意识、法律制度、伦理道德体系制约和保护公民，"伊斯兰宗教和社会、现实和未

---

① 该节经文中的所用"故事"一词系该单词的复数，即许多故事。

来的完善，都需要依赖理解真主的经典，完成法律知识和宗教知识的构建。"① 穆斯林社会遵行的信仰意识，奉行的法律道德体系的渊源不言而喻是《古兰经》。由于它只是原理原则，因此只有对它进行全面阐释，方能正确理解并加以实践。基于此，自麦地那穆斯林公社建立以来，随着伊斯兰教和穆斯林社会发展的需要，以及伊斯兰文化及其学科体系的建立和形成，理解《古兰经》的问题日益突出，迫切需要注释也就成为穆斯林民族的集体愿望。注释也因穆斯林的信仰和感情因素，成为注释家"近主爱人"的具体反映，正如再传弟子注释家穆扎希德（Mujāhid，伊历21—104）所言："最受真主喜悦的人是最知启示究竟者。"②

综上，艾斯法哈尼对《古兰经》注释学科立论总结的三项基本要素相辅相成，互为表里。三项因素的构成，为《古兰经》注释学科的形成奠定了立论基础。注释学科据此应运而生，成为引导、制衡、研究、甄别和发展注释的专业学科。

第二节 《古兰经》注释学的定义

界定学科研究对象具有重要的导向作用，直接关系到研究的深度与广度。同样，纷繁庞杂的学科定义容易导致研究的视角、取向、方法也不尽相同，结果也就呈现多样化。"注释学"概莫能外。注释学的术语名称"注释"（Al-Tafsir），学术界通常从语言学及学科术语两个层面对其进行阐释。他们根据《古兰经》经文"只有真主和学问精通的人，才知道经义的究竟"（3：7）中的"太厄维勒"（Al-Ta'wīl）以及"他们每向你提出一种非难，我就启示你真理和更美满的解释"（25：33）中的"太弗西尔"（Al-Tafsir），确立了注释学的名称，并从语言学与注释学的学科层面，对这两个名称分别予以界定。

---

① 哲拉鲁丁·苏尤蒂：《古兰经学通论》，贝鲁特阿拉伯图书出版社2003年版，第853页。

② 哈立德·阿布杜拉·哈曼·俄克：《古兰经注释原理》，贝鲁特纳法伊斯出版社2003年版，第29页。

一 太弗西尔

"Al-Tafsir"（太弗西尔），系阿拉伯语三母复式及物动词"Fansara"的词根，意为"对……进行解释、注释、阐明、解析"，语言学家用"Al-'idāh（使……明确）、Al-tabyin（对……进行阐明）"解释该词，"通常用于揭示可以感知的对象，以及揭示可以领会的意义，后者的运用多于前者。"① "Al-Tafsir"语出经文："他们每向你提出一种非难，我就启示你真理和更美满的解释。"（25：33）根据这节经文中"Tafsir"的词法衍变规则，派生出主动名词"Al-mufansir"，意为"对……进行解释者"。由此及彼，"《古兰经》注释"即为 Tafsir-al-Qur'an；"注释《古兰经》者"即为 Mufansir-al-Qur'an；"注释对象《古兰经》"即为被动名词"Al-mufansar"。

"Al-Tafsir"，在注释学科层面的意义，注释学界见仁见智，大致可以勾勒出以下几种：

1. 语言学家艾布·哈雅尼（Abu hayān, 1256 – 1344）在《海洋》（*Al-bahar al-muhīt*）中，定义"太弗西尔"为："《古兰经》注释是一门研究《古兰经》词汇发音方法、词汇意义、辞藻规律、辞藻结构蕴涵的意义及其他知识的学科。"② 穆罕默德·侯赛因·扎哈卜进一步解释了该定义。"词汇发音方法"即《古兰经》诵读学；"词汇意义"即《古兰经》注释学科需要的语言学；"辞藻规律"即词法学、句法学、修辞学；"辞藻结构蕴涵的意义"即实际意义和隐喻意义；"其他知识"即了解经文先后停止、经文降示背景、阐释经文故事等。

2. 泽尔克西将"太弗西尔"定义为："注释学是一门借助语言学、句法学、词法学、修辞学、法学、诵读学、经文降示背景学、先后停止经文学，理解真主启示给先知穆罕默德的经典，阐明《古兰经》大义，演

---

① 穆罕默德·侯赛因·扎哈卜：《古兰经注释与注释家》卷1，开罗知识出版社2001年版，第13页。

② 哲拉鲁丁·苏尤蒂：《古兰经学通论》，贝鲁特阿拉伯图书出版社2003年版，第849页。

释《古兰经》律法及哲理的学科。"①

3. 有注释学家将"太弗西尔"定义为："人类力所能及地探究《古兰经》的种种情况，以便从中获悉真主的意旨。"②

4. 另有注释学家将"太弗西尔"定义为："注释学是一门解读《古兰经》经文降示情况及其背景、麦加章和麦地那章、明显经文和隐微经文、停止经文和被停止经文、特指经文和普指经文、泛指经文和限定经文、概要经文和阐释经文、合法与非法事物经文、许诺和警告经文、命令和禁令经文、训诫和比喻经文的学科。"③

以上四种定义，其共性相辅相成，即"太弗西尔是一门人类力所能及地探究真主意旨的学科，涵盖了理解《古兰经》大义、阐明《古兰经》目的时所依赖的任何知识。"④

二 太厄维勒

"Al-Ta'wīl"（太厄维勒）在语言学层面，是阿拉伯语三母复式及物动词"'Anwala"的词根，词源是"'awal"，意为"回复、返回、复归"，语言学家通常以"Al-rujur"（意为返回）解释该词，后衍生出使动词"'Anwala"，词根为"Al-Ta'wil"，与"Al-Tafsir"同义，即解释、说明。"太厄维勒"在《古兰经》中数次出现，且每次出现时意义都不尽相同。尽管如此，但在经文"心存邪念的人，遵从隐微的节文，企图淆惑人心，探求经义的究竟。只有真主和学问精通的人，才知道经义的究竟"（3：7）中，与"Al-Tafsir"词异意同，即注释（译文中的究竟），成为注释学科专业术语的另一称谓。

"Al-Ta'wīl"，在注释学科层面的意义，早期学者和后期学者的定义不尽相同。

---

① 哲拉鲁丁·苏尤蒂：《古兰经学通论》，贝鲁特阿拉伯图书出版社 2003 年版，第 849 页。

② 穆罕默德·侯赛因·扎哈卜：《古兰经注释与注释家》卷 1，开罗知识出版社 2001 年版，第 15 页。

③ 哲拉鲁丁·苏尤蒂：《古兰经学通论》，贝鲁特阿拉伯图书出版社 2003 年版，第 849 页。

④ 穆罕默德·侯赛因·扎哈卜：《古兰经注释研究论集》，开罗圣训出版社 2005 年版，第 385 页。

在早期学者（学界通常所讲的"Salaf——赛莱菲"）的定义中，是阐释话语（Al-kalām），解明语义，无论这种阐释是否符合话语的表意。从这一点来讲，"太厄维勒"与"太弗西尔"系同义词，穆扎希德持此观点："众学者确知《古兰经》的注释（Al-Ta'wil）。"① 拉吉布·艾斯法哈尼对"太厄维勒"的解释是："太厄维勒有时用于泛指，有时又用于特指，如'昧信'（Al-kufr）有时泛指不信真主者，有时专指信士忘恩负义。'信仰'（Al-'imān）有时泛指宗教信仰，有时专指确信真理。"②

在后期法学家、教义学家、圣训学家和苏菲哲学家的定义中，"太厄维勒是将词汇的可能意义借助证据转化为侧重意义"③。哈立德·阿布杜拉·哈曼·俄克进一步解释了该定义中的"可能意义借助证据转化为侧重意义"。他说，"泛指经文可能是限定经文，普指经文可能是特指经文，多义词可能是两种或多种意义之一种，实际意义可能是隐喻意义。"④

三 "太弗西尔"与"太厄维勒"的异同

通过以上对"太弗西尔"与"太厄维勒"在语言学和注释学层面的阐释不难看出，两个名称皆可作为注释学的专业术语。那么，两者是否有区别？如果有区别，区别何在？我们根据注释学界的研究，就此做大概梳理。

首先肯定的是，注释学界一致认为，两者之间存在区别，并在界定两者的区别时各执己见，甚至伊本·哈比布·内沙布尔（Ibn habīb al-nisābūri，伊历？—550）不无夸张地说："我们这个时代的注释家辈出，当他们被问及'太厄维勒'与'太弗西尔'之间的区别时，都没有直中关键所在。"⑤ 由此可见，注释学界在界定两者之间的区别时存在的分歧由来已久，其根源在于《古兰经》对两者的不同用法。当代学者艾敏·

---

① 穆罕默德·侯赛因·扎哈卜：《古兰经注释与注释家》卷1，开罗知识出版社2001年版，第17页。
② 哲拉鲁丁·苏尤蒂：《古兰经学通论》，贝鲁特阿拉伯图书出版社2003年版，第849页。
③ 穆罕默德·侯赛因·扎哈卜：《古兰经注释与注释家》卷1，开罗知识出版社2001年版，第18页。
④ 哈立德·阿布杜拉·哈曼·俄克：《古兰经注释原理》，贝鲁特纳法伊斯出版社2003年版，第51页。
⑤ 哲拉鲁丁·苏尤蒂：《古兰经学通论》，贝鲁特阿拉伯图书出版社2003年版，第848页。

郝利（'Amīn al-khawli）教授对此作了总结："我认为这种分歧产生的根源是《古兰经》对'太厄维勒'一词的使用。后来，教义学家们认同了该词的专业术语性，并且出现在诸多教义学家的文献中。"①

尽管注释学家们对两者的区别各有说辞，但大致来讲，其中一些学者对两者的分别界定具有代表性。穆罕默德·侯赛因·扎哈卜教授在《古兰经注释与注释家》（Al-tafsir wa al-Mufansirūn）中，就此逐一作了梳理。

1. 以语言学家、注释家艾布·欧拜德（Abu'ubayd, 728 – 823）为代表的学者认为，"太厄维勒"与"太弗西尔"系同义词。在他们看来，两者词异意同，且成为早期通用的"范式"称谓。

2. 拉吉布·艾斯法哈尼认为，"太厄维勒"比"太弗西尔"更为普及。"太弗西尔"多用于解词，"太厄维勒"多用于解义，如解梦；"太厄维勒"更多的是用于真主启示的经典，"太弗西尔"既可用于真主启示的经典，也可用于其他典籍；"太弗西尔"多用于辞义，"太厄维勒"多用于句意。

3. 教义学家马图里迪（Al-māturīdī,? – 944）认为，"太弗西尔"肯定了词汇的意义，而"太厄维勒"侧重于多义词的其中一种意义，但没有肯定［是哪种意义］。

4. 艾布·塔里布·塞尔莱卜（Abu tālib al-thaghlabi,? – 1035）认为，"太弗西尔"是阐明词状——或是本义或是隐义，如以单词tarīq（路道）解释单词sirat（路道）；"太厄维勒"是阐释词义。因此"太厄维勒"表述的是词汇的实际意义，"太弗西尔"表述的是词汇的证据。

5. 圣训学家、教法学家拜鄂瓦（Al-baghwā,? – 1122）认为，"太厄维勒"就是借助创制，在不违背经训，符合经文上下文的情况下，阐释经文的可能意义。"太弗西尔"是说明经文的降示背景和降示状况。

6. 有学者认为，"太弗西尔"是传闻注释（Al-riwāy），"太厄维勒"是见解注释（Al-dirāy）。② 还有学者认为，"太弗西尔"就是通过句面阐

---

① 穆罕默德·侯赛因·扎哈卜：《古兰经注释与注释家》卷1，开罗知识出版社2001年版，第19页。

② 哈立德·阿布杜拉·哈曼·俄克认为，"Al-dirāy"是一门研究圣训传述的真实和条件、传述的种类和规则、传述人的情况和条件、圣训的类别和明文等有关圣训知识的学科。——哈立德·阿布杜拉·哈曼·俄克：《古兰经注释原理》，贝鲁特纳法伊斯出版社2003年版，第131页。

明经文大义,"太厄维勒"是通过启迪阐明经文大义。

穆罕默德·侯赛因·扎哈卜教授在梳理以上分歧后总结到,"太弗西尔"是专于"传闻"的注释,"太厄维勒"是专于"见解"的注释。"太弗西尔"之意就是揭示、阐明,而揭示经义离不开真主的使者及圣门弟子——他们见证了启示的降示、熟知当时发生的事件、与真主的使者共同生活并在不解经文的情况下及时请教使者——的阐释。"太厄维勒"则是借助证据来侧重多义词汇中的可能性之一,而侧重要凭借创制,并通过认识词汇及其语义、上下文的具体运用,以及了解阿拉伯语体风格和演绎词义来获取经文的终极意义。①

综上所述,注释学界一致沿用的"注释"术语——"太弗西尔"和"太厄维勒",尽管"在穆罕默德门弟子及其以后一个时期曾用太厄维勒表示这一概念。如泰伯里就用这个词称自己的经注,并将经注学者称为'艾赫勒·太厄维勒'(Ahl al-ta'wil)"②,但两个术语在注释学科领域的无可替代性不容置疑。这也充分说明了该学科术语直接溯源于《古兰经》,并且不同于伊斯兰文化其他学科术语名称来源的特殊性质。

在《古兰经》注释学科发展的历程中,鉴于对经文解释领域的不断扩大,对经文研究深度和广度的不断深化,以及由于两个术语存在的共性和差异性,注释学界为统一注释学科的名称起见,最终采用"太弗西尔"作为该学科的统一名称。一方面说明术语的不同反映着注释内涵的差异,正如哲拉鲁丁·苏尤蒂所言:"太弗西尔系指对经文表面意义的揭示,而太厄维勒则是指那些在宗教知识上有特殊造诣或从事修行的学者对经文内在的微妙意义进行的探索。"③另一方面说明,注释家因"太弗西尔"和"太厄维勒"的不同内涵,始终对注释持谨慎态度。因此他们宁肯将自己的注释虔敬地称之为"太弗西尔",也不贸然将其称为"太厄维勒","一般伊斯兰学者都将自己对经文的解释,称之为太弗西尔,该词遂逐渐成为《古兰经》注释的专用名词,现已为世界各国穆斯林所通用。"④

---

① 穆罕默德·侯赛因·扎哈卜:《古兰经注释与注释家》卷1,开罗知识出版社2001年版,第19—22页。
② 宛耀宾总主编:《中国伊斯兰百科全书》,四川辞书出版社1994年版,第179页。
③ 同上。
④ 同上。

第三节 《古兰经》注释学的条件

正如学术界根据经文"他们每向你提出一种非难，我就启示你真理和更美满的解释"（25：33）、"只有真主和学问精通的人，才知道经义的究竟"（3：7），界定注释学科的专业术语"注释"（Al-Tafsir 与 Al-Ta'wil）那样，学术界亦根据这两节经文，将注释的权限和资格界定于少数人——"学问精通的人"，也就是伊本·阿拔斯界定的"众学者的注释"。①

那么，"学问精通的人"的标准是什么？具备哪些条件才能注释《古兰经》？在具备必须条件的基础上，还务必精通哪些学科知识才有资格从事注释工作？

首先，先知穆罕默德界定了"学问精通的人"。彼时，当他被问及"学问精通的人"时，作了如下回答："信守誓言、说话诚实、心底正直、操守贞洁，这些人属于学问精通的人。"② 同样，先知穆罕默德在听到一伙人争执不休时说："你们之前的人之所以灭亡，就是他们对真主的经典争执不休。真主之所以降示经典，就是为了让一部分证实另一部分，故你们不要顾此失彼。你们言你们知道的经文，你们不知道的就请教精通经文者。"③ 由此可以看出，先知穆罕默德对"学问精通的人"的界定，首先重视的是人的道德修养，其次才是应具备的学科知识，即"知道经义究竟者"。换言之，在他看来，"学问精通的人"是品学兼优的人。

其次，注释家将经文"学问精通的人"注释为："他们具有真才实学，始终如一地坚守真理，不偏不倚，不悖真理。"④ 当代注释学家、麦加大学法学与伊斯兰研究系的穆罕默德·阿里·萨布尼（Muhammad Ali

---

① 艾布·拜克尔·扎比尔·杰扎伊尔：《古兰经简注》第1卷，吉达奈哈尔·海尔出版社1990年版，第287页。
② 伊本·凯西尔：《伊本·凯西尔经注》第1卷，贝鲁特知识出版社1987年版，第355页。
③ 同上。
④ 艾布·拜克尔·扎比尔·杰扎伊尔：《古兰经简注》第1卷，吉达奈哈尔·海尔出版社，1990年版，第286页。

Sābun）教授，这样注释"学问精通的人"："知识渊博的人，相信隐微经文来自真主。"① 萨布尼教授从宗教信仰和知识学养双重角度解读了"知识渊博的人"。

据上，学术界为了使《古兰经》注释严肃且严谨地发展，为注释家制定了他们应该具备的学术原则、学科知识和学术修养。由此，无论从宗教信仰，还是从学科建设及其发展角度来讲，都能使注释成为只有"学问精通的人"才能涉足的学术领域。对此，注释家泰伯里（Al-tabrī，838—923）在《古兰经注释总汇》（Jāmi' al-Bayān fi Tafsir al-Qur'ān）的开篇中，综合性论及了注释家应当具备的学术条件："须知，注释家具有的修养首先是正确的信仰，以及遵循宗教之道。一个宗教信仰受到指责的人，其现世[行为]不能让人相信，又何以令人相信其宗教信仰呢？继而——如果他的宗教信仰是如此——不能令人相信他对世界的表述，又何以相信他对真主奥妙的表述呢？他一旦被控诉为叛教，就因其追求是非、欺骗人们而不能令人相信，如内学派的习惯作法，以及什叶派中诽谤先知穆罕默德弟子的拒绝派的执迷不悟；他一旦被控诉为欲望膨胀，就因其顺应异端而不能令人相信其收敛欲望，如反宿命论派的习惯。他们就《古兰经》注释著书立说，旨在默默地阐释，以便阻止人们追随先辈，恪守正道。"②

泽尔克西在《古兰学明证》（Al-burhān fi 'ulūm al-qur'ān）中，阐述了违背经训、教义和教法原则，不遵循注释学术条件就贸然注释《古兰经》的行为："须知，心存异端、骄傲自大、贪恋尘世、怙而不悛、信仰模棱两可或信仰微弱、依赖无知无识者的注释言论或侧重其见解而注释《古兰经》的人们，不可能理解启示的微言大义，《古兰经》的奥妙也不会为他显现。这些都是阻碍[注释经文]的瓶颈。"③

一 注释家的学术原则

学术界认为，注释学因经文的"启示"性质使然，成为一项严肃而严谨的学术工程，是常人不能涉足的学术禁区。为此，学术界指出，注释

---

① 穆罕默德·阿里·萨布尼：《萨夫沃经注》第1卷，贝鲁特笔社1986年版，第185页。
② 转引自哲拉鲁丁·苏尤蒂《古兰经学通论》，贝鲁特阿拉伯图书出版社2003年版，第854页。
③ 同上书，第866页。

家只有基于相应的学术原则，才能注释经文。今沙特阿拉伯古兰学专家曼纳尔·敢塔尼（Mannā' al-qattān）教授总结了八项①，试析如下：

（一）信仰虔诚

宗教信仰影响着信众的内部心理世界和外部行为世界。因此，注释学界认为，《古兰经》的宗教经典性质，决定了注释家应处于对伊斯兰教的虔诚笃信，本着高度负责的态度潜心治学，勤奋耕耘。虔诚信仰是注释工作的基础，它可以使注释家遵循伊斯兰教理和学理原则，一丝不苟地注释经文。反之，如果注释家随心所欲，甚至肆意注释经文，就会误导读者，贻害信众。以12世纪欧洲出现的《古兰经》译本为例，翻译《古兰经》的译者本着"歪曲、丑化、敌视伊斯兰教而翻译，旨在配合十字军行动，企图借翻译而批驳《古兰经》"的做法②，致使该译本错误百出。由此可见，虔诚信仰之于注释经文的重要性不言而喻。

（二）思想中正

注释家的思想主见，往往促使其根据自己所属派别的思想和观点注释经文，以便利用注释取得派别的合法性。诸如，伊斯兰早期历史上出现的反宿命论派、拒绝派（Rāfidah）③、内学派（Al-bātiniyyah）④，以及穆尔太齐赖（Mu'tazilah）等派，都脱离注释原理，自由注释。以穆尔太齐勒派为例，该派带有浓厚的神学理论和理性主义色彩。他们根据本派的五项基本原则——关于真主本体与属性的统一性、真主公平的必然性、人类意志自由、犯大罪是否具有信仰、理智具有辨别善与恶的能力——注释

---

① 曼纳尔·敢塔尼：《古兰学》，利雅得知识出版社1996年版，第340—342页。
② 林松：《古兰经在中国》，宁夏人民出版社2007年版，第6页。
③ 什叶派早期派别之一，系阿拉伯语"拉斐德"的意译，原意为"拒绝者"、"不接受者"。即指拒绝与逊尼派在教义问题上做适当妥协的人组成，故名。8世纪中叶，什叶派人中在教义上最接近逊尼派的一支栽德派，针对早年因争夺哈里发职位问题而引起的派系之争，曾提出和解主张。他们在承认阿里为先知穆罕默德的合法继承人的同时，亦承认前三代哈里发布·伯克尔、欧麦尔、奥斯曼的合法性，认为前三代哈里发均无大的过错，不必纠缠早年哈里发们的功过是非。这些主张意味着不仅接受四大哈里发的权威，而且应遵循他们传述的圣训、采取的政令、政策。因不符合当时正在兴起的阿里派的政治宗教主张，遭到阿里派的拒绝。"拒绝派"继续扩大队伍，于9世纪形成"伊玛目派"，继之形成"十二伊玛目派"。其称谓为后世学者所提出。——宛耀斌总主编：《中国伊斯兰百科全书》，四川辞书出版社1994年版，第269—270页。
④ 内学派即什叶派支派伊斯玛仪派（Al-ismā'iliyyah）。——详见宛耀斌总主编：《中国伊斯兰百科全书》，四川辞书出版社1994年版，第698—700页。

《古兰经》，使其符合他们的思想和观点。如果找不到支持他们观点的经文，就运用理性解释经文，以维护本派的思想主张。

（三）以经注经

学者们一致主张，但凡注释《古兰经》的人，首先当以经文注释经文。这是因为，在《古兰经》中，往往某一问题在某节经文中被概要提及，而在其他经文中得以详细阐释；某处以点带面的经文，但在另一处却被展开论述。以经注经在所有注释中最具权威，是注释的最高级别。

（四）以训注经

在伊斯兰文化领域，圣训的地位仅次于《古兰经》，圣训是对《古兰经》从遣词造句到微言大义的综合注释和进一步延伸。经文"我确已降示你包含真理的经典，以便你据真主所昭示你的［律例］，而替众人判决，"（4：105）"我降示你教诲，以便你对众人阐明他们所受的启示，以便他们思维"（16：44），定性了圣训注释经文的权威性，先知穆罕默德自己就此谈到："须知，我领受了《古兰经》，类似《古兰经》的则是圣训。"教法学家沙斐仪（Al-shāfi'i，767－820）谈及圣训注释经文时讲道："凡是先知判决的，都是他理解《古兰经》而得。"① 据此，注释家在无经文可依的情况下，首先当以相应的圣训注释相应的经文。

（五）溯源圣门弟子注释

圣门弟子是最接近先知穆罕默德的人，由于亲历《古兰经》降示状况，全面理解、知识正确、功修虔诚而最知经文。因此，注释家在没有经训可依情况下，当参照和遵循圣门弟子的注释。圣门弟子对注释所持的严谨态度尤为后人表率，他们从不贸然地注释经文。圣训学家艾布·阿卜杜拉·哈基姆（Abu'abd Allāh al-Hākim，伊历？—405）在圣训学专著《穆斯塔德勒克》（Al-Mustadrak）中，定性了他们的权威："经历启示降示的圣门弟子的注释，是合法的、被接受的注释。"②

（六）溯源再传弟子注释

注释家在既无经训可依，也没有圣门弟子注释依据的情况下，当溯源再传弟子的注释。哲拉鲁丁·苏尤蒂就圣门弟子和再传弟子的注释权威作

---

① 哲拉鲁丁·苏尤蒂：《古兰经学通论》，贝鲁特阿拉伯图书出版社2003年版，第853页。
② 同上书，第854页。

了精辟解释："凡是脱离圣门弟子和再传弟子的路道，以及他们的注释而背道而驰者，就是错误注释《古兰经》的人，甚至是标新立异者。因为圣门弟子和再传弟子是最知《古兰经》注释和《古兰经》大义者。同样，他们也是最知真主以《古兰经》派遣使者的真理者。"①

（七）精通阿拉伯语

《古兰经》的载体语言是阿拉伯语，因此理解经文必须借助阿拉伯语。但凡不懂阿拉伯语就注释经文者，势必会曲解经文，正如穆扎希德所言："对于任何确信真主和末日的人而言，不允许他在未精通阿拉伯语知识的情况下贸然注释《古兰经》。"② 有鉴于此，注释家务必精通阿拉伯语，尤其是阿拉伯语修辞。这是因为，注释家如果不懂得阿拉伯修辞，就很难透彻理解《古兰经》句式辞藻中所蕴涵的修辞意义。

（八）通晓相关学科

《古兰经》不仅仅是一部纯宗教意义上的文本经典，而是涵盖了诸多学科领域的经典。它不仅自身构建了诵读学、收集定本学、标注符号学等，还催生了教义学和教法学等学科。因此，注释家是语言学、古兰学、教义学和教法学等相关学科的集大成者。注释家只有在精通这些基本学科的基础上，才能透彻理解经文，正确注释经义。下文将阐述注释家应具备的学科知识。

二 注释家的学科知识

鉴于《古兰经》涵盖多学科的性质，因此注释学既是一个独立学科，也是一个与语言学、修辞学、法学、哲学、教义学等学科互相交织、互有关联的交叉学科。如果注释家缺乏与其相关的学科知识，注释时往往会顾此失彼，知其一而不知其二。如经文"至仁主已升上宝座了"（20：5）就是典型的案例，从词汇学角度是一种解释，从句法学角度是另一种解释；从修辞学角度是一种解释，从教义学角度又是另一种解释。仅此可以看出，"学问精通的"注释家，必须兼通与注释学交叉的相关学科，方能使注释尽善尽美，做到顾此不失彼。因此，伊斯兰文化史上，往往有注释

---

① 哲拉鲁丁·苏尤蒂：《古兰经学通论》，贝鲁特阿拉伯图书出版社2003年版，第859页。
② 同上书，第864页。

家精通数门学科，且在各个领域均有建树，并集中反映在《古兰经》注释领域。诸如法赫鲁丁·拉齐（Al-fakhr al-din al-rāzi, 1149 – 1209），在精通阿拉伯语言学诸学科的基础上，从哲学、自然科学角度注释经文的《幽玄之钥》（Mafātīh al-ghayb），堪称体现注释学学科交叉特点的代表作。他在精通注释学要求的相关人文学科的基础上，也"致力于运用哲学、天文学、宇宙学乃至动植物学、人体解剖学的各种知识来阐释《古兰经》的奥义"[①]。

鉴于注释的严肃和严谨，注释学科体系的需要，学术界制定了注释家必须具备的学科知识，以保障学术规范和注释质量。换言之，这些学科知识既是注释的必备工具，也是注释学与其他学科交叉的具体反映。注释家只有具备了这些学科知识，才能有效保证他们"释经而不越经"，才能使他们做到不无知无识、不断章取义、不臆断妄想地注释经文。哲拉鲁丁·苏尤蒂在《古兰经学通论》中，归纳了注释学需要的15门学科知识。

（一）语言学（'ilm al-lughah）

语言学是研究语言各个部分的总称，它的分支学科有语音学、词汇学、字源学、语法学、修辞学、风格学、语义学等。鉴于语言作为工具在社会交流、文化延续、学科应用等方面的不可或缺，语言学的地位尤显重要。注释学亦不例外。注释家具备的首要学科就是精通阿拉伯语言学，以便借助语言学阐经释义。穆扎希德就此讲道："对于任何确信真主和末日的人而言，不允许他在未精通阿拉伯语知识的情况下贸然注释《古兰经》。"教法学家马立克·本·艾奈斯（Malik ben Anas, 约715—795）谈及阿拉伯语言学对于注释经文的重要性时讲道："我必处罚不懂阿拉伯语知识的注释者，以罚他做百。"[②]

（二）语法学（'ilm al-nahw）

语法学是研究语言规律的学科。通过语法学，可以知悉语言结构中语法成分和结构关系所表示的意义，通晓语法意义的表现形式，以及词的构形变化、构词变化、名词、动词、虚词、语序、词组、句法关系等。鉴于《古兰经》构建和规范了阿拉伯语语法，以及语法对于注释的重要性，决

---

① 宛耀宾总主编：《中国伊斯兰百科全书》，四川辞书出版社1994年版，第304页。
② 哲拉鲁丁·苏尤蒂：《古兰经学通论》，贝鲁特阿拉伯图书出版社2003年版，第861页。

定了注释家只有在精通阿拉伯语语法，熟悉阿拉伯语言规律，掌握阿拉伯语言结构的基础上，才能正确解读经文大义。此外，学界尤其指出，是《古兰经》规范了阿拉伯语语法，而不能用语法规范来看待《古兰经》中的特殊语法现象。哲拉鲁丁·苏尤蒂在《古兰经学通论》中，尤其指出了注释家务必精通《古兰经》中频繁出现的典型语法现象，以及它们的具体用法。

1. 各类代词

阿拉伯语言学家的研究表明，阿拉伯语语法中没有代词（Al-damā'ir）这一类词，通常所讲的人称代词、指示代词、关系代词和疑问代词都归入名词词类中。同样，阿拉伯语动词中的内含人称代词和接尾人称代词也不是独立的，而是与动词变化相关的一体词。尽管阿拉伯语语法的代词不是独立的语法体系现象，但无论是动词中的代词还是名词中的代词，对它的运用、归属、前后互置、次序等，都需明确辨析，使其各归其位，各表其义。动词类中人称代词的变化，涉及动词的数和性的变化，动词变化后的词义也随之发生相应变化。名词类中的代词是具有代替名词作用的一种原生词，它的用途是用一个代词"代指"上文所提，不再重复。例如经文"顺服的男女、信道的男女、服从的男女、诚实的男女、坚忍的男女、恭敬的男女、好施的男女、斋戒的男女、保守贞操的男女、常念真主的男女，真主已为他们预备了赦宥和重大的报酬"（33：35）。在该节经文中，句末仅以代词"他们"，涵盖了句首提到的 20 种各类男女。因此可以说，阿拉伯语法学中的代词是衡量阿拉伯语法知识的标尺，如果错误理解了代词的所指和意义，那么整个句子大义也就产生歧义，乃至曲解。由于《古兰经》中各类代词的复杂，语法学家伊本·安巴尔（Ibn al-'anbāī，伊历？—338）的《解析古兰经中的代词》（Fi bayān al-damā'ir fi al-qur'ān），详细分析了经中动词和名词的各类代词。①

此外，《古兰经》中出现的大量人称代词——无论在动词句还是名词句中，如果注释家错误理解了其所指，也势必错误地理解经文大义。尤其是涉及真主本体的一些代词，如果理解不准确，则在阐释教义与演绎教法

---

① 哲拉鲁丁·苏尤蒂：《古兰经学通论》，贝鲁特阿拉伯图书出版社 2003 年版，第 448 页。

等方面发生歧义，产生误导。鉴于此，注释家精通代词，对于理解经文的重要性不言而喻。

2. 确指名词和泛指名词

确指名词（Al-ta'rīf）和泛指名词（Al-tankīr），是阿拉伯语名词范畴内的专业术语。确指名词是表示具体的某个（些）人或事物的名称，泛指名词是表示不具体的某个（些）人或事物的名词。确指名词和泛指名词在《古兰经》中比比皆是，且各自因用法不同，意义也不尽相同。因此，注释家在理解和注释经文时，务必掌握确指名词和泛指名词的具体用法与意义。

3. 阳性名词和阴性名词

《古兰经》中某些名词以阳性（Al-tadhkīr）或阴性（Al-ta'nīth）词型的出现，是根据经文上下文的具体要求而出现。这种情况从语法的固定角度来讲，似乎不符合语法的规范要求，但经文具有的特殊性使其脱离了固有的语法规律。例如，在常规动词句中，如果主语是阳性名词，则动词也必须以阳性形式出现；如果主语是阴性名词，则动词也当以阴性形式出现。但这一规律在《古兰经》中则不然，如果主语和动词之间插入其他词，则动词以阳性形式出现为最佳。如在经文"奉到主的教训后"（2:275）中，动词句的主语是阴性，动词也应该是阴性，但因其他词汇出现在动词和主语之间，因此动词以阳性形式出现。

4. 单数名词和复数名词

《古兰经》中，单数名词（Al-'iflād）和复数名词（Al-jam'）的用法较之常规数词，有其独特的用法和所指。诸如，有些词只以单数形式出现，如多节经文中出现的"大地"（Al-'ard）一词；有些词只以复数形式出现，如第39章第21节中的"有理智者"（Al-'albāb）一词，该词的单数形式是 Al-lunb；有些词以单数形式出现，但其意因语境不同，词形的单数或复数性质也发生变化，如单词"风"（Al-rīh），如果以复数词型出现则表示该词词义为"怜悯"；如果以单数词型出现时，则表示该词词义为"惩罚"。诸如此类例子不胜枚举。是故，注释家在精通阿拉伯语名词常规用法的基础上，根据经文的特殊现象和要求，解析经文中出现的大量单数名词和复数名词，而不能以常规语法现象加以解释。

5. 各种工具词

《古兰经》中出现的各类（名词、动词和虚词）工具词，要求注释家务必通晓它们。这是因为，工具词在经文不同位置的出现，使经文大义发生相应的变化，并对演绎教法产生决定性影响。哲拉鲁丁·苏尤蒂在《古兰经学通论》中，罗列了 60 种各类工具词。①

6. 其他语法现象

《古兰经》中还有关于同义词的用法、提问与回答的形式、动词或名词形式的召唤语、连词的具体用法，以及其他常见动词的特殊用法，都需注释家在其固有规律的基础上，根据《古兰经》的要求做出不同的判断、理解和注释，从而使注释达意、贴切。

（三）词法学（'ilm al-sarf）

语言是由语音、语法和词汇三部分组成，是语言的三大要素。其中，词汇又是语言中词语的总和，在语言结构中犹如建筑材料在建筑中的作用，没有词汇也就没有语言。作为阿拉伯语言学的重要组成部分之一，词法学的研究对象是动词的内部规律、内部结构，词汇的组成、分类、发展变化的规律，以及动词的性质、结构、意义、分类、使用等。

鉴于《古兰经》中的语言表述多以动词形式出现，注释家务必精通词法学，精通并熟练掌握词汇知识。语言学家伊本·法尔斯（Ibn fāris,？—1004）指出了词法学在解读经文中的重要性："谁不懂词法学，谁就失去了诸多的知识，例如动词 wajad 是一个多义词，但如果我们使其发生变化时，则该词的各种意义就会显而易见。"②

（四）字源学（'ilm al-'ishtiqāq）

阿拉伯字源学是阿拉伯语言学所有分支学科中的基础学科，它的研究对象是单词字母的构成、演变和派生。在阿拉伯语中，单词都有三个基本字母构成，通常被称为"词根"（Al-masdar）。在动词方面，基于三个基本字母，可以衍生出三母简式动词和三母复式动词、四母简式动词和四母复式动词。衍生后的词汇，不仅词的结构因字母的加减发生变化，词义也

---

① 参见哲拉鲁丁·苏尤蒂《古兰经学通论》，贝鲁特阿拉伯图书出版社 2003 年版，第 358—433 页。

② 哲拉鲁丁·苏尤蒂：《古兰经学通论》，贝鲁特阿拉伯图书出版社 2003 年版，第 865 页。

随之发生相应变化。在名词方面，可以派生出主动名词、被动名词、半主动名词、张大名词、比较名词、时空名词、工具名词、从属名词、指小名词，派生后的名词各具特性，意义也不尽相同。

阿拉伯词汇构成的复杂性，决定了相关学者只有在掌握词汇基本字母构成的基础上，才能进一步了解词汇的结构，及其在动词和名词中的衍生和变化，以及变化后的意义。哲拉鲁丁·苏尤蒂对此讲道："如果名词的字源派生于不同的字母元素，则意义也应字母元素的不同而有别。"[①] 如果说伊斯兰文化体系的其他学科可以允许研究人员不必绝对精通字源学，那么，注释学则要求注释家必须精通字源学——掌握和理解《古兰经》每个词汇的基础学科。

（五）辞达学（'ilm al-ma'ān）

辞达学是阿拉伯语修辞学的第一部分，它的主要目的是讲求文辞的达意，不求辞藻华丽，但求语义明确，语序通顺，切合题旨，随情应景。辞达学的主要内容是，解析句子主语和述语的关系、主语、述语、动词的关联词、限定词、祈使句、句子的分断和连接、句子的简洁、详细和文意的等同。

（六）辞巧学（'ilm al-bayān）

辞巧学是阿拉伯语修辞学的第二部分，它的主要作用是探求如何生动而形象地表达思想的方法，主张语体风格与文体内容相一致，力求文辞富有感染力，讲求语句的精练。借助辞巧学，可以选择和采用巧妙的表述方式而使言辞更加优美、更为贴切、更富魅力，从而使文义达到理想效果。辞巧学的主要内容是，比喻方法、本义与转义、相关转义、借喻、借代等。

（七）辞华学（'ilm al-badī'）

辞华学是阿拉伯语修辞学的第三部分，讲求如何对文字和意义两个层面进行修饰，既使文辞表述更加美妙，也使文义更加贴切准确。辞华学内容丰富，解读文字的方法较之辞达学和辞巧学更为具体、细化。修辞学家赛尔顿丁（Sa'd al-dīn，1321 – 1389）在《修辞学》（*Al-bayān*）中，详细阐述了辞华学的各种方法，中国穆斯林学者将其通称

---

① 哲拉鲁丁·苏尤蒂：《古兰经学通论》，贝鲁特阿拉伯图书出版社2003年版，第865页。

为"48 大法",诸如二字合文法、前后合文法、语调反归法、先集后配法、同类相似法、调头换尾法等等,不一而论。辞华学之于理解和注释《古兰经》,就是以该学科的各种方法进一步认识经文的雅美,理解经文所阐述的终极内涵。

以上三门学科——辞达学、辞巧学、辞华学,是阿拉伯语修辞学的分支学科,通称修辞学('ilm al-balāghah)。注释学界之所以规定注释家必须精通修辞学,是因为经训分别指出了修辞学的重要性。《古兰经》讲到:"至仁主,曾教授《古兰经》,他创造了人,并教人修辞。"(55:1—4)圣训指出:"修辞中有魅力。"修辞学家苏卡基(al-Sukāki,1160—1228)谈及修辞学对于理解和注释经文的重要性时,形象地将修辞学喻为盐:"对于味觉不敏感者而言,不可能知道盐的味道,因此理解《古兰经》的奥妙惟有通过辞达学和辞巧学方能感知。"① 修辞学家宰迈赫舍里(al-Zamakhshari,1075—1144)),一言蔽之了修辞学在注释领域的巨大作用:"注释真主的光辉经典和真主的奥妙语言的人们,必须透彻理解经文,明晰修辞的最佳境界。"② 由此可见,修辞学是"注释家研习的最重要的学科之一,注释家必须恪守修辞奥妙所要求的原则,只有借助这些修辞学知识才能领悟有关经文内涵。"③

鉴于修辞涉及经文内容的各个层面,是《古兰经》超绝性(Al-mu'jiz)的具体反映,因此识读和理解经文不仅局限在文字表面上,而是必须通过探究经文中的修辞效果,才能深入解读经文大义,阐释经文内涵。诸如,《古兰经》中的比喻经文、辩论经文、起誓经文、明确经文和隐微经文、普指经文和特指经文、概述经文和详述经文、绝对经文和相对经文等,无论从辞藻,还是从语体风格与表述形式上,都必须借助修辞学来加以理解和阐释。以经文"你不要把自己的手束在脖子上,也不要完全把手伸开,以免你变成悔恨的受责备者"(17:29)为例,如果仅从经文的文字层面来看,似乎不知所云,但如果从修辞角度加以解析,则知道这是一节比喻经文,喻指凡事当不偏不倚,采取折中态度。

---

① 哲拉鲁丁·苏尤蒂:《古兰经学通论》,贝鲁特阿拉伯图书出版社 2003 年版,第 865 页。
② 同上。
③ 同上。

（八）诵读学（'ilm al-qirā'ah）

诵读学是古兰学的基础学科之一，也称"'ilm al-tajwīd"。诵读学由于涉及词法学、语法学、声韵学、语言学，乃至音乐学，成为一门糅合了多门学科的综合学科。它的内容涉及阿拉伯语字母的音素、音位、音质、语音及其结构、语调、韵律、发音方法；字母的拼写，经文的分段与标符；诵读原理、音律规则、诵读方式；7个字母的具体内容与内涵，以及"7大诵经学派即伊本·阿米尔（630—736）、伊本·卡西尔（665—738）、阿绥姆（？—745）、艾布·阿慕尔（689—770）、哈目泽（700—773）、纳菲（？—785）、基萨伊（？—805）的各自诵读方法与诵读规则"①。

诵读学中，尤为复杂的是"7个字母"（Al-hurūf al-sab'ah）之说。对此，诵读学家们各执一词，既有35家之说②，也有40家之说。③ 曼纳尔·敢塔尼在《古兰学》（Mabāhith fī 'ulūm al-qur'ān）中删繁就简，概括出其中最具代表的几种说法。其一，七个字母的内涵是指命令、禁令、许诺、警告、辩论、故事、比喻，抑或是命令、禁令、合法、非法、明显经文、隐微经文、比喻经文。其二，7个字母即指7种读法④，具体是指阿拉伯半岛最著名的7种方言：古莱氏方言（qulaysh）、胡宰勒方言（huzayl）、塞吉夫方言（thaqif）、胡瓦扎尼方言（huwāzn）、凯纳尼方言（kanānah）、泰米姆方言（tamim）、也门方言（yaman）。其三，七个字母即在7个方面具有差异：（1）名词单数、双数、复数以及阳性与阴性的不同；（2）词语格位不同，语义也就产生相应变化或不变；（3）词法（过去式、现在式、命令式）变化的不同；（4）字母或单词前置与后置的不同；（5）字母或单词更换的不同；（6）字母增加与减少的不同；（7）7种方言在开口音、侧重音、轻音、重音、显读、鼻音、Hamzh 的读法、简化音，以及停顿时单词尾符读静音等方面的不同。

总之，诵读学是一门集诵读理论与实践为一体，囊括了多学科的综合

---

① 林松：《古兰经知识宝典》，四川人民出版社1995年版，第105—106页。
② 哲拉鲁丁·苏尤蒂：《古兰经学通论》，贝鲁特阿拉伯图书出版社2003年版，第131页。
③ 同上书，第123页。
④ 曼纳尔·敢塔尼：《古兰学》，利雅得知识出版社1996年版，第158页。

学科，在诵读、理解和注释，尤其是 7 个字母的具体内涵方面，具有重要作用。因此，注释家不但要精通诵读学，而且"必须具备若干条件：（1）要正确地、全面地理解经文的意义和内涵，了解经文下降的时代背景；（2）熟悉《古兰经》整体结构，了解其组成的字母、词、词组、句子、节、段落、单元、章、卷的构成及相互关系；（3）通晓阿拉伯语法学、音韵学、修辞学和各种诵读的标音符号；（4）了解《古兰经》的文体（即韵体散文）、语法结构、修辞和语言特色；（5）在不同的场合运用不同的声调、节律"①。

（九）教义学（'ilm al-'usūluuddin）

教义学也称"凯俩姆学"（'ilm al-kalām），是研究伊斯兰教信仰教义的专业学科，涉及真主及其属性、六大信条、宇宙和生命起源、终极归宿、认识论、人的思想行为等关乎信仰的各种问题。《古兰经》中大量涉及信仰教义的经文均需要不同程度地注释，如此才能进一步彰显其内涵，从而也就要求注释家务必在通晓教义学原理和方法等基础上注释经文。借助教义学，"注释者能够就关乎真主的真理、可许的和不可能的诸问题进行求证，以及正确思考关于先知之道、终极归宿等诸问题。"② 教义学家赛尔顿丁在其《教典诠释》中，总结了教义学的重要性，以及它之于注释的必然性："教义学是最贵重的学问，因为教义学是一切教律的基本，是一切宗教学科的领袖，其内容乃伊斯兰的信条，其主旨在于获得宗教的与世俗的幸福，其推理是依据断然的证据，而那些断然的证据，又大半是以经典的证据为作证的。"③

（十）法理学（'ilm al-'usūlu al-figh）

《古兰经》涉及立法的经文占全经的十分之一，散见于不同章节中。这些经文一般都作原则提示，不加以详解，只是以点带面地引申于其他类似的问题和情况。例如饮酒不利身心健康，法学界就将禁止饮酒的经文加

---

① 宛耀宾总主编：《中国伊斯兰百科全书》，四川辞书出版社 1994 年版，第 176 页。
② 穆罕默德·侯赛因·扎哈卜：《古兰经注释研究论集》，开罗圣训出版社 2005 年版，第 410 页。
③ 赛尔顿丁：《教典诠释》，马坚译，中国伊斯兰教协会 1988 年版，第 4 页。关于"凯拉姆学"，参见宛耀宾总主编《中国伊斯兰百科全书》，四川辞书出版社 1994 年版，第 284—285 页。

以演绎和创制，将其引申于所有麻醉人性理智的物品，如海洛因等违禁品都在禁酒的范畴之内。诸如此类经文涉及法学问题，法学界势必要依此创制，解决问题。鉴于创制教法，以及法学本身发展需要，伊斯兰法理学形成。法理学的"研究对象是根据法自真主启示而出的神圣立法原则，正确理解和阐释伊斯兰教法的渊源或理论基础，包括法的原理、准则、渊源、方法等"①。法学家依据法理学，研究伊斯兰法律渊源、法理依据和法律体现形式，伊斯兰教法的四大渊源——《古兰经》、圣训、公议和类比，以及择善、意见和教法的演绎与创制等辅助性法源。无论是教法学家，还是注释家，根据法理学及其方法，能够就涉及法律的经文进行注释和创制。尤其在注释特殊经文与一般经文、绝对经文与相对经文、先后停止经文、命令经文与禁令经文等，更离不开法理学。

（十一）降示背景学（'ilm al-'asbāb wa al-qisas）

《古兰经》启示过程中，三个原因——经文因时、因地、因人、因事而降示；圣门弟子请教先知穆罕默德解惑释疑；经文内容和编排的特殊性——致使一般读者对它的不甚知之，促使古兰学家和注释家分析相关经文的学术举措，催生了《古兰经》降示背景学。

首先，注释家解读经文时，务必了解经文的降示背景，做到依理依据注释。

其次，《古兰经》中虽然有些经文降示的原因是基于某一特定事件，或某一特殊人群，但却具有普遍性、普世性意义。因此，对于类似这样一些以点带面的经文，势必需要进一步解读才能展现经文具有的普遍意义和普世价值。如先知穆罕默德时代的犹太人，将行经期间的妻子逐出家门，不供她们吃喝，不与她们同室居住，因此有圣门弟子就此请教先知穆罕默德，故降示了这节经文："他们问你月经的［律例］，你说：'月经是有害的，故在经期中你们应当离开妻子，不要与她们交接，直到她们清洁。当她们洗净的时候，你们可以在真主所命你们的部位与她们交接。'真主的确喜爱悔罪的人，的确喜爱洁净的人。"（2：222）先知穆罕默德对此进一步解释道："你们与她们住在一起，除房事之外，你们可以做任何

---

① 宛耀宾总主编：《中国伊斯兰百科全书》，四川辞书出版社1994年版，第666页。

事情。"①

最后，注释家还必须研究经文降示背景的形式，即明确形式如"这节经文降示的背景是如此如此"、"有人问及先知遂降示了经文"等表述形式；可能形式如"这节经文为如此如此而降示"、"我认为这节经文只为如此而降示"等表述形式②，以及甄别某节经文降示背景的多家之说、经文降示背景在教育和伦理等领域的意义等。

(十二) 先后经文停止学 ('ilm al-nāsikh wa al-mansūkh)

《古兰经》数处经文提及了经文的先后停止现象，如经文"凡是我所废除的，或使人忘记的启示，我必以更好的或同样的启示代替它。难道你不知道真主对于万事是全能的吗？"(2：106) 根据类似经文，学者们一致认为，无论从理解经文内涵的理性角度，还是从演绎教律的实践角度来讲，停止经文是存在的。

《古兰经》中这种特殊现象的存在，产生了专门对其进行研究的学科——先后经文停止学。曼纳尔·敢塔尼在《古兰学》中，将其主要研究内容概括为：(1) 确立停止经文的理论依据。(2) 界定停止经文的定义，亦即用后来降示的经文停止并取代先前降示的特定律例。(3) 停止经文的内涵与哲理，如使法律随着伊斯兰社会的发展而趋向完善并使之以点带面。(4) 停止经文的类别，主要是：以经文停止经文，以圣训停止经文，以经文停止圣训，以圣训停止圣训。(5) 停止经文的表现形式。它只出现在涉及法律经文的命令与禁令中，不涉及信仰真主及其使者、经典、末日、伦理道德、宗教义务与社会交际。(6) 界定停止经文的方式。(7) 停止经文的类别，即诵读与律例同时停止，停止律例但保留诵读，停止诵读但保留律例。(8) 停止经文的各家之说，如犹太人之说、什叶派中的拒绝派之说、众学者之说。(9) 停止经文的节数，哲拉鲁丁·苏尤蒂在《古兰经学通论》中，统计了21节经文。

从以上经文先后停止学的研究内容不难看出，注释家，尤其是创制教法的注释家精通这门学科的重要性，"不知经文的先后停止，或许会以被

---

① 曼纳尔·敢塔尼：《古兰学》，利雅得知识出版社1996年版，第83页。
② 同上书，第85页。

停止的经文裁决法律,如此则不但自己陷入迷误,也殃及他人。"①

(十三) 教律学('ilm al-fiqh)

如果说伊斯兰法理学是对伊斯兰法律渊源和法律依据,以及创制教法的方法进行学理研究的学科,那么,教律学的研究对象则是,"除包括对宗教礼仪制度、民事法律规定和刑法的研究和正确理解外,还包括对诉讼程序、审判原则以及各主要法学派别的立法创制原理和对法律问题的不同见解等方面的探讨"②。由此,注释家精通教律学及其原理和方法,是注释法律性经文的必然举措。

(十四) 圣训学('ilm al-hadīth)

圣训的地位仅次于《古兰经》,它对于注释经文的重要性也就不言而喻。圣训学的研究对象是甄别、考证、分类和筛选圣训。精通圣训学,就能精确掌握和认识圣训内容的微言大义、内涵外延、时代背景、传述人的生平、修养和学识、圣训的传述系统。注释家掌握了这些知识,就能做到去伪存真,为制定教义教法、注释经文提供可靠的法理依据。鉴于圣训注经是仅次于以经注经的次源,因此要求注释家必须精通圣训学,借助圣训学选择和传述可靠的圣训注释经文,尤其在注释概略经文和含蓄经文时,更要依靠圣训。③

(十五) 禀赋学('ilm al-mawhibah)

禀赋学,从禀赋(al-mawhibh)的字面来看,似乎它既不是一门独立的学科,也不是为一般人所能具备的特殊知识,更不见得通过学习就能获得,正如哲拉鲁丁·苏尤蒂所说:"也许你不明白禀赋知识,并认为这不是人的能力所为。"④ 事实上,"禀赋知识并不像你所想,获得它的途径,就是通过工作与勤勉来获取必需的因素。"⑤ 经文 "你们应当敬畏真主,真主教诲你们"(2:282),以及圣训 "谁实践了他所知道的知识,真主

---

① 穆罕默德·侯赛因·扎哈卜:《古兰经注释研究论集》,开罗圣训出版社 2005 年版,第 362 页。
② 宛耀宾总主编:《中国伊斯兰百科全书》,四川辞书出版社 1994 年版,第 673 页。
③ 哲拉鲁丁·苏尤蒂:《古兰经学通论》,贝鲁特阿拉伯图书出版社 2003 年版,第 866 页。
④ 同上。
⑤ 同上。

就让他继承他所不知道的知识"明确告知①，禀赋学就是知行合一，言行一致，通过实践已知知识来敬畏真主，从而获得真主赋予的未知知识。在注释领域，凡具备以上14门学科知识，就具备了禀赋学，并能够借助它全面了解，深刻理解，正确注释《古兰经》。换言之，上述14门学科知识是禀赋学的基础知识，是使其成为一门不是学科的"集大成学科"。因此，但凡具备了其他14门学科知识，也就掌握了禀赋学，继而具备了注释的学科知识条件。

哲拉鲁丁·苏尤蒂在列举注释学要求具备的上述15门基础学科后，引证了古兰学家、圣训学家对注释学的综合性论述。他讲到，圣训学家伊本·艾布·敦亚（Ibn abu al-dunyā，？—894）在阐述《古兰经》学科的广泛性时，既形象地将其喻为无边无岸的大海："古兰学，以及从中衍生的学科，是没有岸边的大海"②，也定性了注释家具备以上15门学科知识的必然性："作为注释《古兰经》的工具，唯有掌握这些学科知识才能成为注释家。不具备而注释，就是臆断注释。如果用所掌握的这些知识去注释，则不为私欲注释。"③

综上所述，注释学是一门糅合了多门学科的综合性交叉学科，具有跨学科性质。可以说，注释学的学科性质决定了注释家必须是集多门学科于一身的学术集大成者。因此，历代著名注释家，无一不是基于以上学科知识，多角度、多层面地注释着经文，留下的丰硕成果也有力地推动着伊斯兰文化体系及其学术工程的繁荣和发展。

三　注释家的学术修养

注释学界根据经文"学问精通的人"的内涵，在界定注释家应该具备的学术原则和学科知识的基础上，进一步细化了注释家应具备的学术修养，形成了一个规范注释的学术条件链——学术原则→学科知识→学术修养。三者之间呈递进关系，互为依托，相辅相成。曼纳尔·敢塔尼综合各

---

① 转引自穆罕默德·侯赛因·扎哈卜《古兰经注释研究论集》，开罗圣训出版社2005年版，第362页。
② 哲拉鲁丁·苏尤蒂：《古兰经学通论》，贝鲁特阿拉伯图书出版社2003年版，第866页。
③ 同上。

家之说,概括了注释家应有的学术修养:①

(一) 立意明确

圣训"一切工作唯凭立意",是穆斯林学者从事伊斯兰文化工作的理论出发点。从事古兰学体系学科的研究人员尤为如此。因此要求他们务必立意明确,目标正确,通过善意、好学、嘉言、懿行、优注《古兰经》的学术成果,推动伊斯兰文化的全面建设和发展。

(二) 品行高尚

经训始终强调知行合一,言行一致,对知识的实践远胜于对知识的学理研究。注释家从事的研究工作性质,使其既是注释家,也是教育家,因此务必具有高尚品德,凡事中正,处事中道;遵循原则,以身作则,以实践知识的举措启发人们对知识的渴望与学习。

(三) 实事求是

注释家无论是传述他者的注释,还是凭借个人见解注释经文,都务必实事求是,力求内容真实,信息准确。注释家绝对不能子虚乌有地臆断注释,只有在确定传述内容真实无误的情况下注释经文。

(四) 谦虚谨慎

学术研究中,自以为是往往成为阻碍学术发展的无形屏障,注释学亦如此。因此注释家要想成功地注释《古兰经》,务必谦虚谨慎,戒骄戒躁。

(五) 自尊自爱

鉴于注释工作本身的严谨要求,注释家在注释期间要始终潜心静念,不为名所诱,不为利所惑。同理,不为名所注,不为利所释。

(六) 举止文雅

《古兰经》的宗教性质——信经典是伊斯兰教六大信条之一,决定了穆斯林对它的高度尊崇。因此古兰学体系的学科,较之其他学科更为严肃。基于此,注释学界要求注释家从事注释工作时,务必做到举止文雅,以示尊崇。

(七) 深思熟虑

正如《古兰经》要求穆斯林诵读它时要抑扬顿挫地诵读——"你应当

---

① 参见曼纳尔·敢塔尼《古兰学》,利雅得知识出版社1996年版,第342—343页。

讽诵《古兰经》"（73：4），注释家注释经文时也要保持从容心态，对任何经文的注释，都在深思熟虑后下笔，做到注释清楚，阐释详细，释文到位。

（八）引经据典

注释学界界定，任何注释家务必参考前人的注释文献，借鉴前人的注释方法从事注释工作。他们或者虚心求教于学识渊博的注释家，或者参照前人的注释成果，结合自己所处时代的特征，使自己的注释更趋完美。哲拉鲁丁·苏尤蒂对此的见解具有代表性："致力于注释真主语言的人们，必须步前辈之后尘，透彻理解经文性质，既信仰经文的表象，也信仰经文的大义，不得曲解经文、误注经文、想当然地注释。"①

（九）治学严谨

注释家注释前，首先要精心准备，寻求最佳方法注释。诸如，首先注释经文的降示背景、解释词义、阐述辞藻的结构、解析和界定经文意义时所依赖的修辞和句法理由；然后再阐释经文大义，以及经文在人们现实生活中的时代意义；最后创制经文蕴涵的法律条规，等等。如果精心准备了注释的前期工作，注释也就目标明确，切合经旨。

（十）宣扬真理

学术目的是服务真理，因此注释家要本着真理而注，为真理而释，这也是《古兰经》另一名称"真理"的内涵所在："［这是］从你的主降示的真理，故你不要怀疑。"（3：60）

哈立德·阿布杜拉·哈曼·俄克在《古兰经注释原理》（'Usūl al-tafsir wa qawā' iduh）中，基于曼纳尔·敢塔尼总结的10项学术修养，又作了如下补充：②

1. 注释家务必具备法律素养。换言之，注释家必须精通关于宗教义务、社会民事方面的法律经文，以及涉及这些方面的圣训，以便在注释法律经文时使经文各归其位，各得其所，不致阴差阳错。

2. 注释家必须熟记各时代注释家的经典见解，以便有助于他的注释和见解，使他的注释更趋正确。

---

① 哲拉鲁丁·苏尤蒂：《古兰经学通论》，贝鲁特阿拉伯图书出版社2003年版，第866页。
② 哈立德·阿布杜拉·哈曼·俄克：《古兰经注释原理》，贝鲁特纳法伊斯出版社2003年版，第188页。

3. 注释家当思维敏捷，思想坚定。生性迟钝者往往不能全面了解和理解经文，更不能对经文进行创制式注释。

4. 注释家要深知和掌握自己的内心活动，知道有利于和有害于注释工作的活动；知道尘世的干扰与内心的缺点，并能找到避及二者的有效途径，从而能够容易地注释经文。

5. 注释家要祈求真主启迪他正道与成功，使他谨防自以为是地注释经文。

6. 注释家当清平治学，不应贪恋尘世的荣华富贵，以免影响注释工作和注释效果。

第四节 注释《古兰经》的方法

自《古兰经》注释从口耳相传注释到文字注释至今，注释呈现出内容丰富化，派别多元化，方法多样化的格局。但无论注释如何发展，都需要明确的注释方法。有注释家根据《古兰经》章节顺序，逐章逐节地先注释经文，接着解析词汇，再阐述大义，最后阐释教义教法；有注释家先注释经文明文，后同时解析经文词汇及经文大义；有注释家不按照《古兰经》章节编顺序诸章诸节注释，而是先集中整理整部经中同一主题的经文，再综合注释该主题；有注释家先提出自己观点，再综合各家观点，后比较各家观点，最终选出自己认为最正确的观点作为经文的最终注释。

艾哈麦德·哲玛里·欧麦尔（'Ahmad jamāl 'umar）博士在《古兰经故事专题注释研究》（Dirāsāt fi tafsir al-mawdu'iyy li al-qisas al-qur'āni）中，总结了注释方法：分析注释法（Al-tafsir-al-tahliliyy）、概括注释法（Al-tafsir-al-'ijmāliyy）、专题注释法（Al-tafsir-al-mawdu'iyy）。沙特利雅得师范学院古兰学家法赫德·鲁米（Fahd al-rūmī）教授，在此基础上研究并补充了比较注释法（Al-tafsir-al-muqāran）。① 对以上两位学者的分类方法，穆萨伊德·坦雅尔（Mus'id al-tayyār）博士在《古兰学及古兰经注释原理论集》（Maqālāt fi 'ulūm al-qur'ān wa 'Usūl al-tafsir）中

---

① 法赫德·鲁米：《古兰经注释原理及注释方法研究》，利雅得塔伊布出版社2004年版，第57页。

认为，从注释学发展来讲，这 4 种古已有之的方法是现代学科体系分科的结果，并且都离不开"分析"（Taḥliliyy），尽管分析的量各有差异，"但总体来讲，99%的注释都在分析注释的范畴内，而之所以出现现有分类方法，是因为学术发展对古有方法的细化"①。据此，注释方法始终是传统与现代相辉映、相结合的互动体，由此而成的各种注释实践，则是注释学的最终学术成果。

尽管穆萨伊德·坦雅尔博士认为这种分类是学科发展的产物，但从注释方法的客观存在来讲，却是不容置疑的事实，因此无论是穆萨伊德·坦雅尔博士本人，还是法赫德·鲁米教授等人，都对这些注释方法作了学理分析。

一 分析注释法

在语言学层面，"分析注释法"（Al-tafsir-al-taḥlilyy）是由注释（Al-tafsir）和分析（al-taḥlilyy）两个词汇构成的一个词组，分析是注释的修饰语，注释是分析的具体对象。从语言学层面转换到学科术语层面，分析注释法就是全面分析、综合注释《古兰经》的一种方法，"注释家依照《古兰经》的章节顺序，逐词、逐句、逐节、诸章地注释整部经典，阐明每节经文的词汇意义、修辞哲理、降示背景、教义教法、经文大义等。"②

分析注释法是四种注释方法中最为普及的一种，也是所有注释家遵循的传统方法。自先知穆罕默德注释《古兰经》至今，绝大部分注释家采用该方法，从经文的遣词造句到微言大义进行分析式解读。

根据文献资料，早期注释家尤其是圣门弟子和再传弟子，在大致理解和注释若干节经文后，才开始学习和注释新的经文，圣门弟子阿布杜拉·麦斯欧德（'Abd Allah ben mas'ūd，伊历？—32）就此讲道："如果我们学习 10 节经文，只有在理解它的大义并付诸实践后，才学习新的经文。"同样，穆扎希德也讲道："我曾经 3 次请伊本·阿拔斯从头至尾解

---

① 穆萨伊德·坦雅尔：《古兰学及古兰经注释原理论集》，利雅得穆罕底斯出版社 2005 年版，第 239 页。

② 法赫德·鲁米：《古兰经注释原理及注释方法研究》，利雅得塔伊布出版社 2004 年版，第 57 页。

读《古兰经》，在每节经文前，我都请他解释该节经文。"① 继圣门弟子和再传弟子后，绝大部分注释家都采用这种传统方法，依照《古兰经》的章节顺序，循序渐进地注释经文，留下了大量珍贵的注释典籍。

注释家采用分析法注经时详略不一，各有特色，"既有通篇详注的多卷本，也有通篇简注的单行本；既有采用前人传闻的逊尼派注释家，也有别出心裁的他派注释家；既有详解历史、故事和以色列传闻的注释家，也有阐释修辞哲理的注释家；既有解读教律的注释家，也有详解科学的注释家；既有解析句法的注释家，也有详解教义学、哲学、苏菲哲学的注释家。"②

总而言之，无论是大部头的巨册注释典籍，还是单行本的注释典籍，以及无论从哪个角度注释《古兰经》，都不免需要从经文的整体上看待注释，因此注释也就互为关联，表里相及，互相支撑，形成一个完整的分析注释体系。同样，从这种方法注释的内容来看，它是一种对《古兰经》进行综合性分析和全方位解读的方法，因此学界又将其称为"综合性注释"。

二 概括注释法

概括注释法（Al-tafsir al-'ijmālyy），是指注释家依照《古兰经》的章节顺序，对整部《古兰经》作概括式注释。概括注释法与分析注释法的不同点在于，注释家不对经文的各个层面进行综合分析，只是概要阐释经文大义，从而使读者能够容易地理解经文的基本要义。

采用概括法，注释家依照《古兰经》的章节顺序，先将各章经文分类为若干单元，然后再阐明各单元的经文大义和主旨，并以某一词汇作为贯通经文与释文的纽带，以便告诉读者，注释没有脱离经文脉络，而是始终围绕着经文的词汇、表述和大义进行。

鉴于概括法的简单通俗，在现代媒介方法普及之前，多有注释家和清真寺的伊玛目采用它讲解《古兰经》。现代媒体方式普及后，除清真寺的

---

① 法赫德·鲁米：《古兰经注释原理及注释方法研究》，利雅德塔伊布出版社 2004 年版，第 58 页。

② 同上书，第 59 页。

伊玛目继续采用它,结合注释文献讲解外,现代注释家通过广播、电视、网络等媒介概括阐释《古兰经》。

相对分析法注释内容的广博、丰富和传统,概括注释方法一般只被少数注释家采用,因此成果远不及分析法的注释成果丰硕,主要有阿布杜·拉哈曼·赛阿德（'Abd al-raḥmān sa'īd）的《注释博施之主的语言》（Tafsir kalām al-mannān）、穆罕默德·曼肯·纳赛尔（Muhammad al-makki al-nāsir）的《简易注释》（Al-taysir fī 'aḥādith al-tafsir）等。①

三 比较注释法

比较注释法（Al-tafsir-al-muqāran）,是指注释家脱离章节排序,采用比较方法,选定某节或若干经文后,先整理所有与之相关的经文、圣训、圣门弟子、再传弟子与其他注释家对此的释文,以及其他天启经典就该内容的阐述,再比较经训及各家见解,最后界定最切实的注释。

鉴于比较方法的灵活,以及博采众长的性质,多有注释家采用该方法注释经文。法赫德·鲁米教授认为,最早采用比较法的注释家是泰伯里,他在《古兰经注释总汇》中,先列举了各家对每节经文的注释,再指出各家的证据并加以比较,最后侧重阐述和界定自己认为最切实的一家注释。②

比较法通常体现在以下几个层面：

（一）在经文与经文之间比较

注释家或比较多节经文大义的一致性,或比较多节经文在文字结构层面的差异性,旨在彰显另一节经文没有涉及的大义,以便使一节经文补充另一节经文,尽管所比较的经文在句式冗长与简捷、概括与详细、普指与特指等方面存在差异。比较注释经文具体反映在《古兰经》故事中。注释家先整理散见于不同章节中涉及某故事的所有经文,再给予比较注释,一则完整地勾勒了该故事;二则凸显围绕该故事发生的事件之间的纽带和相辅相成;三则揭示经文的降示背景,以及经文的表述由于辞藻、风格等

---

① 法赫德·鲁米：《古兰经注释原理及注释方法研究》,利雅德塔伊布出版社2004年版,第60页。

② 同上。

方面的差异而蕴涵的内在哲理。

（二）在经文和圣训之间比较

注释家将某节经文与某段圣训进行比较注释的做法，是基于该段圣训大义与所比较经文大义相吻合。换言之，该段圣训是对该节经文的直接注释。

（三）在《古兰经》、《旧约》与《新约》之间比较

犹太教、基督教与伊斯兰教均系一神教系统，《古兰经》中诸多信仰教义如宇宙论、末日论，人物事件如历代先知故事等，都与《旧约》、《新约》所叙在教义本质上一脉相承。因此，有些注释家围绕某一领域，在三教的三经之间进行比较注释，一则彰显《古兰经》作为终结天启的优越性和超绝性；二则揭示《旧约》、《新约》与《古兰经》的异同，如三经在"认一论"教义体系等层面的差异，在崇尚善恶、爱憎、和平、宽容、尊重、平等等价值观层面的共性；三则阐明《古兰经》的主旨与大义，折射其部分要义与以前天启经典阐述的相关教义的一体性。

比较"三教"的"三经"，一定程度上也是在比较宗教学的范畴内，无论是信仰教义层面，还是现世生活与普世价值层面。①

（四）在各注释家的注释之间比较

注释家采用该方法，不顾及各注释家的注释源和所属派别，而是先研究各家对某节经文的注释，再提出各家见解和证据并加以辨析与评述，最后界定出自认为最切实的注释。

四 专题注释法

专题注释法（Al-tafsir al-mawdu'iyy），是指注释家先选定某一专题，再将所有与之相关的经文悉数罗列，最后综合分析、研究和注释，如教义学家、教法学家、语言学家、伦理学家、人文社会学家、自然科学家，分别从学科角度出发，集中整理和注释那些涉及本学科的经文。

专题注释法的学术称谓，是 20 世纪现代学术分科体系的结果。该术语一经提出，就被埃及爱资哈尔大学宗教原理学院的《古兰经》注释系

---

① 法赫德·鲁米：《古兰经注释原理及注释方法研究》，利雅德塔伊布出版社 2004 年版，第 62 页。

采用，并专门为其设置了课程。①

20世纪以来，专题法之所以被广泛采用，有其特定时代背景。一些学者认为，因生命科学、医学、天文学，以及社会学、心理学、教育学、经济学等学科领域的要求，尤其时代问题的凸显，沿用延续千余年的传统分析法注释《古兰经》已经不能适应社会、时代和学科发展。为使伊斯兰文化和社会与时俱进，有必要采用新方法，通过新角度，更加细化地注释有关经文，以便最大限度地展现它的普世意义、社会作用、现实义理、时代价值。在此大背景下，现代意义上的专题注释法应运而生，并被视为伊斯兰文化借助经文注释解决各种现实问题、顺应时代发展的最佳方法之一。因此，现代注释家围绕某领域对相关经文的深入注释，推出了一些极富时代特征的注释成果。此外，该方法也被广泛应用于大学讲座、文化交流、学术研究等领域。

鉴于专题注释方法适应时代和学科发展的需要，以及较之以上三种方法具有的灵活性，学术界通过界定它的定义，说明它的功用。穆斯塔法·穆斯林（Mustafā Muslim）教授在《古兰经专题注释研究》（*Mabāhith fi al-tafsir al-mawduʻiyy*）中，列举了具有代表性的几种定义：②

1. 从《古兰经》角度，阐释有关思想、社会、宇宙生活领域的专题，达到以《古兰经》义理揭示《古兰经》各类内容的目的。

2. 将散见在《古兰经》各章中涉及某一专题的所有经文——无论是词汇还是哲理方面——汇集起来，再根据《古兰经》的主旨对其进行注释。

3. 阐释一章或多章中论及一个专题的所有经文。

4. 通过汇集不同章节中的经文，研究和探究那些大义与宗旨相一致的经文内容。

5. 它是依照《古兰经》各种宗旨，通过一章或多章经文来论及诸多专题内容的学科。

大致来讲，专题注释法主要体现在以下几个层面：

（一）以经注经专题

以经注经是最权威的注释。它一般反映在，某节经文仅概括了某问

---

① 穆斯塔法·穆斯林：《古兰经专题注释研究》，叙利亚笔社2005年版，第17页。
② 同上书，第16页。

题，而另一节经文则详细阐述了它，故详细阐述的经文就是对概括经文的补充和注释；明晰经文注释隐微经文，伊本·泰米叶（Ibn Taymiyah，1263－1328）就此讲道："注释《古兰经》最正确的途径就是以经注经。某节概括经文，得到了另一节经文的详解；某节简略经文在另一处经文中得到补充。"①

以经注经，最早追溯至先知穆罕默德。他以经注经的例子不胜枚举，圣训学家布哈里（Al-bukhārī，810－870）在《布哈里圣训实录全集》(*Saḥīḥ al-bukhārī*) 中记载，先知穆罕默德在解释经文"真主那里，有幽玄的宝藏，只有他认识那些宝藏"（6：59）中的"幽玄的宝藏"时说道："幽玄的宝藏是5个"，遂以经文对其加以解释："在真主那里，的确有关于复活时的知识，他常降及时雨，他知道胎儿的［性别］；而任何人都不知道自己明日将做什么事，任何人都不知道自己将死在什么地方。真主确是全知的，确是彻知的。"（31：34）换言之，先知所说的5个"幽玄的宝藏"，是指"只有真主知道复活日、何时降及时雨、胎儿性别、人明天将做什么、人将身死何方。"

先知穆罕默德生前，圣门弟子采取了他用一部分经文注释另一部分经文的做法。此后，历代注释家秉承这种方法，作为注释《古兰经》的首要源泉与方法之一。

（二）法律专题注释

早期部分法律学家和注释家，为逐步完善伊斯兰法律，以使其适应伊斯兰社会的发展，遂采取专题注释的方法，先分门别类地整理法律经文，如将涉及礼拜、天课等内容的经文分别作为一个专题，然后再对其进行详细注释，并从中创制出相关的律条，使伊斯兰法律逐步完善，始终与时俱进。《古兰经》作为伊斯兰法律的首要渊源，注释家除了狭义地注释那些直接涉及法律的经文外，还广义地注释了那些没有直接涉及法律的经文。

（三）语言专题注释

词汇作为《古兰经》文本的基本要素，注释家对它的重视程度，不逊于从任何角度研究和注释《古兰经》。可以说，解读经文词汇是解读经义的基础。从语言专题注释的时间来看，它与法律专题注释同步发展。语

---

① 穆斯塔法·穆斯林：《古兰经专题注释研究》，叙利亚笔社2005年版，第18页。

言学家采用语言注释的方法,先逐一解析经中所有词汇,解读各个词汇的语言规律,然后在此基础上了解《古兰经》对该词的具体运用,最后阐释各个词汇,尤其是多义词词汇在不同节文中的不同含义。

语言专题注释,从它的深度与广度来看,近似分析注释,但两者之间亦存在区别。主要体现在,专于语言专题的注释家仅从语言学角度,依照《古兰经》的章节顺序,详细地分析《古兰经》文本的基本要素——词汇,如生僻词汇与多义词汇,以及各词汇的具体运用及其词义。

(四) 研究专题注释

注释家们没有将注释的角度仅仅局限在《古兰经》的法律和语言层面,而是对《古兰经》蕴涵的各个专题分别予以整理和注释,如《古兰经》中的先后停止经文、比喻经文、发誓经文等。较之法律专题和语言专题层面注释整部《古兰经》的广泛性而言,研究性注释更为具体。它不仅仅停留在单纯注释的层面上,而是在纯学术研究的范畴内,注释和研究兼而有之。

研究专题注释,既是《古兰经》注释的重要方法之一,也是时代发展和学科需要的产物。在中早时期,注释家仅从古兰学和注释学本身发展的角度,研究性地注释《古兰经》的相关专题。近现代以来,穆斯林世界为了使伊斯兰教适应社会、经济、科技、文化等方面的时代发展,对相关经文作了划时代的阐释,如《古兰经》中的人类同源、男女平等、伦理道德、文化多元、政治经济,以及《古兰经》中的化学、数学、天文、医学、地理,等等。可以说,无论社会如何发展,时代如何变化,科技如何更新,注释家们都能从经文中找到根本答案,加以研究和注释。

注释学界在归类专题注释方法后,又进一步细化了专题注释的方法,并大致归纳为三种。可以说,这是对专题注释法的方法再归类,即如何对专题性经文进行归类和注释。

1. 归类整部经文中的同一词汇

注释家首先锁定经文中的某一个词汇,再集中整理该词汇及其派生词出现其中的所有经文,然后再注释它,揭示它的意义,探究它的具体用法。

就词汇的归类方法及解读的视角来看,这似乎属于上文论及的语言性注释范畴。事实上,两者之间具有显著区别,语言性注释仅限于界定每节经文中每个词汇的意义，不涉及该词在整部经文中的内在联系，因而它是纯语言学意义上的注释。而这种归类方法更为细化，跨越了语言学的注释范畴，注释家既要研究该词汇在不同章节语境中的意义及其内在联系，也要通过这种方法进一步彰显它在《古兰经》修辞奥妙方面的哲理，探究它的微言大义。

以"Al-khayr"一词为例，著名学者达姆加尼（Al-dāmghān）在《探究多义词》（'isrāh al-wujuh wal nazā'ir）中，阐释了该词在不同章节中的8种意义：

（1）"Al-khayr"意为"财产"，如在经文"你们当中，若有人在临死的时候，还有遗产，那么，应当为双亲和至亲而秉公遗嘱"（2：180）中。

（2）"Al-khayr"意为"信仰"，如在经文"假若真主知道他们心中还有一点儿善意，必使他们能听"（8：23）中。

（3）"Al-khayr"意为"伊斯兰教"，如经文"不信道者——信奉天经的和以物配主的——都不愿有任何福利从你们的主降于你们"（2：105）中的福利，即为伊斯兰教。

（4）"Al-khayr"意为"最"，如在经文"你说：'我的主啊！求你饶恕，求你怜悯，你是最怜悯的'"（23：118）中。

（5）"Al-khayr"意为"健康"，如在经文"如果真主使你遭受灾难，那么，除他外绝无能解除的。如果他使你享受福利，（那么，任何人不能干涉他），因为他对于万事是全能的"（6：17）中。译文中的福利，即为"健康"。

（6）"Al-khayr"意为"报酬"，如在经文"我为你们以骆驼为真主的标志，它们对于你们有许多用处"（22：36）中。

（7）"Al-khayr"意为"食物"，如在经文"他说：'我的主啊！我确需求你所降给我的任何福利的'"（28：24）中。译文中的福利，即为"食物"。

（8）"Al-khayr"意为"战争中的胜利"，如在经文"真主使不信道者未能获胜，忿忿而归"（33：25）中。①

---

① 法赫德·鲁米：《古兰经注释原理及注释方法研究》，利雅德塔伊布出版社2004年版，第67页。

2. 归类多章经文中的同一内容

注释家首先锁定某一专题，再整理和归类涉及该专题的所有经文，然后进行分析、探讨和注释。注释家通过研究同一内容的各种要素，围绕《古兰经》表述内容的风格，以章节形式阐释该专题的主旨，并引证经训，探究该专题与人类现实问题的内在联系，最终找出解决问题的方案。此外，注释家在归类同一专题的经文时，一般只关注专题内容的要旨，而不涉及诸如诵读学、修辞学、句法学等领域，除非在必须借助这些知识来解读经文的情况下，才对这些知识进行相对的注释。

归类多章经文中的同一内容，是专题注释法中的常见形式，因此古今专题注释文献也就层出不穷。伊斯兰中早期，专题注释文献主要围绕《古兰经》中的奥妙、先后停止经文、法律、比喻、故事、辩论、修辞、发誓等专题内容。近现代以来，注释家将专题注释的领域没有局限于《古兰经》本身以及伊斯兰宗教文化层面，而是扩大了注释范围——或注释经中论及的人类赖以生存的宇宙、天体、地球、星辰、海洋、山脉、植物、动物等专题；或注释经文论及人的形成，以及人的情感、心理、精神、灵魂、理智、伦理、道德、人性的高尚与卑贱等专题；或注释经文谈及的人的社会生活，诸如在部落、民族、国家中的家庭关系与社会关系、经济与政治关系、战争与和平的制度等专题；或注释经中关系到历史学、教育学、哲学、教义学等专题，从而使《古兰经》的时代性、普世性、现实性、指导性始终得到展现。①

3. 归纳一章经文中的同一内容

注释家运用这种归类方法，首先界定各章的主要宗旨，接着研究该章的降示背景，然后根据该章所属的麦加章或麦地那章属性，研究和注释该章经文的风格，以及上下文关系。最后，根据该章具有的独立属性，以及贯穿该章专题的枢纽，进一步揭示其总体要义。例如，凡是麦加章，主要是以详解形式阐述伊斯兰信仰的三大基础即真主独一、使者使命、末日复活，那么，研究者和注释者在任何麦加章中，都能找到这三个专题之一，并对其作全面解读。

---

① 法赫德·鲁米：《古兰经注释原理及注释方法研究》，利雅德塔伊布出版社2004年版，第68页。

归纳单章主旨要义的方法，中早期的注释家没有给予足够重视，通常只是概而言之各章的部分主旨，尤其是篇幅短章的主要宗旨。同样，注释家仅仅关注部分章中部分节文的内在联系，忽略了各章整体上的要旨大义，如法赫鲁丁·拉齐在《幽玄之钥》中的做法。

近现代以来，开归纳各章专题要义先河的是注释家赛义德·库特卜（Sayyid Qutub，1906－1966）。他在注释每一章之前，先给各章写一个导读，阐明各章的主旨要义、有别于其他章的特性、经文的叙述风格。他的注释典籍《在古兰经的阴荫下》（Fi zilāl al-Qur'ān），被注释学界视为注释各章专题要义的范式。①

---

① 法赫德·鲁米：《古兰经注释原理及注释方法研究》，利雅德塔伊布出版社 2004 年版，第 69 页。

第 三 章

《古兰经》注释发展史

自伊斯兰教先知穆罕默德领受《古兰经》并首开注释先河以来,《古兰经》注释逐渐发展成为伊斯兰文化体系中举足轻重的传统学科。《古兰经》注释历经两大时期形成并渐趋完善：口耳相传时期——上限始于先知穆罕默德，下限为再传弟子时期；文字记载时期——上限始于阿拔斯王朝初期，下限根据《古兰经》的末日教义论不得而知。《古兰经》注释的发展，以及涌现出的学术成果，充分彰显着历代穆斯林阐释《古兰经》微言大义的学术动态，深刻反映着伊斯兰文化学术的纵深发展。

第一节 《古兰经》注释的起源

先知穆罕默德作为《古兰经》启示的领受者，他的使者身份使他在传达《古兰经》、恢复"认一论"、传播伊斯兰使命的同时，亦受命背诵《古兰经》，以便为穆斯林树立背诵《古兰经》的"圣行"典范，使其自始至终保持问世时的原貌而不被篡改[①]，正如经文所言："我确已降示教诲，我确是教诲的保护者。"（15：9）同样，先知穆罕默德也被责成阐释《古兰经》，以便使穆斯林进一步理解、思考和遵循它："当我诵读它的时候，你当静听我的诵读。然后解释它，也是我的责任。"（75：18—19）"我降示你教诲，以便你对众人阐明他们所受的启示，

---

① 《古兰经》自降示以来，基于两个原因始终保持原貌，一是书写于册，二是背记于心。

以便他们思维。"(16:44)这些经文既肯定先知穆罕默德对《古兰经》从遣词造句到微言大义的透彻理解和具体运用,也界定了他的注释权威。因此,他对《古兰经》的理解和注释也被囊括在启示范畴:"你们的朋友,既不迷悟,也未迷信,也未随私欲而言,这只是他所受的启示。"(53:2—4)据此,先知穆罕默德的言行——被中国学者雅译的"圣训",也是源自真主的"启示"(Al-wahy)——古兰学家将启示分为:明显的启示,即意义和辞藻皆来自真主的《古兰经》;隐微的启示,即圣训,其意义和内涵源于真主,但语言表述、组织结构、遣词造句出自先知穆罕默德。[①]

根据经文,先知穆罕默德对《古兰经》的理解、领悟和注释,他人不能比及。他之外的人,无论是穆斯林还是非穆斯林,全面了解、正确理解、具体实践和综合运用《古兰经》的前提,则务必借助他的注释,因为"只有借助先知穆罕默德的阐释,人们方能领悟真主启示给先知的经文大义"[②]。反之,如果不借助注释,就因不能正确理解和深刻领悟经文大义而产生歧义,乃至望文生义、曲解经义、断章取义。对此,先知穆罕默德严厉禁止:"谁无知地对《古兰经》说三道四,就让他准备好火狱的座位。"[③] 鉴于此,无论处于维护《古兰经》原始性和庄严性之目的,还是人们对《古兰经》的理解和实践,以及构建伊斯兰文化体系等,都需要注释。否则,就会违背《古兰经》原则和精神,而这不被《古兰经》、圣训和伊斯兰义理所允许。

根据《古兰经》,真主每派遣使者,都是以该使者所属民族的语言启示经典,从而首先使该民族理解并奉行经典,继而延伸至其他民族,"我不派遣一个使者则已,但派遣的时候,总是以他的宗族的语言(降示经典),以便他为他们阐明正道。"(14:4)据此,就认知《古兰经》的理论而言,由于《古兰经》是用阿拉伯民族的语言降示

[①] 哈立德·阿布杜拉·哈曼·俄克:《古兰经注释原理》,贝鲁特纳法伊斯出版社2003年版,第38页。

[②] 穆萨伊德·坦雅尔:《古兰学及古兰经注释原理论集》,利雅得穆罕底斯出版社2005年版,第121页。

[③] 《六大部圣训全集》之《提尔米兹圣训集》,利雅得和平出版社2000年版,第1948页。

的经典，故他们理解经文享有得天独厚的优势。伊本·赫勒敦指出："《古兰经》是用阿拉伯人的语言，以及他们的修辞风格所降示，故他们都能理解《古兰经》的意义，知晓《古兰经》的字词和结构。"①

尽管如此，但在具体实践中，还有一些不能被全体阿拉伯人认知和理解的经文，即使与先知穆罕默德同时代，并且较之其他阿拉伯人更深谙《古兰经》的圣门弟子，也因悟性异同、理解不一和知识差异，造成对经文的理解不尽相同。例如，第二任哈里发欧麦尔（'Umar, 584—644）在诵读经文"水果和牧草"（80：31）时说："我们都知道'*Fakih*'（水果），可'*aban*'（牧草）是什么？"他在不得其解后自语："欧麦尔啊！这的确很为难。"② 又如，圣门弟子伊本·阿拔斯说："我曾不明白经文'天地的创造者'（6：14）中的'*Fatir*'（创造）作何解释，直到两个乡下人为一口井来我这儿诉讼，其中一人说'我挖了这口井'，另一人说'是我开了这口井'，[我这才明白了'*Fatir*'是创造的意思]。"③

从以个两个实例可以看出，具有较高文化素养的哈里发欧麦尔，以及后来被称为"经注学真正奠基者"的伊本·阿拔斯尚且如此④，更何况他们之后的穆斯林呢？因此，伊本·赫勒敦在指出阿拉伯人因母语关系而具有理解《古兰经》优势的同时，也由点及面地指出，先知穆罕默德曾给圣门弟子解释《古兰经》他们不解的经文，"先知曾解释《古兰经》，区分停止和被停止的经文，并给他的众弟子解释之，故他们了解经文的降示背景及其内涵"⑤。早于伊本·赫勒敦数世纪的法学家、圣训学家、文学家、语言学家伊本·古太白（Ibn Qutaybah, 828 - 889）也指出："阿拉伯人对理解《古兰经》中的生僻词汇与雷同经文不尽相同，

---

① 伊本·赫勒敦：《历史绪论》，贝鲁特阿拉伯遗产复兴出版社1999年版，第438页。
② 穆罕默德·侯赛因·扎哈卜：《古兰经注释与注释家》卷1，开罗知识出版社2001年版，第34页。
③ 同上书，第35页。
④ 邵基·戴伏：《阿拉伯文学史》之《伊斯兰时期》，知识出版社1981年版，第29页。
⑤ 伊本·赫勒敦：《历史绪论》，贝鲁特阿拉伯遗产复兴出版社1999年版，第438—439页。

而是一些人胜于另一些人。"①

先知穆罕默德去世后，随着哈里发帝国的建立，伊斯兰教向半岛外逐步传播，波斯、突厥、柏柏尔等民族相继信奉伊斯兰教，穆斯林社会和文化随之发生巨大变化。尤其自阿里（'Ali, 600-661）任第四任哈里发（656—661在位）以来，穆斯林社会面临严峻挑战，内部矛盾激化并爆发了内战，更甚者则是思想的分化，终围绕哈里发继承问题分化出了逊尼派、什叶派和哈瓦利吉派，围绕信仰问题产生了穆尔太齐赖派、意志自由派和宿命论派等。在派别相继诞生，新生事物层出不穷的背景下，解决伊斯兰教发展的适应性，处理穆斯林社会面临的诸多问题，均要借助《古兰经》。因此，研习《古兰经》成为穆斯林学者的首要任务。在《古兰经》只是原理原则，只有对它全面注释才能使其发挥应有职能的情况下，《古兰经》注释的学术工程也就势在必行，应运而生。

除了时代和社会条件的需要以外，《古兰经》注释的兴起还符合伊斯兰义理和伊斯兰文化学科发展的需求。任何一部经典，人们对它的认识和理解不会仅仅停留在语言层面上，而是必须深究它所蕴涵的意义才能彰显其应有价值，尤其对于阐发《古兰经》义理，是伊斯兰各学科发展的渊源和前提。凡此种种，注释之于《古兰经》，是其问世后的必然需要和发展趋势。

据上，伊斯兰文化学术界根据《古兰经》和圣训定论，注释《古兰经》的学术工程始于先知穆罕默德。他注释经文的动因，一是受命注释，二是圣门弟子对某些经文不解而请他解惑释疑，由此开注释先河。先知穆罕默德注释《古兰经》的圣行举措，为后世注释家遵循其遗训，秉承其精神全面解读经文大义，构建注释学术体系，并由此丰富伊斯兰文化，解决时代问题，引导和推动穆斯林社会发展起到了继往开来的作用。《古兰经》责成和肯定先知穆罕默德解读经文的权力和资格后，注释工程从未间断。自圣门弟子至今，《古兰经》注释始终是伊斯兰文化体系中最活跃，成果最卓著的学术活动之一。

---

① 穆罕默德·侯赛因·扎哈卜：《古兰经注释与注释家》卷1，开罗知识出版社2001年版，第36页。

从注释的理论和实践角度来讲，伴随着《古兰经》第96章第1—5节经文的开始启示，至第2章第281节经文的最后启示①，《古兰经》注释与启示的时间大体上相伴相生。②《古兰经》注释无论就其学科自身发展而言，还是根据伊斯兰文化伴随阿拉伯伊斯兰帝国的历史发展来讲，历经了两大发展时期——口耳相传时期，包括先知穆罕默德、圣门弟子与再传弟子阶段；以及文字注释时期。这两大注释时期，既与伊斯兰文化的整体发展息息相关，也具有鲜明的学科发展特色：再传弟子注释家创办了极具学术性质的三大注释学校；注释脱离圣训学而自成学科体系且成果斐然；自文字注释以来注释的整体历史跨度较大；随着社会发展和时代变迁，尤其近现代以来科学技术的突飞猛进，注释内涵较之伊斯兰早期与中世纪而言，都基于经训原则，与时俱进地发生着相应变化。

第二节 《古兰经》注释的发展

一 口耳相传注释时期

伊斯兰教黎明时期的文化学术活动，主要体现于收集、成册和定本《古兰经》，以及采取"口耳相传"（Al-naql）形式阐经释义、传述圣训、解读训喻、演绎教律、叙述历史、布道传教等。其中，先知穆罕默德及其圣门弟子与再传弟子以口耳相传形式，阐释《古兰经》微言大义的文化活动和学术举措，则是《古兰经》注释形成的雏形时期。

---

① 该节经文为："你们当防备将来有一日，你们要被召归于主，然后人人都得享受自己行为的完全的报酬而不受亏枉。"另有说法，最后降示的经文为第5章第3节经文："今天，我已为你们成全你们的宗教，我已完成我所赐你们的恩典，我已选伊斯兰做你们的宗教。"事实上，该节经文为辞朝时所降，距离先知穆罕默德去世还有81日。而第2章第281节经文则在先知穆罕默德去世前8日所降，因此从时间来讲，该节经文为《古兰经》最后降示的经文。——阿卜杜拉·哈曼·曼苏尔·沙尔：《古兰经百科问答》，利雅得塔威格出版社2004年版。

② 根据圣训，先知穆罕默德首次接到启示即第96章前5节经文后，内心在诚惶诚恐的状态中度过，因此从理论上讲，初期降示的若干节经文还没有具备被注释的主客观条件，由此决定了注释的学术序幕并不是启示初期就已经开始。但从注释的宏观角度来讲，注释与《古兰经》的降示相伴而生。

(一) 先知穆罕默德注释阶段

作为真主的使者,先知穆罕默德既是《古兰经》的领受者和传达者,也是人类对《古兰经》的终极认知者和权威注释者。先知穆罕默德受命注释《古兰经》,以及应门弟子之请解惑疑难经文,构成了他注释经文的主观内因和客观外因,并由此揭开了伊斯兰文化体系注释《古兰经》的学术活动序幕。根据经文"你们的朋友,既不迷悟,也未迷信,也未随私欲而言,这只是他所受的启示"(53:2—4)对先知穆罕默德言行的定性,圣训是对《古兰经》在宏观层面的整部注释。同样,从注释学视角来看,先知穆罕默德对某些经文的具体解析又具微观层面的局部注释。诚然,无论是宏观还是微观,先知穆罕默德注释经文的使命性、权威性和始源性,为《古兰经》注释及注释学的形成与发展奠定了深厚的理论基础、注释典范和实践基调,使始终"信经而不僵经"的穆斯林"释经而不越经"。

1. 先知穆罕默德的注释动因——受命注释与解惑释疑

如上所述,先知穆罕默德既是《古兰经》的领受者,也是传达者,更是人类中对《古兰经》微言大义的终极认知者。因此,使者身份使他既受命保护《古兰经》,"我确已降示教诲,我确是教诲的保护者"(15:9),也肩负注释重任,"我降示你教诲,以便你对众人阐明他们所受的启示,以便他们思维。"(16:44)"集合它和诵读它,确是我的责任。当我诵读它的时候,你当静听我的诵读。然后解释它,也是我的责任。"(75:17—19)毋庸赘言,这三节经文开宗明义定性了先知穆罕默德由背诵到注释《古兰经》的必然性和使命性,也是他注释《古兰经》的主观内因。

根据经文,先知穆罕默德的使者身份决定了他对《古兰经》从微言大义到精神内涵的认识和理解是透彻到位的。故从使者个体角度来讲,阿拉伯民族出身的先知,领会贯通阿拉伯语的《古兰经》毋庸置疑——因为他是真主的使者、《古兰经》的承受者和权威阐释者。然而,这对于同样身为阿拉伯人的圣门弟子而言却不尽然,一则他们不能像先知穆罕默德那样,透彻理解某些经文的终极内涵;二则尽管他们也身为阿拉伯人,但对于一些经文大义的终极理解相对先知穆罕默德而言不但具有局限性,而且对于经文蕴涵的深刻奥义与超绝性,甚至有些词汇辞藻等内容都不能全方位理解,"《古兰经》虽是纯粹的阿拉伯文,但是圣门弟子并不是人人一听到之后,便能够综合地、分析地理解"①。即使他们能够相对理解,但也因种种原因不尽相同,正如伊本·古太白所言:"阿拉伯人对理解《古兰经》中的生僻词汇与雷同经文不尽相同,而是一些人胜于另一些人。"② 尤其"《古兰经》里又有若干章节,意义隐晦,难于领悟,除少数人外,不易认识其中的意义。"③ 因此,自先知穆罕默德的妻子赫蒂彻(Khadījah,约555—620)等人相继信奉伊斯兰教,到他去世前的23年时间内,应众弟子请求解惑疑难经文,成为他注释《古兰经》的客观外因。

综上,每有经文降示,先知穆罕默德便受命给门弟子作相应程度的阐释(指注释的量化和注释的内容),是他注释经文的主观内因。同样,圣门弟子遇到疑难经文请教他解惑释疑,是他注释的客观外因。主客观双重因素形成的"先知注释",被后人以圣训形式辑录成册,如《布哈里圣训实录全集》和《穆斯林圣训实录全集》,都辟有《古兰经》注释的专门篇章,以及相关注释文献如泰伯里的《古兰经注释总汇》、伊本·凯西尔的《伊本·凯西尔古兰经注》等,都引证圣训注释经文,"先知曾注释《古兰经》,区分停止和被停止的经文,并给他的门弟子们解释之,故他们了解经文的降示背景及其内涵"④。可以说,鉴于圣训是《古兰经》的第二权威注释源,故后人注释经文均需圣训为证为源,不能离训成注。这是因为,圣训是"对《古兰经》的解析和说明,正如伊玛目沙斐仪所言:'先知所断定的一切皆是他对《古兰经》的理解,真主说:'我确已降示你包含真理的经典,以便你据真主所昭示你的(律例),而替众人判决。'(4∶105)"⑤ 同样,根据先知穆罕默德对自己言行的定性:"须知,我领受了《古兰经》,以及类似《古兰经》的",他所领受的"类似《古兰经》"即"圣训"。⑥ 据此,圣训成为圣门弟子注释经文的次源。

---

① 艾哈迈德·爱敏:《阿拉伯-伊斯兰文化史》第1册,商务印书馆1982年版,第211页。
② 穆罕默德·侯赛因·扎哈卜:《古兰经注释与注释家》卷1,开罗知识出版社2001年版,第36页。
③ 艾哈迈德·爱敏:《阿拉伯—伊斯兰文化史》第1册,商务印书馆1982年版,第212页。
④ 伊本·赫勒敦:《历史绪论》,阿拉伯遗产复兴出版社1999年版,第438—439页。
⑤ 哲拉鲁丁·苏尤蒂:《古兰经学通论》,贝鲁特阿拉伯图书出版社2003年版,第853页。
⑥ 同上。

2. 先知穆罕默德的注释量——整部注释与局部注释

经文"你们的朋友,既不迷悟,也未迷信,也未随私欲而言,这只是他所受的启示"(53:2—4)对先知言行的定性,界定了圣训实质上就是对《古兰经》的权威延伸——整部注释。那么,从圣训延伸和具体实践经文微言大义这个角度来讲,先知穆罕默德注释整部《古兰经》的学理就有据有理。

然而,从后期形成的注释学学科角度看先知穆罕默德对《古兰经》的注释实践,他注释整部经文又不尽然。从表面看,这似乎与他注释整部经文的学理,尤其是经文对其言行的定性有所出入。然而,从他注释的具体实践来看,他对经文的注释反而更加具体化、微观化和明确化,从而使后人能够清楚地知悉他的具体注释。更进一步讲,作为首位注释人和注释学科开拓者,先知穆罕默德如此具体化和微观化地注释经文,才真正意义上为后期注释学这一体系庞大而持久的学科的建立和发展,奠定了学理渊源和实践基础。

如上,学界首先据理据证定性了先知穆罕默德注释《古兰经》的实践,并一致将他的注释界定在五个主要层面上——综合解析和阐述、延伸解释词义、扩充教法律例、阐述先后停止经文、强调业已明确事务,下文将予以阐述。其次,学界就先知穆罕默德是宏观注释了整部《古兰经》,还是微观注释了局部经文,形成了两派之见。

以伊本·泰米叶(Ibn Taymiyah,1263-1328)为代表的学者认为,先知穆罕默德注释了整部经文的大义和词汇,"必须明确的是,先知既给众弟子解析了《古兰经》的意义,也给他们分析了《古兰经》的词汇。因为经文'以便你对众人阐明他们所受的启示'(16:44)就包括经义与词汇在内。"[①] 该派观点主要基于以下依据:[②]

(1)经文"我降示你教诲,以便你对众人阐明他们所受的启示,以便他们思维"(16:44)中的单词"阐明"(Al-bayān),本身就涵盖了经文的大义和词汇。因为他阐明所有词汇,必然要阐明经义,否则就造成对真主

[①] 法赫德·鲁米:《古兰经注释原理及注释方法研究》,利雅德塔伊布出版社2004年版,第15页。

[②] 穆罕默德·侯赛因·扎哈卜:《古兰经注释与注释家》卷1,开罗知识出版社2001年版,第49—50页。

责成他"阐明"经义任务的缺失。

（2）再传弟子艾布·阿布杜·拉哈曼·苏里米（Abu'abd al-rahmān al-sulaymi）传述的圣训，说明先知穆罕默德注释整部经文的必然性，"曾经给我们诵读经文的人如奥斯曼·本·阿凡与阿布杜拉·本·麦斯欧德等人告诉我们，他们向先知学习经文不会超过十节，直至他们领会经文中的知识并加以实践。他们说，我们同时学习《古兰经》、知识并加以实践。"这是因为在先知"穆罕默德时代，还没有如后来那样背诵全部《古兰经》的风气，大抵先背诵一章或数节，懂得意思后，又背诵新的章节。背诵《古兰经》者，多为圣门弟子，如奥斯曼·阿布杜拉和伊本·麦斯欧德等人。他们跟从穆圣学习《古兰经》每次不超过十节，必须懂得了十节的内容，才学习新的"[①]。教法学家、圣训学家马立克，在其编纂的伊斯兰文化史上第一部圣训集《穆宛塔圣训集》（Al-Muwatta）中记载，哈里发欧麦尔的长子伊本·欧麦尔（Ibn'umar，613－692）曾花8年时间背诵黄牛章。部分圣门弟子之所以花如此多的时间背诵《古兰经》，是因为经文"这是我所降示你的一本吉祥的经典，以便他们沉思经中的节文"（38：29）"我确已把它降示成阿拉伯文的《古兰经》，以便你们了解"（12：2）中的"沉思"（Al-tadaabur）和"思考"（Al-'aql）使然——不理解经文不可能思考经义，而思考经文就包括了理解经义。这些文献和事实充分证明，圣门弟子既向先知穆罕默德学习了整部经文大义，也学习了整部经文的词汇。换言之，先知穆罕默德给众弟子注释了整部《古兰经》。

（3）理解任何语言的表意，不仅在于语汇，更在于语义，《古兰经》尤为如此。诸如医学和数学之类的学术著作，一般人往往未经解释尚且无法阅读，更何况是真主的语言《古兰经》——穆斯林借此得以保护，成功与幸福，立教与立世！

（4）伊玛目艾哈麦德（'Ahmad，伊历？—204）与伊本·马哲（Ibn mājah，伊历—273）根据圣门弟子欧麦尔传述的圣训，说明先知穆罕默德注释了整部《古兰经》，"最后降示的经文中有高利贷的经文，先知未注释该节经文就归真了，这就意味着先知曾经给圣门弟子注释了所有经文。而先知之所以没有注释这节经文，是因为他在其降示后不久归真所致，否

[①] 艾哈迈德·爱敏：《阿拉伯—伊斯兰文化史》第1册，商务印书馆1982年版，第211页。

则这节经文就不会另有他理。"

伊本·泰米叶等人根据经训依据和逻辑推理，主张和定性先知穆罕默德曾经注释了整部《古兰经》。尽管他们的主张求证经训，并且逻辑推理符合学理论证，但这恰好与以哲拉鲁丁·苏尤蒂为代表的学者，主张先知穆罕默德仅注释少量经文的观点形成鲜明对比。主张先知仅注释少量经文的学者求证如下：①

（1）圣妻阿伊莎曾说，先知穆罕默德仅注释了可数经文——天使哲卜拉伊勒教授给他的。

（2）先知穆罕默德不可能阐释整部经文，而只可能阐释了少量经文。因为真主没有以明文命令他注释整部经文，而是让穆斯林自己去思考《古兰经》——探析经文终极目的，旨在启发穆斯林阐发经中各种义理。

（3）如果先知阐释了整部经文的意义，他就不会特意为圣门弟子伊本·阿拔斯祈求："主啊！你使他通晓伊斯兰教，教授他注释。"因为阐释整部经文，意味着他必然要一视同仁地让众弟子都知晓注释，因此他为什么要特为伊本·阿拔斯祈求呢？

综上，两派就先知穆罕默德注释整部经文与否，各执己见，并且都言之有据，论之有理。鉴于各家之言不能最终说明事理并给予定性，为还原究竟且给予学术定论，法赫德·鲁米教授综合泰伯里的《古兰经注释总汇》、伊本·凯西尔的《伊本·凯西尔古兰经注》、艾布·罕雅尼的《海洋》、哲拉鲁丁·苏尤蒂的《古兰经学通论》、穆罕默德·侯赛因·扎哈卜教授的《古兰经注释与注释家》中的观点，作了逻辑推理和学理解析。他认为，尽管两派意见都言之有据论之有理，但都不免牵强且言过其实，真实的情况是先知穆罕默德没有阐释整部经文，理由是：②

（1）理解经文要借助对阿拉伯语的通晓，而《古兰经》是用阿拉伯人的语言所降示，因此有些经文无须阐释，圣门弟子便可据语解义。

（2）有些经文因辞藻与语义明确而无须阐释就能直观理解，因此圣门弟子根据经文的明确辞藻，就能判定真主所禁所令所言之事，而无须先

---

① 穆罕默德·侯赛因·扎哈卜：《古兰经注释与注释家》卷1，开罗知识出版社2001年版，第51页。

② 法赫德·鲁米：《古兰经注释原理及注释方法研究》，利雅德塔伊布出版社2004年版，第17—18页。

知穆罕默德详加阐释。

（3）有些经文的最终知晓权和阐释权归于真主，如末日来临、灵魂实质等属于"幽玄之事"（Al-ghayb），真主没有将它们明示先知穆罕默德，因此他自己尚且不知，又何以给众弟子阐释之。

（4）《古兰经》中既有无须深入解读之经文，也有无须赘言阐释之经文，如山洞人所牵之狗的颜色、先知穆萨的手杖产自何树、真主为先知易卜拉欣复活之鸟的种类。类似这样的经文，先知穆罕默德都没有给众弟子阐释。

法赫德·鲁米教授据此定论，先知穆罕默德没有阐释整部经文，先于他的穆罕默德·侯赛因·扎哈卜教授尤分析定论："伊本·泰米叶等人所求证的经文'以便你对众人阐明他们所受的启示'（16：44），不能视为是先知穆罕默德注释整部经文的绝对证据，因为尽管他受命注释经文，但他只为众弟子阐释了他们难以理解的经文，而没有阐释易于理解的经文。同样，他在给门弟子阐释高利贷经文之前去世，也不能作为证据说明他注释了整部经文，这只能说明门弟子不明晰这节经文的大义，故只能求助他。"①

法赫德·鲁米教授根据文献和逻辑推理，定论先知穆罕默德没有注释整部经文的同时，也断然否定了那些主张他仅仅注释少量经文的说法。②理由之一是，该派学者求证的主要证据，即圣妻阿伊莎传自穆罕默德·本·加法尔·祖拜尔（Muhammad ben ja'far al-zubayr）——泰伯里认定他"属于不被认可的圣训传述人之一"，布哈里认定"不能遵循他所传圣训"——的圣训，被伊本·凯西尔界定为"歧异圣训"③，不具备可采纳性（Hadith al-munkar al-gharib），故不能作为先知穆罕默德仅注释少量经文的证据。理由之二是，《布哈里圣训实录全集》和《穆斯林圣训实录全集》，都收录有一定数量注释《古兰经》的圣训，而不仅仅是个案注释。

综上所述，如果从注释学的学科视阈来看，先知穆罕默德注释整部

---

① 穆罕默德·侯赛因·扎哈卜：《古兰经注释与注释家》卷1，开罗知识出版社2001年版，第52页。

② 法赫德·鲁米：《古兰经注释原理及注释方法研究》，利雅德塔伊布出版社2004年版，第18页。

③ 圣训学术语，参见丁士仁《简明圣训学》，宗教文化出版社2008年版，第90页。

《古兰经》的观点不成立；如果从他肩负阐释经文的责任角度来讲，注释许多经文而不是少量经文则是既定事实，尤其在阐释概要经文（Mujmal）、阐明难解经文（mushkil），特定概括经文（'ām），限定绝对经文（Mutlaq）方面尤为如此。对此，扎哈卜教授无论界定了宏观层面上的整部注释还是微观层面上的局部注释："先知穆罕默德确实注释了许多经文，正如各大圣训集对此的收录所证。他没有注释整部《古兰经》，因为经中有些经文是唯有真主知晓的经文，有些是众学者知晓的经文，有些是阿拉伯人因语言使然知晓的经文，有些经文是被他人故作不知而妄加解释的，正如圣门弟子伊本·阿拔斯对《古兰经》注释所做的理论分类：阿拉伯人知悉的注释、故作不知而被否认的注释、众学者的注释、唯有真主知晓的注释。"①

3. 先知穆罕默德的注释实践

先知穆罕默德无论是从宏观层面全方位地解读《古兰经》，还是从微观层面对局部经文进行具体解析，均定性了他的注释实践。大体来讲，他的注释实践，主要体现在五个层面上：②

（1）综合解析经文

主要包括以下几个方面：

其一，具体阐述经文，如《古兰经》规定了礼拜，他详细阐述礼拜的形式："你们礼拜，就像你们看见我［如何］礼拜。"《古兰经》制定了天课，他阐述了天课的额度及其种类。《古兰经》制定了朝觐，他以身作则阐述了朝觐的具体细节："你们遵循我的朝觐形式。"

其二，阐明含糊词汇，如将经文"至黎明时天边的黑线和白线对你们截然划分"（2：187）中的"黑线和白线"，分别解释为"黑夜和白昼"。

其三，界定特指含义，如将经文"确信真主，而未以不义混淆其信德的人"（6：82）中的"不义"，界定为"以物配主"——当时圣门弟子宏观性地理解了该节经文中的"不义"，并说："我们中没人对自己不

---

① 穆罕默德·侯赛因·扎哈卜：《古兰经注释与注释家》卷1，开罗知识出版社2001年版，第53页。

② 参见穆罕默德·侯赛因·扎哈卜《古兰经注释与注释家》卷1，开罗知识出版社2001年版，第55—57页。

义啊?"故他说:"此不义非彼不义。"

其四,限定所指含义,如将经文"偷盗的男女,你们当割去他们俩的手"(2:38)中的"手",限定为"右手"。诸如此类经文,他都给予了详细阐述。

(2) 延伸解释词义

《古兰经》中某些词义既有表意,也具有更深刻的含义和具体的指称对象,故他延伸了这些词义。如将经文"他们在乐园里将享有纯洁的配偶"(2:25)中的"纯洁",解释为乐园里的妇女因无月经、无唾沫、无痰液而成为至洁的女人。

(3) 扩充教法律例

《古兰经》中涉及教律教法的经文占有一定比例,有些律法经文一目了然,但有些律法经文还需扩充,如此才能更进一步体现《古兰经》是伊斯兰教法的首要法源。因此,他作为权威的注释者和伊斯兰法律的奠基者,首次扩充了这些涉及法律的经文,从而使律法经文更加具体和详细,为伊斯兰教法律随时空变化而不断创制奠定了理论和实践基础。

(4) 阐述先后停止经文

《古兰经》中的先后停止经文,一般涉及法律,如以某节法律经文停止另一节法律经文,以某项教律停止另一项教律。因此,他就此作了阐述。例如,他以"处男与处女通奸,当鞭笞百鞭,并流放一年"的圣训,阐释被停止经文"你们的妇女,若做丑事,你们当在你们的男人中寻求四个人作见证;如果他们已作证,你们就应当把她们拘留在家里,直到她们死亡,或真主为她们开辟一条出路。"(4:15)

(5) 强调业已明确事务

尽管《古兰经》中有些经文一目了然,然而,先知穆罕默德为使圣门弟子对此予以特别重视,又作了进一步强调,旨在深入说明该节经文所叙事务的重要性。例如他以圣训"对于妇女,你们要敬畏真主。因为女人确是你们手中的宝,你们凭借真主的信义聘娶了她们,故你们当以真主的语言使她们的羞体为合法",进一步强调意义已经非常明确的经文:"你们当善待她们"(4:19),旨在保障妇女的合法权益和社会地位。

4. 先知穆罕默德注释的始源意义

如上所述,先知穆罕默德受命注释的主观意识,圣门弟子请他解惑疑难经文的客观行为，形成了他因主观内因（受命注释）与客观外因（解惑释疑）注释经文的举措，成为注释形成的发轫阶段。该阶段，由于他对解读经文的权威性，以及麦地那公社和穆斯林社会初步形成时的相对单一和时空局限，促使他的注释一定意义上仅在于解析某些经文大义的具体内涵、教法的制定、辞藻的分析等层面。他的注释源也只是以经文解读经文，以及他对经文的权威理解与阐释——圣训解经。这种情况较之他去世后，伊斯兰教的发展、穆斯林社会的变化、时空的变迁、教派的兴起、学派和学科的产生，致使注释在各个层面的发展和变化而言，表面看似有限，但深究其中义理，则是《古兰经》注释形成的始源阶段，具有无与伦比的启迪意义，主要在于：

（1）奠定注释的学理基础

先知穆罕默德注释经文的使命和实践典范，为后人注释经文奠定了深厚的理论渊源和坚实的学理基础，促使他们既根据"只有真主和学问精通的人，才知道经义的究竟"（3：7）等经文，也遵从他阐释经文的"圣行"来注释经文。如此，后人基于经训从事的注释活动，不但在理论和实践上具有了法理性，也在学理上深深支撑着他们继承、发扬和发展注释的学术事业。

（2）奠定注释的学术方法

从学科角度来讲，他以某节经文解释另一节经文，以及作为第一注释人对局部经文大义、教法和辞藻的解释，成为《古兰经》注释的重要方法与渊源，即以经注经与以训注经。这就意味着他的注释在注释学领域，不仅具有注释层面的始源意义，而且具有学科层面的启迪意义，为注释学科脱离圣训学而自成学科学术体系，发挥着举足轻重的基石作用。

（3）奠定注释的学术精神

先知穆罕默德注释《古兰经》，尽管从注释的量、注释内容、注释方法等方面，都似乎与后期如泰伯里等那些拥有卷帙浩繁的注释家比较而言相对有限。然而，正是这种形式上的有限，将他的注释精神与注释行为，以及由他而生的伊斯兰文化的无限创新精神和义理留给了他的承继者，使历代注释家拥有了广阔的注释空间——遵循经文屡次提及的"思考、了解、领悟"的教导和他的注释精神，随时空变迁、社会发展、知识更新、科技发展等不定变数，依证据理，遵循学理原则与学术规范、释经而不越经、与时俱进、与境共生地阐发经文的教义教理和学理义理。唯有如此，才能进一步折射他没有注释整部经文大义的奥义，"真主意欲他的众仆思考他的经典，故没有明文命令他注释整部经典。"① 反之，如果他对整部经文从辞藻到内涵，从教义到教法等各个层面作了事无巨细地具体性阐释，而没有给后人留下任何注释空间，势必既会造成他们思想和学术上的局限甚而僵化与停滞，也会使他们难以适应万变的社会发展与时空变迁，更使他们的思维能动意识受障，从而造成一障百障的局面，这恰恰是先知穆罕默德根据经文义理所不乐见的，也不允许的——穆斯林信经而僵经。

（二）圣门弟子注释阶段

先知穆罕默德于公元632年的去世，宣告着《古兰经》启示的完成，也意味着他注释《古兰经》的结束。随着他的去世，《古兰经》注释进入了一个新的发展阶段——圣门弟子时代。由于圣门弟子与先知穆罕默德同时代缘故所致，注释学界划分注释史时，既将他们的注释与先知穆罕默德的注释，作为一个整体来看待。同样，学界认为，因先知穆罕默德的去世，圣门弟子的注释很大程度上也可独立断代为一个注释阶段。

先知穆罕默德去世后，注释《古兰经》的重任责无旁贷地落在圣门弟子肩上。他们中具有注释资格者，义不容辞地秉承先知穆罕默德的注释圣行，继承他的注释使命，开拓这一事业的新领域。可以说，圣门弟子阶段，在整个注释历史上，发挥着承上启下的纽带作用。尤为重要的是，"由于圣门弟子亲近先知，了解先知的所有情况，故学者们普遍认为，圣门弟子的话语先于他者，因此你会发现学者们阐释伊斯兰教时都依据圣门弟子的话语，每当遇到分歧时就选择他们的话语而不会逾越他们，另寻他语。"② 由此可见，圣门弟子在《古兰经》注释领域，是这项长期学术工程的继承者、奠基者和推动者。正如著名注释家伊本·焦兹（Ibn al-jawziyy, ? -1350）所言："正确的注释都要溯于圣门弟子，他们是伊斯兰民族中最知真主的经典及其含义的人们。"③

---

① 哲拉鲁丁·苏尤蒂：《古兰经学通论》，贝鲁特阿拉伯图书出版社2003年第1版，第851页。

② 穆萨伊德·坦雅尔：《古兰学及古兰经注释原理论集》，利雅得穆罕底斯出版社2005年版，第152页。

③ 同上。

1. 圣门弟子的注释动因与差异

如上所述，先知穆罕默德注释《古兰经》的客观原因是，当某弟子无论对某节经文大义或某个词汇的具体含义不解时，或对社会生活以及行为纲常中某些事物不明时，就主动请教先知穆罕默德，他遂给予阐释。这种有问必答构成了他的注释外因。然而，当他去世后，圣门弟子每遇到类似情况，尤其在那些没有经历《古兰经》降示整个过程和经常伴同他的圣门弟子需要深入理解经文，以及阿拉伯半岛社会状况不断变化，伊斯兰教不断发展，新生事物层出不穷的情况下，他们往往依据经训，阐释不解的经文大义辞藻，并根据新事物、新情况的特点和需要，给予经文新的阐释，以回答和适应社会和时代发展。这种种原因，促使圣门弟子继承了注释圣行。他们既根据经训依据注释经文，也在没有经训依据的情况下，运用创制（Al-ijtihād）原则注释经文的微言大义。

根据圣训学家、历史学家、教义学家哈推布·巴格达迪（Al-khatību al-baghdādī, 1002–1072）的《大全》（Al-jāmir），以及其他文献资料，圣门弟子约为114000人。[①] 诚然，无论从后期被整理为注释文献的量来看，还是从逻辑推理角度来讲，如此多的圣门弟子不可能全都注释《古兰经》，或专门从事注释工作。"大体来讲，圣门弟子比较容易了解《古兰经》，因为《古兰经》是用他们的文字降示的，而他们又熟悉《古兰经》敕降时的阿拉伯的社会背景。"[②] 圣门弟子中曾注释或专门从事注释工作，且能留下注释资料和史料的仅仅是少数人。

圣门弟子们在注释实践中，由于阅历、知识、智慧、境遇（如伴随先知穆罕默德的情况、与他共同外出的次数、亲历经文降示的过程）等各个层面的异同，导致他们之间的注释不尽相同，注释的角度和质量也就相应地参差不齐，艾哈迈德·爱敏（Ahmad Amin, ? –1954）教授分析了圣门弟子的注释因何具有差异："圣门弟子，因为对语言知识之差异，所以对于经文的了解程度也各不相同。因为：

（1）阿拉伯语虽为圣门弟子的语言，但他们对于阿拉伯语文的了解

[①] 丁士仁：《简明圣训学》，宗教文化出版社2008年版，前言第2页。
[②] 艾哈迈德·爱敏：《阿拉伯—伊斯兰文化史》第1册，商务印书馆1982年版，第212页。

也不相同。他们对阿拉伯蒙昧时代的文学，有的有研究，有的没有研究；懂得蒙昧时代文学的，便能借助古代文学以了解《古兰经》。有的却不能这样。

（2）圣门弟子中，有的经常追随穆圣，有的和穆圣隔离；常在穆圣左右者，得亲睹敕降《古兰经》时的社会背景；而熟悉《古兰经》下降的原因，便是了解经义的最大助力；不明白《古兰经》下降的原因，往往易于误解经义。

（3）圣门弟子中有熟悉阿拉伯蒙昧时代的风俗习惯与言语行为的，有不熟悉的。熟悉蒙昧时代阿拉伯人朝天方的情形，便比较容易了解《古兰经》里关于朝觐的经文。认识蒙昧时代阿拉伯人崇拜偶像的情形，便容易懂得《古兰经》里关于斥责崇拜偶像的经文。

（4）《古兰经》下降时，已有犹太教徒与基督教徒在阿拉伯半岛宣传宗教了。《古兰经》曾提到他们的所为，并加以驳斥，对他们的信仰，也有驳斥。这类经文，若不先知道犹太教徒、基督教徒在阿拉伯半岛的情况，是不容易明白的。"[①]

艾哈迈德·爱敏教授的研究表明，圣门弟子们由于以上不同，加之对教法知识的差异，以及各自在理性思维和领悟方面的参差不齐，造成他们对经文的了解、理解和注释也必然存在着相应差异。再传弟子麦斯鲁格（Maslūq，伊历？—63）就此做了形象比喻："我曾经与先知穆罕默德的弟子同座，我发现他们各个犹如饮水池，有的能供一人饮用，有的能供两人饮用，有的能供十人饮用，有的能供百人饮用，有的假设地球人都饮用它，则肯定能都饱饮。我发现阿布杜拉·本·麦斯欧德就属于这样的人。"[②]

2. 圣门弟子的注释渊源

虽然圣门弟子各自因主客观因素使然，促使其注释不尽相同，但他们的注释渊源则相一致，即"以经注经、以训注经、创制注经、有经人传闻注经"。可以说，在注释学正是形成之前，这既是圣门弟子注释的重要

[①] 艾哈迈德·爱敏：《阿拉伯—伊斯兰文化史》第1册，商务印书馆1982年版，第212—213页。

[②] 穆萨伊德·坦雅尔：《古兰学及古兰经注释原理论集》，利雅得穆罕底斯出版社2005年版，第152页。

渊源，也是他们采用的重要注释方法，即①

（1）以经注经

纵观《古兰经》，无论从经文语言的表述来讲，还是从经文大义来看，其中既有简明扼要经文（Al-'ijāz），也有详细叙述经文（Al-'iṭnāb）；既有概述性经文（Al-'ijmāl），也有详述性经文（Al-tabyīn）；既有绝对性质的经文（Al-iṭlāq），也有限定性质的经文（Al-taqyid）；既有普遍意义的经文（Al-'umum），也有特殊意义的经文（Al-khusus）。换言之，某章某节经文的扼要表述，却在另章另节中得以综合论述；某处经文虽是概述但却得到另一处经文的详细论述；某节绝对性质的经文，在另一节经文中得以限定；某节普遍意义的经文，在另一节经文中具有特殊意义。

有鉴于此，圣门弟子不但要从整体上看待《古兰经》，而且要比较这些从辞藻到内容雷同或重复的经文，以便借此节经文注释彼节经文。这些经文之间彼此呼应、前后连贯、环环相扣的互注形式，成为注释的首要渊源与方法，即以经注经——理解经义首先须从经文本身着手，因为真主比受众更知其语的终极意义。

据上，《古兰经》本身因素促使圣门弟子注释时，无一例外地将以经注经的方式，作为他们注释的首要渊源，并主要体现在上文提及的几个尤为突出的层面，现分别予以案例说明：

其一，详细叙述经文注释简明扼要经文。

诸如，人类始祖阿丹与恶魔易卜里斯的故事（2：30—37、7：11—27、17：61—65、18：50、20：115—124），在有些章节中仅有寥寥数语提及，但在有些章节中却有数节经文给予详细阐述。同样，这种情况也出现在先知穆萨与法老的故事中（28：29—40、27：7—14、20：9—79、7：103—136）。有鉴于此，圣门弟子就以详细叙述经文注释简明扼要的经文。

其二，详述经文注释概述经文。

此类互相注释的经文在《古兰经》中不胜枚举，如经文"如果他是一个诚实者，那么，他所用以恫吓你们的灾难，将有一部分来临你们"

---

① 穆罕默德·侯赛因·扎哈卜：《古兰经注释与注释家》卷1，开罗知识出版社2001年版，第37—44页。

（40：28）指的是现世惩罚的临降，但又得到同章另一节经文的进一步说明："如果我要昭示你一点我用以恫吓他们的刑罚，（那么，我对他们确是全能的）；设或我使你去世，那么，他们只被召归于我"（40：77）；经文"而顺从私欲者，却欲你们违背真理"（4：27）中的顺从私欲者是指有经典的人，但在同章另一节经文中得以明确提及："你没有看见吗？曾受天经的人以正道换取迷误，而且希望你们迷失正道。"（4：44）；经文："他俩说：'我们的主啊！我们已自欺了，如果你不赦宥我们，不慈悯我们，我们必定变成亏折者'"（7：23）注释经文"然后，阿丹奉到从主降示的几件诫命。"（2：37）；经文"是仰视着他们的主的"（75：23）注释经文"众目不能见他。"（6：103）

其三，限定经文注释绝对经文。

伊玛目安萨里（al-Ghazzāli，1058—1111）研究了这类以经注经的案例。他指出，沙菲仪法学派的大部分教法学家，如果对于判定同一因素造成的案例（Al-hukm）存在分歧时，便采取这种方法注释经文。例如第5章第6节关于礼拜前水净（Al-wudū'）和土净（Al-tayanmim）的经文，其中，"信道的人们啊！当你们起身去礼拜的时候，你们当洗脸和手，洗至于两肘，当摩头，当洗脚，洗至两踝"中的"手"，限定为水净。但在同一节经文中，"如果你们害病或旅行，或从厕所来，或与妇女交接，而得不到水，你们就当趋向清洁的地面，而用一部分土摩脸和手"中的"手"，显然是指土净。那么，沙菲仪学派处理这类教律案例时采取的方式，从学理上来讲，毋庸置疑溯源于圣门弟子曾经运用的方法。

其四，普遍意义与特殊意义的经文互相注释。

诸如，经文"信道的人们啊！没有买卖，没有友谊，不许说情的日子降临之前，你们当分舍你们的财产"（2：254），所否定的"友谊"和"说情"具有普遍意义，而经文"在那日，一般朋友将互相仇视，唯敬畏者则不然"（43：67）所否定的"敬畏者"则具有特殊意义。再如经文"谁作恶，谁受恶报"（4：123）中蕴涵的普遍意义，在经文"凡你们所遭遇的灾难，都是由于你们所作的罪恶；他饶恕你们的许多罪过"（42：30）中则具有特殊意义。

其五，同类异述的经文互相注释。

诸如，关于真主创造人类始祖阿丹的物质元素，有的经文指出真主用土创造了他（Al-turāb，3：59），有的经文指出用泥创造了他（Al-tin，7：12），有的经文则指出用"黑色黏土"创造了他（hama'in masnūn，15：26，28），有的经文则指出用"粘土"创造了他（Al-salsāl，55：14）。这些经文看似指出了真主用不同的物质元素创造了阿丹，但其实质是各经文之间互相注释，最终彰显出真主从创造阿丹到将灵魂吹入其体内的过程。

其六，诵读各异的经文互相注释。

圣门弟子中的诵读学家，对某些经文词汇的读音乃至词汇字母的构成各执己见，形成了诵读之间的互相注释。例如，经文"或者你有一所黄金屋"（17：93）中的"黄金"一词，在通行的奥斯曼版本中为"zukhruf"，而诵读学家伊本·麦斯欧德将该词读为"dhahab"，两者虽词音不同，但词义相同，故以"dhahab"注释"zukhruf"。① 再如，经文"我们的眼睛受蒙蔽了"（15：15），伊本·阿拔斯以被动式叠音动词"Suddat"（意为堵塞）注释被动式叠音动词"Sukkarat"（意为蒙蔽），其他圣门弟子以被动式叠音动词"Suhirat"（意为眼花缭乱）注释该词。此外，在有些诵读中，还存在字母增加或减少的问题，这些都形成了不同读音之间的互相注释。

后期学者们对不同读音各有看法，有学者认为差异来自《古兰经》本身词汇读音的差异，如"zukhruf"与"dhahab"；有学者认为这种差异并不是经文本身发音的差异，而是在注释范畴内。后一种观点得到肯定，因为早在圣门弟子时期，他们就曾认为注释务要依赖《古兰经》本身。之所以出现第一种观点，主要是因为时间久远所致，故他们认为这是来自经文本身的差异，并确信是圣门弟子传自先知穆罕默德。②

尽管各诵读学家的诵读大同小异，但值得肯定的是，诵读之间的互相注释是以经注经的重要来源和方法，再传弟子穆扎希德讲到："假设我在请教伊本·阿拔斯之前，以伊本·麦斯欧德的诵读方式诵读《古兰经》的话，我就不会为我所问伊本·阿拔斯的诸多问题寻求证据了。"③

综上，圣门弟子解读部分经文大义时所采取的以经注经的方法，成为

---

① 穆罕默德·侯赛因·扎哈卜：《古兰经注释与注释家》卷1，开罗知识出版社2001年版，第40页。

② 同上书，第41页。

③ 同上。

注释的首要渊源。对于圣门弟子而言，这不仅仅是一种建立在为注释而注释的机械注释层面上，而是建立在大量思考和研究的注释层面上，尤其为后期专业学者能够借助他们的注释方法和治学态度奠定了基础，使他们明确注释《古兰经》时首要渊源和最佳方法的重要性。焦莱德·宰哈尔（Julad zayhar）教授在《古兰经注释的各伊斯兰派别》（Al-madhāhib al-'islāmiyyah fi tafsir al-qur'ān）中，一言蔽之了以经注经的开拓性："《古兰经》注释的第一个阶段及其核心集中反映在《古兰经》自身层面，以及经文的明文层面上。更确切地说，是集中在《古兰经》的各种诵读中，故在这种种不同的形式中，我们能够看到《古兰经》注释的早期尝试。"①

（2）以训注经

圣门弟子注释《古兰经》所采取的第二个重要渊源和依据是圣训。根据先知穆罕默德对自己言行的定性——"须知，我确已领受了《古兰经》，以及类似《古兰经》的"，他所领受的"类似《古兰经》"即"圣训"，② 因此圣训无疑是圣门弟子的注释次源。法学家沙菲仪（Al-shāfi'i，767 – 820）就此讲道：'先知所断定的一切皆是他对《古兰经》的理解，真主说：'我确已降示你包含真理的经典，以便你据真主所昭示你的（律例），而替众人判决。'"（4：105）③

如上所述，圣门弟子但凡遇到不解经文时，就请教先知穆罕默德解释，形成了后期圣训实录中注释卷章的具体内容。这些直接注释经文的圣训，是圣门弟子借以注释的重要来源。学界认为，由于圣门弟子是先知穆罕默德传播伊斯兰教时的辅助者，故他们对圣训的了解和认识是第一位的。他们不仅仅是圣训的传述者，也是以训注经的开拓者。

鉴于以圣训注释经文是圣门弟子注释的重要渊源，他们以圣训注释经文，也就是先知穆罕默德本人的注释，尽管两者形式有异——先知穆罕默德亲自注释而圣门弟子则是以他的圣训注释经文，但内容一致。例如，先知穆罕默德将经文"不是受谴怒者的路，也不是迷误者的路"（1：7）中的"受谴怒者"，注释为"犹太人"，将"迷误者"注释为"基督徒"；

---

① 转引自穆罕默德·侯赛因·扎哈卜《古兰经注释与注释家》卷1，开罗知识出版社2001年版，第41页。

② 哲拉鲁丁·苏尤蒂：《古兰经学通论》，贝鲁特阿拉伯图书出版社2003年版，第853页。

③ 同上。

将经文"最贵拜功"（2∶238）中的"最贵"（马金鹏先生将该词翻译为"中间"①）注释为"晡礼拜";将经文"你们应当为他们而准备你们所能准备的武力和战马"（8∶60）中的"力",注释为"射箭";将"（这是）从真主及其使者在大朝之日传示众人的通告"（9∶3）中的"大朝"注释为"宰牲日";将"使他们坚持敬畏辞"中的"敬畏辞"注释为清真言的前句"万物非主,唯有真主";将"我确已赐你多福"（108∶1）中的"多福"注释为:"多福就是我的养主赐予我在天堂的河流。"据此,圣门弟子注释有关经文时,就直接采用先知穆罕默德的注释性圣训给予解读。

（3）创制注经

先知穆罕默德去世后,伊斯兰社会的发展和时代变化,以及对解读经文微言大义本身的需要,都要求圣门弟子必须注经。他们以"经"为主源,以"训"为次源。如果在经训中都无明文可据时,就凭借个人理解（Al-'fahm）进行创制（Al-'ijtihād）注释,形成了"创制注经"。伊本·凯西尔（Ibn kathīr, 1302－1373）在《伊本·凯西尔古兰经经注》中就此讲道:"如果圣门弟子们既在《古兰经》中找不到注释,也没有听到先知谈及时,就凭借思考进行创制（Al-'ijtihad）注释。他们是阿拉伯人中的一代精英,目睹了经文的降示背景,熟悉阿拉伯人的习俗、《古兰经》的辞藻与内涵。"②毋庸置疑,圣门弟子开启的创制注释,不但给他们在无经训明文情况下,解读经文遇到困境时成功解围,也给后期注释学界树立了创制注释的典范,"当我们从《古兰经》和圣训中找不到注释时,就追溯圣门弟子的注释。他们是时代的见证者,以及由于理解透彻、认识正确、功修虔诚而最知经文究竟。"③秉承他们,后期注释家随时空和社会的变化与发展,拥有了基于经训原则和创制原理的广阔注释空间。

诚然,圣门弟子创制注释,并不是任意发挥个人主观见解,而是基于必需的条件和素养:④

其一,精通阿拉伯语。

---

① 马金鹏:《古兰经译注》,宁夏人民出版社2005年版,第48页。
② 伊本·凯西尔:《伊本·凯西尔经注》第1卷,开罗知识出版社1987年版,第16页。
③ 曼纳尔·敢塔尼:《古兰学》,利雅得知识出版社1996年版,第438页。
④ 参见穆罕默德·侯赛因·扎哈卜《古兰经注释与注释家》卷1,开罗知识出版社2001年版,第58—59页。

《古兰经》的载体语言是阿拉伯语，故圣门弟子理解经文相对具有优势。他们注释时不仅仅依赖语言的表象，而且深知语言的内涵，这有助于他们理解和注释经文，并成为后人注释的重要依据，"《古兰经》是用他们的语言降示的，故他们精通阿拉伯语，因此比他者更了解它。如果传自他们的言论与行为具有阐释意义，从注释角度讲，应该依据他们的言论与作法"①。

其二，了解阿拉伯习俗。

圣门弟子经历伊斯兰史前史和兴起史的阅历，帮助他们理解了很多涉及伊斯兰史前阿拉伯人习俗的经文。例如，"展缓禁月，适足以增加迷信"（9：37）等经文讲述蒙昧时代阿拉伯人的习俗，而理解这类经文的最终义理，务必了解伊斯兰史前阿拉伯人的习俗。法学家、注释家沙推宾（Abu'ishāq al-shātiby，？—1388）在说明注释家应熟悉所有情况的重要性时讲道："此中包括了解《古兰经》降示时阿拉伯人的言行和情况，即使没有特殊原因，深入解读《古兰经》者也务必了解阿拉伯人的习俗，否则就会造成含混不清且陷入泥淖。如《布哈里圣训实录全集》记载，圣门弟子伊本·阿拔斯在注释经文'寻求主的恩惠，对于你们是无罪的'（2：198）时说：'欧卡兹、麦贾纳和祖·麦扎兹是蒙昧时代的集市，阿拉伯人朝觐期间为避免作恶而停止商业活动，故真主在朝觐期间降示了这节经文。'"②

其三，了解经文降示时阿拉伯半岛的犹太人和基督教徒的情况。

经文降示时，他们对那些已经久居阿拉伯半岛的犹太教徒和基督教徒情况的了解，有助于他们理解经中涉及这些人所言所行的经文。

其四，了解经文降示背景。

圣门弟子亲历经文降示过程，参与先知穆罕默德处理各类事件的经历，有助于他们理解许多经文。后期学者对此考证和定论，瓦赫德（Al-wahidi，？—1076）说："不明白经文降示的故事和背景，就不能了解经文的注释。"伊本·代吉盖·伊德（Ibn daqiq al-'id，？—1302）讲道："知

---

① 穆萨伊德·坦雅尔：《古兰学及古兰经注释原理论集》，利雅得穆罕底斯出版社2005年版，第155页。
② 同上。

晓经文的降示背景是理解《古兰经》大义的有力途径。"① 伊本·泰米叶讲道："了解经文的降示背景有助于理解经文，因为了解原因致使知道原因所在。"②

其五，理解深刻，见解深邃。

较之后期注释家而言，圣门弟子由于伴随先知穆罕默德和亲历经文降示过程而具有的特殊身份，促使他们在理解和注释经文方面，具有他人不能与之相提并论的优势。他们对经文的理解仅次于先知穆罕默德，故他们对很多含义深刻且经旨不明的经文理解深刻，见解深邃。他们理解和见解的智慧不是人人能够获得的，正如经文所言："他以智慧赋予他所意欲的人；谁禀赋智慧，谁确已获得许多福利。"（2：269）

圣门弟子中，理解深刻和见解深邃者尤为典型的是伊本·阿拔斯，他"在注释《古兰经》方面享有重要的地位，先知曾为他祈祷：'主啊！你使他通晓伊斯兰教，教授他注释。'因此，他被冠以'经注之父'的称号。"③《布哈里圣训实录全集》记载，圣门弟子艾布·杰希法（'abu ja-hifah）与阿里的对话，充分说明圣门弟子注释经文时的思考和理解，"我问阿里：'你们除《古兰经》之外是否还有其他启示（Al-wahy）?'，他说：'没有，以开裂籽粒与恢复气息的真主起誓，我只知道真主赋予某人对《古兰经》的理解，而在这本经中没有的。'我说：'经中没有什么？'他说：'思考，赎金，不能将穆斯林视作异教徒杀害。'"④

如上所述，圣门弟子创制注释具备的条件和素养，促使他们解读了许多经文及其义理。毋庸置疑，圣门弟子理解创制注经是肯定的，"注释家注释渊源之一就是创制，学界对于圣门弟子注经时的理解与创制没有任何分歧……他们注经，并且互相之间的注释也因异而异。他们的注释并不都传自穆圣，穆圣确为伊本·阿拔斯祈祷：'主啊！你使他通晓伊斯兰教，

---

① 转引自穆罕默德·侯赛因·扎哈卜《古兰经注释与注释家》卷 1，开罗知识出版社 2001 年版，第 59 页。

② 转引自法赫德·鲁米《古兰经注释原理及注释方法研究》，利雅德塔伊布出版社 2004 年版，第 25 页。

③ 伊本·凯西尔：《伊本·凯西尔经注》第 1 卷，开罗知识出版社 1987 年版，第 16 页。

④ 穆罕默德·侯赛因·扎哈卜：《古兰经注释与注释家》卷 1，开罗知识出版社 2001 年版，第 59 页。

教授他注释。'"① 然而，从实践和理论渊源来讲，他们创制注经是否具有法理与学理？他们在伴随先知穆罕默德时就已创制注经，还是在他去世后许多经文需要进一步解读，新生事物的层出促使他们在无经训明文情况下做出的必然选择？对此，穆萨伊德·坦雅尔教授在《古兰经学及古兰经注释原理论集》中明确答复：首先必须肯定的是，先知穆罕默德在世时，圣门弟子就已开始创制注释。其次，先知穆罕默德在世时，圣门弟子创制注释具有两种情况：②

其一，先知穆罕默德肯定他们的创制，证据有二：

一是，圣训学家艾布·达乌德（Abu dāwūd, 817—889）的《艾布·达乌德圣训集》（Sunan Abu dāwūd）记载的圣训为证：阿慕尔·本·阿斯（'Amr ben al-'ās, 约 572—663）说："在扎特·塞拉希勒（Dhāt al-salāsil,）之年（锁链战役），③ 先知穆罕默德派我赴战。我在一个严寒之夜梦遗了，我担心如果洗大净会冻死，所以以土代净后带领同伴们履行了晨拜。返回先知身边后，我将此事告知他，他说：'阿慕尔，你在无大净的情况下带领同伴们礼拜？'我说：'真主的使者啊！是的，我在严寒之夜梦遗了，担心洗大净会冻死，我想起了真主的话"你们不要自杀。"（4：29）故我以土代净并礼了拜。'先知笑了，什么也没说。"

二是，泰伯里在《古兰经注释总汇》中的记述为据：有一天，先知穆罕默德诵读经文"他们怎么不沉思《古兰经》呢？难道他们的心上有锁？（47：24）后，一个也门青年说：'它上有锁，直到真主打开它或锁上它。'"④

以上两个案例说明，先知穆罕默德肯定了圣门弟子对经文的创制注释。换言之，他处理具体问题时，他既允许他们根据情况对经文做出合理阐释，也可以正确解读经文的语体经义。

---

① 穆萨伊德·坦雅尔：《古兰学及古兰经注释原理论集》，利雅得穆罕底斯出版社 2005 年版，第 163 页。
② 参见穆萨伊德·坦雅尔《古兰学及古兰经注释原理论集》，利雅得穆罕底斯出版社 2005 年版，第 166—167 页。
③ 先知穆罕默德迁徙麦地那第 8 年发生的重大战役，以此命名是因为穆斯林用绳子将俘虏们串起来，看上去似乎是一条长链。
④ 该青年将经文中以复数形式出现的心，以代词"它"对其进行了注释。

其二，先知穆罕默德纠正他们的创制，证据亦有二：

一是，他们认为经文"确信真主，而未以不义混淆其信德的人"（6：82）中的"不义"，涵盖了各种情况，并说"我们没有对自己不义"。先知穆罕默德遂纠正了他们的见解，告诉他们经文中的"不义"是指"以物配主"。

二是，《布哈里圣训实录全集》记载，圣门弟子阿慕德（'Amud）将经文"至黎明时天边的黑线和白线对你们截然划分"（2：187）中的"黑线和白线"，理解为具体的黑白线，所以将其放在枕头下观察数夜，未见变化后告诉先知他的所为，先知告诉他经文中的"黑线和白线"是指"黑夜和白昼"，"旨在［使穆斯林］坚守伊斯兰教的坚固把柄，恪守两世幸福观。"[①]

以上两种情况，无论是肯定创制还是纠正创制，都证明先知穆罕默德没有禁止圣门弟子创制注释经文的举措。这也就意味着，由圣门弟子而起的创制注释，不仅理论上具有法理渊源，实践上具有学理依据，而且他们具备的创制注释条件如精通阿拉伯语、熟悉经文降示背景等，直接为后期注释学界定注释家必须具备的十五项学术条件和素养奠定了基础。

（4）有经人传闻注释

先知穆罕默德传播伊斯兰教时，犹太教徒与基督教徒在阿拉伯半岛已经久居，并且在麦地那形成了各自的社会群体。他们宣传的上帝创世、死后复活、末日审判和赏善罚恶等教义，以及阿拉伯人闻所未闻的一神教特有的许多宗教术语、宗教人物与宗教传说已在岛内传播。这些被《古兰经》称之为的"有经人"（Ahl al-Kitāb），[②] 成为先知团结和争取的对象，得到了诸如阿卜杜拉·本·赛拉穆（'abd Allah ibn salām,？—伊历43）与凯尔布·本·艾哈巴尔（Ka'bu al-'ahbār,？—伊历32）等犹太教学者与基督教学者的响应，皈依了伊斯兰教。

鉴于犹太教与基督教学者讲述的一些教义与《古兰经》在渊源上同出一辙，尤其是《讨拉特》（Al-tawrāt）中有关众先知的事迹与已经消亡

[①] 穆罕默德·比萨尔主编：《古兰经研究论集》，开罗埃及出版社1971年版，第175页。
[②] 《古兰经》将犹太教徒称为"耶乎德"（Yahūd），约有10处经文提及该词，特指信奉先知穆萨及其经典《讨拉特》者；将基督教徒称为"奈萨拉"（Nasārā），有15处经文提及该词，特指信奉先知尔萨及其经典《引支勒》者。

的民族，《引支勒》（Al-'injīl）中讲述的有关先知尔萨的身世及其迹象，都在《古兰经》得以叙述，尽管《古兰经》的表述方法有别于《讨拉特》与《引支勒》——《古兰经》仅仅以点带面地叙述了这些问题。鉴于此，圣门弟子求全《古兰经》没有详细阐述众先知故事的心理，促使他们请教阿卜杜拉·本·赛拉穆等信仰了伊斯兰教的犹太教或基督教学者，并在注释有关经文时有原则地、谨慎地选取了一些与《古兰经》经旨经义不相违背的内容，"他们聆听有经人的讲述，但只采用与他们的信仰相符合且不违反《古兰经》的内容，如果有经人明确有违《古兰经》的谎言与不符合教义的内容，则拒绝接受，不予认可。"① 个别圣门弟子选择性采取有经人的传闻注释经文的举措，形成了有经人传闻注释的雏形，后期学者将其通称为"以色列传闻"（Al-'isr'iliyyāt）——后文将阐述之。

圣门弟子谨慎但有原则地溯源"以色列传闻"注释经文，从学理来讲，为求全故事与再现众先知的生命历程是毋庸置疑的，因为"对于没有得到先知对此阐述的他们而言，[这样作] 是必要的，而如果他们通过先知完全知晓了众先知故事，那么，他们便不会弃先知之言而求他者之论，即使可以采纳。"② 尽管他们采取"以色列传闻"注释有其必要性，但其重要性相对以经注经、以训注经与创制注经而言不足为重，并且注释的量极其有限。这主要是因为，根据《古兰经》，"《讨拉特》与《引支勒》两部天启经典已遭大量篡改；圣门弟子坚守信仰，并且保护《古兰经》教义免遭篡改后的两部经典教义的影响；他们听自有经人对其他问题的传闻，往往采取不评判其真伪的态度，而是遵循先知之言——'你们不要相信有经人，也不要否定他们，你们说，我们信仰真主及其降示给我们的经典。'③

3. 圣门弟子的注释特点

综上所述，圣门弟子注释《古兰经》，从注释学角度讲，他们的注释

---

① 穆罕默德·侯赛因·扎哈卜：《古兰经注释与注释家》卷1，开罗知识出版社2001年版，第62页。

② 同上。

③ 参见穆罕默德·侯赛因·扎哈卜《古兰经注释与注释家》卷1，开罗知识出版社2001年版，第62页。

与先知穆罕默德的注释具有共性，如阐释经文词义辞藻。但是，他们也因先知穆罕默德去世后的独立注释，有着鲜明的注释特点。这些特点，充分反映了伊斯兰教黎明时期的注释特点：

（1）理解经义鲜有分歧

他们在理解经文大义时互相之间很少出现分歧，这主要是因为：①

其一，先知穆罕默德在世时，他们但凡有分歧，就请他给予阐明，直至分歧消失。

其二，先知穆罕默德禁止圣门弟子对理解《古兰经》文说三道四，"一伙圣门弟子坐在先知门口，其中有些人说：'难道真主没有如此如此说吗？'另一些人说：'难道真主没有这样这样说吗？'先知穆罕默德听后走出来，好似面带愠色地说：'难道你们受命这样吗？或者你们受到派遣就是为了断章取义地理解真主的经典吗？你们之前的民族就这样迷失了，你们在此确不能如此，你们要看，命令你们的就遵循之，禁止你们的就避之。'"

其三，圣门弟子精通《古兰经》中的法律知识，知晓阿拉伯语及其风格与意义，从而能够借助阿拉伯语了解大量的经文意义。

其四，时代影响。他们所处时代是伊斯兰史上的黄金时代，伊本·泰米叶的研究表明，"圣门弟子注经时极少有分歧，即使再传弟子的分歧——较之后期亦是少之又少——多于他们，因为黄金时期的团结、和谐、知识，以及正确阐释远胜于分歧。"②

（2）注释多限于辞藻大义

圣门弟子的注释往往局限于他们理解的辞藻大义，例如他们注释经文"凡为饥荒所迫，而无意犯罪的，（虽吃禁物，毫无罪过）"（5：3）时，将"无意犯罪"的单词分别用其他同义词给予阐释。如果他们想对此附加注释，则因不知道经文降示背景而作罢。

（3）谨慎注释法律经文

圣门弟子既很少对《古兰经》中的教律经文进行学术式演绎，也没

---

① 鉴于圣门弟子与再传弟子时代被后人通称为先贤时期（Al-salaffy），故圣门弟子注释时出现的具体分歧，将在再传弟子注释时部分一并给予阐述。

② 法赫德·鲁米：《古兰经注释原理及注释方法研究》，利雅德塔伊布出版社2004年版，第41—42页。

有用经文支持派别，这主要是他们在教法方面的统一，教法派别分歧是在他们之后发生。

（4）注释隶属圣训范畴

圣门弟子采取圣训形式注释经文。换言之，他们这个阶段的注释是圣训的分支，而没有形成体系化的注释形式。这些注释同圣训传述一样，都是对不同经文的传述式注释，如关于礼拜的圣训、天课的圣训、遗产继承的圣训，以及注释经文的圣训，等等。

（5）慎用"以色列传闻"

圣门弟子很少采用"以色列传闻"（Al-isr'iliyyāt）注释经文，即使采用也是慎之又慎。这主要是因为先知穆罕默德要求圣门弟子，凡事务必依赖伊斯兰教的纯正渊源。这也说明，先知穆罕默德带来的伊斯兰教，尽管与犹太教之间存在共同的根和部分相似性，但从两教的语言和文化实质角度来看，犹太教的语言和文化几乎完全不同于伊斯兰教，犹太人也不等同于穆斯林。因此，圣门弟子以降的注释家，即使因"共同的根和部分相似性"而采用"以色列传闻"，注释《古兰经》中那些与《讨拉特》内容同出一辙的经文，但仍然是在原则范畴内，不越雷池。

（6）没有注释整部经文

由于圣门弟子通晓阿拉伯语，了解当时的社会状况等因素，故不需要深入注释那些易于明白的经文。因此，他们中没有任何人逐章逐节地注释整部《古兰经》。

（7）没有牵强附会注释

圣门弟子既不会勉为其难地注释经文，也不会因深钻而带来招致谴责地注释。大体上，他们仅立足于宏观注释，而不牵强附会地进行微观注释。诸如在阐释经文"水果和牧草"（80：31）时，他们仅明确，这节经文旨在说明真主赋予众生的恩惠数不胜数。

（8）没有文字注释文献

圣门弟子因时代所限，他们没有以文字记录形式注释《古兰经》。他们的注释是通过口耳相传的方式流传后世。尽管他们没有亲笔注释，但有些圣门弟子还是关注过文字记录注释，尽管少之又少，如法学家伊本·罕百里（Ibn hanbal，780—855）在《穆斯奈德圣训集》（Al-musnad）中记载，圣门弟子阿慕尔·本·阿斯曾记录过注释，并命名为《实录》（Alsādiqah），"此实录系我听自真主使者的话，在我与使者的谈话之间没有他人传述。"①

综上所述，圣门弟子注释阶段，涌现出了以"四大正统哈里发、伊本·麦斯欧德、伊本·阿拔斯、乌班耶·凯尔卜、栽德·本·萨比特、艾布·穆萨·艾什阿里、阿布杜拉·本·阿尔·祖拜尔"为代表的注释家，成为后期注释学界的注释典范。② 他们的注释因具有上承先知穆罕默德，下启再传弟子的纽带作用，故被后期学者从教法和学术两个层面予以高度肯定和认可。"其一，如果他们的见解注释中没有涉及'幽玄之事'，以及注释时依赖经文降示背景，那么在教律上就等同于先知穆罕默德的言论或行为（Hukm al-ma'ruf），务要遵循。其二，非'幽玄之事'之外的创制注释亦要依赖他们，部分学者责成务必遵循圣门弟子的注释，因为他们亲历了《古兰经》的降示，以及他们经历了许多只有他们才知晓的事件和情况。"③

伊本·凯西尔在《伊本·凯西尔古兰经注》中定性了圣门弟子注释的权威："彼时，如果我们在《古兰经》和圣训中都找不到注释时，就溯源圣门弟子的话语，因为他们对此最知；因为他们亲历了只有他们才了解的许多情况；因为他们理解到位、知识确切、功修虔诚，尤其是他们中的学者如四大哈里发与阿卜杜拉·麦斯欧德。"④ 泽尔克西（Al-zarkashiny，？ -1392）在《古兰学明证》中，将圣门弟子的注释视为仅次于经训注释，"须知，《古兰经》注释分为两种，第一种注释凭借承继（Al-naql），第二种不是凭借承继。第一种或承继于先知，或圣门弟子，或再传弟子中的著名学者，第一种要探究传述的正确。第二种注释要参考圣门弟子的注释，如果圣门弟子从语言角度注释《古兰经》，则毫无疑问要依赖他们，因为他们是阿拉伯人；如果他们以其亲历的降示背景来

---

① 参见穆罕默德·侯赛因·扎哈卜《古兰经注释与注释家》卷1，开罗知识出版社2001年版，第97—98页；法赫德·鲁米：《古兰经注释原理及注释方法研究》，利雅德塔伊布出版社2004年版，第21—22页。
② 哲拉鲁丁·苏尤蒂：《古兰经学通论》，贝鲁特阿拉伯图书出版社2003年版，第877页。
③ 法赫德·鲁米：《古兰经注释原理及注释方法研究》，利雅德塔伊布出版社2004年版，第29—30页。
④ 穆罕默德·侯赛因·扎哈卜：《古兰经注释与注释家》卷1，开罗知识出版社2001年版，第96页。

注释的话，则毫无置疑……"①

(三) 再传弟子注释阶段

圣门弟子时代，是伊斯兰教不断向外传播与发展的时代。从今天的学术视角和学术话语来看，这种发展是伊斯兰教及其文化与学术体系发展的曙光时期。其中，学术活动中最重要的标志，就是《古兰经》奥斯曼定本的完成、圣训的初步收集和研究，以及在圣训研究和收集范畴之内的《古兰经》注释的发展。

随着学者型圣门弟子，如伊本·麦斯欧德（Ibn mas'ūd，伊历？—32）与伊本·阿拔斯等在麦加、麦地那、库法、巴士拉、大马士革、霍姆斯等城市定居和传播伊斯兰教，他们门下都有为数不少的再传弟子（Al-tābi'īn）——即见过圣门弟子且至死信仰真主者，跟随他们从听、从学、从研、从传伊斯兰教②，"伊斯兰教的一切事物遂被再传弟子继承，伊斯兰教得以大力发展，伊斯兰城市日渐增加，[与此同时]新生事物不断发生，各种见解众说纷纭，各种教律层出不穷，这一切都需要咨询尚健在的著名圣门弟子，并开始记录圣训、教法及《古兰经》的各类知识。"③史载，"圣门弟子时代始于先知宣称为真主的使者，结束于伊历110年。"④自伊历1世纪后，圣门弟子奠定的注释基础，在再传弟子时期得以延续，并因他们创建的注释学校，揭开了《古兰经》注释的历史新帷幕——再传弟子时期。

毋庸置疑，再传弟子有关伊斯兰教的绝大部分知识，诸如圣训的传述与收集，教律判断的依据与教律学的雏形，以及《古兰经》的注释等，都直接通过求学圣门弟子而获得。在《古兰经》注释领域，通过圣门弟子的言传口授，涌现出了为数不少的注释家，如穆扎希德、赛义德·本·朱拜尔（Sa'īd ben jūbayr，伊历？—95）、阿塔尔·本·兰巴赫（'atā'

---

① 哲拉鲁丁·苏尤蒂：《古兰经学通论》，贝鲁特阿拉伯图书出版社2003年版，第869—870页。

② 伊本·哈哲尔·阿斯格拉尼：《纵览思想精华之注释》，巴基斯坦雅希尔·纳迪姆·沃什勒卡哈出版社1997年版，第84页。

③ 阿卜杜拉·沙哈特：《伊斯兰教经学》，埃及公共图书1998年版，第103页。

④ 艾布·嘎西木：《伊玛目艾布·哈尼法是否再传弟子考》，金忠杰译，载《伊斯兰文化》第1辑，甘肃人民出版社2008年版，第69页。

ben raabāh，伊历？—114）、阿克勒穆（'akramah，伊历？—105）、哈桑·巴士里（Al-hasan al-basri，642—728）、宰德·本·艾斯拉姆（Zayd ben 'aslam，伊历？—136）、盖塔德·本·迪阿麦·赛杜欣（Qaatādah ben da'āmah al-sudūsiiy，伊历？—117）、穆罕默德·凯尔布·盖尔津（Muhammad ben ka'ab al-qarziyy，伊历？—118）、艾布·阿林耶·里雅哈（Abu al-'āliiyah al-riyāhi，伊历？—90）、阿米尔·沙尔斌（'āmir al-sha'abi，伊历？—105）等。① 他们大体上基于圣门弟子的注释精神与原则，竭尽全力为同时代人阐释《古兰经》的微言大义，继承和发展着注释的学术工程。

再传弟子注释时所采用的注释渊源与圣门弟子同出一辙。换言之，圣门弟子的注释方法和渊源，成为再传弟子的注释典范和蓝本。沿着圣门弟子注释的轨迹，再传弟子"解读《古兰经》时依据《古兰经》、圣门弟子传述的圣训、有经人的经典，以及真主为他们开启的创制之道，悟解《古兰经》。"② 后期注释典籍记载的再传弟子注释，充分证明他们在经训和圣门弟子言论中找不到注释的情况下，必须依据个人见解和创制注释经文的举措，是他们努力解读《古兰经》的实际情况和必然选择。同样，在先知穆罕默德及圣门弟子没有注释整部经文而仅注释部分经文，以及再传弟子时代距离先知穆罕默德及其门弟子时代渐远的情况下，人们需要阐释经文较之此前更为迫切。因此，再传弟子注释家，在"精通阿拉伯语、确证《古兰经》降示时代所发生的事件真相等有助于理解和研究《古兰经》的工具"的基础上③，义不容辞地注释经文，注释的量也就大幅增加，形成了他们的注释特色。同时，他们研习和传承注释的三个相对集中的地方，形成了被后期注释学界通称的三大注释学校（Madrasah al-tafsīr）。

1. 再传弟子的注释源

经文"假若我把这部《古兰经》降示一座山，你必定看见那座山因

---

① 法赫德·鲁米：《古兰经注释原理及注释方法研究》，利雅德塔伊布出版社2004年版，第33页。

② 穆罕默德·侯赛因·扎哈卜：《古兰经注释与注释家》卷1，开罗知识出版社2001年版，第99页。

③ 同上，第100页。

畏惧真主而成为柔和的,崩溃的"(59:21)指出,《古兰经》的严肃性,促使历代穆斯林,始终如履薄冰地注释和研究着《古兰经》。一如圣门弟子中没有资格的人竭力回避注释那样,诸多再传弟子尤为如此。他们在不具备注释资格的情况下,往往回避注释,甚至"萨义德·本·穆桑耶布(Sanydi ben musayyib,？－712)被请教注释某节经文时沉默不语,好似没有听见一样"①。阿米尔·舍尔斌亦持此态度,"以真主起誓,但凡经文我都要问及它,但最知其意者莫过于真主"②。同样,具有注释资格的再传弟子也没有因噎废食,而是基于精通阿拉伯语、通晓经文降示背景和诵读方法等知识,根据伊斯兰法理义理,发展着注释事业。

再传弟子的注释基础与渊源,与授业老师——圣门弟子——大体上保持一致。但他们由于师从圣门弟子注释《古兰经》,以及伊斯兰教的开疆拓土,注释的渊源较之圣门弟子发生变化。

(1) 以经注经

再传弟子系统整理从辞藻到内容大体雷同或重复的经文,并加以比较后分析,以便借此节经文注释彼节经文。

(2) 以训注经

再传弟子秉承圣门弟子的做法,将以训注经作为他们注释《古兰经》的次源。

(3) 溯源圣门弟子的注释

圣门弟子近距离接触先知穆罕默德并了解他的所言所行,决定了他们是圣训的第一代传述者和理解者。因此,再传弟子责无旁贷地肩负了传承圣训和圣门弟子训喻的使命。他们的具体做法是,一是在注释时运用圣门弟子的方法和内容,开展自己的注释工作;二是不厌其烦地请教他们注释。穆扎希德就此讲道:"我曾经3次请伊本·阿拔斯从头至尾解读《古兰经》,在每节经文前,我都使他停下来,就此向他请教。"

(4) 创制注释

再传弟子如果在经训与圣门弟子的注释中均找不到相关注释时,就发

---

① 法赫德·鲁米:《古兰经注释原理及注释方法研究》,利雅德塔伊布出版社2004年版,第30页。

② 同上书,第31页。

挥思考进行创制注释，因为他们有资格进行创制注释——他们通晓阿拉伯语及其相关知识，他们师从圣门弟子学习，通过他们知晓了他者无法听到的注释，故有资格进行创制注释。

（5）以色列传闻

再传弟子通过有经人的言论注释《古兰经》，是因为它简明扼要提及了历代先知及其民族，而没有详细阐述他们的事件和故事。此外，随着伊斯兰教疆域的不断扩大，再传弟子通过信仰了伊斯兰教的犹太人和基督人，详细了解了《讨拉特》和《引支勒》中叙述的历代先知及其民族故事，故他们采用有经人讲述的一些信息注释了有关经文。传述"以色列传闻的犹太穆斯林学者主要是阿卜杜拉·本·赛拉穆、凯尔布·本·艾哈巴尔、沃哈卜·本·穆南比赫、阿卜杜·麦里克·本·朱莱哲。"[①]

综上，再传弟子的注释渊源（亦可称为他们的注释方法），是对圣门弟子注释的继承和发展。尤为重要的是，再传弟子之后，注释家时间上距离早期注释逐渐遥远。在一切都发生变化的背景下，再传弟子的注释较之圣门弟子而言，对于后学尤其发挥着至关重要的承上启下作用。此外，再传弟子的注释渊源，对注释学的形成进一步奠定了法理和学理基础，尽管后期注释学界就是否可将他们的注释作为注释渊源产生分歧，但在确切求证他们的注释无疑义、无争议的情况下，"大部分注释家仍然主张采纳他们的注释，这是因为他们的注释大部分传自圣门弟子，正如穆扎希德所言：'我曾经3次请伊本·阿拔斯从头至尾解读《古兰经》，在每节经文前，我都使他停下来，就此向他请教。'盖塔德·本·迪阿麦·赛杜欣亦就此指出：'《古兰经》中的每一节经文，我都听及了有关对它的解义。'据此，后期大部分注释家都在他们的注释典籍中传述了再传弟子的注释，并且基于他们传承注释。"[②] 反之，"但凡弃圣门弟子与再传弟子的道路及其注释［渊源］而反其道行之，则是错误者，甚至是新生异端者。因为圣门弟子与再传弟子最知《古兰经》大义及其注释，正如他们最知真主

---

① 法赫德·鲁米：《古兰经注释原理及注释方法研究》，利雅德塔伊布出版社2004年版，第31—32页。
② 穆罕默德·侯赛因·扎哈卜：《古兰经注释与注释家》卷1，开罗知识出版社2001年版，第128页。

以《古兰经》派遣其使者的真理那样。"①

从发生学角度来讲，圣门弟子传承给再传弟子的注释渊源，是后期注释家的基础。这也就意味着，再传弟子传承的注释渊源和原则，是与先知穆罕默德及圣门弟子的注释一脉相承。同样，再传弟子的注释渊源，也启迪后期注释学界，要随着时空变化与社会发展，尤其伊斯兰文化各科知识的不断发展，解读《古兰经》大义的学术举措，也要基于经训原则不断发展。

2. 再传弟子的注释特点

再传弟子注释，因时代发展和社会变化，以及解读经文辞藻大义本身的需要，促使他们的注释具有鲜明的时代特点。

（1）大量以色列传闻涉足注释

这是因为，很多原本信仰犹太教与基督教的有经人如阿卜杜拉·本·赛拉穆皈依伊斯兰教后，他们往往将脑海深处那些源自《讨拉特》和《引支勒》的信息，与《古兰经》提及的同类信息相联系，并将它们讲述给其他穆斯林，如创造的开始、存在的奥秘、宇宙的起源、列圣的故事。详细了解《古兰经》中提及的犹太教与基督教事件的心理，致使一些再传弟子不加细究与评判地借用以色列传闻注释了相关经文。

（2）口耳相传注释

再传弟子无论是师从圣门弟子，还是授业他们的弟子，依然采取口耳相传注释的方法。例如，麦加注释学校的再传弟子师从伊本·阿拔斯，麦地那注释学派的再传弟子师从乌班耶·本·凯尔卜（'Ubayy ben ka'b,?－649），伊拉克注释学派的再传弟子师从伊本·麦斯欧德。诚然，再传弟子中也曾有文字记录注释者，如穆扎希德文字记录了伊本·阿拔斯的所有注释，赛义德·本·朱拜尔亦记录了注释，但他们的注释因个案以及仍在口耳相传的范畴内，故不能以点带面地将其视为再传弟子时期的文字注释。

（3）教义分歧出现

再传弟子时期，因个别再传弟子对教义的不同见解，致使教义分歧初见端倪，并影响到了注释。诸如，盖塔德·本·迪阿麦·赛杜欣涉足反宿

---

① 哲拉鲁丁·苏尤蒂：《古兰经学通论》，贝鲁特阿拉伯图书出版社2003年版，第859页。

命论，故他的反宿命论思想影响到他的注释。也因此，后期注释学界尽可能回避他的注释。同样，哈桑·巴士里注释时确定了反宿命论，并将否定反宿命论者断定为非穆斯林。

（4）多种意见并存

这是因为他们基于创制附加了个人见解，因此一节经文往往有不同说法和注释。

（5）注释整部经文

再传弟子时期，因伊斯兰教疆域的不断扩大以及穆斯林人口的大幅增加，需要注释的经文也大为增加，故再传弟子的注释涵盖了《古兰经》中可注释的经文。

（6）传述系统严密

注释《古兰经》的再传弟子都将他们的注释传述直接溯源于原注释人，如先知穆罕默德的注释、某圣门弟子的注释。他们的这种严谨做法，使后人能够了解到他们注释中的各种说法，准确辨别正确注释与伪造、羸弱注释。①

据上不难看出，再传弟子的注释与业师圣门弟子的注释既有共同点，也有不同点（见表2）。共同点说明了由上（先知穆罕默德）而下（再传弟子）的注释原则、渊源与方法一脉相承。同样，不同点说明了随着时空和世事等方面的变化，后期历代注释家，只有在原则范围内发生变化，才不致注释僵化。也唯有如此，才能将由上而下的、基于原理原则而变化注释的精神传承后人，发展注释工程。

表2　　　　　　　圣门弟子与再传弟子的注释特点比较

序号	圣门弟子的注释特点	再传弟子的注释特点
1	没有注释整部经文，仅注释不解经文	全面注释经文
2	理解经文大义鲜有分歧	理解经文大义的分歧相对多于圣门弟子

---

① 参见穆罕默德·侯赛因·扎哈卜《古兰经注释与注释家》卷1，开罗知识出版社2001年版，第130—131页；法赫德·鲁米：《古兰经注释原理及注释方法研究》，利雅德塔伊布出版社2004年版，第32—33页。

续表

序号	圣门弟子的注释特点	再传弟子的注释特点
3	宏观注释经文大义	注释每节经文与每个词汇
4	没有出现教义分歧	出现教义分歧,如盖塔德与哈桑·巴士里就反宿命论问题存有注释分歧
5	没有文字记载注释	出现文字记载注释
6	采取圣训形式注释	注释独立成文,即使仍然以圣训形式出现
7	谨慎采用以色列传闻	注释中出现大量以色列传闻

资料来源：本表根据阿卜杜拉·沙哈特的《伊斯兰教经学》列表整理。①

3. 再传弟子与圣门弟子的注释分歧

如前所述，无论是圣门弟子注释时鲜有分歧，还是再传弟子的注释分歧相对圣门弟子较多，都说明被后人尊称为"伊斯兰先贤"（Al-salaffyūn）的圣门弟子②，尽管有伴随先知、精通阿拉伯语、熟悉《古兰经》降示背景和时代状况、请教先知穆罕默德解惑释疑的背景；再传弟子有师从圣门弟子学习和传承注释的背景，但两者注释时存在分歧则是既定的事实，也彰显了先知穆罕默德允许其"乌玛"根据原则各抒己见的具体显现之一，"我的乌玛（'ummh）中，学者们的分歧是恩赐。"③

尽管再传弟子与圣门弟子的注释存在分歧，但由于他们所处时空是伊斯兰教发展的初期，相对后期而言在人文社会科学与自然科学、法学学派和教义学派等层面，尚未出现百花齐放的百家争鸣。因此，他们注释

---

① 阿卜杜拉·沙哈特：《伊斯兰教经学》，埃及公共图书馆1998年版，第104—105页。
② 教法学界从广义和狭义层面界定了"伊斯兰先贤"。狭义专指圣门弟子与再传弟子，伊玛目安萨里持此主张："须知，毋庸争辩，在真知灼见的学者看来，纯粹的真理就是先贤之路，即圣门弟子与再传弟子。"广义是指圣门弟子、再传弟子、三传弟子及正确追随他们的早期穆斯林学者，萨法里宁（Al-safūrīnī）等学者持此主张："先贤是圣门弟子，以及伊历前三世纪的恪守正道的众伊玛目。"——艾哈迈德·舍尔贾维：《先贤注经方法概要指南》，载《古兰经注释与圣训注解方法国际研讨会论文集》，吉隆坡塔吉迪德出版社2007年版，第11—12页。
③ 曼苏尔·穆罕默德·哈斯布·奈斌耶：《伊斯兰教与科学》，贝鲁特知识出版社2002年版，第130页。

《古兰经》时互相之间存在的分歧也相对有限,"先贤们注释的分歧很少"①,注释过程中"律例方面(Al-'aḥkām)的分歧多于注释本身的分歧",②并且由于"他们的注释分歧归根到底是对同一问题的表述分歧或是种类分歧"③,因此"他们的确切分歧归因于注释种类的分歧,而不是互相之间的对立分歧"④。细究再传弟子与圣门弟子(下文简称先贤)之间的注释分歧,主要有以下几类:⑤

(1)语言表述各异

思维的异同决定了表达事物的方法不尽相同,因此注释《古兰经》的每个先贤都以个人理解,以及惯用的表达方式和措辞阐述经文大义。换言之,注释后的经文经义保持原汁原味,而注释的措辞则互有差异,正如真主的99个尊称都表述着真主的本体及其属性,"(你说:)'你们可以称他为真主,也可以称他为至仁主。因为他有许多极优美的名号,你们无论用什么名号称呼他,(都是很好的)。'"先知穆罕默德的99个尊称都指向他本人,如穆罕默德、艾哈麦德、哈米德等;《古兰经》的55个名称统指《古兰经》,如《古兰经》、《福勒嘎尼》(Al-furqān,意为准则)、《呼达》(Al-hudā,意为引导)等。⑥ 由此可见,先贤的注释,往往出现万变不离其宗的"义同词异"情况。例如,他们在注释第1章第6节经文中的"Al-sirāt al-mustaqīm"(意为"正道")时,有人将其注释为"《古兰经》",有人将其注释为"伊斯兰教",有人将其注释为"逊尼与哲玛尔"(圣道与团体),有人将其注释为"虔敬",有人将其注释为"顺从真主及其使者"。这些注释都"指出了'正道'的本质为一,但每个人都用不同

---

① 哲拉鲁丁·苏尤蒂:《古兰经学通论》,贝鲁特阿拉伯图书出版社2003年版,第856页。
② 穆罕默德·侯赛因·扎哈卜:《古兰经注释与注释家》卷1,开罗知识出版社2001年版,第132页。
③ 同上书,第133页。
④ 哲拉鲁丁·苏尤蒂:《古兰经学通论》,贝鲁特阿拉伯图书出版社2003年版,第856页。
⑤ 参见哲拉鲁丁·苏尤蒂《古兰经学通论》,贝鲁特阿拉伯图书出版社2003年版,第856—859页;穆罕默德·侯赛因·扎哈卜:《古兰经注释与注释家》卷1,开罗知识出版社2001年版,第133—139页;法赫德·鲁米:《古兰经注释原理及注释方法研究》,利雅德塔伊布出版社2004年版,第42—44页。
⑥ 参见丁俊《古兰经名称考释》,载《阿拉伯世界》2005年第3期,第19—22页。

的措辞表述了它的属性"①,亦即,"正道"就是《古兰经》、伊斯兰教、圣道、虔敬真主、顺从真主及其使者,互相之间的关系相辅相成,互为因果——伊斯兰教就是遵循《古兰经》,顺从真主及其使者,虔敬圣道。

(2) 释义据证各异

每个先贤,在注释经文中意义共性的词汇时,都按照例证与提醒大众的方法对其加以陈述,而没有按照符合词汇的特指意义与普指意义的本意给予阐释。例如经文,"然后,我使我所拣选的仆人们继承经典;他们中有自欺的,有中和的,有奉真主的命令而争先行善的。那确是宏恩。"(35:32) 他们注释时,有些人将"Sābiq"(意为"争先行善的人")注释为礼拜时间初入后即刻礼拜者,将"Muqtasid"(意为"中和的人")注释为礼拜时间期间礼拜者,将"zālim"(意为"自欺的人")注释为礼拜时间过后礼拜者;有些人将"争先行善的人"注释为交纳天课并额外施舍者,将"中和的人"注释为仅仅交纳天课者,将"自欺的人"注释为拒绝交纳天课者;有些人将"争先行善的人"注释为在交纳天课的同时还额外施舍的人,将"自欺的人"注释为吃利息或拒绝交纳天课的人,将"中和的人"注释为交纳天课且不吃利息的人。从对词汇的不同阐释中不难看出,各个注释家都运用比较方式注释了该节经文的词汇大义,而没有将其局限于其中之一,以便让受众了解和注意此节经文所指的正反两方面。那么,这种分歧并没有导致各种注释之间的互相对立与矛盾,因为词汇"自欺的"已经将放弃义务且沉湎犯罪的人包括在内,"中和的"已经将力行义务与放弃犯罪的人包括在内,"争先行善的"已经将既做各种善事也力行义务的人包括在内。以此类推,有些先贤在注释经文的降示背景时讲到,此节经文因如此如此而降示;另有人说,此节经文因什么什么而降示,彼此之间各执己见,但不相互矛盾与对立。

(3) 词义内涵各异

《古兰经》中有些词汇往往含有双重或多重意义。这主要是因为,一是词汇在语言中具有共性,如经文"刚逃避了一只狮子一样"(74:51) 中的词汇"Qaswarah",既指狮子也指射手;经文"和逝去时的黑夜"(81:17) 中的词汇"'as'as",既指夜幕降临也指夜幕消失。二是词汇

---

① 哲拉鲁丁·苏尤蒂:《古兰经学通论》,贝鲁特阿拉伯图书出版社 2003 年版,第 856 页。

的各种意义根本上一致，但经文仅指其中的一种意义或是两种之一，如经文"然么他渐渐接近而降低，他相距两张弓的长度，或更近一些"（53：8—9）中的代词"他"。① 诸如此类经文，先贤注释家便以其中的一种意义来阐释词汇的经义。他们之间之所以有如此分歧，或因经文降示两次所致——每次都是各有所指；或因共性词汇的双重意义或多重意义的指向所致——马立克学派、沙菲仪学派与罕百里学派的许多法学家，以及许多教义学家借此注释经义；或因多义词汇的根本一致使然——如果没有必要将其特指，则具有普遍意义。

（4）近义词汇各异

先贤注释家们往往用近义词而非同义词表述经文大义，如经文"在天体震动"（52：9）中的"Mūrā"（意为"震动"），有些先贤用"harkah"（意为"活动"）注释该词——"Mūrā"就是一种轻快的"harkah"。再如经文"你应当以《古兰经》劝戒世人，以免任何人因自己的罪行而遭毁灭"（6：70）中的被动式动词"Tubsal"（意为"遭毁灭"），有的先贤以被动式动词"Tuhbas"（意为"遭拘禁"）注释该词，有的先贤以被动式动词"Turtahan"（意为受束缚）注释该词。由此可见，先贤们在注释诸如此类经文词汇时，往往选择近义词给予进一步阐释，互相之间存在的选词分歧也就自然存在，也因此不属于对立的注释分歧。

（5）经文诵读各异

《古兰经》中有些经文因七种诵读法所致，往往有两种或几种读法（如第2章第3节），故先贤注释家，都根据特殊的诵读法注释了这些经文，从而造成了不是注释本质分歧的分歧。例如，泰伯里根据伊本·阿拔斯等圣门弟子的传述指出，经文"他们必定说：'我们的眼睛受蒙蔽了'"（15：15）中的被动式叠音动词"Sukkarat"（意为昏迷），有先贤以被动式叠音动词"Suddat"（意为阻碍）注释该词，有先贤以被动式叠音动词"Suhirat"（意为眼花缭乱）注释该词。鉴于注释该词时出现的词汇分歧，再传弟子盖塔德·本·迪阿麦·赛杜欣指出，该词字母"Kāf"被读为叠

---

① 指哲卜拉伊勒天使接近先知穆罕默德，两者之间是两张弓或更近距离。参见穆罕默德·哈桑·海米西《古兰经简注、哲拉鲁丁·苏尤蒂的降示背景注、经文内容与词汇索引大全》，大马士革－贝鲁特拉希德出版社1987年版，第526页。

音，该词意即为"Suddat"（阻碍）；被读为轻音，则意为"Suhirat"（眼花缭乱）。①

综上，由于"经文的诵读法、词的格位、多义词、普指与特指、一般与特殊、本义与隐义、动词主语的显现与隐含、经文的先后停止及其明确性、传自先知的分歧"原因所致②，造成再传弟子与圣门弟子注释经文时出现了不碍注释本义的种类分歧，正如泽尔克西所言："他们就一节经文的意义出现不同说辞与分歧，后期注释家们以大同小异的表述叙述了这些分歧，不理解的人将其视为分歧并众说纷纭。其实并不然，每个先贤注释家都阐释了经文表达的意义并局限于此——因为该释义最能彰显注释家的注释，或者因为它最符合询问者的情况。也许他们中有些人叙述了经文大义的必然性与同义性，另一些人则表述了经文大义的经旨与结果。所有的注释家最终都归于经文的本义和所指，以便明确经文本义。故此，表述的不同导致一些人不理解[先贤们注释]意愿的不同，正如诗人所言：表述不一意为一，一切皆指完全义。"③ 毋庸讳言，自圣门弟子与再传弟子以降，注释家具有原则性的分歧，无论在法理上还是在学理上都是允许的。同样，正是基于这种具有原则的百家争鸣，催生了百花齐放的注释景象。

4. 再传弟子的注释学校

先知穆罕默德与圣门弟子时代是伊斯兰教开疆拓土和文化发展的初级阶段。该阶段，部分圣门弟子离开穆斯林"乌玛"（Al-'ummh）的中心麦地那，分布定居在伊斯兰教所到之地，从事行政、法官与教师等工作。该时期的文化教育，由于是"伊斯兰教黎明时期，穆斯林的物质生活比较简单，文化教育也很不发达，当时'一个识字的人，无论在哪里，遇到一个不识字而愿意识字的人，他们二人便构成一个学校了。后来清真寺成为穆斯林接受教育的场所。'"④ 在如此大的社会背景下，对于如饥似渴

---

① 七大诵读学家中，哈目泽（700—773）与基萨伊（？—805）读为短音，其他五位读为长音。

② 详见法赫德·本鲁米《古兰经注释原理及注释方法研究》，利雅德塔伊布出版社2004年版，第44—54页。

③ 法赫德·鲁米：《古兰经注释原理及注释方法研究》，利雅德塔伊布出版社2004年版，第44页。

④ 李华英：《楷模长逝 风采犹存——为纪念安士伟大阿訇归真10周年而作》，载《回族研究》2008年第2期，第117页。

求学求知的阿拉伯人而言尤为如此。圣门弟子传自先知穆罕默德的圣训知识，以及亲历先知时代各种事件的经历，吸引大批人前来聆听和承继他们的教诲，从而成为文化教育传承层面的再传弟子，并在不同城市形成了规模不等的学校（Madrasah），"圣门弟子与再传弟子的学术造诣各不相同，他们派到各地之后，都依照自己的思想与学识建立学校，传授学问；结果地方受了他们的影响，都依循着他们的途径。于是各地自成派别"[①]。这种学校的形式，就是任老师的圣门弟子在清真寺的一个角落里居中而坐，做学生的再传弟子环绕老师形成一个"讲席"（Al-halqah），口耳相传地研习《古兰经》、圣训和法学等伊斯兰教基本知识。如果按时下的学术话语来看，这种"讲席"式的学校，事实上就是伊斯兰文化史上学校和学术研究中心的雏形。

在各类"讲席"式的学校中，许多再传弟子师从著名圣门弟子求学《古兰经》注释，并在麦加、麦地那和伊拉克建立了三大注释学校，今人将其称为之注释学派（Al-madrasah al-tafsiryyh）。[②] 此外，他们还在其他地方建立了规模相对较小的注释学校，如著名圣门弟子艾布·达尔达厄（Abu dardā',？—652）与其弟子艾布·伊德利斯·胡拉尼（'abu 'idris al-khulāni）、阿勒盖麦·本·盖斯（'alqamah ben qays, 伊历？—62）、苏韦德·本·盖夫勒（suwayd ben ghaflah）、朱拜尔·本·奈费尔（jubayr ben nafir）、宰德·本·沃海布（zayd ben wahb）在叙利亚大马士革建立的叙利亚注释学校。圣门弟子阿慕尔·本·阿斯与其弟子耶济德·本·艾布·哈比布（yazid ben abi hbīb, 伊历？—128）、穆尔塞德·本·阿卜杜拉·耶兹尼（Mursad ben abu Allah yazni, 伊历？—90）在埃及建立的埃及注释学校。再传弟子塔乌斯·本·基桑·耶玛尼（Tāwūs ben kīsān al-yamānī, 伊历？—106）与瓦哈布·本·穆南比赫·萨那（Wahb ben munabih al-san'ān, 伊历？—110）在也门建立的也门注释学校。[③]

---

① 艾哈迈德·爱敏：《阿拉伯－伊斯兰文化史》第1册，商务印书馆1982年版，第182页。

② 穆萨伊德·坦雅尔在《古兰学及古兰经注释原理论集》中，解析了术语"Madrasah"，并就其提出几点看法。

③ 穆罕默德·本·穆罕默德·艾布·舍赫布：《古兰经注释典籍中的以色列传闻注释与伪造注释》，开罗圣训出版社1971年版，第71—72页。

鉴于麦加、麦地那、伊拉克在该时期注释《古兰经》方面的重要地位，以及在注释史上发挥的重大作用，现仅对这三所学校及代表性注释家作概要介绍。

(1) 麦加注释学校

麦加（Makkah），因伊斯兰教发祥地使然，在伊斯兰教史与伊斯兰文化史上具有举足轻重的特殊地位，麦加的《古兰经》注释学校也就相应地居三所注释学校之首，"人们中最知晓《古兰经》注释的是麦加人，因为他们是伊本·阿拔斯的弟子，如穆扎希德、阿塔尔·本·兰巴赫、阿克勒穆、赛义德·本·朱拜尔、塔乌斯·本·基桑·耶玛尼等，"① 因此麦加又有"注释母校"（Al-madrasah al-'umm）之称——许多学者型圣门弟子离开伊斯兰教黎明时期的中心麦地那，首选麦加作为其讲学和传承伊斯兰文化之地。麦加因此出现了较为繁荣的文化教育和学术研究气氛，以伊本·阿拔斯领衔的麦加注释学校就极具典型，"伊本·阿拔斯晚年，曾在麦加、巴士拉、麦地那讲学……他讲学的时候，坐在卡尔白之中，讲解《古兰经》、圣训、教律、文学。麦加学校之能远近驰名，得阿布杜拉·阿拔斯师徒的力量最多。"②

伊本·阿拔斯在麦加居住期间，有众多再传弟子追随他求学经训、注释与教法，形成麦加注释学校。师从伊本·阿拔斯研习注释的众多弟子中，尤以赛义德·本·朱拜尔、穆扎希德·本·哲拜尔、阿克勒穆、塔乌斯·本·基桑·耶玛尼、阿塔尔·本·兰巴赫著称。

① 赛义德·本·朱拜尔

赛义德·本·朱拜尔（Sa'īd ben jubayr，伊历？—95），原籍埃塞俄比亚，"在《古兰经》注释、圣训与法学方面都是再传弟子中的先驱者。"③ 他有幸聆听多为圣门弟子的教诲，先后师从伊本·阿拔斯与伊本·麦斯欧德等传述圣训与注释。鉴于他聆听和传述伊本·阿拔斯的注释较之其他圣门弟子为多，故哲拉鲁丁·苏尤蒂等人将其列为伊本·阿拔斯

---

① 哲拉鲁丁·苏尤蒂：《古兰经学通论》，贝鲁特阿拉伯图书出版社2003年版，第882页。
② 艾哈迈德·爱敏：《阿拉伯-伊斯兰文化史》第1册，商务印书馆1982年版，第185页。
③ 穆罕默德·侯赛因·扎哈卜：《古兰经注释与注释家》卷1，开罗知识出版社2001年版，第102页。

的弟子，今人亦据此将其归属麦加注释学派。

赛义德在注释领域尤其擅长传述几种诵读法，再传弟子伊斯梅尔·本·阿卜杜勒·马立克（'ismā'īl ben 'abud al-malik）就此讲道："赛义德·本·朱拜尔曾在斋月率领我们礼拜。有一晚，他诵读阿布杜拉·本·麦斯欧德的诵读法，有一晚诵读栽德·本·萨比特的诵读法，有一晚则诵读其他诵读家的诵读法。"① 如前所述，掌握《古兰经》各种诵读方法的精确程度，一定程度上决定着注释相关经文大义的准确程度，故赛义德精确掌握这些诵读方法，有助于他最大限度地了解经文大义及其奥妙，并有准确注释的能力和资格。

尽管赛义德在注释《古兰经》、传述圣训和演绎教法层面为再传弟子中的佼佼者，但在后人所整理的注释文献中，仍然能感觉到他尽可能地溯源经训和圣门弟子的注释解读经义，尽量避免以个人见解注释经文。历史学家、法学家伊本·赫里康（Ibn al-khallikān，1211—1282）在历史传记《名人传》（Wafayāt al-A'yān wa Anbā' Abnā' al-Zamān）中记载："某人请赛义德为他书写《古兰经》注释，赛义德生气地说：'我宁愿我的胞兄去世，也不愿记录我的注释。'"② 赛义德的谨慎，一方面说明再传弟子对注释所持的严谨态度，但另一方面给后人直接窥见他们亲笔手书或他人记录他们的注释带来了一定困难。令学界欣慰的是，伊斯兰文化学术传统中，由他们而起的严谨的圣训考证式的口耳相传方法，为后人留下了这些弥足珍贵的注释资料，从而使注释学界能够整理、借鉴和溯源他们的注释，进一步发展注释工程。

再传弟子时代，赛义德相对而言是一位伊斯兰知识的集大成者，通晓伊斯兰基础知识。伊本·赫里康讲到，"再传弟子中最知婚姻教律的莫过于赛义德·本·穆西布，最知合法事物与非法事物教律的莫过于塔乌斯·本·基桑·耶玛尼，最知注释的莫过于穆扎希德·本·哲拜尔，而集这些知识于一身者则是赛义德·本·朱拜尔。"③ 鉴于赛

---

① 穆罕默德·侯赛因·扎哈卜：《古兰经注释与注释家》卷1，开罗知识出版社2001年版，第102页。

② 伊本·赫里康：《名人传》第1卷，开罗阿米尔出版社1882年版，第365页。

③ 转引自穆罕默德·侯赛因·扎哈卜《古兰经注释与注释家》卷1，开罗知识出版社2001年版，第103页。

义德精于注释、诵读《古兰经》等伊斯兰知识,业师伊本·阿拔斯极其信任他,后人从伊本·阿拔斯将请教他教律知识的人推荐至赛义德就可见一斑。

赛义德在注释领域的地位,同时代人与后人,都高度评价了他。再传弟子盖塔德·本·迪阿麦·赛杜欣认为,"赛义德·本·朱拜尔是再传弟子中最知注释的人"。阿慕尔·本·麦蒙传述,"赛义德·本·朱拜尔去世了,地球上只要有人,莫不溯源他所掌握的知识。"泰伯里评论到,"赛义德·本·朱拜尔是值得信任的、权威的穆斯林伊玛目。"还有学者认为,"赛义德·本·朱拜尔所掌握的知识优先于穆扎希德与塔乌斯。"① 苏夫延·赛里(Sufyān al-thawri,伊历97—161)谈及再传弟子中的著名注释家并给予级别排序时,将赛义德列为首位,"你们学习四个人的注释:赛义德·本·朱拜尔、穆扎希德、阿克勒穆、丹哈克(Al-dahhāk)。"② 这些权威评价,充分肯定了赛义德在《古兰经》注释领域的重要地位,在继承注释方面的历史功绩和学术贡献。

② 穆扎希德·本·哲拜尔

穆扎希德·本·哲拜尔(Mujāhid ben jabar,伊历21—104),师从伊本·阿拔斯学习和传述注释,是最值得信赖和溯源的传述注释家之一。沙菲仪与布哈里等人,无论创制教律,还是收录圣训,都无一例外地溯源他,以求实求证,"沙菲仪、布哈里等学者都依赖他的注释。"③ 从《布哈里圣训实录全集》"注释章"收录的传自穆扎希德的许多注释性圣训,就不难窥见布哈里对他的信赖,也充分认可与定位了穆扎希德理解经义的程度。

穆扎希德为领悟经义,研习注释,除在日常"讲席"中聆听伊本·阿拔斯讲解注释外,还单独请教老师,"我曾经30次请教伊本·阿拔斯解读《古兰经》。"④ "我曾经三次请伊本·阿拔斯从头至尾解读《古兰经》,在每节经文前,我都使他停下来,就该节经文为何而降,如何降示

---

① 穆罕默德·侯赛因·扎哈卜:《古兰经注释与注释家》卷1,开罗知识出版社2001年版,第103页。
② 哲拉鲁丁·苏尤蒂:《古兰经学通论》,贝鲁特阿拉伯图书出版社2003年版,第883页。
③ 同上,第882页。
④ 同上。

请教他。"① 诚然，从穆扎希德就自己请教伊本·阿拔斯的次数来看，存在数倍差距。然而，数字的差异并不是关键，关键在于说明他对注释持有的严谨态度和忠实精神。穆扎希德注释经文时力求准确，尽力表述其经旨所在，揭示经文奥义所指，阐释不解经文大义。再传弟子伊本·艾布·穆莱克（Ibn abū mulaykah，伊历？—117）就此讲道："我曾看见穆扎希德拿着板片请教伊本·阿拔斯注释，伊本·阿拔斯说：'你记录吧'，他请教伊本·阿拔斯注释了整部经文。"②

穆扎希德注释《古兰经》，在溯源经训与圣门弟子注释的同时，也基于原则，最大限度地运用个人理智解读一些隐微经文。但凡此类经文，穆扎希德都借助类比方法进行阐释。毋庸置疑，穆扎希德这种大胆运用理性注释经文的方法，成为后期主张理性的"穆尔太齐赖派注释类似经文认可的原则"③。泰伯里的《古兰经注释总汇》，多次传述了穆扎希德理性注释经文的实践，如经文"你们确已认识你们中有些人，在安息日超越法度，故我对他们说：'你们变成卑贱的猿猴吧。'"（2：65）穆扎希德将"变成卑贱的猿猴"注释为，这是指"超越真主法度者的心灵变态了，他们没有变为猿猴，真主为此等人所打的比喻就'譬如驮经的驴子'（62：5）。"但泰伯里对穆扎希德的这种注释不予接受并给予评论："穆扎希德的这种注释违背了真主经典的明证。"④ 同时，他也以强有力的证据，反驳了穆扎希德对此节经文的理性注释。再如经文"在那日，许多面目是光华的，是仰视着他们的主的。"（75：22—23）穆扎希德注释该节经文为："许多面目期待养主的恩赐，任何被造物都看不见真主。"⑤ 穆扎希德如此注释，成为后来穆尔太齐赖派就"目视真主问题"讨论并主张的重要证据。穆扎希德如此宽泛的理性注释经文的作法，促使一些竭力回避以个人见解注释经文者对他的注释避而远之，并给予评判。其因在于，一是

---

① 转引自穆罕默德·侯赛因·扎哈卜《古兰经注释与注释家》卷1，开罗知识出版社2001年版，第104页。

② 穆罕默德·侯赛因·扎哈卜：《古兰经注释与注释家》卷1，开罗知识出版社2001年版，第104页。

③ 同上书，第106页。

④ 转引自穆罕默德·侯赛因·扎哈卜《古兰经注释与注释家》卷1，开罗知识出版社2001年版，第106页。

⑤ 同上。

他过于以个人理性见解注释经文,从其子的传述就不难窥见他对别人评判自己理性注释经文的无奈:"某人质问我父亲:'你以你的见解注释《古兰经》?'父亲听后哭着说:'那么,我就是个大胆的人,但我的确根据十几位圣门弟子传述了注释。'"二是"认为他请教有经人"①,故他的注释中出现的以色列传闻一定程度上影响了其注释的整体效果。

在注释学界看来,尽管穆扎希德的一些理性注释具有瑕疵,但瑕不掩瑜,他在注释领域的地位不容质疑,注释价值不容忽视,"再传弟子中最知注释者是穆扎希德。"② 盖塔德·本·迪阿麦·赛杜欣高度评价了他的注释:"尚在世的再传弟子中最知注释者莫过于穆扎希德。"苏夫延·赛里如是讲道:"如果你得到了来自穆扎希德的注释,就足亦以此为注。"③

③ 阿克勒穆

阿克勒穆('Aakramah,伊历?—104),原籍摩洛哥,柏柏尔人。他除师从伊本·阿拔斯外,还师从阿里、艾布·胡莱赖(Abū Hurayrah,601—678)等圣门弟子求学圣训、《古兰经》注释、伊斯兰教法等知识。

阿克勒穆师从伊本·阿拔斯研习注释时,伊本·阿拔斯为使他专心致志求学治学,曾达到了绑他双脚而不致窥远的地步,"伊本·阿拔斯教授我《古兰经》和圣训时,曾绑住我的双脚。"④ 伊本·阿拔斯不仅教授阿克勒穆学习注释,而且也得益于这位颇有造诣的弟子,故师生之间产生了教学相长的学研活动,促使阿克勒穆在注释领域有了长足发展,得到了业师的充分肯定和评价。阿克勒穆就此讲道:"伊本·阿拔斯在读到经文'真主要加以毁灭,或加以严惩的民众,你们何必劝戒他们呢?'(7:164)时说:'我不知道,民众是得救了呢,还是遭毁灭了?'于是我反复给他阐释,直到他明白民众得救了,并且给我批上了新装。"⑤ 对于阿克勒穆与业师伊本·阿拔斯教学相长的实践典范,伊本·哈哲尔·阿斯格拉

---

① 穆罕默德·侯赛因·扎哈卜:《古兰经注释与注释家》卷1,开罗知识出版社2001年版,第105页。
② 哲拉鲁丁·苏尤蒂:《古兰经学通论》,贝鲁特阿拉伯图书出版社2003年版,第882页。
③ 穆罕默德·侯赛因·扎哈卜:《古兰经注释与注释家》卷1,开罗知识出版社2001年版,第105页。
④ 哲拉鲁丁·苏尤蒂:《古兰经学通论》,贝鲁特阿拉伯图书出版社2003年版,第883页。
⑤ 穆罕默德·侯赛因·扎哈卜:《古兰经注释与注释家》卷1,开罗知识出版社2001年版,第112页。

尼（Ibn hajar al-'asqalāniyy，伊历 773—852）在《训导之训导》（Tah-dhib al-tahdhib）中做了记载，"阿克勒穆为伊本·阿拔斯阐释了一些大义不明的经文。"①

阿克勒穆在注释领域享有极高地位，甚至赛义德·本·朱拜尔与穆扎希德都要请教他解惑释疑。"赛义德·本·朱拜尔与穆扎希德曾就注释考难阿克勒穆，但每问到一节经文，他都给予阐释。当他俩理穷词尽时，他还在说：'此节经文为此而降示，此节经文为此而降示。'"②

阿克勒穆在注释领域的深厚学养，他不仅自我肯定了自己的注释因师从伊本·阿拔斯而具有相应的权威性："我给你们讲到有关《古兰经》的一切，都来自伊本·阿拔斯。"③ 同样，他也得到其他学者的认可和定性，再传弟子阿米尔·舍尔斌就此讲道："阿克勒穆在世时，没有比他更通晓真主的经典的人了。"④ 伊本·哈巴尼（Ibn habbān，伊历？—354）如是评价："阿克勒穆是他那个时代精通教律与《古兰经》的学者之一。"⑤

④ 塔乌斯·本·基桑·耶玛尼

塔乌斯（Tāwūs ben kīsān al-yamānī，伊历？—106），也门人，故其名尾缀有"耶玛尼"（意为也门人）。塔乌斯根据四位名首均为"阿布杜拉"的圣门弟子学习和传述圣训。⑥ 此外，他还求教于多为圣门弟子并根据他们传述圣训，"我曾与50位圣门弟子同席共学"⑦。鉴于塔乌斯师从如此多的圣门弟子学习和传述圣训等知识，他在知识学养层面的造诣也就不言而喻，在注释《古兰经》的再传弟子中尤占重要一席，成为注释的

---

① 穆罕默德·侯赛因·扎哈卜：《古兰经注释与注释家》卷1，开罗知识出版社2001年版，第111页。
② 同上。
③ 哲拉鲁丁·苏尤蒂：《古兰经学通论》，贝鲁特阿拉伯图书出版社2003年版，第883页。
④ 同上。
⑤ 穆罕默德·侯赛因·扎哈卜：《古兰经注释与注释家》卷1，开罗知识出版社2001年版，第111页。
⑥ 即阿卜杜拉·本·祖拜尔（'Abd Allah ben zubayr，622—692），阿卜杜拉·本·欧麦尔（第二任哈里发欧麦尔）、阿卜杜拉·本·阿慕尔·本·阿斯（前文中的阿慕尔·本·阿斯）、阿卜杜拉·本·阿拔斯（前文中的伊本·阿拔斯），专门有"Al-'abādilah al-'arba'ah"（"四位阿卜杜拉"）的术语指称他们。
⑦ 穆罕默德·侯赛因·扎哈卜：《古兰经注释与注释家》卷1，开罗知识出版社2001年版，第112页。

先行者,"他是著名学者,通晓真主的经典"①。六大部圣训集收录的传自他的圣训,也充分说明他在圣训和注释领域的地位。

尽管塔乌斯有幸接触并求教于数十位圣门弟子,尤其四位阿卜杜拉,但由于他与伊本·阿拔斯同席的时间多于其他圣门弟子,师从伊本·阿拔斯学习注释远胜于其他老师,故注释学界将其视为伊本·阿拔斯的弟子,成为麦加注释学派的代表人物。

塔乌斯学识出众,功修虔诚,为人忠诚。对此,不仅业师伊本·阿拔斯充分肯定并认为他"属于天堂的居民",而且被后人公认为是"也门人中的修士,再传弟子中的权威,伊斯兰召唤的响应者,40次的朝觐者,于伊历106年逝于麦加。"②

⑤ 阿塔尔·本·兰巴赫

阿塔尔·本·兰巴赫('Atā' ben abu rabbāh,伊历27—114),麦加古莱氏族人。从阿塔尔的生卒年不难看出,他出生时距先知穆罕默德始传伊斯兰教已40年,他去世时距最后一名圣门弟子去世仅仅4年,故他的一生正是大批圣门弟子传播伊斯兰教、推动伊斯兰社会发展、弘扬伊斯兰文化的黄金阶段。因此他有幸相遇多位圣门弟子并聆听他们的教诲,他就此讲到,自己"幸遇了二百位圣门弟子。"③

较之其他再传弟子而言,尽管阿塔尔幸遇如此之多的圣门弟子,但从学术传承来讲,他主要师从三位"阿卜杜拉"(阿卜杜拉·本·阿拔斯、阿卜杜拉·本·欧麦尔、阿卜杜拉·本·阿慕尔·本·阿斯),以及其他著名圣门弟子求学伊斯兰知识,并由此奠定他成为再传弟子中权威法学家、多段圣训传述者、著名注释家的学识基础和权威地位。他在业师伊本·阿拔斯去世后,继承老师的未竟事业,继续巩固和发展麦加注释学校,泰伯里记载,"麦加禁寺的讲席由伊本·阿拔斯领衔,伊本·阿拔斯去世后,由阿塔尔领衔。"

伊本·阿拔斯的著名弟子中,虽然阿塔尔传述伊本·阿拔斯的注释量以及自己的注释,相对不及上述几位注释家,尤其是赛义德与穆扎希德,

---

① 穆罕默德·侯赛因·扎哈卜:《古兰经注释与注释家》卷1,开罗知识出版社2001年版,第112页。
② 同上书,第111—112页。
③ 同上书,第113页。

但这丝毫无损阿塔尔在注释学界的学术地位。反之,这从另一视角说明阿塔尔注释时,严格要求自己根据经训与圣门弟子的注释从事注释活动,尽量避免以个人见解注释经文,由此促使注释不因个人见解而越经。例如,"阿塔尔有一次被问及一个问题时说:'我不知道。'有人对他说:'你为何不以你的见解回答呢?'他说:'我确实害怕,真主因我的见解而使我爬行走路。'"[①] 阿塔尔严谨的治学态度,以点带面地折射了先贤注释家注释经文时的谨慎,并在很大程度上为后期注释家们,树立了严肃的注释态度和严谨的学术典范。

尽管阿塔尔"皮肤黝黑,鼻子扁平,双脚跛行,双目失明"[②],但他在伊斯兰教文化知识,尤其在伊斯兰教法与注释领域的地位和功绩不容置疑。业师伊本·阿拔斯充分肯定了他在教法尤其是朝觐功修领域的权威:"麦加的居民啊,你们聚集在我的身边,麦加人中没有阿塔尔吗?"[③] 同样,再传弟子盖塔德就此评论道:"再传弟子中最有知识者莫过于四位:阿塔尔·本·兰巴赫是他们中最知朝觐的人,赛义德·本·朱拜尔是他们中最知注释的人,阿克勒穆是他们中最知历史的人,哈桑·巴士里是他们中最知合法事物与非法事物的人。"[④] 再传弟子、法学家艾布·哈尼法(Abu Hanifah, 700-767)说到:"在我遇见的人中,我没有见过比阿塔尔更优秀的人了。"法学家、圣训学家奥扎伊(Al-ghawzā', ?-774)评价道:"阿塔尔去世的那一天,是最受人们喜悦的人去世的日子。"伊本·哈巴尼则从宗教修行与知识学养等方面评价了他:"阿塔尔在教律、知识、虔诚与贡献方面都是再传弟子中的杰出者。"[⑤] 六大部圣训集收录的传自他的圣训,也彰显了阿塔尔在圣训学、教法学与注释学领域的历史贡献和学术地位。

[①] 穆罕默德·侯赛因·扎哈卜:《古兰经注释与注释家》卷1,开罗知识出版社2001年版,第114页。

[②] 同上书,第113页。

[③] 同上。

[④] 同上书,第114页。

[⑤] 穆罕默德·侯赛因·扎哈卜:《古兰经注释与注释家》卷1,开罗知识出版社2001年版,第113页。

(2) 麦地那注释学校

再传弟子时期,麦地那作为穆斯林公社的都城,它的文化教育和学术研究事业整体上较之麦加尤为突出。这主要取决于"麦地那城是穆罕默德与圣门弟子迁移后的都城,大部教律是在这个城里产生的;它是伊斯兰教初期历史事件的中心,是产生大部分圣训的源泉。所以要了解圣训,必须先研究麦地那的社会环境。麦地那又是伊斯兰的重要时代——艾布·伯克尔、欧麦尔、奥斯曼诸哈里发时代的首都所在地。许多圣门大弟子集会在这个城中,亲聆先知的训言,目睹先知的所行,追随先知参加历次的战役;然后曾把目所睹、耳所闻者,传之于人。"① "麦地那城的学术地位,似较麦加为高。因穆圣迁都前或迁都后,麦加人奉伊斯兰教者——尤其是古莱氏族,都带着他们的思想智慧迁到麦地那。那时的麦地那城,成了阿拉伯半岛任何方面想要信奉伊斯兰教的人的趋向。"② 是故,"大部分的经注家、圣训家、教法家、历史学家,都是麦地那学校出身的;远方学子,都去跟麦地那的学者求学。"③

根据艾哈迈德·爱敏教授的研究,就伊斯兰初期的文化教育与学术研究的整体而言,尽管"麦地那学校的学术内容较麦加更为丰富,更为著名"④,但就《古兰经》注释学术的个案来讲,麦地那注释学校相对不及麦加注释学校,注释的人数和注释成果量也就稍逊一筹。究其原因,"麦加学校之能远近驰名,得阿布杜拉·阿拔斯师徒的力量最多。"⑤

如上所述,先知穆罕默德去世后,虽然大量圣门弟子离开圣城麦地那,远赴他乡传播伊斯兰教,但仍有很多圣门弟子留居麦地那,专注伊斯兰文化事业,教授《古兰经》、圣训、法学等。其中,圣门弟子乌班耶·本·凯尔卜及其弟子创建的注释学校,很大程度上就是麦地那文化教育与学术研究繁荣的代表。诚然,乌班耶·本·凯尔卜在麦地那讲授注释时,还有其他一些圣门弟子也教授注释,但"乌班耶·本·凯尔卜被认为是

---

① 艾哈迈德·爱敏:《阿拉伯—伊斯兰文化史》第 1 册,商务印书馆 1982 年版,第 183 页。
② 同上。
③ 同上书,第 184 页。
④ 同上书,第 186 页。
⑤ 同上书,第 185 页。

麦地那的再传弟子注释家们师从他学习注释最著名者——因为他在注释方面的声誉远胜他人，流传后人的注释最多之故所致。"① 乌班耶·本·凯尔卜领衔的麦地那注释学校培养的弟子众多，其中最富盛名者莫过于艾布·阿林耶、穆罕默德·本·凯尔布·古尔兹、宰德·本·艾斯莱姆。他们既是麦地那注释学校的代表人物，也是再传弟子中注释《古兰经》的佼佼者。

① 艾布·阿林耶

艾布·阿林耶（Abu al-'āliyy，伊历？—90），生于蒙昧时代，他在先知穆罕默德去世两年后皈依了伊斯兰教，曾有幸见过首任哈里发艾布·伯克尔。② 艾布·阿林耶不但通背了《古兰经》，而且精通诵读。他曾根据阿里、伊本·麦斯欧德、伊本·阿拔斯、乌班耶·本·凯尔卜等圣门弟子，以及圣妻阿伊莎传述圣训。在习得注释方面，他主要师从乌班耶·本·凯尔卜，并传述了来自业师的大量注释，泰伯里的《古兰经注释总汇》，以及六大部圣训集均对此有所记载。

艾布·阿林耶在注释领域享有极高地位，圣训学家、历史学家伊本·迈因（Ibn ma'īn,？—848）视其为"《古兰经》注释的权威"③，圣训学家艾布·达乌德指出，"圣门弟子之后，绝没有任何人比艾布·阿林耶更通晓《古兰经》的人了"④。

② 穆罕默德·本·凯尔布·古尔兹

穆罕默德·本·凯尔布·古尔兹（Muhammad ben karb al-quraz，伊历40—118），通过圣门弟子阿里、伊本·麦斯欧德、伊本·阿拔斯等人传述圣训，师从乌班耶·本·凯尔卜专习《古兰经》注释。古尔兹毕生以可信、公道、虔诚、大量传述圣训、注释《古兰经》著称于世。在注释《古兰经》的再传弟子中，古尔兹声名显赫，后人认为，"他是权威、学

---

① 穆罕默德·侯赛因·扎哈卜：《古兰经注释与注释家》卷1，开罗知识出版社2001年版，第114页。
② 哈非兹·谢姆斯丁·达乌德：《古兰经注释家的级别》第1卷，贝鲁特学术图书出版社1983年版，第178页。
③ 穆罕默德·侯赛因·扎哈卜：《古兰经注释与注释家》卷1，开罗知识出版社2001年版，第115页。
④ 哈非兹·谢姆斯丁·达乌德：《古兰经注释家的级别》第1卷，贝鲁特学术图书出版社1983年版，第179页。

者、多段圣训的传述者、虔诚的修士、通晓《古兰经》者、六大部圣训集收录其所传圣训者。"①伊本·奥恩（Ibn'awn）指出："我没有见过比古尔兹更精通《古兰经》注释的人了。"②伊本·哈巴尼认为，"他是麦地那人中知识与法学最优秀的人之一。"③ 伊历118年，古尔兹"在清真寺讲述伊斯兰教历史时，清真寺的屋顶塌陷，致使他与围他而坐的弟子撒手人寰，享年78岁。"④

③ 宰德·本·艾斯莱姆

宰德·本·艾斯莱姆（Zayd ben 'aslam，伊历？—136），法学家、注释家，曾是第二任哈里发欧麦尔的仆人。他根据欧麦尔、贾比尔·本·阿卜杜拉（Jābir ben 'abd Allah,？-697）、艾奈斯·本·马立克（'Anas ben mālik, 612 - 712）等圣门弟子传述圣训。在同时代人中，宰德以学识渊博著称，甚至其他再传弟子也聆听其教诲，汲取其知识。布哈里在专于圣训传述家生平及圣训传述系统的专著《历史大全》（Al-tārīkh）中记载，阿里之孙、什叶派十二伊玛目支派尊奉的第四任伊玛目阿里·本·侯赛因（'Ali ben husayn, 658 - 712）曾聆听宰德教诲。当阿里·本·侯赛因被问及，他为何求教于欧麦尔的仆人时坦言："一个人只与有助于他了解自己的宗教者促膝而坐。"⑤ "宰德在先知寺拥有独立讲席，艾布·哈济姆·艾尔勒季曾说：'我们在宰德·本·艾斯莱姆的讲席中见到四十位法学家，我们既没有看到来回走动者，也没有看到为一句无益之语争论者。'"⑥ 这些都深刻彰显了宰德在同时代人中的学识渊博和学术权威。

麦地那注释学校中，较之其他注释家而言，宰德的注释以个人见解注释且不越位而见长。他认为可以凭借个人的正确见解注释经文，条件是只要不超越经义的本然所在即可，正如一些圣门弟子注释家与再传弟子注释家以个人见解注释经文的作法。宰德以个人见解注释经文的举措，后期文

---

① 穆罕默德·侯赛因·扎哈卜：《古兰经注释与注释家》卷1，开罗知识出版社2001年版，第116页。

② 同上。

③ 同上。

④ 同上。

⑤ 哈非兹·谢姆斯丁·达乌德：《古兰经注释家的级别》第1卷，贝鲁特学术图书出版社1983年版，第183页。

⑥ 同上书，第182—183页。

献中没有任何资料证明学者们将他归类于标新立异者的行列,由此折射了他在注释领域的严谨性和权威性。① 艾哈麦德与奈萨仪(Al-nasā'i, 839—915)均认为他的注释值得信赖。同样,六大部圣训集收录的传自他的圣训,也说明了他为人为学的可信性。

宰德的著名弟子中最为杰出者,当数著名法学家、圣训学家、马立克教法学派创始人马立克·本·艾奈斯(Mālik ben Anas,约715—795)。

(3)伊拉克注释学校

先知穆罕默德去世后,继任的哈里发开疆拓土,从各个层面发展伊斯兰教。哈里发欧麦尔时代,圣门弟子在他们早已熟知且被解放的伊拉克地区开辟了巴士拉城和库法城。二城到再传弟子居多的伍麦叶王朝时期,不仅成为伊拉克地区的两个伊斯兰文化学术中心,而且从当时伊斯兰文化的整体格局来看,是仅次于麦加和麦地那的伊斯兰文化学术中心。尤其二城形成的"学术的炫耀和学术的辩难,以及各地拥护各地学者的风尚,结果产生了许多学派,无论文法学、教律学、教派、宗教哲学、文学,都分库法派与巴士拉派"②,从而使伊拉克成为当时的"伊斯兰国家财产最丰富、学术文艺最发达的地方,——除了汉志的少数学问之外——其精神物质之所以较别的地方为高。"③

再传弟子时期,伊拉克作为伊斯兰文化的一个中心,其显著标志之一就是圣门弟子伊本·麦斯欧德定居伊拉克后建立的注释学校。伊本·麦斯欧德由于"热爱、背诵和了解《古兰经》,故对于伊斯兰教的教义和《古兰经》的意义,有很深的体会,成为圣门弟子中的杰出学者。"④

鉴于伊本·麦斯欧德"在库法教授《古兰经》,传述圣训,解释教律;若无天经和圣训的明文可循,便根据经训,自作创制"⑤,故从再传弟子的整体注释来讲,伊拉克注释学校的鲜明特色之一是,他们发挥个人

---

① 穆罕默德·侯赛因·扎哈卜:《古兰经注释与注释家》卷1,开罗知识出版社2001年版,第117页。

② 艾哈迈德·爱敏:《阿拉伯—伊斯兰文化史》第1册,商务印书馆1982年版,第194页。

③ 同上。

④ 同上。

⑤ 同上。

见解进行创制注释。一定程度上来讲，以伊本·麦斯欧德为核心的伊拉克注释学校的注释家，成为圣门弟子与再传弟子中创制注释的代表人物。彰显他们创制注释的案例，则是他们对某些教法问题的各执己见，并深刻影响到了注释，"伊本·麦斯欧德是求证方法的奠基者，伊拉克的学者们继承了他的这种方法。该方法影响到了注释学校，故［伊拉克的］注释家多以见解和创制注经。由于他们发挥创制功能，解读《古兰经》和圣训，故他们之间产生了对某些教法问题的分歧意见。"①

伊本·麦斯欧德执伊拉克注释学校牛耳时，很多库法人师从他学习注释。其著名弟子主要有阿勒格姆·本·盖斯、麦斯鲁格、艾斯沃德·本·耶济德、蒙尔·哈姆丹。诚然，尽管他们四人也曾师从其他圣门弟子学习，但就习得注释知识的广度与深度来讲，他们是伊拉克注释学校的直接传承者，故四人师门归属伊本·麦斯欧德。此外，该校的著名注释家还有伊本·麦斯欧德的间接弟子阿米尔·舍尔斌、哈桑·巴士里、盖塔德·本·迪阿麦·赛杜欣。

① 阿勒格姆·本·盖斯

阿勒格姆·本·盖斯（'Alqamah ben qays,？—伊历61），生于库法，时值先知穆罕默德在世。他先后师从欧麦尔、奥斯曼、阿里、伊本·麦斯欧德等圣门弟子传述圣训。阿勒格姆是"伊本·麦斯欧德的最著名的传述者，最了解他的人，最掌握他的知识者"②。由于他传承伊斯兰知识的贡献以及信仰与功修的虔诚，后期学者如伊本·迈因等人都高度评价了他。六大部圣训集收录他所传述的圣训，也足以说明其在圣训学和注释学领域的权威性与可信度。

② 麦斯鲁格

麦斯鲁格（Maslūq,？—伊历63），库法人。他根据四大哈里发、伊本·麦斯欧德、乌班耶·本·凯尔卜等圣门弟子传述圣训。他是伊本·麦斯欧德门生中最有知识的学者之一，是库法教法总官的法律顾问。他以功修虔诚、知识渊博、做事公正而著称。

---

① 穆罕默德·侯赛因·扎哈卜：《古兰经注释与注释家》卷1，开罗知识出版社2001年版，第118页。

② 同上书，第119页。

麦斯鲁格受益于数位圣门弟子，他就此讲道，"我曾与先知的众多弟子同席，发现他们各个犹如水池，有的能供一人饮用，有的能供两人饮用，有的能供十人饮用，有的能供百人饮用，有的假设地球人都饮用它，则肯定能使他们都饱饮。我发现阿布杜拉·本·麦斯欧德就属于那种水池。"在注释领域中，他主要师从伊本·麦斯欧德。"伊本·麦斯欧德先给我们诵读一章《古兰经》文，然后整日给我们谈论该章并给予注释。"[1] 据此，受业于众多圣门弟子，尤其享誉注释界的伊本·麦斯欧德，促使他成为"注释的伊玛目、知悉真主经典大义的学者"[2]。伊本·迈因等人认为，他是值得信赖的传述者，六大部圣训集收录的传自他的圣训，也说明了他在圣训与注释领域的权威。

③ 艾斯沃德·本·耶济德

艾斯沃德·本·耶济德（Al-'aswad ben yazīd,？—伊历74或75），根据艾布·伯克尔、欧麦尔、阿里、胡宰法（Hudhayfah,？—656）、比拉勒（Bilāl,？-641）等圣门弟子传述圣训。鉴于艾斯沃德是伊本·麦斯欧德的得意门生，故艾哈迈德、伊本·迈因等学者认为，"他是优秀的权威、勤勉的法学家，大量解读了真主的经典。"[3] 六大部圣训收录家均收录了他传述的圣训。

④ 蒙尔·哈姆丹

蒙尔·哈姆丹（Murrah al-hamdānī,？—伊历76），库法人，生于蒙昧时代，因此"属于穆哈德拉姆（Mukhadram，意为跨蒙昧时代与伊斯兰教初期者）。"[4] 他根据艾布·伯克尔、欧麦尔、阿里、伊本·麦斯欧德、艾布·赞尔（Abu dharra,？-652）、艾布·穆萨·艾什尔里（Abu mūsā al-'ash'arī, 602-665）等圣门弟子传述圣训，六大部圣训集均收录了他传述的圣训。在注释领域，因他主要受业于伊本·麦斯欧德，故伊本·迈因等学者认为他的注释可靠，值得信赖。

---

[1] 穆罕默德·侯赛因·扎哈卜：《古兰经注释与注释家》卷1，开罗知识出版社2001年版，第120页。

[2] 同上。

[3] 同上书，第121页。

[4] 哈非兹·谢姆斯丁·达乌德：《古兰经注释家的级别》卷2，贝鲁特学术图书出版社1983年版，第318页。

⑤ 阿米尔·舍尔斌

阿米尔·舍尔斌（'Amir al-sha'abī，伊历20—109），库法法官。舍尔斌传述了欧麦尔、阿里、伊本·麦斯欧德传述的圣训，即使"没有亲耳聆听他们的传述。"①"舍尔斌自称他幸遇500名圣门弟子，学者阿哲林考证他聆听了48名圣门弟子的传述与教诲"②，主要有艾布·胡莱赖（Abu hulayrah，601－678）、伊本·阿拔斯、艾布·穆萨·艾什尔里、阿伊莎。

舍尔斌由于聆听多位圣门弟子教诲，以及在多座城市求教学者而阅历丰富，知识渊博，涉猎广泛，成为同时代人中的圣训传述家、注释家、法学家、诗人。巴士拉法学家，以注释教律经文著称的再传弟子伊本·西林（Ibn sīrīn，？－729）讲道："我来到库法，看到阿米尔·舍尔斌独开讲席。彼时，圣门弟子有很多。"在诸多学识渊博的圣门弟子犹在的情况下，舍尔斌能够独自判断教律，众多学者求教于他，都说明他学识出众及其学术权威。

尽管舍尔斌学识渊博，但在注释领域，他小心谨慎，既不轻言注释，更不轻易凭借个人见解作注释。如果有人请他注释某节经文，他只根据经训依据和圣门弟子的注释给予解答，如果没有经训与圣门弟子的注释依据，就绝不妄言。他说："以真主起誓，只要我被问及一节经文，其回答都来自《古兰经》。""三件事情我至死不妄言：《古兰经》、灵魂与个人见解。"③ 注释家伊本·阿廷耶（Ibn 'ahtiyyah，伊历481—546）对此考证，"诸如赛义德·本·穆西布、阿米尔·舍尔斌等先贤注释家，都视注释《古兰经》为大事。尽管他们知识丰富，学识出众，但因顾虑重重，保护自己［免于犯罪］而不轻言注释。"④

较之再传弟子时代的其他注释家而言，舍尔斌不仅是注释家，而且还

---

① 穆罕默德·侯赛因·扎哈卜：《古兰经注释与注释家》卷1，开罗知识出版社2001年版，第121页。
② 同上书，第122页。
③ 穆罕默德·侯赛因·扎哈卜：《古兰经注释与注释家》卷1，开罗知识出版社2001年版，第123页。
④ 艾布·阿布杜拉·古尔泰卜：《古兰经教律总汇》第1册，贝鲁特使命出版社2006年版，第60页。

是注释评论家。他常常依理依据、直言不讳地评议同仁的注释,如批评艾布·萨利赫(Abu sālih):"你在不诵读《古兰经》的情况下注释《古兰经》。"舍尔斌之所以批评他,是"因为他看到艾布·萨利赫注释《古兰经》时过于随意。"① 舍尔斌的批评,一方面说明先贤注释家对注释的严谨态度,以及他们务必使注释符合法理与学理要求;另一方面也反映出,再传弟子时期的注释学术工程,较之此前有了新的发展,并启迪历代注释家根据注释的法理和学理,与时俱进地注释《古兰经》。

⑥ 哈桑·巴士里

哈桑·巴士里(Al‐hasan al-basrī, 642—728),麦地那人。他是圣门弟子栽德·本·萨比特(Zayd ben thābit, ?‐665)的释奴,早年主要师从宰德学习《古兰经》、圣训和教法。他还根据阿里、艾布·穆萨·艾什尔里、伊本·阿拔斯、伊本·欧麦尔、艾奈斯等传述圣训,研习经训。哈桑·巴士里的弟子中,尤为著名者是穆尔太齐赖派的创立者瓦绥勒·本·阿塔(Wasil ben ՙAtaՙ, 699‐749)和阿慕尔·本·欧拜德(ՙAmr ben ՙubayd, ?‐762)。②

哈桑·巴士里由于通晓经文、熟悉圣训、精于教义、明辨合法与非法事物而成为伊斯兰教早期的圣训学家、注释学家、教法学家、教义学家,定居巴士拉后,一度出任巴士拉法官。"他死后(伊斯兰纪元110年),出殡之日,巴士拉倾城参加殡礼,甚至当日晡时的礼拜,也没有留下一个人到礼拜寺去举行。"③ 哈桑·巴士里著有《古兰经注释》、《致阿布杜·马立克·本·麦尔旺有关答复反宿命论的书信》。④

作为伊斯兰教早期学者,哈桑·巴士里的学术地位和影响不言而喻,甚至圣门弟子艾奈斯·本·马立克——侍从先知穆罕默德10年(622—632)、与先知历经8次大小战役、熟悉先知言行思想、晚年定

---

① 穆罕默德·侯赛因·扎哈卜:《古兰经注释与注释家》卷1,开罗知识出版社2001年版,第123页。

② 哈非兹·谢姆斯丁·达乌德:《古兰经注释家的级别》第1卷,贝鲁特学术图书出版社1983年版,第151页。

③ 艾哈迈德·爱敏:《阿拉伯—伊斯兰文化史》第1册,商务印书馆1982年版,第194页。

④ 哈非兹·谢姆斯丁·达乌德:《古兰经注释家的级别》第1卷,贝鲁特学术图书出版社1983年版,第151页。

居巴士拉,也将请教他的人推荐至哈桑·巴士里:"你们请教哈桑吧,因为他记得,而我们已忘了。"① 圣训学家、历史学家伊本·赛尔德(Ibn sa'īd,?—845)以"学术集大成者、学者、杰出者、法学家、权威者、可信者、修士、宗教功修者、学术涉猎广泛者、演讲家"的美誉,评价了哈桑·巴士里。同样,六大部圣训实录收录的哈桑·巴士里传述的圣训,也充分肯定了他在圣训学和注释学领域的权威地位。由于"他信仰虔诚和学术上的声誉,赢得各方的尊敬。苏菲派推崇他的简朴和苦修生涯,尊为'谢赫';穆尔太齐赖派推崇他在学术上重视理性,尊他为本派的'思想先驱';逊尼派的学者赞扬他的虔诚和德行,并常引用其宗教格言。"②

哈桑·巴士里的注释,主要彰显在经文中的教法与教义层面。作为教法学家,"他认为,在教法上无《古兰经》和圣训的明文可据时,就用自己的'意见'(Ra'y)解释律例,使之与经、训相辅而行。"③ 作为教义学家,他"主张人类有意志自由,能辨别真伪是非,选择自己的善恶行为"④,故在他的注释中,不难看出他"肯定了意志自由,并言及:'凡否认意志自由者就是异教徒。'"⑤ 毋庸置疑,哈桑·巴士里明确主张"意志自由"的思想,很大程度上反映了伊斯兰教历史上首次出现了教义分歧,教义学派初见端倪。同样,由于他的思想主张影响到了他对《古兰经》的注释,从而使注释首次烙上了教义分歧的印迹。

⑦ 盖塔德·本·迪阿麦·赛杜欣

盖塔德·本·迪阿麦·赛杜欣(Qatādah ben di'āmah al-saydūsī,伊历61—117)天生目盲,超强记忆力使他入耳不忘。他精通阿拉伯诗歌,熟悉阿拉伯历史,通晓阿拉伯谱系。他根据艾奈斯·本·马立克、阿克勒穆、阿塔尔·本·兰巴赫、伊本·西林等圣门弟子与再传

---

① 穆罕默德·侯赛因·扎哈卜:《古兰经注释与注释家》卷1,开罗知识出版社2001年版,第124页。

② 宛耀宾总主编:《中国伊斯兰百科全书》,四川辞书出版社1994年版,第201页。

③ 同上。

④ 同上书,第200页。

⑤ 穆罕默德·侯赛因·扎哈卜:《古兰经注释与注释家》卷1,开罗知识出版社2001年版,第125页。

弟子传述圣训,学习《古兰经》及其注释,终成为伊斯兰教早期的《古兰经》背诵家、注释家。伊历 117 年,盖塔德逝于瘟疫,时年 56 岁。

盖塔德凭借惊人记忆力成就的学术造诣,得到同人和后学的尊重与肯定,伊本·西林讲道:"盖塔德是人们中最能背诵的人。"① 艾哈迈德讲到:"盖塔德是《古兰经》注释家,精通学者们的各家之见,记忆力最强的巴士拉人,但凡听到的知识都过耳不忘,鲜有人超越他。"②

超人的记忆力,使盖塔德不但听背了《古兰经》,而且听背了有关经文的注释,"但凡一节《古兰经》文,我都听到了关于它的注释。"③ 其弟子迈尔麦勒(Ma'mar)就此讲道:"我曾就经文'我们对于它本是无能的'(43:13)问及艾布·阿穆尔·本·阿拉厄,但他没有作答,而我听盖塔德注释了该节经文,艾布·阿穆尔·本·阿拉厄遂无语。我问他对盖塔德的回答有何看法,他说:'盖塔德的回答足矣,如果不是他对前定说三道四的话——先知说:'如果有人提到前定,你们就禁言',我肯定不会将他同时代的任何人与他相提并论。'"④ 此番言论证明了盖塔德在注释领域的权威,但他因涉足前定论,故许多传述家对他关于前定的言论和注释避而远之,六大部圣训实录家也没有收录他传述的圣训。

综上,再传弟子时期的三大注释学校,培养和造就了一大批著名注释家。他们在以经注经、以训注经的基础上,继承了圣门弟子的注释。同样,他们既有原则地溯源有经人注释有关经文,也有原则地运用创制注释相关经义。他们凭借渊博的经训知识,深刻理解了经义;凭借对阿拉伯语知识的精确掌握,明确阐释了经文的微言大义;凭借与圣门弟子时代的相近性与文化事业上的近似性,成功承继了圣门弟子的注释事业,使他们的后人——三传弟子也成功传承了这一学术遗产,使注释学术工程代代延

---

① 哈非兹·谢姆斯丁·达乌德:《古兰经注释家的级别》卷 2,贝鲁特学术图书出版社 1983 年版,第 48 页。

② 同上。

③ 同上。

④ 穆罕默德·侯赛因·扎哈卜:《古兰经注释与注释家》卷 1,开罗知识出版社 2001 年版,第 126 页。

续，注释方法更加精益求精，日臻完善，注释内容百花齐放，百家争鸣，为伊斯兰文化的整体发展提供着不可或缺的文化元素、思想资源与精神养分。

二　文字记录注释时期

《古兰经》注释发展史上，再传弟子时期是一个上承圣门弟子，下启后学的关键阶段。从传承注释的形式来讲，尽管停留在口耳相传阶段，但这种近乎没有失真的考据式传述方法，为后期文字注释奠定了坚实基础，使注释学术工程绵延不绝。

如果用现今学术视角考量的话，先知穆罕默德、圣门弟子与再传弟子时期的学术活动，主要体现在《古兰经》的收集、书写和定本，以及"口耳相传"（Al-naql）地传述经义、圣训、教律和历史等层面上。再传弟子之后，从伊斯兰文化体制形成的角度来讲，伊斯兰文化及其学术传承与发展的重要标志之一，则是伊历一世纪末与二世纪初的文字记录和整理圣训。[①] 自此，再传弟子时期依然是口耳相传的注释，到伊历二世纪初期，随着文字记录圣训的开始，进入了全新发展阶段——文字注释时期。注释家基本上遵循"以经注经、以训注经、溯源圣门弟子注经、理解与创制注经、有经人传闻注经"的方法，既通过文字记录方式整理与梳理先知穆罕默德与早期先贤的注释，由此最大程度、最大限度地传承注释；同样运用文字记录方式，记载他们对《古兰经》的注释、传承和发展。

根据伊斯兰教义视阈中的时间观，文字注释的起至时间较之口耳相传阶段，是一个有上限无下限的时期。同样，从文字注释的兴起与发展，及其自身发展的特点来讲，这个客观上无下限的注释时期循序渐进，历经四个阶段的递进式发展，终使注释学科形成和完善。

（一）圣训学范畴内的文字注释阶段

再传弟子之前，穆斯林以文字从事文化工作主要体现于记录和定本《古兰经》。《古兰经》定本后，逐渐出现了由记录圣训延伸至教律、教史

[①] 穆罕默德·侯赛因·扎哈卜：《古兰经注释研究论集》，开罗圣训出版社2005年版，第151页。

等知识与学科的文字工作。① 这是因为，先知"穆罕默德生前，他的言行常为周围的弟子和他的妻室所心记口传，他本人也曾鼓励人们遵守奉行但又恐与《古兰经》经文相混淆，故一个时期曾禁止人们做记录。8世纪以后，伊斯兰教在新征服地区广泛传播和发展，对新出现的各种问题和事件如何处理，已在《古兰经》中无具体律例可循，加之因政治、民族、教派、学派之争，制造伪圣训的现象时有发生，于是各地的圣训学家、教法学家和历史学家出于捍卫真主之道和创制教法教律、编写教史圣传的需要，便开始对流传各地的圣训及传述世系进行广泛的收集和整理，经过考证、筛选和去伪存真，分门别类地予以辑录定本。在辑录和研究圣训的过程中，圣训学亦随之建立和完善。"②

据上，圣训学是伊斯兰文化体系中形成的最早学科，标志是文字记录和整理圣训成册。圣训门类诸多，如信仰教义、教律教规、宗教功修、道德修养、生活规范、政治经济、军事外交、文化教育、经文注释等。因此，收集、整理和记录那些直接或间接注释经文的圣训，以及圣门弟子与再传弟子的注释内容，也在圣训学的范畴内，成为文字注释的第一个阶段。该阶段，注释作为隶属圣训学的分支学科，注释家没有从头到尾，逐章逐节地注释整部经文，而是那些游历伊斯兰各城市的圣训学家，在整理圣训的过程中，辑录了先知穆罕默德、圣门弟子与再传弟子的注释内容，并将其列为圣训实录的一个篇章——"注释章"，与洁净章、礼拜章、天课章、朝觐章等并行。

圣训学家由于同时收录圣训，以及圣门弟子和再传弟子的注释，故他们实质上就是文字注释的开拓者，主要是"耶济德·本·哈伦·西勒姆（伊历？—117）、舍尔卜·本·汉贾季（伊历？—160）、沃基尔·本·吉拉赫（伊历？—197）、苏夫扬·本·艾耶奈（伊历？—198）、鲁胡·本·伊巴德·巴士拉（伊历？—205）、阿布杜·兰扎格·本·胡玛姆（伊历？—211）、阿丹·本·艾布·伊雅斯（伊历？—220）、阿布杜·本·海米德（伊历？—249）"③，以及"苏夫延·本·赛里（伊历？—

---

① 穆罕默德·侯赛因·扎哈卜：《古兰经注释研究论集》，开罗圣训出版社2005年版，第400页。
② 宛耀宾总主编：《中国伊斯兰百科全书》，四川辞书出版社1994年版，第502页。
③ 哲拉鲁丁·苏尤蒂：《古兰经学通论》，贝鲁特阿拉伯图书出版社2003年版，第883页。

161)、穆加提尔·本·苏莱曼、伊斯哈格·本·拉胡维（伊历？—238）"等。① 这些注释家，从时间上来看，当属先知穆罕默德的"三传弟子"（Tābī' al-tābī'īn）②，因此部分学者将该注释阶段称为"三传弟子时期的注释"。③

根据穆罕默德·侯赛因·扎哈卜教授的研究，以上圣训学家根据前辈注释家传述而辑录成文的注释确凿无疑，直接溯源于原注释者，如传自先知穆罕默德、圣门弟子与再传弟子注释的传述系统都极其严密，因此形成了"该阶段的三个特点：（1）极其重视传述系统；（2）没有独立定本所收集和整理的注释，而是隶属圣训的篇章之一；（3）没有局限于先知穆罕默德的圣训，而是涵盖了圣门弟子与再传弟子的注释。"④ 这些被圣训学家收集和整理并被编入"各家各派'圣训集录'"中的"穆罕默德及其门弟子对《古兰经》的直接解释或间接的说明"，统称为"传闻材料"（Al-ma'thūr）。⑤

尽管该阶段大部分注释家的成文注释已经佚失，但后人通过埃及国家图书馆、土耳其伊斯坦布尔图书馆分别保存与出版的阿布杜·兰扎格·本·胡玛姆（'Abd al-razzāq al-humāmah）的注释手稿，以及近些年印度出版的苏夫扬·本·赛里的注释，仍然可以窥见该时期注释的具体内容和注释学术活动的概况。⑥

（二）注释学初步形成的文字注释阶段

《古兰经》注释在隶属圣训学一段时间后，由于自身特点和发展需要，以及与圣训学在学科研究和发展层面的互异性，逐渐脱离圣训学范畴，"到9世纪叶海亚·本·赛兰（742—815）和泰伯里（838—922）

---

① 阿卜杜拉·沙哈特：《伊斯兰教经学》，埃及公共图书社1998年版，第107—108页。
② 同上书，第107页。
③ 同上。
④ 法赫德·鲁米：《古兰经注释原理及注释方法研究》，利雅德塔伊布出版社2004年版，第35—36页。
⑤ 宛耀宾总主编：《中国伊斯兰百科全书》，四川辞书出版社1994年版，第179页。
⑥ 阿卜杜拉·沙哈特：《古兰经注释学》，开罗东方书局2001年版，第19—20页。穆罕默德·侯赛因·扎哈卜教授在《古兰经注释与注释家》指出，埃及国家图书馆于1956年出版了阿布杜·兰扎格·本·胡玛姆的注释，但至今仅出版了第一册，内容从《古兰经》首章到第10章（优努斯章）章末。

的成部的文字经注的出现,经历了100多年的漫长过程,逐渐形成了一门独立的伊斯兰文化学科。"① 伊本·泰米叶在《教法诠释大全》(*Majmū' al-fatāwā*)、伊本·赫里康在《名人传》中认为,无论是首位脱离圣训而进行文字注释的阿布杜·马立克·本·朱莱哲('Abd al-mālik ben zulayjah,伊历80—140),还是"伊本·马哲(伊历?—273)、泰伯里、艾布·伯克尔·本·蒙济尔·内沙布尔(伊历?—318)、伊本·艾布·哈提姆(伊历?—327)、艾布·谢赫·汉班(伊历?—369)、艾布·阿卜杜拉·哈基姆(伊历?—405)、艾布·伯克尔·本·麦尔达维赫(伊历?—410)等注释家,"② 均按照《古兰经》的章节顺序,注释了每一节经文。根据哲拉鲁丁·苏尤蒂对注释家级别的界定,如果以时间论这些承继三传弟子的注释家,他们当属注释史上"第四阶层的注释家"。③ 他们依照《古兰经》的章节顺序,注释每节经文,使之行文成册,成为注释学初步形成的标志。④ 由此,该学科不仅以文字记录的形式逐渐学科化与体系化,并在发展过程中逐步完善与定型,有力保障和推动着注释学术工程的全面发展。

较之前一阶段的文字注释,这些业已形成典籍的注释,大体上仍然囿于"传闻材料"(Al-ma'thūr)的范畴。换言之,即使注释学科已经形成,但这并不意味着该阶段的注释脱离了此前注释。反之,同样作为圣训学家的注释家依然承继圣门弟子和再传弟子,严格运用圣训学中传述系统(Al-'snād)的方法注释经文,注释内容也就自然源于先知穆罕默德、圣门弟子、再传弟子和三传弟子。因此,他们不但没有逾越"传闻"注释的范畴,而且因远离先知穆罕默德、圣门弟子和再传弟子时代,反而更加小心谨慎地使注释内容互为佐证,注释渊源互成依托,形成了既基于圣训学(传述系统的方法)又与圣训学截然不同的注释体系——注释学视阈

---

① 宛耀宾总主编:《中国伊斯兰百科全书》,四川辞书出版社1994年版,第179页。
② 穆罕默德·侯赛因·扎哈卜:《古兰经注释与注释家》卷1,开罗知识出版社2001年版,第141页。
③ 哲拉鲁丁·苏尤蒂:《古兰经学通论》,贝鲁特阿拉伯图书出版社2003年版,第877—885页。
④ 穆罕默德·侯赛因·扎哈卜:《古兰经注释与注释家》卷1,开罗知识出版社2001年版,第141页。

下的注释，并具有以下几个鲜明特点：

其一，该阶段注释的传述系统直接溯源被传述的注释家本人。

其二，评述和研究注释的传述系统相对不及前一阶段，如阿布杜·马立克·本·朱莱哲，传述了每节经文的确凿注释和羸弱注释，而不深究传述的正确性。这主要归因于他们仅满足于信任传述人，因此只提及了传述系统，忽略了对注释正确与否的考究。

其三，传述以色列传闻有所扩大，并被记入注释典籍。①

如果说该阶段绝大部分注释家的注释内容，大体上保持了"传闻材料"的注释风格，泰伯里的注释则别具一格。他在运用"传闻材料"的基础上，"先叙述各家之注，再进行理论分析，最后界定出其中最切实的注释。如果理出需要，还分析某节经文的语法，并能根据经文演绎一些教律。"② 通过泰伯里的注释典籍——被视为辑录了前代注释内容的最早注释文献③——不难看出，形成独立学科后的注释，已经根据经训原则迈出了关键一步。换言之，根据"传闻材料"的注释，不仅出现了见解分析，而且比较注释、语法注释和教律注释初见端倪。毋庸置疑，泰伯里如此注释经文的举措，很大程度上为后期注释的整体发展，注释家拓宽注释领域具有相应的启迪作用和始源意义，"我们将泰伯里视为集传闻与见解于一体的注释家。亦即，我们将他的注释作为传闻注释的重要渊源的同时，也因他据证创制、侧重各家之注、根据传述系统优选正确注释、依据理性思考与研究经义，而认为他是见解注释领域中至关重要的始源者。"④

（三）运用传闻注释与省略传述系统并举的文字注释阶段

行文成册促使注释脱离圣训学独立成为学科的阶段，注释家们无一例外地严格依照注释的传述系统（Al-'isnād），据理据证、有根有源地注释，内容也就相应地在"传闻材料"（Al-ma'thūr）的框架内。泰伯里之后一段时间内，一些注释家既遵循传闻材料，又省略传述系统的举措，使

---

① 法赫德·鲁米：《古兰经注释原理及注释方法研究》，利雅德塔伊布出版社 2004 年版，第 36—37 页。
② 穆罕默德·侯赛因·扎哈卜：《古兰经注释研究论集》，开罗圣训出版社 2005 年版，第 401 页。
③ 阿卜杜拉·沙哈特：《伊斯兰教经学》，埃及公共图书社 1998 年版，第 115 页。
④ 同上书，第 111 页。

注释学界将该阶段称之为"遵循传闻材料与省略传述系统并举"的文字注释阶段。① 该阶段由于与前后阶段处于交叉状态，故在时间上没有明确的上下限分界。②

注释家省略传闻注释的传述系统的举措，从正面来讲，是由于遵循传闻材料，故大体"没有超越传闻注释的范畴"③，内容也就相应符合注释的学理与法理。但从负面来讲，有些注释家因一味省略传闻材料的传述系统（Al-'snād），从而一方面使后学很大程度上无法窥见该注释家对某节经文的注释材料，究竟通过哪些传述人使它行之成文；另一方面尤其重要，鉴于注释家没有将传闻注释材料直接溯源原注释者，于是造成一些注释中出现了"伪造注释"（Al-wad'）与"确凿注释与缺陷注释混淆不清"的局面，④ 导致了两个结果。其一，阅读这些注释典籍者认为此类注释正确无误。其二，很多后学引证他们的注释，并认为他们引证的"有经人传闻"确凿无误。事实上，省略传述系统恰好成为注释文献中出现大量伪造注释与有经人错误传闻的源头。⑤ 从这个角度来讲，该阶段因任意省略传述系统而成为早期注释中一个极具瑕疵的时间段——省略传述系统给伪造注释、有经人传闻肆意介入传闻注释提供了可乘空间，三者相辅相成构成了违反注释法理和学理的"羸弱注释"，从而被后期注释学界断定它"侵蚀了伊斯兰的正确思想，亵渎了《古兰经》注释和圣训，恶劣影响了一些伊斯兰学科的文献资料，相对其利而言，其害有过之而无不及。"⑥

省略传述系统或考据传述系统缺乏严密的注释家，通常先整理各家注释，然后再引证自己认为可信赖的注释材料。如此，后期同类注释家如法炮制，未经研究注释材料的正确与否，不溯源传闻素材究竟出自何人就盲

---

① 穆罕默德·侯赛因·扎哈卜：《古兰经注释研究论集》，开罗圣训出版社2005年版，第401页。

② 同上。

③ 同上。

④ 同上书，第152页。

⑤ 穆罕默德·侯赛因·扎哈卜：《古兰经注释与注释家》卷1，开罗知识出版社2001年版，第145页。

⑥ 穆罕默德·本·穆罕默德·艾布·舍赫布：《古兰经注释典籍中的以色列传闻注释与伪造注释》，开罗圣训出版社1971年版，第9页。

目引证。"如果言论对他有利,他就引用,如果他想到了某事,就以此为据。以至于后来效仿他的人认为他有根有据,并且不注重引证传自虔诚先贤的注释、不溯源先贤注释家,就代代传述他的这种无凭无据的注释。"①诸如,在注释经文"不是受谴怒者的路,也不是迷误者的路"(1:7)时,即使圣门弟子与再传弟子根据圣训"受谴怒者,他们确是犹太教徒,迷误者确是基督教徒"②,已将"受谴责者"注释为"犹太教徒",将"迷悟者"注释为"基督教徒",但他们对此仍然还有多达十种不同注释,促使注释家伊本·艾布·哈提姆(Ibn abu hātim,?－938)不无遗憾地说:"我对此不知道注释家之间竟然还存在分歧。"③

透过注释学发展的大背景,在这个没有明确上下限的时间段内,"运用传闻注释与省略传述系统"的注释家的数量,相对绝大部分学术严谨的注释家而言为少数,注释文献所占比例也就相对有限。但从学理角度看,这种情况的产生,说明注释首次荡出了鱼目混珠的微波,预示着注释必将规范化。因此后期注释学界高度重视,一则严格要求注释家当循规蹈矩、按章照理注释《古兰经》;二则务必严加杜绝那些无凭无据、随意甚至肆意注释的浮出。

(四) 注释学全面发展而完善的文字注释阶段

根据注释学界对文字注释时期的阶段划分,前三个阶段大体上处于伍麦叶王朝(661—750)中后期,以及阿拔斯王朝初期的一段时间。由于这三个阶段互相之间呈递进式发展,上下限互为衬托,因此既没有精确的时间界定,也由于注释特点的互相映衬,致使学界无法严格隔离各个阶段的注释。那么,文字注释时期的第四阶段较之前三阶段,时间上具有大跨度。

注释学界界定,该阶段的上限大体始自阿拔斯王朝初期,④ 同时因注释自身发展且与伍麦叶王朝末期的注释互相交织的客观性,不能按照

---

① 哲拉鲁丁·苏尤蒂:《古兰经学通论》,贝鲁特阿拉伯图书出版社2003年版,第883—884页。

② 同上书,第885页。

③ 同上书,第884页。

④ 穆罕默德·侯赛因·扎哈卜:《古兰经注释研究论集》,开罗圣训出版社2005年版,第401页。

王朝更替的严格时间对其进行强行的时间分隔,"因为每一个注释阶段都不能与前一阶段或下一阶段绝对分离,而是每阶段都与前后阶段互相交织,也许现阶段烙有前阶段的印迹。"① 关于它的下限,从注释本身和研究注释角度来讲,主观上只能截止到当代,根据《古兰经》的末日说,客观上无法限定它的时间下限。有鉴于此,主观时间层面上的第四阶段,是一个相对始自阿拔斯王朝,时至今日跨越数世纪的漫长阶段。

从注释的整体发展来讲,由于该阶段客观上无下限,因此注释学界只能从主观时间来研究注释。这个大跨度时期内的注释,在各个层面都发生了巨大变化,最终体系化、专业化、学术化和学科化,主要体现在以下几个主体层面:

1. 注释派别生成

伊历41年后,统一的伊斯兰"乌玛"(Al-'ummah)由于哈里发人选问题政见不合,"伊斯兰教内部分裂日益加深,随着各种教派、学派思想体系的相继建立和发展,编著《古兰经》注不仅是一桩阐发天经经义、传播伊斯兰教义、整理伊斯兰文化遗产的重要活动,而且也是当时教派和学派斗争的一种宣传手段、各派学者均按照自己的观点对《古兰经》有关内容加以注解,以期从神圣的启示中找到有利于自己的依据。"② 教派与学派的产生,逐渐打破了先期统一的注释格局。到阿拔斯王朝中期时,业已产生的逊尼派、什叶派、哈瓦利吉派、穆尔太齐赖派等各派学者,为证明其教义的正统性、政治的合法性、学说的法理性,都无一例外地寻根问典,从《古兰经》中寻求依据,并从各自派别的思想学说和观点主张角度出发,竭尽全力阐释相关经文,且不同程度地留下了丰硕学术成果,有的以注释典籍的形式流传于世,有的则以学术研究的形式见诸文献。同样,19世纪以来,随着世界局势变化与社会发展,科学技术更新,伊斯兰文化面临内外部挑战,伊斯兰社会必然要对此做出积极回应。在此背景下,一些注释家如穆罕默德·阿布笃、穆罕默德·拉希德·里达(Muhammad Rāshid Ridā,1865—1935)等根据时代发展和社会需要,从全新

---

① 法赫德·鲁米:《古兰经注释原理及注释方法研究》,利雅德塔伊布出版社2004年版,第39页。

② 宛耀宾总主编:《中国伊斯兰百科全书》,四川辞书出版社1994年版,第179页。

角度阐释经文大义,形成了指导伊斯兰社会和文化与时俱进的近现代注释,时至今日概莫能外。

2. 注释种类多样

由于"见解注释涉入传闻注释且互为映照",以及注释家自身学术专长与知识背景所致①,《古兰经》注释在早期单一的"传闻注释"基础上,形成了多样的注释种类。换言之,除"传闻注释"外,还有:

见解注释——"指在包括经、训在内的传述材料中找不到解释经文的基础时,可按注者个人的理解或见地对经文作阐释性的解释,但这类解释者必须具备高深的宗教学造诣并对阿拉伯语文和先知历史有相对根底等条件。"②

示意注释——"专事潜心修炼且对《古兰经》有研究的学者(其中包括苏菲主义学者)越过经文表面意义而根据自己内心体悟对经文作出特殊解释。"③

专题注释——"因《古兰经》涉猎内容广泛,注释家为对其本身蕴涵的学科内容如降示背景学、诵读学等进行综合研究,产生了学术层面上研究《古兰经》蕴涵的各科专题注释。"④

科学注释——"9世纪,以天文学、地理学、数学、医学为主的自然学科,也相继发展起来,并取得了很大的成就。这些学科的发展和不同学派的争鸣,给注解《古兰经》提供了新的内容。"⑤ 于是,具有自然科学背景的注释家,"将各种科学研究成果应用于《古兰经》的相关内容,以求获取经中蕴涵的各类知识,阐发经义中的各种哲理"⑥。

3. 注释内容丰富

"8世纪初,阿拉伯哈里发国家政治经济有了发展,文化学术领域出

---

① 穆罕默德·侯赛因·扎哈卜:《古兰经注释与注释家》卷1,开罗知识出版社2001年版,第146页。

② 宛耀宾总主编:《中国伊斯兰百科全书》,四川辞书出版社1994年版,第180页。

③ 同上。

④ 穆罕默德·侯赛因·扎哈卜:《古兰经注释研究论集》,开罗圣训出版社2005年版,第418页。

⑤ 宛耀宾总主编:《中国伊斯兰百科全书》,四川辞书出版社1994年版,第179页。

⑥ 穆罕默德·侯赛因·扎哈卜:《古兰经注释研究论集》,开罗圣训出版社2005年版,第420页。

现了繁荣景象。哈里发国家奉行的伊斯兰—阿拉伯化的政策，推动了《古兰经》和宗教学的研究，而《古兰经》的研究又促进了阿拉伯语文的研究和语法学、修辞学、字典学的出现。在这个时期，以《古兰经》中故事传说和'先知战功'为主要对象的历史学研究和以《古兰经》中的律例规定为主题的教法研究，还有以《古兰经》中关于真主、末日、后世内容为基础的信仰学研究大大发展起来，各自形成了不同的学派，并编写了许多著作。9世纪，以天文学、地理学、数学、医学为主的自然学科，也相继发展起来，并取得了很大的成就。这些学科的发展和不同学派的争鸣，给注解《古兰经》提供了新的内容。"① 在哈里发国家推动的伊斯兰文化大发展的繁荣环境中，"一批精于学科专业的优秀注释家将其注释限定在了学科专长上"②，注释内容也从前期相对局限的解读经文辞藻大义与演绎教法层面，延伸到具有学科性质的语言学、法学、哲学、科学、历史学等专业学科层面上。注释家"有的侧重于从语法修辞、句法结构等语言文字方面解释经文，有的侧重于从信条和神学思想方面进行注解，有的侧重于从教法律例和道德规范方面进行注解，有的侧重于从历代先知们的故事等历史传说方面进行注解，而后来的经注大师则兼收并蓄、旁征博引并吸收当代其他学科之有益因素，将古兰经注编写成包罗万象的伊斯兰知识文库。"③

4. 学科要求完善

从学科角度来讲，《古兰经》内容涵盖多学科的性质，使注释学与语言学、圣训学、法学、教义学等学科互相交织，彼此关联。注释家如果缺乏与其相关的学科知识，注释时往往会顾此失彼。有鉴于此，注释学界制定了注释家必须具备的学科知识，以保障学术规范和注释质量。哲拉鲁丁·苏尤蒂在前人研究基础上，归纳了注释学要求注释家务必具备的15门学科，作为注释经文的学术工具：语言学、语法学、词法学、字源学、辞达学、辞巧学、辞华学、诵读学、教义学、法理学、经文降示背景学、

---

① 宛耀宾总主编：《中国伊斯兰百科全书》，四川辞书出版社1994年版，第179页。
② 哲拉鲁丁·苏尤蒂：《古兰经学通论》，贝鲁特阿拉伯图书出版社2003年版，第884页。
③ 宛耀宾总主编：《中国伊斯兰百科全书》，四川辞书出版社1994年版，第179—180页。

先后经文停止学、教律学、圣训学、禀赋学。① 此外，注释学界还就注释家应遵循的注释原则、应恪守的注释事项做了细致而明确、细微而详尽的界定，以确保穆斯林"信经而不僵经，释经而不越经。"②

5. 注释方法多元

注释学正式形成之前，注释家运用的方法，一是几乎等同于注释渊源，处于方法未明状态；二是前期注释因局限在传闻注释层面上，方法不免单一。注释学的形成和完善，一则将注释渊源与注释方法分而待之，二则因社会发展和时代需要，逐渐向着多元和系统的方向发展。古兰学家法赫德·鲁米教授基于前人研究成果，将注释方法界定为四大类：分析注释法、概括注释法、专题注释法、比较注释法。③ 注释方法明确和细化后，历代注释家"考虑到读者情况，避免了晦涩表述和模棱语句，以专业研究人员甚至非专业者认可并从中受益的清晰语言注释着《古兰经》。"④注释家随时代发展，不断创新注释方法的学术举措，使读者更容易通过释文进一步认知经文微言大义。

6. 源语外语共注

随着伊斯兰教的传播，波斯、突厥、叙利亚、柏柏尔等民族相继信奉伊斯兰教。由于非阿拉伯民族的穆斯林迫切需要深入解读并运用《古兰经》指导他们处事处世，故"单纯靠直接学习原文和口头译解的方法，已不能完全适应伊斯兰教在新信教民众中传播的需要，于是开始出现了《古兰经》的文字翻译"⑤，继而揭开了外语注释《古兰经》的学术序幕。源语注释家与外语译注家共同注释《古兰经》的学术举措，促使世界范围内的注释学欣欣向荣，注释体系发展为源语注释和外语注释两大系统，形成了注释学术活动的整体格局。两者在解读与阐发《古兰经》微言大义等方面相得益彰，发挥着相提并论的重大作用。

---

① 哲拉鲁丁·苏尤蒂：《古兰经学通论》，贝鲁特阿拉伯图书出版社2003年版，第864—866页。

② 详见第2章第3节。

③ 法赫德·鲁米：《古兰经注释原理及注释方法研究》，利雅德塔伊布出版社2004年版，第57页。

④ 艾哈迈德·舍尔贾维：《注释古兰经的理想方法》，载《古兰经注释与圣训注解方法国际研讨会论集》，吉隆坡塔吉迪德出版社2007年版，第765页。

⑤ 宛耀宾总主编：《中国伊斯兰百科全书》，四川辞书出版社1994年版，第169页。

综上所述，随着文字注释《古兰经》的出现，《古兰经》注释学科的形成，尤其自文字注释的第四个全面发展阶段以来，注释学界秉承先知穆罕默德注释《古兰经》的精神和实践，解读着亘古不变的《古兰经》，以不断使伊斯兰文化与社会根据《古兰经》精神与时俱进。因此，注释的发展也就势在必行，只有发展注释，才能使注释"与时代精神同行，处理各种时代问题，医治时代中难以治愈的各种痼疾，为解决各种疑难问题提供有效良方"①。毋庸置疑，历代涌现出的"一些专门从事研究、整理《古兰经》注解的学者，他们根据各自获得的传闻材料和文化知识，加之自己的教派、学派观点以及自己对经义的理解，撰写出了具有不同特点的古兰经注之作"②。

纵观《古兰经》注释的兴起与发展，自先知穆罕默德注释《古兰经》以来，历代注释家追溯注经渊源，使注释历经了从口耳相传注释到文字注释的发展和跨越过程，并且各个时期的注释都有其鲜明的时代特点。尤其"自[有条件的]见解注释涉足经注以来，先是个人尝试理解注经和侧重各家之注的注释，后来逐渐多的个人见解注释因受各种知识、各个学科、各家意见、各自教派和学派的影响，促使凡为经作注者所整理的各科知识和各种思想都与注释息息相关。"③ 时至今日，"这种学科、理性与派别性质的[注释]状况一如在[历史上]各个时代盛行那样，在我们这个时代依然存在。在其背景下的注释家意欲使《古兰经》文涵盖各科知识，无论是显而易懂的经文，还是为各种目的与意图而言过其实地揭示着[他们认为的]经文隐义。"④

一言以蔽之，无论是历史上，抑或是现如今，《古兰经》注释的发展历程充分表明，它"是随着伊斯兰—阿拉伯文化发展而形成的一门学科，因而它是这个文化的一个组成部分。通过为经作注，不仅反映了作者对

---

① 艾哈迈德·舍尔贾维：《注释古兰经的理想方法》，载《古兰经注释与圣训注解方法国际研讨会论集》，吉隆坡塔吉迪德出版社 2007 年版，第 765 页。
② 宛耀宾总主编：《中国伊斯兰百科全书》，四川辞书出版社 1994 年版，第 179—180 页。
③ 穆罕默德·侯赛因·扎哈卜：《古兰经注释研究论集》，开罗圣训出版社 2005 年版，第 401 页。
④ 穆罕默德·侯赛因·扎哈卜：《古兰经注释与注释家》卷1，开罗知识出版社 2001 年版，第 148 页。

《古兰经》从文字到思想的研究成果及其学术思想，而且还吸收了同时代与伊斯兰教有联系的哲学、神学、历史学、伦理道德学等领域的学术成果，从而丰富了古兰经注的内容，深化了经义的研究。每一部完整的经注都是在某一时代的文化学术活动的影响下出现的，它不仅保存了古兰经研究和伊斯兰文化的有关资料，为穆斯林学习《古兰经》提供了必要的知识，而且它还从某一个侧面反映了那个时代的教派和学派的斗争情况，因而古兰经注历来被认为是研究伊斯兰教必不可少的方面。"①"经注学一直在发展，成果相当丰富。从总体上看，这些注疏，除了对读法、语法、修辞、词义和降示的时空背景进行研究或考释外，还借鉴前人对《古兰经》研究的成果，结合学术文化发展的现状，和人们对经文认识、体会的深化，对全经所含的哲理、教义、律令、典故、寓言等各方面加以归纳、比较和总结。当然，经学家的注疏成果，总不免带上注疏者的教派或学派观点，反映各自所获的传闻材料与文化知识。又因为注疏者各有其专长及成就，表现在经注方面也就特色互异，如有的经注从语言文字方面入手，对语法修辞、句式结构讲得头头是道；有的经注致力于对教法、律例的系统钻研，将零星散见于各章节中的类似内容前后联缀、一线贯穿出体系完整的条例；有的经注重视历史故事，从经文中涉及的先知及其他有关故事出发，会聚史料传说，广征博采，使之充实丰满。越往后发展，至近、现代的经注成果，已涉及天文学、地理学、数学、医学为主体的自然科学领域。至于谈及某章某节某句的启示，与现代科学研究理论紧密联系而阐发经文内涵的专题论著，近年来正大量涌现，虽是抒发个人见解，是点滴体会，不是系统地撰写经注，但这些迹象表明：经注学仍将继续发展，像探索宇宙奥秘一样，会有新发现。"②

第三节 《古兰经》翻译与译注

尽管《古兰经》是世界穆斯林奉行的经典，但由于语言障碍，不能

---

① 宛耀宾总主编：《中国伊斯兰百科全书》，四川辞书出版社1994年版，第180页。
② 林松：《古兰经知识宝典》：四川人民出版社1995年版，第114—115页。

被全体非阿拉伯穆斯林认知和理解。因此,学界只有将其微言大义译为各民族语言,才能彰显它指导穆斯林社会和生活的经典作用。基于此,翻译和译注《古兰经》的学术活动兴起。可以说,《古兰经》翻译和译注的产生,是《古兰经》注释整体发展的延伸。换言之,如果没有《古兰经》的翻译和译注,注释必然存在缺失,而译注恰好弥补了这个缺失。

一 《古兰经》翻译的发展

伊斯兰文化史上的翻译活动,早在先知穆罕默德时代业已开始。彼时,先知穆罕默德委任某圣门弟子为翻译官,专门翻译来自罗马、波斯、埃塞俄比亚、科卜特、犹太人的书信。摩洛哥历史学家坎塔尼(Al-kattāni,1858—1927)在《先知时期的政府管理制度》中指出,圣门弟子栽德·本·萨比特奉先知之命回复来信,并从事波斯语、罗马语、科卜特语、埃塞俄比亚语、希伯来语的翻译。坎塔尼讲到,宰德曾奉先知穆罕默德之命学习古叙利亚语和希伯来语,并通过波斯科斯鲁国王的使者学习了波斯语,通过来自罗马、埃塞俄比亚、科卜特的侍奉先知穆罕默德的仆人学习了罗马语、埃塞俄比亚语、科卜特语。[①] 如果从现今学术视角来衡量,宰德当是伊斯兰文化史上第一个精通数门语言的语言专家,同样也是第一个翻译家。宰德奉命学习外语从事翻译的文化活动,其意义反映在两个方面。其一,先知穆罕默德委任他从事翻译活动,为后期阿拔斯王朝时期智慧宫的大量翻译活动,奠定了坚实的理论基础和文化基石,从而使伊斯兰文化在保持自己固有文化传统的同时,通过兼收并蓄大量先进的他文化来丰富和发展本体文化。其二,为伊斯兰文明自觉地、积极地与其他文明对话与交流,寻求共识与消除隔阂奠定了深厚的文化基础,从而使伊斯兰文明始终为推动人类文明的发展贡献着自己的力量。

由上可知,先知穆罕默德委任翻译将来自波斯、罗马的书信翻译为阿拉伯语,但没有命令将他写给对方的书信翻译为其他文字,而只是以阿拉伯语的书信遣使各地。由此不难看出,先知穆罕默德的书信内容毋庸置疑要有《古兰经》文,在书信到达目的地后,必被翻译为外文,其中包括

[①] 哈立德·阿布杜拉·哈曼·俄克:《古兰经注释原理》,贝鲁特纳法伊斯出版社2003年版,第464页。

翻译《古兰经》文,如信中经文"你说:'信奉天经的人啊!你们来吧,让我们共同遵守一种双方认为公平的信条:我们大家只崇拜真主,不以任何物配他,除真主外,不以同类为主宰。'如果他们背弃这种信条,那么,你们说:'请你们作证我们是归顺的人。'"(3:64)那么,先知穆罕默德为什么没有直接命令宰德将其书信翻译为波斯等文字?哈立德·阿布杜拉·哈曼·俄克教授在《古兰经注释原理》中认为,先知穆罕默德之所以这样作,至少说明两件事情,并分别折射了他作为宗教层面上的真主使者,以及社会层面上的政治家与外交家的敏锐与睿智,尤其是伊斯兰文化家应有的务实精神。其一,麦地那的政治与外交策略——用母语从事外交活动,更能够通过外交语言使伊斯兰教和麦地那公社的形象更为突出、地位更加重要、影响更加广泛,并对后继者产生深远影响;麦地那的语言发展战略——强调《古兰经》为人类共有而不仅属于穆斯林,先知穆罕默德以母语书信直接遣使,则可提高《古兰经》的载体语言阿拉伯语的地位并加以推广。其二,先知穆罕默德派遣使节时深知,收信人为知悉包括《古兰经》节文在内的书信内容,必会对其进行翻译。这也就意味着,他默许穆斯林,在弘扬《古兰经》与从事伊斯兰文化交流等必要情况下,可将《古兰经》译为外语。①

《古兰经》翻译史表明,除先知穆罕默德书信中引证的经文被翻译为外文外,最早被译为外文的是《古兰经》第一章,译者是波斯籍圣门弟子赛勒曼·法尔斯(Salmān al-fārasyy, ? – 655),"赛勒曼·法尔斯应波斯同胞致信之邀,为他们翻译了《古兰经》首章的大义,自此他们开始学习阿拉伯语。"②

据上,根据伊斯兰文化的学术溯源传统,宰德奉命学习外语,从事文化和外交翻译活动既是文化自觉行为,也是政府外交行为。尤其先知穆罕默德默认波斯、罗马等翻译其书信中的《古兰经》节文,为后期以艾布·哈尼法为代表的学者,主张将《古兰经》大义翻译为外文的合法化,以及20世纪30年代埃及爱资哈尔大学制定的《古兰经》译解工程,奠

---

① 哈立德·阿布杜拉·哈曼·俄克:《古兰经注释原理》,贝鲁特纳法伊斯出版社2003年版,第464—465页。

② 同上书,第465页。

定了坚实的学术理论基础,推动了《古兰经》大义翻译的学术活动。从历史发展看,这既是《古兰经》译注学术活动的理论渊源,也为伊斯兰文化通过译注文化之根的《古兰经》来不断自我完善、丰富与发展,以及为自觉、积极、主动与其他文明学习交流,寻求共识、消除误解与摒除隔阂奠定了深厚的文化底蕴和精神基础。其中最明显的例证就是阿拔斯王朝的百年翻译运动,政府有规划、有组织、有领导地翻译希腊、波斯与印度等许多重要学术著作,"为伊斯兰文化各个领域的发展起了引信的作用,因为阿拉伯帝国的各民族没有满足于仅仅从翻译上所取得的知识而驻步不前,他们只是借鉴于古代世界的成就把它当作开启未来世界的钥匙,他们终于在自己的土壤中培育出了一种崭新的文化——阿拉伯伊斯兰文化。这一特点也明显地反映在翻译过程中,他们在翻译的同时,做了大量的注释、评论、质疑、补正等方面的工作。这种'借题发挥'式的学术研究却为新文化的开创,起了重要的催化和铺垫作用"[1],翻译运动推出的学术成果,"既向当时的国际社会提供了数量客观的公共产品,又在东西方文化的互动、传播方面居功至伟"[2],更在"古代科学文化向近代科学文化的发展中,它起了承前启后、继往开来的历史作用,对亚洲、非洲、欧洲和中国文化的发展都产生了深远的影响"[3]。

根据《中国穆斯林》2004年第2期《〈古兰经〉翻译版本知多少》一文的数据表明,截至目前,《古兰经》已被翻译成140多种语言。"其中除世界语外,亚洲有汉、维吾尔、土耳其、波斯、乌尔都、孟加拉、普什图、库尔德、印地、克什米尔、泰米尔、旁遮普、古吉拉特、卡纳里、马拉地、马拉诺、马拉亚拉姆、泰卢固、马来、印度尼西来、爪哇、亚美尼亚、哈萨克、乌兹别克、塔吉克、塔塔尔、迪瓦里、僧加罗、缅甸、泰、日本、朝鲜等民族语文的译本。欧美有拉丁、英、法、德、西班牙、卡斯提尔、意大利、葡萄牙、瑞典、荷兰、丹麦、芬兰、捷克、保加利亚、匈牙利、塞尔维亚、克罗地亚、波斯尼亚、阿尔巴尼亚、罗马尼亚、波兰、俄罗斯等民族语文的译本。非洲有斯瓦希里、豪萨、约鲁巴飞卢干

---

[1] 季羡林:《东方文化史》,黄山书社1987年版,第24—25页。
[2] 朱威烈:《伊斯兰文明与世界》,载《世界经济与政治》2007年第7期。
[3] 宛耀宾总主编:《中国伊斯兰百科全书》,四川辞书出版社1994年版,第689页。

达和塞内加尔等民族语文的译本。而当今为世界通用或使用人数较多的大语种如波斯、乌尔都、孟加拉国、英、法、西、德、俄及汉等语文的译本都各有数种到数十种之多。"①

此外，穆斯林人口居亚洲之多的原因，促使亚洲的《古兰经》译本较之其他洲而言尤为甚。根据伊朗《古兰经》翻译中心在第 16 届德黑兰国际《古兰经》展上统计的数字，截至 2008 年，"《古兰经》译本出版最多的是亚洲国家，到目前为止，亚洲国家共有《古兰经》译本 819 种，其中乌尔都语译本就多达 227 种，其次是波斯语译本，有 116 种，排在第三位的是土耳其伊斯坦布尔语译本，共有 104 种《古兰经》译本。报道指出，在印度、巴基斯坦和波斯湾周边的一些国家有 3.8 亿人讲乌尔都语，其中穆斯林占 1.8 亿。乌尔都语《古兰经》全译本有 227 种，第一部乌尔都语《古兰经》译本是穆罕默德·阿卜杜萨拉姆·白迪瓦尼翻译的，于 1828 年出版。但是在乌尔都语中比较权威的《古兰经》译本是毛杜迪、台哈纳维、贾瓦迪和戈尔玛阿里的译本。讲波斯语的人数有 7000 万，其中 6600 万是穆斯林，主要以伊朗为主，此外阿富汗和塔吉克斯坦也通用波斯语，波斯语《古兰经》全译本共有 116 种。第一部译本始于 1837 年在印度出版，译者是毛拉·侯赛因·瓦尔兹·卡什菲。第一个用波斯语翻译《古兰经》的应该是穆圣时期的圣伴赛勒曼·法尔斯，他曾把第一章翻译成波斯语。讲土耳其语的人口约 6100 万，其中 6000 万为穆斯林，土耳其伊斯坦布尔语《古兰经》全译本共有 104 种，最早的译本译于 1842 年，在埃及开罗出版。讲印度语的人口约有 1.81 亿，以印度和孟加拉为主，其中穆斯林人口约有 2700 万，到目前为止印度语《古兰经》全译本共有 14 种，第一部译本出版于 1915 年，译者是艾哈麦德沙·麦希哈，但最通用的译本为法鲁格·汗的译本。讲中文的人口有 10 多亿，以中国为主，此外，在泰国、马来西亚、新加坡、越南等国家也有讲中文的华人，其中穆斯林人口约有 3800 万，到目前为止，中文《古兰经》全译本共有 19 种，第一部译本于 1927 年在北京出版，译者是铁铮。最权威的译本是马坚的译本。此外，维吾尔语《古兰经》全译本有两种，第一部译本于 1986 年出版。讲韩语的人口约有 6700 万，以韩国为主，朝鲜、

---

① 马贤：《古兰经翻译概述》，载《中国穆斯林》1987 年第 1 期。

日本和中国也有讲韩语的人，其中穆斯林人口只有100万，到目前为止，韩语《古兰经》全译本有3种，第一部韩语《古兰经》译本于1971年出版。在印度尼西亚约有3000万人讲印尼语，其中穆斯林人口2600万，到目前为止印尼语《古兰经》全译本共有20种，第一部译本出版于1928年。"①

二 翻译《古兰经》的方法

《古兰经》文本的两大层面，即经文大义——信仰教义、教律法规、社会事物、伦理道德、学科渊源、历史故事、比喻教诲等内容，以及语言组织——《古兰经》的特殊语言结构、语汇构造、修辞手法、语体风格等，促使学者们从两个方面——音译和意译，研究了如何翻译它，并指出了两种翻译的可行性与否，以及可行情况下应该具备的条件。

《古兰经》的性质决定了译解它是跨文化（Intercultural）翻译。因此，译解它不仅是语言文字层面上对经文大义的转述，而是具有文化高度的一项严谨而严肃的学术工程。译经过程中，如果译者处理两种语言文字的语言组织结构，以及组织目标语对源语义的表述稍有出入，就会引起由文化及宗教和社会层面的相应反映。这就需要基于古兰学、注释学、语言学与翻译学界定的译经方法来把握。

（一）音译和意译《古兰经》

1. 音译《古兰经》

音译（Transliteration），是翻译过程中常用的一种方法，也称文字对等翻译。它是一种在不同语系之间以源语文字（Source Language）读音为依据，在目标语言（Target Language）中寻找近似音进行替代翻译，通常用于人名、地名和国名等。

据此，音译《古兰经》主要是音译其中的人名、地名、部落名、个别章名、部分章首字母与其他只能作音译处理的经文。音译之所以没有涉及整部经文，一则音译依然不能折射经文大义，二则因源语与目标语各自语体本身的组织结构，以及在社会结构、文化传统、宗教信仰、价值观

---

① http://www.gulanjing.com/html/shxw/2008-9/20/10_50_15_368.html ［2008-09-20］.

念、思想意识、心理行为与风俗习惯等方面的差异所致。反之，如果音译整部《古兰经》，音化后的语言文字势必会侵害原文的组织结构，继而丧失经文原体的"超绝性"；无法体现经文蕴涵的只有专业学者才能领悟的深层意义①；两种文字因字母发音的偏差致使经文词义与句义发生偏差，继而导致经文原语失样，原义失真。是故，即使至今没有出现全音译本的《古兰经》，但学术界防患于未然，界定不可音译整部《古兰经》，从而确保了经文原语原义的本然性，避免了经文语体经义因音化而遭篡改的可能性。

穆斯林学界认为，如果说音译方式可以对《古兰经》之外的任何文字实施，但对《古兰经》而言，不可译。究其原因，其一，《古兰经》是证明先知穆罕默德所传使命的真实性，是"超绝的"（Al-mu'jiz），任何语言和人都无法企及，恰如《古兰经》所言，即使人类和精灵群策群力也不能仿造类似其一章一节："你说'如果人类和精灵联合起来创造像一部这样的《古兰经》，那么，他们即使互相帮助，也必不能创造像这样的妙文。'"（17：88）基于《古兰经》蕴涵的超绝性及其特有的表达有着特定的意义，因而无法将其音化为任何外文。此外，无论哪种语言文字，都有特定的语言特征和属性，即使同一语系的语言文字也不尽相同，加之以语言为载体的各民族的文化背景大相径庭，如果要生搬硬套地音译《古兰经》，势必会丧失《古兰经》的超绝性及其终极意义。其二，《古兰经》是以教义教律指导穆斯林宗教生活和社会生活的经典，这对任何通晓阿拉伯语和母语的人而言，可就此做相应翻译。但经文同时蕴涵着只有专业学者才领悟的、具有深层意义——《古兰经》所特有——的教义、教律和指导，教义学家和教法学家们借此创制教法与指导。有鉴于此，即使音译可行，也无法彰显它所具有的深层意义。其三，音译《古兰经》，一方面因阿拉伯语某些字母发音的特殊性而不可译，例如因字母"Al-dād"的特殊发音，阿拉伯语被称为"Al-dād 语"，其他文字无法将该字音译化。另一方面，所有拼音文字都因字母发音部位的不同而导致单词的意义也有所不一。阿拉伯语 28 个字母的各发音组更有着微妙的不同，例如喉音组的 6 个字母，发音稍有偏差就使单词和句子的意义大相径庭。

---

① 不等同于伊斯兰教什叶派中内学派所指的只有他们才知悉的《古兰经》终极内涵。

据此可以定论，文字对等翻译即音译《古兰经》不能成立。即使存在，也由于音化的译文与原文在词法、句法、修辞、语言风格、表达方式乃至文化方面的巨大差异，无法表达其根本意义。因此，音译是死译，导致的结果是因语言文字的音化而侵害了经文的语言文字组织结构；误解甚至因发音的不同而改变了经文原意；亵渎经文的庄严。

2. 意译《古兰经》

意译（Free Translation），是一种不注重源语细节，而是从意思出发，忠实、明白、流畅地译出源语大义的翻译方法，即语际翻译（Interlinguistic），"语际翻译或严格意义上的翻译是指用另一种语言解释某种语言符号"①。相对《古兰经》，其文体与意境的超绝性，致使除上文提到只能音译的个别经文外，翻译整部经文属意译。

意译《古兰经》，就是变化经文的阿拉伯语言文字形式，用另外一种语言文字形式表达其全部内容，以便使非阿拉伯人理解它的微言大义。意译既不需要保持与经文原文的组织结构和语体风格相吻合，也无须将原文的所有意义折射。鉴于目标语转述经文大义近似解读经义，因此，学界一般将这种翻译称为"注释性翻译"（Annotation translation）。对此，穆罕默德·侯赛因·扎哈卜教授明确指出："意译《古兰经》既是在允许注释经文的范畴内，也可以说是用非阿拉伯语对《古兰经》的注释。"② 据此，意译不仅限于译，而且在于注，因此学界将其称为"译解"（Al-tarjamah al-tafsiriyyh）。

如果说注释是注释家力所能及地根据经训和个人见解诠释经文大义，那么意译则是忠实原文地再现了它的基本内容。尽管如此，两者之间依然存在差别。首先，根本区别在于语言文字。严格意义上的注释是用《古兰经》的语言——阿拉伯语阐明和解释经文内容要义。《古兰经》意译的文字，毋庸置疑是用非阿拉伯语将其微言大义通过译解方式传达给非阿拉伯人，并且最大限度地忠实原文。其次，通晓阿拉伯语并熟悉《古兰经》的读者，在阅读注释典籍时，根据注释可以窥见《古兰经》原文的语言

---

① 张美芳：《翻译研究的功能途径》，上海外语教育出版社2005年版，第3页。
② 穆罕默德·侯赛因·扎哈卜：《古兰经注释与注释家》卷1，开罗知识出版社2001年版，第28页。

组织结构，一旦发现释文中的错误就能做出正确判断。即使通晓阿拉伯语而不熟悉《古兰经》的读者没有发现注释中的错误，其他知晓的人也会义不容辞地告诉他。然而，阅读译文的读者则不然，由于他不了解原文的组织结构，因此他认为自己阅读和理解的经义是译者对经义的正确理解。即使读者发现译文有问题，想要通过查阅原文进行比较，也由于不识阿拉伯语而望语却步。

任何一种注释和不带成见及偏颇思想的译文，都致力于解读《古兰经》。但无论注释和译文怎样精确，终究不能折射其终极意义，因为穆斯林认为，只有真主至知《古兰经》的最终意义。仅从"隐微经文"（Al-mutashābihāt）如"章首字母"就可以看出，任何注释家都无法将其注释，更何况是译文。因此，但凡类似经文，哲拉鲁丁·苏尤蒂等注释家，通常只以"真主最知其意"的说明一笔带过。由此可见，任何翻译都不能替换《古兰经》原文的语言组织结构，只是意译了其微言大义。因此学者们定论，"毫无疑问，《古兰经》译文并不是原汁原味的阿拉伯语的《古兰经》，而只是《古兰经》的大义"①。

（二）意译《古兰经》的学术条件

恰如注释《古兰经》是穆斯林责无旁贷的义务，同样，意译它也是穆斯林各民族义不容辞的责任。自教法学家艾布·哈尼法等人持此观点以来，《古兰经》就被翻译为数种文字，穆斯林各民族几乎都有属于自己语言的《古兰经》译本。甚至从非阿拉伯民族的穆斯林理解和遵从《古兰经》、保护信仰不致偏斜、传承和弘扬伊斯兰文化这个角度来讲，意译的重要性不亚于注释的重要性。

基于意译《古兰经》在文化与学术层面上的严谨性和规范性，在宗教与社会层面上的神圣性和严肃性，尤其自20世纪以来译解《古兰经》学术活动的繁荣，为确保译经工程顺利进行，以穆罕默德·侯赛因·扎哈卜教授与哈立德·阿布杜拉·哈曼·俄克教授为代表的穆斯林学界，在归纳前辈学者如伊本·阿拔斯、泰伯里、伊本·泰米叶与哲拉鲁丁·苏尤蒂等研究成果的基础上，根据古兰学、注释学、圣训学、教义学、教法学、

---

① 哈立德·阿布杜拉·哈曼·俄克：《古兰经注释原理》，贝鲁特纳法伊斯出版社2003年版，第473页。

语言学与翻译学，构建了严谨的译经学术体系，以指导、规范、规矩、制衡并发展译经工程。

1. 译者必须通晓注释家应具备的 15 门学科知识

如上所述，意译《古兰经》具有"注释"性质。从这个层面来讲，译经者就是注经者。全面而深刻解读《古兰经》，首先具备的学术工具就是哲拉鲁丁·苏尤蒂归纳并制定的 15 门缺一不可的学科知识。如果译者在翻译过程中不遵从这些条件而别出心裁、妄意翻译，则是对《古兰经》的冒犯和亵渎，其翻译成果自然不被认可。

2. 译者必须遵从注释家遵循的原则

译者不得偏离伊斯兰正统信仰与违背伊斯兰教义教法。假设皆反其道而行之，则贻害无穷，泰伯里在《古兰经注释总汇》的序言中，谈及注释家应具备的学术资格时就此指出："要知道其条件，首要的是志向正确和遵守宗教的法规。所以凡是人们对他的宗教操守怀疑的人，人们对尘世的事务，既不相信他，则在宗教方面怎会让人相信呢；既不在传述某位学者的情况来取得信任，又怎能在他传播真主的机密时会受到人们的相信呢？这是由于他免不了在私心的支持下，有宣传异端学说之嫌，正如宿命论派之所为……"① 马坚亦就此指出："《古兰经》有许多注释，见仁见智，各有特色，亦各有价值；《古兰经》的各种译本也是那样的；除非注释者或翻译者对于《古兰经》认识不够，或有意地曲解经义，或词不达意，使人不解，甚至误解，那就贻误后学了。"②

当然，处于纯文化学术研究，以及致力于传播人类文明而不带任何个人思想和主观成见的译者另当别论，无论是穆斯林学者还是非穆斯林学者。这也是《古兰经》价值的体现——不仅是世界穆斯林奉行的经典，也是人类文明共享的经典和文化财富。自先知穆罕默德默认罗马与波斯等翻译其书信中的节文，到丹麦 2006 年出版的由阿拉伯语言文学博士、研究阿拉伯伊斯兰文化的非穆斯林学者伊琳·沃尔弗女士翻译，并且得到丹麦伊斯兰教各机构欢迎的丹麦语《古兰经译解》全译本，莫不如此。伊琳·沃尔弗女士的学术素养及译经态度，堪称历史上非穆斯林译经家处于

---

① 转引自马金鹏《古兰经译注》，宁夏人民出版社 2005 年版，第 830 页。
② 《古兰经》，马坚译，中国社会科学出版社 1981 年版，第 4 页。

纯学术研究与弘扬文化为宗旨的典范。她讲道，"我尝试着以最佳方式翻译《古兰经》，我不能说翻译得十全十美，百分之百精确，也许其中有些译文不到位，意义不尽显。这仅仅是我遵循既简明又学术的方式将《古兰经》大义呈现给丹麦读者的尝试，期望该译本有助于丹麦穆斯林或非穆斯林理解《古兰经》。但凡想要精确了解《古兰经》者，就应当学习阿拉伯语，因为它是降示《古兰经》的语言。"①

3. 译者务必精通母语与阿拉伯语

译者必须精通母语和阿拉伯语的语言组织、词句结构、语体风格与修辞艺术等语言学知识。译者基于阿拉伯语言学知识可直接理解与译解经文大义，精通母语语言学知识则能正确转述经文大义。两者在译解《古兰经》方面的重要性相辅相成，缺一不可。仅以词汇为例，译解经文先要解词，因此必须兼顾双语的辞藻与辞义，既不能望文生义，也不能顾词失义，更不能牵强附会，而要深入研究经文词义与母语词义的组织结构与词义的贴切性等。王静斋就此指出，既要"仔细寻参，莫以其字面平淡而生疑惑"②，也要"把原文意义赤裸裸的披露出来"③。

4. 译者务必遵从三项基本要求

译者必须遵从伊本·泰米叶在《批判逻辑学家》中提出的三项译经要求：译文要贴切、达意与精确。这与我国翻译家严复（1853—1921）提出的信、达、雅的翻译标准如出一辙。此外，为进一步规范与精确译文，译者务必分别求助两种语言文字的语言学家校对译文，以确保译文信、达、雅。④

5. 译者务必参考权威注释文献

译者必须参考权威的阿拉伯语注释文献，作为译经范本——借助注释文献理解经文大义远胜于直接理解经文大义。以我国三位译解《古兰经》的著名译者为例，他们译解《古兰经》时，均参考了数部权威的阿拉伯

---

① http://www.janobiyat.com/modules.php?name=News&file=article&sid=3456.
② 杨怀中、余振贵：《伊斯兰与中国文化》，宁夏人民出版社1995年版，第461页。
③ 同上书，第462页。
④ 哈立德·阿布杜拉·哈曼·俄克：《古兰经注释原理》，贝鲁特纳法伊斯出版社2003年版，第473页。

语注释文献及相关典籍。王静斋阿訇参考了 13 种文献①，马坚先生参考了 30 种文献②，马金鹏（1913—2002）先生参考了 7 种注释文献。③ 仅中国三位译经者参考的权威注释范本，就充分反映出世界范围内各语种的《古兰经》的权威译本，能够得到世界穆斯林和学界认可与接受的原因所在。

6. 先写经文后写译文

翻译过程中，译者务必先写经文原文，再写译文，以免读者将译文混淆为音译，尤其是各种拼音文字。此外，译者在译本序言中必须强调说明，该译本只是对经文大义的忠实译解，它既不能替代原文的语言组织结构，更不能完全折射其微言大义，"毫无疑问，《古兰经》译本并不是其源语文本，而只是经文大义"④。

三 《古兰经》的译注

《古兰经》作为世界穆斯林奉行的经典，其中不但有阿拉伯穆斯林难以深解的经文，更使非阿拉伯穆斯林因语言障碍而不得其解，从而一定程度上给他们带来教义教法、教理学理与心理行为等各个层面的缺失。是故，通过历代专业学者译注《古兰经》的学术活动，不但弥补了缺失，而且基于"信经而不僵经、释经而不越经"的义理，最大限度地解读了伊斯兰教的基本知识，使《古兰经》真正成为人类共享的文化财富。因此，为使非阿拉伯穆斯林了解、理解和运用《古兰经》，学界并没有将彰显经文大义仅仅停留在意译层面上，而是对其进行译注。

如上所述，意译《古兰经》，尽管被学者们视为"注释性翻译"（Al-tarjamah al-tafsiriyyh），但本质上与《古兰经》译注存在区别。例如经文"你不要把自己的手束在脖子上，也不要把手完全伸开。"（17∶19）从这节经文的表层来看，即使是意译，也令读者不知所云。读者要想深入解读该节经文的意义，只有借助注释才能明晰《古兰经》运用这种修辞法的

---

① 王静斋：《古兰经译解》，东方出版社 2006 年版，第 867 页。
② 《古兰经》，马坚译，中国社会科学出版社 1981 年版，第 488—490 页。
③ 马金鹏：《古兰经译注》，宁夏人民出版社 2005 年版，第 833—834 页。
④ 哈立德·阿布杜拉·哈曼·俄克：《古兰经注释原理》，贝鲁特纳法伊斯出版社 2003 年版，第 475 页。

内涵。经文"你不要把自己的手束在脖子上",是指"不要吝啬";"也不要把手完全伸开",是指"不要挥霍浪费"。据此,《古兰经》译注,是在将经文大义转化为外文的基础上,用外文深化注释经文大义,以求进一步彰显经文内容,如阿富汗注释家侯赛尼·卡希斐(Husayn kāshif,？—1504)的波斯语《侯赛尼经注》(Tafsir Husayn),堪称外语译注《古兰经》的代表作。侯赛尼·卡希斐先将《古兰经》大义进行意译,然后又用波斯语注释了整部《古兰经》。

根据《古兰经》注释的学术要求,译注家首先要精通母语语言学知识,其次,一如用阿拉伯语注释《古兰经》,在精通阿拉伯语言学知识、深谙《古兰经》及圣训、熟知伊斯兰教义教律等学科的基础上,必须遵循注释的原理原则、注释方法、注释渊源等。如果译注家不具备这些学术要求,尤其是哲拉鲁丁·苏尤蒂归纳的15门学科知识,也就不具备注释资格。一言以蔽之,译注《古兰经》的学术要求和学科知识条件,较之源语注释更为苛刻,这也是《古兰经》译注文献的量和质,都远远不及源语注释文献的主要原因之一。

大体来讲,《古兰经》译注与《古兰经》源语注释,既有共性,也有差异性。共性表现在均致力于从不同角度,深入注释经文内容,如经文中的要旨、教义、律法、降示背景、先后停止等。差异性则表现在,因两种语言文字的差异性所致,译注家一般不似阿拉伯语的注释家,能够从纯语言学角度对经文词汇,如解析词汇构成、演变、运用、修辞等语言知识。当然,也不乏注释家运用综合注释方法时,对一些词汇进行语言学解读。此外,《古兰经》译注与源语注释的最大差异性尤其体现在,译注具有双重属性,即翻译与注释兼而有之——先译经再注经。因此从其具有的双重属性来讲,可以说译注家既是翻译家,也是注释家。同理,译注家首先是精通母语及阿拉伯语的翻译家,其次才有可能成为注释家。

伊斯兰教史说明,继阿拉伯人后,最早信奉伊斯兰教的民族是波斯民族。因此,就意译《古兰经》的时间来看,波斯人是最早意译《古兰经》的民族,圣门弟子赛勒曼·法尔斯为同胞翻译首章即为佐证。根据波斯人信奉伊斯兰教,以及翻译《古兰经》的时间来推断,最早用外语注释经文的民族也当是波斯人。这从阿拔斯王朝时期,波斯人在推动伊斯兰文化发展的贡献中就不难看出。继赛勒曼·法尔斯首开意译首章后,波斯民族出现了不少优秀的译注家，其中最著名者当数阿富汗经注学家、苏菲理学家、圣训学家、教义学家、教法学家、哲学家、语言学家、文学家、天文学家、诵读学家侯赛尼·卡希斐于1496年成书的《侯赛尼经注》。可以说，《侯赛尼经注》具有的鲜明特点，很大程度上以点带面地说明了《古兰经》译注的大致情况：

1. 内容新颖，实用性强、指导性更强。该经注内容丰富多彩，涉及面广，注者对每节经文都有独到见解，更能方便穆斯林大众直观地学习《古兰经》，了解、掌握每节经文颁降的背景、意义。

2. 经注语言流畅典雅，简练质朴，驱重理学。注者在注解同一节经文时，采用字面和理学注释，格言警句谚语镶嵌润饰。是一部融文学性、哲理性、思想性于一体的名作，在穆斯林地区广为流传，并深得穆斯林的珍爱。

3. 诗句点题，贯穿全篇。注释不乏优美韵律诗或点题，或议论，或叙事，点明题旨。

4. 阿、波两种文字相互订正，相互参照，相互补充，珠联璧合。

5. 注释资料翔实可靠，降示有缘由，背景清晰，出处明确。该经注涉及语言解析、词汇学、语言学、修辞学、诵读学、天文学、历史事件，被停用的经文等多方面。[①]

自波斯语译注《古兰经》至今，分别出现了土耳其语、乌尔都语、英语、汉语、韩语、马来语、德语、法语等语种的注释文献。一定程度上，各语种的译注文献，为各民族进一步了解、理解和运用《古兰经》起到了无可替代的作用。同样，不同语言的译注文献，为伊斯兰教的传播及其在所到地区的本土化、伊斯兰文明的繁荣昌盛、伊斯兰文化与其他文化的交流与影响、借鉴与吸收，以及推动人类文明进程、丰富人类文化事业，发挥着积极作用。

四 《古兰经》译注的意义

（一）《古兰经》注释语言的突破

从文化发生学角度讲，《古兰经》是伊斯兰文化形成、成熟与发展的

[①] 侯赛尼·卡希斐：《侯赛尼经注》，李元珍译，民间版本，2005年版，第9—10页。

渊源。换言之，伊斯兰文化就是《古兰经》的具体折射与深刻映像。伊斯兰文化之所以能够自成体系，根本原因是取决于历代穆斯林学者对亘古不变的、原理原则的《古兰经》的全方位解读。无论是微观注释还是宏观解读，都是全面了解、正确理解与具体运用《古兰经》，以及建设本体文化、吸收外来文化、兼容他有文化的必然途径。是故，《古兰经》之于伊斯兰教及伊斯兰文化的作用无与伦比，对它了解的程度直接关系到对它的理解程度，对它理解的正确与否又直接影响着对它的具体运用和实践，导致的结果也迥然不同。鉴于此，穆斯林学界除用阿拉伯语对《古兰经》各层面进行系统注释外，也谨慎地进入学术突破——外语注释《古兰经》。唯有如此，才能有效帮助非阿拉伯穆斯林深入探究《古兰经》奥义，阐发其义理，彰显其价值。

诚然，对任何文献进行注释，文献源语的注释在深度与广度层面上，都使外语对它的注释望尘莫及。相对《古兰经》而言尤为如此。尽管这样，主客观因素促使穆斯林学界谨慎地采取了学术突破方式，用外语注释《古兰经》，并且严格遵循源语注释的学术条件和学术标准，综合运用注释学原理、注释方法等学术规范开展注释工作。相对而言，要求外语注释家较之源语注释家应具备的学科知识与学术素养更为苛刻，是翻译与注释兼而有之，故学界将他们尊称为译注家——先译后注。

文化与学术的发展需要过程，尤其要突破制约发展进程中的障碍更需要过程。伊斯兰文化与学术的发展亦不例外。伊斯兰文化发展进程中突破障碍所采取的最重要的步骤之一，就是《古兰经》注释语言的突破。因此，译注《古兰经》的学术活动，既是伊斯兰文化发展的突破过程，也是必然历程，并全方位地产生了多米诺效应，一破百破——由语言到文化发展的突破，反之则一障百障——语言障碍致使《古兰经》大义的展现受障，继而影响伊斯兰文化整体发展受障。是故，伊斯兰教面对复杂多变的社会环境和不同时空，之所以总能表现出生生不息的活力，重要方式之一就是通过译注《古兰经》，来解决穆斯林如何正确理解和具体运用它，阐述其宗教内涵（超越性）与社会应用（世俗性）相结合的二元一体性，揭示其丰富的文化内涵与深刻的现实意义，回答伊斯兰教如何实现自身不断发展，适应社会与时代发展。

《古兰经》注释语言的突破，促使世界范围内注释学术工程呈现繁荣景象，源语注释和外语注释两大系统，形成了注释学术活动的整体格局，在解读与阐发经文微言大义等方面，发挥着相提并论的重大作用。

(二) 推动伊斯兰文化及其根植范围的发展

伊斯兰文化，是基于《古兰经》和圣训，立足圣训学、注释学、古兰学、教义学与教法学等核心宗教学科，逐渐兼收并蓄希腊哲学、罗马政治、波斯文学艺术、印度数学，以及中国四大发明等外来文化，延伸和拓展至人文社会与理工医农等学科领域，通过信仰化、社会化、学说化与生活化的形式，作用于穆斯林社会个体与整体各层面的综合性独立文化体。伊斯兰文化体的最终形成，很明显与伊斯兰宗教体制形成时期（750—945），尤其是早期伊斯兰教发展时期（661—750）有很大不同。这种不同，单从文化发展学角度看，很大程度上与《古兰经》注释语言突破所带来的伊斯兰文化植根范围以及文化内容的发展有关。

《古兰经》译注推动伊斯兰文化及其根植范围的发展，首先体现在注释学及与之相关学科的发展上。译注《古兰经》在注释学领域的特性及其严格的学术要求，促使历代译注家既将其学术成果集中反映在注释层面上，不断推动注释学科本身的发展，也推动祖国对阿拉伯语言学、圣训学、教义学、教法学、哲学、文学与史学等学科的研究发展。由此及彼推出的成果，直接或间接丰富并推动着更大范围的伊斯兰文化的整体发展。反之，如果没有各语种的译注文献，注释学术工程和研究必将存有学术缺憾，伊斯兰文化体系结构也不尽完善，从而给伊斯兰文明和社会整体发展带来相应局限，对非阿拉伯穆斯林正确理解和践行经义引起一定程度的失衡。

其次，《古兰经》经文"只有真主和学问精通的人，才知道经义的究竟"（3：7）明示学界解读和注释《古兰经》，这就意味着以《古兰经》为核心的伊斯兰文化是开放与兼容的文化。因此，学界务必在继承发扬、丰富拓展本体文化的同时，不仅要加强本体文化内部的建设与创新，还要本着取其精华、去其糟粕、为我所用并尊重非我所用文化，以和而不同的文化兼容精神，不断博采兼收他者文化来丰富和推动本体文化的发展。

随着《古兰经》注释语言突破而带来的伊斯兰文化的发展，并不限于严格注释学意义上对《古兰经》语体经义的微观注释（Tafsir al-Qur'an）——从注释学角度系统注释经文如教义注释、教法注释、哲学注释、语言注释、历史注释、苏菲注释等，学界基于经训教义教法原则对《古兰经》微言大义进行的文化学意义上的宏观理解（Fahm al-Qur'an）——注释学范围之外的其他学科如人类学、社会学、宗教学、民族学、心理学、经济学、天文学、地理学、生物学等人文与自然学科，对涉及它的经文从非注释学角度进行的理解和研究等，而且之所以被称作"理解"（Al-fahm）而不称为"注释"（Al-tafsir），是因为它本质上有别于严格注释学意义上的注释——经文大义也包括在内。因此，从这个层面来讲，在伊斯兰文化体系中，注释学学科领域之外的学术研究成果，是基于经训教义教法原则对注释学意义上的微观注释的进一步解读和扩展。换言之，注释学意义上的微观注释指导着文化学意义上的宏观理解，宏观理解则是严格遵循经训教义教法对微观注释的文化创新、延伸和具体实践。这样便形成"《古兰经》→注释学意义上的微观注释→文化学意义上的宏观理解"的内在统一和外在协调的文化学术解读链。这个解读链启发穆斯林学术界，尽管严格意义上的《古兰经》注释只是注释家才能涉足的学术领域，但基于《古兰经》命令穆斯林揭示其微言大义的经文，非注释学界同样可以依据经训教义教法原则与权威注释文献来宏观地研究和解读经义。这样，他们就不再因学科障碍望而却步，而是通过智慧地运用《古兰经》文化学术解读链，与时俱进地开拓伊斯兰文化发展新局面，从而真正体现《古兰经》是伊斯兰宗教的智慧之本与文化之源。反之，"就无法对新时代、新情况、新问题作出合乎《古兰经》、圣训总精神的解读，就易造成信众核心价值观中的时代精神的缺失。"[①]

如上，沿着《古兰经》文化学术解读链形成的南亚、中亚、伊朗、中国与西方等富有区域特色的伊斯兰文化，就是构建、丰富并推动伊斯兰文化发展的切实反映。如中国穆斯林学者刘智的《天方典礼》与《天方性理》，从《古兰经》文化学术解读链的视角看，既是为中国穆斯林宏观梳理并解读《古兰经》要义的典范之作，也是一部丰富和发展伊斯兰文化的不可或缺之作。从《天方典礼》一书所附《古兰经》的权威注释文献就不难窥见，作者正是借助这些文献深刻理解和领悟经文大义后，才著就了如此高度梳理伊斯兰文化精髓的巨作，并在书中仅用一语就对《古

---

① 朱威烈：《伊斯兰文明与世界》，载《世界经济与政治》2007年第7期。

兰经》的核心及伊斯兰文化价值观之源"清真言"——"万物非主，唯有真主"，做了极其精辟的中国式解读，"其为教也，以识主为宗旨，以敬事为功夫，以归根复命为究竟。"①

（三）加速伊斯兰教在植根国的本土化与学说化进程

《古兰经》首章首节"一切赞颂，全归真主，全世界的主"，开宗明义指出它是超越时空的经典，作为其载体的伊斯兰教根植于任何地方本土化与学说化是自然而然的事。然而，如无《古兰经》的译注活动作为重要途径和重要杠杆，这是很难想象的。中国穆斯林学者王岱舆（约1584—1670）在《希真正答》中反复解释"哈他"（Khdh'，译曰差错）者乃其教道非其文字，以突破语言文字的不同对伊斯兰教本土化与学说化进程的阻碍就是一个明证。

实际情况是，伊斯兰教通过各种途径植根世界各地后，为适应各国国情和文化，面临的首要问题就是如何本土化与学说化。译注《古兰经》则成为解决两者的重要途径与必然举措之一，并经历了专业学者从口头到文字译注的学术过程。从微观来讲，注释学精英阶层先译后注的学术活动，引导穆斯林恪守伊斯兰教义信条，遵循教理法礼、伦理道德、社会规范与社会中道等，以不致信仰失真、礼法失度、道德失衡、行为失据；引导学科精英进一步借助微观注释文献，从深度、广度与高度上宏观阐发经文的教义教理。继而结合本土主流文化特性，构建与发展以自有文化为本体本旨，他有文化为形态特点的教义教理学说体系，并从文化自立与自强、自觉与自信、自继并与主流文化共续的高度出发，通过文化教育与著书立说形式融入主流社会，逐渐向本土化与学说化方向发展，从而一方面解决穆斯林本土化进程中伊斯兰信仰和文化观与本土信仰和文化观的矛盾问题，另一方面既为本土主流文化的丰富，也为伊斯兰文化发展提供不可或缺的文化新元素与文化新资源。更重要的是，无论微观译注经文，还是宏观阐发经义，伊斯兰各学科精英都小心翼翼、十分谨慎地处理坚持《古兰经》经旨与适应所在国家国情的关系问题。这就是刘智在《天方典礼》"原教篇"中所概括的"凡于视听……用权而不离于正，虽变而不失其常也。"伊斯兰教在各个文化底蕴深厚国家或地区的传播，大致都经过

---

① 刘智：《天方典礼》，天津古籍出版社1988年版，第31页。

了"变则通，通则久"的文化变通但不变质的过程，同时各具独特之处。伊斯兰教在中国的本土化、学说化过程便是其中一例。

伊斯兰教在中国先本土化后学说化历经两个大跨度时期，即阿拉伯等穆斯林自唐入华至元时期，通过婚嫁等形式，完成了从侨居的先穆斯林后华人的国家侨民认同，到逐渐华化并建构先华人后穆斯林的国家公民认同的本土化过程——中国回回民族；自元以降，通过文化教育与著书立说等多种形式，完成了从单一伊斯兰文化，到构建儒伊文化合璧的中国伊斯兰文化的学说化过程——二元一体文化结构。[1] 在整个本土化与学说化进程中，无论是阿拉伯等穆斯林入华后蕃坊内微观解析《古兰经》、经堂教育中口耳相传解读《古兰经》及其注释文献、王静斋与马坚等文字译注《古兰经》，还是王岱舆、马注、刘智等著书立说宏观解读《古兰经》，都发挥了至关重要的作用。学界始终本着"信经而不僵经、释经而不越经"的义理，通过文化变通原则，将伊斯兰文化与中国文化有机调和，界定具有兼容性质的伊斯兰文化与具有包容性质的中国文化互有差异但并不矛盾，而是在许多层面上具有共性且互相映照，如真理正义观、文化教育观、中道和谐观、家庭孝道观、是非善恶观、伦理道德观等。因此，两者在求同存异的情况下必然成为文化互动互补的辉映体。正是本土化与学说化以来这种"以儒诠经、以儒释经"文化传统的文化变通与创新机制，为中国穆斯林消除了"认一论"信仰导致的思想鸿沟，取得了中国文化精英阶层对异质的伊斯兰文化的认同，巧妙完成了伊斯兰文化与中国文化的适时和合，"既实现了伊斯兰文化的中国化，又保持住了伊斯兰文化的原旨、原精神；从伊斯兰文化的角度看它是中华的，从中华文化的角度看它又确实是伊斯兰的；从外来文化本土化的程度看它总体上可以说是'到位而不过度'，从外来文化在异乡是否仍保持本色看它总体上又是'有变化但未失去原旨。'"[2]

（四）增进伊斯兰文明与其他文明互动互补

《古兰经》文"众人啊！我确已从一男一女创造你们，我使你们成为许多民族和宗族，以便你们互相认识"（49：13），为伊斯兰文明与其他

---

[1] 参见杨怀中《回回民族二元一体的文化结构》，载《回族研究》2006年第6期。

[2] 李兴华：《浅谈回族文化》，载《回族研究》2007年第4期。

文明相互理解与包容、认同与交流、借鉴与影响确立了文化基调，为文明间寻求共识、摒除隔阂奠定了深厚的文化底蕴与精神基础。该节经文中，"众人啊"指出人类一律平等；"从一男一女创造你们"指出人类本系同根生；"使你们成为许多民族和宗族"指出人类因血缘关系而形成多民族多宗教的必然性；"以便你们互相认识"指出人类多民族多宗教必然致使人类文化多元化与文明多样化，因此各文明务必互相认识和尊重对方，以坦诚相待的兄弟态度促进彼此间的沟通与了解，进步与发展。

《古兰经》阐述的"世人皆兄弟，本是同根生；兄弟如唇齿，唇亡齿也寒"①（波斯诗人萨迪（1209—1291）诗）的教理义理，明示各民族各宗教各文明务必互相认识与了解其他文明与文化，以便相互之间认同与包容，学习与交流，借鉴与影响，友爱与共生，而不是排斥与敌视，称霸与摩擦，冲突与战争，因为"文明之间有着密切的联系，除非文明之间断绝一切交往。文明之间的交往互相影响也是非常明显的，伊斯兰文明受希腊文明的影响，而与此同时，伊斯兰文明又对现代文明产生了深远的影响。文明之间的相互影响指的是一个新的文明的产生往往是根据当时的需求从过去的文明中汲取自己认为有价值的成分作为营养，进行消化，并把自己认为没有价值的成分排除在外"②。反之，如果没有各文明之间的相互认识与了解，没有密切的文化互动与互补，"没有佛的微笑，没有耶稣的仁爱，没有穆萨的怜悯，没有祆教的水和火，没有《古兰经》优美的语言和深奥的哲理，世界将会变成怎么样？如果没有万籁的音乐，没有毕达哥拉斯、柏拉图的理念，没有亚里士多德的逻辑、政治、科学和形而上学，没有法拉比、伊本·西那、伊本·鲁什迪的希腊-伊斯兰哲学的统一，没有苏赫拉瓦迪的光照，没有波斯苏菲世人的海浪，没有阿拉伯人诗歌的情感，没有日本人的诗歌，没有伊本·阿拉比和埃克哈特明亮的眼光、善良的心灵和美学的审美力，没有罗曼蒂克的浪漫，没有18世纪的辉煌，没有笛卡儿、斯宾诺莎、康德、黑格尔、叔本华、帕斯卡、叙伦·克尔凯郭尔、亨利·伯格森，没有巴赫、贝多芬优美的音乐，没有绘画、雕刻、戏剧和诗歌艺术，总之没有人类通过数世纪的努力留下的文化、思

---

① 转引自白志所《哈塔米的文明对话思想》，载《回族研究》2005 年第 3 期。
② 同上。

想、艺术瑰宝,人类的生活将是怎样的?"① 是故,人类各文明之间互相认识、了解、沟通、互动、互补是人类发展必然的,也是必需的文明举措。

由上可以看出,在《古兰经》教理义理中,人类同生共存、互相辉映的基础是多民族与多宗教带来的文化多元性与文明多样性,这是真主赋予人类生存的常道,是不可变更的真主的迹象之一。否则,真主完全可以将人类创造为一个民族,"假若你的主意欲,他必使众人变成为一个民族。他们将继续分歧,但你的主所怜悯的人除外。他为这件事而创造他们。"(11:118—119)注释学界如此注释该节经文:"差异是人类的根本之一。一元只属于真主,多元则是所有生命界生存的常道与规律。"② 同样,《古兰经》另一节经文,又对人类文化与文明因多民族多宗教而多元化进行了全面阐述:"我已为你们中每一个民族制定一种教律和法程。如果真主意欲,他必使你们变成一个民族。但他把你们分成许多民族,以便他考验你们能不能遵守他所赐予你们的教律和法程。故你们当争先为善。你们全体都要归于真主,他要把你们所争论的是非告诉你们。"(5:48)据此,《古兰经》中的文化多元精神与文明多样义理,毋庸置疑是《古兰经》奉献给人类社会的公共产品之一。

根据经文教导的人类因多民族多宗教致使多文化多文明的必然性,历代穆斯林尤其是非阿拉伯穆斯林,始终将其作为与其他文明与文化共存的根本宗旨,并将其作为基本文化理念予以实践性阐释。从麦地那公社的《麦地那宪章》精神至中世纪阿拔斯王朝的智慧宫,到遥远中国元朝于1289年建立的回回国子学,及至当今各国研究伊斯兰文化的专业学术机构,都以大规模的包括译注《古兰经》和圣训,以及译著学术成果在内的各种形式体现着这种文化多元精神。即使在当下伊斯兰文明屡遭西方霸权语境而处于弱势境遇下③,《古兰经》依然启迪穆斯林学界务必秉承多元共存精神,通过阐经释义等方式积极推动对话与交流,"你应凭智慧和

---

① 转引自白志所《哈塔米的文明对话思想》,载《回族研究》2005年第3期。
② 穆罕默德·诺曼·加里利:《伊斯兰教与穆斯林》,黎巴嫩埃及出版社2007年版,第93页。
③ 参见马丽蓉《西方霸权语境中的阿拉伯—伊斯兰问题研究》,北京时事出版社2007年版。

善言而劝人遵循主道,你应当以最优秀的态度与人辩论,你的主的确知道谁是背离他的正道的,他的确知道谁是遵循他的正道的。"(16:125)是故,政界如伊朗前总统哈塔米 1997 年提出的文明对话思想,巴基斯坦前总统穆沙拉夫根据经文"我这样以你们为中正的民族,以便你们作证世人,而使者作证你们"(2:143)所倡导的"文明的中间主义观",并与 2004 年 6 月初在伊斯兰堡主持召开的"文明的中间主义——挑战与回应"论坛,[①] 马来西亚前总理马哈蒂尔的文化理念观,学界如当代著名学者优素福·格尔达威(Yūsuf al-qardāwī)等倡导践行的伊斯兰中道观(Al-wastiyyah),都体现着《古兰经》教导的人类同源性、文化多元性、文明多样性的和合理念与和而不同精神。

《古兰经》译注学术活动增进伊斯兰文明与人类其他文明互动互补的典型个案,就是与同样具有中正和谐思想的中华文明的和合共生,并出现了伊斯兰教始传后阿拉伯穆斯林"学问虽远在中国亦当求知"的伟大盛况。这一盛况具有不容忽视的四重意义,一是"学问虽远在中国亦当求知"表明中国文明与阿拉伯文明源远流长。二是该表述看似指称中华文明,但实质上反映了世界穆斯林务必遵循人类同宗同源的大一统原则,自觉主动地与其他文明交流学习,和合共生。三是尽管中国是一个没有出现类似《圣经》与《古兰经》那样的经典启示和宗教使者,但却是一个有大智大知者领航发展的文明古国,因此阿拉伯穆斯林求学古老中国的智慧、文化与科技知识,从另一视角说明了穆斯林学习各种先进科技文化知识,而不仅局限宗教文化知识的学理理念。四是中国是一个有智慧有文化有科技的文明古国,因此穆斯林勿以想象的心态前往,而应以求学的心态前往,从而根本上消除了类似西方世界那种对遥远天朝中国先想象后器物再制度而文化后的东方主义性质的想象思维与殖民意识。是故,自唐高宗永徽二年(651)第三任哈里发奥斯曼派遣使节出使中国长安以来,一批批阿拉伯、波斯等民族的穆斯林沿着鲜有外交与文化摩擦的古丝绸与香料商业物流通道,怀着求知文化与交流文明的伟大理想再次来到华夏大地,揭开了千百年来世界两大文明体系在各个层面和谐交流的历史新帷幕。

中国国家主席胡锦涛同志于 2006 年 4 月 23 日在沙特阿拉伯首都利雅

---

① 穆罕默德·诺曼·加里利:《伊斯兰教与穆斯林》,黎巴嫩出版社 2007 年版,第 35 页。

德协商议会的演讲中讲道,"中华民族和阿拉伯民族在历史上都创造了辉煌的文明。我们两个民族的先哲们,在探索人类社会发展规律的过程中不约而同地提出了和谐的思想。他们都主张,在承认差异性和多样性的前提下,实现社会和谐。这一主张至今仍闪烁着灿烂的思想光芒,为我们审视和处理国际关系提供着重要启迪。中华民族和阿拉伯民族都是爱好和平的伟大民族。我们两个民族在历史上就开展了各种形式的友好交往,在争取和维护民族独立的斗争中相互支持,在发展民族经济、改善人民生活的事业中相互帮助,结下了深厚的友谊。中国人民和阿拉伯人民的友好合作,不仅促进了双方的共同发展,也为人类社会进步作出了重要贡献。"[1] 此外,伊斯兰教两大圣地的守卫者沙特阿拉伯国王阿布杜拉,于 2007 年 12 月 2 日在利雅德接见出席第二界阿中文明对话论坛的代表时,亦讲道:"至于中国,她对我们大家而言,是一个亲密友好的国家,因为中国从来并且总是与真理和正义站在一起,总是与巴勒斯坦事业和阿拉伯事业站在一起。"[2] 中沙元首的这些话语,都对中阿文明的和谐交流作了精辟阐述。毋庸置疑,这既是两国元首对中阿文明有史以来和谐交流结晶的高度概括与历史定性,也昭示着中华民族与阿拉伯民族,中华文明与伊斯兰文明和合共生的光辉前景!

---

[1] 胡锦涛:《促进中东和谈 建设和谐世界》,[EB/OL] [2006 - 04 - 23]。
[2] 转引自朱威烈《缅怀阿语教育先辈 推进阿语学科建设》,载《回族研究》2008 年第 1 期。

第四章

《古兰经》注释的种类

从伊斯兰文化发展角度来讲，先知穆罕默德时期→圣门弟子时期→再传弟子时期→三传弟子时期→第四代注释家时期（或称四传弟子，以泰伯里为代表的注释时期），时间上的递进性和交叉性，文化特点上的近似性，学术活动上的相仿性，以及社会发展和时代内涵较之后期的相对局限性，促使这期间的注释——无论是口耳相传还是文字记录，大体都在"传闻注释"（Al-ma'thūr）的范畴内。然而，自文字注释时期的第四阶段（阿拔斯王朝伊始）以降，社会发展和时代变化、伊斯兰宗教体制的基本形成（750—945）、伊斯兰文化的全面发展，以及历代穆斯林学者根据经文要求他们不断思考、研究和揭示《古兰经》经义的使命性和责任性，促使先期单一的传闻注释，发展到后期的多种注释，最终形成了"传闻注释"、"见解注释"（Al-tafsir bi al-ra'y or al-tafsir al-'aqliyy）、"专题注释"（Al-tafsir-al-mawdu'iyy）、"示意注释"（Al-tafsir-al-'ishāriyy）和"科学注释"（Al-tafsir al-'ilmiyy）五种注释格局。

诚然，关于注释种类的划分，近现代以来注释学界对此的主张见智见仁，不尽相同。法赫德·鲁米教授的《古兰经注释原理及注释方法研究》，阿卜杜拉·沙哈特（Abud Allah shahātat）教授的《古兰经注释学》（'Ulūm al-tafsir）、哈立德·阿布杜拉·哈曼·俄克教授的《古兰经注释原理》，以及其他学者根据前人著作如哲拉鲁丁·苏尤蒂的《古兰经学通论》等，大都将注释种类界定为传统意义上的两大类——"传闻注释"和"见解注释"。他们认为，凡传闻注释之外的任何注释都在见解注释的范畴内，无论是历史上的注释，还是现当代注释；无论是受赞许注释

(Al-tafsir al-maḥmūd），抑或是受贬责注释（Al-tafsir al-madhmūm）。因此，他们没有将"专题注释"（法赫德·鲁米教授亦将其作为注释方法进行研究）、"示意注释"和"科学注释"进行单列划分。《中国伊斯兰教百科全书》的"古兰经注学"条目则认为，"穆斯林学者通常将主要的古兰经注内容特点分为三类：传闻经注、见解经注和示意经注"①。

笔者为比较清晰且分门别类地展现《古兰经》注释种类的概貌，现基于当代权威学者穆罕默德·侯赛因·扎哈卜教授的《古兰经注释研究论集》划分的五种类型，参照其名著《古兰经注释与注释家》，引证其他权威文献，按照五种注释种类的划分，分别对其给予概要论述。

第一节 传闻注释

一 传闻注释的定义

从语言学来讲，传闻注释（Al-tafsir al-ma'thūr）中的"传闻"（al-ma'thūr），系被动名词，意为"被传述的、相传的"，相应的解释词为"al-manqūl"，因此注释学界也将"Al-tafsir al-ma'thūr"称之为"Al-tafsir al-manqūl"。"al-ma'thūr"（传闻）置于"Al-tafsir"（注释）后，构成形容词词组，形成注释学领域的专业术语——被传述的注释，即"传闻注释"。"传闻注释"的另外一种表达方式是"Al-tafsir bi al-ma'thūr"，在"注释"与"传闻"两词间附加了一个表示"凭借"之意的介词"Al-b'"，意为"凭借被传述的［材料］注释《古兰经》"。尽管术语称谓的表述方式有所不一，但两者的内涵同出一辙。

根据词源及其在注释领域的专业术语意义，注释学界对"传闻注释"的定义大同小异。

埃及爱资哈尔大学和沙特阿拉伯麦加大学古兰学与圣训学教授穆罕默德·本·穆罕默德·艾布·舍赫布（Muhammad ben Muhammad abū shahbah），在《古兰经注释典籍中的以色列传闻注释与伪造注释》（*Al-'isrā'īliyyāt wal-mawdū'āt fi kutub al-tafsīr*）中，将"传闻注释"定义

---

① 宛耀宾总主编：《中国伊斯兰百科全书》，四川辞书出版社1994年版，第180页。

为："它涵盖了来自《古兰经》，传自先知穆罕默德、圣门弟子、再传弟子的注释材料，即围绕这四个来源展开的注释，无论传述系统连续与否。"①

穆罕默德·侯赛因·扎哈卜教授将"传闻注释"定义为："传闻注释涵盖了《古兰经》自身对其中一些经文的说明与阐释，以及传自先知穆罕默德、圣门弟子与再传弟子对真主经典的经旨所做的一切阐明与解读。"② 穆罕默德·侯赛因·扎哈卜教授在定义传闻注释后，进一步解释了该定义中与先知穆罕默德及圣门弟子并列的再传弟子。他说："我们将再传弟子的注释列入传闻注释——即使对此有所分歧，再传弟子的注释是在传闻的范畴内呢，还是在见解的范畴内？——是因为我们发现传闻注释的典籍，如泰伯里等人的注释没有局限于传述先知穆罕默德及圣门弟子的注释内容，而且也将再传弟子的注释记入了传闻注释的范畴。"③

法赫德·鲁米教授在《古兰经注释原理及注释方法研究》中，分析传闻的实质后定义："传闻注释就是依据经文和确凿圣训阐释经文，既没有创制地解释毫无证据的意义，也在没有确凿传述的情况下，禁止毫无裨益的注释。"④

穆萨伊德·坦雅尔教授对以上几位学者的定义持不同意见。他在《古兰学及古兰经注释原理论集》中，据理分析了《古兰经》的自我注释。他认为，被传述的材料源自先贤，故"传闻注释"的术语应用于先知穆罕默德、圣门弟子、再传弟子、三传弟子的注释材料。此外，以经文注释经文不存在传述问题，因为但凡以经文注释经文者，其注释自然就在他的注释材料内。例如，先知穆罕默德以"此节"经文注释"彼节"经文，那么此节经文总体上就是在他的注释材料和注释来源范畴内，而不再

---

① 穆罕默德·艾布·舍赫布：《古兰经注释典籍中的以色列传闻注释与伪造注释》，开罗圣训出版社1971年版，第43—44页。
② 穆罕默德·侯赛因·扎哈卜：《古兰经注释与注释家》卷1，开罗知识出版社2001年版，第152页。
③ 同上。
④ 法赫德·鲁米：《古兰经注释原理及注释方法研究》，利雅德塔伊布出版社2004年版，第71页。

将其称为"传闻"。① 同样，他认为，正如圣门弟子与再传弟子的注释中有程度不同的见解注释，传闻注释既包含了源自三传弟子的注释，也包括了辑录传闻资料者在内，如泰伯里、伊本·艾布·哈提姆等人的注释典籍，都大量传述了先贤的注释内容，故泰伯里等人的注释也当在传闻注释的渊源范畴。② 据此，坦雅尔教授扩大了"传闻注释"的材料渊源，并将其定义为："传闻注释就是传自先知穆罕默德及圣门弟子、再传弟子和三传弟子中以注释著称者——他们具有基于创制的独立见解能力——的注释。"③

哈立德·阿布杜拉·哈曼·俄克教授在《古兰经注释原理》中，概要说明以上定义后做了总结。他认为，传闻注释包括：

1. 《古兰经》自身对一些经文的说明与阐释——某节概括性经文得到另一节经文的详解，以及各种诵读——因为往往有某种诵读是对另一种诵读的注释。

2. 先知穆罕默德注释《古兰经》的圣训。许多概要经文，圣训对其进行详细阐释；许多普指经文，圣训对其加以限定。

3. 圣门弟子的注释。他们与《古兰经》降示同时代，亲历了经文降示的各种背景，目睹了经文降示的各种原因，故他们是最知《古兰经》注释的穆斯林学者。

4. 学者们也将再传弟子的注释列入传闻注释的范畴。这是因为，他们认为再传弟子与圣门弟子同生共处，传承了圣门弟子的知识，故他们属于最优秀的先贤。④

以上各家定义，尽管互相之间存在细微之分，但大体上求同存异，共性居多。综合起来就是，"以前人时代相传下来的有关知识或材料注释经文，包括以经文相互诠释，以圣训解释古兰经、以先知圣门弟子和再传弟

---

① 穆萨伊德·坦雅尔：《古兰学及古兰经注释原理论集》，利雅得穆罕底斯出版社2005年版，第252页。
② 同上。
③ 同上书，第255页。
④ 哈立德·阿布杜拉·哈曼·俄克：《古兰经注释原理》，贝鲁特纳法伊斯出版社2003年版，第111页。

子言行及其对经文的理解等材料注解经文。"①

二 传闻注释的条件

根据以上定义,传闻注释是以《古兰经》的语言者真主之语——最知经文究竟者——互注经文;以先知穆罕默德——真主之语的第一阐释者——的圣训注释经文;以圣门弟子——《古兰经》降示的亲历者、母语为阿拉伯语者、经文降示时各种状况的经历者——之语阐释《古兰经》;以再传弟子——圣门弟子各项事业的承继者——的注释解读《古兰经》。由此不难看出,传闻注释资料的来源和构成决定了它在所有注释种类中,是级别最高,材料最翔实的注释种类。这也就意味着,再传弟子以降,注释学界首倡并赞同的注释种类是传闻注释。

传闻注释的具体要求是:

首先,但凡想以传闻资料注释经文的注释家,务必沿着《古兰经》→先知穆罕默德→圣门弟子→再传弟子这个一脉相承的传闻链条奠定的学理精神和实践基础传承传闻注释。

其次,注释家必须恪守传闻注释家应具备的基本条件和原则进行传闻注释,从而一方面使传闻注释因材料的真实翔实,使其注释符合传闻注释的学理和法理要求,由此达到最佳的注释境界和理想的注释效果。另一方面,由于传闻注释涉及与圣训学密不可分的圣训"传述系统的知识"('ilm al-riwāyah)②,以及圣训"知识系统的知识"('ilm al-dirāy)③,因此传闻注释家如果掌握并遵循了圣训"传述系统的知识"和"知识系统的知识"的方法和要求,其注释不言而喻是正确的,也必会得到专业研究者和读者的认同和褒扬。

哈立德·阿布杜拉·哈曼·俄克教授高度概括了传闻注释家应当具备的根本条件:④

---

① 宛耀宾总主编:《中国伊斯兰百科全书》,四川辞书出版社1994年版,第180页。
② 涵盖了认识、确定、传述和编辑先知穆罕默德言行的所有知识。
③ 研究圣训传述的确凿及其条件、传述的种类及其规则、传述人的情况及其条件、圣训的类别等有关圣训知识的知识。
④ 哈立德·阿布杜拉·哈曼·俄克:《古兰经注释原理》,贝鲁特纳法伊斯出版社2003年版,第131—133页。

（一）精通圣训学

注释家务必精通圣训中"传述系统的知识"和"知识系统的知识"。①

（二）通晓注释性圣训

注释家务必精确注释《古兰经》的圣训——注释性圣训，以及圣门弟子、再传弟子和具有教法创制能力的伊玛目的注释。

（三）具备识别传闻的能力

注释家应当具有整理各种传闻材料的能力，并且具备分析它的能力和学识。

（四）通晓传述不一的传闻

注释家务必通晓传闻中传述不一的实质和原因，明确《古兰经》的各种含义，正如注释家苏夫延·本·赛里所言："注释根本上没有矛盾，差异只是一种旨在表述不同阐释的综合性话语。"传闻注释家传述不一的原因主要有下列因素构成：（1）有些经文诵读各异。（2）句法含义各异。（3）语言学层面的词义各异。（4）一词多义。（5）一些经文具有一般意义与限定意义的双重性。（6）一些经文具有普通意义与特殊意义的双重性。（7）一些经文具有本义与隐喻的双重性。（8）一些经文具有内隐（Al-'idmār）意义与独立（Al-'istiqlāl）意义的双重性。（9）个别经文具有字母的附加性，如经文"我以复活日盟誓"（75：1）中，起誓词之前的否定虚词"Al-lām"为附加性字母。（10）一些节文具有语句次序的前置性或后置性。（11）涉及法律的经文具有被停止或经旨业已明确

---

① "圣训学是研究穆罕默德在23年的传教过程中，在理论和实践方面对《古兰经》的律例，经文降示的背景及含义、基本教义、教法、伦理道德，以及针对当时的各种社会、政治、经济、司法、诉讼、商事、农耕和其他重大事件所发表的言论及其实践活动为研究对象的学科。圣训学规定，任何对圣训的研究，都必须遵守以下原则：第一，要坚持公正的判断态度。即要求对传述个人必须客观态度，对他们进行判断时决不允许掺杂个人恩怨。第二，要坚持准确的研究方法。即断定某一传述人所传圣训是否真实，要有充足的证据证明自己判断诚恳、看法准确，而不随意下结论。第三，要坚持严肃的学风。即研究传述人的生平和作风时，必须从维护圣训的目的出发，坚持原则，正确提出自己对传述人的看法和意见，而不必涉及有损于他们人格的方面，或者对他们进行人身攻击。"——参见宛耀宾总主编《中国伊斯兰百科全书》，四川辞书出版社1994年版，第504—505页。关于圣训学，详见丁士仁《简明圣训学》，宗教文化出版社2008年版。

（Al-muhkam）而无须注释的双重性。（12）传述先知穆罕默德与先贤的注释时存在差异。①

（五）传述各家注释时务必注意以下几项要点

其一，许多注释家注经时，表述各有差异，如解读真主的各个名称时，词异意同。

其二，许多经文的词汇往往含有多重意义。

其三，各注释家注释一些具有普遍意义的经文时，往往同时提及该经义的几种阐释。

其四，一些经文往往有两种或两种以上的诵读法，因此各注释家都根据特定的诵读法赋予经文不同的阐释。②

（六）通晓经文的降示背景

通晓经文降示背景，有助于注释家借此理解整部经文，以及互相停止的经文——借此了解被停止经文中经旨业已明确的经文。

（七）遵循注释经文的优先渊源

注释经文所溯源的根据，依次是：以经注经→以训注经→圣门弟子注释→再传弟子注释→语言注释→法学与教义学注释。即先经后训，先圣门弟子后再传弟子。如果这四个链条中均无注可循时，则溯源遵循了语言学各项原则的语言注释，最后再从符合法学和教义学原理的法学和教义学注释中追溯注释。③ 此外，传闻注释家还要遵循注经时务必恪守的下列方法和原则：

1. 释文要符合经文的经义经旨，做到既不加义——必须避免不符合经旨的注释，也不减义——对需要阐释的经文省略不注，更不得断章取义，违背经旨。

2. 遵守经文的本义与隐义。

3. 遵守经义与经旨之间的互应性，经文词汇之间的关联性。

4. 遵守经文之间的前呼后应。

5. 精通各节经文的降示背景。

---

① 哈立德·阿布杜拉·哈曼·俄克：《古兰经注释原理》，贝鲁特纳法伊斯出版社 2003 年版，第 84—90 页。
② 同上书，第 92—93 页。
③ 同上书，第 79—80 页。

6. 通晓涉及经文词汇的语言学、词法学和字源学，借此解析经文的构造，分析经文的大义，演绎经文的律法。

7. 避免不必要的重复注释，如虚词、词汇、句法原理、法学原理及大量证据，避免伪造的降示背景、伪造的故事、以色列传闻等，这些都有损《古兰经》的美妙性和超绝性。

8. 注释家务必精确掌握"侧重法则"（Qawānin al-tarjih），以便借此能够侧重那些含有多重意义的经文，最终选择最正确、最权威的注释。

9. 精通教法学与教义学原理，不得根据无凭无据的个人见解注释经义。①

（八）传闻实事求是

传闻注释家必须传述符合理性接受和法理允许的注释，不得传述那些不可思议的奇谈怪论。

（九）谨防以色列传闻

注释家不得依据伪造的以色列传闻注释经文，一则历史上由于大量以色列传闻涉足传闻注释，故对传闻注释造成了整体上的损害；二则以色列传闻含有对历代先知的许多编造，如在先知优素福故事和达乌德故事中的所编所造。

上述条件是衡量传闻注释正确与否的杠杆和标准，被注释学界称为"传闻注释的精确法则"（Dawābit al-tafsir al-naqliyy）——"它是了解注释是否符合经旨的精确天平。"② 其他学者也就此做了精辟阐述，如古尔泰卜在《古兰经教律总汇》的前言中讲到，凡舍弃传闻资料及其条件的注释就是被禁止的注释，凡符合传闻条件和法则的注释就是被允许的注释："仅仅借助阿拉伯语的表象而不求助传闻注释——涉及注释《古兰经》的生僻词汇、含糊词汇与替换词汇，以及简略经文、省略经义、内隐经义、经文语句前置和后置——是不被允许的。因此，凡没有掌握注释的表象，而仅仅因认识阿拉伯语就贸然解读经义者，肯定错误百出，步入了以错误见解注释《古兰经》者的行列。首先，传闻是注释的必须资料，

---

① 哈立德·阿布杜拉·哈曼·俄克：《古兰经注释原理》，贝鲁特纳法伊斯出版社 2003 年版，第 81—83 页。

② 同上书，第 133 页。

以便借此避免错误的杜撰。其次，注释者在传闻资料的基础上才能进一步理解和演绎经义。"①

注释学界认为，传闻注释家务必具备的上述条件，必然决定着他们的注释工作符合法理和学理要求。同样，他们基于上述条件的注释成果，也必将精确无误，裨益读者。

三 传闻注释的渊源

从语言学和专业来讲，传闻注释的"渊源"（Al-masādir），是指注释家解读《古兰经》时必须溯源的优先依据和首选材料，即《古兰经》、圣训、圣门弟子注释、再传弟子注释。伊本·泰米叶与哲拉鲁丁·苏尤蒂等学者也将这四种渊源称为"注释方法"（Turuq al-tafsir）。

（一）《古兰经》（Tafsir al-qur'ān bi al-qur'ān）

术语"以经注经"（Tafsir al-qur'ān bi al-qur'ān），自先贤时期以来就被注释学界广泛使用，尤其伊本·凯西尔的《伊本·凯西尔古兰经注》、艾米尔·萨那（Al-'amir al-sana'ān，伊历？—1182）的《以经注经的最佳钥匙》（*Miftāh al-ridwān fī tafsir al-dhikr bil-'āthār wal-qur'ān*）、穆罕默德·阿敏·尚盖特（Muhammad al-'amīn al-shanqaytiyy，伊历？—1393）的《以经注经的阐释之光》（*'Adwā' al-bayān fī 'īdāh al-qur'ān bil-qur'ān*），不但频繁运用经文注释经文，而且直接以该术语命名他们的典籍。

根据注释学，《古兰经》注释种类中，以经注经是最佳途径。伊本·泰米叶在《注释学原理》（*'usūl al-tafsir*）前言中，对此作了概括："注释《古兰经》最为正确的途径莫过于以经文注释经文。某一节概括性经文，在另一节经文中得到详解；某一处简略性经文，却在另一处得以展开阐述。"② 哲拉鲁丁·苏尤蒂在《古兰经学通论》中，综合各家定论后讲道："但凡想要注释《古兰经》者，首先要从《古兰经》中寻求注释，经中某节概要经文被另一节经文阐释，某节简略经文得到另一节经文的详细

---

① 艾布·阿布杜拉·古尔泰卜：《古兰经教律总汇》第 1 册，贝鲁特使命出版社 2006 年版，第 34 页。

② 法赫德·鲁米：《古兰经注释原理及注释方法研究》，利雅德塔伊布出版社 2004 年版，第 74 页。

阐释。"①

以经注经，首先务必要从宏观角度看待整部经文，其次从微观角度整理、归类和分析涉及某一领域的相关经文，最后确定以经注经的范畴。根据注释学界的研究，以经注经的范畴主要体现在这几个方面：详细经文阐释简要经文、明确经文说明隐微经文、限定性质的经文注释绝对性质的经文、普遍意义的经文与特殊意义的经文互相注释、同类异述的经文互相注释、经文的不同诵读互相注释。

关于这几个层面的案例，第3章第2节论述圣门弟子注释阶段时已经做了分析，此处不再赘述，仅引证另外几节以经注经的案例：

首章经文"你所祐助者的路，不是受谴怒者的路，也不是迷误者的路"（1：7）中，被真主"所祐助者"，得到另外一节经文的具体说明："凡服从真主和使者的人，都与真主所护祐的众先知，忠信的人，诚笃的人，善良的人同在。这等人，是很好的伙伴。"（4：69）

经文"然后，阿丹奉到从主降示的几件诫命，主就恕宥了他。主确是至宥的，确是至慈的。"（2：37）得到另一节经文的阐释："他俩说：'我们的主啊！我们已自欺了，如果你不赦宥我们，不慈悯我们，我们必定变成亏折者。'"（7：23）

经文"信道的人们啊！你们当履行各种约言。除将对你们宣读者外，准许你们吃一切牲畜，但受戒期间，或在禁地境内，不要猎取飞禽走兽。真主必定判决他所欲判决的。"（5：1）该节经文中的"除将对你们宣读者外"，得到另一节经文的具体阐释："禁止你们吃自死物、血液、猪肉、以及诵非真主之名而宰杀的、勒死的、捶死的、跌死的、触死的、野兽吃剩的动物，但宰后才死的，仍然可吃；禁止你们吃在神石上宰杀的。"（5：3）

经文"而你们分为三等的时候"（56：7）得到该节之后几节经文的详细说明："幸福者，幸福者是何等的人？薄命者，薄命者是何等的人？最先行善者，是最先入乐园的人，这等人，确是蒙主眷顾的。"（56：8—11）

经文"人确是被造成浮躁的"（70：19）得到其后两节经文的进一步注释："遭遇灾殃的时候是烦恼的，获得财富的时候是吝啬的。"（70：

---

① 哲拉鲁丁·苏尤蒂：《古兰经学通论》，贝鲁特阿拉伯图书出版社2003年版，第883页。

20—21)①

经文"我用水创造一切生物"（21：30）得到这几节经文的详细注释："真主用水创造一切动物，其中有用腹部行走的，有用两足行走的，有用四足行走的。"（24：45）"他从云中降下雨水，用雨水使一切植物发芽，长出翠绿的枝叶，结出累累的果实，从海枣树的花被中结出一串串枣球；用雨水浇灌许多葡萄园，浇灌相似的和不相似的橄榄和石榴，当果树结果的时候，你们看看那些果实和成熟的情形吧。"（6：99）"大地上有许多邻近的区域，有葡萄园，有庄稼，有椰枣树，其中有二株同根生的，二株异根生的，（这些都是）用同样的水灌溉的，我却使这一部分果实比那一部分佳美。"（13：4）"你看大地是不毛的，当我使雨水降于大地的时候，它就活动和膨胀，而且生出各种美丽的植物。"（22：5）②

以上经文互相注释的案例，充分说明经文经义之间的前后呼应，彼此映照，互相关联，环环相扣。这就需要注释家做到通观全经，面面俱到，不能顾此失彼，只注重一处经文却忽略另处经文，更不能断章取义。因此，以经注经并不是一种机械的、建立在语言层面和浅显理解上的照搬工作，而是注释家基于相关必要条件研习互注经文的辞藻结构、语言运用、内涵义理的考据工作。

根据传闻注释的优先选择，在经文互相注释的情况下，如果舍弃经文互注而仅仅通过经文语言的表象，求证和推论经义的做法不可取。这是因为，互注经文本身所包含的广博内容和深刻义理，决定了注释家仅明了经文语言文字本身是不够的，因此首选方法就是从经文本身中寻找解释。反之，必然会因错误理解而出现错误注释。哲拉鲁丁·苏尤蒂就重视语言文字层面的求证推论，而不首选以经注经导致的错误注释，做了分析："圣门弟子、再传弟子与三传弟子注释之后出现的大量错误，以及放弃先贤传闻注释不外乎两个原因：其一，一些人自我理解经义后欲使经文语句符合自己的理解，故只重视他们理解的经义，丝毫不顾及经文语句本身具有的依据和阐释。其二，一些人仅仅凭借阿拉伯语就容易地注释《古兰经》，

---

① 穆罕默德·艾布·舍赫布：《古兰经注释典籍中的以色列传闻注释与伪造注释》，开罗圣训出版社1971年版，第44—45页。

② 穆罕默德·哲马鲁丁·凡迪：《与〈古兰经〉同行宇宙》，埃及公共图书出版局1992年版，第152—153页。

而不考虑《古兰经》的语言者和降示者［真主最知经义］，以及经文的经旨所在。他们仅仅重视了经文词句与阿拉伯语［范畴内的知识］，忽略了注释是否符合经文经旨和经文的前后连贯。"①

根据史料，先贤时代以经注经最多的注释家是再传弟子阿布杜·拉哈曼·载德·本·艾斯莱姆（'Abdu al-rahmān zayd ben 'aslam），泰伯里的《古兰经注解总汇》记载了他的注释。例如，他以经文"当海洋澎湃的时候"（81：6）注释经文"以汪洋的大海盟誓"（52：6）时，指出经文中的"海洋澎湃"与"汪洋大海"，词异义同。

传闻注释典籍中，以经注经特点最鲜明的三部注释典籍，分别是伊本·凯西尔的《伊本·凯西尔古兰经注》、艾米尔·萨那的《以经注经的最佳钥匙》，以及穆罕默德·阿敏·尚盖特的《以经注经的阐释之光》。②

（二）圣训（Tafsir al-qur'ān bi al- sunnah）

"如果以经注经使你理穷词尽，你就以训注经，因为圣训是对《古兰经》的解释和说明，正如沙菲仪所言：'先知所断定的一切，就是他对《古兰经》的解读。'"③

"圣训"（Al-sunnah or Al-hadīth），是先知穆罕默德在传播伊斯兰教的23年时间内关于传教与立教的言行记录，"穆斯林学者把圣训分为4大类：（1）论述宗教义务和功课的称为'伊巴达特'（'Ibādāt）。（2）论述社会义务和人与人之间关系的称为'穆阿麦拉特'（Mu'āmalāt）。（3）论述伦理道德的称为'艾赫拉格'（Akhlāq）。（4）论述求知与文化教育的称为'尔林'与'麦尔里法'（'Ilm, Ma'rifah）。而在运用圣训处理和解决各种问题时又呈现以下几种情况：（1）在法学上，有的教法学家把圣训作为创制教法律例的依据和第二法源。（2）有的圣训学家把圣训按其内容予以分类，并将圣训明文直接制成律例条规和道德规范，作为行

---

① 哲拉鲁丁·苏尤蒂：《古兰经学通论》，贝鲁特阿拉伯图书出版社2003年版，第858—859页。

② 穆萨伊德·坦雅尔：《古兰学及古兰经注释原理论集》，利雅得穆罕底斯出版社2005年版，第131页。

③ 法赫德·鲁米：《古兰经注释原理及注释方法研究》，利雅德塔伊布出版社2004年版，第75页。

教、区分善恶和执法判断的准则。(3) 用圣训和传述材料通注《古兰经》，使经、训相辅相成，以体现'以经诠经'的权威性。(4) 用圣训和传述材料编写早期的教史、征战史和圣传。"①

根据经文"凡使者给你们的，你们都应当接受；凡使者禁止你们的，你们都应当戒除。"(59：7) 以及圣训"我给你们留下两件你们遵循后绝不迷误的法宝：真主的经典和我的圣训"、"须知，我确已领受了《古兰经》，以及类似《古兰经》的"，圣训就是对《古兰经》的权威阐释、补充和强调，因为他所领受的"类似《古兰经》就是圣训"②。希塔布（Al-khitāb）又分别从两个方面对该段圣训中的"领受《古兰经》和类似《古兰经》"，作了阐释："其一，先知领受了内在的非诵读的启示，正如他接受了外在的被诵读的启示；其二，先知接受被诵读的经典的同时，也接受了类似的阐释，即先知被允许阐释经义，故他普通注释，特殊注释，附加注释，阐明经义。因此务必要接受和遵循他的圣训，正如遵循外在的被诵读的《古兰经》那样。"③ 换言之，经文"你们的朋友，既不迷悟，也未迷信，也未随私欲而言，这只是他所受的启示。"(53：2—4) 决定了圣训是"启示"的另外一种形式，属于"经"的组成部分——两者不同之处在于"《古兰经》从文字到意义都是真主的启示，而圣训是意义来自真主，文字出自穆圣"④，正如罕百里所言："圣训确是注释《古兰经》，阐明《古兰经》的。"⑤

从上文对圣训的定义，以及圣训之于《古兰经》注释的重要性不难看出，"《古兰经》需要圣训远远胜过圣训对《古兰经》的需要。"⑥ 因为"圣训的作用是对《古兰经》进行诠释和说明，而且是最为可靠和准确的诠释，它对理解《古兰经》的精神和意义具有非常重要的辅助作用：要不是圣训，

---

① 宛耀宾总主编：《中国伊斯兰百科全书》，四川辞书出版社1994年版，第502页。
② 哲拉鲁丁·苏尤蒂：《古兰经学通论》，贝鲁特阿拉伯图书出版社2003年版，第853页。
③ 穆罕默德·艾布·舍赫布：《古兰经注释典籍中的以色列传闻注释与伪造注释》，开罗圣训出版社1971年版，第45—46页。
④ 转引自丁士仁《简明圣训学》，宗教文化出版社2008年版，第5页。
⑤ 穆罕默德·侯赛因·扎哈卜：《古兰经注释与注释家》卷1，开罗知识出版社2001年版，第116页。
⑥ 穆罕默德·艾布·舍赫布：《古兰经注释典籍中的以色列传闻注释与伪造注释》，开罗圣训出版社1971年版，第46页。

就很难掌握《古兰经》的要旨。"①圣训和《古兰经》同为"启示",两者相辅相成的关系,决定了以训注经成为揭示《古兰经》经义的必然举措和次要渊源。这就需要注释家对研究圣训的专业学科"圣训学"有一个总体把握,以便有效借助圣训学甄别真伪圣训,依据确凿圣训注经,竭尽全力避免以羸弱或伪造圣训注经,从而不致造成错上加错。②

　　注释学界研究指出,从《古兰经》和圣训关系的宏观视阈来讲,圣训注经无论是针对部分经文的具体解析,还是针对整部经文的综合延伸和扩展,采用"明确出自先知的所有言论与行为对经旨的阐释"③,就是对经文的全方位注释,以训注经也就相应"涵盖了注释家注经时从圣训中获得的任何裨益"④。这是因为,"《古兰经》提纲挈领地谈及了真主定立的宇宙规律、社会规范和人生原则,以及人间万象和所有道理,在语重心长地教诲中蕴涵着伊斯兰的信仰要素和精神。至于细节部分,真主将其委托给穆圣,让他在真主的默示下用具体语言和行动进行演绎。要是真主将一切细节在《古兰经》中全数剖析,那将不可胜数,《古兰经》说:'假若用大地上所有的树来制成笔,用海水作墨汁,再加上七海的墨汁,终不能写尽真主的言语。'(31:27)那么,穆圣就用有声无声的语言展示《古兰经》的部分细节内容,用行动演绎《古兰经》的精神,引导人们从有限的文字中体味无限的内涵……正因为如此,他们把穆圣表现出来的行为和表达出来的指导性言论看作穆圣给他们的教导和对《古兰经》的阐释。因此,《古兰经》的包罗万象跟穆圣通过言行阐释它的细节内涵之间并不存在矛盾,圣训的阐释和细化实际上体现了《古兰经》的丰富性"⑤,"涵盖了《古兰经》所涉及的所有问题和对当时人们在现实生活中面临的大小事情的处理方法。"⑥ 据此,宏观层面上的以训注经,就是引证和运用确凿圣训——圣训实录记载的间接注释性圣训和直接注释性圣训,从宏

---

① 丁士仁:《简明圣训学》,宗教文化出版社2008年版,第5页。
② 正如圣训的其他内容存在伪造圣训那样,注释《古兰经》的圣训中同样存在伪造圣训的现象。
③ 穆萨伊德·坦雅尔:《古兰学及古兰经注释原理论集》,利雅得穆罕底斯出版社2005年版,第139页。
④ 同上书,第141页。
⑤ 丁士仁:《简明圣训学》,宗教文化出版社2008年版,第16页。
⑥ 同上书,第30页。

观到微观，从整体到个体，细化解析整部经文的微言大义。

从注释学的微观视阈来看，穆罕默德·侯赛因·扎哈卜从注释学角度研究得出结论，以训注经主要体现在这几个层面上：（1）综合解析经文；（2）延伸解释词义；（3）扩充教法律例；（4）阐述先后停止经文；（5）强调业已明确事务。① 此外，当代圣训学家穆罕默德·奥佳吉博士亦从圣训学角度出发，在《圣训学原理》中探究了圣训如何微观阐释经文。他说："圣训对《古兰经》的作用是多方位的，具体体现如下：（1）《古兰经》中有些明文的意义深而难解，圣训进行剖析。（2）有些明文的意义广而笼统，圣训加以细化。（3）有些明文的意义细而具体，圣训加以概括。（4）有些明文的意义隐而不露，圣训加以阐释。"②

据上，先知穆罕默德在接受和传达启示的23年时间内，先后对部分章节经文所作的不同程度的直接注释，蕴涵在上述两位学者归纳和界定的各个层面内，并被后期学者整理成文，形成了以训注经的微观显现。显现的方式通过两种形式：其一，圣训学家将其整理和编辑成文，作为圣训集的一章——"注释章"（Kitāb al-tafsir），如布哈里编辑的《布哈里圣训实录全集》（*Sahih al-bukhāri*）的"注释章"③、穆斯林·本·哈贾吉（Muslim ben al-hanjjāj，821—874）编辑的《穆斯林圣训实录全集》（*Sahih Muslim*）的"注释章"。④ 这些篇章分别以不等篇幅系统整理和编辑了圣训注经的详细资料和综合案例。其二，传闻注释家在注释典籍中，不仅最大限度地综合运用"注释性圣训"注释了相关章节经文，如泰伯里的《古兰经注释总汇》、伊本·凯西尔的《伊本·凯西尔古兰经注》等，而且也为如何运用圣训注释经文树立和提供了具体的行文规范和注释方法（Al-Manhaj）。

为进一步彰显圣训在注释领域发挥的"根"之作用，以及它的绝对权威性，现译录哲拉鲁丁·苏尤蒂《古兰经学通论》的"注释章"（第八

---

① 关于这几个层面的实例，详见第3章第2节第1部分"口耳相传注释时期"之：先知穆罕默德注释阶段。

② 转引自丁士仁《简明圣训学》，宗教文化出版社2008年版，第6页。

③ 详见《布哈里圣训实录全集》第3卷，祁学义译，宗教文化出版社2008年版，第109—270页。

④ 详见《穆斯林圣训实录全集》，余崇仁译，宗教文化出版社2009年版，第769—775页。

十章）引录的圣训，作为注释《古兰经》有关章节（共 76 章）的范例。①

1. 开端章：阿丁耶·本·哈提姆（'Adiyy ben hātim）传述：先知说："受谴责者确是犹太教徒，迷误者确是基督教徒。"（1∶7）

2. 黄牛章：艾布·萨义德·胡德尔（Abu sa'id ben al-khudri）传述：先知就经文"他们在乐园里将享有纯洁的配偶"（2∶25）说："[纯洁] 于月经、大便、痰液、唾沫。"

3. 仪姆兰的家属章：艾奈斯（'Anas）传述：先知被问及"凡能旅行到天房的"（3∶97）经文时回答："[具备] 盘费与骆驼。"

4. 妇女章：阿伊莎传述：先知就经文"这是更近于公平的"（4∶3）说："不亏待。"②

5. 筵席章：艾布·阿米尔·艾什尔里（'Abu 'āmir al-' ash 'arī）说，我就经文"信道的人们啊！你们当保持自身的纯正。当你们遵守正道的时候，别人的迷误，不能损害你们"（5∶105）请教了先知，先知说："异教徒中迷误的人不能损害你们。"

6. 牲畜章：伊本·阿拔斯传述：先知就经文"他使你们在夜间死亡"（6∶60）说："每个人都有一个睡眠时摄取其性命的天使。如果真主允许天使摄取其灵魂，天使就摄取，否则就送归其灵魂。"

7. 高处章：艾奈斯（'Anas）传述：先知诵读经文"当他的主对那座山微露光华的时候，他使那座山变成粉碎的"（7∶143）后说："山就这样——他用他的大拇指压向他的右手指尖——塌陷了，穆萨晕倒在地上。"

8. 战利品章：伊本·阿拔斯传述：有人就经文"你们应当记得，当时你们在地方上是少数，是被人认为软弱可欺的，你们生怕当别人的俘虏"（8∶26）中的"别人"是何人请教先知，先知说："波斯人。"

9. 忏悔章（第 9 章）：阿里传述：我就该章第 3 节经文中的"大朝之日"请教先知，先知说："宰牲日。"

---

① 哲拉鲁丁·苏尤蒂：《古兰经学通论》，贝鲁特阿拉伯图书出版社 2003 年版，第 885—950 页。在注释多节的章中，笔者仅选译其中一段注释圣训，其他从略。此外，鉴于哲拉鲁丁·苏尤蒂著作本身的权威性，以及用大量脚注解析所引圣训的出处（如六大部圣训集，伊本·凯西尔与泰伯里等注释家的注释典籍），故笔者省略了原文中详细的圣训传述世系。

② 先知以否定动词"Anlā tajūru"注释经文中的否定动词"Anlā ta'ūlū"。——译者注

10. 优努斯章：苏海布（Suhaybu）传述：先知就经文"行善者将受善报，且有余庆"（10：26）说："'善报'是天堂，'余庆'是目视他们的养主。"

11. 呼德章：伊本·欧麦尔（Ibn 'umar）传述：我在先知诵读经文："以便他考验你们，看你们中谁的工作是最优的"（11：7）后请教他："真主的使者，这是何意？"他说："你们中理智最健全的。你们中理智最健全者是最虔诚地远离真主的所有禁令者，是最勤勉地顺从真主者。"

12. 优素福章：贾比尔·本·阿卜杜拉（Jbir ben 'abdu Allah）传述，先知说："当优素福说：'这是因为要他知道，在背地里我并没有不忠于他的行为'（12：52）时，哲卜拉伊勒说：'优素福，你记得你的忧愁。'优素福说：'我不自称清白。'"（12：53）

13. 雷霆章：伊本·阿拔斯传述：先知就经文"真主任意勾销和确定（经典的明文）"（13：39）说："除非不幸与幸福，生与死。"

14. 易卜拉欣章：阿伊莎传述："我是第一个向先知请教这节经文的人：'在那日，这大地要变成别的大地。'（14：48）我说：'那日人们都在哪儿呢？'"先知说："在路上。"

15. 石谷章：伊本·阿拔斯传述：某人就经文"那正如我所降示分配者们的（东西）一样的"（15：90）请教先知，先知说："犹太教与基督教。"那人又请教经文"他们把《古兰经》分割成若干肢体"（15：91）中的"肢体"是什么，先知说："他们相信一部分经文，否认一部分经文。"

16. 蜜蜂章：拜拉厄（Al-barā'）传述：有人就经文"我将增加他们所受的刑罚"（16：88）请教先知，先知说："火狱中高高的、椰枣树般的群蝎螫咬他们。"

17. 夜行章：艾布·胡莱赖（Abū Hurayrah）传述：先知就经文"早晨的拜功确是被参加的"（17：78）说："黑夜的众天使和白昼的众天使都参加早晨的拜功。"

18. 山洞章：艾布·萨义德·胡德尔传述：先知说："'常存的善功'（18：46）是：诵念'真主最伟大'、'万物非主，唯有真主'、'一切赞颂全归真主'、'无能为力，唯靠真主'。"

19. 麦尔彦章：艾布·胡莱赖传述：先知说："如果真主喜悦某人，他就唤来哲卜拉伊勒：'我确已喜欢了某人，所以我喜悦他。'哲卜拉伊勒遂在天上召唤，然后喜悦就会降临大地上的这个仆人，这是因为真主说：'至仁主必定要使他们相亲相爱。'（19：96）"

20. 塔哈章：艾布·胡莱赖传述：先知就经文"谁必过窘迫的生活"（20：124）说："坟墓的惩罚。"

21. 众先知章（第21章）：艾布·胡莱赖说："真主的使者，你告诉我所有的事物。"先知说："所有的生物受造于水。"①

22. 朝觐章：胡莱姆·本·法提克·本·阿萨德（Khulaym ben fātik al-'asadī）传述：先知说："伪证等同于以物配主。"然后他诵读了经文："故你们应当避开污秽及偶像，应当永离妄语。"（22：30）

23. 信士章：阿伊莎说："真主的使者啊，[经文]'有所施舍、但因为将归于主而心怀恐怖者'（23：60）是偷盗、奸淫、饮酒且害怕真主的人吗？"先知说："不，艾布·拜克尔·孙迪格的女儿啊，他是封斋、礼拜、施舍且敬畏真主的人。"

24. 光明章（第24章）：艾布·安优卜（'Abu anyūb）说："真主的使者啊，这就是和平，那什么是和睦？"先知说："一个人诵念'赞美真主词、赞主伟大词、赞颂真主词，清嗓并召唤家人礼拜。'"

25. 准则章：耶哈雅·本·艾布·欧赛德（Yahyā ben abu 'usayd）传述：有人就经文"他们被枷锁着投入烈火中一个狭隘地方的时候"（25：13）请教先知，先知说："以掌握我生命的真主起誓，他们的确被迫投入火狱，就似木钉被钉入墙。"

26. 故事章（第28章）：艾布·赞尔（Abu dharr）传述：有人请教先知，穆萨圣人度过了两个时期的哪一个呢？先知说："其中最信守诺言和最忠诚的时期。"先知说，如果有人问你，穆萨圣人娶了两姐妹中的哪一个？你说："小的。"②

27. 蜘蛛章：温姆·哈妮（'Umm hānī'）传述：她说："我就经文

---

① 该章第30节经文是："不信道者难道不知道吗？天地原是闭塞的，而我开天辟地，我用水创造一切生物。难道他们不信吗？"（21：30）——译者注

② 该章讲述穆萨与两个牧羊女的故事（28：23—28）。——译者注

'你们当众宣淫吗'（29：29）请教先知"，先知说："他们驱逐路人，讥讽路人，这就是他们所行的恶事。"

28. 鲁格曼章：艾布·欧玛麦（Abu 'umāmah）传述：先知说："你们勿买卖歌女，勿教授她们，买卖她们无任何裨益，所得亦为非法，对此有经文降示：'有人购买无谓的谈话，以便他无知无识地使人背离真主的正道，而且把它当作笑柄。这等人，将受凌辱的刑罚。'（31：6）"

29. 叩头章：伊本·阿拔斯传述：先知就经文"我曾以那部经典为以色列后裔的向导"（32：23）说："真主使穆萨成为以色列后裔的向导。"他就经文"所以你们对于接受经典，不要陷于犹豫中"（32：23）说："对于穆萨会面他的养主。"

30. 同盟军章：温姆·赛利麦（'Umm salimah）传述：先知因经文"先知的家属啊！真主只欲消除你们的污秽，洗净你们的罪恶"（33：33）的降示，而为法蒂玛（Fātimah al-zahrā'，605—632）、阿里、哈桑（Al-hasan，624-670）、侯赛因（Aul-husayn，625—680）作祈祷。

31. 赛伯邑章（第34章）：伊本·阿拔斯传述：某人就"赛伯邑是一个男人，还是一个女人，抑或是一个地方"请教先知，先知说："他是一个男人，生育了十个孩子，其中六个居住也门，四个居住沙姆。"

32. 创造者章：艾布·萨义德·胡德尔传述：先知就经文"然后，我使我所拣选的仆人们继承经典；他们中有自欺的，有中和的，有奉真主的命令而争先行善的"（35：32）说："这些人等级相同，都住乐园。"

33. 雅辛章：艾布·赞尔传述：我就经文"太阳疾行，至一定所"（36：38）请教先知，先知说："它的定所就在'阿勒什'（Al-'arsh）之下。"

艾布·赞尔说，日落时我和先知在清真寺。先知说："艾布·赞尔，你知道太阳落在哪儿了吗？"我说："真主及其使者最知。"先知说："太阳确在行驶，直到在'阿勒什'之下叩拜[真主]，因为真主说：'太阳疾行，至一定所。'"

34. 列班者章：赛姆尔（Samurah）传述：先知就经文"我只使他的子孙得以生存"（37：77）说："哈姆（Hām）、萨姆（Sām）、雅法（Yfath）。"

另一传述：先知说："哈姆是阿拉伯人的祖先，萨姆是埃塞俄比亚人的祖先，雅法是罗马人的祖先。"

35. 队伍章：艾布·胡莱赖传述：先知就经文"号角一响，凡在天地间的，都要昏倒，除非真主所意欲的"（39：68）请教哲卜拉伊勒天使："真主不意欲哪些人昏倒？"哲卜拉伊勒说："烈士们。"

36. 赦宥者章：努尔曼·本·巴希尔（Al-nu'mān ben bashīr）传述：先知说："祈祷（Du'ā'）确是功修，然后诵读了经文：'你们要祈祷我，我就应答你们；不肯崇拜我的人，他们将卑贱地入火狱。'"（40：60）

37. 奉绥来特章：艾奈斯传述：先知给我们诵读经文"凡说过'我们的主是真主'，然后遵循正道者"（41：30）后说："人类中一些人都说了'我们的主是真主'，然后大部分人否认了真主。凡临终时仍在都说'我们的主是真主'者，就属于遵循正道之人。"

38. 协商章：阿里说："难道我没有告诉你们，真主经典中最贵且真主的使者给我们阐释的一节经文吗？"他说：先知就经文"凡你们所遭遇的灾难，都是由于你们所作的罪恶；他饶恕你们的许多罪过"（42：30）说："阿里，我给你注释这节经文：但凡你们所遭遇的病症，或惩罚，或现世中的灾难，都是由于你们所作的罪恶。在后世，真主的宽容远大于加倍惩罚；但凡真主在现世中饶恕的罪恶，真主饶恕他后，他的慷慨大于重复惩罚。"

39. 金饰章：艾布·胡莱赖传述：真主的使者说："每个人都有乐园的宅邸，每个人都有火狱的宅邸。非信士继承信士在火狱的宅邸，信士继承非信士在天堂的宅邸，这是因为真主说：'这是你们因自己的善行而得继承的乐园。'"（43：72）

40. 烟雾章：舒莱赫·本·欧拜德·哈德勒姆（Shulaym'ubayd al-hadramī）传述：先知说："只要有一个信士背井离乡地去世，并且身边没有哭泣他的亲人，天地就为他哭泣。"然后先知诵读了经文："天地没有哭他们"，（44：29）并说："天地确不哭泣非信士。"

41. 沙丘章：伊本·阿拔斯传述：先知就经文"或残存的古学吧"（46：4）说："书法。"

42. 胜利章：乌班耶·本·凯尔卜（'Ubayy ben karb）听真主的使者就经文"使他们坚持敬畏辞"（48：26）说："万物非主，唯有真主。"

43. 寝室章（第49章）：艾布·胡莱赖传述：有人请教先知："什么

是背地骂人?"先知说:"你提到你的弟兄所厌恶的事。"他说:"请你告诉我,如果我的弟兄被我言中呢?"先知说:"如果他正如你所说,那你已经背地骂他了;如果他不具有你所说的,那你已经诽谤他了。"

44. 戛弗章:艾奈斯传述:先知说:"有人被投入火狱,火狱说:'还有增加的吗?'(50:30)直到他脚入火狱,火狱说:'够了,够了。'"

45. 播种者章:欧麦尔说:"'誓以播种者'(51:1)就是一切风,'漂流者'(51:3)就是所有船,'分配者'(51:4)就是众天使。要不是我听先知讲它,我不说它。"

46. 山岳章:阿里传述:真主的使者说:"信士们和他们的子孙确在乐园,多神教徒们和他们的子孙确在火狱中。"然后他诵读了经文:"自己信道,子孙也跟着信道者,我将使他们的子孙与他们同级。"(52:21)

47. 艾布·欧玛麦传述:先知诵读这节经文"和履行诫命的易卜拉欣"(53:37)后说:"你知道易卜拉欣履行了什么?"我说:"真主及其使者最知。"先知说:"他以履行黎明的四拜,开始每天的工作。"

48. 至仁主章:艾布·达尔达厄(Abu al-dardā')传述:先知就经文"他时时都有事物"(55:29)说:"真主的事物中有:饶恕罪恶,解除忧愁,擢升一部分民众,贬低一部分民众。"

49. 大事章:艾布·胡莱赖传述:先知说:"乐园中有一种树,骑乘者在其树荫下行走一百年都走不完,如果你们需要,你们就诵读经文'漫漫的树荫'(56:30)吧。"

50. 受考验的妇人章:温姆·赛利麦传述:先知就经文"她们不违背你的合理的命令"(60:12)说:"努哈。"

51. 离婚章:伊本·欧麦尔传述:他休了正在月经期的妻子,欧麦尔将此事告知真主的使者,使者生气地说:"让他复婚,然后留下她,直到她月经干净。然后她再次行经并干净后,他就可以在与她交合之前离异月经已经干净的她。这就是真主命令男人离异妻子的待婚期。"然后使者诵读了经文:"当你们休妻的时候,你们当在她们的待婚期之前休她们。"(65:1)

52. 笔章:伊本·阿拔斯传述:真主的使者说:"真主所创造的首物是笔和鲸鱼,真主说:'你写。'笔说:'我写什么?'真主说:'所有存在之物,直至末日。'"然后使者诵读了"努奈。以笔和他们所写的盟誓",

(68：1）并说："Nūn 是鲸鱼，Qalam 是笔。"

53. 艾布·萨义德（'Abu sa'īd）传述：他对真主的使者说："那一日的长度是五万年，（70：4）那一日那么长啊！"先知说："以掌握我生命的真主起誓！那日的确减轻信士的［负担］，甚至对他而言，比现世中所履行的任何一次主命拜还轻松。"

54. 披衣的人章：伊本·阿拔斯传述：先知就经文"你们应当讽诵其中简易的（文辞）"（73：20）说："一百节经文。"

55. 盖被的人章：艾奈斯传述：真主的使者诵读经文"他是应受敬畏的，他是宜于赦宥的"（74：56）后说："你们的养主说：'我是最应受到敬畏的，故不要设置任何受崇拜者与我并受［敬畏］。谁没有设置任何受崇拜者与我同受［敬畏］，谁就应当受到我的饶恕。'"

56. 消息章（第78章）：伊本·欧麦尔传述：先知说："以真主起誓，一个人不能走出火狱，直到他在火狱居住许多时代，一个时代是八十几年，每一年是你们所计算的360天。"

57. 黯黜章：拜里德·本·艾布·麦尔彦（Barīd ben abu maryam）传自他的父亲：先知就经文"当太阳黯黜的时候"（81：1）说："它在火狱中黯黜。"他就经文"当星宿零落的时候"（81：2）说："在火狱。"

58. 破裂章：伊本·欧麦尔传述：先知就经文"善人们，必在恩泽中"（82：13）说："真主之所以将他们称为善人们，是因为他们孝敬父母，疼爱儿女。"

59. 称量不公章：艾布·胡莱赖传述：先知说："的确，当仆人做了恶事时，他的心上就生了一块黑点，如果他忏悔，心就亮洁了。如果他再度作恶，黑点亦增加，直到布满了他的心。这就是真主在《古兰经》中所提到的锈：'绝不然，但他们所犯的罪恶，已像锈样蒙蔽他们的心。'（83：14）"

60. 阿伊莎传述：先知说："谁要求说明稽核（Al-hisāb），谁就会受到惩罚。"我说："难道真主没有说：'将受简易的稽核'（84：8）吗？"先知说："那绝不是稽核，而是审判。"

61. 十二宫章：艾布·马立克·艾什尔里（'Abu mālik al-'ash'arī）传述：先知就经文"和所警告的日子"（85：2）说："末日。"他就经文"以及能证的日子和所证的日子"（85：3）说："能证的日子是聚礼日，所证的日子是阿拉法特日。"

第四章 《古兰经》注释的种类

62. 至尊章：伊本·阿拔斯传述：当经文"这确是载在古经典中的"（87：18）降示时，先知说："这一切都在易卜拉欣和穆萨的经典中。"

63. 黎明章：贾比尔（Jābir）传述：先知就经文"与十夜，与偶数与奇数。"（89：2—3）说："'十'是朝觐月的前十日，'偶数'是阿拉法特日，'奇数'是宰牲日。"

64. 地方章（第90章）：拜拉伊（Al-barā'）传述：一个乡下人来请教先知，他说："请你教给我一项使我进入乐园的工作吧。"先知说："释放奴隶（Al-nasamah），释放奴隶（Al-raqabah）。"他说："两者不是一回事？"先知说："是的，释放奴隶（Al-nasamah）是自己释奴，而释放奴隶（Al-raqabah）是助人释奴。"①

65. 太阳章：伊本·阿拔斯说，我听真主的使者就经文"凡培养自己的性灵者，必定成功"（91：9）说："真主所纯洁的性灵成功了。"

66. 开拓章（第94章）：艾布·萨义德传述：先知说，哲卜拉伊勒天使前来告诉我："你的养主确说：'你知道我如何抬高你的声望吗？'"我说："真主至知。"真主说："当我被记念的时候，你和我一道被记念了。"②

67. 地震章：艾布·胡莱赖传述：先知读完这节经文"在那日，大地将报告它的消息"（99：4）后说："你们知道'大地的消息'是什么？"他们说："真主及其使者最知。"他说："大地给每个男女证明他（或她）在大地上的所作所为，大地说：'在某日某日，他（她）做了某事某事。'"

68. 奔驰的马队章：艾布·欧玛麦传述：先知就经文"人对于主，确是孤负的"（100：6）说："孤负就是这种人：他独享食物，殴打仆人，拒绝助人。"

69. 竞赛富庶章（第102章）：贾比尔·本·阿卜杜拉传述：真主的使者、艾布·伯克尔与欧麦尔吃了鲜枣，喝了水，然后使者说："这就是你们要被问及的恩泽。"③

70. 诽谤者章：艾布·胡莱赖传述：先知就经文"他们必定要被关在烈火中"（104：8）说："被锁在［烈火中］。"④

---

① 该章第13节经文是："是释放奴隶。"（90：13）——译者注
② 该章第4节经文是："而提高了你的声望。"（94：4）——译者注
③ 该章第8节经文是："在那日，你们必为恩泽而被审问。"（102：8）——译者注
④ 先知穆罕默德以词汇"Mutbaqah"注释了经文中的词汇"Mu'sadah"。——译者注

71. 什物章：塞阿德·本·艾布·宛葛思（Sa'd ben abu waqqās）说：我就经文"他们是忽视拜功的"（107:5）请教先知，先知说："他们是延迟礼拜时间的人们。"

72. 多福章（108章）：艾奈斯传述：真主的使者说："多福（Al-kawthar）就是我的养主赐予我在天堂的河流。"①

73. 援助章：伊本·阿拔斯说：经文"当真主的援助和胜利降临"（110:1）降示时，真主的使者说："这节经文给我自己作了讣告。"

74. 忠诚章（第112章）：泰伯里根据布莱德（Buraydah）传述：他说："Al-samad（万物所仰赖的）"是实心的。②

75. 曙光章（第113章）：阿伊莎说："先知握住我的手，让我看升起的月亮，并且说：'你求庇于真主，免遭这个——笼罩的黑夜——的伤害。'"③

76. 世人章（第114章）：艾奈斯传述：真主的使者说："恶魔确以它的鼻子触犯人的心。如果人记念真主，恶魔的鼻子就隐没了；如果人忘却了真主，恶魔的鼻子就吞噬了他的心。这就是潜伏的教唆者。"④

治学严谨的哲拉鲁丁·苏尤蒂列举完这些注经圣训后，接着就上述圣训的性质作了说明："这就是我所引录的注释《古兰经》且有明确出处的圣训——健全圣训（Sahīh）、优良圣训（Hasan）、羸弱圣训（Da'if）、尾缺圣训（Mursal）、连缺圣训（Mu'dal）。我没有依赖任何伪造圣训（Mawdū'）和虚妄之说（Batil）。"⑤

哲拉鲁丁·苏尤蒂接着指出，由于三段注经圣训冗长，故他没有引录：

---

① 哲拉鲁丁·苏尤蒂加注：有数不胜数的路径通向该河。——译者注
② 该章第2节经文提到该词："真主是万物所仰赖的。"（112:2）先知从辞藻角度解释了该词。——译者注
③ 该章第3节经文是："免遭黑夜笼罩时的毒害。"（113:3）——译者注
④ 该章第4节经文提到"潜伏的教唆者"："免遭潜伏的教唆者的毒害。"（114:4）——译者注
⑤ 哲拉鲁丁·苏尤蒂：《古兰经学通论》，贝鲁特阿拉伯图书出版社2003年版，第950页。关于这几个术语，详见丁士仁《简明圣训学》，宗教文化出版社2008年版。其中，"健全圣训"见55页、"优良圣训"见第63页、"羸弱圣训"见第66页、"尾缺圣训"见第76页、"伪造圣训"见第107页。

1. 涉及先知穆萨和黑祖尔（Khadar）故事的圣训，这段长圣训注释了山洞章中［关于此二人］的多节经文，记载在《布哈里圣训实录全集》中。

2. "考验圣训"（Hadīth al-futūn）①，该圣训冗长如半部书，详述了先知穆萨的故事，注释了涉及穆萨的许多经文，记载在圣训学家奈萨仪等人的圣训集中。

3. "景象圣训"（Hadīth al-suwar），它比"考验圣训"更长，详细解释了末日各种景象。该段圣训注释了涉及末日的大量经文，泰伯里等人的注释典籍传述了这些圣训。②

哲拉鲁丁·苏尤蒂最后指出，为遴选圣训和圣门弟子注释，他著有一部整理了先知穆罕默德和圣门弟子注释的四卷本专著《古兰经注释家》（Turjumān al-qur'ān）③，收录一万多段圣训，无论是"封顶圣训"（Al-ma'rūf）——源自穆圣的言语或行为或默认或品格的记载，"Al-ma'rūf"意为被升高的圣训，即从最后一代传述人一直向上传到了顶端，到穆圣封顶了，还是"圣门弟子训"（Al-mawqūf）——圣门弟子的垂训，包括圣门弟子的言论、行为、或默认，"Al-mawqūf"原意是"被停止的"，即传述内容没有上升到顶，而是停留在了圣门弟子的层面上。④

（三）圣门弟子注释（Tafsir al-qur'ān bi-'aqwl al-sahābah）

哲拉鲁丁·苏尤蒂等学者指出，注释家"如果在圣训中也没有找到注释时，就追溯圣门弟子的言论。他们由于亲历《古兰经》降示时的各种事件和情况，以及特有的全面理解、正确知识和虔诚功修而最知注释。"⑤

在语言学视阈中，"圣门弟子"（Ashāb al-Nabiy）一词，是由"Ashāb"（意为陪伴，系复数名词）与"al-Nabiy"（意为先知）构成正偏组合，形成复合词，意为"先知的陪伴者们"。在伊斯兰文化视阈中，"圣门弟子"是伊斯兰教对伴随先知穆罕默德者的通称。中国伊斯兰学界

---

① 该词因出自经文"你曾杀了一个人，而我拯救你脱离忧患，我曾以许多折磨考验你"（20：40）而得名。
② 哲拉鲁丁·苏尤蒂：《古兰经学通论》，贝鲁特阿拉伯图书出版社2003年版，第950—951页。
③ 同上书，第870页。
④ 丁士仁：《简明圣训学》，宗教文化出版社2008年版，第120—122页。
⑤ 哲拉鲁丁·苏尤蒂：《古兰经学通论》，贝鲁特阿拉伯图书出版社2003年版，第854页。

根据中国传统文化对称谓的考究和界定,从词汇到术语,将该复合词雅译为"圣门弟子"。圣训学家将圣门弟子界定为:"见过并信仰先知穆罕默德[或与先知共同生活过,如盲人],且至死信仰伊斯兰教者。"① 他们"主要指追随穆罕默德辗转征战、传播伊斯兰教并肩负重任的一批忠实骨干或核心人物。亦泛指接受过穆罕默德薪传的早期一批穆斯林。622年以后,从麦加迁往麦地那的弟子被称为'迁士'(Al-muhājirūn),麦地那的弟子被成为'辅士'(Al-'ansār),这两部分弟子共约11万人。根据他们信教的先后和贡献大小被分为12级。"②

圣门弟子在伊斯兰社会和文化的构建、发展及其体制形成过程中,发挥的基石作用和具有的启迪意义毋庸赘言。单就《古兰经》注释领域而言,注释学界之所以定论他们的注释仅次于以经注经和以训注经,并作为传闻注释的重要渊源,是基于两点:

1. 取决于经训对他们的定位

经训对圣门弟子的中流砥柱作用和历史地位给予了充分肯定和高度赞扬。

首先,《古兰经》数节经文赞扬他们,尤其经文中屡次出现的"真主喜爱他们,他们也喜爱他"的语句,都是特指圣门弟子而言,并且成为伊斯兰文化视阈中的专用术语——但凡提到这样的表述,非圣门弟子莫属。例如经文"迁士和辅士中的先进者,以及跟着他们行善的人,真主喜爱他们,他们也喜爱他;他已为他们预备了下临诸河的乐园,他们将永居其中;这正是伟大的成功。"(9:100)"真主将说:'这确是诚实有裨于诚实人的日子。他们得享受下临诸河的乐园,而永居其中。真主喜悦他们,他们也喜悦他。这确是伟大的成功。'"(5:119)"他们在他们的主那里的报酬是下临诸河的常住的乐园,他们将永居其中,真主喜悦他们,他们也喜悦他;这是畏惧真主者所有的。(98:8)

其次,先知穆罕默德从人格品位、历史地位、对伊斯兰"乌玛"的作用等层面,高度评价了与他患难与共、心心相印的众弟子。《布哈里圣训实录全集》和《穆斯林圣训实录全集》都辟有记载他对圣门弟子品德

---

① 拜克里·筛海·阿敏:《圣训的文学性》,贝鲁特东方书局1981年版,第15页。
② 宛耀宾总主编:《中国伊斯兰百科全书》,四川辞书出版社1994年版,第500页。

和地位定性的专章《圣门弟子尊贵章》(Kitāb faḍā'il al-Nabiy)。① 现仅引述《穆斯林圣训实录全集》中的一段予以说明：伊本·麦斯欧德传述：穆圣说："最优秀的人是我这个世纪的人，其次是下一代，再次是下一代。在他们之后（我不清楚，穆圣说在三代或四代以后），不肖后裔将出现，他们不是先见证后发誓，就是先发誓后见证。"②

2. 取决于圣门弟子具备的以下因素：

（1）他们处于理想的时代，在亲随并辅助先知穆罕默德传播伊斯兰教进程中，亲历了《古兰经》降示。这奠定了他们对经文由认识到理解到注释，仅次于先知本人的注释。

（2）通晓《古兰经》降示期间几乎事无巨细的大小事件和各种状况，熟悉阿拉伯人的言行习惯、行事风格，了解当时穆斯林、多神教徒、犹太人的各种情况。

（3）《古兰经》的语言是他们的母语，故他们对经文语言的了解优于他者，尤其运用他们最熟知的圣训注释经文更胜他人一筹。

（4）理解准确。以上三项条件，决定了他们对经文经义的理解准确，注释到位。

（5）他们精通《古兰经》中涉及教义和法律的各种宗教术语和语言表述。

（6）注释目的正确。他们之间没有发生影响他们注释效果的分歧，即使存在分歧，也是为明辨和宣扬真理，而不是处于个人争强好胜之目的。

（7）信仰纯正。他们没有为标新立异而创立派别，这一方面为后学厘清了经文与注释的关系；另一方面明确该项工作是深入理解和运用经文的具体举措——注释服务于《古兰经》，而不是让经文支持注释家的个人见解和思想观点——经文不为符合注释。③

---

① 详见《布哈里圣训实录全集》第 2 卷，祁学义译，宗教文化出版社 2008 年版，第 347—370 页。

② 《穆斯林圣训实录全集》，余崇仁译，宗教文化出版社 2009 年版，第 656 页。

③ 参见穆萨伊德·坦雅尔《古兰学及古兰经注释原理论集》，利雅得穆罕底斯出版社 2005 年版，第 153—157 页；艾哈迈德·舍尔贾维《先贤注经方法概要指南》，载《古兰经注释与圣训注解方法国际研讨会论集》，吉隆坡塔吉迪德出版社 2007 年版，第 23 页。哈立德·阿布杜拉·哈曼·俄克：《古兰经注释原理》：贝鲁特纳法伊斯出版社 2003 年版，第 117 页。

从经到训再到注释学界的研究定性，圣门弟子在伊斯兰文化史上的优越性和权威性可见一斑。从理论和实践层面来讲，注释学界引证和运用他们的言论作为传闻注释的重要渊源，也就符合注释学的法理和学理。艾布·阿卜杜拉·哈基姆在《穆斯塔德勒克》中就此讲道："圣门弟子的注释与直接溯于先知穆罕默德的圣训具有同等效力。"① 这就意味着圣门弟子的注释，从教法层面来讲，后人务必求证他们的注释。同样，阿卜杜拉·本·麦斯欧德亦从圣门弟子自身角度指出，"你们中谁想成为效仿者，当效仿真主使者的门弟子。他们是这个民族中心灵最虔诚、知识最渊博、造作最少、正道最直、境况最佳的人们，真主选择他们作为其使者的陪随者、立行他的宗教者，故你们要认识他们的优越，步他们后尘而行。"② 法学家沙菲仪在《使命》（Al-risālah）中言及圣门弟子的优越性和权威性时，极尽颂词后说："他们在知识、创制、虔诚、理性、以及知识所及、演绎教律方面都远在我们之上，他们的见解最值得我们称道，他们的见解比我们的见解更优先。"③ 反之，在注释渊源中，如果注释家放弃或轻言圣门弟子的注释，则有违法理和学理，"但凡弃圣门弟子与再传弟子的道路及其注释［渊源］而反其道行之，则是错误者，甚至是异端者。因为圣门弟子与再传弟子最知《古兰经》大义及其注释，正如他们最知真主以《古兰经》派遣其使者的真理那样。"④

圣门弟子的注释在法理上与圣训相辅相成的关联性，自然需要注释家具备相应的系统知识和甄别能力，以界定传自他们的所有注释——健全（Saḥīḥ）、优良（Hasan）、羸弱（Da'if）、歧异（Munkar）和伪造（Mawdū'）——的真伪。⑤ 值得肯定的是，早期圣训学家和著名圣训评论家从圣训学角度，以及注释家从注释学角度，都无一例外地致力于识别传自他们的注释（言论）是否确凿，区分良莠，辨别真伪，肯定被接受

---

① 哲拉鲁丁·苏尤蒂:《古兰经学通论》，贝鲁特阿拉伯图书出版社2003年版，第860页。
② 穆罕默德·艾布·舍赫布:《古兰经注释典籍中的以色列传闻注释与伪造注释》，开罗圣训出版社1971年版，第52页。
③ 同上。
④ 哲拉鲁丁·苏尤蒂:《古兰经学通论》，贝鲁特阿拉伯图书出版社2003年版，第859页。
⑤ 穆罕默德·艾布·舍赫布:《古兰经注释典籍中的以色列传闻注释与伪造注释》，开罗圣训出版社1971年版，第52—53页。

的言论，否定被拒绝的言论。这些鉴别工作，整体上为正统且严谨的注释家能够顺利、正确引证或参考圣门弟子的确凿注释言论，奠定了坚实基础，排除了注释障碍。

哈菲兹·本·哈哲尔（Hāfiz ben hajar，伊历？—852）等指出，在圣门弟子的注释与圣训具有同等效力（Al-ma'rūf）的基础上，如果将其作为注释的重要渊源，有两个根本条件，可以作为衡量他们的注释确系出自他们，还是他人假手的标准和杠杆：

其一，如果圣门弟子以经文降示背景，以及言及幽玄之事、复生情况、末日降临等经文的圣训来注释相关经文，并且没有个人见解成分在内，就是具有圣训效力（Al-ma'rūf）的确凿注释。这是因为，圣门弟子的习惯和他们的品质，决定了他们避而不谈这些绝对没有任何空间供他们发挥个人见解余地的事物，而只言及他们听自先知穆罕默德对此的言论。

其二，绝大部分圣门弟子原则上对"以色列传闻"避而远之——他们知道有经人的传闻不乏伪造成分。基于此，包括许多再传弟子在内的著名注释家，都竭力回避引证那些以"以色列传闻"注释经文的圣门弟子的注释。[①] 艾布·阿卜杜拉·哈基姆等学者亦指出，引证圣门弟子的注释，除上述两个务必注意的条件外，"如果圣门弟子的注释涉及阐释经文语言，以及创制和演绎教法经文，就不在具有圣训效力的范畴内——'封顶圣训'（Al-ma'rūf）。"[②]

综上，圣门弟子的确凿注释，无论具有圣训效力与否，都被著名圣训集视作圣训的组成部分辑录成文。这些注释具体反映在两个层面上：

其一，传述（Al-naql）范畴内的注释——具有圣训效力，没有可供他们创制的任何空间。例如，他们遵经从圣传述了"经文降示背景、先后停止经文、各种诵读、语言阐释、消亡民族故事、历史事件、复生情况"[③]以及"创造的开始、列圣的故事、战争史诗、历史灾难、乐园与火

[①] 穆罕默德·艾布·舍赫布：《古兰经注释典籍中的以色列传闻注释与伪造注释》，开罗圣训出版社1971年版，第54页。

[②] 同上书，第53页。

[③] 哲拉鲁丁·苏尤蒂：《古兰经学通论》，贝鲁特阿拉伯图书出版社2003年版，第869页。

狱的情状、获得特殊报酬的工作或特殊惩罚的工作。"① 秉承他们，后期注释学界只能代代相传，据此实事求是地注释这些经文，不得肆意作注。

其二，理解和创制（Al-'ijtihād）范畴内的注释——不具有圣训效力，"如果圣门弟子注释了那些涉及法律的经文时，这是他们或得益于先知，或受益于教法原理，不能将其断定为'Al-maʻrūf'（亦即允许创制）。同样，如果他们注释经文词汇——这是来自他们母语的特权，亦不能将其界定为'Al-maʻrūf'。我们辑录的这些，都是来自著名学者如布哈里、穆斯林、沙菲仪、泰伯里、艾布·贾法尔·塔哈维（'Abū jaʻfar al-taḥāwī）、艾布·伯克尔·本·麦尔达维赫（'Abū bakr ben mardawīh）、拜海吉（Al-bayhqī）等人的著作。此外，此中还省略了认可以色列传闻——如阿卜杜拉·本·赛拉穆等——的圣门弟子的注释。"②

传自圣门弟子的注释言论不胜枚举，无论是六大部圣训集收录的相关注释，还是泰伯里、伊本·凯西尔等传闻注释家的注释典籍，抑或是哲拉鲁丁·苏尤蒂的专著《古兰经注释家》，都以不等篇幅辑录了他们的注释。现仅以《穆斯林圣训实录全集》第57章"《古兰经》注释章"中的几段注释为例，管窥他们的注释：③

塔里格·本·谢哈布传述：犹太人曾对欧麦尔说："你们经常诵读的一节经文，假使这节经文是为我们犹太人降示，我们一定会将那天定为节日。"欧麦尔说："我确实知道这节经文降示的地点和日子，以及这节经文降示时穆圣当时所在的地方。这节经文是在阿拉法特日降示，穆圣当时正驻阿拉法特山。"这节经文是指："今天，我已为你们成全你们的宗教，我已完成我所赐你们的恩典，我已选择伊斯兰做你们的宗教。"（5：3）④

欧勒沃·本·祖拜尔传述：关于经文"如果你们恐怕不能公平对待孤儿，那么，你们可以择娶你们爱悦的女人，各娶两妻、三妻、四妻"（4：3）他就曾此节经文的含义请教圣妻阿伊莎，阿伊莎说："我的外甥！这是指女孤儿，她在自己监护人的抚育之下，她的财产同监护人合在一

---

① 哲拉鲁丁·苏尤蒂：《古兰经学通论》，贝鲁特阿拉伯图书出版社2003年版，第854页。
② 同上。
③ 关于圣门弟子对《古兰经》的注释，亦参见《布哈里圣训实录全集》第3卷，祁学义译，宗教文化出版社2008年版，第109—270页。
④ 《穆斯林圣训实录全集》，余崇仁译，宗教文化出版社2009年版，第769页。

起。这个监护人倾心她的财产和姿色,意欲娶她却不愿公平地给予她正常的聘礼。所以,真主禁止他们娶这样的孤儿,除非他们公平地对待她们,给予她们习惯上最高的聘礼。真主命令他们迎娶他们认为合适的其他妇女。"①

伊本·麦斯欧德传述:我们信奉伊斯兰距离真主降示以下经文责备我们仅有四年,这节经文是:"难道信士们以为时间还未到,故他们的心不为真主的教诲和他所降示的真理而柔和吗?"(57:16)②

伊本·阿拔斯传述:妇女们曾赤身环游天房,并且说:"谁借我衣服遮羞?今天显露多少,我不许人窥照。"于是降示了这节经文:"每逢礼拜,你们必须穿着服饰……"(7:31)③

盖斯·本·欧巴德传述:艾布·赞尔发誓说:"'这两派是相争的,他们进行关于他们主的争论'(22:19),这节经文是针对参加白德尔战役的哈姆兹、阿里、欧拜德·本·哈里斯、勒比尔的两个儿子欧特白和谢义白以及沃立德·本·欧特白而降示的。"④

(四)再传弟子注释(Tafsir al-qur'ān bi-'aqwāl al-tābi'īn)

根据传闻注释渊源的优先次序,如果注释家在圣门弟子注释中仍无源可循时,则依据再传弟子的注释。这是因为,"再传弟子通过圣门弟子汲取知识,传述了他们亲耳聆听的圣训和注释。他们传述的圣门弟子注释没有逾越圣门弟子的注释需求量——圣门弟子认为他们注释《古兰经》的言论在于说明其经旨所在,故他们极其谨慎,唯恐他们的注释误解了经义经旨所指。"⑤

"再传弟子"(Al-tābi'īn),在语言学层面,系复数主动名词,意为"步其后尘的人们",引申为"学生、门徒、弟子"。在伊斯兰文化层面,哈推布·巴格达迪从狭义角度将其定义为,"再传弟子就是伴随过圣门弟子者"。哈基姆·内沙布尔(Al-hākim al-nīsābūri)从广义层面将其定义

---

① 《穆斯林圣训实录全集》,余崇仁译,宗教文化出版社2009年版,第770页。
② 同上书,第773页。
③ 同上。
④ 同上书,第775页。
⑤ 哈立德·阿布杜拉·哈曼·俄克:《古兰经注释原理》,贝鲁特纳法伊斯出版社2003年版,第120页。

为："见过圣门弟子［或与其共同生活过，如盲人］，并根据他们传述圣训者，即使没有伴随他们。"① 通过以上定义，参考名家大作与历史文献不难看出，学界将再传弟子分为两类：一是伴随圣门弟子的人；二是通过圣门弟子传述圣训的人。学界对第二类再传弟子的定义各执己见，哈菲兹·本·哈哲尔认为："界定再传弟子的标准，有别于务必长期伴随或确切听圣门弟子讲话为再传弟子所具备的条件。"② 至于第一类再传弟子，学界对其已定位——见过圣门弟子的人，而伴随圣门弟子并通过他们传述圣训不为其必备条件。《中国伊斯兰百科全书》将"再传弟子"界定为："凡见过直传弟子，受其教益，并背记部分圣训，或在教法上有过决断的人，称为再传弟子。根据他们的功绩大小、背记圣训的多寡和学识渊博的程度，被分为15级。"③

伊斯兰文化史上，再传弟子时代是承前启后，为伊斯兰文化体制的最终形成奠定基础的关键时期。这主要体现在他们秉承先知穆罕默德及圣门弟子的精神和实践，弘扬伊斯兰文化，大力修建清真寺，积极兴办教育，研习《古兰经》文，口耳相传圣训，阐释经训大义，整理编辑历史，致力钻研教义，制定教法律制，四方传播教义，等等。他们从事的文化活动，充分彰显了《古兰经》对他们的历史定位和终极褒扬："迁士和辅士中的先进者，以及跟着他们行善的人，真主喜爱他们，他们也喜爱他；他已为他们预备了下临诸河的乐园，他们将永居其中；这正是伟大的成功。"（9：100）在阿伊莎传述的圣训中，先知穆罕默德也将他们与圣门弟子相提并论，等同视之：某人请教先知："世人之中哪些人最优秀？"先知说："我所生活的这个时代，然后是第二代，再次是第三代。"

经训对再传弟子的综合定位和最终定性说明，在伊斯兰教历史上，作为与圣门弟子一脉相承的伊斯兰教及其文化的继承者、维护者和发展者，他们在推动伊斯兰社会发展、弘扬伊斯兰文化、构建伊斯兰学科等方面肩负着重大使命与历史责任。而他们在注释领域的学术使命、贡献和成果，决定了他们在注释史上的权威地位，当之无愧地成为后期注释家步其后尘

---

① 拜克里·筛海·阿敏：《圣训的文学性》，贝鲁特东方书局1981年版，第15页。
② 艾布·嘎西木：《伊玛目艾布·哈尼法是否再传弟子考》，金忠杰译，载《伊斯兰文化》（第1辑），甘肃人民出版社2008年版，第64页。
③ 宛耀宾总主编：《中国伊斯兰百科全书》，四川辞书出版社1994年版，第500页。

的先贤。他们的注释不仅是传闻注释家溯源的重要材料,一定程度上也是见解注释家必须引证的权威资料。圣训学家、法学家、注释家伊本·拉杰布（Al-'imām Ibn rajab，伊历736—795）根据经训,肯定和强调了他们在弘扬伊斯兰教和注释《古兰经》方面的权威发言权和历史地位:"在注释《古兰经》、阐释圣训、解析合法与非法事物中最好的知识莫过于传自圣门弟子、再传弟子与三传弟子。他们对此的确凿知识,以及他们对此的了解、理解和诠释是最准确的知识,他们对此的言论足矣。凡他们之后的真理之言,都已被他们的言简意赅之语所概括;凡他们之后的虚妄之语,都已被他们的言论予以澄清,从而为理解和思考者揭示了虚妄之语。但凡出自他们的精微大义和精确渊源,后人望尘莫及,不能深解。"① 伊本·泰米叶亦从注释学和注释在伊斯兰教发展进程中发挥的巨大作用角度断言,后人采用传闻注释时不得放弃先贤的注释,以免深陷异端学说之泥淖,尤其避免以错误注释混淆视听,贻害他人:"确实,圣门弟子、再传弟子与注经的伊玛目如果已有注经言论,而注经者为维护他们所遵行的派别——非圣门弟子与再传弟子之道,遂以他人之语注释经文,那么他们就与穆尔太齐赖等异端派别混为一谈。"②

一言以蔽之,基于经训,注释学界对再传弟子的传闻注释予以评价和定位,后期注释家务必以他们的注释材料为基础,采用其注释作为注释渊源。而"但凡偏离圣门弟子与再传弟子之道并背弃他们的注释者,就是错注《古兰经》者,甚至是标新立异者,即使他是一个其错被原谅的创制家。这是旨在阐明获取知识的各种途径与证据,以及正确的方法。"③

诚然,注释学界对再传弟子的注释从理论到实践的肯定毋庸置疑,但他们就其注释属于传闻注释种类,抑或是见解注释种类存在分歧。泽尔克西在《古兰学明证》中指出,将其视为传闻注释范畴的学者认为,他们的绝大部分注释都是传自圣门弟子,证据有再传弟子盖塔德之言:"《古

---

① 艾哈迈德·舍尔贾维:《先贤注经方法概要指南》,载《古兰经注释与圣训注解方法国际研讨会论集》,吉隆坡塔吉迪德出版社2007年版,第20页。
② 同上。
③ 同上。

兰经》中的每一节经文，我都听到有关它的注释"。① 将其视为见解注释的学者如伊本·阿吉勒（Ibn 'aqīl）认为，他们没有亲耳聆听先知穆罕默德的注释，并且他们在注释方面存在的非本质的矛盾性分歧，以及个人的见解注释都多于圣门弟子，故他们的注释不在传闻注释的范畴内，而属于见解注释。对此，我们从同为再传弟子的教法学家艾布·哈尼法对采用再传弟子的言论立法和演绎教法的观点就可见一斑："如果《古兰经》中有，我就奉行真主的经典，如果《古兰经》中没有，我就奉行圣训以及来自先知的确凿默许。如果经训中都没有，我就奉行我所意欲的圣门弟子，放弃我所意欲的圣门弟子——我不会弃圣门弟子而奉行他人。如果事情与再传弟子易卜拉欣·纳赫尔、沙尔布、哈桑·巴士里、伊本·穆桑伊布、伊本·西林如出一辙，我必像他们那样演绎教法。"② 由点及面，艾布·哈尼法的言论，充分代表着再传弟子以降部分学者所持的观点，即再传弟子的注释当属见解注释的范畴。尽管学者们就再传弟子注释的所属种类具有分歧，但从他们师从圣门弟子研习注释、传述圣训的既成事实来讲，部分注释家将他们的注释归类于传闻种类既不为过，也符合法理和学理。

同样，注释学界和其他学科，就是否可将再传弟子的"言论"作为法理上的"证据"（Al-hujjah）加以引证和运用，也持不同观点。圣训学家舍尔卜·本·罕贾季（Sha'bah ben al-hajjāj，伊历82—160）认为，既然再传弟子在细枝末节方面的言论不足为法理之证，又何以在注释经义方面为证呢？换言之，他们的言论之所以不能成为后人引用的证据，务要一分为二地看待：如果他们对某事言论一致，无疑要将其视为证据；如果他们之间存在分歧，那么，他们彼此之间的言论可以互相为证，但不能成为后人引用的证据，而要溯源于经训、阿拉伯语义、圣门弟子对此的言论。但注释学界与他们恰好相反，认为务必将再传弟子的言论视为注释证据加以运用，并在他们的注释典籍中，实事求是地大量传述和引证了再传

---

① 艾哈迈德·舍尔贾维：《先贤注经方法概要指南》，载《古兰经注释与圣训注解方法国际研讨会论集》，吉隆坡塔吉迪德出版社2007年版，第20页。
② 艾布·嘎西木：《伊玛目艾布·哈尼法是否再传弟子考》，金忠杰译，载《伊斯兰文化》（第1辑），甘肃人民出版社2008年版，第67页。

弟子的注释。原因在于，再传弟子的注释绝大部分都源自圣门弟子[①]，正如伊本·泰米叶所言："当注释家们既在经训中没有找到注释，也没有传自圣门弟子的注释时，他们中大部分人就溯源再传弟子的言论，如穆扎希德、赛义德·本·朱拜尔、阿克勒穆、阿塔尔·本·兰巴赫、哈桑·巴士里、麦斯鲁格、赛义德·本·穆桑伊布、艾布·阿林耶·里雅哈、拉比尔·本·艾奈斯、盖塔德、丹哈克·本·穆扎希姆等。"[②]

如前所述，秉承圣门弟子注释，再传弟子注释的最大特点之一，就是他们较之圣门弟子而言注释了整部经文。究其缘由：其一，注释学界指出，"再传弟子中有人完全传承了来自圣门弟子的注释，正如穆扎希德所言：'我曾三次请伊本·阿拔斯从头至尾解读《古兰经》，在每节经文前，我都使他停下来，就该节经文请教他。'苏夫延·赛里借此讲到，如果你领受了来自穆扎希德的注释，就足矣。也因此，沙菲仪和布哈里等学者，艾哈迈德等注释家都要溯源穆扎希德的注释。"[③] 由此及彼，以穆扎希德为代表的再传弟子注释整部《古兰经》，在他们那个时代已成必然。其原因不仅在于系统解读经文微言大义本身的需要，更在于伊斯兰社会发展和时空变化的需要，促使他们注释了整部《古兰经》，也就是第二个缘由——"再传弟子发现他们面前呈现着注释《古兰经》的广阔空间，这不是因为他们比圣门弟子更敢于注释真主之语，而是新生的各种事件和发生的各种情况，促使他们不得不求助于通过《古兰经》注释来解决问题。他们需要深入认识真主的法律教义迫在眉睫，故他们涉足注释，亦步亦趋地采取圣门弟子的注释方法，凡事都从经训中汲取正教之义，正道指南。"[④]

鉴于以上两个因素，再传弟子注释《古兰经》的量度和细度都远远超过圣门弟子，不胜枚举。泰伯里的《古兰经注释总汇》、哲拉鲁丁·苏尤蒂的《经训经注辑珍》（*Al-durra al-manthūr fī al-tafsir al-ma'thūr*）、伊

[①] 艾哈迈德·穆罕默德·舍尔贾维：《先贤注经方法概要指南》，载《古兰经注释与圣训注解方法国际研讨会论集》，吉隆坡塔吉迪德出版社2007年版，第56—57页。

[②] 法赫德·鲁米：《古兰经注释原理及注释方法研究》，利雅德塔伊布出版社2004年版，第78页。

[③] 艾哈迈德·穆罕默德·舍尔贾维：《先贤注经方法概要指南》，载《古兰经注释与圣训注解方法国际研讨会论集》，吉隆坡塔吉迪德出版社2007年版，第23页。

[④] 哈立德·阿布杜拉·哈曼·俄克：《古兰经注释原理》，贝鲁特纳法伊斯出版社2003年版，第120页。

本·凯西尔的《伊本·凯西尔古兰经注》、艾布·穆罕默德·拜鄂瓦（Abū Muhammad al-baghwā）的《启示华貌》（*Ma'ālim al-tanzīl*）等著作，都不同程度地传述和引证了再传弟子的注释。现仅选译其中的几节注释，权作参考：

穆扎希德将经文"在天体震动之日"（52：9）中的"震动"（Mawrā）注释为"旋转"（Dawrā），穆扎希德显然是在解释经文的辞藻。

阿塔尔·本·兰巴赫将经文"他们确信幽玄"（2：3）中的"幽玄"（Ghayb）注释为"前定。"（Al-qadar）阿塔尔在扩展词义所指。

盖塔德将经文"当被活埋的女孩被询问的时候"（81：8）注释为："蒙昧时代有人杀害他的女儿并喂狗，故真主谴责了他们的这种暴行。"盖塔德是在阐释该节经文的降示背景。

盖塔德将经文"而你们分为三等的时候"（56：7）中的"三等人"注释为："幸福者、薄命者和先行者。这是人们在末日的等级。"盖塔德如此注释，显然是根据后三节经文"幸福者，幸福者是何等的人？薄命者，薄命者是何等的人？最先行善者，是最先入乐园的人"（56：8—10）来阐释前一节经文，是典型的以经注经。

穆扎希德将经文"当太阳黯黝的时候"（81：1）中的动词"暗黝"（Kuwwirat）注释为"太阳消失"（Thahabat），盖塔德注释为"阳光消散"（Thahab daw'uhā）。两位注释家虽然用词不一，但意义相同，说明每个人都选择自己认为符合经文语义的词汇阐释经义。

四 羸弱的传闻注释

传闻注释中的"以经注经"和"以训注经"（如果圣训的传述系统和正文都确凿无误），由于两者的"启示"性质使然，没有留下任何可供羸弱注释出现的空间，因而也就不存在丝毫分歧和问题。但是，再传弟子以降的注释则不然。他们中一些人或谨慎或大量引证采用"以色列传闻"注释相关经文，以及那些为不同目的而通过伪造圣训和先贤言论来伪注经文的举措，促使传闻注释中出现羸弱注释——以色列传闻注释和伪造注释——的情况。鉴于此，注释学界就传闻注释中出现的有违经义经旨的羸弱注释作了系统研究、分析和定性。诸如，世界历史为七千年、戛弗章（第50章）章首字母"戛弗"即指"环绕地球的一座山"等；他者为反对伊斯兰教和亵渎先知穆罕默德而肆意编造的羸弱注释；受政治、宗教和派别的各种分歧影响而作的羸弱注释；因繁就简，由于省略传闻的传述系统而造成的羸弱注释。

穆罕默德·艾布·舍赫布教授，1971年受爱资哈尔大学伊斯兰研究院院长阿布杜·哈利姆·麦哈姆德（Abud al-halīm mahmūd）教授委托所著的《古兰经注释中的以色列传闻注释与伪造注释》，以及穆罕默德·侯赛因·扎哈卜教授的专著《古兰经注释与注释家》、《古兰经注释研究论集》与《古兰经注释与圣训中的以色列传闻》，堪称系统研究和梳理羸弱注释的扛鼎之作。这几部专著与涉猎这方面内容的其他研究文献，既帮助学界和读者能够全窥注释典籍中存在的羸弱注释，去伪存真，区分良莠；也为当下和未来的注释家提供了弥足珍贵的学术捷径，推动和引导他们采用正确的传闻注释，继续注释学术工程。

注释学界一致认为，就羸弱注释的本质来讲，无疑是传闻注释中的巨大瑕疵，尤其是那些假借先知穆罕默德和圣门弟子之口而肆意编造的伪注，没有任何教义和教法价值，是不被法理认可、接受，而且受贬责的注释。尽管如此，但在部分学者看来，作为一种客观存在，这些羸弱注释在学理层面上，也有其相应的学术价值，理由是"这些羸弱注释反映和说明着一个时代的各种文化和不同思想情况，以及各种文化之间的互相接触和彼此影响。因为羸弱注释家没有脱离环境和时代精神的范畴，而是既影响他者，也受他者影响"①。持此观点的人有艾哈迈德·艾敏教授，他在《阿拉伯-伊斯兰文化史》之《黎明时期》和《近午时期》中就此做了阐释。当然，类似这样的观点，受到穆罕默德·本·穆罕默德·艾布·舍赫布等学者的极力反对和理论驳斥，理由是"羸弱注释侵蚀了正确的伊斯兰思想，亵渎了《古兰经》注释和圣训，严重影响了一些伊斯兰学科的文献资料，相对其利而言，其害有过之而无不及。"② 显然，从理论和实践角度来讲，较之艾哈迈德·艾敏为代表的学者所持的羸弱注释具有相应学术价值观点而言，以舍赫布为代表的学者否定羸弱注释的观点，在注

---

① 穆罕默德·艾布·舍赫布：《古兰经注释典籍中的以色列传闻注释与伪造注释》，开罗圣训出版社1971年版，第9页。

② 同上。

释学的法理和学理层面上，更具说服力，因此也更容易得到绝大部分学者的认同。

注释学界研究，传闻注释之所以出现羸弱注释，原因多样，但至关重要的因素是三个：

（一）伪造注释（Al- mawdū'āt）

1. 伪注产生的时间

《古兰经》注释的发展历程呈渐进状态。早期阶段，注释作为圣训学的分支学科，从传述形式，到注释形式，再到注释内容，与圣训一脉相承，无法割裂。

了解传闻注释中伪注的产生，从"伪造"（Al- mawdū'āt）的术语角度来讲，首先需要明确圣训的相关术语。圣训在性质上分为"健全圣训"、"优良圣训"、"羸弱圣训"等。圣训在传述系统上有被认可的传述人，有被怀疑的传述人。因此，其中不乏伪造圣训（Mawdū'）——"假借穆圣的名义编造出来的话语或谎称穆圣的行为或默认的记载。也就是说，借穆圣的名义编造出来的谎言。"① 根据学界对圣门弟子和再传弟子言论的定性，穆罕默德·本·穆罕默德·艾布·舍赫布教授将"伪造圣训"的概念和宗旨作了广义的解释："在圣训学家的术语定义中，'伪造'就是为先知说谎，或者假借圣门弟子与再传弟子之语伪造言论。"②

由于以训注经和以先贤言论注经是传闻注释中的重要渊源，因此无论圣训还是先贤言论中出现的伪造情况，由此及彼地影响到了传闻注释，并在所难免地存在伪造注释。它以两种情况出现：其一，伪造者自我编造言论，然后将其归结于先知穆罕默德，或者某先贤。其二，伪造者采用部分先贤、教义学家、苏菲学家、以色列传闻中的言论，然后将其归结于先知穆罕默德，以使伪注借助"圣训"的权威性而广为流传，得到认可。③

鉴于传闻注释与圣训的直接关系和圣训之于注释整体的重要性，伪注的出现时间，无疑与伪造圣训的出现同步亦趋。根据穆罕默德·侯赛因·扎哈卜教授的研究，伪注产生的确切时间当在伊历41年后。彼时，穆斯

---

① 丁士仁：《简明圣训学》，宗教文化出版社2008年版，第107页。
② 穆罕默德·艾布·舍赫布：《古兰经注释典籍中的以色列传闻注释与伪造注释》，开罗圣训出版社1971年版，第14页。
③ 同上。

林社会因哈里发继承等问题出现了政治分歧，分化为什叶派（Ahl al-shi'ah）、哈瓦利吉派（Al-khawārij）和逊尼派（Al-jumhūr）。各派别中不乏新生异端者（Ahl al-bida'）假借先知穆罕默德与先贤之言论，为其妄言邪说巧言令色，为其宗派主义花言巧语。尤其不乏阳奉阴违者在皈依伊斯兰教后，不惜编造各种虚妄传说，伪造各种圣训，假借先贤言论来混淆视听，以假乱真，达到亵渎《古兰经》，破坏伊斯兰，误导穆斯林之目的。

2. 伪注产生的原因

诚然，注释作为一项严肃、严谨的学术工作，理论上不应该出现伪注情况。但是，从伊斯兰教和社会发展必然催生新问题、产生新情况的角度来讲，各种伪造注释的出现也就成为不容置疑的事实。学术界研究定论，伪注产生主要源于以下原因：

（1）宗教派别诞生

伊历41年后，统一的伊斯兰"乌玛"（Al-'ummah）因就哈里发继承问题政见不合，三个影响深远的宗派主义初见端倪，终成宗教派别（Al-mazhab）。

632年，先知穆罕默德去世后，麦地那政权就哈里发问题引发政治意见分歧，导致分裂。先知穆罕默德女婿、阿里追随者认为只有阿里及其后裔（圣裔）才有资格任哈里发。他们否认前任哈里发艾布·伯克尔、欧麦尔和奥斯曼的合法性，遂另立社团，形成"什叶派"。

然而，绝大多数承认阿里在内的前四任哈里发合法地位的穆斯林，由于效忠并接受他们的领导，自然形成"逊尼派"（全称"逊奈与大众派"），成为伊斯兰教的主流教派。其政治和思想长期居主导地位，建有伍麦叶王朝（661—750）、阿拔斯王朝（750—1258）、奥斯曼帝国（1299—1922）等幅员辽阔的伊斯兰国家及世界各地的地方伊斯兰教政权，影响广泛而深远。[①]

657年，拒不承认哈里发阿里地位的叙利亚总督穆阿维叶（Mu'āwiyah，600—680）举兵反抗阿里。双方在幼发拉底河畔的隋芬平原发生激战，穆阿维叶于战况失利情况下提出"《古兰经》裁判"的停战要求。阿

---

① 宛耀宾总主编：《中国伊斯兰百科全书》，四川辞书出版社1994年版，第624页。

里方主战派由于对裁判结果——罢免双方领导人职务,将穆阿维叶置于和正统哈里发阿里平等地位——极为不满,于是大约有1.2万人走出阿里阵营,与其为敌,遂产生了"哈瓦利吉派"(Al-khawārij,意为出走)。

以上派别,都竭尽全力寻找经文依据支持各自派别,以证明其合法性。在逊尼派看来,什叶派和哈瓦利吉派通过伪造圣训注释经文——什叶派将大量注释言论追溯于先知穆罕默德或圣门弟子阿里及其后裔,哈瓦利吉也伪造大量注释,以便为各自派别寻求证据的做法[1],旨在以假圣训乱真圣训,达到派别目的。

(2)政治促生伪注

彼时,穆斯林内部的政治分歧,已经深深影响到了圣训和注释的真伪和传述。诸如传自阿里和伊本·阿拔斯的大量圣训与注释,仅在数量上的逾越,就令圣训学家和注释学家根据圣训学和注释学原理原则产生质疑。他们断言,伪造者假借这两位圣门弟子伪造的注释,远远多于假借其他圣门弟子。究其原因,阿里和伊本·阿拔斯的圣裔地位,促使伪造者假借此二人之言伪造注释,给人造成权威而被认可,神圣得以流传的假象。反之,如果假借其他圣门弟子的言论,就不一定收到如此良好效果。是故,什叶派归结于阿里的伪注,远胜于归结于其他圣门弟子。他们将那些能够提高阿里宗教声誉和政治地位,符合什叶派主张的伪注悉数归结于阿里。同样,阿拔斯王朝的哈里发们在血统上属于圣门弟子伊本·阿拔斯的后裔,故该时期不乏谄媚阿拔斯朝的当权者,假借阿拔斯人的先祖伊本·阿拔斯之口,凭借伪造圣训和注释来接近权贵,迎合哈里发。诸如,正在放飞鸽子的法官艾布·拜赫塔里(Abū al-bakhtarī)谄媚哈里发哈伦·拉希德(Hārūn al-rashīd,约766—809):"您背记过有关先知放鸽子的圣训吗?"然后就给哈里发传述伪造圣训:"确实,先知曾经放飞鸽子。"明智的哈伦·拉希德断定艾布·拜赫塔里在伪造圣训,就严厉地贬责了他:"如若你不是古来氏族人,我肯定要革你的职。"[2] 诸如此等谄媚之举,都使注释明显烙上了政治影响的深刻印迹。

---

[1] 关于这几个派别的注释,将在第七章"注释《古兰经》的派别"中给予论述,此处不赘。

[2] 穆罕默德·艾布·舍赫布:《古兰经注释典籍中的以色列传闻注释与伪造注释》,开罗圣训出版社1971年版,第23页。

（3）他者刻意伪注

先知穆罕默德去世后，哈里发开疆拓土，伊斯兰教版图日益扩大，被征服的波斯、罗马和埃及等民族中信奉伊斯兰教的人数激增。在新皈依的信众中，既有对伊斯兰教忠心耿耿者，也不乏阳奉阴违者（Al-munāfiqūn）；既有包括摩尼教徒在内的二元神教信徒（Al-zanādīq）——他们伪造了14000段圣训和各种妄言邪说、迷信故事[①]，致力于采取各种手段破坏伊斯兰教，引发穆斯林怀疑伊斯兰教的真实性；也有犹太教徒和基督教徒，他们仍旧心系原信奉宗教。这些表面皈依实为阳奉阴违者、二元神教信徒，以及伪信的犹太教徒和基督教徒，利用各种机会瓦解伊斯兰，蛊惑穆斯林。诸如，伊本·赛拜厄（Ibn saba'）利用哈里发奥斯曼性格温和的特点，游走四方散布谣言，挑拨离间穆斯林，煽动穆斯林反对伊斯兰教。伊本·赛拜厄以什叶派喜悦阿里及其后裔的心态为幌子，掩盖其不良用心。他认为，阿里是先知的遗嘱继承人，比艾布·伯克尔和欧麦尔更有权利任职哈里发，故伪造了圣训："但凡先知都有遗嘱继承人，我遗嘱的继承人就是阿里。"伊本·赛拜厄不仅如此，还肆无忌惮地妄称阿里具有神性，遂被奥斯曼驱逐外逃。阿里任哈里发时，因反感这种破坏伊斯兰教与引发穆斯林内部纷争的恶意宣传和挑拨离间，遂下令将其绳之以法。[②]

综上，就穆斯林内部而言，伊斯兰教黎明时期的政治异见和派别分歧的出现，促使各种伪注借机而生。继逊尼派、什叶派、哈瓦利吉派后，又先后诞生的穆尔太齐赖派（Mu'tazilah）、穆尔吉埃派（Murji'ah，意为暂缓派）、贾卜利耶派（Jabriyyah，即宿命论派）、内学派（Bātiniyyah）等各种思想学说，都深深影响到了注释。那些信仰薄弱、意识淡薄的人企图以圣训支持他们的宗教派别和思想学说，故以伪造圣训来注释经文，以达目的。就穆斯林外部而言，他者在运用一些方法没能达到瓦解伊斯兰教，破坏穆斯林团结，干扰伊斯兰文化学术目的的情况下，遂采取伪造圣训和注释的手段以假乱真，混淆视听，制造纷争。

[①] 穆罕默德·艾布·舍赫布：《古兰经注释典籍中的以色列传闻注释与伪造注释》，开罗圣训出版社1971年版，第87页。

[②] 同上书，第20页。

3. 伪注的甄别及其学术价值

毋庸置疑，传闻注释渊源应具备的苛刻性和严谨性，决定了传闻注释不能产生丝毫瑕疵。尤其运用圣训、圣门弟子与再传弟子的言论注经，更要通过严密的传述系统来严格考究传述的内容，是否符合法理和学理，以便注释家们运用绝对确凿的圣训和先贤的正确言论注释经文大义。反之一错百错，后果也就不得而知。

然而，现实与理想往往事与愿违。从注释学角度讲，上述伪注情况的出现，一度突破了法理和学理的范畴乃至禁区，很大程度上影响了传闻注释的绝对权威和整体效果。尤其相对缺乏学术严谨的一些注释家，不加考究地"拿来主义"，致使伪注以假乱真，其结果是以讹传讹，殃及了确凿注释。对此，需要学界的研究和定论。

首先，历代学者，尤其是圣训学家和教法学家，从教法角度，"严格禁止以任何形式和任何分类来传述伪造圣训和先贤言论，除非是为了阐明伪造内容而不得不引述范例，无论是涉及合法与非法事物，还是各种赏赐之说、鼓励之说、恐吓之说，抑或是故事和历史。……这是因为穆斯林在《穆斯林圣训实录全集》中传述的圣训断定：'谁以他认为是谎言之语来谈及我，那他就是一个撒谎者'"①，更有"许多圣训学家判定，凡没有警告并提醒人们谨防伪造圣训而传述伪造圣训者，当受教训。甚至部分学者认为要将传述伪造圣训者绳之以法。诸如穆罕默德·本·伊斯迈尔（Muhammad ben 'ismā 'īl）接到一封请教圣训的信件，其中他就此段圣训'信仰既不增加也不减损'回复：'谁言及此，谁就当遭受严厉的皮肉之苦和长期监禁。'"②

其次，历代圣训学家、注释家和评论家，都责无旁贷地肩负起历史使命和学术责任，明辨是非，去伪存真。历史上，教法学家、注释学家、历史学家伊本·焦兹、哲拉鲁丁·苏尤蒂等学者在其著作中，都以案例性、分析性、批判性的态度引述了他们所处包括摩尼教徒在内的二元神教信徒时代流传的伪注情况。如伊本·焦兹的《重大伪造》（Al-mawdū 'āt al-

---

① 穆罕默德·艾布·舍赫布：《古兰经注释典籍中的以色列传闻注释与伪造注释》，开罗圣训出版社1971年版，第17页。

② 同上书，第18页。

kubrā)、哲拉鲁丁·苏尤蒂的《警觉各类伪造故事》(*Tahdhīr al-khawās min 'akādhīb al-qisās*)、筛海·扎菲尔·爱资哈利（Shaykha al-zāfir al-'azharī）的《穆斯林谨防伪造圣训》(*Tahdhīr al-muslimīn min al-'ahādīth al-mawdū'ah*) 等，都就伪造圣训和伪造注释作了详尽阐述。尤其是哲拉鲁丁·苏尤蒂的《伪造者之书》(*Kitāb 'asmā' al-mudallisīn*)，详细例数和分析了主要伪造者。① 今人穆罕默德·侯赛因·扎哈卜、穆罕默德·艾布·舍赫布等，更就伪训和伪注情况，从学理和法理角度作了深入系统地研究。如穆罕默德·艾布·舍赫布详细分析和研究了这些伪注情况：有人为鼓励人们常常诵读《古兰经》，伪造了有关诵读《古兰经》各章后得到赏赐的伪论，以及《古兰经》的降示背景、先知穆罕默德的生平事迹如聘娶栽娜卜·宾特·杰赫什（Zaynab bit jahsh, 590－641）、《古兰经》的一些诵读等等，不一而论。毋庸置疑，历代只要有伪注情况存在，就有严谨的专业学者，尤其是圣训学家和考证学家著书立说，区分良莠，剔除瑕疵，辨明"健全注释"、"优良注释"、"羸弱注释"、"伪造注释"，以引导那些因缺乏专业知识而无法辨明真伪注释的读者，勿受伪造的迷惑与影响，更不能舍本逐末，视伪为真。

尽管传闻注释中出现的这些伪造注释，根本上不符合教法学和注释学的法理和学理，尤其那些旨在破坏伊斯兰教和瓦解穆斯林的注释，更需要严加防范，明辨真伪。然而，从学术本身应该具有的客观角度来讲，那些目的不在于破坏伊斯兰教和亵渎《古兰经》的伪造注释，尤其那些具有"传述系统"性质的伪造注释，在部分注释家看来，"伪注"的瑕疵不容置疑，但一定程度上也不乏相应的学术价值。对此，穆罕默德·侯赛因·扎哈卜教授研究指出："如果我们仅从伪注的本质角度而不从其传述的角度来看伪注，我们发现伪注不乏有其学术价值。因为伪注屡屡出现，都说明其中既有伪造之伪，也有传述之伪。至于伪注的本质，它绝不是远离经旨的凭空杜撰，而绝大多数情况下是在进行学术创制，有其价值。如某人将其杜撰的注释归溯于阿里或伊本·阿拔斯，这不仅仅在于伪造——尽管仅仅是一句现成之语，而是基于自我思考后对注释的个人见解，是创制注释经文，其注也就往往正确。他之所以伪注，就是为了让他的见解广为流

---

① 详见哲拉鲁丁·苏尤蒂《伪造者之书》，贝鲁特吉利出版社1992年版。

传，得到认可。于是，他就将其注归溯于圣门弟子。那些归溯于阿里或伊本·阿拔斯的注释内容也就相应地不失其学术价值。而其注释中没有丝毫价值之处，是将他的注释归结于阿里或伊本·阿拔斯。是故，实事求是地讲，伪造注释不仅仅是一种想象或伪造，而是以某种基础为支撑。注释研究家研究伪注时，要研究伪注本身的学术价值，即使其在传述层面上没有任何价值可言。"[①] 同样，艾哈迈德·爱敏也就此指出："有经典的人（犹太教徒和基督教徒）杜撰的某节经文的注释，说成是某直传弟子搞的，那是不正确的。即使如此，从说明当时有经典的人中间种种的传说，说明穆斯林与他们的联系程度，说明犹太教徒和基督教徒在皈依伊斯兰教后把那些思想带进了圣训和经注等方面来说，都有其学术价值。——因为它，既非空想，亦非虚构，而是有其根据的。这一点应引起研究家的重视。尽管它不能作为传述世系的依据，但却有其自身的价值。"[②]

尽管穆罕默德·侯赛因·扎哈卜教授和艾哈迈德·爱敏教授的如此论说不能得到绝大多数学者的学术共鸣，但其客观评价，仍在一定程度上反映了学术应有的客观性和辩证性。

（二）以色列传闻（Al-'isrā'īliyyāt）

1. 以色列传闻的术语与内涵

在阐释羸弱注释的重要组成部分——"以色列传闻"之前，首先要对伊斯兰文化视阈中的"以色列传闻"概念及其内涵作概要阐述。

众所周知，在世界林林总总的各类宗教中，犹太教、基督教和伊斯兰教是自成体系的"一神教"（Monotheism）体系。伊斯兰教根据《古兰经》认为，一神教均系天启宗教。因此，《古兰经》严格要求穆斯林务必信仰降示给包括先知穆萨的经典《讨拉特》、达乌德的经典《宰通尔》、尔萨的经典《引支勒》[③]、穆罕默德的经典《古兰经》在内的104部天启

---

① 穆罕默德·侯赛因·扎哈卜：《古兰经注释与注释家》卷1，开罗知识出版社2001年版，第164页。

② 艾哈迈德·爱敏：《阿拉伯—伊斯兰文化史》第3册，商务印书馆1991年版，第138页。

③ 《讨拉特》（Al-tawrāh），真主降示给先知穆萨的经典，即犹太教的《旧约圣经》；《引支勒》（Al-'injīl），真主降示给先知尔萨的经典，即基督教的《新约圣经》；《宰通尔》（Al-zabūr），真主降示给先知达乌德的经典，即《旧约全书·诗篇》，《古兰经》第4章163节经文和第17章第55节经文分别提到它。

经典:"他们确信降示你的经典,和在你以前降示的经典。"(2:4)

同样,《古兰经》严格要求穆斯林信仰众使者。信仰其他使者也就承认了真主派遣的历代使者,否定其中之一便是否定真主,割裂了世界历史的大一统和社会发展的延续性:"使者确信主所降示他的经典,信士们也确信那部经典,他们人人都确信真主和他的众天使,一切经典和众使者。[他们说]:'我们对于他的任何使者,都不加以歧视。'"(2:285)《古兰经》共提到25位先知和使者[1],他们因使命和等级不同分为"列圣"(Al-Anbiyā')——没有接到经典启示但奉行前代钦圣的经典与法律;"钦圣"(Al-Mursalūn)——接到经典启示并拥有独立的法律体系;"大圣"('ūlū al-'Azm)——具有坚强意志的六位使者阿丹、努哈、伊布拉欣、穆萨、尔萨、穆罕默德,接到经典启示且有独立的法律体系,众使者中建树最大者;"至圣"(Hātim al-Anbiyā')——穆罕默德,众先知的封印者和集大成者的使者,"穆罕默德不是你们中任何男人的父亲,而是真主的使者,和众先知的封印。"(33:40)根据伊斯兰史观,《古兰经》叙述的25位使者,以及没有言及姓名的其他先知和使者的共同使命是基于"认一论"信条,教化并引导信众,成为真主在大地的代治者和社会的建设者:"当时,你的主对众天神说:'我必定在大地上设置一个代理人。'"(2:30)至于差异性则大体表现在教法体系各成一家。

据上,一神教的经典——《讨拉特》→《引支勒》→《古兰经》——承前启后,互相之间具有很多一脉相承的共性。仅以三者都涉及的众先知故事为例,"同源异述"的区别在于,《古兰经》陈述某先知的事迹时,与《讨拉特》和《引支勒》陈述的角度截然不同。亦即,《古兰经》的陈述以点带面,旨在揭示事物的本质和具有的殷鉴性质,而不详述阐述该先知时代所有事件的始末、所在城市地区和历史人物名称等细枝末节问题;而《讨拉特》与《引支勒》则详细阐明了该先知的诸多方面。诸如,《讨拉特》和《古兰经》都表述了人类始祖阿丹(亚当)的

---

[1] 他们是阿丹、努哈、伊德雷斯、萨里哈、伊布拉欣、胡德、鲁特、优努斯、伊斯玛仪、伊斯哈格、叶尔孤白、优素福、安尤布、舒艾布、穆萨、哈伦、艾洛叶赛尔、祖洛·肯夫里、达乌德、宰克里亚、苏赖曼、伊洛亚斯、耶哈亚、尔萨、穆罕默德。先知和使者的区别在于,使者接到真主的经典,各有独立的教法体系;先知没有接到经典而遵循前代使者的经典和法律;所有使者都是先知,但每一位先知不一定就是使者。

故事。《古兰经》不同章节先后言及阿丹，尤以第2章《黄牛章》和第7章《高处章》为最。尽管如此，但它就"乐园（Al-jannah）的位置、禁止阿丹夫妇食用何树、恶魔扮装何种动物后蛊惑居住乐园的阿丹夫妇、阿丹夫妇被逐出乐园后降于何地"等，都未给予明确阐述。相反，《讨拉特》予以详细阐述，认为"乐园在伊甸园（'adn）的东面、禁止食用之树位于乐园的中间并且是一颗能辨明善恶的生命树、恶魔扮装并蛊惑夏娃的动物是蛇。"同样，关于先知尔萨的故事，《古兰经》简明扼要地言及他及其迹象，旨在劝诫和殷鉴，而没有详细说明"他的血统、如何出身、出生之地、诽谤麦尔彦之人、天降筵席之食品种类，以及他治疗白癜风、天然盲、多起使死者回生的事件细节"等。相反，《引支勒》对此都给予阐释。①

通过《古兰经》要求穆斯林务必信仰所有天启经典和众使者的信条及其概念不难看出，顾名思义，以色列传闻与《古兰经》提及的先知叶尔孤白，以及6位"具有坚强意志的使者"（'ūlū al-'Azm）中的"伊布拉欣→穆萨（及其经典）→尔萨（及其经典）"息息相关。因为"以色列"（Isrā'īl）是"古代先知叶尔孤白（《旧约全书》称雅各）的别称，意为'真主的仆人'，与阿拉伯语'阿卜杜拉'（'Abdullāh）同义。叶尔孤白即穆斯林和犹太教徒共同尊奉的古代先知和圣祖易卜拉欣之孙，伊斯哈格之子，为犹太人的第三代祖先。《古兰经》共有40余处提到'以色列的后裔'，多用于指称古代先知穆萨的教民。"② 而"在古代以犹太人著称的'以色列'，延续到先知尔萨（耶稣）时代，凡信仰先知尔萨者，就被冠以'基督教徒'之称谓；延续到先知穆罕默德时代，凡信仰伊斯兰教者，就成为穆斯林。"③ 伊斯兰教根据《古兰经》，又将犹太教徒与基督教徒通称为"有经人"（Ahl al-kitāb）。同样，在伊斯兰文化视阈中，"有经人"有时又专门指称犹太教徒，这是因为，"一是由于犹太人居住麦地那四周，二是因为以色列传闻中的绝大部分'传闻'都通过犹

---

① 穆罕默德·侯赛因·扎哈卜：《古兰经注释与注释家》卷1，开罗知识出版社2001年版，第167—168页。

② 宛耀宾总主编：《中国伊斯兰百科全书》，四川辞书出版社1994年版，第706页。

③ 穆罕默德·艾布·舍赫布：《古兰经注释典籍中的以色列传闻注释与伪造注释》，开罗圣训出版社1971年版，第12页。

太人途径传入。"①

根据经文，"他们中确有一部分人，篡改天经，以便你们把曾经篡改的当作天经，其实，那不是天经。他们说：'这是从真主那里降示的。'其实那不是从真主那里降示的，他们明知故犯地假借真主的名义而造谣。"（3：78）尽管天启经典《讨拉特》和《引支勒》随着历史的进程，业已失去了"启示"（Al-wahy）的本然性质，因此其中不乏具有"人为"而非"天启"的文化历史、故事传说、风俗习惯、逸闻趣事等内容。然而，在伊斯兰教看来，正是这些"伪大于真、莠多于良"的内容及其具有的宗教文化性质，成为圣门弟子后一些注释家、历史学家、宗教演讲家和文学家不加甄别就采用的渊源，故学界以该词复数形式，称其为以色列传闻（Al-'isr'īlyyāt）。学界之所以以"以色列传闻"为术语名称，而没有分别以"犹太传闻"或"基督传闻"术语指称，是由于"犹太传闻"成分及其影响远胜于"基督传闻"成分及其影响，故学界将"两教传闻"合二为一，统称"以色列传闻"。究其原因，其一，伊斯兰教始传时期，穆斯林与居住麦地那四周的古莱扎（Qulayzah）、奈迪尔（Nadir）、盖尼嘎尔（Qayniqā'）等部落的犹太人交往频繁，尤其皈依伊斯兰教的犹太人居多，因此穆斯林接触到的"犹太传闻"超过"基督传闻"。其二，犹太人的文化不仅直接来源于《旧约圣经》，而且汲取于犹太典籍《塔木德》（Al-talmūd）所记载的代代相传的犹太训喻、教导等传统知识，以及犹太文学故事、历史传说、教律法规等。这些知识内容都程度不同地成为"传闻"素材。基督教虽然因《引支勒》具有宗教文化性质，但"基督传闻"素材相对"犹太传闻"有限，"因为它大多体现在伦理道德、劝善尽忠、陶冶情操、修心养性等层面"②。

2. 以色列传闻的起源与发展

经文"他降示你这部包含真理的经典，以证实以前的一切天经；他曾降示《讨拉特》和《引支勒》"（3：3），为穆斯林明确了《古兰经》与《讨拉特》、《引支勒》的关系。三者的一脉相承性，很大程度上直接

---

① 穆罕默德·艾布·舍赫布：《古兰经注释典籍中的以色列传闻注释与伪造注释》，开罗圣训出版社1971年版，第12页。

② 同上书，第14页。

或间接地影响到了部分注释家，尤其是后期那些学术极不严谨的注释家，有意识无意识地采用以色列传闻，阐释《古兰经》的相关内容。由此，以色列传闻成为"传闻注释"中"羸弱注释"的重要组成部分。以色列传闻介入传闻注释，正如《古兰经》注释的整体发展历程那样，也经过了口耳相传到文字记录的发展阶段。

（1）口耳相传时期

口耳相传时期的确切时间，最早追溯于圣门弟子时代。由于一神教关系使然，一些圣门弟子如伊本·阿拔斯、艾布·胡莱赖、阿穆尔·本·阿斯，以及由犹太教和基督教改信伊斯兰教的穆斯林学者阿卜杜拉·本·赛拉穆与塔米姆·本·达利（Tamīm al-dārī）等，他们注释经文时，都选择性地将"以色列传闻"作为溯源的次要素材之一。如果"以色列传闻"不违背经义经旨，他们就参照引述，如穆萨及其同伴黑祖尔、预见先知穆罕默德的使命、"认一论"是所有先知的共同宗教使命。如果"以色列传闻"违背了经义经旨，则根据圣训给予否定，避免以讹传讹。如《古兰经》叙述的易卜拉欣与儿子伊斯玛仪忠诚真主的故事，在以色列传闻中却是易卜拉欣与伊斯哈格，故不能以这样的错误传闻来注释《古兰经》中的相关经文。

伊本·阿拔斯与艾布·胡莱赖等圣门弟子，注释《古兰经》采用"以色列传闻"注释经文的缘由，很大程度上与他们通过前代经典中的同类内容，进一步了解《古兰经》相关内容尤其是众先知故事，以及汲取一些知识有很大关系。彼时，每当他们读到《古兰经》中的故事节文时，自然而然地产生了详细了解这些故事细节的心理。如果他们在经训中都没有找到相关阐释此类经文的渊源时，就转向请教能从另一角度满足他们心理需要或好奇的犹太穆斯林学者——有经人。对此，历史学家伊本·赫勒敦在《历史绪论》中，由点及面概述了大量以色列传闻涉足先贤注释的原因所在。他的分析，堪称界定此类传闻介入早期注释原因的典范之论。

伊本·赫勒敦讲道，"先辈们已经收集和保护了传闻注释。但是，他们的典籍和传述中不乏谬论伪言，有被接受的，也有不被接受的。此中原因在于，阿拉伯人曾经不是有经典和知识的人，他们大部分都是游牧人和文盲。如果他们渴望了解人类心灵向往的各种知识，如宇宙生成的原因、万物的起源、存在的奥秘，就请教和受益于他们之前的有经人——犹太教中的《讨拉特》学者和信奉他们宗教的基督教人。彼时，阿拉伯人中的《讨拉特》学者与阿拉伯人一样，都是游牧人，他们对上述知识的认识一如所有有经人了解的那样。他们大部分是希木叶尔人，信奉犹太宗教。当他们皈依伊斯兰教时，在不涉及他们小心翼翼对待的教义教法的范畴外，仍然保留了昔日的某些元素，如万物起源的一些传闻，以及历史事件和战争史诗等。这些人有凯尔布·本·艾哈巴尔、沃海布·本·穆南比赫、阿卜杜拉·本·赛拉穆等。是故，注释中含有一些传自并追溯于他们的传闻内容。凡没有涉及教法教义的内容，就要研究其确凿性并接受之。注释家们对此放任纵容，注释典籍充斥了这些传闻——源于定居游牧地区的《讨拉特》人，他们没有鉴定所传之闻的真伪。但由于先辈们在宗教中的地位而声名远扬，因此从那时起，这些传闻就被接受。"① 伊本·赫勒敦从社会层面揭示，因游牧的、文盲的阿拉伯人渴望知识，故请教他们之前有经人的举措，为大量以色列传闻介入《古兰经》注释提供了空间。他从宗教层面揭示，注释家轻易而未加甄别地接受这些传闻，致使一些注释典籍充斥了"以色列传闻"。最终，导致各种宗教和不同派别的讹语伪言和荒谬传闻混淆了确凿的传闻注释。是故，注释学界从法理角度根本上对此予以否认，严加贬责。

尽管圣门弟子曾就一些经文请教犹太穆斯林学者，但他们根据圣训——"你们不要相信有经人，也不要否定他们，你们说，我们信仰真主及其降示给我们的经典"，本质上是坚持原则和讲求法理学理的。这是因为：

首先，他们没有请教有经人为他们阐释《古兰经》故事的所有细节，如七眠子（18：10—26）所牵之狗的颜色、努哈船（即诺亚方舟）的大小和木料等，因为他们仅仅在于了解这些故事的梗概及其蕴涵的义理而已，并"视询问此类之事为浪费时间。"②

其次，他们没有全部接受有经人的传闻，而且还对他们的错误传闻予以纠正。例如，《布哈里圣训实录全集》记载，艾布·胡莱赖传述的圣训："聚礼日有一个小时，穆斯林只要在恰遇的该时内举行拜功和祈求真

---

① 伊本·赫勒敦：《历史绪论》，贝鲁特阿拉伯遗产复兴出版社1999年版，第439页。
② 穆罕默德·侯赛因·扎哈卜：《古兰经注释与注释家》卷1，开罗知识出版社2001年版，第170页。

主，真主就会赐予他之所求。"圣门弟子就界定圣训中的"一个小时"产生分歧，它是一年中某聚礼日的一个小时，还是每个聚礼日都有这样的一个小时？艾布·胡莱赖遂请教犹太籍穆斯林学者凯尔布·本·艾哈巴尔，凯尔布回答说："一年中的某聚礼日。"但艾布·胡莱赖没有认可他的界定，并为他阐释："该小时在每个聚礼日都有。"凯尔布遂查询《讨拉特》，发现艾布·胡莱赖的见解是正确的。①

最后，他们没有请教有经人给他们阐释信仰教义、法律法规等，而仅限于教义和教法领域外的知识。如泰伯里的《古兰经注释总汇》记载，圣门弟子伊本·阿拔斯注释经文"他是以电光昭示你们，以引起你们的恐惧和希望，并兴起密云"（13：12）中的"电光"（Al-barq）时，曾请教犹太籍穆斯林学者艾布·哲勒德·盖兰·本·法尔沃（Abu al-jald ben farwah）。艾布·哲勒德说，"电光"就是"雨水"（Al-matr）。由此看出，伊本·阿拔斯仅从了解宇宙自然现象的知识角度请教艾布·哲勒德，而不会就教义教法等原则问题请教他。

以上实例，说明圣门弟子注释时所持的严谨态度。他们既遵循圣训原则："你们不要相信有经人，也不要否定他们，你们说，我们信仰真主及其降示给我们的经典"，也没有逾越先知穆罕默德允许他们基于原则地谈论"以色列后裔"传闻的范畴："你们替我传达，即使一节经文。你们不要担心谈论以色列后裔所说之事。凡故意为我说谎者，就让他准备好其在火狱的座位。"这两段互不矛盾的圣训，为圣门弟子谈论以色列后裔身上所发生的奇迹传闻——其中蕴涵劝诫和忠告，奠定了原则基调和根本条件："深知犹太学者所谈之事绝不是谎言谬论，因为先知绝对不会允许圣门弟子传述谎言谬论。"② 据此，从圣门弟子请教有经人的客观角度来讲，他们引证"以色列传闻"是极其谨慎的。反之，如果某圣门弟子注释家无视圣训原则，滥加引证"以色列传闻"，则是圣训严令禁止的："故意为我说谎者，就让他准备好其在火狱的座位。"

圣门弟子因原则性、考究性、慎之又慎地采取"以色列传闻"作为

---

① 穆罕默德·侯赛因·扎哈卜：《古兰经注释与注释家》卷1，开罗知识出版社2001年版，第170页。

② 同上书，第171页。

他们注释的次要渊源,传闻素材在他们的注释中也就少之又少。然而,当注释的学术接力棒传至再传弟子时期,这种情况发生了一定变化。

首先,再传弟子采用"以色列传闻"的谨慎治学态度,较之他们的业师而言,严谨性和严肃性相对缺乏,故引证"以色列传闻"的量,也就相对超过了圣门弟子采用的量。

其次,再传弟子时期,皈依伊斯兰教的犹太人大幅增加,两个民族在文化层面的交流越发频繁,从而为更多的"以色列传闻"通过各种渠道介入传闻注释,提供了文化平台和发展空间。

最后,普通穆斯林民众想要详细了解《古兰经》言简意赅提及的犹太教和基督教故事事件的心理,促使该时期的部分注释家,不加甄别地运用一些被后期学界称之的"互相矛盾"的"以色列传闻",充塞他们的注释,满足民众的需要。采用"以色列传闻"注释包括众先知故事在内的相关经文的再传弟子,主要有穆扎希德、盖塔德·本·迪阿麦·赛杜欣,以及犹太籍穆斯林学者凯尔布·本·艾哈巴尔、沃海布·本·穆南比赫(Wahab ben munabbih,伊历34—110),以及原为基督教徒后皈依了伊斯兰教的穆斯林学者阿布杜·马立克·本·阿布杜·阿齐兹·本·朱莱哲('Abd al-malik ben 'Abd al-'azīz ben jurayj,伊历80—150或159)等。他们中往往有人将《古兰经》与涉及伊斯兰未来的事件相联系,故他们以近乎预言未来事件的心态注释《古兰经》。例如,穆加提勒·本·苏莱曼认为,"经文'一切市镇,在复活日之前,我都要加以毁灭,或加以严厉的惩罚,这是记录在天经里的'(17:58)预示着君士坦丁堡的胜利①、安达卢西亚(后伍麦叶王朝,756—1031)等国家的灭亡。他曾说:'我发现丹哈克如此注释该节经文:埃塞俄比亚人毁坏麦加,饥饿殃及麦地那,洪水淹没巴士拉,突厥人侵犯库法,霹雳和地震摧毁群山。至于呼罗珊,则受到种种打击……'"显然,穆加提勒与丹哈克的如此注释,都是或多或少、间接或直接受"以色列传闻"影响的结果。

以上三个重要因素,促使再传弟子时期注释中的"以色列传闻"得到长足蔓延的空间,并且深深干扰着传闻注释的正常发展,影响着注释应有的严肃性和严谨性。可以说,一些再传弟子"过度"采用"以色列传

---

① 1453年,突厥人灭拜占庭后,建立奥斯曼帝国,迁都君士坦丁堡,改名伊斯坦布尔。

闻"注释经文的举措，致使其"过度"发展到三传弟子时期时，已愈演愈烈，其量更无以计数。

三传弟子时期，部分更加缺乏严谨和规范的注释家如穆加提勒·本·苏莱曼、穆罕默德·本·萨伊布·克利布（Muhammad ben al-sā'ib al-kalbī）、穆罕默德·本·迈尔旺·萨迪（Muhammad ben marwān al-sadī）等。较之再传弟子，他们对"以色列传闻"的热衷，可谓有过之而无不及。"他们肆意采用以色列传闻达到了连他们自己都不知所云的程度，不会放过任何与《古兰经》有关联的以色列传闻，即使理性难以理解和认可也在所不惜。"① 如穆罕默德·本·萨伊布·克利布（Muhammad ben al-sā'ib al-kalbī）等人传言："阿里没有死，他已经返回世界，他使世界充满了正义，就如他曾经充满不义那样。如果他们看见云朵时，就说：信士们的长官在云中。"② 这种喜好"以色列传闻"的注释心态，引用被后期学界界定的"神话传说"，持续到文字记录全面展开时期，已是一发而不可收。

（2）文字注释时期

文字注释《古兰经》开始后，注释家中不乏有人以大量的以色列传闻充塞他们的注释典籍，甚至达到了对其不信任的普通读者也不得不"闭目防假"的地步。至于那些严谨的注释家更是不仅"难以依据"，而且需要投入大量精力去明辨传闻，去假存真。这是因为，文字注释开始时，时间上距离先知穆罕默德、圣门弟子与再传弟子时期已经相对久远。从穆斯林内部来讲，后期部分穆斯林学者的严谨性、对圣训和传闻正确与否的考证性，都远不如前辈先贤甚至是同时代中那些严谨的学术同人。他们未加甄别就乱加引述被法理和学理所贬责的"以色列传闻"，造成了鱼目混杂，难辨真假传闻的混乱局面。从外部讲，那些阳奉阴违、表面皈依而暗地破坏伊斯兰教的伪穆斯林，以及渴望瓦解伊斯兰与敌视穆斯林的部分东方学家，如马朱勒·宰哈尔·伊斯拉利（Mājūl zayhar al-'isrā'īlī）等，为腐化穆斯林信仰，削弱他们对《古兰经》和圣训的坚定信念，蛊

---

① 穆罕默德·侯赛因·扎哈卜：《古兰经注释研究论集》，开罗圣训出版社2005年版，第25页。

② 同上书，第74页。

惑穆斯林质疑先贤的权威性和他们的丰功伟绩，借助"以色列传闻"创造了一个无形的文化破坏平台，供他们肆意介入和滥加利用。因此穆斯林学界认为，以上内外因素造就的大量"以色列传闻"，严重危害着穆斯林的信仰，亵渎着伊斯兰宗教的天启性和神圣性。

文字注释阶段，泰伯里的《古兰经注释总汇》、哲拉鲁丁·苏尤蒂的《经训经注辑珍》、伊本·凯西尔的《伊本·凯西尔古兰经注》、艾布·穆罕默德·拜鄂瓦的《启示华貌》、艾布·伊斯哈格·塞尔莱布（'Abu' ishāq al-tha'labī）的《古兰经注阐释》（*Al-kashf wal-bayān 'an tafsīl al-qur'ān*）等典籍，都转述记载和评介了被教法法理和注释学理所不认可的以色列传闻。

受到学界严加理论和严厉批驳的"以色列传闻"，主要涉及以下经文：

哈鲁特与马鲁特的故事（2：102）；修建克尔白（麦加开房）的故事（2：127）；约柜的故事（2：248）；达乌德杀死查鲁特的故事（2：251）；众先知与前代民族的故事、先知阿丹的故事、强大种族的故事（5：22）；努哈洪水事件时欧哲·本·欧格的故事（11：42—43）；先知穆萨故事中的迷路事件、先知尔萨的众门徒要求天降筵席的故事（5：112—115）；《讨拉特》法版的故事（7：145）；先知穆萨愤怒丢弃法版的原因（7：150）；以色列后裔的故事（7：159）；论说阿丹与哈娃以物配主（7：189—190）；努哈之船、先知优素福的故事（12：4）；优素福与女主人的故事（12：24）；诽谤先知优素福的受保护（12：52）；优素福居住监狱的原因（12：42）；幸福树（13：29）；以色列后裔作乱（17：4—8）；七眠子故事（18：9—26）；左勒·盖尔奈英的故事（18：83—98）；雅朱者和马朱者的故事（18：94）；赛伯邑女王拜勒盖斯的故事（27：44）；赛伯邑女王拜勒盖斯礼赠苏莱曼的故事（27：35）；易卜拉欣宰子献主的故事（37：99—113）；先知达乌德的故事（38：21—25）；先知苏莱曼的故事（38：34）；先知安尤布的故事（38：41—44）；以及关于宇宙的寿命、创造的开始、存在的奥秘、一些自然现象的原因如太阳与月亮（17：12）、雷霆与电光（13：12—13）等。

关于涉及以上经文内容的"以色列传闻"，穆罕默德·艾布·舍赫布教授的《古兰经注释典籍中的以色列传闻注释与伪造注释》，作了详细说明、分析和定论。① 作者独具匠心，既查明了这些"以色列传闻"的出处，也转述了它的具体内容，更引述了权威注释家对这些经文的正确注释，从而使读者对"确凿注释"和"以色列传闻注释"了然于心，一目了然地辨明孰真孰伪。

3. "以色列传闻"的类型与影响

自圣门弟子首开"以色列传闻"作为注释的次要渊源，到文字注释以来，"以色列传闻"基本形成了三个类型：

其一，正确传闻。此类传闻得到了圣训的佐证和认可。例如，关于穆萨同伴黑祖尔的名字，《布哈里圣训实录全集》记载，先知穆罕默德确以"黑祖尔"称呼了穆萨的同伴。同样，泰伯里的《古兰经注释总汇》记载，圣门弟子阿里请教某犹太人："火狱在哪儿？"他说："海中。"阿里说："我认为他是个诚实的人。"随后诵读了经文："以汪洋的大海盟誓。"（52：6）阿里之所以相信这个犹太人，是因为有此节经文为证。② 对此，穆罕默德·哈桑·海米西（Muhammad ḥasan al-hamsī）的《古兰经简注、哲拉鲁丁·苏尤蒂的降示背景注、经文内容与词汇索引大全》，以"末日，火浪滚滚"注释了"汪洋大海"。③ 注释学界界定，类似这样确凿无误的以色列传闻是允许接受的。

其二，谎言传闻。这种传闻违背了伊斯兰教的教义教法，不符合理性思维。学界明确界定，这种传闻既不被认可，也不得传述。上述所举的大量以色列传闻，即为此类。

其三，介于上述两类之间的传闻。对于这些传闻，注释学界遵循圣训，既不相信，也不否定："你们不要相信有经人，也不要否定他们，你们说，我们信仰真主及其降示给我们的经典。"如七眠子之狗的颜色和名称，穆萨的拐杖产自何树，等等。④

---

① 穆罕默德·艾布·舍赫布：《古兰经注释典籍中的以色列传闻注释与伪造注释》，开罗圣训出版社 1971 年版，第 159—305 页。

② 穆萨伊德·坦雅尔：《古兰学及古兰经注释原理论集》，利雅得穆罕底斯出版社 2005 年版，第 191 页。

③ 穆罕默德·哈桑·海米西：《古兰经简注、哲拉鲁丁·苏尤蒂的降示背景注、经文内容与词汇索引大全》，大马士革贝鲁特拉希德出版社 1987 年版，第 523 页。

④ 穆罕默德·侯赛因·扎哈卜：《古兰经注释与注释家》卷 1，开罗知识出版社 2001 年版，第 179 页。

第四章 《古兰经》注释的种类 223

以上类型中，第一类型的性质不言自明。问题在于，严重混淆"传闻注释"并且深深影响其正常发展的是第二类型，即具有谎言性质的"以色列传闻"——殃及穆斯林的信仰，祸及《古兰经》的注释学术。第三类型虽无大碍，但仍然有直接或间接影响。有鉴于此，历代部分圣训学家、注释家和考证学家，竭尽全力从以下几个尤为突出的层面，分析了后两个类型影响确凿传闻注释的原因所在，以便使所有注释家，能够明辨传闻，正确运用法理和学理界定的"传闻注释"，展开注释工作，严防将"以色列传闻"作为注释的次要渊源：①

其一，这些含有亵渎经义、将真主具象化、贬低使者等不符合经义经旨的传闻内容，严重祸及穆斯林信仰，误导他们的信仰思想与意识观念。例如，关于真主毁灭先知鲁特民族的传闻："真主与两位天使扮作三个人，出现在先知易卜拉欣面前。易卜拉欣盛邀他们到家休息，洗漱，用餐。三人欣然答应后，易卜拉欣马上返回帐篷让妻子萨勒烹调美味佳肴。他们坐在一棵树下用餐。餐后，真主与易卜拉欣谈及萨勒和毁灭鲁特民众的事务。真主谈完后就走了，易卜拉欣也回到了原地。"然而，真实的情况是，《古兰经》陈述了毁灭鲁特民众的故事，明确指出真主派遣天使化装为人，前去会见易卜拉欣。易卜拉欣没有想到他们是天使。易卜拉欣为他们端上食物，但他们没有吃，表明他们的天使身份后告诉他，真主派遣他们来毁灭鲁特的民众。

其二，损害伊斯兰形象。这些传闻将伊斯兰教描绘为一个迷信、幻想而误导人的宗教。如以色列传闻对经文"支持宝座的和环绕宝座的，都赞颂他们的主"（40：7）的注释：支持宝座者头顶宝座，脚踩大地。对此节经文的传闻，还有另一种版本：当真主创造宝座（Al-'arsh）后，宝座说："真主绝对没有创造比我更巨大的物体。"然后它就摇摆，真主遂用一条蛇缠绕了它。此蛇有七万条翅膀，每一条翅膀有七万根羽毛，每一根羽毛上有七万张脸，每一张脸上有七万只嘴巴，每只嘴巴上有七万条舌头。这些嘴巴每天的赞颂词等同于古今雨点的总数、树木和树叶的总数、石子和露珠的总数、世界历史的天数、天使的总数。这条蛇缠绕着宝

---

① 穆罕默德·侯赛因·扎哈卜：《古兰经注释研究论集》，开罗圣训出版社2005年版，第30—33页。

座，宝座在蛇的半腰处，被它缠绕着。

其三，混淆是非，难辨传闻。该类型传闻几乎使那些著名圣门弟子与再传弟子具有的权威性丧失殆尽。而这些先贤以权威与公正著称，以注释学和圣训学研究享誉穆斯林世界，被穆斯林视为伊斯兰文化渊源的重要来源者。问题就在于，以色列传闻中，其中不乏有些被否定和贬责的内容要追溯至部分先贤，如坚定信仰伊斯兰教并为其鞠躬尽瘁的圣门弟子艾布·胡莱赖与阿卜杜拉·本·赛拉穆，再传弟子凯尔布·本·艾哈巴尔与沃海布·本·穆南比赫等。大量不可思议的"以色列传闻"涉足传闻注释后，不但令穆斯林难以辩析哪些是真正的传闻注释，哪些是以色列传闻，而且几乎使这些权威圣门弟子与再传弟子无形中受到误解和质疑。更为严重的是，那些旨在瓦解伊斯兰教的人，如马朱勒宰哈尔·伊斯利，以及与他们沆瀣一气的伪穆斯林，将这些权威的先贤视为贻害伊斯兰教和穆斯林的罪魁祸首。

其四，转移重心，本末倒置。"以色列传闻"不但使少数注释家几乎偏离了求解《古兰经》经旨义理的目的，使他们无暇顾及研习经义，汲取殷鉴，创制教法。反之，"以色列传闻"将他们注释的重心转向了那些不值一提、裨益无存、价值尽失、浪费时间、近乎嬉戏的细枝末节方面，如注释七眠子之狗的颜色和名称，穆萨拐杖产自何树，易卜拉欣复活之鸟的名称、努哈之船的长、宽、高，以及所载动物的名称，等等。

（三）省略传述系统（Hadhf al-'isnād）

传闻注释中出现羸弱注释的第三个原因是，一些注释家传述圣训与先贤注释时，往往因繁就简，省略了传述系统，从而使后人不得而知该传闻究竟出自何人。由此及彼，此类注释内容因无传述系统而被界定为"羸弱注释"。

"传述系统"（Al-'isnād），是圣训学范畴内的一个专业术语，其产生与圣训的传述息息相关。众所周知，圣训是在先知穆罕默德去世后的一两个世纪内，由代代人口耳相传，逐渐被收集、整理、成册和定本。圣训的可靠程度与是否确凿，基本上取决于传述人的可靠程度和传述系统的严密程度。两者相辅相成，形成了一个考据极其严密的"传述系统"。亦即，如果代代传述人的人品和学品都无可挑剔，那么他所传述的圣训就被界定为确凿无误的圣训。反之则不然。因此，传述人的综合素质成为决定圣训性质的关键所在，是考证圣训真伪与否的重要杠杆和考量依据。鉴于传述人之于界定圣训真伪的重要性，"对圣训传述人的研究构成了圣训学研究中的一个重要组成部分，甚至是圣训学研究的一半内容，因为圣训学研究分两大板块：传述系统（主要是传述人）和圣训的内容。因此，对圣训传述人的研究是非常重要的领域，历代学者为此付出了巨大的心血，也取得了丰硕的成果，这部分内容后来竟成了圣训学大范畴中独立的一门学科，叫传述人考证学"[①]，类似于我国传统史学中的考据学。

圣训的传述系统和方法，表面看似烦琐，实质上是实事求是地追溯了"训"的来源是否出自先知穆罕默德，界定了它的确凿无误，证明了它的非伪造性。现引述一段圣训的传述系统作为范例，以供参考：叶海亚·本·布凯尔给我（布哈里）传述，赖斯——根据——欧盖立——根据——伊本·什哈卜——根据——阿布杜·拉哈曼传述，阿卜杜拉·本·凯尔布说，他听凯尔布·本·马立克说："我没有参加塔布克战役，我见穆圣后就请安，他兴奋得面目闪光。穆圣高兴时面容发光如圆月，我们以此来了解他的心情。"[②] 从该段圣训的传述不难看出，传述系统一般是由下而上，直至追溯到先知穆罕默德本人。该段圣训就是从《布哈里圣训实录全集》的收录者布哈里开始，经过历代传述人一直追溯到先知穆罕默德，从而明确了该段圣训传述的来龙去脉：布哈里→赖斯→欧盖立→伊本·什哈卜→阿布杜·拉哈曼→阿卜杜拉·本·凯尔布→凯尔布·本·马立克→先知穆罕默德。换言之，先知的所有言行，由他而下，通过一个个传述人的传述，最终被布哈里等人甄别与界定其确凿无误后，收录、成册和定本。

明确圣训的传述系统后，如果将圣训与《古兰经》的关系进行有机联系后，就会得出结论，传述系统之于《古兰经》的传闻注释，两者一脉相承，无法割裂。换言之，圣训的"传述系统"同样应用于传闻注释的传述，两者的标准同出一辙，是界定传闻注释确凿与否的依据和杠杆。据此，传述系统决定了传闻注释的渊源——圣训与先贤的注释是否正确。如果传述系统严密，那么传闻就正确，注释内容也就相应确凿无疑，不容

[①] 丁士仁：《简明圣训学》，宗教文化出版社2008年版，第129—130页。关于圣训的传述，详见该书第七章"传述人和传述方式"。

[②] 《六大部圣训全集》之《布哈里圣训实录全集》，利雅得和平出版社2000年版。

置疑。如果传述系统的严密程度相对缺乏，注释的权威效果也就受到一定程度的影响。如果传述人因考虑到注释传述系统的烦琐而采取去繁就简的方法，直接省略传述系统，或者故意删繁就简，仅保留注释内容，那么这种注释毫无疑问是"羸弱注释"。

省略传闻注释的传述系统，呈渐进式发展成为羸弱注释。

圣门弟子时代，他们运用圣训注释经文时，必须严格考证所引圣训是否确凿。换言之，他们唯有在确定圣训真实的情况下才能传述。如果他们之间互相传述圣训，也不轻易接受另一人的传述，而是必须取得证人证明或传述人发誓后才予以认可。这样做的目的，就是为了进一步强调圣训的可靠性和真实性，而并不是对传述人本身的质疑，可谓"对事不对人"。如发生在圣门弟子欧麦尔与乌班耶·本·凯尔卜之间考证圣训真实的典故，就反映了圣门弟子对传述圣训的严肃态度和严谨考据。欧麦尔对给他传述了一段圣训的乌班耶·本·凯尔卜说："你一定要给我举出证明这段圣训的证据。"乌班耶遂请来一些辅士圣门弟子，并将此事告诉了这些人。他们为欧麦尔作证："我们亲耳听到先知这样说。"欧麦尔遂对乌班耶说："我绝对不是怀疑你，而是我想肯定圣训。"①

再传弟子秉承业师圣门弟子的方法，亦步亦趋地根据传述线索溯源圣训。他们引证圣训或圣门弟子的传闻时，只有在传述系统具备的情况下才放心地引证和传述。即使在伪造圣训和荒谬之语初见端倪的情况下，他们依然在传述系统具备、肯定传述人品的情况下接受所传圣训。如果某段圣训的某一传述线索被省略，或者传述线索具备但某传述人不被信任，他们就不接受这段圣训。对此，穆斯林在《穆斯林圣训实录全集》的前言中记载，再传弟子伊本·西林讲道："再传弟子们但凡产生分歧，他们不问传述系统，只是说：'你们为我们举出传述人的名字。'"② 这就说明，再传弟子不仅仅依靠传述系统中的传述线索，而且要肯定传述人的人品学品。在两者都具备的情况下，才能最终判定圣训的真伪与否，并由此贴切地界定传闻注释是否确凿。

圣门弟子与再传弟子严格按照传述系统的规范注释经文的举措，一直

---

① 穆罕默德·侯赛因·扎哈卜：《古兰经注释与注释家》卷1，开罗知识出版社2001年版，第201页。

② 《六大部圣训全集》之《穆斯林圣训集》，利雅得和平出版社2000年版。

持续到三传弟子时期。三传弟子如苏夫扬·本·艾耶奈、沃基尔·本·吉拉赫等,已经初步开始收集、整理和记录圣训,注释作为其中的一部分也得以整理和记录。他们在记录注释性圣训、圣门弟子与再传弟子的注释时,无一例外地叙述了传闻的详细传述系统。

如果查阅以上三个时代的任何注释,就会发现它都是按照确凿、严密的传述系统进行传述。问题出在三传弟子之后。三传弟子以降,文字注释家日渐趋多,他们中不仅有人省略了传述系统,而且既没有认真研究传闻的真实性,也传述了那些与注释者没有任何联系的言论。如此举措,给伪造者提供了一个可乘之机,伪造传闻乘虚而入,造成一叶障目、真伪难辨的局面。这种无根无据的传闻从此代代相传,每一个传述人都想当然地认为所传之闻有根有据,而不深究传闻是否来自先知穆罕默德和先贤。[①] 很大程度来讲,省略传述系统又成为"伪造注释"与"以色列传闻"介入传闻注释的重要因子,最终造成了"羸弱注释"形成的最为危险的因素。这是因为,读者会想当然地认为,即使注释家省略了传述系统,其注释传闻都是正确的。至于那些缺乏学术严谨的注释家,甚至是心存不轨者,则借此伪造了很多有违传述考证学的伪造注释,传述了大量理性难以接受的"以色列传闻",造成了鱼目混珠的注释局面。

诚然,伪造注释和"以色列传闻"具有的严重破坏性毋庸置疑。然而,这种破坏性不是不可避免。亦即,注释家可以运用传述系统法来考证传闻内容的实质,然后给予法理和学理辩解。如泰伯里在《古兰经注释总汇》中,即使没有认真研究部分传闻的真伪,但他实事求是记载传闻的传述系统的作法,为后学能够一窥原貌,界定确凿注释和羸弱注释留下了极大的研究空间。

第二节 见解注释

一 见解注释的定义

"见解注释"(Al-tafsir bi al-ra'y),是指注释家根据自己的见解

[①] 哲拉鲁丁·苏尤蒂:《古兰经学通论》,贝鲁特阿拉伯图书出版社2003年版,第883—884页。

（Al-ra'y）阐释《古兰经》的学术举措。

在语言学层面，"见解"（Al-ra'y）是指"思考事物的渊源，观察事物的结果，了解事物的正确与错误所在。"①注释学界将"见解"等同于"理智（Al-'aql）、类比（Al-qiyās）、思考（Al-tadbīr）"。在专业术语层面，"见解"等同于"创制"（Al-'ijtihād），"见解注释"即"创制注释"（Al-tafsir bi al-'ijtihād）。②根据"见解"在专业术语层面的定义，"创制"是见解注释过程中的关键所在，发挥着决定性作用，因此界定"见解"，必先界定"创制"。

"创制"（Al-'ijtihād），从词源来讲，意为"努力"，与人的思维过程息息相关，应用于教法层面，引申为"创制"。换言之，"创制"是教法学家根据教法学的特定要求，努力演绎和创制教法的思维过程，"教法学权威依据《古兰经》、圣训的总精神，运用理智，通过推理、比较、判断等方法，对新的历史条件下出现的新情况、新事物以及特殊情况等，推演出与整个教法宗旨并行不悖的法律结论与条规的整个思维过程。包括对《古兰经》、圣训选择、释义、应用，形成新的判例。"③

创制活动早在先知穆罕默德和圣门弟子时期业已开始。先知"穆罕默德及其四大哈里发都曾用创制方法断案、解答有关教法问题。穆罕默德说：'在无天启的情况下，我常凭借见解在你们当众进行裁判。'这一方法也为各地的圣门弟子和教法主持人所奉行不悖。"④例如，圣门弟子阿慕尔·本·阿斯说："在扎特·塞拉希勒之年（锁链战役），穆圣派我赴战。我在一个严寒之夜梦遗了，我担心如果洗大净就会冻死，所以以土代净后带领同伴们履行了晨拜。返回穆圣身边后，我将此事告知穆圣，穆圣说：'阿慕尔，你在无大净的情况下带领同伴们礼拜？'我说：'真主的使者啊！是的，我在严寒之夜梦遗了，担心洗大净会冻死，我想起了真主的话：'你们不要自杀。'（4：29）故我以土代净并礼了拜。'"穆圣笑了，什

---

① 穆萨伊德·坦雅尔：《古兰学及古兰经注释原理论集》，利雅得穆罕底斯出版社2005年版，第209页。

② 穆罕默德·侯赛因·扎哈卜：《古兰经注释与注释家》卷1，开罗知识出版社2001年版，第255页。

③ 宛耀宾总主编：《中国伊斯兰百科全书》，四川辞书出版社1994年版，第114页。

④ 同上书，第115页。

么也没说。"

　　由于《古兰经》是伊斯兰教的第一法源，制定法律必然要溯源《古兰经》。因此，解读经文中涉及法律的经文，自然成为教法学家和注释家的首要任务，两者在学科领域的相通关系，决定了教法学家一定程度上也是注释家，兼顾教法与注释双重层面。他们在处理具体教法事物时，首先溯源经文，然后根据情况发挥个人见解，以此正确解读经文的语体经义，并对经文做出符合理性判断的阐释。先知穆罕默德及其门弟子发挥个人见解具体处理教法案例的举措，首开见解先河，解读经义，创制教法。

　　据上，注释家根据个人见解注释《古兰经》与教法学家根据经文创制教法的学术举措，时间上同步亦趋，尽管两者所属学科不同，但性质和内涵相辅相成。是故，穆罕默德·侯赛因·扎哈卜教授将"见解注释"界定为："注释家在精通阿拉伯语及其含义、了解阿拉伯词汇语义、通晓古代诗歌、掌握降示背景、知晓先后停止经文等所需学术工具后，运用创制来注释《古兰经》。"① 穆萨伊德·坦雅尔教授将其定义为："注释家借助创制工具，运用他的理智理解《古兰经》，努力阐释经义经旨。"②《中国伊斯兰百科全书》的"古兰经注学"条目，将其定义为："指在包括经、训在内的传述材料中找不到解释经文的基础时，可按注者个人的理解或见地对经文作阐释性的解释，但这类解释者必须具备高深的宗教学造诣并对阿拉伯语文和先知历史有相对根底等条件。"③

　　根据以上定义，见解注释是指以圣门弟子为代表的历代注释家，在时代发展中，因事实和情况所需，在传闻注释的首要渊源《古兰经》和次要渊源圣训中，找不到任何明文依据的情况下，只能根据经训原则和精神，发挥个人见解对经文做出新的阐释。反之，如果注释家僵化经文，而不采取创制方式阐释经文大义，"就失去了《古兰经》数节经文敦促我们思考和参悟《古兰经》意义的教诲，就会使《古兰经》蕴涵的各种律例

---

① 穆罕默德·侯赛因·扎哈卜：《古兰经注释研究论集》，开罗圣训出版社2005年版，第406页。
② 穆萨伊德·坦雅尔：《古兰学及古兰经注释原理论集》，利雅得穆罕底斯出版社2005年版，第209页。
③ 宛耀宾总主编：《中国伊斯兰百科全书》，四川辞书出版社1994年版，第180页。

和各类知识因此而失去,而这些律例和知识每天都在更新。"① 据此,见解注释是《古兰经》注释发展历程中的必然举措,是对传闻注释的继承、发展和拓宽。

二 见解注释的分类

古兰学家研究,《古兰经》本身蕴涵的知识大体分三类:②

其一,真主没有赋予任何人,唯有他知晓的经文奥秘知识,如真主的本体(Al-dhāt),以及幽玄之事(Al-ghuyūb)。这些知识,不允许任何人以任何理由和方式涉足其中。

其二,真主专门赋予其使者穆罕默德的经文知识,唯有使者或真主意欲者才能言及,如部分章首字母。另有一些学者将这些章首字母列为第一类,即只有真主知晓其义。

其三,真主赋予其使者的各种知识,这些知识蕴涵在经文的微言大义中,并命令使者教授于人。这类知识分两种:一是只能通过传闻才能言及,如经文降示背景、先后停止经文、各种诵读方法、阿拉伯语各方言、前代各个民族、各类历史事件、末日复生和终极归宿。二是通过思考、求证和探究部分经文的微言大义来获得。这又分为两种情况,一种情况是,学者们对注释隐微经文(Al-mutashābihāt)存在分歧。另一种情况是,学者们一致认为可以就教义教法、伦理道德、劝善戒恶、语言修辞等,发挥个人见解,创制性地注释经文。

基于《古兰经》自身学科的分类,中早期注释学界从整体上,就是否能以个人见解来注释《古兰经》的第三类知识产生分歧,并分为反对派和许可派。

(一)反对派的观点

反对派的学者禁止见解注释,因此他们自己不敢涉足其中,也不允许他者涉足。他们认为,即使注释家满腹经纶,精通教法学、语言学、历史学等学科知识,也只能追溯先知穆罕默德、圣门弟子和再传弟子的注释来

---

① 穆罕默德·艾布·舍赫布教授:《古兰经注释典籍中的以色列传闻注释与伪造注释》,开罗圣训出版社1971年版,第81页。

② 穆罕默德·侯赛因·扎哈卜:《古兰经注释与注释家》卷1,开罗知识出版社2001年版,第276页。

从事注释工作。他们禁止的理由和证据是：

其一，见解注释《古兰经》是无知地谈论真主，而无知地谈论真主是受禁止的，因此见解注释也是被禁止的。

其二，真主告诉他的使者："我降示你教诲，以便你对众人阐明他们所受的启示。"（16：44）因此真主给使者教授了阐明，所以使者知道他人不知的经文大义，他人也就无权见解性地阐释经文。

其三，《提尔米兹圣训集》记载的圣训为据："凡以见解注释《古兰经》者，就让他准备好火狱的座位。""凡以见解注释《古兰经》者，他能正确，但也会出错。"

其四，圣门弟子与再传弟子的言论证明，他们都视注释经文为重中之重，故竭力回避以自己的见解注释经文。如首任哈里发艾布·伯克尔被请教注释某一字母时说："如果我以真主所不意欲的见解注释任何字母的话，无论我走到哪儿，哪有天空为我遮荫，哪有大地承载我？"同样，再传弟子赛义德·本·穆西布被问及合法与非法事物时，就给予解答；如果被问及某节经文的注释时，就缄口不语。①

该派学者根据以上证据界定，如果注释《古兰经》仅仅凭借自己的见解而不依据经训和法理要求，其注释毋庸置疑受到贬责，不被法理认可。

（二）许可派的观点

许可派的学者主张，如果注释家具备了必需的学术条件和学科知识，就可以运用个人见解注释那些允许创制的经文，其注释也因下列法理依据而成为受赞许的注释：

其一，多节经文证明注释家可以发挥个人见解去注释经文，如："难道他们没有研究《古兰经》吗？假如它不是真主所启示的，他们必定发现其中有许多差别。"（4：83）"这是我所降示你的一本吉祥的经典，以便他们沉思经中的节文，以便有理智的人们觉悟。"（38：29）"他们怎么不沉思《古兰经》呢？难道他们的心上有锁？"（47：24）

其二，他们认为，假设不允许见解注经，也就不允许创制，由此及彼

---

① 穆罕默德·侯赛因·扎哈卜：《古兰经注释研究论集》，开罗圣训出版社2005年版，第407页。

的连锁反应是，经中许多律法的创制因此存在缺失。这是无理之事，因为创制之门时至今日仍然敞开，创制家无论创制正确与否，都必受恩赐。这是因为，先知穆罕默德没有注释所有经文，也没有创制经中涉及法律的所有经文。

其三，圣门弟子以他们的见解注释了经文，并在理解部分经文时存在分歧。众所周知，他们没有听到先知穆罕默德给他们阐释一切，因为他只解释了其中的部分经义，而理解他没有阐释的另一部分经文，则需要他们的理解和创制。假设从见解角度注释经文受禁，圣门弟子就违背了经旨，陷入错误泥淖。

其四，先知穆罕默德为伊本·阿拔斯作了祈祷："主啊！你使他通晓伊斯兰教，教授他注释。"假设注释局限于传述传闻的话，先知穆罕默德为伊本·阿拔斯专门祈祷就显得毫无意义。事实上，他为伊本·阿拔斯祈祷，就足以证明穆斯林可以运用见解和创制注释《古兰经》。①

（三）见解注释的类型

综上所述，两派学者"在语言层面而非实质层面"的分歧②，自然而然地将见解注释分为两类：

第一类，受赞许的见解注释（Al-tafsir al-maḥmūd），其条件是精通阿拉伯语言学、符合经训教义教法的要求、具备各项学术条件。

第二类，受贬责的见解注释（Al-tafsir al-madhmūm）。其因在于，注释家不懂阿拉伯语言学，注释不符合教法教义的证据和要求，不具备注释的基本学术条件，因此是受禁止的，被贬责的。欧麦尔就此讲道："对于你们，我只担心两种人：一种人是不符合注释［条件］就注释《古兰经》，一种人是与他的弟兄争夺王位。"③

伊本·泰米叶在比较先贤见解注释的确凿证据后，又从正反两方面分析了见解注释的定义和分类，由此促使后人根据这样的概念来判断见解释中，哪些注释是受赞许的，哪些注释是受贬责的："先贤注释家在不具备

---

① 穆罕默德·侯赛因·扎哈卜：《古兰经注释研究论集》，开罗圣训出版社2005年版，第408页。

② 穆罕默德·侯赛因·扎哈卜：《古兰经注释与注释家》卷1，开罗知识出版社2001年版，第264页。

③ 同上。

见解注释所要求条件的情况下，均竭力回避见解注释。如果他们具备语言和法学条件，就不妨以见解注释经文。先贤只讲自己所知，而对自己所不知道的经义讳莫如深。这也是每个注释家应当恪守的原则，应对自己所不知的经义保持沉默，务必回答自己所知道的经义，正如经文所言：'当时，真主与曾受天经的人缔约，说：'你们必为世人阐明天经，你们不可隐讳它'；以及圣训所说：'凡被问及知识而隐讳知识者，末日就被套上火笼头。'"①

三　见解的学术条件

如上所述，注释学界指出，但凡以个人见解从事注释的人，务必具备下列学术条件，以使其注释成为受赞许的、被接受的注释。换言之，这些学术条件等同于注释《古兰经》的学术工具，它保护着注释家，以免错误地注释《古兰经》。这些学术工具是：语言学、语法学、词法学、字源学、辞达学、辞巧学、辞华学、诵读学、教义学、法理学、经文降示背景学、先后经文停止学、教律学、圣训学、禀赋学。关于这15门学科的详细情况，参见第2章第3节，此处不再赘述。

穆罕默德·侯赛因·扎哈卜教授指出，以上15门学科，仅仅是见解注释家必须精通的基本学科，而没有囊括注释需要的所有学科。诸如，《古兰经》含有很多前代民族的信息，他们的历史事件。那么，经文提到的历史信息和历史事件，就需要注释家通晓历史学和地理学，以便了解经文提到的各个历史时期、历史事件和历史地方的详细情况。

对于注释家应该具备更多学科知识的必然性、重要性和需要性，埃及学者、注释家、宗教和社会改革家穆罕默德·拉希德·里达作了精辟总结："《古兰经》注释有很多级别，最低级别的注释就是概要阐释经文中的命令和禁令，使人趋善避恶，这对每一个注释家而言都很容易，正如经文所言：'我确已使《古兰经》易于记诵，有接受劝告的人吗？'（54：17）至于最高级别的注释，则务必具备下列事项方能尽善尽美：

1. 理解《古兰经》中每一个单词的实质，及其在不同时代的具体运

---

① 穆罕默德·侯赛因·扎哈卜：《古兰经注释研究论集》，开罗圣训出版社2005年版，第409页。

用,尤其是在先知穆罕默德时代的具体用法。

2. 具备理解经义的各种方法和手段,如阿拉伯语言学和修辞学等。

3. 通晓涉及人类的各科知识。《古兰经》是真主降示的最后一部经典,阐释了前代经典所没有阐释的内容,如创造宇宙万物的情况,宇宙万物的特性和规律。经文阐述了前代民族的故事和他们的常道,因此注释家务必思考他们的发展历程和各种情况的缘由,如强盛与衰落、尊贵与低贱、文明与愚昧、信教与不信教等。同样要知晓有助于了解宇宙世界的各科知识。令我无法理解的是,如果一个人不懂人类历史及其如何统一、如何分裂、统一的意义所在(利与弊)、派遣使者的迹象何在,他如何注释这节经文:'世人原是一个民族,嗣后,他们信仰分歧,故真主派众先知作报喜者和警告者。'(2:213)《古兰经》言简意赅叙述了昔日的民族、真主的常道、天地的迹象,并命令我们观察和思考,周游大地,以进一步详细了解这些内容。如果我们仅仅满足于宇宙的表象知识,我们就成为僵化经典的人,无法通晓经文蕴涵的所有知识和智慧。

4. 明确《古兰经》引导人类的哲理所在。注释家必须通晓先知时代阿拉伯等民族的状况,因为《古兰经》召唤的是全人类,先知是引导人类、给人类带来福祉的使者。注释家如果不知道人类的各种情况和现状,如何理解《古兰经》预示人类终极归宿的真理所在。

5. 精通先知穆罕默德与圣门弟子的历史、学识和工作,他们如何兼顾今后两世事物。"[①]

通过穆罕默德·拉希德·里达的分析不难看出,具有创制性质的见解注释,是伊斯兰社会和文化发展的必须举措。因此,注释家不仅要具备直接关系到理解《古兰经》语体经义的语言学、教义学、教法学等知识,而且必须相对通晓历史学、地理学、人类学和社会学,以及自然科学等知识,以便从各个角度深入解读包罗万象的《古兰经》。如此,才能彰显其经典作用和价值。同样,上述学科反映出,《古兰经》注释是常人不能涉足的学术禁区,凡不具备这些学科知识而惘然注释经义,其注释自然成为受贬责的注释,也就不能被法理和学理所认可。

---

① 穆罕默德·侯赛因·扎哈卜:《古兰经注释与注释家》卷1,开罗知识出版社2001年版,第269—272页。

四　见解的避免事项

注释学界在界定见解注释家必须具备相应的学科知识外，进一步指出，注释家为了不使自己深陷错误注释的泥淖，不被列入受贬责的注释者行列，务必避免下列重要事项：①

1. 避免因无知阿拉伯语言学规律、法学原理，以及在没有获得必须具备的学科条件情况下，贸然注释《古兰经》，侵犯其经义经旨。

2. 避免涉足唯有真主知晓的经义领域，如擅自注释隐微经文（Al-mutashābihāt），注释家没有资格注释这些只有真主知道其奥义的经文。

3. 避免在私欲注释和自认满意的注释中铤而走险，因此注释家既不能以私欲之见注释《古兰经》，更不得界定自认完善的注释。

4. 避免运用注释支持异端派别和妄言邪说，从而使异端派别成为自己信仰的根源，使《古兰经》注释受其支配。如果肆意注释经文，最终使自己以任何可能的方式步入异端派别，追随异端信仰，即使荒诞也在所不惜。

5. 避免以无凭无据的注释论断经义经旨，这不被法理允许，正如经文所言："恶魔只以罪恶和丑事命令你们，并教你们假借真主的名义，而说出你们所不知道的事。"（2：169）

五　见解注释的渊源

注释学界界定，正如传闻注释家必须要溯源法理界定的注释渊源那样，见解注释家在具备上述学科条件、注意避免事项的同时，也必须追溯和运用注释源开展注释工作，而不是因为具备了学科条件就可以任意发挥个人见解和观点注释《古兰经》。

（一）《古兰经》

见解注释家注释时，务必从《古兰经》本身中寻找注释答案。首先认真研究整部经文，然后整理内容雷同的经文，最后再对经文内容进行梳理和比较。这是因为，内容雷同的经文，往往呈现出此节经文注释彼节经

---

① 穆罕默德·侯赛因·扎哈卜：《古兰经注释研究论集》，开罗圣训出版社 2005 年版，第 412 页。

文、此处经文言简意赅而彼处经文展开详论、冗长经文阐释简短经文的图景。基于经文之间互相注释的情况，无论是传闻注释家，还是见解注释家，注释时都须从经文本身着手。如果弃经文互注于不顾，执意要发挥个人见解注释经义，其注释往往错误，成为受贬责的注释。

（二）圣训

见解注释家溯源的次要注释渊源是圣训。此外，见解注释家同时还必须严加谨防那些防不胜防的羸弱圣训和伪造圣训。如果先知穆罕默德已经明确注释了经文，注释家就不得弃训而注，因为他受命阐释真主启示给人类的经典，他是最权威的注释者。如果注释家放弃了确凿的注经圣训，转而以自己的见解注释，其注释无疑是受贬责的。

（三）圣门弟子注释

如果圣门弟子的注释确凿无疑，见解注释家就不应该放弃他们的注释，而以自己的见解注释。较之其他人而言，圣门弟子最知真主的经典，最了解经文降示的奥秘所在。这是因为，他们亲历了经文降示时的各种事件和各种状况，亲耳聆听到先知穆罕默德对《古兰经》文的阐释，他们具有常人不能具有的全面理解和正确知识，尤其是他们中的著名学者如四大哈里发、伊本·麦斯欧德、伊本·阿拔斯、乌班耶·本·凯尔卜等人。

（四）阿拉伯语奥义

尽管《古兰经》是以明白的阿拉伯语所降示，但注释家仍然要谨防，避免运用相去甚远甚至是或然性辞藻来注释那些显而易见的经文本义，造成得不偿失的注释结果，从而沦为受贬责的注释。是故，精通《古兰经》的语言——阿拉伯语，是见解注释家从事注释工作的先决条件，是注释学要求的首要学科。对于不精通阿拉伯语及其奥义而肆意注释经文者，法学家马立克·本·艾奈斯（约715—795）直接从法律角度予以警示："我必处罚不懂阿语知识的注释者，以罚他儆百。"①

（五）经旨所在与法理所指

这就是先知穆罕默德为伊本·阿拔斯的祈祷所指："主啊！你使他通晓伊斯兰教，教授他注释。"圣门弟子阿里又对该祈祷作了进一步阐述。当他被问及除《古兰经》之外，是否还有传自先知穆罕默德针对注释而

---

① 哲拉鲁丁·苏尤蒂：《古兰经学通论》，贝鲁特阿拉伯图书出版社2003年版，第861页。

言的其他事务时,他说:"没有,以开裂籽粒与恢复气息的真主起誓,我只知道真主赋予某人对《古兰经》的理解。"通过先知穆罕默德为伊本·阿拔斯的祈祷和阿里的解读不难看出,首先,见解注释经文的圣门弟子,虽因理解不一而对《古兰经》的注释不尽相同,但每一个人都在注释法理的范畴内,尽其理解和思考能力,如履薄冰地注释着《古兰经》的微言大义。其次,先知穆罕默德语句中的词汇"通晓伊斯兰教"(Al-fiqh,系教法学的专业术语)说明,注释家注释经文时,在理解经义经旨所在基础上,其注释必须符合两个层面的要求,即注释学的学理要求和教法学的法理要求。如果见解注释脱离了这两个学科的原理范畴,则既不能尽解经义经旨所在,也必将沦为受贬责的注释。[①]

六 见解的方法规则

较之确凿的传闻注释——时间空间与社会文化都局限在伊斯兰教黎明时期(610—750)的有限时期内,见解注释是注释家随着时代发展、社会变化和学科需要,基于经训原则和精神发挥个人的正确见解,创制性地解读经文大义的学术举措。很大程度上,见解注释是历代穆斯林"信经而不僵经"的具体反映,伊斯兰社会和文化与时俱进的真实写照。因此,它的范围相对传闻注释更加广泛,内容尤为丰富,内涵大为延伸。然而,从本质上来讲,见解注释毕竟又是一项冒天下之大不韪而以有限思维去解读无限"天经"的学术创新活动,其危险系数也就相应大为增加,注释家如果稍有不慎或无知无识地任意创制,注释内容自然陷入受贬责的注释范畴。是故,注释学界为使注释家"释经而不越经",不仅最大程度、最大限度地从注释家应该具备的学术条件到必须避免的事项,以及注释时务必依据的注释渊源做了明确界定,而且又从实践注释的具体规则方法层面上予以规范,以确保见解注释始终在注释学和教法学的学理和法理的框架内发展,不越雷池:[②]

[①] 穆罕默德·侯赛因·扎哈卜:《古兰经注释与注释家》卷1,开罗知识出版社2001年版,第273—274页。

[②] 参见穆罕默德·侯赛因·扎哈卜《古兰经注释研究论集》,开罗圣训出版社2005年版,第413—414页。

（一）释义务必切合经义

释义既不能丝毫减少需要阐释的经义，也不得添加不符合经旨的释义，更不能断章取义，偏离经义，放弃经旨。

（二）兼顾经文的本义和隐义

《古兰经》中的某些词汇和语句往往是本义和隐义兼而有之，具有双重性。因此，注释家务必要兼顾经文具有的本义和隐义属性，做到有的放矢。

（三）重视经文的互相关联性

注释家注释经文时，务必重视经文上下文之间的连贯和经旨所在，注重词汇之间的关系。

（四）重视经文之间的互相映照

注释家要阐释经文之间互相映照的哲理所在，并将前后经文有机地联系在一起。同时，注释家要明确指出，《古兰经》经文之间不是互相独立，而是互相映照、彼此呼应的。

（五）重视经文的降示背景

鉴于有些经文有降示原因，因此注释家在阐释经义之前，首先要叙述经文的降示背景。

（六）重视注释的先后顺序

注释家叙述经文降示背景后，首先阐释经文辞藻在语言学、词法学和字源学层面的用法，接着根据辞藻的构造说明其在句中的语法地位，并从辞达学、辞巧学和辞华学层面阐释它所具有的修辞意义，然后再阐明该经文辞藻的经旨所在，最后尽可能在法学原则范畴内，创制性地解读经文具有的教法意义。

（七）避免注释意义重复的经文

在有些经文中，往往有两个同义词同时出现，如在经文"它不让任何物存在，不许任何物留下"（56：28）中，否定动词"不存在"（Lātubqī）和"不留下"（Lātadhar），显然是两个同义词，虽然辞藻不同，但词义相同，因此只注释其中的经义之一即可，不必重复注释。

（八）重视释文的精练性

注释家应当避免啰唆注释，如不厌其烦地解读语法原因，以及法理学问题、教律学问题、教义学问题的大量证据。因为这些问题和证据本身就已经蕴涵在这些学科中，成为注释学的组成部分，故在注释过程中无须大量求证，而是点到为止即可。

（九）避免不正确的传闻

注释家务必避免叙述那些不正确的传闻，即伪造的降示背景、章节优越的圣训（系艾布·阿塞姆·努哈·本·麦尔彦［Abu'asamah nūh ben maryam］伪造）、各类故事，以及以色列传闻。这些不正确的传闻不但有损《古兰经》的优美性和超绝性，更重要的是贻害读者。

（十）务必精通侧重法则

如果经文词汇具有多重含义时，注释家就要运用侧重法则（Qawānin al-tarjih），选择和界定最切合经义经旨的含义。著名法学家泽尔克西在《古兰学明证》中，阐释了"侧重法则"："每一个词汇含有双重甚至多重意义，对此，不允许非专业学者涉足创制。而专业学者也不能仅仅满足于个人见解，而是要依据大量证据加以证明。如果其中一种意义最为明确，那么就以该意义为准。如果双重意义相等且均具有实意，如语言学层面的实意和教法学层面的实意同时存在，那么教法学层面的实意优先于语言学层面的实意，除非有证据证明了语言学层面的实意，则以语言学的实意为重。以经文'你要为他们祈祷；你的祈祷，确是对他们的安慰'（9：103）为例，该节经文在教法学和语言学层面都具有实意，那么教法学层面的实意就优先于语言学层面的实意。"①

七　见解中的错误源

尽管早期注释学界对见解注释的学术条件、注释渊源和注释方法等做了细致而明确的规范和界定，但在历代注释典籍中，仍不乏出现有违注释法理和学理的注释家们。他们放弃先贤的注释之道而另起炉灶，仅仅凭借个人见解甚至个人偏好注释经文，而不依据注释家必须追溯的注释渊源。更有甚者则在不具备理解经典和揭示经义的任何学术工具的情况下，错误注释经文。这种情况的产生，总结起来，常常归结于两大源头。

（一）派别思想先入为主

此类注释家们相信多重意义中的一种意义，然后就想当然地将经文语

---

① 哲拉鲁丁·苏尤蒂：《古兰经学通论》，贝鲁特阿拉伯图书出版社2003年版，第868页。

句限定在自己所相信的意义上，而不顾及经文语句本有的经义经旨。此种注释情况，通常以四种图景出现：

其一，注释家们以自己重视的意义注释经义，既不据证求义，也不否定经文的表面意义。这种情况下，问题在于证据（Al-dalīl），而不关乎含义（Al-madlūl）——缺乏证据导致含义错误。同样，他们也以正确的意义注释经文，但释义却不是经文应有的本义所指，如注释家艾布·阿布杜·拉哈曼·孙莱米（Abu 'Abd al-lahmān al-sullamī）在《注释本义》（Haqā'iq al-tafsir）中，对"假若我命令他们说：'你们自杀或离乡吧！'"（4：66）做了这样的注释："你们因违背喜好而自杀吧！或者你们袪除你们心中对现世的贪恋吧！"

其二，注释家们以他们认可的释义代替经文的本义，既不求其证，也不据证求其义，而以自己所意欲的意义进行注释。这种情况下，问题也是关乎证据，而不关乎含义，无证据致使含义自然错误。诸如，内学派的注释家常常如此注释经文，他们认为经文的表面意义不是经旨所在，遂以自己认为的正确示意注释经文。再如，苏菲注释家艾布·穆罕默德·塞赫里·图斯塔里（Abu Muhammad sahl al-tasturī，伊历 200—283）在《伟大的古兰经注释》（Tafsir al-qur'ān al-'azīm）中，对经文"你们俩不要临近这棵树；否则，就要变成不义的人"（2：35）作了如此注释："真主的旨意不在于［阿丹夫妇］真正地吃，而在于使阿丹夫妇的志向趋于食物。"

其三，注释家们以自己重视的意义注释经文词句，不求其证，不取本义，即使没有否定经文的表面意义。这种情况下，问题既关乎证据也关乎含义——既没有求取证据，也弃经文本义于不顾。此类注释通常体现在专注于经文隐义的注释家的典籍中，如某注释家对经文"故你应当纪念你的主的尊名，你应当专心致志地敬事他"（73：8）的注释是："你当记念你的主的尊名——他就是你，你当认识你的性灵，你不要忘记它，否则真主就忘记你。"

其四，注释家们以自己重视的意义取代了经文本有的意义，他们既不求其证，也不据证取义，而是舍弃经文的本来经义，根据自己的理解注释了经文。这种情况下，问题也是既关乎证据也关乎含义。新生异端者往往如此注释经文，他们时而以没有任何证据的意义注释经文的本来意义；时而在经文本义不符合自己派别主张的情况下，将经文的词汇本义注释为理性不可接受的意义，如穆尔太齐赖派的注释家们，他们以"恩惠"（Al-ni 'mah)注释经文"在那日,许多面目是光华的,是仰视着他们的主的。"(75:22—23)中的介词"'ilā"。他们主张,该节经文中的介词"'ilā"就是"所有恩惠"(Al-'ālā',复数词型,其单数形式的构造与介词"'ilā"相同)中的一种。如此牵强附会,则将经文"是仰视着他们的主的"(75:23)注释为"是仰视着恩惠之主的恩惠",从而将经文本义证明的"后世见真主"的意义排除在外。

(二) 学术条件缺失所致

母语为阿拉伯语的个别注释家,仅仅以他认为的可能性词义注释《古兰经》词汇的本义,无视《古兰经》的语言者真主、《古兰经》的接受者先知穆罕默德对经文的注释,以及经文的经义所指。这种注释情况通常以两种图景出现:

其一,经文词汇中不乏多义词,因此注释家以其认为的可能性意义注释经文词义,但却不是经文词汇的本义所在。如单词"乌玛"('ummah),是一个多义词,有"宗教团体、坚守宗教正道、德高望重者"之意,其中"宗教"是其本质意义。如果注释家以"德高望重者"注释经文"我们确已发现我们的祖先是信奉一种宗教的"(43:22)中的"宗教"('ummah),则必错无疑,即使其在语言学层面上有几种可能性意义。

其二,注释家仅仅满足于经文词汇的表面意义,忽略了词的本义及其与上下文的关系,导致注释词汇的意义与经文词汇本义完全相反。如在注释经文"我曾以母驼给赛莫德人做明证"(17:59)时,将"明证"(Mubsirah)注释为"亲眼所见"。事实上,"明证"与"母驼"互有关联的是,"真主将母驼作为一种明确的迹象,显现给赛莫德人。"如果注释家以"亲眼所见"注释"明证",则与经文的经旨不相符合。①

第三节 专题注释

关于专题注释(Al-tafsir-al-mawdu'iyy)的属性问题——属于注释方

---

① 穆罕默德·侯赛因·扎哈卜:《古兰经注释与注释家》卷1,开罗知识出版社2001年版,第284页。

法还是注释种类，注释学界见仁见智，有学者将其列为注释方法，因此从方法论角度对其进行研究，如法赫德·鲁米教授。有学者将其列为注释种类，因此从注释种类角度对其进行研究，如穆罕默德·侯赛因·扎哈卜教授。然而，无论将其列为注释方法，还是注释种类，其中共性相辅相成，内容彼此映照——采取"归类"手段，以"专题"形式研究特定命题，"专题注释就是以学术研究的形式，分析《古兰经》各个层面的内容，研究特定的经文内容及其各个组成部分——在综合性的注释中或许没有得到分析。这种注释，往往是由精于各科的专家来完成，他们对研究的执著和喜悦，促使他们将研究和注释《古兰经》的不同内容，与他们所精通的学科知识相联系"①。

根据注释学界权威专家对专题注释属性的不同界定，笔者在第 2 章第 4 节中，从注释方法角度，对其作了概要阐述——专题注释的定义、分类、方法等。现从注释种类角度出发，通过历史发展脉络，进一步管窥专题注释的概貌。

一　专题注释的起源时期

自先知穆罕默德和圣门弟子注释经文伊始，到伊历二世纪初，专题注释的起源历经两个阶段，共性是以教法专题注释为主体。

（一）口耳相传阶段的教法专题

该阶段历时 52 年，即先知穆罕默德领受《古兰经》的 23 年，以及四大正统哈里发执政的 29 年。从注释发展的整体角度来讲，该阶段是注释形成的雏形时期，注释形式处于口耳相传状态。因此，在注释雏形时期的范畴内，专题注释亦不例外地处于口耳相传状态。

注释学界认为，专题注释与《古兰经》的降示亦步亦趋。并且体现在下列层面上。

首先，一些业已启示的节文得以整理后，被称为"Sūrah"（章），成为体现"专题注释"的鲜明图景。②《古兰经》各章的编排，及其"长短

---

① 穆罕默德·侯赛因·扎哈卜：《古兰经注释研究论集》，开罗圣训出版社 2005 年版，第 418 页。

② 索尼雅·瓦非格：《专题注释的方法以及对专题注释的需要》，载《古兰经注释与圣训注解方法国际研讨会论集》，吉隆坡塔吉迪德出版社 2007 年版，第 651 页。

和节次，据说是由先知通过诵读、教读的方式基本确定下来的"①，"麦加时期启示的，约计 90 章，是属于艰苦奋斗时期的，大半短小尖锐、激昂慷慨，充分表达了先知的感情。90 章的主题是真主的独一及其德性，人的本分和将来的报应。麦地那时期启示的约计 24 章（约占全部《古兰经》的三分之一），是在胜利时期启示的（unzilat），大半是长篇大论，以立法为主题。在这 24 章里，制定了信条以及关于礼拜、斋戒、朝觐、禁月等的典礼和规章。"② 据此，《古兰经》的 114 章，从整体角度来讲，所有经文内容的意义都被一个主体命题——认一论贯穿和统一起来。然而，从各章内容侧重的意义来看，各章内容及其意义又具有局部性特点，因此每章的命名都因一个联系整章经义的"关键词"而彼此不同、各有侧重，如第 105 章"象章"的命名，是因为该章阐述了象军的故事："难道你不知道你的主怎样处治象的主人们吗？"（105：1）诸如此类的例子不胜枚举。各章的命名，一定程度上成为专题注释的切入口和具体表现形式。

其次，《古兰经》某些节文或某章经文的降示背景，成为注释一些经文的关键纽带。因此，降示背景之于注释的重要性，促使注释家在相关经文中界定其明确的核心题目后，对其进行阐释。换言之，基于降示背景来注释经文，是专题注释产生的重要形式和具体内容之一。

最后，无论就整部经文，还是某章经文而言，《古兰经》的所有经文因主体命题而相辅相成，具体表现形式就是注释经文的最高级别——以经注经，由此成为专题注释的核心要素。它明确要求注释家注释某一专题时，既要研究此节经文，也要研究与此节经文相关联的彼节经文，如果没有相应经文，则通过圣训来注释。各个专题内，以经注经的例子不胜枚举，如《布哈里圣训实录全集》记载，先知在解释经文"真主那里，有幽玄的宝藏，只有他认识那些宝藏"（6：59）时说道："幽玄的宝藏是 5 个"，遂以经文对其加以解释："在真主那里，的确有关于复活时的知识，他常降及时雨，他知道胎儿的［性别］；而任何人都不知道自己明日将做什么事，任何人都不知道自己将死在什么地方。真主确是全知的，确是彻

---

① 宛耀宾总主编：《中国伊斯兰百科全书》，四川辞书出版社 1994 年版，第 168 页。
② 希提：《阿拉伯通史》第十版，马坚译，新世纪出版社 2008 年版，第 111 页。

知的。"（31：34）换言之，先知所说的5个"幽玄宝藏"，就是指"只有真主知道复活日、降及时雨时间、胎儿的性别、人明天将做什么、人将身死何方。"

注释学界基本上认同，从先知穆罕默德以经注经的具体实践来讲，先知就是专题注释的始源者。秉承先知如此注释经文的精神，圣门弟子亦极其重视经文之间的相辅相成。其中，尤以四大哈里发为最，他们只有在经文言的情况下，才会判断诉讼案例，论断教法问题。先知穆罕默德以经注经的例子，及其与圣门弟子以经文论断教法问题，一则说明专题注释在《古兰经》启示时期内已经开始，二则反映了专题注释的领域初现端倪——由经文自身之间的关联性，逐步进入教法领域，从而为后期教法学层面涌现出的大量专题注释奠定了基础，注释学界因此将此阶段称为"口耳相传阶段的教法专题注释"。

（二）文字记录阶段的教法专题

伊历二世纪以降，随着伍麦叶王朝版图的扩大，伊斯兰教向外发展的步伐得以极大迈进。同时，伊斯兰文化也在伊斯兰发展的潮流中大力发展，尤其随着文字记录圣训的开始，文化学科关注点不一的学者如古兰学家（如研究诵读学、经文停止、降示背景等）、历史学家、教法学家等，先后尝试着著书立说，以整理、辑录和研究早期的各类口传资料。在《古兰经》注释学领域，伊斯兰疆域的扩大和自身的不断发展，促使许多新的社会问题和法律问题层出不穷，需要注释学界和教法学界依据经训，给予符合时代发展的解答。在此背景下，《古兰经》注释在内涵和范围等层面上，较之此前大为拓宽，专题注释也因此在原有基础上更为细化和深化。既精教法也通注释的教法学家，从不同角度，首先分门别类地整理了涉及教法的经文内容，然后再以相同内容的圣训给予阐释，最后创制出教律案例，使之行文成册。教法学家、教法学理论奠基人沙菲仪的《温姆》（*Kitāb al-Umm*），堪称教法领域专题注释《古兰经》的典范之作，"这部7卷本的巨著详细阐述了穆斯林在宗教生活和社会生活中应遵循的行为规范。"[①]

---

① 宛耀宾总主编：《中国伊斯兰百科全书》，四川辞书出版社1994年版，第485页。

二 专题注释的实践时期

自沙菲仪以著述形式从法律角度开始专题性地注释《古兰经》以来，专题注释进入了一个新的实践阶段。伊历三世纪以来，专题注释的领域已不仅仅局限在注释法律经文的层面上，而且逐渐延伸到了深入研究和注释《古兰经》蕴涵的各个学科层面，成果斐然，专著层出，主要包括《古兰经》的先后停止经文、《古兰经》的隐微经文、《古兰经》的隐喻、《古兰经》的修辞、《古兰经》的超绝、《古兰经》的降示背景等。

诚然，对于这些具有古兰学研究性质的注释，后期注释学界和古兰学界之间存有一定分歧。注释学界认为，注释《古兰经》蕴涵的学科是在"专题注释"（Al-tafsir-al-mawdu'iyy）的范畴内，但古兰学界认为，这应该是在"古兰学研究"（Al-dirāsāt al-qur'āniyyah）的范畴内，不能将其视为严格意义上的《古兰经》注释（Tafsir al-qur'ān）。对此，专于研究《古兰经》专题注释的索尼雅·瓦非格博士认为，"事实上，两个术语之间存在的互相交叉性达到了没有人能够严格区分两者的程度。古兰研究就是专题注释，只不过后者缺失了研究《古兰经》的方法而已，两者在研究方法和注释方法层面上都拥有广阔的创新空间。据此，到伊历四世纪时，涌现出的研究《古兰经》的部分学科的专著，必然属于'专题注释'的范畴内。"[1]

如果说在这个大跨度时期内，注释家就《古兰经》自身蕴涵的一些学科所作的注释，是注释和研究兼而有之，那么，部分注释家专注于界定某一章所有经文内容的统一性，则是纯粹的注释学层面的注释。他们致力于关注某章所有节文的有机联系，然后再将这些有机联系的节文界定在一个统一的主题内，这个被界定的主题就是该章的首要专题，并围绕这个专题展开注释。法学家艾布·伊斯哈格·沙推斌堪称是为《古兰经》有关章界定统一专题的代表人物，他在《教法原理的协调》（Al-muwāfaqāt fi 'usūl al-'ahkām）中，以第 23 章"信士章"为例，在探究该章的统一专题后注释了该章的经文内容。沙推斌如此注释经文的举措，表明了他注释

---

[1] 索尼雅·瓦非格：《专题注释的方法以及对专题注释的需要》，载《古兰经注释与圣训注解方法国际研讨会论集》，吉隆坡塔吉迪德出版社 2007 年版，第 653 页。

经文时遵循的基本规则。他认为，"仅仅通过通篇中的一句经文，是不可能创制经文的经旨所在，而只是理解了该句的词汇大义。要想理解经文的经旨，必须宏观地看待该章经文的所有组成部分。如经文'真主准许买卖'（2：275）只证明了允许买卖。如果结合该句经文的前后，我们就能知晓该节经文的目的所在：不能断章取义地将'允许买卖'与'禁止利息'各自蕴涵的意义进行隔离。"① 继沙推斌开此先河后，很多注释家都如法炮制，如此注释经文，尤其是注释家布尔罕丁·布加伊（Burhān al-dīn al-biqā'ī, 1406 – 1480），他在《古兰经文关联的明证》（Dlālah al-burhān al-qawīm 'alā tanāsub ' āy al-qur' ān al-'aẓīm）中，首先界定了各章的统一主题，然后根据每章经文之间的彼此映照和互相关联，注释了各章的经文大义。②

该阶段，一些注释家无论是处于研究角度注释《古兰经》的部分学科内容，还是从界定各章统一主题层面进行的专题性注释经文的学术举措，都充分说明专题注释的领域在不断拓宽，并涌现出了丰硕的注释成果，诸如：

从教法学角度专题注释《古兰经》的文献主要有，哈乃斐学派法学注释家贾萨斯（Jassās, ? – 911）的《古兰经律例》（'ahkām al-Qur'ān）；沙菲仪学派注释家艾布·哈桑·泰伯里（Abu al-hasan al-tabary, 伊历 450—504）的《古兰经律例》（'ahkām al-Qur'ān）；马立克学派法学注释家古尔泰卜（Al-qurtab, ? – 1273）的《古兰经教律总汇》（Al-jāmir li' ahkām al-Qur'ān）、嘎迪·艾布·伯克尔·伊本·阿拉比（Qādī abu bakr ben al-'arabi, 伊历? —543）的《古兰经律例》（'a hkām al-Qur'ān）；罕百里学派注释家穆罕默德·孙迪格·哈桑（Muhammad suddīq hasan, 1832 – 1890）的《注释法律经文 获取经文经旨》（Nil al-marām min tafsir 'āyāt al-'ahkām），以及今沙特阿拉伯古兰学家、注释家穆罕默德·阿里·萨布尼（Muhammad Ali Sābun）的《古兰经律例详解精华》（Rawā'i' al-bayān tafsir 'āyāt al-'ahkām）。

---

① 萨利赫·嘎迪尔·赞基：《伊玛目沙推斌注释法律经文的规则》，载《古兰经注释与圣训注解方法国际研讨会论集》，吉隆坡塔吉迪德出版社 2007 年版，第 371 页。

② 索尼雅·瓦非格：《专题注释的方法以及对专题注释的需要》，载《古兰经注释与圣训注解方法国际研讨会论集》，吉隆坡塔吉迪德出版社 2007 年版，第 654 页。

从语言学角度专题注释《古兰经》的文献主要有，穆加提勒·本·苏莱曼（Muqātil ibn sulaymān,？-767）的《古兰经中的多义词》（Al-'ashbāh wal nazā'ir fil Qur'ān al-karim），作者在其注释典籍中，根据经文的上下文关系，具体阐释了经文中出现的多义词词汇。耶哈雅·本·赛拉穆（Yahyā ibn salām,？-816）的《变义词》（Al-tasārif），作者沿用《古兰经中的多义词》的方法，从一词多义的角度，对《古兰经》词汇进行了注释。拉吉布·艾斯法哈尼的《古兰经中的生僻词汇》（Al-mufradāt fi gharib al-Qur'ān），作者依次解析了《古兰经》生僻词汇的词源和词汇的构成，阐释了词汇的大义。此外，还有费鲁兹阿巴德（Al-fayrūz'ābādī，伊历？—817）的《识别古兰经词义的知识》（Basā'ir dhawī al-tamyīz fi latā'if al-kitāb al-'azīz）、伊本·焦兹的《纵观多义词知识》（Nuzhah al-'a'yun al-nawāzir fi'ilm al-wujūh wal-nazā'ir）、伊本·伊玛德（Ibn al-'imād）的《揭示多义词的奥义》（Kashf al-sarā'ir fi ma'rifah al-wujūh al-'ashbāh wal nazā'ir）、赛阿利布（Al-tha'ālib）的《古兰经中构造相同意义不同的多义词》（Al-'ashbāh wal nazā'ir fi al-'alfāz al-qur'ān altī tarādafat mabānīhā wa tanaww'at ma'ānīhā）。

从词汇学角度专题注释《古兰经》的文献主要有，穆罕默德·本·阿布杜·拉哈曼·拉维（Muhammad ibn'abud al-lahmān al-rāwi）的《古兰经中的"真理"》（Kalimah Al-haqqi fi al-Qur'ān al-karim）、艾布·艾尔拉·毛杜迪（Abul Ala Mawdudi, 1903-1979）的《古兰经的四大术语》（独一的主［Al-'ilāh］、养主［Al-rabb］、功修［Al-'ibādah］、宗教［Al-din］）、艾哈麦德·哈桑·法尔哈特（'Ahmad hasan farhāt）博士的《阿拉伯语及古兰经语义中的"乌玛"》（Al-ummah fi dalālatihā al-arabiyyh wal Qur'ānyyh）、穆罕默德·穆罕默德·哈里发（Muhammad muhammda khalifah）博士的《古兰经中的"赞颂"》（Al-hamd fi al-Qur'ān al-karim）、穆罕默德·杰米里·加济（Muhammad jamil ghāzi）博士的《古兰经词汇中的"伪信士"》（Min mufradāt al-Qur'ān al-munāfiqun）、穆罕默德·舍尔加维（Muhammad al-sharaqāwi）博士的《思考古兰经中的"感官"工具》（Ta'mmulāt hawl wasā'il al-'idrāk fi al-Qur'ān al-karim）。

从古兰学角度专题注释《古兰经》的文献主要有，艾布·欧拜德·贾希姆·本·赛拉姆（'Abu 'ubayd al-qāsim ibn salām, ? -839）的《先后停止经文》（al-nāsikh wal-mansukh）、伊本·古太白的《疑难经文释意》（ta'wil mushkil al-Qur'ān）、艾布·拜克尔·麦地尼（'Abu baykr al- madiniyy, ? -849）的《古兰经的降示背景》（'asbāb al-nu-zul）、马沃尔德（Al-māwardiyy, ? -1058）的《古兰经中的比喻》（'amsāl al-Qur'ān）、因兹·本·阿布杜·赛拉姆（'inzz ibn 'abud salām, ? -1262）的《古兰经的隐喻》（majāz al-Qur'ān）、伊本·焦兹（Ibn qayyim al-jawzh, ? -1350）的《古兰经中的发誓》（'aqsām al-Qur'ān）与《古兰经中的比喻》（'amsāl al-Qur'ān）。

有关归类多章中同一内容的注释文献主要有，卡米勒·赛拉迈·达格斯（Kāmil salāmah al-daqs）的《古兰经中的吉哈德经文》（'āyāt al-jihād fī al-Qur'ān al-karim）、麦哈姆德·加里布（Mahmud gharib）的《古兰经中的经济》（Al-māl fī al-Qur'ān）、穆罕默德·阿布杜拉·达拉兹（Muhammad 'abud Allāh darāz）博士的《古兰经中的伦理标准》（Dustur al-'akhlāq fī al-Qur'ān）、哈奈菲·艾哈麦德（Hanafi 'ahmad）的《科学注释古兰经中的宇宙经文》（Al-tafsir al-'ilmyy lil 'āyāt al-kawniyyh fī al-Qur'ān al-karim）、穆罕默德·沃塞夫（Muhammad wasafi）的《古兰经与医学》（al-Qur'ān wal-tibb）、麦哈姆德·阿布杜·万哈布（Mahmud 'abud al-wahhāb）的《真主经典中的教育》（Al-tarbiyyh fī kitāb Allah）。

近现代以来，从实践角度开归纳各章专题要义先河的是注释家赛义德·库特卜（Sayyid Qutub, 1906 -1966）。他在注释每一章之前，先给各章写一个导读，由此阐明各章的主旨要义，以及有别于其他章的特性与陈述思想的风格。他的《在古兰经的阴荫下》（Fi zilāl al-Qur'ān），尤其被视为注释各章专题要义的范例。此外，在该领域的其他主要注释文献还有，伊布拉欣·吉拉尼（Iibrāhim al-kilāni）博士的《牲畜章中呈现的认一论概念》、阿布杜·穆南伊姆·舍菲尔（'abud al-muna 'am al-shafi'）博士的《罗马章中古兰经的文明范例》、凯玛里·穆罕默德·尔萨（kamāl Muhammad 'isā）的《戞弗章中的信仰问题》、穆罕默德·优苏富（Muhammad yusuf）博士的《妇女章中的妇女问题》、麦哈姆德·加里布

(Mahmud gharib)的《大事章及其信仰纲领》。

同样，近现代以来，穆斯林世界为了使伊斯兰教适应社会、经济、科技、文化等方面的发展，就《古兰经》中的相关经文作了时代性的阐释，如《古兰经》中的人类平等、男女平等、伦理道德、文化多元、政治经济，以及《古兰经》中的化学、数学、天文、医学、地理，等等。可以说，无论社会如何发展、时代如何变化、科技如何更新，注释学者们都能从经文中找到答案，加以研究和注释。尽管至今没有任何一位注释家对《古兰经》蕴涵的所有专题进行全方位的研究注释，但总体而言，著述丰富、成果卓著。①

三 专题注释的理论时期

学界认为，自注释学界将先知穆罕默德以经注经的举措，作为专题注释的渊源以来，历经千余年的专题注释，无论是研究性注释，还是注释性注释，两者在法学、语言学、古兰学等领域推出的丰硕学术成果，大体上都是在实践性注释层面上。自19世纪末至今，专题注释则从实践层面逐渐发展到了理论层面。根据古兰学家、注释家艾哈迈德·拉哈玛尼（Ahmad rahmnī）教授的研究，该时期的理论性注释，由于自身学术特点而经过三个阶段的发展逐渐成熟和完善。

（一）辞典式注释阶段

从《古兰经》注释整体发展角度来讲，早在中世纪，拉吉布·艾斯法哈尼就已经从《古兰经》的词汇角度，为经文设置了明确的注释目录。作者在《古兰经词汇》（Mufradāt 'alfāz al-Qur'ān）中，根据阿拉伯语字母顺序，依次解析了经文所有词汇的词源、构成、派生及其大义。艾斯法哈尼的举措，使读者很容易通过近似于辞典性质的经文词汇——打开认识和理解经文的"关键词"，来进一步明确经文中的各个专题或各章的主题内容。然而，艾斯法哈尼从词汇角度设置目录的学术举措，一则由于时间久远，二则就注释学的整体角度而言，《古兰经词汇》仅为个别现象，故后期注释学界从宏观角度出发，将20世纪初叶作为辞典式注释的开始。

---

① 参见法赫德·鲁米《古兰经注释原理及注释方法研究》，利雅德塔伊布出版社2004年版，第67—69页。

20 世纪初，通过设置目录注释经文的学术举措，首先始于部分东方学家。这是因为，正如他们采取辞典形式分门别类地研究圣训内容那样，他们也以同样的方法研究《古兰经》内容。其中，法国东方学家乔里·拉布姆（Joule lābum）堪为代表，其著作《古兰经注释》（Tafsil 'āyāt al-Qur'ān al-karim），采取辞典形式，将所界定的 350 个专题囊括在 18 篇中，从而对整部经文内容进行了具有辞典性质的专题注释：历史篇、先知穆罕默德篇、宣教篇、以色列人篇、《讨拉特》篇、基督教篇、形而上学篇、认一论篇、《古兰经》篇、宗教篇、信仰篇、功修篇、法律篇、社会制度篇、科学技术篇、商业篇、伦理道德篇、成功篇。[①]

尽管乔里·拉布姆是 20 世纪以来首次以辞典目录形式，为研究和注释《古兰经》专题内容作出相应贡献的学者。然而，由于乔里·拉布姆本人具有的东方主义观点，从而使其著作或多或少带有一定的东方主义色彩，导致许多内容不乏瑕疵，加之没有悉数列举《古兰经》的所有内容和专题，故阿拉伯注释家从伊斯兰文化本位观角度，严格遵循注释学法理和学理，推出了数部富有成果的学术专著。例如，穆罕默德·富阿得·阿布杜·巴基（muhammd fu'ād 'abud al bāqi）教授的《古兰经词汇索引辞典》（Al-mu'jam al-mufahras li'alfāz al-Qur'ān），详尽阐述了《古兰经》中的词汇，尤其在涉及经文中各类特殊表述所及的专题内容时，更浓墨释之。此外，该领域还涌现出一些更具辞典性质的专题注释典籍，较有代表的是苏布哈·阿布杜·拉乌夫·阿斯尔（Subhā Abd al-ra'ūf 'asr）教授的《古兰经文的专题辞典》（Al-mu'jam al-mawdu'iyy li' āyāt al-Qur'ān al-karīm）、穆罕默德·穆斯塔法·穆罕默德（Muhammad mustfā Muhammad）教授的《古兰经文的专题辞典》（Al-mu'jam al-mawdu'iyy li' āyāt al-Qur'ān al-karīm）、努哈·艾哈迈德·穆罕默德（Nūh 'ahmad Muhammad）教授的《整合古兰经文中的专题经文》（Tajmī'' āyāt al-mawdu' li' āyāt al-Qur'ān al-karīm）。其中，黎巴嫩贝鲁特出版社于 1996 年出版的《整合古兰经文中的专题经文》，在同类注释中，相对而言堪称最为全面的辞典式注释典籍。该书自问世以来，始终受到注释学界和广大读者的青睐。尽管该书问世时间相对较短，但因其

[①] 穆斯塔法·穆斯林：《古兰经专题注释研究》，叙利亚笔社 2005 年版，第 22 页。

丰富的内容和别具一格的风格，被注释学界评为各类辞典式注释典籍中具有大全性质的专题注释典籍——该书篇幅宏大，共有五大卷、77章组成，每一章整合了与题目有直接关系的所有经文，从而最大限度地涵盖了《古兰经》的所有内容和专题。作者为了让读者能够更加方便快捷地查找所需专题内容，又将最后一章作为前面76章的总目录，从而使辞典式注释向着更全面、更具体、更快捷的方向发展。

（二）实践式注释阶段

20世纪以来，具有辞典性质的目录式注释，很大程度上局限于围绕经文词汇和解读经文大义的范畴内，注释的内容也就相对有限。随着学术的发展，专题注释的领域从辞典式逐渐发展到了全面实践层面上。

首先，学术关注点不一的部分注释家，聚焦于《古兰经》的某一专题内容，他们或以专著形式，或以论文形式，详细阐释所选专题。诸如，《古兰经》中的忍耐、《古兰经》中的许诺、《古兰经》中的人、《古兰经》中的斋月、《古兰经》中的宗教功修、《古兰经》中的天课、《古兰经》中的眼睛、《古兰经》中的精灵、《古兰经》中的手工业、《古兰经》中的害怕、《古兰经》中的农作物、《古兰经》中的罪恶及其现象和种类、《古兰经》中的故事、《古兰经》中的伦理道德、《古兰经》中的命令、《古兰经》中的辩论、《古兰经》中的生物、《古兰经》中的时间、《古兰经》中的工作、《古兰经》中的众使者、《古兰经》中的天使、《古兰经》中的使者迹象、《古兰经》中的圣门弟子、《古兰经》中的部落、《古兰经》地理学、《古兰经》中的山川河流、《古兰经》中的前定、《古兰经》中的起誓、《古兰经》中的别号、《古兰经》中的各种心态、《古兰经》中的人体部位、《古兰经》提及的恶、《古兰经》中的赎金、《古兰经》中的刑罚、《古兰经》中的第一、《古兰经》中的呼唤、《古兰经》中的奥妙、《古兰经》中的数字、《古兰经》中的疑问、《古兰经》中的钱财、《古兰经》中的比喻、《古兰经》中的死亡、《古兰经》中的科学奥秘、《古兰经》中的家园、《古兰经》中的无机物、《古兰经》中的地名、《古兰经》中的伪信士、《古兰经》中的日子、《古兰经》中的颜色、《古兰经》中的货币和矿产，等等不一而论。

对于以上内容，注释家们根据自己的学术专长与学科特点，归类相关专题内容后给予详细阐释。如阿拔斯·迈哈姆德·安加德（Abbās

Mahmūd al-'aqqād, 1889 – 1964）的《古兰经中的人》（Al-'insān fi al-qur'ān），首先归类了涉及"人"（Al-'insān）的所有经文，然后分两部分解读了《古兰经》中的"人"。第一部分着重解读了《古兰经》谈及的"人"——人是高级生命体、人类始祖阿丹、人类本系同根生，以及人的身体、人的灵魂、人的性灵、人的自由、人的责任等。第二部分重点解读了《古兰经》言及的科学层面与思想层面的"人"，如人类的起源；以及社会学层面的人、动物学层面的人、人类学层面的人、心理学层面的人、伦理学层面的人、生物学层面的人等。①

其次，20世纪以来，伊斯兰世界由于面对外部挑战如殖民主义与帝国主义的入侵，以及内部挑战如发展科学技术、现代化进程中的自我改革等，促使一些注释家，根据《古兰经》精神和原则，通过专题注释整部经文的举措阐经释义，引导伊斯兰社会与穆斯林大众适应社会发展和时代需要。穆罕默德·拉希德·里达的《光塔古兰经注》（Tafsir al-manārah），在专题注释领域内可谓独成一家。由于该注释典籍将经注与社会思潮紧密相连，并"根据现代社会向伊斯兰教提出的问题，吸取前人的经注精华，对经文进行广泛阐发，为当时风行一时的伊斯兰教改革运动服务，影响颇大"②，故被视为同类注释文献中的典范之注。同样，注释家谭塔维·焦海里（Tantāwī jawāhir, 1870 – 1940）的《焦海里经注》（Al-jawāhir fi tafsir al-qur'ān）亦为代表作。作者用25卷的篇幅，将《古兰经》中的各类内容与社会科学相联系，阐发经义，专题解读。他先注释经文的词汇大义，然后再分门别类地广泛阐释各种现代学科知识，如植物学、动物学、自然现象、各类科学实验等。例如经文"当时，你们说：'穆萨啊！专吃一样食物，我们绝不能忍受，所以请你替我们请求你的主，为我们生出大地所产的蔬菜——黄瓜、大蒜、扁豆和玉葱。'他说：'难道你们要以较贵的换取较贱的吗？你们到一座城里去吧！你们必得自己所请求的食物。'"（2：61）他注释这节经文时，首先阐释了该节经文具有的医学意义，然后根据现代医学业已定论的医学理论来阐释该节经文的大义，以及其中蕴涵的科学奥秘。诸如此类的例子不胜枚举。继穆

---

① 阿拔斯·迈哈姆德·安加德：《古兰经中的人》，埃及复兴出版社2001年版。
② 宛耀宾总主编：《中国伊斯兰百科全书》，四川辞书出版社1994年版，第261页。

罕默德·拉希德·里达和谭塔维·焦海里之后，赛义德·库特卜在《在古兰经的阴荫下》（Fi zlāl al-qur'ān），由于界定了三条注释原则——对经文的哲学理解、经文最初降示的主要社会和政治背景、经文的现实意义[1]，故将注释内容与社会现实紧密联系在一起，从哲学、社会学、文学等角度彰显了《古兰经》关于社会、哲学和理性的专题内容。[2]

除上述三部注释典籍外，还有：穆罕默德·阿卜杜拉·迪拉兹（Muhammad 'abd Allāh dirāz）于1936年为纠正一些东方主义学家对《古兰经》章节顺序的质疑而著的注释典籍《重大的信息》（Al-naba' al-'azīm）；阿布杜·哈米德·本·巴迪斯（'Abd al-hmīd ben bādīs）历时25年，于1938年完成的经注《阿布杜·哈米德经注》（Tafsir Al-shaykh 'Abd al-hmīd ben bādīs）；穆罕默德·安萨里（Muhammad al-ghazzālī）的《古兰经的五个轴心》（Al-mahāwir al-khamsah lil-qur'ān）；塞米哈·阿提夫·栽努（Samīh 'atif al-zayn）于1996年完成的《古兰经的专题注释》（Al-tafsir al-mawdu'iyy lil-qur'ān al-karīm）；艾哈迈德·拉哈曼（'Ahmad al-ramān）于1998年完成的《专题注释——理论与实践》（Al-tafsir al-mawdu'iyy nazariyyah wa tatbīqā）、《专题注释的注释渊源》（Masadir al-tafsir al-mawdu'iyy）。

这些专题注释典籍，无论是个案性地归类各章的专题内容，还是整体性地归类整部经文的专题内容，都程度不同，针对性、实践性地注释了《古兰经》的各类专题内容。

（三）理论式归纳阶段

如果说辞典式注释和实践式注释，本质上属于注释的范畴内，理论式归纳则不仅在于注释，而且重在理论研究。换言之，理论归纳专题注释自20世纪70年代至今，无论是专注于专题注释的学者，还是侧重于研究注释学原理的学者，既实践性地注释着经文，也从理论角度开始研究专题注释，对它的起源与发展、定义与内涵、内容与类别、方法与要求、属性问题（注释方法还是注释种类）等，做了系统的学理梳理、总结和分析，

---

[1] [美国] Dr. Ibrahim. M. Abu Rabi：《对几部西方伊斯兰复兴运动著作的评述》，杨桂萍译，载《伊斯兰文化研究》2008年第3期。

[2] 《专题注释的方法以及对专题注释的需要》，载《古兰经注释与圣训注解方法国际研讨会论集》，吉隆坡塔吉德出版社2007年版，第655页。

从而将其全貌完全展现在相关学界和读者面前。

由于理论式归纳的重心侧重于对专题注释的"研究",故"理论内容"相对多于"注释内容",穆罕默德·迈哈姆德·希扎兹(Muhammad Mahmūd hijāzī)的《古兰经中的统一专题》(Al-wahadah al-mawdu'iyyah fī al-qur'ān al-karīm),就是鲜明地案例。作者在前言中明确其研究宗旨后,概括了"专题注释"的定义及其内涵:"《古兰经》中各种专题的统一,就是旨在研究古兰经各章陈述的特定内容,以彰显其中涉及我们研究的所有专题,从而归类性地体现经文的经旨所在,这就是《古兰经》中的统一专题。"①

理论式归纳成果斐然,主要有:阿布杜·罕伊·法尔曼(Abd al-hayy al-farmānī)博士的《专题注释的起源》(Al-bidāyat fī al-tafsir al-mawdu'iyy)、侯赛尼·艾布·法尔赫(Al-husaynī abu farahah)博士的《专题注释的丰硕成果》(Al-futūhāt al-rabbāniyyah fī al-tafsir al-mawdu'iyy)、艾哈迈德·欧麦利(Ahmad al-'umurī)博士的《专题注释研究》(Al-dirāsāt fī al-tafsir al-mawdu'iyy)、扎希尔·阿瓦德·阿勒迈伊(Zāhir 'awād al-'alma'ī)博士的《专题注释研究》(Al-dirāsāt fī al-tafsir al-mawdu'iyy)、艾哈迈德·赛义德·库米(Ahmad Sayyid al-kūmī)博士与穆罕默德·艾哈迈德·嘎希姆(Muhammad Ahmad qāsim)博士合著的《古兰经的专题注释》(Al-tafsir al-mawdu'iyy lil-qur'ān al-karīm)、穆罕默德·巴基尔·萨德尔(Muhammad bāqir al-sadar)的《古兰学校》(Al-madrasah al-qur'āniyyah)、阿布杜·哲利里·阿布杜·拉希姆(Abd al-jalīl abd al-rahīm)博士的《古兰经的专题注释》(Al-tafsir al-mawdu'iyy lil-qur'ān fī kaffatay al-mizān)、穆罕默德·巴基尔·萨德尔的《古兰经中的历史规律》(Al-sunan al-tārīkhiyyah fī al-qur'ān)、阿布杜·桑塔尔(Abd al-sattār)博士的《专题注释初探》(Al-madkhal 'lā al-tafsir al-mawdu'iyy)、萨拉赫·阿布杜·凡塔赫·哈立德(Salāh abd al-fattāh)博士的《理论与实践中的专题注释》(Al-tafsir al-mawdu'iyy bayn al-nazariyyah wal-tatbīq)、穆斯塔法·穆斯林(Mustafā Muslim)博士的《古

---

① 《专题注释的方法以及对专题注释的需要》,载《古兰经注释与圣训注解方法国际研讨会论集》,吉隆坡塔吉迪德出版社 2007 年版,第 657 页。

兰经专题注释研究》（*Mabāhith fi al-tafsir al-mawdu'iyy*）、阿拔斯·奥顿拉·阿拔斯（Anbbās 'awd Allah Anbbās）博士的《专题注释讲座》（*Mu hādarāt fi al-tafsir al-mawdu'iyy*）、穆罕默德·安萨里（Muhammad al-ghazzāliyy）的《古兰经各章的专题注释》（*Nahw tafsir mawdu'iyy li suwar al-qur'ān al-karīm*）。

上述著作，大体都以理论分析为主题，以具体注释实践为案例，从不同角度和各个层面详尽阐述了专题注释的来龙去脉。如叙利亚笔社于2005年出版的穆斯塔法·穆斯林博士的专著《古兰经专题注释研究》，从理论角度，对专题注释做了详尽归纳和案例阐述。现仅以该书大纲和结构为例，说明学界如何从理论角度归纳和研究专题注释。

第一章：专题注释的定义、起源、发展与种类。

第二章：专题注释的研究方法。主要内容包括：专题注释整部经典的方法；专题注释一章经文的方法；界定各章的轴心；长章与短章的经旨；专题注释与其他注释种类的关系。

第三章：经文关联学（'ilm al-munāsabāt）与专题注释。主要内容包括：经文关联学的定义；关联学的产生及其主要著作；一章经文的互相关联；各章章首与章尾的关联；章与章之间的关联；相邻章的关联；每章内容的关联；关联学体现《古兰经》的超绝。

第四章：专题注释整部经文的实践性注释——以经文中的"认一论"为例。主要内容包括：认一论专题简介；认一论与天性；《古兰经》对真主独一的重视远胜于对肯定真主存在的重视；《古兰经》肯定真主独一的方法是天性方法；信仰问题与世界生存的联系；求证认一论的范畴；《古兰经》中证明真主独一的经文种类；整部经文中的认一论主题。

第五章：专题注释一章经文的实践性注释——以山洞章为例（第18章）。主要内容包括：山洞章的章名与节数；山洞章的特点；山洞章的降示时间与降示背景；山洞章的经旨；山洞章经文的关联——章名与内容的关联、章首与章尾的关联、章中各阶段的关联及其目的——章首（1—8节）；七位青年信士的故事（9—27节）；园圃主人败落的原因（28—46节）；参悟终极归宿（47—59节）；先知穆萨的求学之旅（60—82节）；

左勒·盖尔奈英的故事（83—98 节）、章尾（99—110 节）。①

四 专题注释经义的作用

纵观专题注释《古兰经》的发展历程，尤其 20 世纪以来涌现出的丰硕成果不难看出，专题注释因其在宗旨层面的针对性、方法层面的灵活性、内容层面的独立性、时代层面的与时性、社会层面的适应性、学科层面的类别性、阅读层面的便捷性等鲜明特点，注释学界从整体角度精辟总结了它在近代以来所发挥的重要作用，现择其概要总结如下：

1. 专题注释是注释家根据经训原则与创制精神，通过阐释《古兰经》中的各类专题内容，解决近代以来穆斯林社会所面临的各种问题的重要举措。

2. 专题注释是注释家以学术方式，将《古兰经》微言大义呈现给穆斯林的必然手段，是读者通过专题注释了解和汲取《古兰经》中各种学科知识的重要途径。

3. 专题注释是学术界引经据典推动伊斯兰文化发展，消除对伊斯兰的误解，驳斥各种不良思想的学术方式。

4. 专题注释是彰显《古兰经》研究活力，及其学术研究活动和学术成果的综合体现。

5. 专题注释的学术举措与《古兰经》的根本经旨相辅相成，能够达到有效引导穆斯林现实生活之目的。

6. 专题注释能够重构《古兰经》研究与相关学科研究，如修辞学、教义学、法学、伦理学、教育学、文学、历史学、经济学、政治学等相辅相成的密切关系。

7. 专题注释能够为伊斯兰文化传播和伊斯兰社会改良提供可资借鉴的各种方法，具有相应的启发意义。

8. 专题注释能够从基础角度彰显《古兰经》蕴涵的各类知识和各种学科，能够从根本上延伸《古兰经》经文的各种语义和不同含义，能够有效促使穆斯林通过专题注释《古兰经》的方法，推动伊斯兰文明与其他文明求同存异，共存发展。

---

① 穆斯塔法·穆斯林：《古兰经专题注释研究》，叙利亚笔社 2005 年版。

9. 专题注释能够使专业研究者达到解读经义经旨、阐释经文专题、明晰综合注释的目的。尤其能够为综合注释经文奠定基础，成为综合注释经文的伏笔——综合注释经文极具难度，因此意欲从综合角度注释《古兰经》者，可通过专题注释途径逐渐进入综合注释。

10. 专题注释能够提高古兰学家或注释学家的专业学术水平，促使他们不断创新学术方法，完善知识结构，升华注释思想，扩延注释内容。[1]

第四节　示意注释

一　示意注释的学术定义

"示意注释"（Al-tafsir al-'ishārī），从语言学角度来讲，是一个形容词词组。从词的构成来看，"示意注释"的重心在于"示意"（Al-'ishārī）。明晰了示意，也就明确了"示意"注释。

"示意"，语言学家通常以同义词"Al-'īmā'"（指示、指出）解释其在语言学层面的意义。"示意"在注释学层面的意义，学界见仁见智。从语言学角度注释《古兰经》著称的语言学家阿布杜·嘎迪尔·朱尔扎尼（Abd al-qādir al-jurjānī，伊历？—471）解释"示意"为："'Al-'ishārī'就是无须语言就能明白的表达。"中世纪文学家贾希兹（Al-jāhiz，约775—869）在《修辞与阐释》（Al-bayān wal-tabyīn）中解释："示意是一种无声的[表达方式]，最绝妙的示意便是最完美的示意。"贾希兹在提到语义的种类时，谈及了人们表达语义时的习惯做法——"说话为先，示意为后。"亦即，人们表达内心世界活动时，最常用的方式就是以语言形式表达，其次是以眼睛、手势或肢体语言的形式表示心意。他指出，"示意与说话相得益彰，互相解释。示意常常代替说话，以及无须书写之事。如果没有示意，人们就无法互相理解那些深邃之意，正如某位诗人对示意语义的描述：青年双目表心声，深情尽显悄悄话。另一位诗人形容示

---

[1] 索尼雅·瓦非格：《专题注释的方法以及对专题注释的需要》，载《古兰经注释与圣训注解方法国际研讨会论集》，吉隆坡塔吉迪德出版社2007年版，第658页。

意：眼睛表露主人心，喜怒哀乐在其中；舌头不语眼睛语，透过示意知心声。"①

　　示意修饰"注释"，构成形容词组，形成了注释学层面的专业术语"示意注释"（Al-tafsir al-'ishārī）。注释学界对"示意注释"的定义，大体相同，即"示意注释就是从事修行的注释家不按照经文的表面意义，而是根据指示的内意来注释《古兰经》的微言大义，并且能够将个人修行与经文表意融会贯通。"②《中国伊斯兰百科全书》的"古兰经注学"条目，将其定义为，"专事潜心修炼且对《古兰经》有研究的学者（其中包括苏菲主义学者）越过经文表面意义而根据自己内心体悟对经文作出的特殊解释。"③ 示意注释家也根据他们的理解和观点，界定了示意注释，"但凡《古兰经》文，都有四种意义：表义、隐义、极点和征兆。表义就是诵读，隐义就是理解，极点就是经文中的合法与非法事物，征兆就是启迪心灵解读经义和理解真主"④。

　　无论是注释学界的普遍定义还是示意注释家自身的界定，通过定义中的"从事修行与内心体悟"以及"启迪心灵"不难看出，示意注释是由长期从事精神修炼的苏菲注释家，将精神修炼和内心体悟，反映在《古兰经》注释层面上的一种融"实践与理论"为一体的精神性学术活动，并由此揭示神圣的示意经文，汲取经文蕴涵的隐微经义。由是，苏菲注释家认为，示意注释不仅仅注释经文表面蕴涵的各种经义，而且认为还应该注释经文蕴涵的常人不能体悟和感受到的深邃经义，甚至"部分学者认为，每节经文都有6万种理解，这就证明理解《古兰经》大义拥有广阔的领域和注释的空间"⑤。鉴于此，注释学界认为示意注释即为，潜心修行且学识渊博的苏菲学者诵读《古兰经》时所感受和顿悟到的各种隐微

---

① 贾希兹：《修辞与阐释》，埃及哈伦出版社 2003 年版，第 77—78 页。
② 穆罕默德·侯赛因·扎哈卜：《古兰经注释研究论集》，开罗圣训出版社 2005 年版，第 419 页。
③ 宛耀宾总主编：《中国伊斯兰百科全书》，四川辞书出版社 1994 年版，第 180 页。
④ 哈立德·阿布杜拉·哈曼·俄克：《古兰经注释原理》，贝鲁特纳法伊斯出版社 2003 年版，第 209 页。
⑤ 哲拉鲁丁·苏尤蒂：《古兰经学通论》，贝鲁特阿拉伯图书出版社 2003 年版，第 873—874 页。

经义，然后将其顿悟与注释进行有机结合，并使之成文。①

二 示意注释的法理根据

示意注释家以示意形式注释《古兰经》的学术举措，从发生学角度来讲，基于以下法理根据。换言之，经训以及圣门弟子的相关注释实践与言论，成为示意注释家以示意形式揭示《古兰经》奥义的教法（Al-Shar'iyyah）根据和学理证据。

（一）《古兰经》

示意注释家不仅将允许穆斯林学者注释经文的原则性经文，作为他们示意注释的理论依据，如"只有真主和学问精通的人，才知道经义的究竟。"（3：7）"他们每向你提出一种非难，我就启示你真理和更美满的解释。"（25：33）他们更将经文"这些民众，怎么几乎一句话都不懂呢？"（4：78）"他们怎么不沉思《古兰经》呢？难道他们的心上有锁？"（47：24）视为他们示意注释《古兰经》的法理根据。他们认为，真主在这两节经文中指出，先知穆罕默德时期的阿拉伯多神教徒，尽管他们能够通过语言了解经文的表层之意，但他们几乎不能理解任何一句经文的深刻内涵，因此经文鼓励和敦促他们思考和理解经文大义后信仰伊斯兰教。正如沙推斌在《教法原理的协调》中对此的阐释："的确，《古兰经》有明显的经义，也有隐含的经义。是故，《古兰经》谴责多神教徒的阿拉伯人几乎不能理解任何一句经文，故敦促他们思考经义。"同样，就当时已经皈依了伊斯兰教的阿拉伯穆斯林而言，其思维能力无法触及和感知的经文大义的深邃内涵，唯有通过具有特殊体悟的注释家的示意注释，才能相对彰显和揭示经文的终极内涵。这就充分说明，示意注释家认为《古兰经》经义具有二重性，即表义与隐义。表义是所有注释家根据注释学原理原则就能解读，隐义唯有示意注释家才能对此进行透析和阐释。②

（二）圣训

示意注释家根据哲拉鲁丁·苏尤蒂等人引证阿里之子哈桑传述的

---

① 哈立德·阿布杜拉·哈曼·俄克：《古兰经注释原理》，贝鲁特纳法伊斯出版社2003年版，第206页。
② 穆罕默德·侯赛因·扎哈卜：《古兰经注释研究论集》，开罗圣训出版社2005年版，第223页。

"尾缺圣训"（Al-mursan），① 证明先知穆罕默德曾经告知了示意注释："每节经文都有表义与隐义，每个字母都有个极点，每个极点都有个征兆。"② 示意注释家不仅将这段圣训作为他们注释经文的法理依据，并从自己的学术观点出发，对此段圣训做了符合他们的示意理念的数种阐释。其中，最具代表性的是伊本·纳吉布（Ibn naqīb）的阐释："经文的表义就是知晓经文表义者能够明晰的表层经义。经文的隐义就是经文中蕴涵着只有掌握一切真理者才能解读的各种奥义。"③

（三）圣门弟子的注释实践与言论

示意注释家认为，部分圣门弟子理解某些经文时存在的差异现象，实质上就是理解示意经文的差异。如《布哈里圣训实录全集》辑录，当欧麦尔就经文"当真主的援助和胜利降临"（110：1）请教伊本·阿拔斯与参加白德尔战役的一些圣门弟子时，他们的注释不尽相同。参加了白德尔战役的圣门弟子将其注释为："该节经文命令我们，当我们胜利的时候要赞颂真主，求饶真主。"而伊本·阿拔斯将其注释为："该节经文的降示预示着真主的使者的寿限已到，真主告诉先知，'当真主的援助和胜利降临'时，就是你的寿数已尽的征兆，故'你应当赞颂你的主超绝万物，并且向他求饶，他确是至宥的。'"（110：3）再如，经文"今天，我已为你们成全你们的宗教，我已完成我所赐你们的恩典，我已选择伊斯兰做你们的宗教"（5：3）降示后，圣门弟子们都为此节经文的降示而欢呼雀跃，唯有欧麦尔泣不成声。先知穆罕默德问他："你怎么哭了？"他说："我们宗教的发展令我哭泣，因为当它完善的时候，定会存在缺失。"先知穆罕默德遂说："你说得对。"④ 欧麦尔所指的缺失，就是指先知穆罕默德的寿终正寝。他之所以如此注释，是因为他理解了经文隐含的示意，并得到了先知穆罕默德的认可。至于其他圣门弟子之所以高兴，是因为他们没有理解到经文表义中蕴涵的隐义。此外，圣门弟子伊本·阿拔斯对

---

① 关于"尾缺圣训"的定义，详见丁士仁《简明圣训学》，宗教文化出版社 2008 年版，第 76 页。
② 哲拉鲁丁·苏尤蒂：《古兰经学通论》，贝鲁特阿拉伯图书出版社 2003 年版，第 872 页。
③ 穆罕默德·侯赛因·扎哈卜：《古兰经注释研究论集》，开罗圣训出版社 2005 年版，第 223 页。
④ 同上书，第 224 页。

《古兰经》的高度概括，尤其被示意注释家视为他们示意注释经文的法理依据。伊本·阿拔斯讲到："《古兰经》蕴涵着诸多的门类和学科，囊括着各种彰明和隐含之义。其奇迹永不终结，其旨意遥不可及。凡中正地研究其中的各种信息与比喻、合法与非法、先后停止经文、明确和隐晦经文、表义和隐义经文者已成功，凡过分地对此研究者已失败。《古兰经》的表象就是诵读，内涵就是注释，故你们当与精通《古兰经》的学者同席共座，远离无知经义经旨者。"①

示意注释家认为，从经到训再到圣门弟子的注释实践和言论，都充分说明《古兰经》既有表义，也有隐义。表义是任何精通阿拉伯语的学者都能理解，而隐义只有那些富有禀赋知识和真知灼见的苏菲学者，在具备相应的学术条件基础上才能理解，并对其给予一定程度的注释。

三 示意注释要求的条件

大体来讲，较之传闻注释、见解注释和专题注释而言，示意注释无论在学术层面上，还是在认知经文层面上，由于它突破了常规注释，以及各注释家在理解示意时无法避免的差异性，因此绝大部分学者主张，不能轻易以示意形式注释经文，以免注释家因缺乏认知和思想误解而在注释经文时出现偏差，从而造成误读经义经旨并且贻误读者的局面。另有部分注释家认为，既然上述经、训和圣门弟子的言论均从法理层面证明了示意注经的法理性和可行性，那么，潜心修炼的示意注释家，基于前述15项基本学术条件并具备下列条件，就可以涉足示意注释。

1. 示意注释不能有违《古兰经》语言风格本身具有的表义。换言之，示意注释首先务必符合经文的语言组织结构所彰显的表层之义，而不能舍本逐末，因一味追求示意而忽略经文语言本身所表述的经义。

2. 示意注释家不能片面断言，他的示意注释就是唯一注释，而否定经文的表面意义，或者其他注释。

3. 示意注释既不能与教法相左，也不能与理性相违。只有符合教法与理性的注释，才能符合教法学与注释学的法理与学理。

---

① 哈立德·阿布杜拉·哈曼·俄克：《古兰经注释原理》，贝鲁特纳法伊斯出版社2003年版，第208页。

4. 示意注释家必须拥有支持其注释的法理依据，不得无凭无据，无理无证，仅根据自己的体悟就随心所欲地注释经义。①

主张可以示意注释经文的学者们认为，如果示意注释家既具备了注释学理所要求的一切条件，也具备了上述示意注释的原则，那么其注释就是被认可的。反之，如果注释家缺乏其中任何一项条件，其注释就不被接受，并且是受贬责的注释。② 此外，他们主张，任何人都不能将示意注释等同于见解注释。因为见解注释具有明确而详细的学术条件和学术规范，而示意注释是来自虔诚修行且学识渊博的苏菲注释家对经文奥义的独特认识和超常体验，因此尽管示意注释家具备了相应的学术要求和条件，但其特殊性仍然决定其本质上与见解注释存在相应差异。同样，他们也主张，教律的制定和演绎亦不能完全通过示意注释来完成。这是因为，一则示意注释在法律层面上相对缺乏明确而具体的案例证据，二则示意注释通常体现在强化信仰、坚定信念、修心养性等层面，故不符合、不具备创制和演绎教法需要的基本学术条件和学理基础。

注释学界研究，示意注释家具备必须的注释条件而形成的示意注释典籍，代表作主要有尼扎蒙丁·内沙布尔（Nizām al-nisābūrī）所注六卷本的《古兰经妙义览胜》（*Tafsir gharā' ib al-qur' ān wa raghā' ib al-furqān*）。内沙布尔注释的方法是，首先阐释所注经文的诵读规则，尤其那些具有不同诵读方法的经文，然后解读经文的经旨和法律，接着阐述经文的降示背景，分析经文的词汇结构、句法修辞和经文大义，最后注释经文中的示意。以及希哈布丁·阿鲁西·巴格达迪（Shihāb al-dīn al-'alūsī al-baghāddī，1802—1854）所注 11 卷本的《古兰经义精华》（*Rūh al-ma'ānī fi tafsir al-qur' ān wal-sab' al-mathānī*），"这是一部将正统派教法学说同苏菲主义思想融合在一起的大型经注，它的编辑出版，受到了奥斯曼帝国素丹马哈茂德二世（1808—1839）的支持，在哈奈菲派穆斯林中广为流传。"③ 阿鲁西注释的方法是，首先阐释经文的词汇结构与大义、诵读规则与方法，并且时而引证诗歌来解析经文的词汇大义，然后阐明先后

---

① 哈立德·阿布杜拉·哈曼·俄克：《古兰经注释原理》，贝鲁特纳法伊斯出版社 2003 年版，第 208 页。

② 同上。

③ 宛耀宾总主编：《中国伊斯兰百科全书》，四川辞书出版社 1994 年版，第 529 页。

停止的经文、经文的降示背景、各种故事、法律知识，以及各家注释的观点，最后再注释经文中的示意，从而为修行者揭开了经文奥义的幔帐，使其从中汲取精神养分和思想资源。

第五节　科学注释

《古兰经》首次降示的经文开宗明义，指出了科学知识的重要性："你应当奉你的创造主的名义而宣读，他曾用血块创造人。你应当宣读，你的主是最尊严的，他曾教人用笔写字，他曾教人知道自己所不知道的东西。"（96：1—5）继这几节经文之后，又陆续降示的经文，如"天地的创造，昼夜的轮流，在有理智的人看来，此中确有许多迹象。"（3：190）"天上地上，在信道者看来确有许多迹象。真主创造你们，并散布各种动物，在坚信者看来，其中有许多迹象。昼夜的轮流，真主从云中降下给养，就借它而使已死的大地复活，以及改变风向；在能了解的人看来，其中有许多迹象。"（45：3—5）类似经文都说明《古兰经》催生了伊斯兰科学，"伊斯兰科学是《古兰经》启示的精神和人类各种科学传统相结合的产物。穆斯林深信，《古兰经》启示可预示一切，其中包括人类的科学活动，故以真主启示为伊斯兰科学的源泉。此外，《古兰经》提倡掌握知识，造成了一种有利于科学发展的气氛，影响了一代代的穆斯林文化学人，为之提供了灵感和精神力量。穆斯林科学家们正是在伊斯兰教精神的激励下，把自身的和外来的各种科学传统转化为新形式的伊斯兰科学。所以，伊斯兰科学不仅是指它是由穆斯林民族在继承人类各种科学成果基础上开发创立的，在伊斯兰世界广阔地域内孕育形成和传播发展的，而且还指它是在《古兰经》启示指引和启迪下生成的。"[1]

根据古兰学家的统计，《古兰经》除了宏观上要求人们学习各种知识外，尤其以750节经文的篇幅，直接论述了各类科学知识。纵观《古兰经》，无论是宏观角度，还是微观角度，所有经文都无一例外地号召人们思考、研究和揭示这些科学知识及其真相。基于经文要求，伊斯兰文化体

---

[1] 周国黎：《伊斯兰教育与科学》，中国社会科学出版社1994年版，第76—77页。

系自公元 9 世纪以降，除了致力于构建和发展人文社会科学外，也积极致力于天文学、地理学、物理学、化学、植物学、动物学、医学等自然学科的形成和发展，并涌现出了一批百科全书式的学者和成果。如哲学家、医学家、自然科学家和文学家伊本·西那（Ibn Sina，980 – 1037）的学术著作达 266 种，内容涉及哲学、教义学、文学、语言学、医学、心理学、逻辑学、天文学、数学、几何学、光学、化学、动物学和植物学等。光学家、数学家和哲学家伊本·海赛姆（Ibn al-Haytham，965 – 1039）的学术著作达 200 种，内容涉猎光学、数学、天文学、医学、哲学等领域。科学家、史学家、哲学家比鲁尼（Al-Birūnī，973 – 1048）的学术著作达 176 种，涉及史学、哲学、数学、医学、天文学、地理学。[①] 无疑，这些百科全书式的穆斯林学者及其著作，都无一例外地直接或间接导源于《古兰经》，并汲取了《古兰经》的相关经文要素，作为他们的思想渊源、理论基础和学术元素。在这些学者的基础上，相继发展起来的自然学科知识，以及不同学派之间产生的学术争鸣及其取得的丰硕学术成果，同样也"给注解《古兰经》提供了新的内容。"[②] 鉴于这样一种大的文化背景和广阔的学术视野，一些具有自然科学知识背景的注释家，尝试着从自然科学角度，注释《古兰经》的有关经文，如关于论述天地创造、宇宙形成、天文地理、动物植物、地质矿物、海洋河流、人类生育、数学物理、医学农学等内容的经文，并由此形成了一种新的注释种类——科学注释。

一 科学注释的定义

科学注释（Al-tafsir al-'ilmiyy），从术语的辞藻组成——科学修饰注释——来看，是将科学知识与注释经文紧密联系起来，形成的一种注释种类。

穆罕默德·侯赛因·扎哈卜教授根据注释文献，将其定义为："科学注释，是在《古兰经》的各种表述中，界定各种科学术语，并且竭尽全力获取这些科学术语中的各类知识，阐发各种哲理。"[③] 从该定义不难看

[①] 阿卜杜拉·沙哈特：《古兰经注释学》，开罗东方书局 2001 年版，第 86 页。
[②] 宛耀宾总主编：《中国伊斯兰百科全书》，四川辞书出版社 1994 年版，第 179 页。
[③] 穆罕默德·侯赛因·扎哈卜：《古兰经注释与注释家》卷 2，开罗知识出版社 2001 年版，第 474 页。

出，科学注释是指具有注释资格的科学家，通过不断研究涉及自然科学知识的经文，尽可能地揭示和阐发这些经文要义蕴涵的科学术语，然后再根据这些特殊的术语，阐释《古兰经》大义中的科学知识和各种哲理。

法赫德·鲁米教授将其定义为："注释家努力揭示宇宙性经文与经验科学成就之间的关系，旨在彰显科学之源的《古兰经》的超绝性，及其对各个时空的指导性。"① 鲁米教授在定义科学注释的同时，指出了注释经文与科学之间的关系，"包括了什么是注释，什么是注释的范畴——注释与经文中某问题的关联性。"② 叙利亚大马士革大学《古兰经》和圣训学系的阿里·艾斯阿德（'Ali 'as'ad）博士又进一步说明，鲁米教授的定义"不仅仅局限于从辞藻语义的角度揭示经文和经验科学成就之间的关系，而且在于界定经文论述的问题与所有知识的关联性，以便给其冠以科学注释的术语。"③

宗教学家艾哈迈德·艾布·哈哲尔（'Ahmad abu hajar）博士，没有将科学注释的定义仅仅局限于涉及宇宙的经文，而是使其囊括了《古兰经》关于科学的所有表述："科学注释就是，注释家试图通过业已确定的科学知识来解读《古兰经》的各种表述，揭示超绝的《古兰经》的各种奥秘。因为它包含了其降示时人们尚未认识的精确科学知识——证实《古兰经》不是人类之语，而是来自至强的、万能的创造者真主。"④ 从该定义不难看出，哈哲尔博士限定，科学知识毫无疑问是在证实科学注释的目的——确定《古兰经》中的科学奇迹。

阿布杜·迈吉德·赞达尼（'Abud al-majīd al-zanddān）教授将科学注释定义为："科学注释就是通过业已确证的自然科学知识理论，揭示《古兰经》文或圣训的大义。"⑤ 瓦哈布·宰希里（Wahabah al-zahīly）教授在阿布杜·迈吉德·赞达尼教授的定义基础上，又作了补充："科学注

---

① 法赫德·鲁米：《伊历十四世纪的经注趋势》，利雅德塔伊布出版社1986年版，第449页。
② 法赫德·鲁米：《当代见解注释派的方法》，贝鲁特使命出版社1983年版，第64页。
③ 阿里·艾斯阿德：《注释家与科学注释的范例》，载《古兰经注释与圣训注解方法国际研讨会论集》，吉隆坡塔吉迪德出版社2007年版，第84页。
④ 艾哈迈德·艾布·哈哲尔：《科学注释古兰经》，贝鲁特大马士革古泰卜出版社1991年版，第66页。
⑤ 阿布杜·迈吉德·赞达尼：《科学奇迹杂志》（伊斯兰世界联盟主办）1995年第1期。

释就是通过业已确证的自然科学知识理论，揭示《古兰经》或圣训的大义。亦即，科学注释的出现，最终就是为了发现科学理论。"①

穆罕默德·苏巴格（Muhammad al-subāgh）教授定义科学注释为："在理解经文中，界定各学科的各种术语，界定经文与经验科学、天文学和哲学成果之间的关系。"②

以上定义，都大同小异地反映了近现代以来注释学界和研究学界对科学注释的观点和看法。他们认为，知识的进步和科学的发展，尤其是近现代以来各种科学发现和种种发明，既是对《古兰经》真理性和超绝性的证实，也同样被千百年前的《古兰经》逐一言中。是故，近现代一些注释家如谭塔维·焦海里等，沿着法赫鲁丁·拉齐等前人从科学角度注释《古兰经》的足迹，继续延伸和扩大着科学注释的领域。他们在注释中，尽可能彰显《古兰经》中涉及自然科学的经文与经验科学的关系，力求论述天体及其秩序、群星及其运行、人的生育及其成长、水与海流、云与降雨、动物与植物等经文的大义，阐发其经旨，解读其内涵与外延，以指导穆斯林发展科学技术，服务人类社会进步。

二 科学注释的分歧

根据以上权威定义，无论是注释家，还是其他学科的专家，都无一例外地肯定了《古兰经》所蕴涵的科学知识，尤其对直接涉及自然科学的750节经文做了认真统计和专业研究，涌现出了一批优秀的注释成果。尽管如此，但是否能从科学角度注释《古兰经》，自11世纪以来，穆斯林学界还是就此见仁见智，出现了学理层面的学术分歧，形成三种不同观点，即赞同者、反对者和中立者。③

（一）赞同观点

持赞同观点的学者们引经据典，基于以下四点证据，认为穆斯林可以

---

① 瓦哈布·宰希里：《古兰经中的科学奇迹》，大马士革图书出版社1997年版，第8页。
② 穆罕默德·苏巴格：《古兰学与注释趋势概论》，贝鲁特伊斯兰图书出版社1973年版，第203页。
③ 艾哈迈德·艾布·哈哲尔博士的专著《科学注释古兰经》（al-tafsir al-'ilmiyy li al-qur'ān fi al-mīzān），对注释学界从科学角度注释《古兰经》的方方面面，做了深入研究。——参见艾哈迈德·艾布·哈哲尔《科学注释古兰经》，贝鲁特大马士革古泰卜出版社1991年版。

从科学角度注释《古兰经》。

1. 真主为了使人类求证知识、能力与智慧，在《古兰经》的很多章节中都反复描述了有关天地的状况、昼夜的更替、光明与黑暗的情状、日月星的情形等。如果真主不允许人们去思考和研究这些情形，其经典就不会大量描述这些自然状况。

2. 经文"难道他们没有仰观天体吗？我是怎样建造它，点缀它，使它没有缺陷的？"（50：6）敦促人们思考和参悟真主如何建造了天体，因为生态学的意义就在于沉思真主如何建造天体，如何创造了天体中的每一部分。

3. 通过科学注释，能够获取《古兰经》中的许多新奇迹。

4. 每当注释家运用自然科学知识，注释那些描述特殊事物和精确事物，以及《古兰经》描述的各种永恒而持久的真理的经文时，人们就会更加相信真主的伟大和万能。[①]

根据文献，持赞同观点的首位学者是教义学家、哲学家、法学家和教育家安萨里。安萨里从《古兰经》蕴涵一切知识的角度，阐述了从科学角度注释《古兰经》的学理性和法理性。首先，安萨里在《宗教学科的复兴》（'$ihyā$''$ulūm\ al\text{-}dīn$'）中指出，《古兰经》蕴涵着一切知识："《古兰经》包含了七万七千二百门知识，亦即每一个词汇就是一门知识，然后每门知识又扩大了四倍，因为每一个词汇既有它的表义，也有它的隐义，既有它的极点，也有它的源点。"并就此引证了圣门弟子伊本·麦斯欧德的话："凡欲知古人和今人者，就让他参悟《古兰经》吧！"安萨里接着指出，"总而言之，所有知识都在真主的一切行为和属性中，《古兰经》解释了真主的本体、行为和属性，这些知识没有尽头，《古兰经》对其作了总的指示。""不然，理智但凡不能理解的，以及对宇宙万有所持的不同理论和各种理解，在《古兰经》中都有对此的指示和证明。唯有有理智的人才能认知它。"[②]

继《宗教学科的复兴》后，安萨里在另一部著作《古兰经的精神实

[①] 法赫德·鲁米：《古兰经注释原理及注释方法研究》，利雅德塔伊布出版社2004年版，第97页。

[②] 安萨里：《宗教学科的复兴》卷3，开罗伊斯兰文化传播委员会出版社1937年版，第135页。

质》（Jawāhir al-qur'ān），又对《古兰经》蕴涵的知识作了进一步论述。首先，他在该书第 4 章，将《古兰经》蕴涵的所有知识分作两类：其一，表层知识，包括语言知识、语法知识、诵读知识、语音知识、表层注释知识。其二，内涵知识，包括前人故事、教义知识、法学知识、法理学知识、认识真主与末日的知识、认识正道与正行的知识。① 安萨里接着在第 5 章中，论述了从《古兰经》中衍生出的其他学科知识，并提到了医学、星相学、世界形态学、动物生理学、解剖学、魔术学、护符学等。最后，他指出："无论是我例举的知识，还是没有例举的知识，其渊源都离不开《古兰经》。这些知识来自于认知真主的大海之一，即行为之海——我已经讲过——无边无岸的大海。假设大海是真主之语的墨水，那么它在真主的语言结束之前就已消耗殆尽。例如，真主的行为——行为之海——中有医治和病症，正如真主告知易卜拉欣那样：'我害病时，是他使我痊愈的。'（26：80）这个行为唯有完全懂得医术者才能认识，因为医学的意义就体现在完全了解病症及其现象，以及知道如何治疗及治疗方法。真主的行为之一是，制定太阳与月亮的列宿和定数，真主说：'日月是依定数而运行的。'（55：5）'他曾以太阳为发光的、以月亮为光明的，并为月亮而定列宿，以便你们知道历算。'（10：5）'月亮昏暗，日月相合的时候。'（75：8—9）'真主使黑夜侵入白昼，使白昼侵入黑夜。'（22：61）'太阳疾行，至一定所，那是万能的、全知的主所预定的。'（36：38）那么，唯有认识天地构造形态者才能认识日月运行、日月食、黑夜白昼如何更替的真相。唯有懂得人体解剖学的人才能完全理解这节经文：'人啊！什么东西引诱你背离了你的仁慈的主呢？他曾创造了你，然后，使你健全，然后，使你匀称。他意欲什么型式，就依什么型式而构造你。'（82：6—8）"②

继安萨里之后，哲拉鲁丁·苏尤蒂亦从《古兰经》蕴涵的学科知识角度，阐述了科学注释《古兰经》的合理性。苏尤蒂分别在《古兰经学通论》（第 65 章）和《注释之冠》（'Iiklīl al-ta'wīl fī 'istinbāt al-tanzīl）中，求证经训和先贤遗训，说明《古兰经》是一部蕴涵所有知识

---

① 安萨里：《古兰经的精神实质》，库尔德斯坦出版社 1911 年版，第 21—31 页。
② 同上书，第 32—34 页。

第四章 《古兰经》注释的种类　269

的经典。其中，经文是："我在天经里没有遗漏任何事物。"（6：38）"我曾降示这部经典，阐明万事。"（16：89）① 圣训是："各种不幸将会出现。有人问：'出路何在？'先知说：'真主的经典，其中有你们之前的信息，也有你们之后的信息，还有对你们的判断。'"② 先贤遗训是，圣门弟子伊本·麦斯欧德说："凡求知者，就当学习《古兰经》，因为《古兰经》蕴涵着古人和今人的信息。"③ "真主在《古兰经》中降示了一切知识，为我们阐明了万事，但我们的知识不能及于真主在《古兰经》中为我们阐明的知识。"④ 沙菲仪说："伊斯兰乌玛所讲的一切都是对圣训的注解，所有圣训都是对《古兰经》的注释。"⑤ 哲拉鲁丁·苏尤蒂在引用安达卢西亚注释学家、圣训学家艾布·法德里·穆尔萨（Abu al-fa dl al-mursā,？—1257），以及教义学家、哲学家伊本·阿拉比等人就《古兰经》蕴涵的学科知识的阐述后⑥，对此做了精辟总结："真主的经典囊括了万事。至于所有学科的分类，则只要有原理性的门类或问题，就会有《古兰经》对此的证明。《古兰经》涵盖了人间的各种奇迹、天地的国权、天地的万有等，而这些都需要大量著作予以详细阐述。"⑦

　　近现代以来，亦不乏注释家和专业学者对科学注释《古兰经》的相关经文表示赞同。其中，当代学者塔希尔·本·阿舒尔（Al-tāhir ben 'āshūr, 1879—1973）论述了科学注释的所有种类。他认为，为了揭示《古兰经》的各种经旨，没有必要对演绎《古兰经》中的各学科知识进行阻碍。他以真主创造人类的经文"我确已创造了你们，先用泥土，继用一小滴精液，继用一块凝血，继用完整的和不完整的肉团，以便我对你们阐明［道理］"（22：5）为例，说明解剖学在注释诸如此类经文时的作用——既有助于阐明真主的万能，也将经文和科学问题有机联系起来；既

---

① 哲拉鲁丁·苏尤蒂：《古兰经学通论》，贝鲁特阿拉伯图书出版社2003年版，第725页。
② 同上。
③ 同上。
④ 转引自穆罕默德·侯赛因·扎哈卜：《古兰经注释与注释家》（卷2），开罗知识出版社2001年版，第478页。
⑤ 哲拉鲁丁·苏尤蒂：《古兰经学通论》，贝鲁特阿拉伯图书出版社2003年版，第725页。
⑥ 参见哲拉鲁丁·苏尤蒂：《古兰经学通论》，贝鲁特阿拉伯图书出版社2003年版，第727—731页。
⑦ 哲拉鲁丁·苏尤蒂：《古兰经学通论》，贝鲁特阿拉伯图书出版社2003年版，第731页。

有助于理解经文大义，也有利于驳斥中伤《古兰经》者的谬论，更能肯定《古兰经》率先提到了其问世时世界上尚未出现的一些科学知识。①

注释家辛德·舍勒比（Hind shalbī）女士，则从科学注释揭示《古兰经》科学奇迹的角度，阐述了科学注释的合理性。她认为，"科学注释经文的目的就是揭示经文中的奇迹特性——界定这些奇迹出自真主，证实先知穆罕默德使命的真实性。但凡能够正确理解《古兰经》中关于科学奇迹的经文，或者从科学角度注释这些经文者，就要谈及经文蕴涵的各种经旨经义——不可能来自经文降示时的人类之语，因为这些经文揭示了一个事实，即当时的人类理智尚未达到领悟这些经义的能力。"②

穆罕默德·拉希德·里达尽管没有直接言及科学注释的所有种类，但仍从科学奇迹的角度，反映了他对科学注释的态度。他将《古兰经》的科学奇迹分为两类：其一，任何知识都无法破坏或丝毫有损《古兰经》的奇迹，尽管《古兰经》早在 14 个世纪前就已提到了所有知识。其二，《古兰经》提及的科学问题在其问世时尚未被认知，而在这个时代才逐渐得以发现和发明。③

埃及爱资哈尔大学宗教原理系前系主任穆罕默德·萨迪格·阿尔仲（Muhammad al-sādiq 'arjūn）教授，从另外一个视角，说明了科学注释对解读相关经义经旨的作用。他认为，科学注释无疑是在各科知识阐释《古兰经》大义的范畴内，旨在说明真主在《古兰经》中业已确立的正道。各科知识仅仅有助于阐明经文导向的经义，科学注释则相当于《古兰经》的百科之一，能够填补伊斯兰世界里每个穆斯林都切身感受到的空白。阿尔仲教授还呼吁，穆斯林学者应当著书立说，彻底探究混淆在《古兰经》注释中的"以色列传闻"，以提醒穆斯林，免遭这类注释的危害。④

---

① 筛海·塔希尔·本·阿舒尔：《经注启蒙》第 1 卷，突尼斯出版社 1984 年版，第 127 页。
② 辛德·舍勒比：《理论与实践中的科学注释古兰经》，突尼斯格尔塔季出版社 1985 年版，第 159—160 页。
③ 穆罕默德·拉希德·里达：《光塔古兰经注》，贝鲁特知识出版社 1973 年版，第 210 页。
④ 穆罕默德·萨迪格·阿尔仲：《古兰经注释的方法》，吉达苏欧迪出版社 1992 年版，第 92—93 页。

以上学者所持的赞同观点,说明了穆斯林的科学文化为何出现在《古兰经》注释领域的哲理所在,反映了这些学者们——无论是前人还是今人,无论是注释家还是其他学科的专家——意图使《古兰经》成为所有学科的渊源,以及一如既往地汲取《古兰经》营养,求索其知识,阐发其经义的价值取向和学术追求。如果细究《古兰经》注释的所有文献典籍就不难发现,科学注释《古兰经》的学术活动自阿拔斯王朝时期的科学活动繁荣昌盛以来,时至今日仍延绵不绝,成果斐然。

诚然,尽管持赞同观点的学者依据所求证的学理和法理,支持从科学角度注释《古兰经》的相关经文,但为防患于未然,仍然制定了一些务必遵循的基本要求和定理,以免误注、错注甚至肆意注释经文的不良学术现象发生。叙利亚大马士革大学《古兰经》和圣训学系的阿里·艾斯阿德博士根据文献,对科学注释《古兰经》的人务必具备的基本要求和定理,大致做了归纳:

1. 精通《古兰经》注释学所要求的15门学科知识。
2. 叙述科学事实的目的是服务于解读《古兰经》经旨,而不是科学事实本身。
3. 注释家所叙述的科学事实已经定型与定性,既不能是理论,也不是或然性结果。
4. 注释期间务必有经验科学领域的专家进行专业指导。
5. 科学事实与注释的普遍原则不能互相矛盾。[①]

此外,哈立德·阿布杜拉·哈曼·俄克教授在《古兰经注释原理》中,亦就此归纳:

1. 遵循注释学界定的所有注释要求,如15项基本学科与应该注意的事项。
2. 注释科学性经文必须符合经文语言结构所表述的本义。
3. 注释家不得舍本逐末,逾越注释的范畴而表述那些互相矛盾的科学理论。

[①] 阿里·艾斯阿德:《注释家与科学注释的范例》,载《古兰经注释与圣训注解方法国际研讨会论集》,吉隆坡塔吉迪德出版社2007年版,第90—91页。

4. 注释家务必通晓相关科学理论知识，从而借助这些科学理论知识，注释涉及科学的经文。

5. 注释家不能认为经文本身就蕴涵着科学理论，而是说明着科学现象，因此如果科学理论符合经义，就可借此注释经义，反之则放弃。

6. 注释家务必将涉及科学的经文含义作为他注释的基础，要围绕经文本有的含义展开注释。

7. 注释家注释科学性经文时，务必遵循经文的阿拉伯语语义，因为《古兰经》首先是阿拉伯语的经典。

8. 注释家注释经义时，不得违反教义教法。

9. 注释家的释文务必与所注经文经旨互相符合，既不能丝毫减损经文所需要的阐释，也不能附加与经义经旨不相符合的阐释，更不能断章取义，而要实事求是地注释经文的经旨。

10. 注释家务必重视所注经文之间的内在结构，经文的上下文关系和内在联系，以便将被注经文有机联系起来，形成一个完整的科学注释专题。①

（二）反对观点

反对科学注释的学者引经据典，通过下列证据和理由，说明从科学角度注释有关经文的学术举措不可取。

1. 《古兰经》奇迹亘古不变，注释家阐明其蕴涵的奇迹时，无须勉为其难地进行科学性注释，因为科学注释往往有损《古兰经》蕴涵的奇迹。

2. 《古兰经》号召人们思考宇宙和各种科学知识，是广义性号召，旨在使人们从中汲取殷鉴与参悟经义，而不是号召人们阐明其细节，揭示其中的各种知识。

3. 对于绝大部分涉足科学注释《古兰经》者而言，科学注释存在不同程度的错误，因为一项成功的理论为了融合两种截然不同或者互相近似的观点，往往建立在假定的基础上，因此其中难免存在错误。换言之，所有理论中，不一定每一项理论都是成功的。

---

① 哈立德·阿布杜拉·哈曼·俄克：《古兰经注释原理》，贝鲁特纳法伊斯出版社2003年版，第224页。

4. 科学注释涉足《古兰经》，此类注释家往往不由自主地逾越了经文辞藻本身的界限。究其原因，注释家自我认为，注释时必须要研究不同的科学领域，因为许多科学事实具有时限性和变化性，它不是一次性呈现出的结果，而是随着时代发展被重新发现和揭示。在此情况下，忙碌甚至盲目地寻求《古兰经》和科学之间的一致性，不符合伊斯兰法理。

5. 科学中的某些发现仅仅是一种理论与假设，其价值体现于最大可能地解读宇宙、生物、心理或社会等各种现象，然后推出另外一种科学假设去更加精确地解读这些科学现象。从这个角度讲，科学理论始终存在着变化与调整、缺失与补充的问题，甚至由于新工具的出现或对旧的科学现象进行新的解释后，原有的科学理论会彻底改变。是故，为了让注释家不要尴尬地面对始终变化或者消失的科学理论，按照现有科学理论阐释《古兰经》的终极真理是不正确的。①

基于以上理由，持反对观点的学者认为，科学注释在解读《古兰经》经义领域不免夸大其词甚至过分，并因科学理论的不确定性而使一些经文承载了与其本旨不相符合的意义。

根据文献资料，沙推斌是最早反对科学注释《古兰经》的学者。他在《教法原理的协调》中，就其反对科学注释《古兰经》的观点做了相应阐述。他认为，《古兰经》降示前的阿拉伯人曾经重视一些知识，他们的哲人也曾致力于培植阿拉伯人的伦理道德，树立阿拉伯人的风俗习惯，故《古兰经》启示中，既对降示前的一些正确知识和事物予以修正和补充，对错误事物予以废除，也阐明了其中有益和有害的知识和事物。沙推斌引证经文举例说明《古兰经》肯定了古代阿拉伯人所重视的一些正确知识。如经文"他为你们创造诸星，以便你们在陆地和海洋的重重黑暗里借诸星座而遵循正道"（6：97）说明古代阿拉伯人重视星相知识；经文"他是以电光昭示你们，以引起你们的恐惧和希望，并兴起密云，雷霆在赞颂真主超绝万物，众天神因为畏惧他而赞颂他"（13：12—13）"真主使风去兴起云来，然后，把云赶至一个已死的地方，而借它使已死的大地复活"（35：9）说明他们重视天文和气象知识；经文"这是关于

---

① 法赫德·鲁米：《古兰经注释原理及注释方法研究》，利雅德塔伊布出版社2004年版，第97—98页。

幽玄的消息,我把它启示你;当他们用拈阄法决定谁抚养麦尔彦的时候,你没有在场,他们争论的时候,你也没有在场"(3:44)说明他们重视历史知识;经文"你们应当吃,应当喝,但不要过分"(7:31)说明他们重视医学知识;经文"你说:'如果人类和精灵联合起来创造一部像这样的《古兰经》,那么,他们即使互相帮助,也必不能创造像这样的妙文'"(17:88)说明他们重视修辞知识。接着,沙推斌又论述了《古兰经》直接或间接予以否认的一些错误知识,如占卜、预测、算卦、迷信等。①

沙推斌阐释了《古兰经》予以肯定和否定的知识后,谴责了那些为《古兰经》蕴涵的知识附加和演绎其他知识的学者,并给予反驳:"很多人在引证和注释《古兰经》时都超出了界限,他们给《古兰经》附加了前人和今人提到的一切自然科学知识和人文社会知识,如工程学、数学、逻辑学、语音学等理论家和学者们所认为的各科知识,这是不正确的。"②他指出,"圣门弟子、再传弟子与三传弟子是最通晓《古兰经》及其蕴涵的各种知识者。文献告诉我们,他们中没有任何人谈及《古兰经》知识之外的事物,只是谈及了《古兰经》中业已确定的知识和事物等。假设他们阐发了《古兰经》中的各种知识,那么我们就有了根据。但他们没有这样做,这就说明《古兰经》的目的不在于肯定科学注释《古兰经》的学者们所认为的各种知识。"③此外,沙推斌还就哲拉鲁丁·苏尤蒂与一些注释家引证并给予阐发的经文"我在天经里没有遗漏任何事物"(6:38)做了注释。他认为,这节经文中的"天经"是指"受保护的天牌"(85:22),而不是说明《古兰经》蕴涵着一切学科知识,无论是传述的,还是理性的。④

近现代以来,持反对观点的学者主要代表有穆罕默德·侯赛因·扎哈卜教授。他在肯定沙推斌的观点的同时,又从三个层面论述了自己所持的反对观点:

---

① 艾布·伊斯哈格·沙推斌:《教法原理的协调》第 2 卷,麦加商务书局 1996 年版,第 69—76 页。

② 同上书,第 79 页。

③ 同上。

④ 同上书,第 80 页。

其一，语言学层面。扎哈卜教授认为，阿拉伯语的词汇意义不是一成不变，而是随着时代发展逐渐发生着变化。许多词汇含有多种语义，如果我们不知道一词具有多义的历史背景和发展过程，就无法界定它如何出现在不同的学科领域，并且形成一个专业术语，如语言学术语、法学术语等。这些词汇在《古兰经》降示时，有些是阿拉伯人知道的，有些是他们闻所未闻的。鉴于词义变化和发展的性质，我们何以肆无忌惮地理解《古兰经》词汇，使其成为新生术语之意的证据？又何以认为，《古兰经》部分词汇的意义，在其后能够发生变化，衍生新意呢？

其二，修辞学层面。扎哈卜教授指出，众所周知的事实是，《古兰经》修辞达到了阿拉伯修辞学的极致境界。如果我们走科学注释《古兰经》之路，认为《古兰经》蕴涵着一切知识、其词汇具有新生意义的话，我们定会使自己陷入一个难以摆脱的深渊——破坏了《古兰经》的修辞超绝性，而《古兰经》降示时善于修辞的阿拉伯人并不知晓这些修辞意境，因此真主以经文修辞的超绝性告诫阿拉伯人，人类不可及《古兰经》的修辞。同样，即使阿拉伯人知道这些修辞意境，那么《古兰经》降示时，为什么没有出现阿拉伯人的科学复兴呢？他们为什么没有将自己的科学复兴建立在这些阐释了各种知识和各个学科的相关经文上呢？

其三，教义学层面。扎哈卜教授根据教义学指出，穆斯林必须相信《古兰经》是一部亘古不变的经典，它所构建的规律符合任何时代，穆斯林对此不能有丝毫置疑。据此，如果我们步科学注释《古兰经》者的后尘，认为《古兰经》是医学、天文学、工程学和化学等学科的渊源——《古兰经》不是一部哲学或医学或工程学经典，那么我们就会由此而使穆斯林对信仰《古兰经》产生怀疑。究其原因，所有的科学基础和理论都不是一成不变的，也许今天的科学家所坚持的科学理论，在一个时期后因出现错误而被其他科学家所否定。同样，从古到今，又有多少科学理论处于互相矛盾甚至对立状态，难道《古兰经》蕴涵着这些存在矛盾和对立的科学基础与理论吗？如果是这样的话，穆斯林还能相信《古兰经》吗？还能确信《古兰经》是真主的经典——虚伪不能从它的前后进攻它——吗？是故，持赞同科学注释《古兰经》观点的人务必知道，《古兰经》不因这样的强加阐释而为荣，因为强加阐释几乎使《古兰经》失去了它在改良生活、修心养性、回归真主中应有的人文和社会目的。同样，他们也要知道,《古兰经》中不但没有一句明文反对既成的科学事实,而且能够与建立在真理基础与正确原则上的科学理论和科学法则保持一致。①

曾任埃及爱资哈尔大学长老(Al-shaykh,1958—1963在位)的马哈茂德·舍勒图特(Mahmūd shaltūt,1893—1963)认为,《古兰经》并不是一部解释科学真理的经典,而是一部引导人们与改良社会的经典,因此不应该从科学角度阐释《古兰经》。他指出,科学注释《古兰经》者根据经文"我在天经里没有遗漏任何事物"(6:38)认为,他们在注释《古兰经》方面拥有了一个新的领域,遂套用现代科学理论注释经文,运用自然科学原理实践经文。他们认为,这种方式有助于理解《古兰经》,提高伊斯兰教的地位,并在各种科学和文化领域广为宣传。殊不知,他们的这种观点毫无疑问是错误的,一则真主降示《古兰经》并不是为了给人们论述各种科学理论与不同的学科知识;二则《古兰经》在任何时空下都为此要面临着随科学变化而变化的问题,而科学既不是一成不变的事实,也不是最终的结论,也许今天的科学理论在明天就会成为谬论。是故,如果我们按照变化的科学问题来注释《古兰经》的话,一则随科学变化而变化的我们会使《古兰经》承载错误结果;二则我们在保护《古兰经》时会使自己处于尴尬境地。就让我们维护和保护《古兰经》的伟大性、神圣性和尊严性吧!让我们都知道,《古兰经》蕴涵的关于创造的一切奥妙与各种自然现象,只是旨在鼓励人们通过思考和研究来认识和坚定他们的信仰。"② 诚然,尽管马哈茂德·舍勒图特从注释角度反对科学注释,但他并没有否定《古兰经》对科学本身的肯定:"《古兰经》并不——绝对不——反对任何既成的科学事实。"③

此外,伊拉克学者沙里菲(Salifiyy)从科学注释《古兰经》应有的标准角度,阐释了他的反对观点。他认为,有的学者根据自己仅有的科学知识注释《古兰经》,把一些经文与现代科学联系在一起,这种做法偏离了《古兰经》的核心内容。《经注准衡》的作者塔巴塔巴伊等著名学者对上述做法提出了警告。他们强调,《古兰经》是引导人类于正道的经典,

---

① 穆罕默德·侯赛因·扎哈卜:《古兰经注释与注释家》卷2,开罗知识出版社2001年版,第491—493页;《古兰经注释研究论集》,开罗圣训出版社2005年版,第421—422页。

② 马哈茂德·舍勒图特:《古兰经注释》,开罗东方书局1974年版,第13—14页。

③ 同上书,第14页。

而不是大学里教授的化学、物理、医学、天文学、工程学教科书。他指出，随着科学的发展，涌现出的一些科学注释《古兰经》的典籍，尽管对理解经文能够发挥重要作用，但由于科学是相对的，一些科学理论随着时代的发展必然被新的理论推翻。因此，在用科学注释《古兰经》时，应有一个统一的标准和注释原则。①

（三）中立观点

正如穆罕默德·侯赛因·扎哈卜教授所言，关于从科学角度能否注释《古兰经》的学理问题，历史上存在不同观点，现在乃至将来仍将会存在。②

然而，面对科学注释《古兰经》以及涌现出的注释成果这一既成的学术事实，尤其在科学技术突飞猛进的今天和未来，为了进一步从深度与广度层面上，深化与细化阐释《古兰经》相关经旨经义的现实和未来需要，当代一些注释家和学者在赞同观点和反对观点之间，提出了中立观点。很大程度上来讲，中立观点的提出，既是在赞同观点和反对观点之间进行的学术调和，更为当下和未来解读《古兰经》大义，以及《古兰经》注释学科向纵深发展，提出了解决问题的中肯看法和具体方案。

提出中立观点的代表学者有法赫德·鲁米教授。他在专著《伊历十四世纪的经注趋势》中，根据穆罕默德·阿布杜·阿济姆·祖尔加尼（Muhammad abud al-'azīm al-zurqānī）的《古兰学研究》（*Manāhil al-'arfān fī 'ulūl al-qur'ān*）、穆斯塔法·穆斯林的《现代经注学派的各种观点》等专著和论文，结合自己的观点总结到，注释家不妨通过确凿无疑的、没有缺陷和谬论成分的科学事实，从科学角度正确理解和严谨注释《古兰经》中的相关经文，条件是：

1. 科学注释不能本末倒置，掩饰了《古兰经》的首要目的——引导人们至正道。

2. 引用科学理论与科学事实的目的是，深化穆斯林的宗教感情，保护穆斯林的信仰。

---

① 沙里菲：《用科学注释古兰经需要有标准》，http：//www.gulanjing.com/html/sxgd/2008-9/18/09_38_13_41.html［2008-09-18］。

② 穆罕默德·侯赛因·扎哈卜：《古兰经注释研究论集》，开罗圣训出版社2005年版，第422页。

3. 叙述科学研究成果，旨在推动穆斯林世界的复兴，重视《古兰经》的伟大，鼓励他们尽可能利用真主为他们创造的宇宙能源来再现伊斯兰"乌玛"的辉煌。

4. 不得认为注释中所叙述的科学研究成果就是对相关经文的唯一注释，叙述科学成果仅仅是为了求证并延伸经文的含义，而不是侵害《古兰经》的神圣性。这是因为，运用发展和变化的科学理论注释《古兰经》，会致使人们怀疑《古兰经》的真理性。①

埃及《古兰经》科学奇迹协会主席南贾尔（Al-najjār）教授，举例说明了他所持的中立态度。他认为，《古兰经》早在 1400 多年前就谈到了科学，有些科学经文直到现在才被科学家们发现。他说，《古兰经》提出了世界末日的理论并强调，人类将在后世复生，接受真主的审判，这一理论完全符合现代科学。根据现代科学的发现，月球每年以 3—4 厘米的长度远离地球，这一进程将一直持续下去，直到有一天，月球脱离地球的引力，并最终撞向太阳而毁灭。此外，现代科学研究还证明，所有星辰都要经历开始和结束的过程，发光的星辰，其光亮最终将熄灭，当所有星辰都死亡，整个宇宙处于一片漆黑时，那时就是《古兰经》所说的世界末日。②

同样，英国伦敦伊斯兰学院教授拜哈曼·波尔亦从中立角度，就科学注释《古兰经》发表了自己的看法。他首先指出，《古兰经》不是一部科学典籍，而是一部引导人们走正道的天启经典。虽然《古兰经》蕴涵着一些关于科学的经文，但其目的不是向人类阐释科学，而是向人类证明《古兰经》是真主的奇迹，是真主的启示。因此，只有精通《古兰经》、阿拉伯语和现代科学的学者才有资格对《古兰经》进行科学注释。

哈曼·波尔教授指出，阿拉伯伊斯兰文化史上，自古以来就有许多学者利用当时的科学知识注释《古兰经》的相关经文，这种举措虽然能够帮助人们揭开《古兰经》的一些奥妙，有利于人们深入了解《古兰经》，但同时也存在一些问题。因为，人类的知识有限，往往认为所处时代的科

---

① 法赫德·鲁米：《伊历十四世纪的经注趋势》，利雅德塔伊布出版社 1986 年版，第 604 页。

② http://www.gulanjing.com/html/shxw/2008 − 10/8/14_ 11_ 50_ 394.html ［2008 − 10 − 08］.

学知识是绝对正确的，其他知识应该与之相吻合。而实事却恰恰相反，随着人类的发展，科学也在不断地发展和变化，用不断发展变化的科学知识注释永恒不变的《古兰经》是不可取的。因此，在用科学知识注释《古兰经》时，我们只能相对地认为某节经文的意思大概如此，而不能绝对地断言这节经文的含义就是这样。例如《古兰经》中关于后世复生的经文："众人啊！如果你们对于复活的事还在怀疑之中，那么，我确已创造了你们，先用泥土，继用一小滴精液，继用一块凝血，继用完整的和不完整的肉团，以便我对你们阐明[道理]。我使我所意欲的[胎儿]在子宫里安居一个定期，然后，我使你们出生为婴儿，然后[我让你们活着]，以便你们达到成年。你们中有夭折的；有复返于最劣的年纪的，以便他在有知识之后，什么也不知道。你看大地是不毛的，当我使雨水降于大地的时候，它就活动和膨胀，而且生出各种美丽的植物。"（22：5）这节经文用比喻法告诉世人，后世的复生状况正如一片不毛之地，雨过后，就生长出了庄稼。我们可以用现代科学知识 DNA 来解释这节经文。也就是说，后世人类的 DNA 就像枯萎的草木在一阵春雨之后复苏一样，再现人的本来面目。当然，这种解释只是一种可能，而不是绝对。所以，在用现代科学知识注释《古兰经》时，一定要使用"可能、大概、也许、真主至知"等词句，否则就是对《古兰经》的误解甚至歪曲。①

三　科学注释的成就

科学注释《古兰经》自有史以来，尽管学界对其存在不同观点，但从科学注释的定义，尤其是硕果累累的注释文献和研究成果来看，历代注释家和学者为深刻揭示《古兰经》的各种奥妙，做出了巨大的学术贡献，可谓居功至伟。如果细究注释史上涉猎科学注释的注释家和研究家，无论是他们的注释典籍，还是研究"古兰奇迹"（'I'ajāz al-qur'ān）的专著，都无一例外地发表了自己对科学注释经文的学术观点和注释看法，并对经中言及科学的经文做了不同程度的解读。按照时间，这些著名学者依次为：希塔布（Al-khitāb，伊历？—318）、鲁玛尼（Al-rumānī，伊历

---

① 拜哈曼·波尔：《只有精通古兰经和现代科学的学者才有资格对古兰经进行科学注释》，http://www.gulanjing.com/newsv.asp?key=211 [2007-09-28]。

296—386）、巴基拉尼（Al-bāqilāī, 伊历？—403）、嘎迪·阿布杜·坚巴尔（Al-qādi 'abd al-jabbār, 伊历？—415）、朱勒贾尼（Al-jurjāni, 伊历？—471）、嘎迪·安雅德（Al-qādi 'ayyād, 伊历 496—544）、安萨里、桑卡基（Al-sakkāki, 伊历？—626）、艾布·艾斯巴赫·米苏里（Abu al-'sbah, al-misri, 伊历？—654）、艾布·法德里·穆尔萨（Abu al-fadl al-mursā, 伊历？—655）、哲拉鲁丁·苏尤蒂、阿鲁斯（Al-'ālūsī, 伊历 1217—1270），① 以及伊历 14 世纪的阿布杜·拉哈曼·凯瓦基布（'Abd al-rahmān al-kawākibī, 伊历？—1320）、穆斯塔法·萨迪格·拉斐尔（Mustafā sādiq al-rāfi'）、艾布·阿扎伊姆（Abu al-'azāiim）、谭塔维·焦海里、穆罕默德·阿布笃、阿布杜·哈里姆·迈哈姆德（'Abd al-hamīd mahmūd）、穆罕默德·法里德·瓦季迪（Muhammad farīd wajdī）、穆罕默德·塔希尔·阿舒尔（Muhammad al-tāhir al-'āshūr）、白迪温·宰玛尼·努尔希（Badī' al-zamān al-nursi）、伊历 15 世纪的穆罕默德·穆塔瓦里·舍尔拉维（Muhammad mutawāli al-sha'rāwī）、卡米勒·布希（Kāmil al-būhī）、穆罕默德·纳济姆·奈希姆（Muhammad nāzim nasīmi）、阿布杜·迈吉德·赞达尼（'Abd al-majīd al-zandāni）、穆斯塔法·迈哈姆德（Mustafā mahmūd）等等。学界从科学角度注释《古兰经》的学术成果，主要体现在以下三个层面：

1. 专著成果

科学注释《古兰经》的代表著作主要是：法赫鲁丁·拉齐的《幽玄之钥》、谭塔维·焦海里的《焦海里经注》、哈乃斐·艾哈迈德（Hanafi'ahmad）的《科学注释古兰经中关于宇宙的经文》（Al-tafsir al-'ilimiyy lil'āyāt al-kawniyyah fi al-qur'ān），穆罕默德·本·艾哈迈德·亚历山大（Muhammad ben 'ahmad al-'askandarāniyy）的《揭示古兰经中的光的奥秘——天体之光、地球之光、动物之光、植物之光、矿物之光》（Kashf al-'asrār al-nūrāniyyah al-qur'āniyyah fimā yata'allaq bi al-'ajrām al-samāwiyyah wa al-'ardiyyah wa al-hayawānāt wa al-nabātāt wa al-jawāhir al-ma'adaniyyah），阿里·菲克利（'Ali fikry）的《古兰经——

---

① 巴基拉尼著有《古兰经的奇迹》、朱勒贾尼著有《奇迹证明》、艾布·法德里·穆尔萨著有《古兰经蕴涵了古往今来的各种学科》。

各种学科和知识之源》(*Al-qur'ān yanbū' al-'ūlūm wal-'irfān*),阿德南·谢里夫（'adnān al-sharīf）的《古兰经中的天文学》(*Min'ilim al-falak al-qur'āniyy*)、《古兰经中的医学》(*Min'ilim al-tibb al-qur'āniyy*)、《古兰经中的地理学》(*Min'ulūm al-'ard al-qur'āniyyah*)、《古兰经中的心理学》(*Min'ilim al-nafs al-qur'āniyy*),卡里姆·阿布杜·麦尔姆德（Karīm abud al-ma'būd）的《科学与古兰经中的人之生命周期》(*Dawrah hayāt al-'insān bayn al-'īlm wal-qur'ān*),曼苏尔·穆罕默德·纳斌（Mansūr Muhammad al-nabiyy）的《现代科学中的宇宙迹象》(*Al-'āyāt al-kawniyyah fī day' al-'īlm al-hadīth*),阿布杜·瓦哈比·哈姆德（Abud al-wahhāb hamūdah）的《古兰经与心理学》(*Al-qur'ān wa'ilm al-nafs*),邵基·艾布·哈里里（Shawqī abu khalīl）的《古兰经地理学》('*Itlas al-qur'ān*),阿卜杜拉·沙哈特的《宇宙中的真主迹象——以古兰经注释宇宙迹象》('*āyāt Allah fī al-kawn: tafsir al-'āyāt al-kawniyyah bi al-qur'ān al-karīm*),欧萨迈·阿里·海德尔（'Usūmah Ali al-khdar）的《古兰经与宇宙：从大爆炸到微粒子》(*Al-qur'ān wa al-kawn min al-'infijār al-'azīm 'ilā al-'isihām al-'azīm*)①,莫里斯·比卡尔博士的《古兰经与现代科学》。这些专著,都就《古兰经》的真理性及其关于创造天地和宇宙形成、天文地理、医学生物、动物植物和人之生长的叙述等涉及科学知识的经文,做了大量注释和研究。

2. 学术协会、杂志和网站

学术界在以著书立说形式注释和研究《古兰经》中关于科学的经文的同时,亦致力于创办专业的学术机构、杂志和网站,以便为科学注释《古兰经》提供相应的学术平台。主要有伊斯兰世界联盟下设的"《古兰经》与《圣训》科学奇迹国际委员会",以及埃及成立的"埃及《古兰经》科学奇迹协会"。前者创办的刊物《科学奇迹杂志》和《古兰经》科学奇迹网站（http://www.nooran.org）,以及"《古兰经》与圣训科学奇迹百科全书"及其网站（http://www.55a.net,设有阿拉伯语、英语、

---

① 该书由贝鲁特时代出版社于2006年出版,是研究《古兰经》科学奇迹的最新著作,堪称为论述《古兰经》科学奇迹的百科全书,共计5章832页,第1章为"使者穆罕默德"、第2章为"科学与《古兰经》之间的哲学见解"、第3章为"《古兰经》与物理学"、第4章为"《古兰经》与天文学"、第5章为"《古兰经》与宇宙学",书尾附有80余幅彩色图片。

汉语、意大利语、西班牙语、法语、波斯语），都定期刊载大量有关科学注释《古兰经》，以及研究《古兰经》与科学的最新学术动态与学术论文，不胜枚举，兹不赘例。

3. 国际学术研讨会

自20世纪80年代以来，学术界亦定期召开题为"《古兰经》科学奇迹国际研讨会"的学术会议，以学术会议形式研究《古兰经》中的科学奇迹。截至2008年，先后召开会议的国家为：开罗（1985年）、巴基斯坦（1987年）、塞内加尔（1990年）、俄罗斯（1993年）、印度尼西亚（1994年）、黎巴嫩（2000年）、阿联酋（2004年）、科威特（2006年）、阿尔及利亚（2008年）。在这9届大会上，来自世界各地的注释学家、古兰学家、圣训学家、科学家、宗教学家等，围绕《古兰经》涉及宇宙的起源、人类的形成、人的身体器官、天体地球、日月星辰等科学奇迹的经文，以及《古兰经》与物理、《古兰经》与地理、《古兰经》与矿物、《古兰经》与科学、《古兰经》与天文学、《古兰经》与医学、《古兰经》与生物学等内容和议题，提交了数百篇高质量的学术论文，有力推动和促进了科学注释《古兰经》和相关研究的纵深发展。

第五章

《古兰经》注释的内容

作为伊斯兰教和伊斯兰文化的渊源,《古兰经》以点代面、以个别代整体的原理原则,为伊斯兰教和伊斯兰文化的发生和发展、体制的形成和定型、学科的构建和延伸等,提供了深厚的思想资源、精神营养、学术基础和理论基调。

学界研究,从语言文字来讲,《古兰经》精美极致;从古兰学科来讲,它科目众多;从内容内涵来讲,它涉猎广泛;从经义经旨来讲,它"成为伊斯兰教信仰和教义的最高准则,是伊斯兰教法的渊源和立法的首要依据,是穆斯林社会生活、宗教生活和道德行为的准绳,也是伊斯兰教各学科和各派别赖以建立的理论基础"[①]。是故,《古兰经》超绝的语言结构和深刻的原理原则,都需要学界从语言到内容,从经义到经旨,对其作进一步地注释,以便全方位地展现它的概貌,以及经中所蕴涵的基本义理。

通过《古兰经》注释研究文献不难看出,"先知穆罕默的直传弟子、再传弟子和三传弟子传述下来的文献,阿拔斯王朝时代写下的语法学、词法学、修辞学、法学、圣训学、历史学和教义学等,都是为经注学服务的。"[②] 同样,阿拔斯王朝以降,历代注释家遵循经训原则,基于这些基本学科知识,从微观到宏观,从局部到全面,从个案到整体,精深细微地注释了《古兰经》的方方面面。

[①] 宛耀宾总主编:《中国伊斯兰百科全书》,四川辞书出版社1994年版,第165页。
[②] 艾哈迈德·爱敏:《阿拉伯—伊斯兰文化史》第3册,商务印书馆1991年版,第142页。

诚然，如果细究，千百年来卷帙浩繁，从各个层面、各个角度和各个维度注释《古兰经》丰富内容的典籍文献，不但不能面面俱到，其难度也可想而知。然而，如果从学科角度对所有注释内容进行基本归纳和大致归类的话，不妨大体将其归类为语言学、法学、哲学、古兰学，以及在注释中占有重要位置的苏菲注释等几个主体层面上。换言之，很大程度来讲，《古兰经》注释的重要内容集中突出在这几个主体层面上，而其他层面的注释内容，诸如社会、经济、教育、历史、文学等注释，往往或因涵盖在这几个主体层面内，或因其量相对不及这几个主体内容，大体上没有形成相对独立的注释文献。此外，就笔者掌握的现有资料来看，穆斯林学者从注释学角度研究这几个亚层面的文献成果，也远远不及对这几个主体层面的研究。是故，笔者不再逐一列举和赘述其他注释内容，仅从语言学、法学、哲学、苏菲、古兰学几个既是主体层面，也具有代表性的角度，对《古兰经》的注释内容作概要阐述。

第一节 语言学注释

阿拉伯语言学是专门研究阿拉伯语言现象及语言规律的一门学科，是有关阿拉伯语言的各种知识的学科总称，主要内容包括语音学、文字学、词汇学、语法学、修辞学等。

阿拉伯语言学是随着《古兰经》的问世，开始形成与规范化，并在数百年的历史进程中，"借助《古兰经》的广泛传播，逐步发展形成了自己的语法学、修辞学和韵律学等学科。"[①]。语言学范畴内的这些分支学科，在汲取和借助《古兰经》元素发展的同时，不仅自身在注释经文时发挥举足轻重的作用，也因研究经文语言和运用经文素材充实自我而逐渐成熟与定型，从而形成了一种语言学和注释学互补和交叉的学科格局。它既有力推动了《古兰经》注释学术工程的发展，也极大推动了阿拉伯语言学的纵深发展。

注释学界从阿拉伯语语言学角度注释《古兰经》，通常体现在语音

---

① 宛耀宾总主编：《中国伊斯兰百科全书》，四川辞书出版社1994年版，第23页。

学、词汇学、语法学、修辞学几个学科层面上。

一 语音学注释

语音学注释《古兰经》，反映在注释经文词汇和字母的读音层面上。它主要是分析单词字母的读法，如开口符、齐齿符、合口符、长音、短音、软音、重音、侧重音、显读、鼻音、叠音、静符、延长、停止，以及"《古兰经》字、词及句子的拼写特色；经文读音的规则，音调轻重、高低，音节长短，抑扬顿挫等不同声调的确定；韵律的应用；对某些特定章节的段落中有关应答、低祷、跪拜、叩首的认可；经文分断、标点、边注的知识；经文中词、句及不同段落之间读音的连贯性知识等"①，最终通过读音来界定单词意义。

注释单词和字母读音的重要性和作用体现在，其一，分析和界定它的正确读音和方法。其二，鉴于单词读音关系到单词意义，继而涉及界定经义，因此读音在注释经文的词汇大义乃至通篇经义中发挥着重要作用，是不可或缺的注释工具，并由此形成了研究经文诵读的一门独立学科——《古兰经》诵读学。及至当代，"诵读学已发展成语法学、语言学、声韵学、音乐学相结合的综合学科。"②

学界注释单词读音，通常有两种情况：

其一，从语言学角度综合注释经文的学者，阐释经文词汇大义时，先注词音后释词义，如语言学家、注释学家艾布·宰凯里雅·凡拉厄（Abu zakariyyā' al-farrā'，伊历 144—207）的《古兰经大义》（Ma'ānī al-qur'ān），通过分析单词读音来阐释并界定单词大义。例如，他在阐释首章中的单词"Al-hamdu"（意为赞颂）时讲道："诵读学家们一致认为，该词词尾读合口符。至于游牧人，则有人将其读为开口符，有人将其读为齐齿符。读开口符者认为，该词不是名词，而是词根。读齐齿符者认为，阿拉伯人经常这样读，最终成为一个独立的名词。"③

其二，诵读学家从诵读学角度著书立说，全面分析和阐释经文的符

---

① 宛耀宾总主编：《中国伊斯兰百科全书》，四川辞书出版社 1994 年版，第 176 页。
② 同上。
③ 艾布·宰凯里雅·凡拉厄：《古兰经大义》，埃及图书出版社 2001 年版，第 3 页。

号、读音、方法、规则，以及诵读学家关于诵读的学理分歧等，如艾布·阿里·法尔希（Abu Ali al-fārasī，伊历 277—388）的《求证七种诵读之因》（Al-hujjah fī 'ilal al-qirā'āt al-sab'）、①马哈茂德·哈利勒·哈斯里（Mahmūd khalīl al-hasriy）的《古兰经诵读规则》（Ahkām qirā'ah al-qur'ān）、②穆罕默德·穆安比德（Muhammad Mu'abbid）的《古兰经诵读学纲要》（Al-mulankhas al-mufīd fī 'ilm al-tajwīd），等。③这些文献，一方面为穆斯林正确诵读经文确立了诵读规范、方法和原则，并且推动了音韵学的大力发展；另一方面为正确阐释经文大义，从诵读视角提供了理论基础和实践原则。

二　词汇学注释

鉴于单词是构成《古兰经》文的基本单位，因此它成为注释经文的主要基础和基本课题。只有知其词，才能晓其义；只有解其义，才能析其旨。注释家阐释经文单词的通常做法是，首先根据词汇学原理和方法，分析和阐释每个单词的构成、形式、性质、派生、用法、语义及其规律——词义的扩展、收缩和转移，例如单词"忏悔"（Al-tawbah）在《古兰经》中共出现87词，每次都根据上下文或经文语境而有着不同的经义和经旨；接着阐释单词在句中的语法地位和修辞作用；最后分析并注释单词在经文中的具体运用和意义。

据上，注释家对单词从结构到词型，由词义到词旨，都做了巨细靡遗的全方位分析。以当代注释家穆罕默德·阿里·萨布尼（Muhammad 'ali al-sabūnī）的《注释精华》（Safwah al-tafāsīr）诠释首章为例，他首先总体性阐释了该章蕴涵的内容、引证圣训说明了该章的优越性、列数了该章的其他章名；接着从语言学角度阐释了该章词汇的结构、词式、性质和词义；然后在阐释词义的基础上又综合阐释了该章每节经文的大义，并从修辞角度阐释了一些需要分析的单词和词义；最后再次从词的角度阐释了相关词汇，如分析和阐释单词"Allah"（真主）和单词"Al-'ilāh"（独一

---

① 艾布·阿里·哈桑·法尔希：《求证七种诵读之因》，埃及图书出版社2001年版。
② 马哈茂德·哈利勒·哈斯里：《古兰经诵读规则》，麦加伊斯兰喜讯出版社1999年版。
③ 穆罕默德·穆安比德：《古兰经诵读学纲要》，麦加和平出版社2003年版。

的主)之间的区别。①

注释家阐释单词时,尽管从词的方方面面对其进行了语言式分析,但很大程度来讲,阐释词义是注释的最终目标。通常,注释家或直接阐释单词的意义,或运用符合经文意义和上下文关系的同义词或近义词给予阐释。对此,穆萨伊德·坦雅尔教授在《语言学经注》(Al-tafsir al-lughwiyy)中,引经据典指出,注释家阐释经文单词时,如果能够找到与该词同义或近义且符合经义的单词时,就给予相应的阐释。② 例如,曾任埃及国家教法诠释总官(Al-Muftī)的侯赛因·穆罕默德·迈赫鲁夫(Husayn Muhammad makhlūf, 1890–1990),在《古兰经词汇注释》(Kalimāt al-qur'ān Tafsir wa bayān)中,依照《古兰经》章节顺序,注释了整部经文中的绝大部分词汇,以《古兰经》首章为例(见表3):

表3　　　　　　　　　　《古兰经》词汇注释

单词阐释	经文单词	经文节数
مربيهم ومالكهم ومدبر أمورهم (养育、管理和安排他们事物的主)	رب العالمين (众世界的养育者)	2
يوم الجزاء(赏罚日)	يوم الدين(报应日)	4
وفقنا للثبات على الطريق الواضح الذي لا اعوجاج فيه وهو الإسلام (求你让我们成功地坚定在没有丝毫偏斜的明道上——伊斯兰教)	اهدنا الصراط المستقيم (求你引领我们正路)	6
اليهود(犹太教徒)	المغضوب عليهم (受谴怒者)	7
النصارى وكذا أشباههم في الضلال(基督教徒,以及其他迷误者)	الضالين(迷误者)	7

资料来源:侯赛因·穆罕默德·迈赫鲁夫:《古兰经词汇注释》。③

---

① 穆罕默德·阿里·萨布尼:《注释精华》,开罗萨布尼出版社1988年版,第8—12页。
② 穆萨伊德·坦雅尔:《语言学经注》,利雅得伊本·焦兹出版社2001年版,第650—655页。
③ 侯赛因·穆罕默德·迈赫鲁夫:《古兰经词汇注释》,贝鲁特伊本·宰敦出版社1988年版,第1页。

鉴于经文中某些词汇具有一词多义的性质,故注释家解析这些经文单词时,还根据经训和相关知识,注释了这些单词在不同经文语境中的各种意义。如拉吉布·艾斯法哈尼的《古兰经中的生僻词汇》,详细阐释了多义词。以单词"Ummah"(乌玛)为例,该词及其复数形式"Umam"在《古兰经》中出现64词[1],但在各章节的经文中,意义不尽相同。对此,拉吉布·艾斯法哈尼逐一做了阐释,如表示"人类群体"、"动物种类"、"时期"、"表率"、"信仰"等意义。[2]再如单词"Al-hudā"(正道),就有"坚定、宗教、祈祷"等17种意义。[3]诸如此类例子,不胜枚举,学界将其通称为"多义词"(al-wujūh wa al-nazā'ir)。此外,《古兰经》中尤其蕴涵着一些常人不易理解的生僻词汇(Al-Gharīb),需要注释家进一步解读它。因此,注释家或者按照章节顺序,逐一解读其中的生僻词汇;或者按照阿拉伯语字母表顺序,分别给予阐释。[4]

从词汇角度注释《古兰经》的文献分为两种,一是综合性注释《古兰经》的文献,注释家在阐释经义之前,先着手阐释单词的词义,如泰伯里的《古兰经注释总汇》等,此类文献可谓汗牛充栋。另外一种是从纯语言学角度,仅仅针对《古兰经》的词汇及其词义进行词汇学式注释。著名注释文献主要有:穆加提勒·本·苏莱曼的《古兰经中的多义词》(*Al-'ashbāh wal nazā'ir fil Qur'ān al-karim*)、艾赫法舍·奥斯特(Al-'akhfash al-'awsat,伊历?—215)的《古兰经词义》(*Ma'ān al-qur'ān*)、艾布·阿拔斯·穆班利德(Abu al-'abbās al-mubarrad,伊历?—285)的《古兰经中的多义词》(*Mā Intaffaq lafzuh wa ikhtalaf ma'nāh fi al-Qur'ān al-majīd*)、哈基姆·提尔米兹(al-Hakīm al-tirmadhz-

---

[1] 穆罕默德·福阿德·阿布杜·巴基:《古兰经词语索引辞典》,贝鲁特思想与知识出版社1994年版。

[2] 拉吉布·艾斯法哈尼:《古兰经中的生僻词汇》,开罗安吉鲁·米苏尔出版社1961年版,第25—26页。

[3] 哈立德·阿布杜拉·哈曼·俄克:《古兰经注释原理》,贝鲁特纳法伊斯出版社2003年版,第151页。

[4] 法赫德·鲁米:《古兰经注释原理及注释方法研究》,利雅德塔伊布出版社2004年版,第125页。

iyy, 伊历？—285）的《采撷古兰经的多义词》（Tahṣil nazā'ir al-qur'ān）、耶哈雅·本·赛拉穆（Yaḥyā ibn salām, ? - 816）的《变义词》（Al-taṣārif）、拉吉布·艾斯法哈尼的《古兰经中的生僻词汇》（Al-mufradāt fi gharib al-Qur'ān）、费鲁兹阿巴德（Al-fayrūz'ābādī）的《识别古兰经词义的知识》（Basā'ir dhawī al-tamyīz fi laṭā'if al-kitāb al-'azīz）、伊本·焦兹的《纵观多义词知识》（Nuzhah al-'a'yun al-nawāzir fi 'ilm al-wujūh wal-nazā'ir）与《精解古兰经生僻词汇》（Al-'arīb bi mā fi al-qur'ān min al-gharīb）、伊本·伊玛德（Ibn al-'imād）的《揭示多义词的奥义》（Kashf al-sarā'ir fi ma'rifah al-wujūh al-'ashbāh wal nazā'ir）、赛阿利布（Al-tha'ālib）的《古兰经中构造相同意义不同的多义词》（Al-'ashbāh wal nazā'i r fi al-'alfāz al-qur'ān alttī tarādafat mabānīhā wa tanaww'at ma'ānīhā）、艾布·欧拜德·穆桑纳（Abu'ubaydah al-musannā, 728—825）的《古兰经的隐喻法》（Majāz al-qur'ān）、艾布·贾法尔·努哈斯（Abu ja'far al-nuhās, ?—949）的《古兰经词义》（Ma'ān al-qur'ān）、伊本·古太白的《注释古兰经的生僻词汇》（Tafsir gharīb al-qur'ān）、艾布·伊斯哈格·祖贾兹（Abu' ishāq al-zujāj, 伊历？—311）的《古兰经大义及其句法》（Ma'ān al-qur'ān wa 'i'rābuh）、穆罕默德·萨吉萨塔尼（Muhammad al-sajsatniyy, 伊历？—330）的《古兰经的生僻词汇》（Gharīb al-qur'ān）、曼肯·盖斯（Makīal-qaysiyy, 伊历？—437）的《古兰经的生僻词汇》（Al-'umdah fi gharīb al-qur'ān）、穆罕默德·安杜鲁斯（Muhammad al-'andulsiyy, 1256—1344）的《生僻词汇注释之探宝》（Tuhfah al-'arīb fi tafsir al-gharīb）、艾布·阿卜杜拉·达米加尼（Abu abud Allah al-dāmighāniyy, 伊历？—478）的《古兰经的多义词》（Al-wujūh wa al-nawāzir fi al-qur'ān al-karīm）、侯赛因·穆罕默德·迈赫鲁夫的《古兰经词汇注释》、埃及开罗阿拉伯语委员会编著的《古兰经词汇辞典》（Mu'jam'alfāz al-qur'ān al-karīm）。

　　根据以上文献，词汇学角度的注释，一方面，将注释限定在了经文词汇本身；另一方面，从词汇学与其他学科的交叉性来讲，又不仅如此，而是与经文中蕴涵的其他学科知识如法学、教义学、修辞学、语法学、诵读学等息息相关，彼此影响，互为衬托。穆萨伊德·坦雅尔教授的专著

《语言学经注》(Al-tafsir al-lughwiyy)，对此做了详细研究。①

三　语法学注释

阿拉伯语语法分为词法和句法两个部分。词法主要研究词的构成、变化和分类。句法主要研究短语、句子、句群的结构规律。词法和句法既有明显的区别，也有密切的联系，它们是彼此衬托、互相依存的关系。研究词法离不开句法，研究句法也离不开词法。②

在《古兰经》注释领域，语法之于注释的重要性和必然性不言而喻。从发生学来讲，如果没有《古兰经》，也就没有阿拉伯语语法。换言之，阿拉伯语法和语法学都是在《古兰经》问世后产生的，是语法学家"阿里·本·艾布·塔里卜、艾布·艾斯瓦德·杜阿里、阿卜杜拉·本·伊斯哈格、哈里尔·本·艾哈迈德、西巴维、凯萨依"等人研究和汲取《古兰经》语法的结果。③同理，语法学家从语法角度注释《古兰经》的举措，反过来又有力推动了《古兰经》注释的纵深发展，"语法学家把《古兰经》作为研究语法理论和实践的素材。他们分析经文的语法结构，为经注帮了大忙。语言学家们，如艾布·欧拜德，对《古兰经》中僻词难句写了很多著作。这是注解经文迈出的一大步。"④

语法注释《古兰经》，主要体现在两个层面上，即注释经文中的词法（Al-sarf）和句法（Al-nahw）。就词法注释而言，上文中的词汇式注释经文，一定程度上囊括了词法的解读，但其主旨在于解释词义，仅仅是注释经文词汇的一个方面。然而，词法与语法的关系，尤其是词法之于语法的重要性，又通过语法彰显了词汇在注释经文中的另一个方面——词法在注释经文中的根本作用和重要基础。一定程度上，解读经文词法是解读经文句法的基础，两者只有相互补充和彼此结合，才能做到正确分析和准确解读每句经文的语法结构，从而进一步通过语法分析来展现经文的基本大义和根本宗旨。

---

① 穆萨伊德·坦雅尔：《语言学经注》，利雅得伊本·焦兹出版社2001年版。
② 周烈：《阿拉伯语语言学》，外语教学与研究出版社1995年版，第119页。
③ 同上书，第148页。
④ 艾哈迈德·爱敏：《阿拉伯—伊斯兰文化史》第3册，商务印书馆1991年版，第140页。

(一) 词法注释

词法注释经文主要是解析经文中的动词、名词和虚词。鉴于《古兰经》大部分经文的表述是通过动词和动词句来完成，因此注释家分析经文中的动词尤为重要。

1. 注释动词

注释动词主要是分析经文词汇的过去式、现在式和命令式动词的变位，连读的海姆宰（Al-hamzah）和断读的海姆宰的变位，叠音动词的变位，以及分析简式动词和复式动词、刚性动词和柔性动词，及物动词和不及物动词，主动式动词和被动式动词，完全动词和残缺动词，定形动词和变形动词的性、数、格和式的变化等，以及与之相应的经义。

2. 注释名词

注释名词主要是分析《古兰经》中出现的简式名词和复式名词、刚尾名词和柔尾名词、原生名词和派生名词、单独名词和复合名词、实体名词和抽象名词、普通名词和专有名词、泛指名词和确指名词、疑问名词和关系名词、条件名词和各种词根、形容词和被形容词、阳性名词和阴性名词、名词的单双复数、主动名词和被动名词、半主动名词、张大名词和比较名词、时空名词和工具名词、指小名词和数次、代名词和指示名词等，以及与之相应的经义。

3. 注释虚词

注释虚词主要是指分析经文中出现的各类虚词及其现象，如介词、宾格虚词、切格虚词、连接虚词、疑问虚词、应答虚词、否定虚词、禁戒虚词、词根性虚词、强调虚词、将来虚词、呼唤虚词、除外虚词、条件虚词、起誓虚词、建议虚词、命令虚词、原因虚词、期望虚词、希冀虚词、突然虚词等，以及这些虚词在经文句式中发挥的相应作用。对此，哲拉鲁丁·苏尤蒂在《古兰经学通论》中，尤其逐一分析了注释家注释时务必掌握的 60 种各类工具词。[①] 这 60 种工具词的绝大部分都是虚词，由此可见分析经文中的虚词在注释经文中的不可或缺。同样，当代学者哈迪·阿廷耶·希拉利（Hdi 'atiyah al-hilāly）的《语法学家与修

---

① 哲拉鲁丁·苏尤蒂：《古兰经学通论》，贝鲁特阿拉伯图书出版社 2003 年版，第 358—433 页。

辞学家视阈下的古兰经中的功能虚词》（Al-hurūf al-'āmilah fi qur'ān al-karīm bayn al-nahwiyyin wal-balāghiyyin），则从语法和修辞角度全面分析了经中所有虚词的具体用法，及其在章、节、句中所发挥的重要作用与相应意义。①

（二）句法注释

阿拉伯语的句法主要是研究句子的构造规律、不同句型、构成句子的要素、各句子要素间的关系、句子和句子间的关系等。②

从句法角度注释经文主要从两个方面，一是分析经文中的短语及其用法，如意义正偏组合、文字正偏组合、关系名词和关系名词短语、词根性虚词和假设词根、时空短语和介词短语等。二是分析经文中的句子。阐释经文中的名词句，主要是分析句子的句型结构及其在经文句中的作用，以及因此而具有的相应经义，如名词句的起语和述语、述语的前置、时空名词句、形容词句等。阐释经文中的动词句，主要是分析动词句的句型结构及其作用，以及这些动词句所反映的经义。它主要包括动词的主语和宾语、宾语的前置和后置、原因宾语和时空宾语、偕同宾语和同源宾语。此外，语法学家还分析并注释了《古兰经》出现的定语句和状语句、区分语句和强调语句、同位语和并列语句、比较名词句和派生名词句、除外句和数词句、命令句和禁戒句、疑问句和祈愿句、呼唤句和感叹句、肯定句和否定句、起誓句和条件句等，以及这些句式在经文中的作用和经义。换言之，通过语法分析，就能阐释经文句子在陈述什么，如何陈述，陈述的终极意义是什么，以及词与词、句与句、节与节、章与章之间的关系和内在联系。

（三）语法注释典籍

语法注释《古兰经》的成果大体分两种，一是注释家从综合分析经文的角度出发，注释经文语法是其注释的重要组成部分，如《哲拉莱尼古兰经注》（Tafsir al-Jalālayn），"对《古兰经》进行逐词逐句解释，着

---

① 哈迪·阿廷耶·迈特尔·希拉利：《语法学家与修辞学家视阈下的古兰经中的功能虚词》，贝鲁特国际图书出版社伊历1406年版。

② 周烈：《阿拉伯语语言学》，外语教学与研究出版社1995年版，第129页；参见阿里·阿卜杜·瓦希德·瓦费《语言学》，埃及复兴出版社1945年版。

重对难懂词义、语言结构及上下经文间的联系给予阐释。"① 纳绥尔丁·拜达维（Nasir al-dīn al-baydāwī，？—1286）的《启示光辉和经义奥秘》（Tafsir al-baydāwī），"对《古兰经》经文的语言文字、修辞章法及所涉及的各种问题进行全面注释，并涉及各家对《古兰经》的不同读法。"② 宰迈赫舍里的《启示真相揭示》，"成功地把语言学、修辞学运用于注解《古兰经》，堪称创举。"③

另外一种是，语法学家仅从语法角度，阐释经文中的词法和句法及其意义，代表作主要有：艾布·伊斯哈格·祖贾兹的《古兰经大义及其句法》（Ma'ān al-qur'ān wa'i'rābuh）、曼肯·盖斯（Makkiy al-qaysiyy，伊历354—437）的《古兰经语法注释》（Tafsir'i'rāb al-qur'ān）与《古兰经的语法问题》（Mushkil'I'rāb al-qur'ān）、哲拉鲁丁·苏尤蒂的《古兰经句法》（'I'rāb al-qur'ān）、伊本·哈勒崴赫（Ibn khālwayh，伊历？—370）的《古兰经中三十章的语法分析》（'I'rāb thalāth sūrah min al-qur'ān al-karīm）、艾布·拜勒卡特·本·安巴里（Abu al-barkāt ben al-'anbāry，伊历？—577）的《阐释古兰经中的生僻语法》（Al-bayān fi gharīb'i'rāb al-qur'ān）、艾布·拜加厄·阿克拜利（Abu al-baqā'al-'akbariyy，伊历？—616）的《解析古兰经语法》（Al-tibyān fi'i'rāb al-qur'ān）、穆罕默德·本·优素福·本·哈雅尼的《海洋》（Al-bahr al-muhīt）、艾布·贾法尔·努哈斯的《古兰经的语法分析》（'I'rāb al-qur'ān）、拜赫哲特·阿卜杜·瓦希德（Bahjat abud al-wāhīd）的《语法详解古兰经》（Al-'i'rāb al-mufassil li kitāb Allah al-murattal）、穆罕默德·阿里·塔哈·敦尔（Muhammad Ali tah al-durrah）的《古兰经注释及其语法与修辞》（Tafsir al-qur'ān al-karīm wa'I'rābuh wa bayānah）、阿齐兹·尤努斯·巴希尔（'Azizah yūnus bashīr）的《古兰经荫影下的语法》（Al-nahw fi zilāl al-qur'ān al-karīm）、穆哈欣丁·达尔维什（Muhy al-dīnj darwish）的《古兰经语法及其阐释》（'I'rāb al-qur'ān al-karīm wa bayānah）、迈哈姆德·萨菲（Mahmūd

---

① 宛耀宾总主编：《中国伊斯兰百科全书》，四川辞书出版社1994年版，第734页。
② 同上书，第88页。
③ 同上书，第383页。

sāfiyy) 的《古兰经语法与词法详解表》(Al-jadwal fi 'I'rāb al-qur'ān wa sarfah wa bayānah)。

　　如果说以上两类注释文献都无一例外地详细分析了每节经文中的词法和句法，有效帮助读者了解经文的句意。那么，近年来又出现了另外一种方式的注释，即注释家不分析词法和句法的构造形式，而是采取辞典形式，根据《古兰经》的章节顺序，细微而精确地界定了每句经文的句子结构，以及每个单词乃至每个虚词的语法地位（'i'rāb）。其中，代表作是埃及爱资哈尔大学已故筛海穆罕默德·萨义德·谭塔维（Muhammad sayyid tantāwi, 1928 – 2010）的《古兰经语法辞典》(Mu'jam 'i'rāb 'alfāz al-qur'ān al-karīm)。该典籍一方面使阿拉伯读者更容易准确了解每节经文的句子结构；另一方面尤为重要，即大力帮助那些识读和翻译《古兰经》的译者，通过业已精确界定的句子结构来理解经义，完成经文的译解。现仅以《古兰经》首章第5节经文："我们只崇拜你，只求你祐助"为例，从中窥见该典籍在释读《古兰经》领域的重要作用和学术价值。

表 4　　　　　　　　　　　《古兰经》句法注释

نستعين（我们只求祐助）	وإياك（你）	نعبد（我们只崇拜）	إياك（你）
动词，主格连接代名词作主语	Wāw 为连词，宾语 kāf（你）前置	动词，主格连接代名词作主语	宾语 kāf（你）前置

资料来源：穆罕默德·萨义德·谭塔维：《古兰经语法辞典》。①

　　综上，无论是综合注释典籍中的语法分析，还是专门从语法角度注释经文的典籍，都说明语法之于注释的重要性。毋庸置疑，注释家离开了语法或者不识语法，就无从正确和准确地阐经释义。换言之，注释家只有精通阿拉伯语语法，才能从根本上了解经文词汇和句子构造，并通过语法知识进一步注释经文大义。对此，语言学家、语法学家、注释学家曼肯·盖

---

① 穆罕默德·萨义德·谭塔维：《古兰经语法辞典》，贝鲁特黎巴嫩出版社1998年版，第2页。

斯在《古兰经语法注释》的前言讲道："我认为，学习《古兰经》各种知识者，以及渴求讽诵《古兰经》、理解经义、迫切需要了解诵读规则和经文语言的人们，最重要的事情莫过于精通《古兰经》语法，精确掌握经文词汇的各种动符和静符，以便借此避免对经文语法的错误解释，并且能够运用语法规则，既知晓各种经义往往因词汇符号的不同而不尽相同，也借此理解真主对其众生的旨意。凭借语法，人们能够认知许多经义，明确那些不清楚的经旨，彰显很多经文的裨益，理解各种教义教法，明确认识经旨的真相。"①

21世纪以来，语法学家不但运用传统的纸质材料记载着《古兰经》的语法分析和注释，而且随着新型工具的出现，学界亦将计算机软件技术应用到解读和运用《古兰经》语法领域，以使更多的计算机应用者，以及学界和热爱《古兰经》诵读的人们，方便快捷地学习和认知《古兰经》语法。其中，首屈一指者当数也门学者成功研制的"《古兰经》语法软件"。该软件是专门为研究和学习《古兰经》诵读者研发的新型软件，其最大特点是用三种不同颜色标示出每节经文的名词、动词和虚词。该软件一经问世，就得到也门学者、教法学家和阿拉伯语专家的肯定，并得到也门前总统萨利赫（Sālih）的大力支持。他要求学界根据《古兰经》语法软件，出版彩色的《古兰经》（即用不同的颜色标明《古兰经》中的名词、动词和虚词），分发给《古兰经》诵读与背诵中心、公共图书馆、大学图书馆。②

四 修辞学注释

修辞学是语言学的一门分科，主要研究在具体的语言环境里如何对语言进行选择、加工，以便最有效地应用语言。③

早在《古兰经》问世之前，阿拉伯诗人伊姆勒阿·盖斯（'Imra' al-qays）等"七悬诗"作者，就已经运用推敲、比喻、借喻等修辞手法

---

① 哈立德·阿布杜拉·哈曼·俄克：《古兰经注释原理》，贝鲁特纳法伊斯出版社2003年版，第157页。
② 《也门学者开发出首款古兰经语法软件》；http://www.gulanjing.com/html/shxw/2009-6/3/10_12_26_62.shtml.[2009-06-03]。
③ 余章荣主编：《阿拉伯语修辞》，外语教学与研究出版社1993年版，第1页。

吟诗作赋，创作诗歌。《古兰经》的问世，"成了阿语历史上空前绝后的大事，人们对《古兰经》高妙动人的文辞推崇备至，许多学者开始研究、著述，以证明《古兰经》是无与伦比的，并帮助各地穆斯林鉴赏、理解《古兰经》，他们的不少观点也可以纳入修辞研究的范畴。"① 从阿拉伯修辞学的发展角度来讲，《古兰经》的问世使其向着规范化、系统化和学科化的方向发展，"谈及修辞学，我们发现它是围绕着对《古兰经》中各种雄辩、高超的文辞所进行的研究而形成的。最初，它是零散、无系统的，随着时代的发展，不断得到扩充，直到艾布·希拉勒·阿斯凯里的出现，他使修辞学成为最有价值的学科之一，因为不懂修辞便无法理解《古兰经》的雄辩及文辞的优美。"②

总体来讲，阿拔斯王朝时期是阿拉伯修辞学达到巅峰的时期。究其原因，"许多第一流的作家、学者继续本着崇扬《古兰经》、维护阿语纯洁性和典雅性的目的，在自己的著作里探讨修辞理论。他们从《古兰经》、《圣训》及早期和当时的诗歌名作中引证举例，归纳修辞现象，阐述修辞理论。在这方面成就突出的有贾希兹、西伯维、伊本·穆阿塔兹等学者。在他们的倡导与影响下，修辞学蔚然而成当时的一门显学。"③

据上，修辞学的形成和完善，与学者们研究和注释《古兰经》修辞的学术举措密不可分。这是因为，《古兰经》文"至仁主，曾教授《古兰经》，他创造了人，并教人修辞"（55：1—4），以及圣训"修辞中有魅力"，均明示学界，《古兰经》的超绝性（Al-'i'jāz）之一，就在于经文蕴涵着各种绝妙的修辞现象，正如修辞学家、注释家艾布·苏莱曼·罕塔布（Abu sulaymān al-khattābi，伊历？—388）在《古兰经修辞阐释》（*Bayān 'i'jāz al-qur'ān*）中所言："《古兰经》修辞涵盖了各种精妙绝伦、绝无仅有的修辞现象。这些修辞现象，与阿拉伯人著作中最善辩之辞藻、最准确之精义中的修辞风格和修辞景象截然不同。"④ 是故，历代修辞学家都竭尽全力学习、研究和汲取《古兰经》中的修辞元素，以完

---

① 余章荣主编：《阿拉伯语修辞》，外语教学与研究出版社1993年版，第2页。
② 艾哈迈德·爱敏：《阿拉伯—伊斯兰文化史》第6册，商务印书馆1999年版，第111页。
③ 余章荣主编：《阿拉伯语修辞》，外语教学与研究出版社1993年版，第2—3页。
④ 艾布·苏莱曼·罕塔布：《古兰经修辞阐释》，埃及知识出版社1968年版，第65页。

善阿拉伯修辞学。

可以说，修辞学的最终形成和涌现出的优秀成果，其出发点和目的就是更好地服务于解读和阐发《古兰经》大义，彰显经文的超绝性，"总之，学者们勤奋热情地钻研这些学科，以使它们为阐明《古兰经》本文的含义而服务。语法学家们热衷于《古兰经》的语法分析，如基萨依、法拉乌和宰查只。当时他们的语法包含了许多形象修辞的成分，如铺陈、省略、提前、后置等。他们中有人专门研究《古兰经》的隐喻手法，例如，艾布·欧拜德写了《古兰经隐喻法》一书，布哈里在其《圣训实录》一书'经注'一章里摘录了许多。修辞学家们则努力探究使语言文辞雄辩有力的各种修辞方式。阿卜杜·戈希尔·朱尔扎尼将自己的著作命名为《文辞雄辩指南》。艾布·白克尔·巴基拉尼写了一本十分著名的书，专论文辞雄辩的种种手法。因此，修辞学诸学科是为《古兰经》服务，并因此才得到发展成长的说法，并非言过其实。"[①]

修辞学由三大分支学科构成：辞达学（'ilm al-ma'ān，又译句式修辞）、辞巧学（'ilm al-bayān，又译形象修辞）和辞华学（'ilm al-badi'，又译藻饰修辞）。换言之，注释家从修辞角度注释《古兰经》，主要体现在修辞学的这三个分支学科层面上。

（一）辞达学注释

辞达学注释经文，主要是从句子结构角度，阐释经文的表达形式，以及不同经文在具体语境中的各类句式及其所表达的经义经旨。辞达学注释经文的内容体现在，阐释经文句子的语态和语序，经文中的限定句，经文句子的强调方式，经文句子的分断与连接，经文句子的简洁与周详，以及经文中陈述句与祈使句的修辞功能。现试举几例。

1. 句子的语态修辞

经文句子语态中不乏被动句式，而之所以运用被动句，是出于某些原因或为了达到一定的修辞效果和目的。如经文"直到众使者绝望，而且猜想自己被欺骗的时候，我的援助才来临他们，而我拯救了我所意欲的人"，（12：110）文中"欺骗"的执行者是谁，"众使者"并不知道，所

[①] 艾哈迈德·爱敏：《阿拉伯—伊斯兰文化史》第6册，商务印书馆1999年版，第113页。

以用被动式来表达。①

2. 句子的语序修辞

《古兰经》中有些名词句，其谓语（Al-khabar）往往前置，起语后置，从修辞角度讲，这是为了强调和突出谓语的重要性，如经文："判决只有他作出，你们只被召归于他"（28：70）说明，判决唯独出自真主，而不是他者。同样，有些动词句中，宾语前置，动词和主语置后，如经文"我们只崇拜你，只求你祐助。"（1：5）该节经文中，宾语前置达到了强调的作用——穆斯林唯独崇拜真主，求助真主。

3. 句子的简洁与周详修辞

句子的简洁与周详在经中比比皆是，如经文"每人应对自己的行为负责"（52：21）言简意赅地表述了凡人必会"善有善报，恶有恶报"的终极结局。然而，在另几节经文中，却周详地叙述了人的归宿和结局："你说：'真理是从你们的主降示的，谁愿信道就让他信吧，谁不愿信道，就让他不信吧。'我已为不义的人，预备了烈火，那烈火的烟幕将笼罩他们。如果他们［为干涸而］求救，就以一种水供他们解渴，那种水像沥青那样烧灼人面，那饮料真糟糕！那归宿真恶劣！信道而行善者，我必不使他们的善行徒劳无酬，这等人得享受常住的乐园，他们下临诸河，他们在乐园里，佩金质的手镯，穿绫罗锦缎的绿袍，靠在床上。那报酬，真优美！那归宿，真美好！"（18：29—31）

（二）辞巧学注释

辞巧学注释经文，主要是通过该学科范畴内的各类修辞方式，揭示经文要表达的具体内容和经义，以便给读者留下鲜明而深刻的影响。辞巧学注释经文的范畴主要体现在，阐释和分析经文中的比喻修辞、借喻修辞、相关转义修辞、借代修辞、夸张修辞。每个修辞方式中，又有不同分类。如比喻修辞又分出现比喻词的比喻、省略比喻词的比喻、出现相似点的比喻、省略相似点的比喻，以及比喻词和相似点都省略的比喻。现以比喻为例，说明辞巧学在阐释经文中的作用。

《古兰经》中的比喻经文主要涉及这些内容：《古兰经》与比喻、真主之光、禁止为真主作比喻、动物比喻、植物比喻、常规比喻等。比

---

① 余章荣主编：《阿拉伯语修辞》，外语教学与研究出版社1993年版，第12页。

喻经文的表现形式主要是商议、说服、解明、告诫、约定、警告、报喜等。这些比喻经文以特定的语言表述形式，启迪理智，引导向善，阐明真理和谬误，告诫愚昧无知，警告背离正道，褒奖遵守社会规范和中道等义理。①

《古兰经》涉及比喻的经文共 100 节，其中 6 节经文论及《古兰经》与比喻，1 节经文论及真主之光，1 节经文论及禁止为真主设比喻，7 节经文论及动物类，46 节经文论及植物类，39 节经文论及训诫类。换言之，《古兰经》中几乎每 60 节经文中就会出现 1 节比喻经文，从而通过比喻语体和修辞风格，教诲世人领悟人与真主、人与人、人与自然、人与社会之间的规律和关系，以及人类对社会发展应承担的社会责任与义务。

这 100 节比喻经文，有些散见于某章的一节经文内；有些出现在某章的连续几节经文内，例如，以植物为比喻的经文，分别出现在第 2 章的第 264—266 节、第 14 章的第 24—27 节、第 18 章的第 32—45 节、第 68 章的第 17—33 节；直接比喻的经文出现在第 2 章的第 17—20 节、第 36 章的第 13—29 节。此外，这 100 节经文中比喻修辞的出现，或是 1 节经文单独出现，以"直叙"形式忠告世人；或是几节经文连续出现，以"递进"形式晓谕事理，由此对所论之事由外至内、从小到大、从局部到整体、从微观到宏观，循序渐进地给予阐明，达到教育与启发的目的。在修辞学家看来，这种表述形式不仅符合人接受事物的基本特征，也鉴于每个人在悟性、知识、理解等方面具有的差异，经文以递进方式阐明经文蕴涵的哲理，达到应有效果。

《古兰经》中涉及比喻的 100 节经文，宏观上来讲，几乎囊括了比喻修辞的方方面面，但从经文中是否出现"比喻"（Al-mathalu）词来讲，又大致可以分为以下三种。②

其一，直接提及"比喻"一词或出现比喻词的经文。例如，经文"他们譬如燃火的人，当火光照亮了他们的四周的时候，真主把他们的火光拿去，让他们在重重的黑暗中，什么也看不见。[他们]是聋的，是哑的，是瞎的，所以他们执迷不悟。或者如遭遇倾盆大雨者，雨里有重重黑

---

① 哲拉鲁丁·苏尤蒂：《古兰经学通论》，贝鲁特阿拉伯图书出版社 2003 年版，第 735 页。
② 曼纳尔·敢塔尼：《古兰学》，利雅得知识出版社 1996 年版，第 292 页。

暗，又有雷和电，他们恐怕震死，故用手塞住耳朵，以避疾雷。真主是周知不信道的人们的"。（2：17—19）在这两节经文中，《古兰经》将伪信士比作光明元素——火，以及生命元素——水。《古兰经》用这两种元素喻指伪信士处于两种境地：他们试图利用给人类带来光明的火光照明，然而这不但没有受益且适得其反，故经文说"他们譬如燃火的人，当火光照亮了他们的四周的时候，真主把他们的火光拿去，让他们在重重的黑暗中，什么也看不见"。即他们没有真正地信仰真主。同样，雨水是生命，是希望，但对于伪信士而言，却是灾难，他们唯恐避之不及雨中雷电的击中，遂用手捂耳，以避灾难，故经文说："或者如遭遇倾盆大雨者，雨里有重重黑暗，又有雷和电，他们恐怕震死，故用手塞住耳朵，以避疾雷。"

其二，省略比喻词却言简意赅并具有深刻喻义的经文。如经文"你不要把自己的手束在脖子上，也不要完全把手伸开，以免你变成悔恨的受责备者"，（17：29）喻指凡事当采取中和态度。又如经文"真主说：'难道你不信吗？'他说：'不然，[我要求实验]，以便我的心安定'"（2：260）喻指百闻不如一见。

其三，比喻词和相似点都省略的经文。亦即，经文中既没有出现"比喻"词，也没有明确比喻的相似点，却具有比喻性质的经文。诸如此类的经文不胜枚举。如经文"现在真相大白了"（12：51），"各派都因自己的教义而沾沾自喜"（23：53）。

（三）辞华学注释

辞华学注释经文，主要是分析和注释经文中的谐音、押韵和双关——分析经文中词汇结构的特殊形式；对照、对偶与排比——分析经文中词句排列的形式。对于这些辞华修辞现象，"阿卜杜拉·本·穆阿台兹，他在《辞藻修饰》一书中收集了十七种修辞现象。继他之后，又有古达迈·本·加法尔，将种类数目扩展到二十，接着是……艾布·希拉勒·阿斯凯里，他罗列了二十七种。后来还有人不断增加新的修辞方式，宰基丁·本·艾比·易斯拜阿竟在他的《编辑》一书中罗列了九十种。"[①] 无论是

[①] 艾哈迈德·爱敏：《阿拉伯—伊斯兰文化史》第6册，商务印书馆1999年版，第112—113页。

多少种方式，都无一例外地取材于《古兰经》修辞元素，并应用于注释《古兰经》的辞华修辞现象。

现试举几例，以管窥经文中的辞华修辞特点：

谐音修辞，如经文"至于孤儿，你不要压迫他；至于乞丐，你不要喝斥他"（93：9—10）句中的"压迫"（Tanhar）和"呵斥"（Taqhar）只有一个字母之差。虽然两个单词的形式相似，词意不一，但两个词为谐音。①

押韵修辞，如经文"里面有高榻，有陈设着的杯盏"（88：13—14）句中单词"高"（Marfū'ah）和"陈设"（Mawdū'ah），都以字母圆"Tā'"为尾，从而即令诵读经文者便于诵读，也增强了经文气势的修辞作用。②

对照修辞，如经文"你以为他们是觉醒的，其实他们是酣睡的"（18：18）句中的"觉醒"（Aayqāzaa）和"酣睡"（Ruqūd），两词意义相对，出现在同一句中，构成了积极对照。③

对偶修辞，如经文"准许他们吃佳美的食物，禁戒他们吃污秽的食物"（7：157）句中的"佳美"（Al-tayyibāt）与"污秽"（Al-khabā'ith），不但具有鲜明的对照和对比的特点，而且更富有结构上的整齐美。④

排比修辞，如经文"当苍穹破裂的时候，当众星飘堕的时候，当海洋混合的时候，当坟墓被揭开的时候，每个人都知道自己前前后后所做的一切事情"（82：1—5）连续四个结构相同、以条件虚词"'Idhā"引起的短语，不仅使这段经文读来朗朗上口，铿锵有力，极富音韵之美，而且具有强烈的感染力。⑤

综上所述，修辞学家和注释家解读经文修辞，主要体现在修辞学的三个分支学科层面上。毋庸置疑，自先知穆罕默德和圣门弟子，尤其是伊本·阿拔斯及其弟子穆扎希德开语言和修辞层面注释经文的先河以来，⑥

---

① 余章荣主编：《阿拉伯语修辞》，外语教学与研究出版社1993年版，第216页。
② 同上书，第221页。
③ 同上书，第226页。
④ 同上书，第228页。
⑤ 同上书，第231页。
⑥ 法赫德·鲁米：《古兰经注释原理及注释方法研究》，利雅德塔伊布出版社2004年版，第107页。

中世纪涌现出了数部优秀的注释文献,如艾布·欧拜德的《古兰经的隐喻法》、艾布·宰凯里雅·凡拉厄的《古兰经大义》、贾希兹的《古兰经的语言风格》(Nazam al-qur'ān)、宰迈赫舍里的《启示真理揭示》、布尔罕丁·布加伊(Al-biqā'ī,1406—1480)的《古兰经章节的语言关联风格》(Nazam al-durar fi tanāsub al-'āyāt wal-suwar)、哲拉鲁丁·苏尤蒂的《古兰经各章语言风格的对称》(Tanāsuq al-durar fi tanāsub al-suwar)、阿鲁西(Al-'alūsi,1217—1270)的《古兰经义精华》(Rūh al-ma'āni),等等。

诚然,尽管上述修辞学家、语言学家和注释家都竭尽全力从微观角度,程度不同地分析和解读了《古兰经》中的各种修辞现象,使经文蕴涵的超绝性及其精美绝伦的修辞效果,很大程度上展现在读者面前。但由于"这些典籍根本上没有制定修辞注释经文的方法,以及界定其注释目标,而只是涵盖了《古兰经》修辞的方方面面"①,有鉴于此,近现代以来的修辞学家和注释家,汲取前人研究成果,在他们的注释文献中,从宏观角度尝试着制定修辞注释《古兰经》的方法。其中,代表学者是爱敏·郝利(Amin al-khayli)教授。

法赫德·鲁米教授总结了爱敏·郝利在《古兰经注释——生活的目标和今日的方式》(Al-tafsir ma'ālim hayātih, manahajah al-yawm)中的注释风格和注释方法:

1. 先整理经文中某一专题,并整理那些涉及该专题的所有经文,然后给予修辞式注释。

2. 根据经文降示时间,按照时间顺序排列某一专题的经文。

3. 微观研究经文,如经文降示时间、降示背景、经文整理、经文书写、经文诵读等古兰学范畴内的各种知识。

4. 宏观研究经文降示的物质环境,如天、地、山、平原、谷地,以及精神环境,如阿拉伯民族的历史、制度、风俗、习惯、传统。

5. 研究经文词汇,一是从语言学层面研究词汇的运用,二是从语义学层面研究词汇在不同章节中的具体运用,以及在不同语境中的语义。

---

① 法赫德·鲁米:《古兰经注释原理及注释方法研究》,利雅德塔伊布出版社2004年版,第107页。

6. 从语法和修辞角度研究《古兰经》的复合意义。语法角度是阐释和界定经义的工具之一。修辞角度是有力体现经文的精美风格，深刻思考和了解《古兰经》风格的所有结构、认知它的言辞艺术和内容的文学性与艺术性理论。

7. 从文学角度品赏经文。通过具有文学性质的修辞注释，能够令人鉴赏其文学的超绝优美。这是一种内心活动和自我印象，任何聆听和阅读经文者不但无法抗拒其优美，反而被它折射的优美深深影响，无论他愿意与否，都使他或心潮澎湃，或静在其中。①

此外，爱敏·郝利教授还以《古兰经的正道》（Min hudā al-qur'ān）为主标题，著述了一系列附有不同副标题的研究成果，如《古兰经的正道——领导与使者》、《古兰经的正道——斋月》、《古兰经的正道——财产》、《古兰经的正道——和平与伊斯兰教》、《古兰经的正道——古兰经中的起誓》、《古兰经的正道——古兰经与生活》、《古兰经的正道——知识、经济与统治》、《古兰经的正道——战争与和平》、《古兰经的正道——古兰经中的政府》、《古兰经的正道——古兰经中的艺术与修辞》、《古兰经的正道——穆罕默德的人格》、《古兰经的正道——以真主的启示治理》。

阿伊莎·阿卜杜·拉哈曼（'A'īshah abud al-rahmān）步爱敏·郝利之后尘，亦运用同样的方法注释经文，著作有《修辞阐释古兰经》（Al-tafsir al-bayāni lil-qur'ān al-karīm）、《古兰经研究——以人为例》（Maqāl fi al-'insān——dirāsah qur'āniyyah）、《古兰经研究——以伊斯兰人格为例》（Al-shakhsuyyah al-'islāmiyyah——dirāsah qur'āniyyah）、《古兰经与人的问题》（Al-qur'ān wa qadāyā al-'insān）。同样，萨拉丁·阿卜杜·坦瓦布（Salāh al-dīn abud al-tawwāb）的《古兰经中的文学形式》（Al-sūrah al-'adabiyyah fi al-qur'ān al-karīm），既从修辞角度，又从文学角度，将《古兰经》的绝妙修辞映衬出的精美文学形式，一览无余地展现在读者面前。②

---

① 法赫德·鲁米:《古兰经注释原理及注释方法研究》,利雅德塔伊布出版社 2004 年版,第 108—110 页。

② 萨拉丁·阿卜杜·坦瓦布:《古兰经中的文学形式》,埃及国际出版公司 1995 年版。

法赫德·鲁米教授还指出,赛义德·库特卜的《在古兰经的荫影下》,运用文学修辞手法注释《古兰经》和设定注释方法的举措,从文学和修辞角度来讲,堪称品赏《古兰经》之最,在他之后,无人能与之媲美。①

诚然,鲁米教授的研究,很大程度来讲,主要是从注释的方法而论,而不是针对注释的内容而言。这主要是,如果从修辞注释内容的深度和广度来讲,较之中世纪注释家和修辞学家的研究成果,近现代以来的研究成果未必能够超越他们,甚至能够企及他们,因为后人只是继承了前人的研究成果推动了修辞注释的发展。然而,从修辞注释的方法来讲,今人因学术发展和学术要求所致,又是对前人注释方法的补充和拓展。如 2009 年 5 月 10 日,在巴勒斯坦加沙召开的"《古兰经》修辞奇迹"国际会议上,来自巴勒斯坦、埃及等国家的古兰学专家和修辞学家所提交的论文主题,既是对前人修辞注释的继承,也是从注释方法上对前人的补充和发展,甚至是方法的创新。对此,巴勒斯坦古兰学家陶菲格·苏克妮,在题为"《古兰经》修辞奇迹"的论文中明确指出,《古兰经》的修辞优美至极,因此古兰学家和注释家除了从事《古兰经》注释外,更应加强对其修辞的研究,并从新角度,运用新方法,精深细微地研究《古兰经》由文体到经义的超绝性。总而言之,古今修辞注释文献的互相映衬和彼此补充,能够使读者从不同角度管窥修辞学注释《古兰经》的全貌。

第二节　法学注释

学术界指出,《古兰经》的终极目标有二,一是确立正信(Al-'aqīdah),二是树立正行(Al-sulūk)。② 正信指导正行,正行实践正信,两者相辅相成,缺一不可。

《古兰经》中涉及信仰的经文比比皆是,尤其是麦加篇的 86 章,详

---

① 法赫德·本鲁米:《古兰经注释原理及注释方法研究》,利雅德塔伊布出版社 2004 年版,第 113 页。

② 穆萨伊德·穆斯林·阿里·贾法尔,穆哈伊·希拉利·萨尔罕:《古兰经注释家的各种方法》,伊拉克高等教育出版社 1980 年版,第 137 页。

细阐述了立信及其内容,其核心就是中国穆斯林称之为的"六大信条":"信道的人们啊!你们当确信真主和使者,以及他所降示给使者的经典,和他以前所降示的经典。谁不信真主、天使、经典、使者、末日,谁确已深入迷误了。"(4:136)"他创造万物,并加以精密的注定。"(25:2)

《古兰经》确立"正行"的经文,即为涉及教律教规(Al-'aḥkām)的经文,是"教律学"的基础。较之麦加章,麦地那篇的 28 章更多地叙述了教律法规,"为穆斯林确定了宗教仪规、社会规范、行为准则和处事原则,旨在引导穆斯林敬主顺圣,趋善避恶,立身处事。"①

一 《古兰经》立法与特点

伊本·赫勒敦在《历史绪论》中,定义教律学为:"教律学就是认识真主对承担宗教义务者要求必须做、不许做、鼓励做和受谴责与无所谓等行为的法律规定。"② 该定义开宗明义,伊斯兰法律的本质与世俗法律迥然不同,它是直接来自真主对穆斯林的行为规范,其基调是宗教性质,因而不同于一般的社会立法。所以,单就法学界通用的术语"沙里亚"(Sharī'ah)而言,亦语出《古兰经》,并通过该词明确提出,这部法律系真主所定,称为"常道":"然后,我使你遵循关于此事的常道,你应当遵循那常道,不要顺从无知者的私欲。"(45:18 节)"我已为你们中的每一个民族制定一种教律和法程。"(5:48)同样,《古兰经》第 42 章第 13 节和第 21 节分别用同样的词指出,《古兰经》确立了伊斯兰教法律。《古兰经》亦用"菲格赫"(Fiqh)一词说明,穆斯林要领会和理解真主所制定的律例法规:"信士们不宜全体出征,他们为何不这样做呢?每族中有一部分人出征,以便留守者专攻教义,而在同族者还乡的时候,加以警告,以便他们警惕。"(9:122)此外,《古兰经》还强调,穆斯林应当用真主的律例来"判决"(Al-ahkam),"一切判决,只归真主,他依理而判决,他是最公正的判决者。"(6:57)《古兰经》最后用"法度"(Al-ḥudūd)指出犯罪必究,犯法必惩,"这是真主的法度,谁超越真主

---

① 法赫德·鲁米:《古兰经注释原理及注释方法研究》,利雅德塔伊布出版社 2004 年版,第 91 页。

② 伊本·赫勒敦:《历史绪论》,贝鲁特阿拉伯遗产复兴出版社 1999 年版,第 445 页。

的法度，谁确是不义者。"（65：1）

由上，伊斯兰教法源于《古兰经》，从法的本质来讲，其原则性和基调性因《古兰经》的永恒性而恒定，变化的是对它的分析、研究和注释，"《古兰经》立法提出了一些基本原则，相当于一部法律的'总纲'，而它的细则，尚有待于后世去制定。"[①] 这是因为，《古兰经》立法"最突出的影响是神圣立法，即法自主命而出的思想。世世代代以来，《古兰经》不仅是广大穆斯林持身律己的最根本的一部经典，而且是法律和秩序的象征，要求国家、社会和个人无条件地予以服从。它所提出的宗教道德法律规范，经过后世的扩展和增补，成为伊斯兰教法最基本的渊源。法的神圣性、永久性和不谬性，法学发展过程中出现的因袭传统观念、理性火花的止熄，无不与此有着直接的关系"[②]。

作为伊斯兰教法律渊源的《古兰经》，其立法本质因与世俗法律截然不同，因而就有其自身的立法特点，并直接或间接地影响到历代法学家和注释家对它的注释。其立法特点大致如下：[③]

（一）因人因事因时因地

任何法律书都是分门别类，条理分明。《古兰经》由于不是一部专门针对法律的经典，因此其律例经文则不然。它既没有分门别类，也没有整章地专门阐述某一案例领域，而是根据背景，因地制宜。例如，禁酒经文因三种情况问世，第一次指明饮酒不利健康，第二次因个别穆斯林醉酒礼拜而禁酒，第三次则因其麻醉理智而被彻底禁止。又如，麦地那奥斯和哈兹勒哲两族旧仇复发几乎挑起血衅斗争，故降示了要求团结、避免分裂的经文："你们当全体坚持真主的绳索，不要自己分裂。"（3：103）类似经文不胜枚举，对于教法的演绎，需要专门研究和注释《古兰经》的降示背景。

（二）以点带面

《古兰经》仅仅是30卷，立法经文仅占全经十分之一，散见于不同章节中。这些经文一般都作原则性提示，不逐一详解，只是以点带面地引申于其他类似问题和情况。例如禁酒经文，法学界将其引申于所有麻醉理

[①] 吴云贵：《伊斯兰教法概略》，中国社会科学出版社1993年版，第18页。

[②] 同上。

[③] 金忠杰：《略谈古兰经中有关立法的特点》，载《中国穆斯林》2004年第3期。

智的物品，如海洛因等都在禁酒范畴内。教法学界以此类推，注释和运用律法经文。

(三) 制定刑罚

《古兰经》确立的刑罚分为三种：一是固定刑（Al-ḥudūd），即鞭笞和断手，例如凡诬告贞洁妇女者鞭笞八十（24：4），凡通奸的男女各鞭笞一百（24：2），凡偷盗者断其手（5：38）。二是抵罪刑（Al-qiṣāṣ），例如杀人偿命（5：45，2：178—179，7：33），叛教处死（5：33）。三是赎金刑（Al-kaffārah），例如，如果因误杀而被害人的家属同意，可以赎金抵罪（4：92）。《古兰经》没有明文制定的刑罚，如饮酒、赌博、伪证、欺诈、挑拨离间、搬弄是非、短斤少两、否认借款、同性恋、兽奸、食用自死物、血液、猪肉及非诵真主之名宰杀的动物、放弃宗教义务等构不成上述三种刑罚的案例，教法学家则根据《古兰经》和圣训演绎、创制，处以或监禁、或流放、或鞭笞、或斥责，以示警训。但《古兰经》刑罚的特点是将更多处罚留在了后世，例如逃脱法律制裁和没有履行宗教功课的人，等待他们的将是后世火狱的刑罚，"这些是真主的法度。谁服从真主和使者，真主将使谁入那下临诸河的乐园，而永居其中。这是伟大的成功。谁违抗真主和使者，并超越他的法度，真主将使谁入火狱，而永居其中，他将受凌辱的刑罚。"（4：13—14）这种预示性惩罚，在《古兰经》中屡见不鲜，深深影响着穆斯林的言行，促使他们凡事权衡利弊，三思后行，潜意识地使自己循规蹈矩地生活。

(四) 立法形式

《古兰经》立法经常以命令与禁戒、许诺与警告的语态交叉出现。这类经文非常广泛，不单是直接涉及法律的经文多在黄牛章和妇女章，广义的经文几乎贯穿了整部经典。

(五) 立法的稳定性

《古兰经》不仅是引导世界穆斯林持身律己的根本经典，而且是法律和秩序的象征。它规矩着穆斯林现实生活的准则，千百年来穆斯林对其推崇备至。从四大正统哈里发时期到今天的伊斯兰教法律界，都只是根据时代的发展和需要，恪守原则，注释律例，以此为据。

(六) 立法的灵活性

圣训是对《古兰经》最权威的注释，法学是对《古兰经》的具体运用和演绎。先知穆罕默德时期，当出现涉及法律以及其他事例而圣门弟子不明白时，就请教先知穆罕默德解释。据此，《古兰经》中没有明确指出的方方面面，则有圣训加以注释和延伸，构成了伊斯兰法律的第二法源。圣训对法律经文的阐释，说明了《古兰经》立法在原则不变情况下，具有相对的灵活性。

（七）立法与立信相辅相成

美国比较法学家和法制史学家哈罗德·伯尔曼在《法律与宗教》中讲道，"法律必须被信仰，否则它形同虚设"。伊斯兰教法尤其强调这一点。它的立法首先讲到人与真主的关系——法出自真主，故务必信仰真主及其法律，其次才涉及如何处理人与人、人与社会的关系。首先，在伊斯兰教传统学科中，教义学直接论述的是关于真主及其属性、天使、经典、使者、前定、后世、复生、乐园和火狱等信仰问题，麦加篇的86章就充分反映了这一点。先知穆罕默德迁徙麦地那后，穆斯林政权成立，社会制度发生巨大变化，在麦地那降示的28章经文侧重说明了宗教功课和社会制度的立法。其次，"沙里亚"和"菲格赫"两个伊斯兰教法术语之间存在的区别，说明了《古兰经》律法经文与伊斯兰教义相辅相成。"菲格赫"是关于沙里亚法的知识，而"沙里亚"则有两层意义，即法律和信仰。从以上两点可以看出，教义是教法的基础，它是内在的，偏重思想信仰，教法是教义的具体表现和实施，是外在的，偏重举止行为，尤其是宗教功课和伦理道德，它不仅在法的范畴，更在教义领域。因此，通过外在形式反衬内在信仰，更能反映二者相辅相成的必然性。《古兰经》由此及彼的严密结构，使人们认识到信仰和法律的内在联系，它具有的集信仰与奉法为一体的体制，对穆斯林社会有着深远的影响力，对他们的价值观有着强烈的感召力，潜意识地将二者紧密结合。"总而言之，《古兰经》作为伊斯兰教法的基础，首先，它确立了法自真主意志而出的神圣立法思想。穆罕默德时代，《古兰经》是作为真主的启示而为信仰者们接受的，凡属启示皆为必须遵行的主命，皆有法律的权威性和强制性，这种广义的立法思想后来使《古兰经》成为最根本的法源，法不过是宗教教义在行为方式上的具体体现。其次，宗教、道德、法律三位一体的观念。伊斯兰教具有上述三方面的内涵和功能，伊斯兰教法亦无例外。所以，后来形成的教法体系中固然包括大量属于社会立法的内容，但其中也包括不少属于

第五章 《古兰经》注释的内容

宗教信仰、宗教道德的内容，它们也都是'法'。"①

基于以上特点，古今法学家和注释家都在原理原则的范畴内，最大限度地注释涉及法律的经文。例如，启示因人因事因时因地的特点，促使很多法学注释家，既可以采取分析性（综合性）注释经文的方法，诸章诸节地注释涉及法律的经文；也可以采取专题注释方法，整理和归纳涉及法律的经文，并给予专题注释。同样，律法与教义相辅相成的立法稳定性和灵活性，促使他们遵循其稳定性而不越雷池。这是因为，"伊斯兰教认为教法的基本内容和来自真主的启示《古兰经》和启示传达者穆罕默德的言行即'圣训'，称它是神意法。立法者只能是真主和他的使者穆罕默德，其他人都不能成为立法者。凡是经、训明文规定的律例，任何权力不能违反它和超越它。"②"伊斯兰教法以宗教教义为基础，又是教义信仰的行为方式上的集中体现，基本上是属于宗教伦理性质的；其根本宗旨可以概括为'命人行善，止人作恶'。它是穆斯林民众待人接物、持身律己的行为准则，所以常被称为'私法'。但由于'遵礼守法'的观念是以宗教信仰为前提，以服从主命为出发点，因而更具有恒定性，历史上即使为之提供政治庇护的伊斯兰政权被推翻，穆斯林大众仍对主命坚信不移，仍严守伊斯兰教法。"③他们在坚守经文立法稳定的同时，也不应其恒定而墨守成规，而是运用《古兰经》赋予的灵活性，使伊斯兰教律学随着时代和社会的发展而发展，应时代变化而变化，以结合社会现实需要和时代发展情况。他们依照经训和法学原则，以"创制"精神，灵活注释立法经文，从而不至于僵化经文立法，"没有经、训明文规定的问题，才允许教法学家根据经、训的精神和原则，从事律例的推演和说明，这种推演和说明称为'创制'（Al-Ijtihād），而不能称为立法。"④"教法学者从伊斯兰教适应发展了的社会情况出发，根据经、训原则发表意见，在研究教法和创制新律例时有较大的自由和灵活性。"⑤

近现代以来，鉴于立法经文兼具稳定和灵活的二重性，为使伊斯兰教

---

① 吴云贵：《真主的法度——伊斯兰教法》，中国社会科学出版社1994年版，第6页。
② 宛耀宾总主编：《中国伊斯兰百科全书》，四川辞书出版社1994年版，第674页。
③ 吴云贵：《真主的法度——伊斯兰教法》，中国社会科学出版社1994年版，第5页。
④ 宛耀宾总主编：《中国伊斯兰百科全书》，四川辞书出版社1994年版，第674页。
⑤ 同上。

法符合较之以往截然不同的社会发展和时代需要,"现代派宗教理论家们只好在经注上做文章,即对经典作灵活变通的解释。他们大多把宗教性的启示同社会立法的启示加以区别,认为前者具有永恒的价值,而后者则应随着时间、地点、条件的变化而变化。划清这条原则界限,其现实意义就在于把社会立法自神启领域里分离出来,以利于现代法治改革。事实上,正是从这项新的经注学原则出发,现代改革派在纯洁信仰的口号下,对一夫多妻制、蓄奴制、圣战观念、圣徒与圣墓崇拜等封建习俗给予一定的批判,对经典里有关婚姻、家庭、遗产、继承、赠予、妇女的权益、民商交易、刑罚等方面的启示,作了许多新的解释。这些新解释突破了传统经注学的束缚,起到了解放思想的积极作用,从理论上推进了伊斯兰国家的社会法制改革。为了破除传统偏见,现代派还提出了一个著名的口号:'直接回归古兰经里去',要求独立解释经典的权利。"①

二 《古兰经》的立法内容

"伊斯兰教律学,是以《古兰经》、圣训为主要立法渊源,根据哈里发国家社会情况发展的需要而建立起来的法学思想体系。其内容除包括对宗教礼仪制度、民事法律规定和刑罚的研究和正确理解外,还包括对诉讼程序、审判原则以及各主要法学派别的立法创制原理和对法律问题的不同见解等方面的探讨。"②

《古兰经》涉及法律的经文内容,毋庸置疑成为伊斯兰教律学的首要渊源。自公元632年"先知穆罕默德逝世后,真主启示随之中断,而穆斯林社会面临的各种社会问题和民事问题日趋复杂,人们遂以《古兰经》教导,作为明辨是非、区分善恶行为、排除纠纷的依据。自伍麦叶王朝末期,教法学家们开始以《古兰经》中的'律例'来审核当时的行政法规、私法实践和民俗习惯,以决定取舍。他们通过解释、扩展律例,从中抽出带有普遍性的法律原则,应用于各种案件中去,积累了大量的判例,构成教法实体的基础。到阿拔斯王朝初期,随着意见、公议、类比等法源理论的提出,教法学家们以各种方法来创制教律,解释、扩展、增补《古兰

---

① 吴云贵:《伊斯兰教法概略》,中国社会科学出版社1993年版,第284—285页。
② 宛耀宾总主编:《中国伊斯兰百科全书》,四川辞书出版社1994年版,第673页。

经》律例，形成教法体系。后经法学家沙菲仪系统论述，将《古兰经》立法作为最重要的法理依据，为广大教法学家所遵循。因《古兰经》为最高经典，故其权威性要高于以类比等方法推出的间接律例。以《古兰经》为立法的最高原则，从法理上确定了教法的神圣性质、地位和作用，使教法成为真主意志的体现。"①

细究《古兰经》涉及法律的经文，主要体现在两大层面上。

其一，关于穆斯林宗教功修和宗教制度的法律，即中国穆斯林通常所讲的"五大功课"，即念、礼、斋、课、朝，以及围绕这五大功课展开的相应叙述，如67节经文讲到"礼拜"（Al-salāh），32节经文讲到"天课"（Al-zakāt），13次讲到"斋戒"（Al-sawm）。

其二，关于社会方面的律例经文，大致由五个部分组成：②

一是民法。诸如贸易（2：275）；信托（8：27，4：58）；信用（3：76、82）；不得侵吞财产、提倡合法交易（4：29）；不得侵犯孤儿财产（4：2、10，6：152，17：34）；签订合同（17：35）；公证（28：28）；命令公平买卖、禁止克扣盘剥（70：33；83：1—3）；债务（2：283，4：58）；高利贷（2：275—279）；许诺（5：89）；抵押（2：283）；借贷（2：245）；代理（18：19）；担保（3：37）等。

二是刑法。诸如凶杀（17：33，4：93）；溺婴（6：140）；偷盗（5：38）；通奸（17：32，4：3）；诬陷私通罪（24：4、23）；抢劫（29：29）；卖淫（29：29）；饮酒、赌博、拜像和求签（5：90-91）；叛教（5：33）；同性恋（4：15—16，7：80—82，11：81—83）；诬陷罪（33：58）；不得食用自死物、血液、猪肉及非诵真主之名宰杀的动物（2：173）；贿赂（5：42）；伪证（25：72，7：33，22：30），以及其他有关刑事案件的律法经文。

三是家庭制度。诸如婚姻（2：180、230—236，28：27，33：24，33：49，58：2—4，65：1—7）；聘礼（4：4、20—21）；母乳喂养（2：233）；赡养妻子和子女（2：233，65：6—7）；禁止与之结婚的女子（4：23）；女权（2：228）；父子和亲属关系（4：3、7、33、135、180、214—215）；遗产继承（2：180—181，4：11—12）等阐述有关家庭方面的律例经文。

---

① 宛耀宾总主编：《中国伊斯兰百科全书》，四川辞书出版社1994年版，第173—174页。
② 阿卜杜拉·沙哈特：《伊斯兰教经学》，埃及公共图书社1998年版，第220页。

四是社会体制。诸如团结协作（3：101、103，4：145、174，5：2，22：78）；协商（3：159，24：62，42：38）；和解（4：114、128，8：1，9：10）；分裂的危害性（6：159）；保卫战争（4：71—74，8：15—19）；服从真主、使者和主事的领导人（3：132，4：58—59）；战争与和平（3：111—112）；战利品的处理（8：1）；宗教信仰自由（2：256）、国际关系（49：9）等。

五是伦理道德。《古兰经》作为宗教经典，涉及了大到社会制度，小到个人修身养性。《古兰经》将伦理道德纳入法的范围内更是为了规范人的道德行为和伦理纲常，达到德法并举、德法互补的效果。这一主题通常紧紧围绕敬畏真主、崇拜真主、博得真主喜悦和远离真主不悦的思想境界展开。认为扬善弃恶是崇拜真主的方式之一，是个人修身立命的具体表现。这方面的经文往往与信仰的经文相提并论，如《古兰经》教导人："你们当崇拜真主，不要以任何物配他，当孝敬父母，当优待亲戚，当怜恤孤儿，当救济贫民，当亲爱近邻、远邻和伴侣，当款待旅客，当宽待奴仆，真主的确不喜爱傲慢的、矜夸的人。他们中有自己吝啬，并教人吝啬，且隐讳真主所赐他们恩惠的人，我已为［他们这等］不信道的人预备了凌辱的刑罚。"（4：36—37）《古兰经》其他章节列举了伦理道德的规范，例如诚实（9：119），正直（11：112），向善（2：148），宽容（2：37、109），禁止亏待与主持公道（22：71），怜恤孤儿与关心乞丐（93：9—10），反对浪费与提倡节约（6：141），救济亲戚、孤儿和贫民（4：8），尊重客人（51：24—27，11：78），待人接物（24：61，80：1—12），家中礼节（24：58），以德报怨（13：22），勿滥猜疑、散流言、毁名誉（49：12），勿嘲讽（49：11），勿背谈（49：12），勿撒谎（17：36），勿嫉妒（4：54），勿虐待（4：36），勿自杀（4：29），勿听恶语（28：55），勿搬弄是非（68：11），勿作弊、勿欺骗（33：58），未经主人同意不得贸然入家（24：27—28），等等。这些经文，既在伦理道德的范畴内，更在法律的范畴内，"所以，后来形成的教法体系中固然包括大量属于社会立法的内容，但其中也包括不少属于宗教信仰、宗教道德的内容，它们也都是'法'。"①

由上，"《古兰经》教律，包含有极为丰富的法律思想、法律原则。

---

① 吴云贵：《真主的法度——伊斯兰教法》，中国社会科学出版社1994年版，第6页。

经文中具有法律内涵的律例有 600 余节，约占全部经文的 1/10，其中关于教义、礼仪制度的教律，约 400 节（以麦加篇章为主）；关于社会立法的律例约 200 节（以麦地那篇章为主，除婚姻家庭、遗产继承律例集中于第 2、4 章外，其余律例散见于各章节），涉及民商、刑事、婚姻家庭、遗产继承、司法与审判程序、国家体制、国际关系、战争与和平等各个领域。据统计，关于婚姻家庭、遗产继承法规约有 70 节；民商法规 70 节；刑事法规 70 节；司法与审判程序法规 13 节；宪法法规 10 节；国际关系法规 25 节。尤以婚姻家庭、遗产继承、民商、刑事法等，为教法各门类实体法的基础。"①

总之，《古兰经》律例经文，涉及穆斯林宗教生活和社会生活的方方面面。尤其随着时代发展，环境变化以及地域不同、民族差异、文化多元等，均被它直接或间接地涵盖。逊尼派和什叶派的各法学派，都无一例外地以律例经文为根本纲领，借此立法，寻求依据加以演绎，以顺应时代的发展和新生事物的需要，而没有故步自封，囿于桎梏。因而，从先知穆罕默德所建立的麦地那穆斯林公社，到今天的各阿拉伯伊斯兰国家的法律体系，均循《古兰经》律例经文作为国家立法的首要准绳和社会生活的指导原则。此外，有关宗教功修、伦理道德和修身养性的经文，对穆斯林更是影响至深，根深蒂固，无论时代怎样变迁，社会怎样发展，都恪守着这亘古不变的原则。可以说，《古兰经》立法经文构建的伊斯兰法律，无论是自上而下（国家到个人），还是自下而上（个人到国家），"它的内容反映了哈里发国家建立以来在宗教、政治、军事、经济、伦理道德、生活习尚等各个领域所发生的各种问题及伊斯兰教法对这个问题的回答。对穆斯林个人来说，它几乎把一个人从生到死的社会生活、精神生活和家庭生活中该行该止、该鼓励、该反对的各种问题都作了具体详细的规定，所以对信徒有较强的约束作用，对信仰伊斯兰教各民族的社会生活产生深远影响。"②

三 法学派注释《古兰经》

如上所述，《古兰经》催生了伊斯兰教法律。先知穆罕默德时期，当

---

① 宛耀宾总主编：《中国伊斯兰百科全书》，四川辞书出版社 1994 年版，第 174 页。
② 同上书，第 674 页。

出现涉及法律以及其他事例，圣门弟子不明白或举棋不定时，就请教他解疑释惑。《古兰经》没有明确指出的方方面面，则有圣训加以注释。例如，《古兰经》笼统规定拜功但没有明确其细节，制定天课但没有明确其种类和课额，规定朝觐但没有细化其形式，制定刑罚但无细则，因此均需圣训解释。圣门弟子时期，穆斯林每遇难解法律问题，就请教深谙《古兰经》、熟悉圣行、了解《古兰经》降示时代和社会背景的圣门弟子，寻求解答。这也是伊斯兰史上的黄金时代，鲜有内部矛盾和外部纷争。好景为期不长。自哈里发阿里执政以来，穆斯林社会面临严峻挑战，内部矛盾激化并爆发了内战，更甚者则是思想分化，终因哈里发问题产生了逊尼派、什叶派和哈瓦利吉派，因信仰问题产生了穆尔太齐赖派、自由派和宿命论派。最终，伊斯兰世界形成了两大具有政治色彩的宗教派别：逊尼派和什叶派。

在伊斯兰教两大派别形成和自成一家时，伊斯兰社会内外部，较之此前都发生了巨大变化，各类事件层出不穷，新生事物接二连三。穆斯林务必面对现实，依据经训，既要从教义角度，对各类问题和新生事物给予符合经训要求的回答，也要从法的角度关注和解决新出现的教法问题。在此大的社会环境和时代背景下，逊尼派四大法学学派——哈乃斐、沙菲仪、马立克与罕百里，什叶派三大教派——伊斯玛仪教派、十二伊玛目教派和栽德教派的法学家和注释家，均根据经训看待各种问题和各类事件，竭尽全力寻求经训为据并作出相应注释，以支持各自的理论学说，达到据理分析、据证裁决的法律效果和现实效应。① 两大派别在发展教法学的长期过

---

① 什叶派和逊尼派的教法学在原理和具体规定上虽各有不同，但其根据都是《古兰经》和圣训。什叶派教法学最基本的原则是：第一，逊尼派教法学中违反什叶派信仰和观点的原理和具体规定一概不予接受，代之以符合什叶派信仰的原理和具体规定。第二，拒绝接受来自非什叶派伊玛目、学者和传述者的任何圣训或"意见"。一切法学规范均根据什叶派对《古兰经》的注释和什叶派传述的圣训，其结果必然是：法学范畴狭窄；在某些问题上，违反逊尼派的教法学观点。第三，反对将"伊制马仪"（即公议）作为一项立法原则，以免采纳非什叶派的观点；反对"格亚斯"（即类比），因为"格亚斯"即"意见"，而伊斯兰教来自真主、使者和受保护的伊玛目，是不承认"意见"的。什叶派认为伊玛目绝对无错，其言论为立法依据，不得违反。概而言之，逊尼派和什叶派在伊斯兰教法方面的分歧集中在以下两个方面：一、对《古兰经》的理解方面。什叶派对某些章节有自己的解释。二、逊尼派不承认什叶派伊玛目传述的圣训。——见艾哈迈德·爱敏《阿拉伯—伊斯兰文化史》第4册，商务印书馆1995年版，第230、242页。

程中,都留下了为数不少的《古兰经》律例注释典籍,其共同点是没有狭义地注释《古兰经》直接论及法律的经文,而是广义地注释了间接涉及律法的经文。

(一) 哈乃斐学派注释

该派由教法学家、教义学家艾布·哈尼法于 8 世纪创立于伊拉克库法,后盛行于伊拉克、埃及南部、土耳其、印度、巴基斯坦、阿富汗、中亚、中国等地。俄罗斯、保加利亚、南斯拉夫的多数穆斯林亦遵循哈乃斐教法学派。11 世纪起,该派迅速传遍安纳托里亚、巴尔干、北高加索、黑海沿岸、伏尔加河流域、中亚草原地带、印度尼西亚等地。历史上金帐汗国的汗王、莫卧儿帝国的皇帝、奥斯曼帝国的素丹们均奉行哈乃斐教法学派。

哈乃斐学派的特点是,"在创制教律时,主要以《古兰经》为据,审慎引用圣训,重视类比和公议。对类比和公议的运用比较灵活变通,尤为强调执法者个人的意见和判决,故以'意见派'著称。"① 该派法学代表作主要有,"艾布·哈尼法的《穆斯奈德》、艾布·优素福的《论税赋》、谢巴尼的《原理之书》(Kitāb al-Asl)、布尔汗丁·阿里的《希大亚教法》、希格纳吉(Al-sighnāki)的《尼哈亚教法》(Al-nihāyah)、沙德尔·安瓦尔的《维卡亚教法》、《阿拉姆吉尔教法汇编》、《奥斯曼民法典》等"②,以及后人根据学派创始人的教法学说汇编的《教法大全》(Kitāb al-kāfi)。

哈乃斐学派从教法角度注释《古兰经》的典籍,主要有艾哈迈德·本·艾布·拜克尔·拉齐·贾萨斯(Ahamad ben abu bakr al-rzi al-Jassās,伊历 305—370)所注三卷本的《古兰经律例》('ahkām al-Qur'ān),又称《贾萨斯经注》(Tafsir al-Jassās),以及艾哈迈德·艾布·萨义德·蒙拉朱尤乃(Ahmad abu sa'īd mullājuyūn,伊历 1047—1130)所注一卷本的《注释律法经文》(Al-tafsīrāt al-'ahmadiyyah fi bayān al-'āyāt al-shar'iyyah),该部经注在印度出版,埃及爱资哈尔大学和开罗大学图书馆分别收藏该书。现仅介绍该派注释《古兰经》法律经文的代表人物贾

---

① 宛耀宾总主编:《中国伊斯兰百科全书》,四川辞书出版社 1994 年版,第 198 页。
② 同上书,第 198—199 页。

萨斯及其经注《古兰经律例》。

贾萨斯生于巴格达，师从法学家艾布·赛赫利·祖贾兹（Abu sahl al-zujāj）、艾布·哈桑·库尔哈（Abu hasan al-kurghy）等人。结束负笈求学历程后，终身执教巴格达。他的法学著作主要有《古兰经律例》、《法学原理》（'Usūl al-fiqh）、《库尔哈简注》（Sharh mukhtasar al-kurghy）、《塔哈维简注》（Sharh mukhtasar al-tahāwy）等。

《古兰经律例》既是贾萨斯的代表作之一，也因彰显哈乃斐法学中心论，并致力于推广哈乃斐法学理论和思想，成为哈乃斐法学派的重要代表作之一。贾萨斯在该注释典籍中，引证经训，从头到尾逐次分析和注释了《古兰经》。尽管贾萨斯按照《古兰经》的章节顺序依次注释了整部经文，使其成为大部头的注释典籍，但其注释主旨仍然限定在注释涉及律例的经文。该部经注的明显特征是，作者不但使法学注释分门别类，使每一门都涵盖了若干法学问题和详细阐释，而且引申了很多法学案例。换言之，贾萨斯注释时，不仅局限于直接叙述能从经文中创制和演绎的法学问题，还引申了许多法学家之间存在分歧的法学问题和法学见解，并且引述了大量证据，从而致使其经注好似一部比较法学专著。[①] 总体上，贾萨斯引申的一些法学问题，如果从经文的经旨来看，一定程度上与经文没有联系。例如，经文"你当向信道而行善的人报喜；他们将享有许多下临诸河的乐园"（2：25），贾萨斯在注释时，牵强附会地为哈乃斐法学派引申立证。他举例，如果某主人对仆人说"凡以某妇女分娩向我报喜的奴仆就会成为自由人"，然后一群奴仆一个接一个向主人报喜的话，就可引申该节经文进行裁决："释放第一个报喜的奴仆足矣。"[②] 事实上，贾萨斯如此引申，从法的角度来讲，与所注释经文的经义经旨没有必然关系。

从法学立场来讲，贾萨斯极其执著地遵奉和竭力维护着哈乃斐学派，因此在《古兰经律例》中，其鲜明的法学立场与其他注释家和法学家的法学立场和注释截然不同。但凡阅读其注释典籍的人，都能切身感受到他那种坚持己见的法学立场和鲜明观点。例如，他在注释经文"然后整日斋戒，

[①] 穆罕默德·侯赛因·扎哈卜：《古兰经注释与注释家》卷2，开罗知识出版社2001年版，第439页。

[②] 贾萨斯：《古兰经律例》第1卷，埃及拜欣耶出版社伊历1347年版，第33页。

至于夜间"（2：287）时明确讲到，该节经文证明，"但凡从事副功斋戒者，也要整日斋戒，直至夜间。"①

此外，贾萨斯坚持己见地注释涉及法律的有些经文时，往往批评那些反对哈乃斐法学派的法学家。一定程度上来讲，这表明他缺乏法学家应有的宽容胸怀。同样，贾萨斯在其典籍中，不乏旗帜鲜明地表露了他对伍麦叶王朝创建者穆阿维叶的成见。例如经文"被进攻者，已获得反抗的许可，因为他们是受压迫的。真主对于援助他们，确是全能的。他们被逐出故乡，只因他们常说：'我们的主是真主。'要不是真主以世人互相抵抗，那么许多修道院、礼拜堂、犹太会堂，清真寺——其中常有人记念真主之名的建筑物——必定被人破坏了。凡扶助真主的大道者，真主必定扶助他；真主确是至强的，确是万能的。如果我使那些人在地面上得势，他们将谨守拜功，完纳天课，劝善戒恶。万事的结局只归真主"（22：39—41）。他对该节经文作了如此注释："……这些都是正统哈里发的秉性，真主使他们在大地上得势，他们是艾布·白克尔、欧麦尔、奥斯曼、阿里，愿真主喜悦他们。这几节经文明确证明他们作为伊玛目的正确性，因为真主告诉，如果他们在大地上得势，他们就会执行真主赋予他们的主命。他们已经在大地上得势，那么他们就应当是履行真主命令、制止人们远离真主禁令的伊玛目。穆阿维叶不在他们之列，因为真主仅仅以此形容了那些被逐出家园的迁士们，穆阿维叶不属于迁士，属于被迫加入伊斯兰教的人。"② 贾萨斯这样注释经文，实质上就是从法理角度，对穆阿维叶担任哈里发职位的合法性，提出了法律层面的质疑和心理层面的不满，同时也一定程度上反映了穆阿维叶时代的政治和社会状况，以及法律在当时政治和社会事物中发挥的重要作用。

诚然，无论贾萨斯对哈乃斐学派的钟情和执著，还是批评其他法学学派中持不同观点的法学家，抑或对穆阿维叶的成见，一方面说明，作为解决社会问题，维护社会秩序，立行宗教仪规的伊斯兰教律，始终与伊斯兰教与穆斯林社会的发展息息相关，是通过法的角度来深刻反映穆斯林社会的发展和变化。反之亦然，穆斯林社会的发展和变化也在要求并推动着伊

---

① 贾萨斯：《古兰经律例》第 1 卷，埃及拜欣耶出版社伊历 1347 年版，第 274—285 页。
② 同上书，第 303—304 页。

斯兰法律的建设和完善。另一方面证明了贾萨斯所处时代的法学繁荣，以及法学学派之间为实践真理、践行经义而产生的学理和法理分歧甚至思想交锋的盛况。同样，透过贾萨斯的《古兰经律例》，不难看出哈乃斐学派法学思想的倾向性、灵活性和见解性。由此及彼，从微观来讲，该部经注一定程度上深刻反映了该派对律例经文的阐释，既有宗教仪规的内容，也有社会法规的内容；既有案例性注释，也有综合性注释。从宏观来讲，该部经注既扩充着教法规则，也使法学思想更加系统；既为伊斯兰教律学的整体发展作出了巨大贡献，也为推动伊斯兰社会的法制进程做出了丰功伟绩。尤其是注释家能够在伊斯兰教法制化进程中的较早时期，根据所属法学学派思想和见解，引经据训，引证案例，从不同角度与不同维度，从头到尾地注释《古兰经》法律经文的学术举措，说明了"古代的教法学家们在创制律法时尤为重视法的神圣性，强调以体现主命的《古兰经》和圣训为立法依据，故教法学的内容除对各种行为的有关规定（律例）外，更主要的还在于阐述关于法源的理论学说"。①

（二）沙菲仪学派注释

该派于9世纪由法学家、伊斯兰教法理论奠基人、马立克的弟子沙菲仪所创，盛行于埃及、叙利亚、伊拉克、巴勒斯坦、阿拉伯半岛南部、东非、马来西亚、印度尼西亚、菲律宾及中国新疆等地区。"现在，它在叙利亚、黎巴嫩、巴勒斯坦、约旦占据统治地位，在伊拉克、巴基斯坦、印度、马来西亚和印度尼西亚亦有多数奉行者。伊朗与也门的逊尼派信众也大都奉行沙菲仪教法学派。"②

沙菲仪学派的特点是，"吸取哈乃斐学派和马立克学派的长处，兼重圣训律例和类比推理，强调将真主启示与人的理性活动有机地结合在一起，更明确、系统地阐释了《古兰经》、圣训、公议、类比四大法源理论体系，缓和了圣训派和意见派的法理之争，增强了教法的实践性和效力。该派提出的以圣训仅次于《古兰经》的第二法源的主张，极大地增强了圣训律例的地位和功能，亦使人的理性活动受到严格的限制。"③ 沙菲仪学派创立时

---

① 吴云贵：《真主的法度——伊斯兰教法》，中国社会科学出版社1994年版，第3页。
② 王家瑛：《伊斯兰宗教哲学史》（上），民族出版社2003年版，第73页。
③ 宛耀宾总主编：《中国伊斯兰百科全书》，四川辞书出版社1994年版，第485页。

期，正是伊斯兰社会生活日益复杂，伊斯兰法律学说纷繁驳杂的时期。对此，沙菲仪提出了《古兰经》立法的独特理论，其"重要贡献是对经典的意义提出了新的见解，认为经典的价值不仅在于经中所规定的'律例'，更重要的还在于它所提出的解经方法。借助这种方法，有限的经文即可成为取之不尽、用之不竭的立法渊源。关于这种方法，他在《法源论纲》里做了详尽的阐述。认为'服从真主和使者'这段反复出现的经文确立了先知穆罕默德作为权威解经人的地位，其生前之言行仅次于经典的神圣立法的渊源。这样，沙菲仪的经注学理论就把《古兰经》与'圣训'首次紧紧地联系在一起了。凡经典里未涉及或讲得不明确之处，则以圣训立法加以补充"①。

作为学派创始人，沙菲仪的创制主张，成为该派立法创制的总原则，同样彰显了他们运用《古兰经》立法经文的原则和智慧。他讲道："经、训是根本，若无经、训可循，可用类比。哈迪斯（圣训）的传述系统如果完整且可溯至穆圣，即为逊奈。公议要比个人传述好，要按字面意思理解圣训，如有多种解释，应以最接近字面含义的为佳。"②

该派代表典籍主要有沙菲仪的《法源理论》、《母典》（Kitāb al-Umm）。该派从教法角度注释《古兰经》的主要典籍有，法学家艾布·白克尔·拜海吉（Abu bakr al-bayhqy，伊历 384—458）整理的沙菲仪注释文本《古兰经律例》（'ahkām al-Qur'ān）。以基亚·哈拉希（Kiyā al-harāsiyy）著称的艾布·哈桑·泰伯里（Abu al-hasan al-tabary，伊历 450—504）所注大部头的《古兰经律例》（'ahkām al-Qur'ān），现存埃及国家图书馆与爱资哈尔大学图书馆。希哈布丁·赛敏（Shihāb al-dīn al-samīn，伊历？—756）的《古兰经律例简注》（Al-qawl al-wajīz fī 'ahkām al-kitāb al-'azīz），作者所注《古兰经》第 1 卷的手稿现存爱资哈尔大学图书馆。阿里·本·阿卜杜拉·迈哈姆德·尚菲克（Ali ben Abud Allah mahmūd al-shanfiky，伊历？—890）的《古兰经律例》（'ahkām al-kitāb al-mubīn），爱资哈尔大学图书馆存有作者手稿。哲拉鲁丁·苏尤蒂的《经解之冠》（Al-'iklīl fī 'istinbāt al-tanzīl），又称《苏尤蒂经注》

---

① 吴云贵：《伊斯兰教法概略》，中国社会科学出版社 1993 年版，第 53—54 页。
② 艾哈迈德·爱敏：《阿拉伯—伊斯兰文化史》第 3 册，商务印书馆 1991 年版，第 219 页。

(*Tafsir al-suyūty*)。穆罕默德·本·伊德里斯·沙菲仪（Muhammad ' Idrīs al-shāfi 'iyy, 766—820）的《古兰经律例》（'ahkām al-Qur'ān）。现仅简要介绍基亚·哈拉希的《古兰经律例》，以便通过该经注窥见沙菲仪派注释《古兰经》律法经文的观点。

基亚·哈拉希，呼罗珊人，主要在内沙布尔师从沙菲仪派法学家、有"两禁寺（麦加和麦地那）伊玛目"之称的朱韦尼（Al-juwayny, 伊历？—478）研习教法。定居巴格达后，终身执教于尼采米亚大学（Al-madrasah al-nizāmiyyah）。

基亚·哈拉希的《古兰经律例》，被视为沙菲仪学派从法学角度注释《古兰经》的重要典籍之一。该经注的特点是，作者按照《古兰经》的章节顺序，详细注释了经中涉及法律的所有经文，无论是宏观层面，还是微观层面。《古兰经律例》充分展现了基亚·哈拉希极其钟情沙菲仪学派的思想，其情状较之贾萨斯钟情于哈乃斐学派，有过之而无不及。具体表现在，他根据沙菲仪学派的法学思想和原理，注释了《古兰经》中的律法经文，并企图使他的注释与他派法学家的注释迥然不同。对此，他在《古兰经律例》的前言中，表达了自己对沙菲仪学派的执著精神和思想倾向："的确，沙菲仪学派是所有学派之领袖，是所有学派中最公正、最能引导、最能裁判的学派。沙菲仪的绝大部分见解和研究，由猜测升华到了真理和正确的阶层。这是因为沙菲仪使其学派基于真主的经典《古兰经》——'虚伪不能从它的前后进攻它，它是从至睿的，可颂的主降示的。'（41：42）沙菲仪深刻理解了那些难以理解的经文，深入探究了经中的丰富内容，以求汲取经中的法律知识。真主为沙菲仪打开了理解《古兰经》的道道大门，赋予他理解经文的种种便捷，为他揭开了不曾为他人揭开的经文幔帐。"[①] 由此可见，他对沙菲仪学派的忠诚程度，致使他在《古兰经律例》中，竭力维护和继续沙菲仪学派的法学原理，甚至是细枝末节的法律问题，并根据本派的法学理念，宗派主义般地注释了一些经文。

尽管基亚·哈拉希钟情于沙菲仪学派，但与贾萨斯不同的是，他没有

[①] 穆罕默德·侯赛因·扎哈卜：《古兰经注释与注释家》卷2，开罗知识出版社2001年版，第445页。

措辞激烈地批评反对他的法学家,而是在自己的注释中,就贾萨斯等针对沙菲仪学派的批评,仅仅引证经训,据理据证,逐一分析和回答了法学派别之间的不同观点和理论纷争。对此,他在经注的前言中讲道:"当我看到法学纷争的局面——沙菲仪学派旨在胜于其他学派——时,我想撰写一本阐释《古兰经》法律的专著,就沙菲仪因各种疑难问题引证各种证据而创立的学派,给予阐释。"①

通过基亚·哈希拉的《古兰经律例》不难看出,其一,法学注释《古兰经》已从单纯的注释法律经文层面,上升到了在注释中探究法学理论、维护法学倾向、分析法律案例的高度。法学派别之间的法学讨论乃至纷争,宏观上进一步完善着伊斯兰教法理论和法学原理,微观上彰显了各学派针对《古兰经》中涉及法律经文的派别注释、不同看法和各种判例。其二,该部经注中所彰显的法学分歧,实际上是"逊尼派所共有的宽容精神使这些分歧成为寓于同一性之中的差异性,如一则阿拉伯谚语所说,它们是'一棵大树上长出的枝叶'。这种求同存异的互让互谅思想,后来被表述为如下的信念:'有三百六十条大道通向永恒的真理'、'我的教界之间的差异是真主恩典的表征。'"②

(三) 马立克学派注释

该派由教法学家、圣训学家马立克·本·艾奈斯(Al-mālik ben An-as,约715—795)于8世纪至9世纪创立于麦地那,主要盛行于麦地那、巴林群岛、摩洛哥、阿尔及利亚、突尼斯、利比亚、苏丹、乍得、埃及、安达卢西亚(今西班牙)等地。在埃及和苏丹,有相当数量的宗教社团奉行马立克教法,其他伊斯兰国家亦有一些穆斯林遵循马立克法学学派。

该学派的特点是,"在创制教法律例时,除以《古兰经》、公议、类比为依据外,尤为重视早年麦地那穆斯林社团的传统习惯'逊奈'。因其教法体系直接建立于圣训、传说的基础之上并以麦地那学者们的公议予以确认,甚至认为麦地那的传统习惯高于一切,故该派又称'圣训派'或

---

① 穆罕默德·侯赛因·扎哈卜:《古兰经注释与注释家》卷2,开罗知识出版社2001年版,第447页。

② 吴云贵:《伊斯兰教法概略》,中国社会科学出版社1993年版,第78页。

'传述派'，而与注重教法学家个人意见的哈乃斐教法学派相左。该派在引用圣训时，采取广征博引的态度，主要根据圣训本文，很少考证传述线索是否连贯、真实可信，但有时则以《古兰经》为据，排斥不符合麦地那习惯的圣训。对类比方法，该派较为审慎，认为出于社会公益考虑，可以摈弃类比，而以更近于公正的灵活变通的判决代之。"[①]

该派代表作是马立克的《穆宛塔圣训集》（Al-muwatta，译为《圣训易读》），全书分为圣训和教法两部分。圣训中的大部分内容是先知穆罕默德、圣门弟子和再传弟子的言论。该书既是伊斯兰教历史上最早的一部圣训集和伊斯兰教法文献，也是研究伊斯兰教中早期教法学、圣训学的珍贵文献之一。此外，该派法学家根据学派创始人的教法学说，汇编了《大穆丹沃纳》（Al-mudawwanah al-kubrā）。

马立克学派从教法角度注释《古兰经》的文献，主要有嘎迪·艾布·伯克尔·伊本·阿拉比的《古兰经律例》（'ahkām al-Qur'ān）和《古兰经法律注释》（Kitāb al-qānūn fī tafsīr al-qur'ān al-'azīz）、古尔泰卜（Al-qurtab, ? –1273）的《古兰经教律总汇》（Al-jāmir li' ahkām al-Qur'ān）等。现仅简要介绍古尔泰卜的《古兰经教律总汇》，以便通过该典籍窥见马立克派注释《古兰经》律法经文的观点。

古尔泰卜全名是艾布·阿卜杜拉·穆罕默德·本·艾哈迈德·本·艾布·白克尔·本·法尔赫·古尔泰卜（Abu abud Allah Muhammad ben 'ahmad ben abu bakr ben farah al-qurtab），注释学家、圣训学家，师从艾布·阿拔斯·本·欧麦尔·古尔泰卜（Abu abbs ben umar al-qurtab）、艾布·阿里·伯克尔（Abu Ali al-bakry）等学者研习经训与教法。古尔泰卜留下了大量著作，主要有《古兰经教律总汇》（14 册）、《阐释真主的名称》（Sharh a' smā' Allah al-husnā）等。

古尔泰卜的《古兰经教律总汇》，不仅是马立克学派的代表作，也是一部经典的注释文献。伊本·法尔胡奈（Ibn farhūn，伊历？—799）的《学派绪论——各学派著名学者》（Al-dībāj al-madhhab fi ma'rifah 'a 'yān 'ulmā' al-madhhab）如是评价："《古兰经教律总汇》是最伟大、最有益的一部经注。古尔泰卜从中回避了各类故事和各种历史，界定了

[①] 宛耀宾总主编：《中国伊斯兰百科全书》，四川辞书出版社 1994 年版，第 338 页。

《古兰经》的所有律例并演绎了各种证据，阐释了《古兰经》的各种诵读、不同语法，以及先后停止的经文。"①

古尔泰卜在《古兰经教律总汇》的前言中，讲述了他著述该部经注的缘由与注释方法。尤为重要的是，较之其他注释家，他还明确给自己设定了注释条件。他说："当真主的经典蕴涵着所有的法律知识——以逊尼和主命独树一帜，由天上的忠诚者带给地上的忠诚者②——时，我决定终生全力以赴地从事《古兰经》研究事业。换言之，我著述一本简明扼要的注释典籍，内容包括注释、语言、语法、诵读、驳斥异端邪说、证明律法经文和经文降示的大量圣训、汇集经文的各种意义、运用先贤及追随他们者的言论阐明经旨不明的经文。在本书中，我的条件是：将所有的言论和论述都追溯于语出者和原作者，这是因为有人说：'知识的幸福就在于正本求源。'在法学和注释典籍中，常有圣训含糊不清，唯有研究圣训典籍者才能知道是某某人传述了圣训。对此没有经验者会不知所措，不辨真伪。了解圣训是很重要的学问，学者不会轻易接受证据，直到将证据归溯于引述了证据的著名伊玛目和权威专家，我在书中对此逐一予以确认。我回避了很多注释家叙述的故事和历史学家记载的历史，除非那些必不可少而需要阐明的故事和历史。在书中，我运用各种符合经义经旨的法律问题阐释了所有的法律经文，因此每节经文都含有一或两项法律裁决。但凡含有多个法律问题的经文，我都阐明该节经文的降示背景、注释、生僻词汇和判定。如果经文不含有法律裁决，我仅叙述经文的注释。……我就这样完成了该书，将它命名为《古兰经教律总汇》——阐释经文蕴涵的逊奈和明辨真伪的教律法规。"③

正如古尔泰卜所言，但凡阅读该书的人都会发现，他在这部注释典籍中详细阐述了经文的降示背景、各种诵读、经文语法，分析了生僻词汇。他经常借助语言学知识并引证大量阿拉伯诗歌分析和注释经文的语句和措辞，反驳了穆尔太齐赖派、盖德里耶派（亦称反宿命论派）、拒绝派、哲

---

① 伊本·法尔胡奈：《学派绪论——了解学派的著名学者》，开罗幸福出版社伊历 1329 年版，第 317 页。
② 天上的忠诚者指哲卜拉伊勒天使，地上的忠诚者指先知穆罕默德。——译者注
③ 艾布·阿布杜拉·古尔泰卜：《古兰经教律总汇》第 1 册，贝鲁特使命出版社 2006 年版，第 2—3 页。

学派、苏菲派中的极端主义者。古尔泰卜在注释涉及法律的经文时，不仅给予详细阐释，而且常常论及那些具有争议的法律问题，并以各学派运用的证据，从宏观和微观层面予以评注。同样，古尔泰卜在传述先贤的大量注释和律例时，都力争使每句话归溯于语出者，尤其是那些源自教律学典籍的论述。古尔泰卜引述最多的学者是注释家泰伯里、伊本·阿廷耶、嘎迪·艾布·伯克尔·本·阿拉比、基亚·哈拉希、贾萨斯。

较之哈乃斐学派的贾萨斯、沙菲仪学派的基亚·哈拉希，古尔泰卜没有像前者那样，不仅钟情所属学派达到唯我独尊的程度，而且一定程度上根据所属学派的观点和理论注释《古兰经》。反之，古尔泰卜注释《古兰经》时，采取客观的学术态度，不唯学派，只重证据，据理注释，并力求将各种证据溯源于原发者。古尔泰卜的如此做法，实质上既是他的注释特点和学术优点，也很大程度上反映了马立克学派遵循"逊奈"、坚持"传述"的学派理念。例如，就经文"斋戒的夜间，准你们和妻室交接"（2：187）所蕴涵着诸多法律问题的第十二个问题，古尔泰卜不仅与学派创始人马立克的注释相左，而且阐述了他对该节经文的注释和观点。他首先叙述了学者们就穆斯林斋戒时因忘记而饮食的判定所产生的分歧，接着指出，他不认同马立克判定斋戒者已经开斋且要补斋的断法。他讲道："伊玛目马立克之外的学者，没有判定忘记而饮食者已经开斋，我认为这是对的，众学者都就此认为，凡忘记而饮食者，不必补斋，他的斋戒是完美的，因为有艾布·胡莱赖传述的圣训为证，先知说：'如果斋戒者忘记而饮食，那么这就是真主赋予他的一种给养，不必补斋。'"①

总而言之，有着马立克学派背景的古尔泰卜，其注释相对而言没有深受所属学派法学理论和思想的影响，而是保持了中立与客观的注释态度和学术理念。由此，不仅使其注释很大程度上符合了经义经旨，而且成为一个"没有受到批评，避免了关于他的争论和纷争，涉及了注释的各方面，精于其所涉猎各科知识"的著名学者、圣训学家和注释学家。②

---

① 艾布·阿布杜拉·古尔泰卜：《古兰经教律总汇》第2册，贝鲁特使命出版社2006年版，第322页。
② 穆罕默德·侯赛因·扎哈卜：《古兰经注释与注释家》卷2，开罗知识出版社2001年版，第464页。

(四) 罕百里学派注释

该派于9世纪由圣训学家、教法学家、教义学家伊本·罕百里创立于巴格达。该派初创时，曾分布在巴格达和大马士革等城市，但追随者为数不多。该派现为沙特阿拉伯的官方学派，在埃及、伊拉克、阿拉伯联合酋长国亦有少量追随者。[1] 无论是历史上，还是近、现当代以来，"罕百里教义教法学派的思想在伊拉克、呼罗珊（伊朗）、叙利亚、希贾兹（沙特）等地区城市中、下阶层中获有广泛的支持，对安达卢西亚的传统主义教派亦有深远影响。在整个中世纪年代，作为逊尼派正统信仰的体现者，罕百里教义—教法学派曾不止一次地走在城市群众运动的前列。罕百里教义—教法学派通过复古先知的逊奈革新伊斯兰教，以及同'异端'作斗争的思想，在近、现代为伊斯兰革新派代表沙特阿拉伯的瓦哈比耶所继承，所发扬。在当代，罕百里教义—教法学派的思想体系在诸'穆斯林兄弟会'中广泛传播，为其所信奉、所弘扬。"[2]

该派的特点是，"在创制教法律例时，严格遵循《古兰经》和圣训，很少应用类比和公议，反对以个人意见推断教法问题，尤其反对穆尔太齐赖学派的'意志自由'论，甚至拒绝接受艾什尔里的教义学主张。认为源自经、训的知识是不谬的，而源自理性判断的见解知识是不可信的。在四大教法学派中，素以经典派著称。"[3] 这是因为，该派创始人伊本·罕百里将其教法的绝大部分"建立在圣训基础上。即如果他找到一条正确的圣训，就不再顾及其他；如果找到圣门弟子的一项裁决，就遵照执行；如果发现圣门弟子对律例有多种解释，就择其最符合经、训者用之；有时圣门弟子对同一案例有两种不同的裁决，就将两种裁决都传述之；如果只有再传弟子传述的圣训或不大可靠的圣训，他也宁肯选用而不使用'类比'。总之，不到万不得已，罕百里是不使用'类比'的。对那些没有引用经、训的裁决，他十分反感"[4]。

该派的法学代表作主要有伊本·罕百里的《穆斯奈德圣训集》（*Al-*

---

[1] 阿卜杜拉·沙哈特：《伊斯兰教经学》，埃及公共图书社1998年版，第232页。
[2] 王家瑛：《伊斯兰宗教哲学史》（上），民族出版社2003年版，第78页。
[3] 宛耀宾总主编：《中国伊斯兰百科全书》，四川辞书出版社1994年版，第209页。
[4] 艾哈迈德·爱敏：《阿拉伯—伊斯兰文化史》第3册，商务印书馆1991年版，第231—232页。

musnad）与《古兰经注》（Al-tafsir）、伊本·泰米叶的《教法判例》（Majmū' fatwā）与《沙里亚法典》（Al-siyāsat al-sharī'ah）、穆瓦法格·丁·本·古达迈（Muwafaq al-din ben Qudāmah，1146 – 1223）的《教法律令之柱》（Kitāb al-'umda fi ahkām al-fiqh），以及学派法学家根据伊本·罕百里的教法学说收集的《教法大汇编》（Al-jāmi' al-kabīr）。

罕百里学派从教法角度注释《古兰经》的文献主要有，伊本·焦泽（Ibn al-jawziyy，1116 – 1200）所注 9 卷本的《注释学的旅途食粮》（Zād al-masīr fī 'ilm al-tafsir）。严格来讲，尽管该部经注不属于纯法学层面的注释典籍，但仍被视为罕百里学派中根据该派思想和法学理论注释《古兰经》律例经文的代表作。近现代以来，该派中注释律例经文的主要文献有，穆罕默德·孙迪格·哈桑的《注释法律经文获取经文经旨》（Nil al-marām min tafsir 'āyāt al-'ahkām）、穆罕默德·阿里·萨布尼的《古兰经律例详解精华》（Rawa'i' al-bayān tafsir 'āyāt al-'ahkām）、曼纳尔·敢塔尼的《注释律例经文》（Tafsir 'āyāt al-'ahkām），以及穆罕默德·阿里·亚伊斯（Muhammad Ali al-yāyis）指导与校正后出版的《注释律例经文》（Tafsir 'āyāt al-'ahkām）。现仅介绍当代注释家穆罕默德·阿里·萨布尼教授的《古兰经律例详解精华》，以便概要了解当代罕百里学派注释家的方法与侧重点，尤其在回答和解决时代问题中所发挥的重要作用。

穆罕默德·阿里·萨布尼教授的《古兰经律例详解精华》共两册。作者以学术讲座形式，用 70 讲篇幅，详细注释了《古兰经》中的律例经文。对于每节经文，作者都从十个方面给予了注释：（1）引证其他注释家和语言学家的注释，分析经文辞藻。（2）简明扼要地阐释每节经文的总义。（3）如果经文有降示背景，就对其降示背景给予阐述。（4）阐释经文前后关系的哲理所在。（5）研究和阐释经文的各种诵读及其道理。（6）概要分析经文句法。（7）阐释经文的奥妙，如经文的修辞奥妙和科学奥妙等。（8）阐释律例经文和法学家们对此的证据，并在所有证据中求得侧重证据。（9）概要阐释经文的经旨所在。（10）总结阐释，包括律例经文蕴涵的法学智慧。①

---

① 穆罕默德·阿里·萨布尼：《古兰经律例详解精华》第 1 册，大马士革安萨里出版社 1980 年第 3 版，第 11 页。

该书的几个鲜明特点是，其一，作者以讲座形式，使其经注内容条分缕析，一目了然。其二，作者采取专题方法注释法律经文，使《古兰经》的律例经文分门别类，独立成篇。其三，从注释内容来讲，注释法律经文时又采取了综合注释的方法，既解词也解义，既阐释句法也分析诵读，既荟萃各家之言又侧重其中一家之言。其四，贯通古今——既阐述古人的法律观点，也在阐释律例经文时分析了伊斯兰教的现状，并给予了符合时代要求的回答。其五，驳斥了他者对伊斯兰教的误解和非议，如据理据证反驳了那些以偏见眼光质疑和武断先知穆罕默德多妻、穆斯林妇女佩戴面纱等问题的人们，达到了正本清源与还原真相，以及消除误解与回应非议的学术目的和现实作用。

（五）栽德派注释

栽德派是什叶派的主要派别之一，于8世纪中叶，由先知穆罕默德的外孙、第四任哈里发阿里的次子、什叶派第三任伊玛目侯赛因（Al-husayn，625－680）之孙栽德·本·阿里（Zayd ben Ali，698－740）的追随者创立，亦称"五伊玛目派"。该派追随者主要分布在也门北部，占该地区总人口的55%以上，以及伊朗的吉梁和马赞达兰等地，被称为努克塔维派。此外，其他阿拉伯国家亦有少数追随该派者。

关于教义问题，该派在"教义上长期陷于分裂，内有八个支派。其政治学说在什叶派中最接近逊尼派，除奉阿里为穆罕默德的合法继承人外，还承认前三代哈里发的合法地位。认为凡属阿里后裔，博学、善战，无论是否属于直系，均有资格继承伊玛目职位。该派只相信五位可见的伊玛目，否认'隐遁伊玛目'之说，认为伊玛目的传承不可能连绵不断，而一个时代可以有几个各自独立的伊玛目国家。该派内部未形成统一的教法学派，但各学派之间较为宽容。因其在教义、教法上接近逊尼派传统，亦有'第五教法学派'之称"[①]。关于教法问题，"该派主张在《古兰经》和真传的圣训为立法原则的前提下，运用类比推理创制教法律例的大门是敞开的，不仅伊玛目有创制之权，凡具备一定条件的教法学者也可创制。禁止杂婚，不允许临时婚姻（即穆塔尔）。在教法的细则上，接近逊尼派

---

① 吴云贵：《伊斯兰教法概略》，中国社会科学出版社1993年第1版，第82页。

的哈乃斐学派，但各地学者之间存在着分歧。"①

栽德派的法学典籍主要是，学派法学家根据学派创始人的教法学说汇集而成的《法学汇编》（Majmū' al-fiqh）。栽德派从教法角度注释《古兰经》的主要典籍有，伊历8世纪学者侯赛因·艾哈迈德·纳吉尔（Husayn 'ahmad al-najry）所注的《注释五百节经文》（Sharh al-khamsahmi'ah 'āyah），该经注本至今未明，是否逸失，尚待考证。伊历9世纪学者谢姆斯丁·本·优素福·本·艾哈迈德（Shams al-din ben yusūf ben 'ahmad，伊历？—832）所注三卷本的《成熟的果实 明确的律例》（Al-thamarāt al-yāni'ah wal-'ahkām al-wādihah al-qāti'ah）。伊历11世纪学者穆罕默德·本·侯赛因·本·加希姆（Muhammad ben al-husayn ben al-qāsim）所注《终极经旨——注释律法经文》（Muntahā al-marām, sharh 'āyāt al-'ahkām），具体未详。现仅介绍谢姆斯丁·本·优素福·本·艾哈迈德的《成熟的果实 明确的律例》，以便通过该部经注窥见栽德派注释《古兰经》律法经文的观点。

谢姆斯丁师从法学家哈桑·纳赫维（Hasan al-nahwiyy，伊历？—791）研习教法，著述颇丰。其中，《成熟的果实 明确的律例》既是他的代表作之一，也是栽德派的重要著作之一。埃及国家图书馆存有作者手稿的复印本，爱资哈尔大学图书馆仅存该部经注的第二卷，即从筵席章（第5章）第4节经文至光明章（第24章）第36节经文。

穆罕默德·侯赛因·扎哈卜教授研究指出，谢姆斯丁将其注释仅限于律例经文。他的注释方法是，根据章节顺序，首先叙述所注律例节文，接着阐释该节经文的降示背景（如果该节经文有降示背景），最后历数自己认为该节经文蕴涵的累累硕果（Al-thamarāt）——经文蕴涵的法律法规，并条理清晰地指出第一项律例是什么，第二项律例是什么，以此类推阐发了该节经文涉及的所有律例。如果从注释学学科角度和逊尼派注释层面来看，该部经注具有两大瑕疵。其一，谢姆斯丁不加考究地引述了那些没有任何根据的伪造传闻，如在注释经文"你们的盟友，只是真主和使者，

---

① 宛耀宾总主编：《中国伊斯兰百科全书》，四川辞书出版社1994年版，第723页。逊尼派与栽德派之间的法学分歧主要体现在法学的细枝末节上，如关于古尔邦节和开斋节的会礼拜，栽德派主张即可单独举行也可聚众举行，而逊尼派则主张必须聚礼；关于净礼的主命，栽德派主张为十件，而逊尼派主张为四件，等等。

和信士中谨守拜功,完纳天课,而且谦恭的人"(5:55)时,叙述了关于该节经文降示背景的所有传闻。其中之一是,该节经文是因圣门弟子、先知穆罕默德的女婿阿里而降示——当时阿里正在拜中鞠躬。事实上,该传闻是一个没有任何根据的伪造传闻,注者不仅引述了它,而且根据这个伪造传闻演绎了一些律例。[①] 其二,谢姆斯丁大量引述了宰迈赫舍里的《启示真相揭示》中的内容,一则说明他对宰迈赫舍里及其经注的高度认同,二则说明栽德派与穆尔太齐赖派之间的千丝万缕关系,影响到谢姆斯丁的注释,致使其引述穆尔太齐赖派经注《启示真相揭示》中的相关内容。[②]

谢姆斯丁注释律例经文时,经常援引前人和同时代一些法学家对某项法律问题的论说和裁决,例如援引圣门弟子与再传弟子的言论,以及沙菲仪学派、哈乃斐学派、马立克学派、扎希里教法学派(Al-zāhiriyyah)、[③] 十二伊玛目学派等法学家的证据,说明律例和分析案例。当然,作为栽德派的法学家和注释家,谢姆斯丁主要是站在本派法学立场上,援引学派的法学思想和理论注释律例经文。同样,他在注释中,一方面援引了栽德派内部学者对某项法学问题的不同观点,并阐释了这些观点;另一方面还引述并运用各种证据,极力反驳了那些反对栽德派法学主张的人们。诸如,关于有经人婚约(Nikāh al-kitābiyyāt,即穆斯林聘娶有经人女子)问题的经文"今天,准许你们吃一切佳美的食物;曾受天经者的食物,对于你

---

① 穆罕默德·侯赛因·扎哈卜:《古兰经注释与注释家》卷2,开罗知识出版社2001年版,第469页。
② 栽德派创始人栽德·本·阿里早年曾师从穆尔太齐赖派领袖瓦绥勒·本·阿塔(Wāsil ben 'atā', 699–749)学习,颇受该派"意志自由"和"《古兰经》被造"说的影响。
③ 古代伊斯兰教法学派之一。亦称"字面派"、"直解学派"。得名于该派的基本法学主张,即仅以经、训的"字面"意义为立法、释法的依据。产生于9世纪,为伊本·罕百里的弟子达伍德·本·海莱夫(Dāwūd ben khalaf, 816—884)所创。曾盛行于呼罗珊(今伊朗境内)、马格里布和西班牙,现已不存在。在法学思想上深受圣训派的影响,主张从文字学的角度了解经、训的真义,轻视意见、创制、类比、注释、引申等任何形式的理智,相信人的理性活动易导致谬误的结论。但有时亦采用推理方法,只是宣称其结论寓含于经、训原文中。只承认圣门弟子的公议。其法学思想是,否认公议不谬说,坚持独立解释经、训的观点。历史上曾产生广泛的影响,为伊斯兰原教旨主义早期的思想源泉之一。而近代的瓦哈比教派运动、埃及和北非的赛莱菲耶运动,其思想渊源也都可追溯至该派的原教旨主义传统。——见宛耀宾总编《中国伊斯兰百科全书》,四川辞书出版社1994年版,第720—721页。

们是合法的；你们的食物，对于他们也是合法的；信道的自由女，和曾受天经的自由女，对于你们都是合法的，如果你们把他们的聘仪交给她们，但你们应当是贞节的，不可是淫荡的，也不可是有情人的。谁否认正信，谁的善功，确已无效了；他在后世，是亏折的人"（5：5）。他首先叙述了其他学派学者们就穆斯林男子聘娶有经人女子的各种裁决论说，然后引证很多证据注释该节经文："经文的表义就是允许与有经人通婚，这是大部分法学家和注释家的见解。"① 事实上，穆斯林男子与有经人女子结婚的前提条件是该女子必须皈依伊斯兰教。再如经文"信道的人们啊！当你们起身去礼拜的时候，你们当洗脸和手，洗至于两肘，当摩头，当洗脚，洗至两踝。如果你们是不洁的，你们就当洗周身。如果你们害病或旅行，或从厕所来，或与妇女交接，而得不到水，你们就当趋向清洁的地面，而用一部分土摩脸和手"（5：6）。他注释时，就经文中具有的摩靴代替洗脚的教法问题，作了与逊尼派截然不同的注释："摩靴和摩袜是不被允许的，这是传自阿里、伊本·阿拔斯、安玛尔·本·亚希尔、艾布·胡莱赖与阿伊莎的看法。其他法学家们认为，可以摩靴和摩袜。我们的证据是经文'当洗脚'，故经文命令要洗脚，而摩靴不能使两脚干净。同样，还有其他传闻证明务必洗两脚。"②

诸如此类注释不胜枚举，其共同点是，谢姆斯丁根据栽德派的法学理论和见解展开论述，回应了其他法学派法学家们所持的不同观点和主张，从而使其经注俨然一部伊斯兰法学派别论辩集。然而，难能可贵的是，尽管谢姆斯丁的法学注释具有浓厚的栽德派教义思想和法学理念，但正如栽德派是什叶派中的温和派——其教义有许多地方接近逊尼派如不实行什叶派中广为流传的"塔基亚"（信仰的内心保留）原则、不允许临时婚姻（穆塔尔）、禁止食用非穆斯林宰牲的肉等，谢姆斯丁的法学注释相对而言亦不乏温和色彩，"这要归因于栽德派与逊尼派之间在法学原理与法学细则层面上所持的相近观点。"③

---

① 参见穆罕默德·侯赛因·扎哈卜《古兰经注释与注释家》卷2，开罗知识出版社2001年版，第470—472页。
② 同上书，第472—473页。
③ 同上书，第473页。

(六) 十二伊玛目派注释

十二伊玛目派约形成于 9 世纪下半叶，因承认十二位伊玛目（见表 5）而得名，亦称"伊玛目派"，为什叶派中人数最多、分布最广的主流支派，主要分布在伊朗和伊拉克。该派在伊朗占全国总人口的 85% 以上，被奉为国教。该派穆斯林占伊拉克总人口的半数，占穆斯林人口的 60%，主要集中在伊拉克的南部地区。此外，巴林、科威特、阿曼、阿富汗、巴基斯坦、印度、中亚等地也有少量的该派追随者。

表 5　　　　　　　　什叶派十二伊玛目世系表

次序	伊玛目名称	生卒年代
1	阿里	约 600—661
2	哈桑	624—669
3	侯赛因	约 626—680
4	宰因·阿比丁	659—714
5	巴基尔	676—733
6	贾法尔·萨迪格	约 699—765
7	穆萨·卡兹姆	约 745—799
8	阿里·里达	765—818
9	穆罕默德·贾瓦德	810—835
10	阿里·哈迪	?—865
11	哈桑·阿斯凯里	?—874
12	穆罕默德·蒙泰扎尔	?—875

作为伊斯兰教的派别之一，很大程度上代表着什叶派的十二伊玛目派，与逊尼派在根本问题上是一致的——均以经训作为立信、立教、立法与立行的最高依据，两派之间的区别主要是对经训的理解和注释存在差异，尤其对哈里发问题各执己见。关于教义理论，"十二伊玛目派在尊奉

《古兰经》及'四大圣训经'、① 承认真主独一、履行教法规定的宗教功课的前提下，确立了教义学说。关于伊玛目的学说是该派教义的核心。认为伊玛目的地位和权力由真主指定，它的传承世系也由真主确定；伊玛目是全体穆斯林的精神领袖和导师，不同凡人而是超人，具有真主赋予的灵知和真光；他们一贯正确，永不会犯错误，继承了先知穆罕默德的一切美德和学问；伊玛目作为真主与穆斯林之间的'中介'，必须通过他们的引领才能认识真主的真理，而最后进入乐园，也只有伊玛目才能明晓和解释《古兰经》的隐义和创制教法的权利。阿里是先知穆罕默德的合法继承人，是第一代伊玛目，他和法蒂玛的直系后裔才有资格为伊玛目。该派还认为，第十二代伊玛目穆罕默德·蒙泰扎尔就是马赫迪，他没有死而是隐遁，将来会以马赫迪赴临人间，铲除暴虐，带来光明正义。"② 关于教法理论，"该派以《古兰经》和'四大圣训经'作为立法的依据。在伊玛目隐遁期间，由纳吉布（或穆智台希丁）作为伊玛目的代理人行使伊玛目部分权力，解释教法，运用推理和判断创制律例，领导宗教活动。该派重视教法权威的个人意见，而不承认公议。教法上分为乌苏勒派和阿赫巴尔派，前者占主导地位。该派穆斯林除缴纳'天课'外，对农产品还缴纳'五一税'。准许实行临时婚姻制，并准许信徒在受迫害时，实行'塔基亚'原则，隐瞒自己的信仰。"③

十二伊玛目派从教法角度注释《古兰经》律例经文的代表典籍主要是，伊历 8 世纪学者米格达德·苏尤里（Miqdād al-suyūriyy, 伊历？—829）所注的《古兰经教律的分辨之宝》（Kanz al-furqān fi fiqh al-qur'ān），埃及国家图书馆存有该部经注，哈桑·阿斯凯里（Al-hasan al-'askri）对该部经注的校注本业已出版发行。现对该经注做一简要介绍，以便通过该部经注窥见十二伊玛目派注释律法经文的观点。

---

① 四大圣训经分别是：什叶派著名圣训学家穆罕默德·库莱尼（？—941）汇编的《宗教学大全》（Al-kāfi fi 'ilm al-dīn）、伊本·巴拜韦·库米（918—991）汇编的《教法学家不予光顾的人》（Man lā yahduruhu al-fiqih）、艾布·贾法尔·图西（995—1067）汇编的《教法修正》（Taddhib al-Ahkām，又译《法令修正篇》）与《圣训辨异》（Al-istibsār fi mā Ukhtulifafihi min al-Akhbār，又译《伊斯提布赛》）。

② 宛耀宾总主编：《中国伊斯兰百科全书》，四川辞书出版社 1994 年版，第 508 页。

③ 同上。

米格达德·苏尤里全名为米格达德·本·阿卜杜拉·本·穆罕默德·本·哈桑·本·穆罕默德·苏尤里（Miqdād ben abud Allah ben Muhammad ben al-hasan ben Muhammad al-suyūriyy），以知识渊博、德高望重、学术严谨著称于世。他著作颇丰，主要有《古兰经教律的分辨之宝》、《原理原则之阐释》（Sharh mabādi'al-'usūl）。

作者在其经注中，没有按照《古兰经》章节顺序，逐章逐节地注释每一节经文，仅仅注释了涉及法律的经文。同样，他也没有按照章节顺序逐次注释律法经文，而是按照法学学科方法，采取分门别类的形式，整理和汇集了涉及某项法律内容的经文，将其作为一个独立的专题进行注释，诸如洁净章、礼拜章、天课章、婚姻章、刑罚章等。每一章中，他在例数该章汇集的经文内容后，按照本派教义思想和教法理论，注释了每一节经文，阐发了该节经文蕴涵的法律条规。此外，他在注释每节经文时，还引述了其他法学派的观点，并反驳了那些与十二伊玛目派法学观点持不同见解的学者。

毋庸置疑，《古兰经教律的分辨之宝》的方法和观点，深刻反映了米格达德·苏尤里对自己所属派别的钟情和肯定，也折射了他对那些反对十二伊玛目派的人们的否定和批驳。支撑他的法学见解和注释观点的理论，不外乎来自两个方面，一是理性证据——他所独创的特殊证据，以此证明其观点的正确性；二是断言他所论述的观点即为圣裔（'Ahl al-bayt）的主张。在逊尼派看来，从注释学理和教法法理来讲，米格达德·苏尤里的论述和断言，常常是一些经不起学理推究和法理考究的谬论——每当什叶派缺乏证据时，往往求助于这些谬论，作为理论根据和实践基础。[①] 例如，他就经文"如果你们害病或旅行，或从厕所来，或与妇女交接，而得不到水，你们就当趋向清洁的地面，而用一部分土摩脸和手"（5：6）中的"土净"（Al-tayammum）问题，先自我注释——小净必须是一拍、大净必须是两拍，然后反驳了哈乃斐学派和沙菲仪学派对此的观点——土净是两拍：一拍是摩整个脸部、一拍是摩两手至两肘，并伪造圣裔之言批驳了哈乃斐学派和沙菲仪学派的观点："圣裔的各种传述都反驳了两派的

[①] 穆罕默德·侯赛因·扎哈卜：《古兰经注释与注释家》卷2，开罗知识出版社2001年版，第466页。

观点。"①

第三节　哲学注释

一　《古兰经》与伊斯兰哲学

伊斯兰哲学（Al-falsafah al-islāmiyyah）是以伊斯兰教义学（'Iim al-kalām）为基础，②"阐述伊斯兰教义及有关对自然、社会和人类思维的哲学基本问题的学说或世界观体系。"③ 从发生学来讲，伊斯兰教义学衍生了"伊斯兰哲学"及其核心内容，"伊斯兰哲学是随着伊斯兰教的兴起，基于伊斯兰教义来研究宇宙和人的学问。"④

伊斯兰哲学界指出，源自《古兰经》的另一名称"'Ilm al-hikmah"（智慧之学），即为"Al-falsafah al-islāmiyyah"（伊斯兰哲学），"hukamā"（贤哲）即为"falāsaifah"（哲学家）。⑤ 权威词典《阿拉伯语》在解释译自拉丁语"Philosophy"的"Al-falsafah"时，⑥ 即用"Al-hikmah"解释"Al-falsafah"。美国学者希提就此讲道："阿拉伯的著作家，逐渐把'falāsaifah'或者'hukamā'（哲学家或者贤人）用作不受宗教限制而自由思考者的称号。"⑦ 从词源来看，"伊斯兰哲学"因本质上源于《古兰

---

① 穆罕默德·侯赛因·扎哈卜：《古兰经注释与注释家》卷2，开罗知识出版社2001年版，第466页。
② 教义学奠定了哲学基础。教义学与哲学的最大区别在于：教义学家首先信仰的是他的宗教，其次才去进行他的哲学探索，以加强和维护宗教观点，并对反对派加以驳斥。而哲学家则不带任何先入的偏见来研究这些问题，他总是无条件地服从证据。因此，教义学家和哲学家之间自然是有矛盾分歧的。——艾哈迈德·爱敏：《阿拉伯—伊斯兰文化史》（第6册），商务印书馆1999年版，第117页。
③ 宛耀宾总主编：《中国伊斯兰百科全书》，四川辞书出版社1994年版，第694页。
④ 艾哈迈德·福阿德·艾赫瓦尼：《伊斯兰哲学》，埃及公共图书出版社1985年版，第10页。
⑤ 同上书，第3页。
⑥ "Philosophy"，直译为"爱智"，"philo"是"爱"，"sophy"是"智慧"，即为"爱智慧"。
⑦ 希提：《阿拉伯通史》（第十版），马坚译，新世界出版社2008年版，第334页。

经》，故有学者将其被称为"古兰经哲学"（Al-falsafah al-l-qur'āniyyah）。① 源自词根"Al-hikmah"的形容词"Al-hikīm"，不仅是真主的一个尊名——睿智的主，也是《古兰经》的另一名称——《智慧的经典》（54：5）。因此，"Al-hikmah"（智慧）被《古兰经》视为最高境界，"他以智慧赋予他所意欲的人；谁禀赋智慧，谁确已获得许多福利。唯有理智的人，才会觉悟。"（2：269）经文"这些是包含智慧的经典的节文"（10：1）尤对"Al-hikmah"作了定性。换言之，这部富含"智慧"的"《古兰经》本质上是一部宗教经典，却包含宇宙观、认识论、本体论、立法依据、伦理道德、品德修养、为人处世等多方面的哲理，涉及有关真主、世界、个体灵魂，以及它们彼此之间的关系，还包括善与恶、自由意志、彼岸生活等问题，探讨这些问题，自然要涉及现象与实在，存在与属性、人类本源与命运、真理与谬误、空间与时间、永久性与属性、永恒与不朽诸概念"②。尤为重要的是，"《古兰经》关于真主绝对独一、反对多神信仰的思想，关于真主本体与属性的思想，关于真主创世与宇宙生成的思想，关于造物主与被造物关系的思想，关于真主前定的思想，关于以赏善罚恶为核心坚持顺从、坚忍、公正、平等、宽恕的伦理思想，关于今、后世并重的两世幸福思想，关于灵魂不灭和末日审判的思想等，奠定了伊斯兰宇宙观、人生观和伦理观的哲学思想基础"③，是"古兰经哲学"的核心，并作为伊斯兰教义学和伊斯兰哲学之根，呈现出由根而枝——《古兰经》→古兰经哲学→伊斯兰教义学→伊斯兰哲学——的倒金字塔形式的哲学图景（见下页图1）。

作为纯粹意义上的伊斯兰哲学之源，《古兰经》在多节经文中用"Al-hikmah"（智慧）阐述了伊斯兰哲学的本质。该词不仅在多节经文中出现，而且列举了诸如鲁格曼（31：1）、鲁特（21：74）、苏莱曼（21：79）等代表智慧的先知。同样，《古兰经》描述思考、观察、知识、理性、智慧和哲理的经文比比皆是，"据阿拉伯穆斯林对经文的统计，发现其中教人运用理智和思考的有 300 多处，教人观察和探索宇宙奥秘的有

---

① 关于"古兰经哲学"的术语及其研究内容，详见阿拔斯·迈哈姆德·安加德《古兰经哲学》，埃及复兴出版社 2001 年版。
② 王家瑛：《伊斯兰宗教哲学史》上，民族出版社 2003 年版，第 15 页。
③ 宛耀宾：《中国伊斯兰百科全书》，四川辞书出版社 1994 年版，第 694 页。

700多处，教人用对比的方法进行科学研究的有几十处。"① 此外，《古兰经》共11章16次用"'ūlū al-'albāb"（有识之士）强调知识、真理和哲理。② 该词针对性指出知识与真理、智慧和哲理对社会进步与文化发展的重要性，强调人类必有一些富有智慧与学识者服务于人类文明与社会的发展，他们就是"有识之士"，也因此肩负着注释《古兰经》哲理的学术责任和历史任务，"只有真主和学问精通的人才知道经义的究竟。"（3∶7）

```
伊斯兰教义学                              伊斯兰哲学
            ╲         ╱
             ╲《古兰经》╱
              ╲      ╱
               ╲    ╱
                ╲  ╱
               古兰经哲学
```

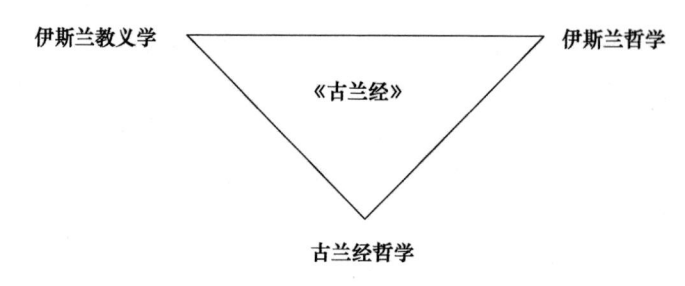

图1　《古兰经》与伊斯兰教义学和伊斯兰哲学关系图

尤为重要的是，对伊斯兰哲学的形成来讲，穆斯林哲学家就《古兰经》的核心"认一论"（Tawhīd Allah）构建伊斯兰哲学的核心及其概念的特殊性和不可替代性，没有任何分歧。换言之，由经院哲学、苏菲哲学、自然哲学和近现代哲学构成的伊斯兰哲学，③ 围绕经文关于"认一论"等内容展开的各种研究和注释，既是他们研究伊斯兰哲学的成果，

---

① 林松：《古兰经知识宝典》，四川人民出版社1995年版，第365页。
② 同上。
③ 经院哲学主要有以瓦绥勒·本·阿塔、伊本·欧拜德、伊本·胡载里、奈萨姆、贾希兹和穆阿迈尔等为代表的穆尔太齐赖派，以及以巴基拉尼、巴格达迪、朱韦尼、舍赫拉斯塔尼等为代表的艾什尔里派两大流派组成。
　　苏菲哲学是由拉比尔·阿德维娅、祝奈德、安萨里、叶海亚·苏哈拉瓦迪、伊本·阿拉比等为代表的苏菲哲学家，以经训的某些内容为依据，在新柏拉图主义和其他宗教神秘主义思想影响下，以著名的苏菲主体形成的神秘主义学派。
　　自然哲学以阿拉伯亚里士多德学派为代表，由巴格达为中心的东方支系和科尔多瓦为中心的西方支系形成。其中，东方支系以肯迪、伊本·法拉比、伊本·西那和拉齐为代表，西方支系以伊本·巴哲、伊本·图菲利、伊本·鲁世德和伊本·赫尔敦为代表。
　　近现代哲学主要有伊斯兰复古主义、泛伊斯兰主义和伊斯兰现代主义三大主义构成。

也是穆斯林思想家的思想结晶,以及各派文化遗产和理论形态的表现形式。他们之间即使从未形成统一的思想体系,但在"古兰经哲学"的核心即"认一论"、"六大信条"等根本问题上是一致的,不同的只是诸派基于"古兰经哲学"和圣训确立的原理原则,在以本体哲学(古兰经哲学和伊斯兰教义学)为根本,借鉴和汲取他文化中的哲学元素后,根据伊斯兰哲学和解读《古兰经》大义的需要,对经中具有哲学命题的经文所作的不同解释。他们尤其对"古兰经哲学"中诸如"真主前定与意志自由"、"现世生活与彼岸生活"、"时间与空间"、"物质与精神"、"大罪与小罪"、"物质与精神"、"信仰与行为"、"信仰的增加与减少"、"知识与理性"、"知识与信仰"、"理性与启示"、"人与现实世界"、"人的能力与行为"、"正义与邪恶"、"真理与谬误"、"生与死"、"善与恶"、"美与丑"等问题形成了各家之言,"他们对《古兰经》及伊斯兰教义进行不同的解释,对外来的各种哲学流派的思想,各取所需,加以裁剪。"①

综上,包罗万象的"《古兰经》蕴涵着大量哲学命题,涉及了从古到今哲学家们所讨论的各种哲学问题。毋庸置疑,古兰经哲学足以使伊斯兰乌玛在信仰之道上畅游,它没有妨碍伊斯兰乌玛的认知和进步之路"②。美国当代学者、穆斯林哲学家赛义德·侯赛因·纳斯尔教授在《伊斯兰哲学史》第二章"《古兰经》和圣训是伊斯兰哲学的源泉"中,概括了《古兰经》和伊斯兰哲学的关系。他讲到,穆斯林哲学家都是在《古兰经》和圣训主导的伊斯兰教世界里进行哲学思考的,由此催生了独特的伊斯兰哲学。伊斯兰哲学既与古兰启示的外部组成或"教法"(Sharī'ah)相连,也与作为伊斯兰核心的内在"真理"(Haqīqah)相连;《古兰经》倡导的"智慧"(Hikmah)和"真理"(Haqīqah),被哲学家对应于哲学活动,哲学就是探索作为古兰之心的'真理'。穆斯林哲学家对《古兰经》某些章节所做的哲学注释,构成了伊斯兰哲学的重要存在形态。《古兰经》的某些主题主宰着伊斯兰哲学的历史,如"认一论"、世界有始还是无始、真主对世界的知识、宇宙论、末世论等。③

---

① 宛耀宾总主编:《中国伊斯兰百科全书》,四川辞书出版社1994年版,第695页。
② 阿拔斯·迈哈姆德·安加德:《古兰经哲学》,埃及复兴出版社2001年版,第6页。
③ 赛义德·侯赛因·纳斯尔:《伊斯兰哲学史》第1卷,伦敦纽约出版社1996年版,第27—37页。

二 哲学注释《古兰经》的缘起

尽管《古兰经》是伊斯兰教义学和伊斯兰哲学之源，互相之间呈现出古兰经哲学→伊斯兰教义学→伊斯兰哲学的倒金字塔关系——由根而枝，由点到面的图景（如图 1 所示）。然而，从学科发展来看，这两门犹如孪生姊妹的"显学"，并不是随着《古兰经》的 23 年启示历程一蹴而就。反之，在伊斯兰文化发展过程中，由于主客观和内外部双重因素使然，促使穆斯林各民族的哲学家基于经训教义构建了伊斯兰哲学，使其逐渐形成、发展和完善。学界指出，"伊斯兰哲学的传播经历了三个阶段：首先是从各地零星地收集哲学，如倭马亚人哈立德·本·叶齐德等所为；第二阶段是系统地翻译哲学著作，这是发生在阿拔斯王朝前期马蒙时代的事情；到了第三阶段，这门学科已越来越清楚，伊斯兰哲学家开始领悟哲学并对哲学加以评介和补充了。"① 在伊斯兰哲学发展的三个阶段中，第二阶段即"翻译、引进、拿来"阶段尤为重要，一方面通过博采诸家和兼容并蓄的学术举措，构建、丰富和推动着伊斯兰哲学的发展；另一方面该阶段翻译他文化哲学著作的学术活动所引起的思想反映、哲学主张与理念分歧，自然而然影响到了一些穆斯林哲学家对《古兰经》的理解和阐释，很大程度上成为哲学注释《古兰经》的重要缘由。

伊斯兰教传播至 8 世纪中期时，形成了地跨亚非欧三大洲的阿拉伯伊斯兰哈里发帝国。在创建帝国进程中，穆斯林大量接触了文明进步发达、文化底蕴深厚的希腊人、波斯人、印度人和罗马人，并对他们的科学和哲学产生了浓厚兴趣。他们一方面开始零星地整理和收集阿拉伯的本土哲学（哲理），另一方面有组织、有计划地大力支持、介绍与翻译他文化的科学与哲学著作，并形成了一场轰轰烈烈的百年翻译运动，其标志就是第七任哈里发马蒙（Al-ma'mūn，786 – 833）在首都巴格达创建的东西方学人彼时向往的学术天方（Al-ka'bah al-'ilmiyyah）——"智慧宫"（Bayt al-hikmah）。基于"智慧宫"这一阿拉伯历史上史无前例的文化学术平台，到 10 世纪时，"柏拉图的《国家篇》、《蒂迈欧篇》、《智者篇》，

---

① 艾哈迈德·爱敏：《阿拉伯—伊斯兰文化史》第 6 册，商务印书馆 1999 年版，第 115 页。

亚里士多德的《形而上学》、《物理学》、《伦理学》、《范畴篇》、《解释篇》、《前分析篇》、《后分析篇》，普罗提诺的《九章集》，波菲利的《亚里士多德〈范畴篇〉导论》，阐释新柏拉图主义流溢说的主要哲学著作《亚里士多德神学》和《原因篇》等已被译为阿拉伯文并加以注释。同时波斯、印度的古典学术著作也被译成阿拉伯文。这些著作的流传，开阔了阿拉伯思想家的思维，希腊哲学的唯理论、逻辑思维和演绎法提供了认识世界的理论和方法，促进了阿拉伯自然科学和哲学研究的发展，出现了大批哲学家和哲学派别。"①

上述被译为阿拉伯语的希腊哲学和逻辑学著作在穆斯林知识界广为流传，使他们接触到了闻所未闻的哲学知识。他们中有些人不仅深受希腊哲学影响，而且借鉴希腊哲学观点阐释伊斯兰教，致力于调和哲学与宗教的关系，以推动伊斯兰哲学发展，如法拉比、伊本·西那、精诚兄弟社等。法拉比和伊本·西那等哲学家在深知希腊哲学中有很多与伊斯兰教义和"沙里亚"（Al-sharī'ah）不相协调的思想和观点的情况下，处于对哲学的追求和钟爱，仍然试图在"哲学与信仰"、"哲学与宗教"、"哲学和教法"之间求得相近，努力阐明"启示"（Al-wahy）与"理性"（Al-'aql）之间没有矛盾，认为信仰如果因哲学而受启发，那么信仰就会更加坚定。基于此，他们努力将"哲学和宗教"与"哲学和信仰"相联系，使两者相得益彰、不分彼此，最终使宗教成为哲学，哲学成为宗教。

法拉比和伊本·西那等人在阐述哲学观点主张的同时，为了寻得合法性与合理性，自然求助于《古兰经》，并对很多涉及信仰教义的经文作了哲学式阐释，以使经文符合他们的哲学观点。甚至哲学家肯迪（796—873）为了对"某些经文加以诠释，使之与哲学思想相一致，特别指出阿拉伯文词语一般有两层含义：比喻意义和真实意义，一般人只能理解比喻意义而不知道其中的真实意义"②。换言之，受希腊哲学影响的穆斯林哲学家如法拉比等人，由于认同希腊哲学理论与哲学主张，故在注释《古兰经》叙述的"末日与复活、乐园与火狱、启示与理性、天地的创造、宇宙的形成、天地构造与自然现象、真主知万物、身体与灵魂"等经文

---

① 宛耀宾总主编：《中国伊斯兰百科全书》，四川辞书出版社1994年版，第694页。
② 沙宗平：《伊斯兰哲学》，中国社会科学出版社1995年版，第33页。

时，往往成为"拿来主义者"，不加辨别地将那些有违经训本义的柏拉图主义的哲学观点运用在《古兰经》注释中。究其原因，他们总体上"将哲学视为根本，将宗教视为分支，视柏拉图的言语为杠杆且给予阐释，并将其驾临于真主的《古兰经》和先知穆罕默德的圣训之上，如果经训符合柏拉图主义则接受，否则就给予注释"①。然而，"事实上这些注释，是在阐释哲学理论，并不是在注释《古兰经》，其目的只是为了借助伊斯兰教义之本——《古兰经》来支持并服务于哲学。"②

穆罕默德·侯赛因·扎哈卜教授研究指出，法拉比和伊本·西那等伊斯兰哲学家，在力图使宗教与哲学相得益彰（或调和宗教与哲学的关系）而注释经文时，往往采取两种方法。"其一，运用符合哲学观点的经训明文，注释经文和教义真理。这意味着他们不是要让哲学观点符合经训本义，而是要使经训明文和教义真理服从哲学观点。其二，运用各种哲学观点与哲学理论对经训和教义真理进行阐释。这意味着哲学在侵犯教义，亦在支配着经训。不言自明，后一种方法比前一种方法更危险，更不利于伊斯兰教义。"③

综上，哲学涉足《古兰经》注释，并不是一种孤立的为哲学而哲学、为注释而注释的学术活动，而是有其特定的社会背景和学术要求所致——文明间的互相影响与哲学上具有的共性所产生的借鉴与吸收。换言之，希腊哲学著作的译介，在丰富和推动伊斯兰哲学发展的同时，亦深深影响到了伊斯兰哲学的内涵和外延，成为伊斯兰哲学的思想渊源之一，"继承以古希腊哲学为主体的东西方哲学思想，并经过加工改造，赋予伊斯兰特色。其中亚里士多德的唯理论和逻辑思维，毕达哥拉斯的数论，柏拉图的灵魂论和理想国，新柏拉图主义的流溢说等影响较大"④。由此及彼，借鉴和吸收了亚里士多德、柏拉图与新柏拉图主义流溢说的穆斯林哲学家，在其哲学研究中，根据"拿来"的哲学观点，从哲学角度对《古兰经》

---

① 优素福·格尔达维：《我们如何与古兰经交流》，开罗东方书局2000年版，第301页。
② 穆罕默德·侯赛因·扎哈卜：《古兰经注释与注释家》第2卷，开罗知识出版社2001年版，第419页。
③ 同上书，第418页。
④ 宛耀宾总主编：《中国伊斯兰百科全书》，四川辞书出版社1994年版，第65页。

第五章 《古兰经》注释的内容　341

有关经文作了哲学注释,一则期望从神圣的《古兰经》启示中找到有利于自己哲学观点与理论主张的依据,二则通过解读伊斯兰文化之源的《古兰经》,以及伊斯兰教义学和伊斯兰哲学之根的古兰经哲学,为构建和丰富伊斯兰哲学,提供另一种视角、理论与方法。

《古兰经》注释史和研究史上,经注学家和穆斯林学者从各个角度注释与研究《古兰经》的学术活动绵延不绝,并在各个层面和不同学科中留下了丰硕的注释文献和研究成果。有些成果以注释专著形式流传于世,有些成果虽不是注释典籍,却以学术研究形式,在不同的学术专著中屡见不鲜。穆斯林哲学家从哲学角度研究和注释《古兰经》的有关经文,就是鲜明一例,代表人物是法拉比、伊本·西那,以及精诚兄弟社,下文将简要述之。穆罕默德·侯赛因·扎哈卜教授就此指出,"在这些哲学家中,我们没有听到任何思想钟情于哲学的哲学家,为我们留下注释整部《古兰经》的著作。我们只能在他们的哲学著作中,找到他们对《古兰经》的一些哲学解读。"[①] 鉴于哲学注释《古兰经》没有形成类似法学、语言学等学科那样的系统性注释,以及留下丰富的哲学注释专著,因此学界又根据实际情况,将散见在伊斯兰哲学著作中的有关哲学式注释,称为"《古兰经》注释中的哲学印迹"。[②] 叙利亚学者比卡尔·哈吉·贾希姆（Bikār al-hāj jāsim）博士的《古兰经注释中的哲学印迹》（*Al-'athar al-falsafiyy fī al-tafsir*）,堪称伊斯兰文化史上首部全面研究《古兰经》注释中哲学印迹的专著。该书共分五个部分:第一部分为前言（第1—8页）。第二部分为导论,解析哲学与注释的概念及两者之间的关系（第9—62页）。第三部分为该书的主体,共以三章篇幅系统研究了历史上伊斯兰哲学家对《古兰经》有关经文的哲学注释——第一章论述真主（第63—243页）、第二章论述世界（第244—421页）、第三章论述人（第422—659页）。第四部分为结论,对哲学家的哲学注释和作者的研究目的作了高度

[①] 穆罕默德·侯赛因·扎哈卜:《古兰经注释与注释家》第2卷,开罗知识出版社2001年版,第424页。

[②] 参见穆罕默德·侯赛因·扎哈卜:《古兰经注释与注释家》第2卷,开罗知识出版社2001年版,第417—431页。详见比卡尔·哈吉·贾希姆:《古兰经注释中的哲学印迹》,大马士革纳瓦迪尔出版社,2008年版。

概括（第660—664页）。第五部分为参考文献和目录（第665—687页）。①

三 哲学注释《古兰经》的个案

（一）法拉比的哲学注释

法拉比，全名艾布·奈斯尔·穆罕默德·本·穆罕默德·本·泰尔汉·法拉比（Abu nāsir muhammad ben muhammad ben tarkhān al-fārābi, 870—950），欧洲人称为"Alpharabius"，中世纪伊斯兰教哲学家、自然科学家、音乐理论家。法拉比在教义学、哲学、伦理学、宗教学、语言学、逻辑学、数学、物理学、天文学、医学、化学、音乐乐理方面取得了巨大学术成就，并由于注释古希腊哲学家、"第一导师"（Al-mu'allim al-'anwwal）亚里士多德的学术著作如《形而上学》、《工具论》等，被誉为"第二导师"（Al-mu'allim al-thānī）。

法拉比生于中亚呼罗珊地区法拉卜城附近的瓦西吉村（今属哈萨克斯坦的南哈萨克斯坦州）。父亲是波斯人，母亲是突厥人的血缘关系，使得法拉比既精突厥语，也通波斯语。此外，他还系统学习了阿拉伯语，在精通这门伊斯兰文化的载体语言后，既将其作为日常用语，也用它著书立说。法拉比早年曾在中亚文化名城撒马尔罕与布哈拉访师求学，钻研学问。年届不惑之时，移居"和平城"巴格达，先投师伊斯兰学者学习《古兰经》、圣训、教义等伊斯兰传统学科，后师从巴格达逻辑学家艾布·拜舍尔·迈塔·本·尤努斯（Abu basher matā ben yūnus, ? —940）学习逻辑学，师从基督教医学家和哲学家约翰纳·本·海兰（Yūhnā ben haylān）学习医学、逻辑学和自然科学。941年，法拉比离开了居住达20年之久的巴格达，迁居大马士革，受到哈姆丹王朝素丹赛弗·道莱（Sayf al-dawlah, 944—967）的厚待，成为其宫廷学者。法拉比在宫廷从事学术研究的同时，相识众多文学家、诗人、语言学家、法学家和著名学者，交流思想，发展学术，推动文化。950年，法拉比逝世于大马士革，享年

---

① 参见穆罕默德·侯赛因·扎哈卜《古兰经注释与注释家》卷2，开罗知识出版社2001年版，第417—431页。详见比卡尔·哈吉·贾希姆《古兰经注释中的哲学印迹》，大马士革纳瓦迪尔出版社2008年版。

80岁。

尽管法拉比没有像肯迪与伊本·西那那样留下大量著作，尤其他的绝大部分逻辑学著作已经散逸，但流传至今的《知识大全》、《论灵魂》、《论理智》、《论政治》、《文明策》、《哲理的宝石》、《哲学入门必读》、《政治经济学》、《美德城邦居民意见书》、《市民政治》、《柏拉图和亚里士多德的哲学》、《科学分类》、《幸福之道》、《音乐大全》，以及逻辑学方面的一些著述如《逻辑学入门》、《〈导论〉注释》、《〈前分析篇〉注释》、《〈后分析篇〉注释》、《〈智者篇〉注释》、《〈解释篇〉注释》、《〈范畴篇〉注释》、《关于必然的和存在的判断的前提》、《所有科学中的命题和演绎推理》等70余部著作，都足以说明，法拉比是当之无愧的"第二导师"。作为穆斯林，他是伊斯兰世界的著名哲学家；作为哲学家，他又属于全人类，为人类哲学和思想的发展与繁荣作出了巨大贡献。凭借等身著作，法拉比不仅"是穆斯林的源自《古兰经》的理性生活与文化生活的一面镜子"[①]，而且其"哲学思想和音乐理论对以后阿拉伯哲学家和欧洲文艺复兴时代的哲学家产生了深刻影响"[②]。

哲学主张影响和决定着思想倾向与学术结果。法拉比的哲学观点和哲学主张，决定了他注释《古兰经》有关经文的学术思想和注释结果。

法拉比的哲学思想主要来自三个方面，即希腊哲学中的新柏拉图主义思想和亚里士多德学派、伊斯兰教义、个人思维见解——见解的依据是关于先知穆罕默德的理论和对《古兰经》的阐释。在哲学观上，法拉比为了求得哲学与宗教的协调，遂基于自己信仰的宗教教义，借鉴希腊哲学的观点，附之自己的理性见解，竭尽全力在哲学理性和宗教信仰之间进行调和，以便"用哲学论证宗教信条，使哲学冲破伊斯兰教义学的禁锢而得到独立发展。他认为哲学是研究宇宙万有关系的科学，只有通过哲学才能获得对宇宙整体的认识，也只有精通哲学才能达到认主的目的"[③]。法拉比为了论证他所主张的"宗教与哲学"相协调的哲学观点的正确性，以"存在的独一真主"为例做了阐释："真主确是存在的（Al-wujūd），他是

[①] 艾哈迈德·福阿德·艾赫瓦尼：《伊斯兰哲学》，埃及公共图书出版社1985年版，第72页。

[②] 宛耀宾总主编：《中国伊斯兰百科全书》，四川辞书出版社1994年版，第145页。

[③] 同上。

独一的（Al-wāhid）；'存在'是希腊的一个特性，是亚里士多德哲学的精华，'一'是柏拉图哲学的轴心。"①

受新柏拉图派"流溢说"的影响，法拉比阐述本体论观点时认为，"真主是永恒的第一因；天上世界属于自然的'教阶'，自下而上地流溢，地上世界事务则反其道而行之，由下而上地'升华'，返本还源。"② 对此，他以"流溢说"的"十大理性"为例，③ 阐述了真主的本体和外部世界的同一。他认为，"真主是宇宙万有第一因和目的因，它是永恒的、纯粹精神的必然实在，真主的本体和外部世界是同一的，宇宙万有源自造物主流出，安拉流出了理智、世界灵魂和物质，安拉通过万有表征其存在。外部世界是物质的，它是由土、水、火、空气4种物质元素和干、湿、热、冷4个基本特性所构成的物体组成。运动和变化是物体的特性，发展是变化的过程，变化是发展的结果。事物的必然性便是宇宙的规律，宇宙万有同一于安拉的纯粹精神。"④

从法拉比的哲学观不难看出，他深受亚里士多德和柏拉图的哲学观点和主张的影响，并借鉴和运用他们的哲学观点阐释伊斯兰教义。即使如此，作为一个信仰真主独一的穆斯林，法拉比亦不乏"对希腊哲学理论表示怀疑，并在《本体论》（Al-'athūlūjayā）中表达了他的这种怀疑。然而，尽管法拉比怀疑亚里士多德观点有违他所信奉的宗教教义，但他还是明确阐述：'《古兰经》中的有关经文具有各种注释和不同意义，如果

---

① 艾哈迈德·福阿德·艾赫瓦尼：《伊斯兰哲学》，埃及公共图书出版社1985年版，第76页。
② 王家瑛：《伊斯兰文化哲学史》，宗教文化出版社2007年版，第126页。
③ 十大理性是：从真主本质流溢出第一存在，即第一理性。第一理性对创造它的真主本质和其自身进行思想和反思，产生了第二理性和最外层天体与灵魂；第二理性对第一理性及其自身进行思想和反思流溢出第三理性和恒星；第三理性流溢出第四理性和土星；第四理性流溢出第五理性和木星；第五理性流溢出第六理性和火星；第六理性流溢出第七理性和太阳；第七理性流溢出第八理性和金星；第八理性流溢出第九理性和水星；第九理性流溢出第十理性和月亮；第十理性亦即"活动的理性"流溢出地球和水、火、风、地四大元素。对于这十大理性，褒贬不一，伊本·西那那热烈赞成，而安萨里极力反对，加以斥责。——见王家瑛《伊斯兰文化哲学史》，宗教文化出版社2007年版，第129页。
④ 宛耀宾总主编：《中国伊斯兰百科全书》，四川辞书出版社1994年版，第145页。

这些意义得以揭示和阐释,则怀疑就会消失。'"① 法拉比借鉴亚里士多德和柏拉图哲学主张阐发伊斯兰哲学的观点与主张,除了在其哲学专著中给予详细阐述外,亦在注释《古兰经》有关经文时有所体现。

法拉比从哲学角度注释《古兰经》,主要以两种形式出现,一是在哲学著作中引用《古兰经》文作为依据时给予阐释;二是主要集中在法拉比言简意赅阐释许多哲学观点的著作《智慧的本质》(Fusūs al-hikam)中。② 该书对《古兰经》的一些节文,尤其对叙述本质(Al-haqā'iq)的经文,做了纯粹的哲学式注释。现仅引译其中的几例注释,以窥见法拉比注释《古兰经》的具体情况:

法拉比对经文"他是前无始后无终的"(57:3)中的"Al-'awwal"(无始,又译为第一)与"Al-'ākhir"(无终,又译为最后)做了柏拉图式解释,以运用此节经文说明"世界的无始"(Qidam al-'ālam):"无始属于真主,真主之外的一切存在都来自于他;真主是无始的,他就是存在,一切时间因宇宙而溯源于他。真主是无始的,因为真主考验任何物时,该物首先具有真主的影响,其次才有真主的接受,而不是时间。真主是无终的,因为如果一切被观察事物及其因素和开始都要溯源于真主时,它都会终结于被溯源的真主。真主是无终的,因为他是任何需要的真正目的,他是所有目的的终结。"

法拉比在解释经文"他是极显著极隐微的"(57:3)中的"显著"(Al-zāhir)与"隐微"(Al-bātin)时讲道:"没有比真主的存在更完美的存在,故任何有缺陷的存在对真主而言没有丝毫的隐藏。真主的本体就是显著,极度的显著就蕴涵着隐微,任何显现都因真主而显现,就像太阳使所有隐藏的事务显现那样,太阳寻求显现,而不是隐藏。真主是隐微的,因为他是极度的显著,他的显著超越了领悟,故他是隐微的。真主是显著的,因为一切迹象都要溯源于他的各种属性,接受他的本体,故一切迹象因真主的属性而成为实在。"

关于"启示"(Al-wahy),法拉比解释到:"启示就是天使不通过任

---

① 艾哈迈德·福阿德·艾赫瓦尼:《伊斯兰哲学》,埃及公共图书出版社1985年版,第74页。
② 法拉比:《智慧的本质》,开罗幸福出版社1907年版。

何媒介，为人的灵魂传达旨意的法版（Al-layh）。启示是真主的语言，因为语言就是用来阐述隐微的召唤者降示的一切话语，并传达给受召唤者。"

关于"天使"（Al-malā'ikah），法拉比解释到："天使是知识的象征，天使的本质是自然而然的创新知识。天使观察最高事物，故被天使观察的事物印有天使的本质。天使是自由的，天使召唤觉醒时的圣洁灵魂，伴随睡眠者的灵魂。"①

法拉比运用同样的理论和观点注释经文，亦体现在其他哲学著作中。例如，他对伊斯兰教义中不能用理性方式论证的事物如"奇迹"（Al-mu'jiz），就给予理性式的新解释。他首先"承认奇迹的真实性，因奇迹是证实先知性的一种手段。他认为，奇迹虽是超自然的，却并不违反自然规律；因为这些自然规律的根源在于诸天世界以及它们的各自理性。而这些理性是管理地上世界的；人们一旦与诸天世界发生联系，事情就会变得与人们地上世界日常所发生的事情完全不一样。先知就是具有这样一种灵魂和力量，凭借它可与'活动的理性'交流；凭借这一接触，先知可呼风唤雨。月亮破碎，手杖化为蛇，治愈盲者和麻风病患者"②。

关于《古兰经》提及的"法版"（Al-layh al-mahfūz, 85∶22）和"笔"（Al-qalam, 96∶4），法拉比认为，"这些都应按其字面来理解；因为这'笔'并非是用以书写的工具，'法版'也不是用以记言的记事版，它们只是精密与保管的象征。"③

关于《古兰经》多节经文提及的"灵魂"（Al-rūh），法拉比在承认灵魂存在的基础上，将灵魂划分为"宇宙灵魂"、"人类灵魂"、"动植物灵魂"。他"认为人的灵魂同肉体是相联系的整体，人的肉体死亡后，个体灵魂将回归宇宙灵魂，而宇宙灵魂是不灭的"④。他强调，"灵魂不能先于肉体而存在，也不能由此肉体转至彼肉体，灵魂不能转生。肉体消亡后，灵魂或者是幸福的，或者是痛苦的，二者必具其一。灵魂是自能动理

---

① 转引自穆罕默德·侯赛因·扎哈卜《古兰经注释与注释家》卷2，开罗知识出版社2001年版，第420—421页。
② 王家瑛：《伊斯兰文化哲学史》，宗教文化出版社2007年版，第138页。
③ 同上书，第139页。
④ 宛耀宾总主编：《中国伊斯兰百科全书》，四川辞书出版社1994年版，第145页。

性中所流出的，是肉体的形式。一个肉体里不可能存在两个灵魂，一个灵魂更不会重复存在于多个肉体中。"①

此外，法拉比还以他的唯灵主义倾向观，阐释了《古兰经》所叙述的一些事物，诸如后世复生、末日审判、奖善罚恶等。"对此，法拉比也持肯定的态度，承认彼岸世界的永恒的至福与痛苦的遭遇。不过，他将这一切归属于灵魂的事物，而与身体与物质无关，因为是灵魂而非肉体在享受、在受苦、或幸福、或不幸，法拉比的这一阐释符合他的唯灵主义倾向。"②

（二）伊本·西那的哲学注释

伊本·西那（Ibn sina，980—1037），全名艾布·阿里·侯赛因·本·阿卜杜拉·本·西那（Abu ali al-husayn ben abud Allah ben sina），中世纪哲学家、医学家、自然科学家和文学家，以"阿维森纳"著称西方。伊本·西那生于中亚名城萨曼王朝首都布哈拉附近的艾富申村，出身名门贵族，自幼聪颖好学，跟随奉行什叶派支派伊斯玛仪派的父亲阿卜杜拉接受伊斯兰启蒙教育，10岁时成为"通背《古兰经》者"（Al-hāfiz）。伊本·西那及长后师从中亚学者艾布·阿卜杜拉·纳特里（Abu abud Allah al-nātiliyy），既系统学习伊斯兰教义教法，也研读亚里士多德、欧几里得、法拉比、拉齐等人的哲学与科学著作，并凭借过人天赋，自学医学、形而上学和物理学。16岁时，医术已声名远扬的伊本·西那，因成功治愈萨曼王朝素丹努哈·本·曼苏尔（Nūh ben mansūr，976－997在位）的重病，被聘入宫，得以博览宫廷图书馆藏书，为他以后的治学奠定了坚实基础。18岁时，非凡聪颖的伊本·西那基本完成了人文学科的哲学、教义学、教法学、语言学、文学、逻辑学，以及自然学科的医学、心理学、数学、几何学、光学等方面的学业。999年萨曼王朝（874—999）覆灭后，伊本·西那先后辗转几座城市，一边致力于教学活动、学术研究和著书立说，一边参与王室政务，辅佐素丹。伊本·西那先在哈姆丹，担任素丹谢姆斯丁·道莱（Shamsu al-dīn al-daylah）的宫廷御医，两次出任宰辅，后在伊斯法罕，担任布韦希王朝素丹阿拉·道莱（'Alā' al-daylah）

---

① 沙宗平：《伊斯兰哲学》，中国社会科学出版社1995年版，第46页。
② 王家瑛：《伊斯兰文化哲学史》，宗教文化出版社2007年版，第139页。

的宫廷御医。1037年,身患重疾的伊本·西那逝世于哈姆丹,享年56岁(按照伊历为58岁)。

伊本·西那集学术与政治于一身的短暂生涯,深刻反映了他的学术成就、哲学观点与政治主张,并体现在100多部著作中。他的代表作有《治疗论》、《拯救书》、《知识论》、《正义论》、《论定义》、《理性科学的分类》、《指导与诠明之书》(一译《暗示与警喻》)、《医典》、《脉搏》、《论心脏病的治疗》、《医学千行诗》、《哈伊的故事》、《咏灵魂》、《萨勒迈兄弟》、《东方哲学》等。作为全人类的财富,因出生突厥斯坦与接受阿拉伯伊斯兰教育,以及因同时运用阿拉伯文和波斯文写作而具有多重身份的伊本·西那,凭借等身著作,成为百科全书式的学者。伊本·西那由于对阿拉伯与西欧学术产生的深刻而重大的影响,后人将他喻为"阿拉伯最伟大的医哲"、"科学家的长老"、"亚里士多德第二",并与屈原、莎士比亚和达·芬奇共同被联合国教科文组织列为"世界文化四大名人"。

如果说伊斯兰哲学的奠基者是肯迪,发扬者是法拉比,那么伊本·西那则是继承者和发展者,到他这个时代,伊斯兰哲学达到了顶峰,显著标志就是他的哲学著作。作为法拉比后伊斯兰哲学的主要继承者,伊本·西那的哲学成就毋庸讳言受益于法拉比,"他在哲学上有那样的成就,应当感谢法拉比的恩惠。据伊本·赫里康的评价,伊斯兰哲学家没有像法拉比那样渊博的;伊本·西那由于研究了他的著作,模仿了他的风格,才精通哲学,写出有用的著作来的。"[1]"伊本·西那在哲学上继承和发展了肯迪和法拉比的学说,采取带有新柏拉图主义色彩的亚里士多德哲学体系,力图调和哲学和宗教的矛盾,用自然科学的成果论证哲学问题。"[2] 作为伊斯兰哲学家,伊本·西那的哲学贡献就在于,他完成了肯迪以来伊斯兰哲学家致力于对希腊哲学与伊斯兰教的协调,并"彻底研究希腊哲学,特别是菲洛的哲学,然后用清楚流畅的文字加以阐述,而且把它与伊斯兰教结合起来,使一般受过教育的穆斯林不仅能够了解,而且能够接受,这不能不归功于伊本·西那"[3]。

---

[1] 希提:《阿拉伯通史》第十版,马坚译,新世界出版社2008年版,第336页。
[2] 宛耀宾总主编:《中国伊斯兰百科全书》,四川辞书出版社1994年版,第650页。
[3] 希提:《阿拉伯通史》第十版,马坚译,新世界出版社2008年版,第336页。

了解伊本·西那从哲学层面注释《古兰经》的思想与观点,首先有必要大体了解伊本·西那的主要哲学观点和哲学主张。伊本·西那的哲学观点主要体现在三个层面上。

其一,关于存在(al-wujūd)。他将存在分为可能存在(Mumkin al-wujūd)与必然存在(Wājib al-wujūd)。他认为:"可能存在需要原因,必然存在据其本体而存在,不需其他原因。真主就是无须原因的必然存在,而宇宙万物则是凭借真主所赋予的形式才能存在的可能存在。伊本·西那用物体的运动为例予以说明。他指出,每一个运动的物体必有一个推动者;以此类推,推至最后,必定存在一个无须外力推动的自动者,这个第一推动者就是必然存在,也就是真主安拉。"

其二,关于真主与世界的关系。对此,伊本·西那提出了"二元论"观点,"他将无始区分为'本体无始'和'时间无始',前者借指本体而独立存在并且没有起始点的绝对存在,后者指就存在的时间方面而言无先在之物。本体无始自身就是其存在的原因,故为一种无始永恒的存在。时间无始者的存在也是一种无始永恒的存在,是时间上独一存在的起始者。作为本体无始者,真主先于世界而存在。但这种先在是指本体上的在先而非时间上的在先。世界作为无始者,其存在虽是永恒无始的,但它依然有其存在的外在根据,即因为真主而存在。"

其三,关于灵魂。伊本·西那"将肉体和灵魂加以比较,指出肉体是具有增减变化等特点、由各个部分组成的复合体。至于灵魂则是固定的、持续不变的一种状态,灵魂的实质就是不需感觉和幻想,而肉体则是经常处于消解和耗损之中,所以肉体需要不断地从灵魂中吸收营养。他肯定,灵魂是永恒存在的,因为它是精神性的存在而非复合体,但灵魂不可以转生"。为了论述灵魂问题,伊本·西那著有《论人类灵魂的认识与状态》、《大众对灵魂的分歧》、《论灵魂科学》、《灵魂能力研究》、《论灵魂》。[①]

伊本·西那从哲学角度对《古兰经》有关经文的具体注释,除了在其哲学甚至医学等著作中,引经论述某问题时给予阐释外,主要集中于

---

① 以上三个层面参见沙宗平《伊斯兰哲学》,中国社会科学出版社1995年版,第50—54页;王家瑛:《伊斯兰文化哲学史》,宗教文化出版社2007年第版,第174—198页;详见伊本·西那:《论灵魂》,商务印书馆1963年版。

《伊本·西那论文集》（Rasā'il Ibn sina）与《各类被造物荟萃》（Jāmi' al-badā'i'）。①

很大程度来讲，伊本·西那从哲学角度注释《古兰经》，通常体现在借助注释来调和宗教与哲学关系的层面上。作为穆斯林，信仰《古兰经》与酷爱哲学的伊本·西那，始终致力于在宗教与哲学之间进行调和。为了达到这个目的，伊本·西那自然要在伊斯兰教之根的《古兰经》，以及在那些本质上有违伊斯兰教义的哲学理论之间进行调和。因此，伊本·西那从哲学角度注释经文时，常常运用哲学观点和哲学理论解释伊斯兰教义和真理。他认为，《古兰经》是证明先知穆罕默德阐释真理与指导人们理解宗教的经典，当人们不能理解宗教真理时，先知就以能够使他们理解经文的事物来示意他们。对此，他讲到："先知的条件之一就是，其语是象征，其词是示意，正如柏拉图在《法律篇》中所言：'谁没有理解使者们示意的意义，谁就没有获得神的王权。'同样，希腊最伟大的哲学家们和先知们，他们都曾在他们的著作中运用了各种示意，这些示意囊括了他们的所有秘密，如毕达哥拉斯、苏格拉底、柏拉图等。先知穆罕默德作为一个纯粹的贝都因人，他能够[借助启示]通晓知识，尤其是全人类的知识，因为他是被派遣给全人类的使者。"② 伊本·西那基于这个出发点，理解经文并将其视为各种指示，认为只有像他这样的特殊人方能理解经义的实质，故他以自己所奉行的哲学理论给予有关经文哲学式注释。

下文试引几例，一则了解伊本·西那从哲学角度对有关经文的注释，二则透过他的注释亦能对他的哲学观点和哲学主张有细微窥见。

伊本·西那将经文"众天神将在天的各方；在那日，在他们上面，将有8个天神，担负你的主的宝座"（69：17）中的"宝座"（Al-'arsh），注释为第九层天，是天中之天。他将担负宝座的"8个天神"注释为第九层天之下的8层天。对此，他讲到："至于先知穆罕默德传达他的养主的话'将有8个天神担负你的主的宝座'，我们说，真主升上宝座的最流行说法是，宝座是所有被创造的有形存在的终极，教义学家们认为真

---

① 印度信德出版社1908年出版《伊本·西那论文集》，开罗幸福出版社1917年出版《各类被造物荟萃》。

② 穆罕默德·侯赛因·扎哈卜：《古兰经注释与注释家》卷2，开罗知识出版社2001年版，第426页。

主升上宝座，而不是这种阐释。至于哲学家们，他们将所有有形存在的终极视为第九层天——天中之天，他们讲到，真主在天中之天，正如亚里士多德在《论天》中所阐释。"

伊本·西那对"乐园"（Al-jannah）、"火狱"（Al-nār）与"道路"（Al-sirāt）亦作了哲学式注释，但这种注释明确有违正确而既定的经训传述。他将世界分为三类：感性世界、幻想世界和理性世界。在他看来，理性世界就是"乐园"，幻想世界就是"火狱"，感性世界就是坟墓世界。至于"道路"，他解释到："须知，理性在设想绝大部分整体事物时都需要局部事物的确定，故整体事物不免需要显著感觉。那么你要知道，人从显著感觉到幻想，其实就是从火狱通达理性的一条狭窄的、步履艰难的道路。因此，他会看到火狱世界里的道路是如何的，如果他走完了这条道路，他就抵达了理性；如果他驻足其中，视幻想为理性并指出这是真的，那么他就会目睹火狱且永居其中，损失惨重，彻底失败。"

伊本·西那对乐园的八道门和火狱的七道门，做了偏离《古兰经》经旨的哲学注释。他讲到："至于先知穆罕默德根据真主启示传述的火狱有七道门、乐园有八道门业已明确，即被感觉的事物，或者感觉到了局部，如外在的五大感官通过物质就能感知其性；或者是没有物质的概念感觉，如被称之为想象的感觉之库。控制想象的力量不是必然，则为幻想；控制力量是必然，则为理性，这就是'八'。如果'八'一次性集中，就能导致永恒的幸福，进入乐园；如果获得了其中的'七'——完美唯有通过'八'，则导致永恒的不幸。在各种语言中，一件事物通向另一件事物，就被称之为'门'，故通向火狱的'七'，被称为火狱的七道门；通向乐园的'八'，被称之为乐园的八道门。"

伊本·西那对经文"免遭嫉妒时的毒害"（113：5）的注释是："此节经文意指身体的各部分与灵魂之间存在的冲突。"

伊本·西那对经文"他是属于精灵和人类的"（114：6）所作的注释是："精灵是隐而不可见的，人是显而可见的。隐而不可见的就是内在感觉；显而可见的就是外在感觉。"[1]

---

[1] 穆罕默德·侯赛因·扎哈卜：《古兰经注释与注释家》卷2，开罗知识出版社2001年版，第426—430页。

伊本·西那对经中多次叙述的"拜功"（Al-salāh）实质，做了具有苏菲性质的哲学注释。他将与精神的各阶层息息相关的外在身体功修，解释为内在精神修炼。他认为，按照既定形式与时间履行的外在拜功，要与现世中精神的各种品级相协调，以保证人有别于动物，力求以高级的精神与永久的功修（不受时间限制）实现内在的精神拜功的实质，这样的拜功，才能称为"宗教的柱子"——净化人的灵魂，使其免遭恶魔的挑唆，以及身体的欲望和世俗的目的。[①]

较之法拉比和其他从哲学角度注释《古兰经》的哲学家，伊本·西那堪称哲学注释《古兰经》之首。从注释的量来讲，无论是他对《光明章》（第24章）第35节经文的细微注释，还是对《忠诚章》（第112章）、《曙光章》（第113章）、《世人章》（第114章），以及其他一些章节经文的详细注释，都远远超过了法拉比等人。从影响的度来讲，较之其他哲学家而言，伊本·西那的影响亦有过之而无不及，其注释的负面影响大于正面影响。究其原因，伊本·西那的哲学思想在对他之后伊斯兰哲学思想产生直接而深远影响的同时，他的哲学思想里蕴涵的与伊斯兰教传统信仰和教义学说不相符合的成分，又直接反应到了《古兰经》注释中，从而很容易给那些不谙教义和哲学的穆斯林，阅读他对经义经旨的注释带来很大的认知偏差。是故，安萨里与法赫鲁丁·拉齐等哲学家，不得不正本求源地正本清源，消除影响，下文叙之。

（三）精诚兄弟社的哲学注释

精诚兄弟社（Ikhwān al-safā' Wa khulln al-wafā'，一译"精诚同志社"，又称公道派、百科全书派），因自称"诚挚的兄弟加朋友"，奉行志同道合的兄弟友谊至上而得名。公元10世纪由巴士拉一些思想上自由、政治上倾向什叶派支派伊斯玛仪派的杰出学者和世俗知识分子秘密结社组成（时值伊斯兰教什叶派布韦希艾米尔世系执政期间［932—1055］）。精诚兄弟社性质上属于阿拉伯宗教哲学学术团体，该社基于"神圣、纯洁与忠诚"的社团训条，秘密从事政治活动，探讨学术文化。

精诚兄弟社的社员分为4个品级，各个品级之间根据年龄阶段呈渐次

[①] 伊金塔斯·焦莱德·塔斯希尔：《注释古兰经的伊斯兰派别》，开罗圣训出版社1955年版，第277页。

递升状态，最终在知识领域、学识水平和思想境界层面上达到自认理想的终极品级：（1）纯真品（初级），年龄在 15 岁以上，他们的特点是心灵纯洁，善于接受，思维敏锐，信仰坚定，被称之为"仁慈的兄弟"。（2）领导品（中级），年龄在 30 岁以上，他们已经深刻认知了智慧与理性，被称为"优秀的兄弟"。（3）王权品（高级），年龄在 40 以上，他们通晓且维护法律与神学，被称为"尊贵的兄弟"。（4）至高品（最高级），年龄在 50 岁以上，他们号召所有的人都力争达到至高品，他们由于受到支持、亲见真理、领悟末日情状而近似天使。① 这 4 个品级与新柏拉图派认识论的 4 个认识过程相辅相成，充分彰显该社团的哲学思想深受新柏拉图主义的影响。②

精诚兄弟社由于"在政治上不满阿拔斯王朝的统治，主张改良宗教和社会。宣称伊斯兰教已被愚昧和无知所污染，陷入迷误，须用哲学和科学知识加以洗涤和医治。宣布不支持派别偏见，主张研究和吸取对人类有益的一切宗教思想、哲学思想和科学知识，博采伊斯兰教各学派学说，建立包罗人类一切学问和智慧的哲学，以启迪人们的理智，对宗教信仰完全彻悟，达到纯洁灵魂，认识真主并与真主合为一体。"③ 有鉴于此，社团的著名学者如白思谛（Al-basti）、赞加尼（Al-zanjāni）、奈海尔祖利（Al-nahrajuri）、奥迪（Al-audi）、栽德·本·利法尔（Zayd ben rifāʻah）等人，基于伊斯兰教义学说尤其是什叶派支派伊斯玛仪派的宗教哲学思想，汲取新柏拉图主义的"流溢说"、毕达哥拉斯派的数论、亚里士多德的逻辑学和恩培多克勒的观点，博采伊斯兰其他派别的思想和观点，运用折中主义方法，就哲学在理论上和实践上的各种问题撰写了 51 篇论文，以《精诚兄弟社论文集》（Rasāʼil ikhwān al-safāʼ）之名结集出版，内容涉及数学（14 篇）、物理学（17 篇）、形而上学（10 篇）和宗教教义学（10 篇）。④ 这些论文，既详细阐述了他们对"宇宙生成论"、"认识论"、"灵魂与肉体"、"宗教信仰"、"自然哲学"的哲学思想和社会主张，也

---

① 穆罕默德·安玛尔：《伊斯兰派别和术语辞典》，开罗埃及出版社 1999 年版，第 101 页。
② 王家瑛：《伊斯兰文化哲学史》，宗教文化出版社 2007 年版，第 158 页。
③ 宛耀宾总主编：《中国伊斯兰百科全书》，四川辞书出版社 1994 年版，第 266 页。
④ 这四篇细目，参见王家瑛《伊斯兰文化哲学史》，宗教文化出版社 2007 年版，第 160—161 页。

试图调和宗教与哲学、理性与信仰的关系。①

《精诚兄弟社论文集》，不仅是"集希腊哲学、伊斯兰各派学说和自然科学之大成，具有重要的学术和文学价值，对当时的知识界和伊斯兰教各派都有一定的影响，对阿拉伯哲学思想的发展起到了推动作用"②，而且也是伊斯兰学术界，尤其是《古兰经》注释学界研究精诚兄弟社从哲学角度阐释《古兰经》有关经文的重要文献。换言之，精诚兄弟社对《古兰经》的哲学注释，集中反映在他们的"论文集"中。

首先，精诚兄弟社对《古兰经》做了一个宏观解读。他们认为，《古兰经》绝对是深邃真理的象征，是普通人所不能理解的。对此，他们讲到："先知穆罕默德给其乌玛中的特殊人们告诉了他所带来的真理，他们明确地相信这些真理，无论秘密与公开时，还是在未经示意和没有隐藏的情况下。先知示意了这些真理，并以众所周知的言辞和大众都能理解的释意指出了经文大义。"③ "须知，天启的各部经典都是外在的启示，是可读可听的言辞，它还有不为一般人所知的各种内在注释。"④ 显然，精诚兄弟社的这种思想和主张，与什叶派的伊斯玛仪内学派的主张同出一辙，即《古兰经》的外在意义不是终极所指，终极所指是其内涵隐义。

其次，他们又对《古兰经》的一些经文做了微观注释，诸如：

他们将"乐园"理解为苍穹世界（上界），将"火狱"理解为月下世界，即现世世界（下界）。他们强调，灵魂脱离肉体后渴望升至苍穹世界时，灵魂不可能带着沉重的身体升至苍穹世界，"当灵魂离开肉体，没有生前的任何恶意与恶行、恶德与愚昧阻碍它时，它就会在无时间概念的瞬息间进入乐园。因为乐园是它的所爱，正如恋人的灵魂在爱人那儿。如果灵魂的爱与身体同在，而身体负罪累累，附有种种欲望和各种美饰，那么灵魂就不会离开身体，它也不会渴望升至苍穹世界，乐园的门不会为它敞开，它也不能与天使的队伍一同进入乐园，而是继续留在月球下面，游荡在那些身体无能为力且互相对抗的深渊中，时而从有到无，时而从无到

---

① 详见宛耀宾总主编《中国伊斯兰百科全书》，四川辞书出版社 1994 年版，第 266—267 页。

② 宛耀宾总主编：《中国伊斯兰百科全书》，四川辞书出版社 1994 年版，第 267 页。

③ 《精诚兄弟社论文集》第 1 卷，开罗阿拉伯出版社 1928 年版，第 185 页。

④ 同上书，第 189 页。

有，正如《古兰经》所言：'不信我的迹象的人，我必定使他们入火狱，每当他们的皮肤烧焦的时候，我另换一套皮肤给他们，以便他们尝试刑罚。'（4：56）'他们将在其中逗留长久的时期。'（78：23）只要天地存在，他们既尝不到灵魂世界的惬意凉爽——舒适与给养，也得不到《古兰经》言及的乐园的甘露美味：'火狱的居民将要喊叫乐园的居民说：'求你们把水或真主所供给你们的食品，倒下一点来给我们吧！'他们回答说：'真主确已禁止我们把这两样东西赠送不信道者。'（7：50）对此，他们还引证先知穆罕默德的圣训作为佐证：'乐园在天上，火狱在地下。'"①

他们将"众天使"解释为苍穹的群星："天体的群星就是真主的众天使，是真主的群天的管理者。真主创造他们，是为了建设他的世界，管理他的众生，治理他的宇宙。他们是真主在苍穹中的代治者，正如地球上的国王们是真主委托在大地的代治者一样。"②

他们在解释信士的灵魂时认为，"信士的灵魂在分离肉体之后，升至乐园，进入天使们的队伍，凭借圣洁的精神而生活，并在广阔的苍穹和天际中愉快地、幸福地、欢乐地畅游。"他们认为，这就是经文"良言将为他所知，他升起善行"（35：10）。的意义所指。③ 他们在解释人类的"灵魂"时认为，"灵魂诞生之时一无所知，正如真主所言'真主使你们从母腹出生，你们什么也不知道。'（16：78）灵魂只有以肉体作媒介才能认识事物。"④ 他们对此做了进一步的解释，他们认为，"人类的灵魂是由万有灵魂流出的。婴儿的灵魂最初像一张白纸，通过五个感官接受和汲取各种知识。随着年龄的增长，灵魂将这些知识变成了思维能力与观察能力。运用言语表达自己思想的能力称之为语言能力。人的外部有五官，内部则有五种能力，即想象力、思考力、观察力、记忆力和语言力。"⑤

---

① 《精诚兄弟社论文集》第1卷，开罗阿拉伯出版社1928年版，第91—92页。
② 同上书，第98页。
③ 《精诚兄弟社论文集》第4卷，开罗阿拉伯出版社1928年版，第110—111页。
④ 艾哈迈德·爱敏：《阿拉伯—伊斯兰文化史》第6册，商务印书馆1999年版，第140页。
⑤ 同上书，第142页。

他们对"恶魔"(Al-shayātīn)的哲学注释,亦不符合伊斯兰教义。他们认为,真主以经文"我这样以人类和精灵中的恶魔为一个先知的仇敌,他们为了欺骗而以花言巧语互相讽示"(6:112)指出了各种灵魂及其蛊惑。精灵中的恶魔就是恶毒的、离间的灵魂,它遮蔽了五官的知觉。人类中的恶魔就是附在人身的灵魂。他们认为,这些可恶的灵魂是强有力的恶魔,如果它离开肉体,就成为行动的恶魔。①

他们在解释经文"凡服从真主和使者的人,教与真主所护佑的众先知、忠信的人、诚笃的人、善良的人同在。这等人,是很好的伙伴"(4:69)时,认为真主之所以称呼"诚笃的人"(Al-shuhdā'),只是因为这些人见证了那些离开物质的精神事物。他们以此指向现世的乐园及其恩典。②

此外,精诚兄弟社认为,"《古兰经》中描绘的感性景象,如天堂里的恩泽:有白皙的、美目的妻子,有蜜河,蜜质纯正,人们倚软椅而卧,以及火狱的惩罚,烧焦一层皮后,另换上一层再烧,等等,都是有象征意义的。他们认为,有一种超过一切宗教的理性宗教,相信真主震怒,相信火狱惩罚恶人,都是理性所不能接受的。无知的灵魂接受的是现世的地狱,理智的灵魂接受的是现实的天园。复活,就是灵魂离开肉体,末日的复活则是万物的灵魂离开世界而归回真主。"③

四 哲学注释《古兰经》的他见

综上所述,法拉比、伊本·西那,以及精诚兄弟社的绝大部分注释,从外部来讲,深受希腊哲学思想和哲学主张的影响。换言之,伊斯兰哲学受希腊哲学的影响,不仅仅反映在哲学本身上,也同样在对《古兰经》的解读中有所彰显。从内部来讲,伊斯兰哲学家尤其是伊本·西那与精诚兄弟社受其所属派别影响,其注释很大程度上与什叶派的伊斯玛仪内学派对《古兰经》的注释几乎同出一辙。学界认为,他们的目的既是通过注释经文给自己的哲学观点与哲学主张寻找法理和学理依据,也是求得宗教

---

① 《精诚兄弟社论文集》第1卷,开罗阿拉伯出版社1928年版,第172—174页。
② 同上书,第186页。
③ 艾哈迈德·爱敏:《阿拉伯—伊斯兰文化史》第6册,商务印书馆1999年版,第142—143页。

与哲学关系的调和。因此，他们的哲学注释，没有得到不同时代学者们的一致认可。

中世纪哲学家安萨里和法赫鲁丁·拉齐等教义学家与哲学家，在深入阅读和研究这些借鉴并运用希腊哲学观点，阐释伊斯兰教义和解读《古兰经》有关经文的哲学著作后，对其中与伊斯兰教义不相符合的哲学理论和观点产生了质疑，给予了学理批驳与法理否定，认为此般注释经文不可取，它本质上违背了《古兰经》和伊斯兰真理精神。这是因为，法拉比与伊本·西那等哲学家的"哲学调和仅仅是一种折中理论，他们从中对伊斯兰教义进行的描述，业已远离了确定不变的、被传承的教义实质。像这样的理论，不适合在互相对立的两种观点之间进行调和。因此，安萨里等人毫不费力地反驳了这些调和的哲学家，批驳了他们的哲学尝试"①。于是，他们在自己的哲学研究和哲学著作中，既有理有据地反驳了法拉比等借鉴希腊哲学观点注释《古兰经》有关内容的哲学家们，也对涉及伊斯兰教义的有关经文，做了符合经文本义的阐释。他们的阐释，一方面辩驳希腊哲学，以及与深受希腊哲学影响的法拉比和伊本·西那等进行教义学和哲学辩解，从而在对伊斯兰教义和希腊哲学进行比较后区分良莠，还原伊斯兰教义学视阈下的"伊斯兰哲学"本来面目——古兰经哲学。另一方面，他们借此告诫穆斯林，坚决谨防希腊哲学中不符合伊斯兰信仰与教义的哲学观点和哲学主张，以保护伊斯兰教义的纯正性和穆斯林信仰的纯洁性。

安萨里根据古兰经哲学，在其宗教哲学研究中，对吸收亚里士多德和新柏拉图学派观点的伊斯兰哲学家法拉比和伊本·西那等所主张的新柏拉图主义的"流溢说"，以及物质时空的永恒及无始性观点，从伊斯兰教义角度提出了他的反对观点，并进行批驳。安萨里认为，"真主是宇宙唯一的主宰和万能的造物主，是永恒的，无始的，宇宙一切是真主创造的；造物主创造了因，以后又创造了果，是一切被造物的'终极原因'，因果乃是造物主'意志'的体现，而被造物之间必无必然的因果联系。他强调宇宙是有始的，并不是永恒存在的。世界是在时间中被创造的，离开了时

---

① 穆罕默德·侯赛因·扎哈卜：《古兰经注释与注释家》卷 2，开罗知识出版社 2001 年版，第 418 页。

间就没有世界;但时间不是实在的,它是一种'纯粹关系',是相对于世界运动而存在,空间也是如此。世界是有始的,说明时间、空间和运动都是造物主的创造。安拉具有超绝万物的诸多德性,大知、大能、能预知和洞察一切事物,能主宰和驾驭一切运动变化。真主的意志决定着自然和人类的生灭、祸福及变化,故人们必须顺从真主的意志。"①

安萨里除了在其哲学专著如《哲学家的宗旨》(Maqāsid al-falāsafah)和《哲学家的矛盾》(Tahāfut al-falāsafah)中,阐述他的哲学观点和哲学主张,并对前者的哲学观点给予理论反驳外,还著有《古兰经的精神实质》(Jawāhir al-qur'ān)。安萨里在该书中,梳理了近500节涉及信仰教义的经文,就《古兰经》阐述的精神实质、穆斯林认知真主和近主之道等内容做了详尽的哲学式阐释,并对那些深受希腊哲学影响的哲学家们主张的三种观点——世界无始、否定身体的复生、断言真主仅知宏观而忽略微观,根据经训教义作了学理反驳。此外,令注释学界、教义学界与哲学界遗憾的是,安萨里注释《古兰经》的著作《注释之瑰宝》(Tafsir yāqūt al-ta'wīl)业已逸失,不能使后人一睹集大成者的一代宗师,从注释学和哲学角度注释《古兰经》的图景,以及通过注释经文本义来反驳那些受希腊哲学影响的伊斯兰哲学家的情状。

同样,法赫鲁丁·拉齐亦竭力维护伊斯兰教的纯正教义,并严格将自己的哲学思想建立在经训基础上。他关于自己的哲学观点与思想——真主独一、固有与永生等德性、真主支配有形世界等教义问题,在《幽玄之钥》中注释涉及教义的经文时,做了详尽的学理分析。他在《幽玄之钥》中,不仅没有根据希腊哲学观点阐经释义,而且力求根据伊斯兰教义和正确理性阐释经文大义,并对穆尔太齐赖派和有违教义的哲学家们的观点和注释给予辩解性批驳。此外,他还在哲学著作《宗教原理四十题》(Al-a'rb'īn fī 'usūl al-dīn)与《凯拉姆学五十问题》(Al-masā'il al-khamsūn fī 'usūl al-dīn)中,详细阐述了伊斯兰教纯正的教义观点和正确的哲学主张。法赫鲁丁·拉齐在其后期著作《本体类别》('Aqsām al-dhāt)中,明确讲到了他依据经训本义理论伊斯兰哲学的观点,阐释了古兰经哲学的终极意义所在。他讲道:"我已经思考了凯拉姆学和哲学的各

---

① 宛耀宾总主编:《中国伊斯兰百科全书》,四川辞书出版社1994年版,第65页。

种方法，我没有发现这些方法能够医治病症和解除焦渴。我发现，所有方法中最近的方法，莫过于《古兰经》方法。关于肯定，我读经文'至仁主已升上宝座了。'（20：5）'良言将为他所知，他升起善行。'（35：10）；关于否定，我读经文'任何物不似像他。'（42：11）'真主都知道，而他们却不知道。'（20：110）谁经验了我的经验，就认识了我所认识。"

现当代，穆罕默德·侯赛因·扎哈卜教授在《古兰经注释与注释家》中明确指出："我不认为任何一个负有责任的穆斯林，他因喜欢哲学和哲学家而认同伊本·西那等哲学家们的断言，即《古兰经》真理仅仅是其他真理的象征———一般人不能深入理解这些真理，思维不敏者不知其所云，故先知穆罕默德以《古兰经》文示意了这些真理。我谨希望读者与我一起注意，十二伊玛目派、伊斯玛仪内学派，以及一些穆斯林哲学家，他们都按照违背《古兰经》经义经旨的方式在注释《古兰经》，运用示意或隐义在阐经释义。"① 同样，优素福·格尔达维教授在《我们如何与古兰经交流》中讲道："《古兰经》既不是亚里士多德和柏拉图式的经典，也不是法拉比和伊本·西那式的哲理。《古兰经》是超越所有的经典，是一切的渊源，是万事的裁决者。"②

第四节　苏菲注释

一　苏菲与《古兰经》注释

"苏菲"（Al-sūfiyya，派生于"Al-tasawwuf"），"是对伊斯兰教信仰赋予隐秘奥义、奉行苦修禁欲功修方式的诸多兄弟会组织的统称。"③

关于"苏菲"名称的词源，学界说法不一。有学者主张该词源于"Al-sūfī"（意为羊毛），因修行家不穿华丽服饰而身着羊毛织衣禁欲苦行而得名。有学者主张该词源于"Al-safā'"（意为纯洁），因修行家心灵纯洁和品行端正，不违真主而得名。有学者主张该词源于"Al-sifah"（群体

---

① 穆罕默德·侯赛因·扎哈卜：《古兰经注释与注释家》卷2，开罗知识出版社2001年版，第431页。
② 优素福·格尔达维：《我们如何与古兰经交流》，开罗东方书局2000年版，第258页。
③ 宛耀宾总主编：《中国伊斯兰百科全书》，四川辞书出版社1994年版，第527页。

名），是因圣门弟子中以"居于圣寺凉棚者"著称的安贫乐道者而得名。有学者如苏菲注释学家、圣训学家艾布·嘎西姆·古筛里（Abu al-qāsim al-qushayriyy, 986–1074）认为，"苏菲"是一个别号（Al-luqb），并非派生名词。科学家、哲学家、文学家比鲁尼（Al-bīrūni, 973—1048）主张，该词来源于希腊语的"Sophos"（意为贤哲）。尽管学界就其名称来源见仁见智，但比较普遍与认同的说法是，"苏菲主义"源于"Al-sūfi"（羊毛），即修行者为其虔诚信仰、质朴行为和安贫生活，通常身着羊毛纺织的粗衣布衫修身养性，潜心静悟，从圣近主。

"苏菲"（Al-tasawwaf）的术语定义，学界亦有多种说法，不下百余种。较有代表的说法是，"苏菲就是心灵的交谈，灵魂的交流。心灵的交谈就是那些意在净化心灵者的自我纯洁，旨在摆脱污秽者的自我洗涤。灵魂的交流，即灵魂已高升至光明与天使的天际，攀升至流溢与启示的世界。心灵的交谈与灵魂的交流，唯有通过沉思默想与静悟参思天地的王权方能获得。但是，身体与灵魂要时常相守，合而不分，舍其一，则修行无路。是故，但凡想要净化灵魂与高升至天，务必摆脱身体的各种欲望和私欲。那么，苏菲就是一种深思与学习、实践与修行的和合体。"① 历史学家伊本·赫勒敦在《历史绪论》中对它的定义，亦具有非常广泛的代表性和权威性："苏菲的根本是勤于功修、专事真主、远离尘世的荣华富贵，不贪图享乐、金钱和名誉。"②

苏菲自伊斯兰黎明时期就已存在。彼时，很多圣门弟子根据"你们欲得尘世的浮利，而真主愿你们得享后世的报酬"（8：67）等经文的教诲，远离红尘享受，趋向苦行禁欲，专事宗教功修。他们中有些夜而不寐、昼而斋戒地致力于功修活动；有些食不果腹，以陶冶灵魂、修身养性，从而通过敬畏真主与恭顺使者达到苦行和"无我"（Al-fanā，或译为寂灭、忘我）的高级境界。诚然，即使圣门弟子时代的修行者还没有以"苏菲"之名著称，却成为其后苏菲主义与苏菲活动追溯的渊源。

8世纪，作为个人别号，以"苏菲"著称的第一个修行者是库法的艾

---

① 易卜拉欣·迈德库尔，优素福·凯尔姆：《哲学史研究：希腊、伊斯兰教、中世纪与现代欧洲的哲学家》，贝鲁特拜布鲁尤尼出版社2004年版，第140页。

② 伊本·赫勒敦：《历史绪论》，贝鲁特阿拉伯遗产复兴出版社1999年版，第467页。

布·哈希姆·苏菲（Abu hāshim al-sūfiyy，？—778）。8世纪后期，学界推出了研究苏菲及其理论的文献，"苏菲"一词正式见诸文献。这些文献均以"苏菲"指称了圣门弟子之后穆斯林中苦行禁欲、专事功修的苏菲（Al-mutasawwif），如库法的哈桑·巴士里、巴里赫的易卜拉欣·本·艾扎姆（'Ibrāhim ben al-'azām，？—约777）、巴格达的麦尔卢夫·克尔黑（Ma'rūf al-karhiyy，？—816）等。

9世纪后，苏菲"由苦行禁欲主义逐渐发展为神秘主义，以宗教理论的形式出现。在阿拔斯王朝时期，随着翻译运动的兴起，古希腊、波斯、印度的各种哲学和宗教思想渗入伊斯兰教，其中新柏拉图主义和印度瑜伽派的修行理论对苏菲派神秘主义的形成以很大影响。该派的学者以《古兰经》某些经文为依据，又吸收各种外来思想，著书立说，以神秘主义哲学阐述教义及功修，提出以对真主的爱为核心的神智论、泛神论和人主合一论等，形成一种诸说混合的苏菲主义"[1]。

苏菲形成的同时，鉴于其中一些学说和观点受希腊新柏拉图主义、印度瑜伽派的修行理论与诺斯提教的教义影响，因此一定程度上遭到逊尼派教义学家们的质疑。对此，苏菲学者们强调，苏菲"不是在正统派之外而是在正统派之内的一种信仰体系。尽管他们吸收了许多外来因素，但始终没有走得更远，总是通过自己对《古兰经》和'圣训'的解释来阐发自己的主张"[2]。因此，苏菲学者如"穆哈西比（781—857）、哈拉兹（？—899）、祝奈德（？—911）、卡拉巴基（？—995）、萨拉吉（？—988）、侯吉维里（？—1071）和古筛里（？—1074）等，从《古兰经》和圣训中为神秘主义寻求理论根据，用逊尼派教义和教法观点系统阐释苏菲的学理和功修方式，主张认主独一论，反对苏菲'非遵法派'离开伊斯兰基本信仰的异端言行，提出穆斯林应在遵循教法、履行宗教功课的基础上，从事道乘修持，并宣称苏菲派是真正的正统派"[3]。

11世纪，教义学家安萨里"把苏菲派的观点经过理论综合，将神秘

---

[1] 宛耀宾总主编：《中国伊斯兰百科全书》，四川辞书出版社1994年版，第528页。
[2] 王怀德：《伊斯兰教教派》，中国社会科学出版社1994年版，第79页。
[3] 宛耀宾总主编：《中国伊斯兰百科全书》，四川辞书出版社1994年版，第528页。

主义的爱主、直觉的认识论和人主合一论等思想纳入伊斯兰教正统信仰，摒弃了苏菲派漠视履行宗教功课和泛神论的主张，其学说成为伊斯兰教义学的最终理论形式，成为官方的信仰"①。至此，在真主与人关系上主张"人主合一论"、在认识论上主张"神智论"、在两世论上主张"出世主义"的苏菲，经过数百年发展和学理积累，业已成形且广泛传播，他们的学说思想和教义理论最终成为逊尼派教义的重要组成部分。苏菲在教义学、注释学、圣训学、教法学、哲学、伦理学、文学等方面涌现出的教义学家、哲学家、思想家和文学家，诸如伊本·阿拉比、叶哈亚·苏哈拉瓦迪（1153—1191）、鲁米（1207—1273）、萨迪（1203—1292）、哈菲兹（1320—1389）、纳格什班迪（1314—1389）、贾米（1414—1492）等，推出了卷帙浩繁的优秀学术成果，为推动包括伊斯兰文化在内的世界文化的发展作出了不可或缺的巨大贡献。时至今日，苏菲仍对伊斯兰世界的发展产生着广泛而深刻的影响。②

　　毋庸置疑，伊斯兰教及其文化中的任何宗教派别、政治学说、学术学派、理论思想等皆溯源于《古兰经》和圣训，作为其理论渊源、法理基础和学理依据。苏菲亦然。苏菲在渐进过程中，始终视《古兰经》为苏菲之道的渊源与基石，并通过对其经义经旨的解读，逐步完善着苏菲的理论学说和哲学思想。苏菲在运用和践行《古兰经》时通常认为，《古兰经》犹如无止境的宝藏，它的表义中还蕴藏着深刻的思想和隐微的义理，经文的实质意义不因经文的表义而结束，而是既有表义亦有隐义。甚至部分苏菲学者根据经文"每一种事物，我这里都有其仓库，我只依定数降下它"（15：21）"我将一切事物，详明地记录在一册明白的范本中"（36：12）认为，《古兰经》"每节经文都有6万种解释，这就证明理解《古兰经》大义拥有广阔的领域和理解的空间。因为仅仅凭借传闻不能完全达到理解经义的目的，故势必需要理解和创制。同样，注释家不得轻视表层注释，而必须给予内涵注释。因为人们在揭示表层经义之前，不要企图直达经文的终极意义。但凡妄言理解了经文的终极奥义，而没有去识别

---

① 宛耀宾总主编：《中国伊斯兰百科全书》，四川辞书出版社1994年版，第528页。
② 关于苏菲发展史，详见艾卜·卧法·伍奈米·塔夫塔扎尼《伊斯兰苏菲概论》，开罗文化出版社1979年版。

表象注释者，就如还没有进房门而妄称已进房间者。"① 因此，在苏菲看来，阐发经文的隐义尤为重要，苏菲学者纳斯拉丁·赫斯鲁（Nsir al-dīn khasrū）就此形象地讲道："注释经文的表义就如信仰的身体。然而，最深刻的注释会沁入灵魂的深处，没有灵魂的身体何以为生?!"②

苏菲在强调阐发经文隐义的同时，一而再再而三地明确指出，深刻而细微地理解《古兰经》的钥匙莫过于践行《古兰经》，只有践行了《古兰经》义，才能更好地实践苏菲。苏菲学者哈拉兹就此讲道："理解《古兰经》的首要就是践行《古兰经》，因为践行《古兰经》包含知识、理解与创制。理解的首要就是倾听与参悟真主之语：'对于有心灵者，或专心静听者，此中确有一种教训。'（50∶37）'他们倾听言语而从其至美的。'（39∶18）"③

基于此，苏菲学者对《古兰经》的注释，实质上就是将有机融合在一起的内心敏思体悟和身体禁欲苦修，深刻反映在《古兰经》注释层面上。这既是对《古兰经》的体悟注释，同样也是对《古兰经》的具体践行，两者相辅相成，就"是以对《古兰经》启示进行内省的方式再现其内容的个人样态的结果"④。诸如，苏菲根据经文"至于怕站在主的御前受审问，并戒除私欲的人，乐园必为他的归宿"（79∶40—41）践行克制私欲；根据经文"在真主看来，你们中最尊贵者，是你们中最敬畏者"（49∶13）践行敬畏；根据经文"你说：'今世的享受是些微的；后世的报酬对于对敬畏者是更好的'"（4∶77）践行苦行；根据经文"谁托靠真主，他将使谁满足"（65∶3）践行信托；根据经文"如果你们感谢，我誓必对你们恩上加恩"（14∶7）践行感恩；根据经文"你应当容忍，你的容忍只赖真主的佑助"（16∶127）践行坚忍；根据经文"难道他还不知道真主是监察的吗？"（5∶119）践行廉耻；根据经文"信士人们啊，你们应当常常记念真主"（33∶41）践行赞主，等等不胜枚举。苏菲学者

---

① 哲拉鲁丁·苏尤蒂：《古兰经学通论》，贝鲁特阿拉伯图书出版社2003年版，第873—874页。
② 哈立德·阿布杜拉·哈曼·俄克：《古兰经注释原理》，贝鲁特纳法伊斯出版社2003年，第210页。
③ 同上书，第213页。
④ 王家瑛：《伊斯兰宗教哲学史》中，民族出版社2003年版，第561页。

基于对这些经文表义与隐义的界定和主张，首先明确了遵循《古兰经》与践行苏菲的关系，以及身体力行地遵循《古兰经》之于注释《古兰经》的重要性。然后，他们按照苏菲的思想观念与哲学主张对《古兰经》作了苏菲注释，他们"不仅对'意义隐晦'的经文予以神秘主义的解释，即使对意义清晰的经文也赋予字面以外的奥秘意义，或根据原文意义加以发挥"①。

综上，正如苏菲分为两种，即理论的苏菲——建立在学理研究和哲学思想的基础上，与实践的苏菲——建立在苦行禁欲与"无我"顺主的基础上，苏菲注释家在注释《古兰经》时，亦将苏菲注释界定在两大层面上——理论注释与示意注释（或称流溢注释）。②

二　苏菲的理论注释

如上所述，鉴于苏菲将其修行方式之一建立在学理研究和哲学思想层面上，因此苏菲学者在注释《古兰经》时，往往出于思想惯性，自然而然地从苏菲的理论观点和哲学思想层面看待《古兰经》，形成了苏菲的理论注释（Al-tafsir al-sūfiyya al-nazariyy）。

然而，《古兰经》的根本定性和终极目标是引导世人的宗教经典，而非确定和支持任何一种理论学说和哲学思想的学术经典。这个不可动摇的原则，使得苏菲学者在运用一些意义明确的经文作为其理论学说和哲学思想根据的同时，亦竭尽全力在《古兰经》中挖掘那些他们认为能够支持他们的经文，并根据自己的理论观点和哲学思想阐发经文隐义，以便使其理论学说与哲学思想与经义经旨想契合。诸如，苏菲注释家通常以极其深刻地哲学思想看待《古兰经》中关于独一真主的各种属性，以便在阐释有关经文时使真主的各种属性相辅相成且彼此互用。如描述末日景象的经文"在那日，诸天将与白云一道破裂，众天神将奉命庄严地降临。在那日，真实的国土是属于至仁主的"（25：25—26）。苏菲学者只有在研究了其中的一种原因后，才给予相应的注释。亦即，他们认为，尽管"仁

---

① 王家瑛：《伊斯兰宗教哲学史》，民族出版社2003年版，第560页。
② 穆罕默德·侯赛因·扎哈卜：《古兰经注释与注释家》卷2，开罗知识出版社2001年版，第339页。

慈"（Al-rahmah）的表述通常运用于鼓励现实中的失意者，但为说明人们即使在最艰难困苦的境遇中，真主的仁慈亦永远存在，因此他们在阐释这两节经文时，遂将真主的"仁慈"属性与"威严"（Al-qahr）属性做了互相替代的注释。事实上，为显示真主的"威严"属性，而不能以真主的"仁慈"属性取而代之。① 此类例子不胜枚举，都说明了苏菲学者注释经文时，首先以一种理论或一种思想去探究经文的经义经旨，然后运用经过注释的经文大义去说明事理与处理问题，从而实现了苏菲哲学思想与《古兰经》经义经旨的和合一体。

以苏菲理论学说和哲学思想对《古兰经》进行注释的代表学者，当数教义学家、哲学家伊本·阿拉比（Ibn 'arabi, 1165 – 1240）。

伊本·阿拉比，全名艾布·伯克尔·穆罕默德·本·阿里·穆哈伊丁·本·阿拉比（Abu bakr Muhammad ben Ali muhy al-dīn ben 'arbī），生于安达卢西亚的穆尔西亚，时值穆瓦希德王朝统治。伊本·阿拉比 8 岁时，全家迁至塞维利亚，并在此接受清真寺的传统伊斯兰教育。伊本·阿拉比及长后，先后赴休达、开罗、突尼斯、耶路撒冷、麦加、巴格达、摩苏尔、科尼瓦等城市访名师，求贤达，博览群书，贯通古今。伊本·阿拉比负笈游学期间，先结识并深受两位女苏菲修行家（马尔拉希的娅莎米和科尔瓦多的法蒂玛）的影响而接受苏菲主义，后在麦加朝觐期间加入卡迪尔的苏菲教团，完成了名著《麦加的启示》（Al-futūhāt al-mankiyy）。1204 年，伊本·阿拉比结识导师苏哈拉瓦迪后，受到了伊斯兰东方各派学者的宗教思想和哲学主张的深刻影响。1230 年，漂泊数年的伊本·阿拉比定居巴格达，严守苏菲，潜心事主；讲学布道，著书立说。1240 年，伊本·阿拉比在巴格达归真，被追随者冠以"伊斯兰大长老"、"宗教复兴者"的尊称。②

伊本·阿拉比因"早年深受安达卢西亚宗教学者伊本·盖比鲁勒哲学思想的影响，成为神秘主义照明学派的代表。后博采新柏拉图主义、苏菲主义、逊尼派、什叶派的宗教学说，经过改造和综合，创立了神秘主义

---

① 伊金塔斯·焦莱德·塔斯希尔：《注释古兰经的伊斯兰派别》，开罗圣训出版社 1955 年版，第 235 页。

② 宛耀宾总主编：《中国伊斯兰百科全书》，四川辞书出版社 1994 年版，第 635 页。

的'一元论'学说,给苏菲主义赋予哲理和思辨的性质,把神秘主义发展为泛神论、人主合一论和神智论为主要内容的总结哲学思想体现"①。是故,后期的教义学界和哲学界,尤其是注释学界,通过研究伊本·阿拉比的名著《麦加的启示》和《智慧的瑰宝》(Fusūs al-hikam)指出,伊本·阿拉比在注释很多经文时,都运用了苏菲的理论主张和自然哲学观点。例如,他在注释关于叙述先知伊德里斯的经文"我把他提高到一个崇高的地位"(19:57)时讲道:"最崇高的地位就是宇宙太空围绕它而旋转的地位,即太阳。太阳里有先知伊德里斯的精神地位,他的下面有7层天,他的上面有7层天,他就是第15层。"伊本·阿拉比在例数上下14层天后讲道:"至于最崇高的地位,对我们而言即为先知穆罕默德的民众,正如真主所言:'你们是占优势的,真主是与你们同在的。'"(47:35)再如,他注释黄牛章第87节至101节叙述各天使的经文时讲道:"显而易见,哲卜拉伊勒天使就是能动的理性;米卡伊勒天使是第6层天的灵魂,他的理性流溢出了供众生食用的所有植物的灵魂;伊斯拉菲勒天使是第4层天的灵魂,他的理性流溢出了供众生食用的一切动物的灵魂;阿兹拉伊勒天使是第7层天的灵魂,是负责全人类的灵魂,他直接摄取或通过助手摄取人的灵魂后,将其呈交给伟大的真主。"②

细究伊本·阿拉比的注释,不难发现他因受"万有单一论"(Wahdat al-wujūd)的影响③,致使其注释中烙有"万有单一论"——苏菲建立的重要理论之一——的深刻印记。换言之,伊本·阿拉比亦根据"万有单一论"的理论观点,阐释了很多经文。如在《智慧的瑰宝》中,关于经文"众人啊!你们当敬畏你们的主,他从一个人创造你们,他把那个人的配偶造成与他同类的,并且从他们俩创造许多男人和女人。"(4:1)他在注释该节经文时,就运用"万有单一论"观点讲道:"你们敬畏你们的养主,你们用你们的显明敬畏你们的养主,你们用你们的隐微——即你们的养主——作为你们的保护。凡事都有褒有贬,故你们在贬中敬畏养

---

① 宛耀宾总主编:《中国伊斯兰百科全书》,四川辞书出版社1994年版,第635—636页。
② 阿布杜·兰扎格·贾沙尼:《伊本·阿拉比的注释》第1卷,埃及艾米林耶出版社1963年版,第51页。
③ 又译"存在单一论"或"存在统一论",关于"万有单一论",学界对其有70余种不同解释。

主,在褒中使养主保护你们,那么你们就是有教养的人们,就是有知识的人们。"同样,伊本·阿拉比还以"万有单一论"观点,就《古兰经》叙述的真理(Al-haqq)、知识(Al-ma'rifah)、灵魂(Al-rūh)、完人(Al-'insān al-kāmil)、乐园(Al-jannah)、天平(Al-mizān)等,做了符合苏菲主义的理论注释,兹不赘述。

诚然,尽管至今没有发现任何苏菲学者根据《古兰经》的章节顺序对整部《古兰经》进行理论注释,但伊本·阿拉比、艾布·叶齐德·比斯塔米(Abu yazīd al-bistāmī,? -875)、哈拉兹等苏菲学者的著作,仍不失为研究苏菲从理论学说和哲学思想角度,对《古兰经》有关经文进行理论注释概况的原始资料。穆罕默德·侯赛因·扎哈卜教授在研究了诸如伊本·阿拉比的《麦加的启示》、《智慧的瑰宝》中相关注释后指出,正如研究自然和形而上的哲学家的注释不可取那样,建立在"万有单一论"基础上的理论注释很大程度上亦不可取。他认为,"尽管某些理论注释符合真主在《古兰经》中所表述的旨意和目的,但我们不能完全接受。如果我们接受理论注释,则这种注释往往与《古兰经》经旨相违背——理论注释违背了经文蕴涵的意义。此外,此类注释不乏推测,而推测时出现的错误也许有朝一日会昭然若揭。因此我们怎能以推测来注释《古兰经》——虚伪不能从它的前后进攻它,它是从至睿的,可颂的主降示的。(41:42)——呢?"① 同样,他在《古兰经注释研究论集》中亦就此做了评论:"《古兰经》旨在以其明文界定特定目的,苏菲旨在以其研究和理论达到特殊目的。两种目的之间也许存在矛盾,故苏菲使《古兰经》的目的转向了苏菲意欲的目的,旨在将其理论和见解建立在《古兰经》基础上。苏菲的如此举措,服务于苏菲哲学和苏菲理论。"②

三 苏菲的示意注释

苏菲的示意注释(Al-tafsir al-sūfiyya al-'ishāriyya),亦称流溢注释

---

① 穆罕默德·侯赛因·扎哈卜:《古兰经注释与注释家》卷2,开罗知识出版社2001年版,第350页。
② 穆罕默德·侯赛因·扎哈卜:《古兰经注释研究论集》,开罗圣训出版社2005年版,第186页。

（Al-tafsir al-faydiyy）。鉴于它在《古兰经》注释领域占有重要的一席之地，尤其几部著名注释典籍在研究苏菲方面所发挥的举足轻重作用，因此学界在将其归为《古兰经》注释五大种类之一的同时指出，学界通常所讲的苏菲注释的核心内容即为示意注释。

关于示意注释的术语定义、法理依据、示意条件，笔者已在第4章第4节中将其作为《古兰经》注释的五大类型之一作了阐述，兹不赘述。现仅从示意注释——《古兰经》注释内容之苏菲注释的核心——与理论注释的差异、学界对示意注释的评述，以及示意注释的代表作几个角度，就示意注释作进一步地阐述，以求通过注释种类和注释内容的"示意注释"，将苏菲注释概而全之。

示意注释与理论注释的区别，主要体现在两个层面上。其一，理论注释的前提是基于学术研究——首先是来自苏菲学者的理论观点，然后他们再根据理论观点和哲学思想注释经文。至于示意注释，它不以学术研究为前提，而是聚焦于苏菲学者的精神修行和心灵体悟，并促使他们通过修行和体悟达到这样一种境界——精神修炼和心灵体悟为其揭开经文的文字表述幔帐，揭示经文中的神圣示意，从而使其心智能够透过幽玄的幔帐去汲取经文中蕴涵的奇妙知识。其二，理论注释家认为，理论注释业已阐发了经文蕴涵的所有大义，除此之外没有蕴涵另外一种意义。示意注释家则认为，理论注释并不能揭示经文的终极所指，反之，经文中还蕴涵着另外一种意义——隐义，隐义前的表义具有先入为主性，因此理论注释家仅仅注释了经文的表义。①

理论注释和示意注释的区别，充分说明示意注释的核心是，苏菲注释家通过冥思体悟和苦修实践，阐发他们认为经文中蕴涵的无穷尽的种种隐义。对此，不乏苏菲学者从苏菲本位观角度给予了评论和定位。例如，隶属沙兹里苏菲教团（Al-tariqha al-shādhiliyyah）的伊本·阿塔温拉·塞坎德林耶（Ibn 'atā' Allah al-sakandriyy，伊历？—709）就此讲道："苏菲注释并非是为了改变表义，而是要从经文的表义中理解经文带来的隐义，以及经文语句所证明的语义。此外，经文中还有一些内涵之义，只有真主

---

① 穆罕默德·侯赛因·扎哈卜：《古兰经注释与注释家》卷2，开罗知识出版社2001年版，第352页。

为其打开心智者方能理解之。"① 教义学家赛尔顿丁·太弗塔萨尼（Sa'd al-dīn al-taftāzāniyy, 1312—1389）亦就此讲道："至于一些真知灼见的学者所主张的经文表义，其中还蕴涵着细致入微的示意隐义。这些隐义通过修行的实践方能得以揭示，这就是完美的信仰与纯粹的认知。"② 安萨里虽没有禁止苏菲注释，但他反对肆意依赖毫无原则的示意去注释《古兰经》。他以经文"我确是你的主，你脱掉你的鞋子吧，你确是在圣谷'杜瓦'中"（20：12）为例，就此作了解释。他在注释该节经文中的"你脱掉你的鞋子吧"时讲道："凡想要知晓真主独一的实质，就必须自弃两世生活——没有任何目的地趋向真主，他所思考的一切都是对真主的喜和爱。"③ 安萨里的言论说明，苏菲注释无可厚非，但如果越过了注释的限度和原则，则另当别论，且有待商榷。伊本·焦兹在《阐明古兰经中的发誓》（Al-tibyān fī 'aqsām al-qur'ān）中，阐述注释的基本原理时指出，示意注释是很多苏菲采取的方式，但必须要严格遵守四项基本条件：其一，示意释义不得违反经文本义。其二，示意自身必须正确无误。其三，释文表述必须与释义相吻合。其四，释义与经义之间必须有一个纽带和关联。如果这些条件具备的话，则示意注释即为正确的注释，反之则不然。④

伊本·阿拉比对示意注释推崇备至，他不但对示意注释予以法理性和学理性的定论，而且从实践角度对很多经文给予了示意注释。他讲到："须知，当真主创造万物时，分几个阶段创造了人类。故我们中既有智者也有愚者，既有正义者也有不义者，既有战胜者也有北败者，既有统治者也有被统治者，既有控制者也有被控制者，既有领导者也有被领导者，既有指挥者也有被指挥者，既有国王也有百姓，既有嫉妒者也有被嫉妒者。最伟大的莫过于真主创造的恪守经训的学者们——专事真主的仆民、通过

---

① 转引自哲拉鲁丁·苏尤蒂《古兰经学通论》，贝鲁特阿拉伯图书出版社2003年版，第872页。
② 转引自哈立德·阿布杜拉·哈曼·俄克《古兰经注释原理》，贝鲁特纳法伊斯出版社2003年版，第215页。
③ 哈立德·阿布杜拉·哈曼·俄克：《古兰经注释原理》，贝鲁特纳法伊斯出版社2003年版，第214页。
④ 转引自哲拉鲁丁·苏尤蒂《古兰经学通论》，贝鲁特阿拉伯图书出版社2003年版，第872页。

真主的恩赐之道认知真主者。真主给他们赋予了他的创造的奥妙，使他们理解了他的经典的所有大义，以及他的召唤的各种示意……"①伊本·阿拉比的言论一定程度上是在为示意注释家定性，即真主给他所喜爱的心灵纯洁、心智高尚的学者赋予了各种理解——注释《古兰经》与阐释真主之语的宗旨，使他们根据修行的程度和近主的阶层而与他者的注释截然不同。

从学理来讲，正如伊本·阿塔温拉·塞坎德林耶等学者，从苏菲本位观对示意注释给予了法理辩护和学理评论。同样，以哲拉鲁丁·苏尤蒂、伊本·萨拉赫（Ibn al-salāh,？—1245）、泽尔克西、欧麦尔·本·穆罕默德·奈赛斐（'umar ben Muhammad al-nasafiyy, 1068–1142）为代表的学者，则从注释学、教义学、教法学角度对苏菲注释给予了相应的评述。

哲拉鲁丁·苏尤蒂在《古兰经学通论》中，论述苏菲注释时开宗明义地指出，苏菲对《古兰经》的所言所论，并不是注释。伊本·萨拉赫在《伊本·萨拉赫教法诠释》（fatawā ibn al-salāh）中认为，苏菲的示意注释中不乏什叶派支派伊斯玛仪内学派的一些观点。欧麦尔·本·穆罕默德·奈赛斐在《奈赛斐教典》（al-'Aqa'id al-Nasafiyyah）中认为，如果一味地从经文的表义转向阐发内学派所主张的隐义，则有违教规。赛尔顿丁·太弗塔萨尼尽管对苏菲的示意注释保持中立甚至维护态度，但他在诠释《奈赛斐教典》的《奈赛斐教典诠释》（Sharh al-'Aqa'id al-Nasafiyyah）中亦强调指出，奈赛斐之所以将具有内学派元素的示意注释视为有违教理，是因为运用内学派主张注释经文的苏菲学者认为，《古兰经》不仅局限于表义，而且蕴涵着唯有苦修的学者才能知晓的隐义，其结果是往往完全否定了教法（Al-sharī'ah）。②泽尔克西在《古兰学明证》中认为，至于苏菲在《古兰经》注释中的言论，不被视为注释，而是苏菲学者在诵读《古兰经》时所获得的意会和顿悟。③

综上，关于示意注释，学界见智见仁。一言以蔽之，苏菲学者从苏菲

---

① 转引自穆罕默德·侯赛因·扎哈卜《古兰经注释与注释家》卷2，开罗知识出版社2001年版，第370页。

② 哲拉鲁丁·苏尤蒂：《古兰经学通论》，贝鲁特阿拉伯图书出版社2003年版，第871页。

③ 哈立德·阿布杜拉·哈曼·俄克：《古兰经注释原理》，贝鲁特纳法伊斯出版社2003年版，第216页。

本位观角度的评论毋庸置疑,在情合理。哲拉鲁丁·苏尤蒂等学者的评论亦旨在说明,示意注释本身没有任何问题,因为《古兰经》既有它的明确之义,也有它的内涵之义,如部分章首字母中就蕴涵着无人能够解释的隐微经义等。那么,示意注释的问题就在于,由于一些学者在注释过程中没有严格按照注释学、教义学、教法学和苏菲学的相关要求去实施,于是一定程度上出现了"释经而越经"的瑕疵局面,正如穆罕默德·侯赛因·扎哈卜所言:"具有真知灼见的示意注释家,承认经文具有明确经义与隐微经义且没有否定明确经义。然而,当他们注释内涵之义时,往往将虔诚的功修与教法不许的事物相混淆。故你发现他们的有些理解是可接受的,但有些理解则不能被理性予以接受、教法予以允许。"① 反之,如果示意注释家释经而没有越经,则其注释不仅为学界所认可和接受,而且既为推动《古兰经》注释的整体发展作出不可或缺的巨大贡献,也因此被列为《古兰经》注释的五大种类之一。如尼扎蒙丁·内沙布尔的《古兰经妙义览胜》、希哈布丁·马哈姆德·阿鲁西的《古兰经义精华》,既是示意注释《古兰经》的经典之作,而且也因表义注释多于隐义注释而被注释学界列为见解注释的扛鼎之作。

由于《古兰经妙义览胜》和《古兰经义精华》被注释学界列为见解注释的代表作,故此处不予论述(详见第七章第二节),仅就示意注释的其他几部代表典籍作简要介绍。

(一)《伟大的古兰经注释》(*Tafsir al-qur'ān al-'azīm*)

该部典籍的作者是注释家艾布·穆罕默德·塞赫里·本·阿卜杜拉·本·尤努斯·本·尔萨·本·阿卜杜拉·图斯塔里(Abu Muhammad sahl ben 'abd Allah ben yūnus ben 'isā ben 'abd Allah al-tustariyy,伊历200—283),苏菲学者和修士,生于图斯塔里(今属伊朗西南部),并以出生地为名著称于世。他曾在麦加幸遇提出神智论(Ma'rifah)观念的苏菲学者左农·米斯里(Dhū al-nūn al-misriyy,?—860),两人倾心相交,谈经论道,践行苏菲。图斯塔里长期定居巴格达,伊历283年长眠于此。

《伟大的古兰经注释》是图斯塔里在被门生问及一些经文大义时的答

---

① 穆罕默德·侯赛因·扎哈卜:《古兰经注释与注释家》卷2,开罗知识出版社2001年版,第356页。

复,后由弟子艾布·伯克尔·穆罕默德·本·艾哈迈德·拜莱迪(Abu baker Muhammad ben 'ahmad al-baladiyy)整理成册,命名为《伟大的古兰经注释》。尽管该书篇幅不大,仅有一册,但它既是图斯塔里从示意角度注释《古兰经》的经典之作,也是苏菲注释的代表作。

该部经注中,图斯塔里首先通过分析《古兰经》的表义与隐义、极点之义和征兆之义来界定示意注释。他讲道:"只要有一节古兰经文,就有四种意义:表义、隐义、极点和征兆。表义即为诵读,隐义即为理解,极点即为判定合法与非法事物的经文,征兆即为启迪心灵解读经义和理解真主。表义知识是普通知识,理解《古兰经》的隐义及其经旨是特殊知识,真主说:'这些民众,怎么几乎一句话都不懂呢?'(4:78)即他们不懂召唤。在先知穆罕默德的民众中,只要真主选择一个挚友,就会使他或知晓《古兰经》的表义,或精通《古兰经》的隐义。隐义就是理解《古兰经》,理解《古兰经》就是知其经旨。"① 根据图斯塔里的定性不难看出,《古兰经》的表义即为,但凡通晓阿拉伯语言者都能通过诵读便可知晓的经义,是在语言的范畴内。理解《古兰经》的隐义是一项特殊的事情,是由真主引导和传授的学者,在理解经文语句的基础上深解经文的内涵之义。

图斯塔里基于他对经文表义与隐义的界定和认知,示意性地注释了一些经文。他的注释方法是,或先叙表义后述示意,或直接叙述示意。鉴于示意注释较之其他注释而言具有的难度,故读者在阅读该部经注的有些示意注释时,除了通过辞藻表述就能显而易懂的少量注释外,更多的示意注释却晦涩难懂,不甚知之。大体上,图斯塔里的示意注释旨在使人们遵循经义,修身养性,洁身自爱,陶冶情操,培养道德,培植性灵,净化心灵,纯洁灵魂,自始至终以《古兰经》所叙述的各种美德点缀自己,力作完人。同样,他也常常以《古兰经》中叙述的先知故事,以及那些虔诚修士的故事作为其示意注释的佐证。

现仅以关于先知易卜拉欣的经文为例:"他是创造我,然后引导我的。他是供我食,供我饮的。我害病时,是他使我痊愈的。他将使我死,

---

① 转引自穆罕默德·侯赛因·扎哈卜《古兰经注释与注释家》(卷2),开罗知识出版社2001年版,第381页。

然后使我复活。"(26：78—82)以便由点带面地了解图斯塔里示意注释经文的具体情况。图斯塔里在注释节文"他是创造我，然后引导我的"时讲道："真主创造我，是为了崇拜他，引导我亲近他。"在注释节文"他是供我食，供我饮的"时讲道："真主使我以快乐的信仰为食物，以信任与知足为饮料。"在注释节文"我害病时，是他使我痊愈的"时讲道："如果我因其他事物而不是为了真主活动时，真主会保护我；如果我偏爱现世的欲望，则真主会阻止我。"在注释节文"他将使我死，然后使我复活"时讲道："真主使我死，然后以赞念使我生。"[①]

注释学界研究指出，纵观图斯塔里的绝大部分注释，对普通读者而言，尽管示意的属性和行文的晦涩叙述，促使该部注释在理解上有一定难度，但从注释的学理和伊斯兰的法理来讲，图斯塔里的注释是符合学理和教理的，本质上没有任何瑕疵，因此得到了学界的普遍认可和充分肯定。此外，从示意注释《古兰经》的历史来讲，因它是示意注释的较早作品，故具有极为重要的学术价值，是研究苏菲思想和苏菲注释的不可或缺的珍贵文献。

（二）《注释的真谛》(*Haqā' iq al-tafsir*)

该部典籍的注释家是穆罕默德·本·侯赛因·本·穆萨·阿兹迪·苏莱米（Muhammad ben al-husayn ben musā al-'azdiyy al-sulamiyy，伊历330—412），呼罗珊苏菲学家、圣训学家、注释学家，以苏莱米著称于世。苏莱米早年从父修行苏菲，后师从十余位学者如艾布·阿拔斯·艾桑姆（Abu al-'abbās al-'assam，伊历—346）等研习伊斯兰传统学科。苏莱米为搜集和研究圣训，辗转内沙布尔、马雷（今属土库曼斯坦）、伊拉克、希贾兹等地潜心求教。苏莱米教书育人，传道授业达四十余载，著名弟子有哈基姆·艾布·阿卜杜拉（Al-hākim abu abd Allah）、艾布·嘎西姆·古筛里等人。苏莱米著作等身，达百余部，涉猎民族、历史、圣训、注释等方面。鉴于苏莱米在苏菲修行与苏菲学理层面的巨大贡献，后人将他视为呼罗珊地区"苏菲长老的长老"（Shaykh mashā'ikh al-sūfiyyah）、

[①] 穆罕默德·侯赛因·扎哈卜：《古兰经注释与注释家》卷2，开罗知识出版社2001年版，第382页。

"苏菲长老中的学者"[1]。

《注释的真谛》既是苏莱米的代表作，也是示意注释《古兰经》的经典之作。该部经注典籍全一册，篇幅较大，埃及爱资哈尔大学图书馆藏有作者手稿的复印本两册。《注释的真谛》虽然根据《古兰经》的章节顺序囊括了每一章，但苏莱米仅注释了每章中的部分节文。该部典籍不仅有苏莱米个人的示意注释，而且他投入了极大的时间和精力，整理了苏菲学者如贾法尔·穆罕默德·萨迪格（Ja'far Muhammad al-sādiq，伊历83—149）、朱奈德（Al-junayd，伊历—297）、图斯塔里等人关于《古兰经》大义的言论，然后根据《古兰经》章节顺序，将其编排成册，命名为《注释的真谛》。因此可以说，该部经注是苏菲示意的权威注释荟萃。

苏莱米注释经文时，没有注释《古兰经》的表义，而是对所注经文悉数作了示意注释。尽管如此，但这并不意味着苏莱米否定表义注释。对此，他在前言中明确指出，正如其他注释家整理表义注释那样，他对前人的示意注释做了整理，使其独立成册："当我发现精于表义知识的注释家早已就经文中的各种诵读、修辞、疑难、法律、语法、词汇、详细、概要、先后停止经文等各种古兰知识做了注释，而没有任何人对苏菲学者就一些经文的理解进行整理时，我就溯源伊本·阿拔斯·本·阿塔的注释，以及贾法尔·穆罕默德·萨迪没有按照章节顺序所言及的一些经文大义，并将我认为美好的言论和具有真知灼见的学者之言做了汇集，然后尽我所能，根据各章顺序做了编排。"[2]

现仅以经文"难道你不知道吗？主从云中降下雨水，地面就变成苍翠的"（22：63）为例，概要了解苏莱米个人的示意注释。苏莱米从示意角度注释这节经文时讲道："真主从近云中降下了怜悯之雨，他从怜悯之雨中开导了他的仆人心眼。然后心眼发芽，借助知识的点缀变为翠绿，结出认主独一的信仰之果。"[3]

由于苏莱米援引他者之注的量，很大程度上多于他的个人注释。因此，

---

[1] 哈非兹·谢姆斯丁·达乌德：《古兰经注释家的级别》卷2，贝鲁特学术图书出版社1983年版，第143页。

[2] 引自穆罕默德·侯赛因·扎哈卜《古兰经注释与注释家》卷2，开罗知识出版社2001年版，第385页。

[3] 同上书，第388页。

从传述角度来讲，他援引其他学者的注释，又不乏为苏菲注释中的传闻注释。如他在注释经文"善人们，必在恩泽中；恶人们，必在烈火中"（82：13—14）时，援引了贾法尔·穆罕默德·萨迪格的言论："贾法尔说：恩泽就是知识和见识，烈火就是一些灵魂，因为有些灵魂就有燃烧的火焰。"①

诚然，由于苏莱米的注释一味地局限于示意而没有言及表义，因此不免给一些学者留下了评论的空间。例如哲拉鲁丁·苏尤蒂在《古兰经注释家的级别》（*Tabaqāt al-mufassirīn*）中，将苏莱米及其注释列为新生事物者（Al-mubtadi'ah）行列："我之所以将苏莱米列为此列，是因为他的注释是不受赞扬的注释。"② 伊本·泰米叶则从苏莱米援引的注释角度对其给予评论。他认为，"苏莱米传自贾法尔·穆罕默德·萨迪格的所有言论都是谎言，传自其他学者的言论亦如此"③。毋庸置疑，伊本·泰米叶的断言既是对苏莱米所引注释的否定，也是对苏莱米缺失严谨治学态度的批评。反之，法学家塔仲丁·本·塞拜克（Tāj al-dīn al-sabakiyy，伊历？—771）在《大阶层》（*Al-Tabaqāt al-kubrā*）中，则将苏莱米视为注释的"权威"（Al-thiqah）。④ 穆罕默德·侯赛因·扎哈卜教授在对哲拉鲁丁·苏尤蒂和伊本·泰米叶的言论进行分析后指出，哲拉鲁丁·苏尤蒂将苏莱米列为新生事物者的行列，未免言过其实，不符事实。同样，伊本·泰米叶之所以认为苏莱米传自贾法尔·穆罕默德·萨迪格等人的绝大部分言论为谎言，是因为传自贾法尔·穆罕默德·萨迪格的绝大部分言论，都是什叶派假借贾法尔之口的伪注，并不是贾法尔的注释。因此问题就在于，苏莱米未经严格考证就引述这些伪注，说明他缺乏注释家应有的治学和考据态度。

（三）《古兰经真谛新解》（'*Arā'is al-bayān fi haqā'iq al-qur'ān*）

该部经注的作者是艾布·穆罕默德·设拉兹（Abu Muhammad al-

---

① 引自穆罕默德·侯赛因·扎哈卜《古兰经注释与注释家》卷2，开罗知识出版社2001年版，第389页。

② 哲拉鲁丁·苏尤蒂：《古兰经注释家的级别》，贝鲁特学术图书出版社1983年版，第31页。

③ 引自穆罕默德·侯赛因·扎哈卜《古兰经注释与注释家》卷2，开罗知识出版社2001年版，第386页。

④ 哈非兹·谢姆斯丁·达乌德：《古兰经注释家的级别》卷2，贝鲁特：学术图书出版社1983年版，第143页。

shīrāziyy，伊历？—666），全名为艾布·穆罕默德·鲁兹拜汗·艾布·纳赛尔·拜格里·设拉兹（Abu Muhammad rūzbhān ben abu al-nasar al-baqaliyy al-shīrāziyy），苏菲修士、苏菲学者、注释学家。关于他的生平，学界知之甚少。《古兰经真谛新解》是设拉兹和苏菲示意注释的代表作，共两大册，埃及爱资哈尔大学图书馆藏有该书。

毋庸置疑，作为示意注释《古兰经》的代表人物，设拉兹在示意注释整部经文的同时，对注释经文的表义之于解读经义经旨的首要性和必然性表示认同。对此，他在前言中讲道："当我发现亘古不变的《古兰经》之表义和隐义都毫无穷尽，任何人都不能达到它的完美、尽解它的大义——它的每一个字母都是奥妙之海、光明之河，它叙述古有，其本体和属性的完美没有止境，正如真主所言：'若用大地上所有的树来制成笔，用海水作墨汁，再加上七海的墨汁，终不能写尽真主的言语。'（31：27）'你说：'假若以海水为墨汁，用来记载我的主的言辞，那么，海水必定用尽，而我的主的言辞尚未穷尽，即使我们以同量的海水补充之'（18：109）——时，我决意从这些亘古之海中，汲取那些学者们的理解和智者们的理性没有触及到的永恒智慧与示意，以效仿圣贤、追随先贤、跟从贤哲。我运用言简意赅的表述，就《古兰经》的真谛、妙义和示意著书立说。也许，我对某节经文的注释，先贤们没有注释它。此外，我在自己的表述后，又引述了先贤们与我的注释如出一辙的言论和示意。但我舍弃了他们的很多注释，以便我的这本书便于携带，易于理解。在示意注释中，我求助真主，使注释符合真主的经旨、使者与圣门弟子的圣道、使者民众中的贤哲之路。真主使我足矣，真主满足每一个弱者……我将它命名为《古兰经真谛新解》。"①

根据设拉兹在前言中的表述不难看出，设拉兹完全认同《古兰经》表层大义的主导思想，为其从示意角度注释经文隐义奠定了法理基础和学理依据。换言之，设拉兹在认同表义注释的同时，肯定了其经注内容只是真主赋予他的古兰真谛、彰显给他的示意注释。设拉兹的"我求助真主，以便注释符合真主的经旨与使者的圣道"之论，足以说明他旨在肯定其

---

① 转引自穆罕默德·侯赛因·扎哈卜《古兰经注释与注释家》卷2，开罗知识出版社2001年版，第390—391页。

经注中的注释大义,就是对真主经典的解析,是他对经旨的阐释。

现仅以设拉兹对经文"真主以他所创造的东西做你们的遮阴,以群山做你们的隐匿处,以衣服供你们防暑[和御寒],以盔甲供你们防御创伤。他如此完成他对你们的恩惠,以便你们顺服"(16:81)所作的示意注释为例,了解他的注释思想:"经文中的遮阴就是真主之友("卧里")带来的阴影,以便求道者借此阴影避免苦行的酷热,求助此阴影远离不义的统治、人类与精灵的蛊惑。真主之友就是真主在大地的影子,正如圣训所言:'素丹就是真主在大地的影子,但凡受压迫者都求助于他们。'经文'以群山做你们的隐匿处'中的群山,即为著名学者的心、真主喜悦的人群中幸福者的影子,献身于真主者居住其中。经文'以衣服供你们防暑[和御寒]',即为真主给学者们创造了人类灵魂之服装,以便他们不被圣洁之火燃烧。经文'以盔甲供你们防御创伤',即为知识的盔甲和喜爱的武器,以便你们借此抵御精神与恶魔的挑战。然后,真主就为你们增加他的恩惠,正如真主所言:'他如此完成他对你们的恩惠,以便你们顺服。'"①

(四)《零星注释》(*Al-ta'wīlāt al-najmiyyah*)

这部注释典籍与前几部注释典籍不同的是,它先后经两位注释家之手完成,前者是苏菲修士、苏菲学者、注释学家、以达耶著称于世的纳杰穆丁·达耶(Najmu al-dīn Dāyah,伊历?—654)②,后者是教法学家、圣训学家、注释学家、苏菲修士阿拉·道莱·塞姆纳尼('Alā' al-dawlah al-samnāniyy,伊历659—736)。③

---

① 转引自穆罕默德·侯赛因·扎哈卜《古兰经注释与注释家》卷2,开罗知识出版社2001年版,第392页。

② 纳杰穆丁·达耶,全名为艾布·伯克尔·阿卜杜拉·本·穆罕默德·本·沙哈德尔·阿萨德·拉齐(Abu bakr 'abd Allah ben Muhammad ben shāhādar al-'asadi al-rāziyy),师从纳杰穆丁·艾布·杰纳布(Najmu al-dīn abu al-janāb)修行苏菲。纳杰穆丁·达耶早年定居中亚花剌子模,后在成吉思汗征服中亚时移居罗马,幸遇著名苏菲学者萨德尔丁·格奈维(S adr al-dīn al-qanawiyy,伊历—672),并追随其修行苏菲。据说纳杰穆丁·达耶死于成吉思汗征战期间,葬于巴格达近郊。

③ 阿拉·道莱,全名为艾哈迈德·本·穆罕默德·本·艾哈迈德·本·穆罕默德·塞姆纳尼('Ahma ben Muhammad ben 'Ahma ben Muhammad al-samnāniyy),以"阿拉·道莱"著称。阿拉·道莱曾师从当时多位学者攻读教法学、圣训学、注释学,博览群书,过目不忘,著作达三百余部。在注释学领域尤成果斐然,著有一部13卷的注释专著。伊历736年逝于巴格达。

《零星注释》共5大册，前4册系纳杰穆丁·达耶所注，内容从《古兰经》首章到播种者章（第51章）第17—18节经文"他们在夜间只稍稍睡一下，他们在黎明时向主求饶"。第5册由阿拉·道莱完成。阿拉·道莱在补充注释前，首先写了长篇前言，接着再次注释了首章，然后从山岳章（第52章）开始注释至《古兰经》末章。令后人遗憾的是，由于纳杰穆丁没有注完播种者章的剩余节文（第19—60节），而阿拉·道莱又从山岳章开始注释，因此使这部名著最终留下了注释的空白区。

细究两位注释家的杰作，不难发现两者之间存有差异。纳杰穆丁注释经文时，首先注释了经文的表义如降示背景、先后停止经文、经文辞藻大义等，然后才进行示意注释，并明确指出该节经文中的示意是如此如此。此外，纳杰穆丁由于没有将其注释仅仅基于苏菲示意，故他的注释易于理解，便于接受。反之，阿拉·道莱的注释不但没有言及表义注释，而且其注释晦涩难懂，唯有极其精通阿拉伯语与阿拉伯术语、勤于苏菲修行的人能知晓其义。这是因为，阿拉·道莱将其注释建立在苏菲示意基础上。对此，他在前言中讲到，《古兰经》的每节经文都有7种注释，各种注释互相不一，各有其义：专于结构之层次的注释、专于灵魂之奥妙的注释、专于心灵之奥妙的注释、专于奥义之奥妙的注释、专于精神之奥妙的注释、专于隐义之奥妙的注释、专于真理之奥妙的注释。阿拉·道莱在注释诸如经文"信道的人们啊！你们在酒醉的时候不要礼拜，直到你们知道自己所说的是什么话；除了过路的人以外，在不洁的时候不要入礼拜殿，直到你们沐浴。如果你们有病，或旅行，或入厕，或性交，而不能得到水，那么，你们可趋向洁净的地面，而摩你们的脸和手。真主确是至恕的，确是至赦的"（4：43）时认为，类似这样的节文不但有7种彼此不一的解释，而且有70种，甚至700种解释。

一言以蔽之，《零星注释》无疑是示意注释中的经典著作，如果将阿拉·道莱所注的第5册排除在外，则这部典籍较之前述几部典籍更易于被全体穆斯林理解和接受。然而，从学理角度来讲，如果没有阿拉·道莱的注释，则这部典籍不但存在注释完整性的缺失，而且一定程度上失去了示意注释应有的奥义所在。换言之，由于这部经注典籍是示意注释中唯一经过两位注释家之手完成的和合之作，故其较之其他典籍更具鲜明特点——前后注释差异巨大，难易交叉，表义之注与示意之注相结合。现举例说明纳杰穆丁与阿拉·道莱的不同注释风格,以便从中窥见两位注释家的注释思想和注释观点。

纳杰穆丁在注释经文"当塔鲁特统率军队出发的时候,他说:'真主必定以一条河试验你们,谁饮河水,谁不是我的部属;谁不尝河水,谁确是我的部属。'只用手捧一捧水的人,[不算违抗命令]"(2:249)时讲道:"该节经文中的示意是:真主以今世之河、今世的繁华之水,以及为众生所装饰的事物考验众生。因为真主说:'迷惑世人的,是令人爱好的事物,如妻子,儿女,金银,宝藏,骏马,牲畜,禾稼等。'(3:14)以便好人与坏人泾渭分明,善与恶、接受与拒绝截然不同,正如真主所言:'我确已使大地上的一切事物成为大地的装饰品,以便我考验世人,看谁的工作是最优美的。'(18:7)然后,真主考验世人,真主说:'谁饮河水,谁不是我的部属;谁不尝河水,谁确是我的部属。'亦即属于我的挚友、喜悦我的人、追求我的人,他有接近我、领受我、具有我的属性、获得我的尊严的特权。先知曾说:'我是真主的部属,信士们是我的部属。'经文'只用手捧一捧水的人',就是那些满足于现世中衣食住行等生活必需品而不贪婪者,正如先知穆罕默德及其圣门弟子的所作所为,先知曾说:'主啊,求你恩赐穆罕默德家属以给养!'"[①] 从这节经文的注释来看,纳杰穆丁不仅从示意角度注释了该节经文,而且一定程度上运用"以经注经"和"以训注经"的基本原则来解读经义经旨,从而使其注释既有根有据,而且示意鲜明,简而易懂。

阿拉·道莱在注释经文"真主以法老的妻子,为信道的人们的模范。当时,她曾说:'我的主啊!求你在你那里,为我建筑一所房子在乐园里。求你拯救我脱离法老,和他的罪行。求你拯救我脱离不义的民众'"(66:11)时讲道:"经文'真主以法老的妻子,为信道的人们的模范',即信士的力量有别于受谴责者的力量。经文'法老的妻子'即为善良的力量,面对狂妄骄横、暴虐邪恶的力量时毫不畏惧,如果她自身善而不邪,昧信的邪恶力量就不能伤害她。经文'当时,她曾说:'我的主啊!求你在你那里,为我建筑一所房子在乐园里。求你拯救我脱离法老,和他

---

① 转引自穆罕默德·侯赛因·扎哈卜《古兰经注释与注释家》卷2,开罗知识出版社2001年版,第396页。

的罪行。求你拯救我脱离不义的民众'意思是说,当时善良仁厚的女人在与她的养主交流时说:'求你为我建造一座干净的心房,求你拯救我摆脱邪恶的力量及其罪行,求你拯救我摆脱不义的力量。'"① 以点带面,阿拉·道莱的注释处处都表现出了与经文表义截然不同的注释思想,对经文中的每个词汇,都赋予了示意注释。这些示意注释,正如他在前言中所言,不为一般人所能懂,而只有那些精通经文语义、勤于苏菲修行和敏思顿悟的人能领会其注释。简言之,由于阿拉·道莱注释的出发点是基于苏菲示意思想,故与纳杰穆丁的注释从方法到内容、从语言到思想都明显不同,其文晦涩,其义难解。

第五节　古兰学式注释

一　古兰学发展概观

古兰学是研究和注释《古兰经》者必须掌握和通晓的基本学科。《中国伊斯兰百科全书》根据历代穆斯林学者和古兰学专家对古兰学的不同定义,综合各家之说后定义"古兰学"为:"伊斯兰教的基本学科之一。以《古兰经》为研究对象,故名。其内容主要包括:经文的降示概况、经文的记录、收集、整理、统一定本、章节划分和排列,经文的分期、不同的读法、说文解字、具体经文降示背景、经文的相互废止、相互印证和相互解释等,意义明确的经文和意义隐晦的经文,经文中的词法、语法修辞的特点以及对经文的研究和注释等。同时还包括各个时代围绕《古兰经》的天启性、无始性和不可拟作性等问题争论的答辩。古兰学的主要宗旨在于通过对上述问题的研究,使人们了解《古兰经》的来历和内容,确立其天启性和其辞章、义理的超绝性,以及统一定本的可靠性,以维护《古兰经》的神圣地位。"②

古兰学自先知穆罕默德至9世纪下半叶时期尚未形成。尽管如此,但

---

① 转引自穆罕默德·侯赛因·扎哈卜《古兰经注释与注释家》卷2,开罗知识出版社2001年版,第398页。

② 宛耀宾总主编:《中国伊斯兰百科全书》,四川辞书出版社1994年版,第180页。

第五章 《古兰经》注释的内容　381

从学科形成的雏形角度来讲，先知穆罕默德给圣门弟子诵读经文与解释疑难经文，圣门弟子书写、收集、整理和定本《古兰经》，圣门弟子以降至 10 世纪初期穆斯林学者研究《古兰经》降示背景、经文先后停止、经文不同读法、经文定本和标符书写，以及注释家对经文词义辞藻、词法语法、经义经旨的分析与注释等，为古兰学的形成奠定了理论基础和学理根据。

阿拔斯王朝第五任哈里发哈伦·拉希德与沙菲仪的一段对话充分说明，虽然古兰学学科体系的形成相对较晚，但古兰学的功用以及学术界对《古兰经》有关知识的研究已是较早的事情。彼时，哈伦·拉希德请教沙菲仪："沙菲仪，你对真主的经典知之如何？"沙菲仪回答："信士的长官，你就真主所有经典中的哪部经典请教我呢？因为真主降示了多部经典。"拉希德说："你说得对。但我只就真主降示给先知穆罕默德的经典请教你？"沙菲仪说："的确，《古兰经》的知识丰富多样，你是问我它的明确经文呢，还是它的隐微经文呢？是经文的前置呢，还是经文的后置呢？是停止经文呢，还是被停止经文呢？"然后，沙菲仪就古兰学知识逐一作了回答。[①]根据这段对话，古兰学的出现与伊斯兰学界迫切需要研究《古兰经》中各种知识有着直接关系。换言之，古兰学的出现很大程度上与伊斯兰文化的两门传统学科的发展相辅相成。其一，它与伊斯兰法学的发展有着直接关系。这是因为，演绎教律和据律裁决与认知那些涉及教律的有关经文——伊斯兰法源——的降示背景、先后停止、明确隐微、互相阐释、各种诵读等息息相关。其二，它与伊斯兰教义学的发展密不可分。这是因为，教义学家就有关涉及真主属性、世界和人的经文所产生分歧与辩论而形成的教义学，致使他们致力于对《古兰经》的超绝性和修辞性（诸如经文本义与隐喻）等进行不同程度的研究。教义学的发展，有助于穆斯林进一步了解和认知《古兰经》的天启性、辞章义理的超绝性，以维护其无与伦比的神圣地位。

公元 10 世纪，古兰学著作的出现，标志着伊斯兰学术界和古兰学界对《古兰经》中有关知识的研究，逐渐向着学科化的方向发展。

综上概而言之，古兰学经过三个阶段的进程最终形成体系化、学术化

---

① 穆斯塔法·勒杰卜：《古兰学》，开罗米苏尔出版社 2000 年版，第 5 页。

和学科化。在这三个阶段,历代古兰学家从经文注释、词语解释、降示背景、经文诵读等不同角度和各个层面,深微细致地研究《古兰经》,促使古兰学成为系统研究《古兰经》的工具性专业科学。

(一) 古兰学雏形阶段

该阶段大体为伊斯兰纪元前 6 个世纪,学术界主要以两种形式,陆续推出了研究《古兰经》某一方面或几个方面的学术著作,成为古兰学的雏形阶段。

其一,经注学著作形式。最早文字记载古兰学的研究成果,当是部分再传弟子与三传弟子,如穆扎希德·本·哲拜尔、穆贾提勒·本·苏莱曼(Maqātil ben sulaymān,伊历? —150)、沙尔卜·本·哈吉(Shu'abah ben al-hāj,伊历? —160)、沃基阿·本·吉拉赫(Wakī' ben jilāh,伊历? —197)、素福亚·本·欧耶奈(Sufyān ben 'uyaynah,伊历? —198)等人的注释,有些保存至今,有些业已散逸。从现有文献来看,他们在阐释经文大义时,都或多或少地涉及了古兰学中的某些内容,如先后停止经文、麦加章和麦地那章的属性。

含有古兰学大量内容的注释专著,是注释史上首部注释典籍——泰伯里的《古兰经注释总汇》,该部典籍被视为文字全面注释《古兰经》和古兰学研究的真正开始。泰伯里在注释那些涉及古兰学某些知识的经文时,涉及了古兰学的一些内容。如经文"他降示你这部经典,其中有许多明确的节文,是全经的基本;还有别的许多隐微的节文。心存邪念的人,遵从隐微的节文,企图淆惑人心,探求经义的究竟。只有真主和学问精通的人才知道经义的究竟。他们说:'我们已确信它,明确的和隐微的,都是从我们的主那里降示的。唯有理智的人,才会觉悟。'"(3:7)他在注释该节经文时,叙述了关于"明确经文和隐微经文"的各家之见和各种传述。再如经文"我必使他们迷误,必使他们妄想,必命令他们割裂牲畜的耳朵,必命令他们变更真主的所造物。谁舍真主而以恶魔为主宰,谁确已遭受明显的亏折"(4:119)。他注释时概要谈及了普指经文和特指经文、概要经文和阐明经文。又如经文"凡是我所废除的,或使人忘记的启示,我必以更好的或同样的启示代替它。难道你不知道真主对于万事是全能的吗?(2:106)"他在注释中阐述了先后停止经文。此外,泰伯里在其注释典籍中不仅言及了诵读学中的 7 个字母、《古兰经》的收集和整理、《古兰经》各章的编排，而且还在其典籍的前言中，就那些关系到理解《古兰经》的相关知识做了阐述。

继泰伯里之后，宰迈赫舍里的《启示真相揭示》、古尔泰卜的《古兰经教律总汇》、伊本·杰兹耶·凯里斌（Ibn jazy al-kalibiyy，伊历？—741）的《伊本·杰兹耶经注》（*Tafsir ibn jazy*），不仅就涉及古兰学的有关知识做了阐述，也在他们典籍的前言中，不同程度地研究和阐述了古兰学及其分支学科内容。

其二，古兰学著作形式。古兰学以专著形式问世，大体分伊历3世纪、4世纪和5世纪三个时期。伊历3世纪，一些穆斯林学者就古兰学中的某一分支学科，专门著书立说给予阐述，如嘎希姆·本·赛拉姆（Al-qāsim ben salām，伊历？—224）的《古兰经的生僻词汇》（*Gharīb al-qur'ān*）、《古兰经的优越》（*Fadā'il al-qur'ān*）、《古兰经文的先后停止》（*Al-nāsikh wal mansūkh*），阿里·本·麦迪尼（Ali ben al-madīniyy，伊历？—243）的《古兰经降示背景》（*'Asbāb al-nuzūl*），艾布·达乌德·西季斯塔尼（Abu dāwud al-sijistāniyy，伊历？—275）的《古兰经文的先后停止》（*Al-nāsikh wal mansūkh*）、《古兰经的生僻词汇》（*Gharīb al-qur'ān*），伊本·古太白的《疑难经文释意》（*ta'wil mushkil al-Qur'ān*）以及穆罕默德·本·安尤卜·达里勒（Muhammad anyūb al-darīr，伊历？—294）就麦加章和麦地那章所著的《古兰经的优越》（*Fadā'il al-qur'ān*）。

伊历4世纪，一些穆斯林学者在前人研究成果的基础上，对古兰学的单一题目进行了更加完善的研究。其中代表作主要有穆罕默德·本·海里夫·麦尔祖巴尼（Muhammad ben khalf al-marzubān，伊历？—309）的《古兰学大全》（*Kitāb al-hāwiyy fī 'ulūm al-qur'ān*）、艾布·贾法尔·努哈斯的《古兰经文的先后停止》（*Al-nāsikh wal mansūkh fī al-qur'ān al-karīm*）。尤须指出的是，艾布·伯克尔·安巴尔（Abu bakr al-'anbāriyy，伊历？—328）的《古兰学奇迹》（*'Ajā'ib 'ulūm al-qur'ān*），对诵读学中的七个字母、《古兰经》的书写、经文的节数、章节的编排做了一定程度的阐述，从而使古兰学中的单一专题研究向着多项专题研究的方向发展。

伊历5世纪，研究《古兰经》的学者们不仅就古兰学的某一专题进行了更加系统而深化的全面研究，而且推出了一些涵盖多项专题的古兰学著作。其中，对单一专题进行系统研究的名著主要有巴格拉尼（Al-bāqilāniyy，伊历？—403）的《古兰经的超绝》（Fī'i'jāz al-qur'ān）——该书批驳了当时否认古兰天启的某些主张，起到了维护穆斯林大众派对《古兰经》的信仰的作用①，以及豪斐（Al-hawfī，伊历？—430）的《古兰经句法》（'I'rāb al-qur'ān）和艾布·阿穆尔·达尼（Abu'amrū al-dānī，伊历？—444）的《七家读法易知》（Kitāb fī al-qirā'āt）。

对古兰学中多项专题进行研究的著作主要是豪斐的《古兰学明证》（Al-burhān fī'ulūm al-qur'ān）。该书共六册，内容涵盖了《古兰经》生僻词汇、《古兰经》句法、《古兰经》教律、《古兰经》诵读、《古兰经》注释、《古兰经》文的先后停止、《古兰经》的节数、《古兰经》的启示、《古兰经》词汇的派生、《古兰经》词汇的变格。毋庸置疑，该书是古兰学历史上以古兰学命名，首次就古兰学的多项内容进行详细研究的专著，具有开辟研究古兰学多项专题先河的历史意义和学术价值。因此，当代埃及学者穆罕默德·穆罕默德·奥斯曼（Muhammad Muhammad'uthmān）教授在申请埃及苏哈季大学文学系博士学位时，就将该书中的"注释专题"作为其博士学位论文的研究题目——《豪斐的注释方法》（Manhaj Al-hawfī fī al-tafsir）。

（二）古兰学形成阶段

伊历纪元的前6个世纪，穆斯林学界就古兰学的研究，一部分囿于注释范畴内，另一部分虽然以古兰学的专著形式出现，但其涉猎的研究范围相对有限，内容单一，从学科的独立性来讲尚处于古兰学雏形阶段。

自伊历7世纪开始，古兰学才真正发展成为一门独立的学科，其标志是注释家、古兰学家伊本·朱济的《古兰学艺术撷精》（Funūn al-'alfān fī'ulūm al-qur'ān）与《古兰诸学之撮要》（Funūn al-'alfān fī'Ajā'ib'ulūm al-qur'ān）。伊本·朱济的两部专著，从界定学科的术语意义来讲，被古兰学和注释学界视为以"古兰学"为题，对《古兰经》进行系统研究的真正开始。伊本·朱济首次将古兰学作为独立的学科进行研究，

---

① 宛耀宾总主编：《中国伊斯兰百科全书》，四川辞书出版社1994年版，第181页。

内容涵盖了《古兰经》的优越、7个字母、《古兰经》语言、麦加章和麦地那章、诵读的起始与停顿、隐微经文与明确经文、经文降示背景、经文先后停止等。此外，还有"艾布·沙麦（？—1266）的《古兰学简引》。从他们的著作中可以看出'古兰经诸学问'一词的含义包括当时已经出现的有关古兰经的各种问题。多数学者遂认为古兰学正是形成于13世纪"①。

（三）古兰学发展阶段

自《古兰经》问世到伊历7世纪，古兰学经过7个世纪的缓慢发展最终形成。伊历8世纪（即公元14世纪）以降，古兰学走向全面发展阶段，表现形式有二。其一，伊斯兰学术界将伊斯兰文化发展过程中创制的专业学术概念、学术思想与理论见解，运用在《古兰经》研究领域。其二，古兰学家推出的全方位研究古兰学专著的出现，促使该学科最终成熟、定型和独具体系，其显著标志是法学家泽尔克西的名著《古兰学明证》。由于该书借鉴、吸收和综合前人的古兰学研究成果，讨论了古兰学中的47类知识，因此被视为是纯学术意义上的"古兰学"学科的真正奠基之作。②

泽尔克西之后，古兰学家哲拉鲁丁·布勒盖尼（Jalāl al-dīn al-burqīniyy，伊历762—824）和哲拉鲁丁·苏尤蒂，将古兰学研究推向高潮。哲拉鲁丁·布勒盖尼所著《群学星照》（*Mawāqi' al-'ulūm min mawāqi' al-nujūm*），详细研究了古兰学内容，"主要讲述经文降示的时间、空间及与之有关的事件；经文的口授、背记、传述及传述人；习读经文及习读规则；经文的用法及修辞；经文中的律例及其类别；《古兰经》的分与合、简与繁、长与短等不同章法。"③哲拉鲁丁·苏尤蒂以泽尔克西的《古兰学明证》为蓝本所著《古兰经学通论》，研究了关于《古兰经》的80类知识，从而使古兰学研究达到了历史顶峰。"该书在吸收并总结早期古兰经学研究成果的基础上，进行综合归纳、系统研究，肯定了各家见解，扩大了研究范围，并将经注学纳入这一研究领域。其资料之丰

---

① 宛耀宾总主编：《中国伊斯兰百科全书》，四川辞书出版社1994年版，第180页。
② 穆斯塔法·勒杰卜：《古兰学》，开罗米苏尔出版社2000年版，第10页。
③ 宛耀宾总主编：《中国伊斯兰百科全书》，四川辞书出版社1994年版，第181页。

富，理论之深广，都超过前人，历来被认为是这一学科的权威著作。其主旨在于研究和论述《古兰经》的天启性质及其在伊斯兰教中的经典地位和对教义、教法的指导作用。内容共分 80 章，主要阐述和介绍《古兰经》中麦加时期章节与麦地那时期章节的内容、特点和意义，各章节经文降示的时间、地点和所涉及的问题、事件及其背景，经文的搜集、编排过程，各章章名和部分章首字母的含义，《古兰经》诵读法，经文中阿拉伯化了的外来语、专有名词，语法及修辞，经文中信条和教法的神圣性；意义明确与意义隐晦的经文，意义无限制与意义有限制的经文，意义普遍与意义个别的经文，废止与被废止的经文，首降与末降的经文，经文书写法，《古兰经》注释及注释者应具备的条件、应遵守的规则等。"①

自哲拉鲁丁·苏尤蒂的《古兰经学通论》至 20 世纪初期，古兰学发展处于长时期停滞状态。虽然这期间也有学者著述了有关古兰学的著作，但大都是对前人研究成果的细化和重复，既无内容创新更无体例新意。20 世纪 30 年代初期，埃及爱资哈尔大学开展的学术复兴和创建院系的举措，为古兰学的研究注入了新的活力，促使古兰学的研究方法和研究内容有了新的发展。该校宗教原理系的一些学者就古兰学著述了大量著作，如穆罕默德·阿布杜·阿济姆·祖尔贾尼（Muhammad 'abd al-'azīm al-zurqāniyy）的《知识之源：古兰学》（*Manāhil al-'irfān fi 'ulūm al-qur'ān*）。除爱资哈尔大学学者就此著书立说外，其他伊斯兰国家大学的伊斯兰学者、古兰学家，甚至是西方世界的东方学家，多维度地纵深研究《古兰经》，促使古兰学研究呈现一派繁荣景象。

20 世纪以降，古兰学之所以能够再现辉煌，"原因一是伊斯兰国家和地区科学文化的发展进步以及伊斯兰文献的挖掘整理和印行，使伊斯兰学者的研究思路有了更新，所能依据的材料更为丰富；二是西方殖民主义者及其传教士对《古兰经》的歪曲和诋毁，激发了伊斯兰学者对古兰学的重视，迫使他们不得不对那些反伊斯兰的论点进行辩驳，从而拓宽了研究范围，丰富了古兰学的内容；三是 19 世纪以来，西方一些较公正的东方学家出于要研究先知穆罕默德的生平事迹及其思想主张等目的，对《古兰经》进行历史的和学术的研究，如《古兰经》的历史

---

① 宛耀宾总主编：《中国伊斯兰百科全书》，四川辞书出版社 1994 年版，第 176 页。

背景、经文降示的时间顺序以及某些经文的社会意义等,并编写出了一些不同于伊斯兰学者观点和写作方法的作品,其中德国诺尔迪克·修杜尔(1836—1930)的《古兰经历史》和法国学者勃拉尔(1900—?)的《古兰经的启示、成书、翻译及其影响》较为有名。"①

20世纪以来,如果说古兰学学术活动的繁荣是有多种因素促成,那么它的繁荣也在说明:

其一,学界迫切需要研究方法的创新,一则将新时期的古兰学研究推向纵深,二则促使伊斯兰学界研究古兰学时,基于前人的研究成果务必开拓创新,旁征博引地运用伊斯兰文化遗产中的其他文献资料,而不仅仅是单向度地囿于那些著名的古兰学典籍文献。是故,一些伊斯兰学者和古兰学专家,"开始改变过去那种只引证前人尤其'前三代'的言论,不加分析地堆积资料的老传统,而采取筛选资料,去粗存精,为我所用,综合分析,并能结合当代人们对《古兰经》提出的异议或问题进行研究。这方面的著作有布塔希尔·阿尔及里于1916年前后完成的《古兰学辨析》、穆·阿里·赛兰的《古兰学纲领》、什叶派学者赞加尼(1891—1941)的《古兰经历史》、前爱资哈尔大学副校长穆·马赫鲁夫的《古兰学提要》、穆·萨布尼的《古兰学辨析》等。此外,什叶派学者对古兰学的研究有许多独到之处。如艾布·阿卜杜拉·赞贾尼的《古兰经历史》和伊玛目胡毅的《古兰学阐释》,都具有相当高的学术参考价值。"②

其二,学界迫切需要校勘古兰学的一些历史文献典籍,以便改错为正,去伪存真,既有助于读者,也有利于未来古兰学研究人员谨防以讹传讹。

其三,学界明确指出,在传授伊斯兰文化知识前,务必先教授古兰学的一些知识。这是因为,正如《古兰经》是伊斯兰文化之源,古兰学亦是了解《古兰经》的工具性学科。因此只有全面认知了古兰学,才能正确认知和准确理解《古兰经》,继而能够深入研究伊斯兰文化体系的内涵、外延及其应有的学术价值、现实意义和社会效应。③

---

① 宛耀宾总主编:《中国伊斯兰百科全书》,四川辞书出版社1994年版,第181页。
② 同上。
③ 穆斯塔法·勒杰卜:《古兰学》,开罗米苏尔出版社2000年版,第11页。

二　古兰学与注释学的二元一体关系

《古兰经》作为伊斯兰文化的渊源，毋庸置疑催生了该文化体系中的诸多学科。哲拉鲁丁·布勒盖尼在《群学星照》中，列数 50 门研究《古兰经》文体及相关学科知识的同时，就《古兰经》涵盖的丰富内容讲道："《古兰经》的内容分类丰富，学科知识齐全。"穆萨伊德·坦雅尔教授在《古兰学及古兰经注释原理论集》中，根据布勒盖尼等学者的研究文献，综合各家之说，对《古兰经》构建和催生的学科，做了概括性总结，分为两大类：

第一大类是围绕《古兰经》构建的学科，共有 16 门，第一大类是因认知《古兰经》而形成的学科，主要是《古兰经》的降示概况学、诵读学、定本学、符号学、节数学、优越学、特殊学、章节学、隐微经文学、诵读起始与停顿学、麦加章和麦地那章学、降示背景学、经注学、比喻经文学、起誓经文学、生僻词汇学。

第二大类是《古兰经》催生的学科，分两类，一类是涉及《古兰经》内容的学科，主要是教律学、先后经文停止学、普指和特指经文学、绝对和限定经文学、概要和详述经文学、明确和隐微经文学；另一类是涉及《古兰经》语言的学科，主要是《古兰经》的修辞学、隐微学、句法学、文体学、外来词汇学、词汇奥妙学。

此外，坦雅尔教授还根据哲拉鲁丁·苏尤蒂的《古兰经学通论》指出，鉴于包罗万象的《古兰经》对涉猎内容和知识具有的原理原则性，诸如教义学、哲学、文学、社会学、经济学、医学、宇宙学、天文学、数学、地理学、生物学等学科知识，大体都与《古兰经》有着直接或间接的关系。[①] 因此，历代穆斯林学者普遍认为，《古兰经》是伊斯兰文化中诸多学科的总源，甚至教义学家和哲学家伊本·阿拉比在《注释法则》（*Qānūn al-ta'wīl*）中，将《古兰经》的每一个单词都视为一类知识："的确，根据《古兰经》单词数目，《古兰经》的知识学科是 77450

[①] 穆萨伊德·坦雅尔：《古兰学及古兰经注释原理论集》，利雅得穆罕底斯出版社 2005 年版，第 44—45 页。

种。"① 哲拉鲁丁·苏尤蒂亦高度总结了《古兰经》蕴涵内容的以点带面性和知识渊源性："我们的经典《古兰经》，是所有知识的渊源，真主在《古兰经》中确立了所有事物的知识，他在《古兰经》中分辨了正道与迷误，你发现每一门学科都要依据《古兰经》。"② 当代学者穆萨·易卜拉欣·易卜拉欣（Mūsā 'ibrāhīm al-'ibrāhīm）也就此讲道："至于伊斯兰教和阿拉伯的所有学科，毫无疑问都建立在《古兰经》的基础上，都源自《古兰经》。"③

由上，无论是围绕《古兰经》形成的学科，还是《古兰经》催生的学科，抑或源自《古兰经》原理原则形成的学科，都具有学科共性——认知《古兰经》，有两大特点。其一，除其中绝大部分学科是认知和研究《古兰经》文体的工具性学科，如诵读学、降示背景学等外，其余学科是解读经义经旨的知识性学科，如经注学和教律学等。其二，各学科一方面体现自身特点和属性，另一方面又因认知和解读《古兰经》具有的共性而互相影响，彼此交织，形成了多学科之间的交叉特点，如教律学与降示背景学、先后经文停止学等息息相关。

体现《古兰经》构建诸多学科，并且互相之间具有交叉特点的综合学科，当是"古兰学"——研究《古兰经》文体经义的若干学科共同构建而成的集大成学科。换言之，从学科的独立性来讲，古兰学自成一家；从学科的交叉性来讲，它的分支学科在自成学科体系的同时，又隶属其范畴。因此，学界在界定"古兰学"的学科名称时，遂用"'ilm"（学科）的复数形式"'ulūm"（所有学科）指称了古兰学——《古兰经》诸学问。基于此，尽管自成学科体系的"经注学"（'ilm al-tafsir）——伊斯兰文化体系中仅次于圣训学而形成的最早学科——早于"古兰学"形成，但从学科交叉性和隶属性来讲，它则是古兰学的重要内容之一，是古兰学最早的主干学科——如果将文字记录时间作为学科形成标志的话，经注学又可称为"古兰学之母"（'umm 'ulūm al-qur'ān），其形成为古兰学

---

① 转引自哲拉鲁丁·苏尤蒂《古兰经学通论》，贝鲁特阿拉伯图书出版社2003年版，第730页。
② 哲拉鲁丁·苏尤蒂：《古兰经学通论》，贝鲁特阿拉伯图书出版社2003年版，第21页。
③ 穆萨·易卜拉欣·易卜拉欣：《深思古兰经——古兰学纲要研究》，约旦安玛尔出版社1989年版，第11页。

的学科化和体系化奠定了学术基础。①

　　古兰学和经注学的差异性在于，古兰学的研究范畴通常侧重于《古兰经》文体，与其交叉的学科范畴较之经注学有限。然而，经注学尽管是古兰学的主干分支学科，但它的学科性质决定了其所涉猎内容的纷繁性和庞杂性，如人文学科的教义学、语言学、法学、哲学、文学、历史学等，以及自然学科的医学、天文学、地理学、数学等，因此其范围较之古兰学更为广泛，具有普遍意义——经注学不仅在于分析和注释《古兰经》的文体，而且是对《古兰经》各层面的全方位注释。

　　古兰学和经注学的共性在于，一是两门学科定义具有异曲同工之处，② 二是学科原理与学术基础大体相辅相成，彼此映衬。对此，今沙特学者哈立德·本·奥斯曼·赛布特（Khālid ben 'uthmān al-sabt）在《注释学原则——综述与研究》（Qawā 'id al-tafsir jam 'aa wa dirāsat）中讲道，"注释学原则被视为是古兰学的重要组成部分之一，两者之间的关系是局部与整体之间的关系。之所以将注释学原则列入古兰学原则，要么是为了将局部归于整体，要么是因为古兰学及其文献成果涵盖了各类注释内容中的许多注释原则。概而言之，古兰学即指那些涉及《古兰经》方方面面的各门学科，而注释学则隶属古兰学的原理原则范畴之内。"③ 据此可以说，古兰学是母体，具有指导性；经注学是子体，具有从属性。是故，古兰学之于经注学的重要性不言而喻，尽管古兰学晚于经注学形成，但总体上经注学如果离开了古兰学原理，其体系完善和注释原理，就不免存在一定程度的缺失。坦雅尔就此讲道："经注学是古兰学的一个组成部分，故经注学原理中的所有知识，都在古兰学的范畴。古兰学与经注学息息相关，经注学家从古兰学中汲取裨益，他从古兰学获取的裨益，根据知

---

　　① 穆萨·易卜拉欣·易卜拉欣：《深思古兰经——古兰学纲要研究》，约旦安玛尔出版社1989年版，第10页。

　　② 经注学定义是：伊斯兰教宗教学科之一。除对古兰经文降示的背景、读法、语法、修辞、词义等进行技术性的研究和解释外，还根据每个时代学术文化发展的情况，以及人们对经文认识程度的深化，对《古兰经》所包括的哲理、教义、律例、历史事件、寓言、典故等内容进行研究和阐释。——宛耀宾总主编：《中国伊斯兰百科全书》，四川辞书出版社1994年版，第179页。

　　③ 哈立德·本·奥斯曼·赛布特：《注释学原则——综述与研究》，利雅得伊本·安法尼出版社2000年版，第33页。

识类别有所不一,如先后经文停止学就是经注学家必须认知的学科。"①

据上,《古兰经》催生伊斯兰文化学科的始源性,古兰学与经注学原理原则的密不可分和彼此交织的隶属关系,以及两者在认知《古兰经》文体和解读经义经旨层面的共性,很大程度上决定了古兰学的研究内容,实质上就是从不同角度对《古兰经》作的古兰学式注释,并成为经注学家解读经文时必须注释的不可或缺内容。古兰学家和经注学家秉承同出一辙的学科原理和学理基础,通过彼此影响、互相借鉴与吸收的研究方法而完成的研究成果和注释文献,是从各自学科出发点,对《古兰经》从启示到定本、从语言到文体、从辞藻到句意、从内容到经旨等的深化分析和细微注释。学科的交叉性和互补性也就决定了古兰学家很大程度上亦是经注学家,经注学家通常首先是古兰学家,其次才是经注学家。如果理清了古兰学和经注学在学科层面的"同源异名"就不难理解,就认知和理解《古兰经》而言,古兰学的研究内容无疑是对《古兰经》的解析,也就是古兰学式注释。甚至从学科互补来讲,经注学典籍中没有得以详述的有关内容,却在古兰学中得到了明确分析和详细解读。例如,综合性注释典籍如泰伯里的《古兰经注释总汇》,既解释生僻词汇也分析隐微和明确经文,既阐述经文诵读也叙述降示背景,既界定麦加章和麦地那章属性也解析先后停止经文,这些内容其实既是经注学的内容,也是古兰学的内容。同理,古兰学各分支学科的学术成果如苏尤蒂的《古兰经降示背景》('Asbāb al-nuzūl),详细解释经文的降示背景,恰恰也是经注学的必然内容。诸如此类的古兰学成果和经注学典籍不胜枚举,它们或者是对《古兰经》的综合注释,或者是对《古兰经》的个案分析,其宗旨都是帮助人们全面、正确地理解、运用《古兰经》。

近现代以来,随着学科之间更为密切的交叉性和互补性,古兰学与注释学尤其形同一体,两者结合起来,"通过对《古兰经》分类,选择其中与现实生活联系较为密切的某个主题或一部分经文,用现代语言和现代方法进行分析,以求调和经文与现代思想的矛盾,使《古兰经》抛掉历史加给它的各种注释的旧包袱,以适应时代的新发展。如阿卜杜拉·达拉孜

---

① 穆萨伊德·坦雅尔:《古兰学及古兰经注释原理论集》,利雅得穆罕底斯出版社 2005 年版,第 33 页。

的《古兰经的道德宪章》、萨利赫·西德基的《古兰经鹄旨》等著作以现代社会学观点，根据如何治理现代社会问题的要求阐释古兰有关经文，说明经文中有关社会问题的主张仍不失为医治现代社会的某些弊端的良方。又如昭海里的《古兰经与现代科学》、马哈茂德·易卜拉欣的《从地层学看古兰经的超绝性》等则是从自然科学知识观点出发，观察某些经文的含义，说明当人们占有一定的文化知识，掌握一定的科学道理时，才能更确切地认识某些古兰经文的真正意义。利用现代科学观点探索《古兰经》文的含义并不是使《古兰经》借科学之光得以生存，而在于说明古兰的超绝性既表现于其文词优美、结构严谨、修辞富于雄辩等外形方面，而更主要的是表现于其内容博大精深、富有启迪性和适应性等内含方面。"[①]

由上，古兰学和经注学的关系可见一斑。尽管经注学隶属古兰学，但两门学科共有的一些原理原则，以及两者之间的学术共性和学科宗旨——认知和解读《古兰经》，既决定了两者的二元一体结构和宗旨为一的关系，也促使那些致力于研究古兰学和经注学的学者，难以严格区分和精确界定两者的本质差异。但凡有关古兰学的著作，如泽尔克西的《古兰学明证》、苏尤蒂的《古兰经学通论》、曼纳尔·敢塔尼的《古兰学》，都将经注学列为古兰学的篇章给予论述。同样，但凡研究经注学的著作，如苏尤蒂的《经注学大观》（Al-taḥbīr fi 'ulūm al-tafsir）、阿卜杜拉·沙哈特的《经注学》、哈立德·赛布特的《经注学原理》、哈立德·俄克的《古兰经注释原理》，亦将古兰学的研究内容列为经注学的注释范畴。更甚者，则同时对古兰学和经注学作综合性的交叉研究，如布勒盖尼的《群学星照》、豪斐的《古兰学明证》、坦雅尔的《古兰学及经注学原理》等，使古兰学和经注学互为依托、彼此补充地作用于《古兰经》注释。而豪斐的《古兰学明证》堪称两门学科交叉的典范之作。从学科归属来讲，它属于古兰学领域，但从研究内容来看，作者无论阐述古兰学的任何分支学科，又不免在经注学范畴，正如穆斯塔法·勒杰卜教授在《古兰学》（Fayḍ al-mannān fi 'ulūm al-qur'ān）中所言："我认为，豪斐的《古兰学》，实质上就是一部注释专著。他按照前人方法，根据《古兰经》的章节次序，分析性地注释了《古兰经》。但他注释的同时，又涵盖了很多属

---

① 宛耀宾总主编：《中国伊斯兰百科全书》，四川辞书出版社1994年版，第181页。

于古兰学范畴的学科知识,并以古兰学命名该书。"①

三 古兰学式注释

如上所述,古兰学和经注学的二元一体关系,致使古兰学家对《古兰经》文体的研究,以及经注学家从各个层面对古兰经义的注释,系"同源异注",其宗旨都是从各自学科角度,细微研究与深入注释《古兰经》。经注学家的注释典籍含有古兰学的大量内容,古兰学家的成果中亦不乏经注学的相关内容。是故,古兰学的研究内容本质上就是对《古兰经》的"古兰学式注释"。对此,曼纳尔·敢塔尼教授在《古兰学》中讲道:"古兰学可以被称为经注学。因为古兰学涉及的内容就是经注学家在注释《古兰经》时必须依靠的研究。"法赫德·鲁米教授在《古兰经注释原理及注释方法研究》中亦持相同观点:"古兰学之所以被称为经注学,是因为它涉及经注学家必须知道和了解的知识。"

关于古兰学内容,学术界见仁见智。有学者从微观角度予以界定,如伊本·阿拉比认为《古兰经》的每个单词都属于一类知识。有学者从宏观角度予以界定,如泽尔克西将古兰学内容界定为 47 类,布勒盖尼界定为 50 类,苏尤蒂则界定为 80 类。

笔者在比较手头现有古兰学权威文献后,根据前人对古兰学内容的界定和分类,将苏尤蒂的《古兰经学通论》,作为古兰学式注释范例。究其原因,如果说苏尤蒂之前的古兰学家的研究内容和对象,都不同程度地散见在各类古兰学和经注学典籍中,那么,苏尤蒂则在汲取和借鉴各家之论后,对分散在各类古兰学和经注学典籍中的理论解读和分析注释,做了更加细致的资料整理、内容梳理、理论分析和学理研究,由此从另一角度完成了对《古兰经》的研究、分析和注释。是故,笔者根据学界前辈之见,姑且将其称为"古兰学式注释"。

哲拉鲁丁·苏尤蒂博览群书,融会贯通,在研究、借鉴与吸收前人关于古兰学、注释学、诵读学、语言学、法学、修辞学等典籍文献与研究成果后,主要基于泽尔克西的《古兰学明证》、伊本·朱济的《古兰学艺术撷精》、艾布·沙麦(Abu shāmah, – 1266)的《古兰学简引》(*Al-mur-*

---

① 穆斯塔法·勒杰卜:《古兰学》,开罗米苏尔出版社 2000 年版,第 9 页。

shid al-wajīz fi'ulūm tata'allq bi al-qur'ān al-'azīz）等古兰学名著，撰著了两部分析和研究古兰学和注释学的专著：一是研究注释学的专著《经注学大观》（1467 年），涵盖 102 类古兰知识。① 二是研究古兰学的专著《古兰经学通论》（1470 年），共分 80 类古兰知识。这两部著作，承上启下，成为后来古兰学和注释学领域专家学者必须参考的经典性文献资料。如果比较两书的内容就不难窥见，尽管两者从书名到内容都存在一定差异，如《经注学大观》中的经文故事，在《古兰经学通论》中没有出现。但是，古兰学和经注学中很多彼此交叉的学科知识和研究内容，则在两书中如出一辙。如两书前六章均阐述了麦加章与麦地那章、经文降示时间。此外，作者对经文降示背景、降示形式、先后停止经文、明确隐微经文、普指特指经文、经注学等内容的研究，既在《经注学大观》中给予论述，也在《古兰经学通论》中进行研究，由此折射了古兰学的研究内容实质上就是对《古兰经》相关层面的注释。

现将《古兰经学通论》研究的 80 类知识名称试译如下，作为"古兰学式注释"的案例，以便由点带面地窥见古兰学对《古兰经》文体和相关内容的具体分析与注释：论麦加章和麦地那章；论［先知穆罕默德］定居与旅行时所降经文；论白昼与夜晚所降经文；论夏天与冬天所降经文；论［先知穆罕默德］卧床与睡眠时所降经文；论空中与地上所降经文；论首降节文；论末降节文；论经文降示背景；借圣门弟子之口所降经文；重复降示的经文；先定律后启示与先启示后定律的经文；零星降示章与整章降示章；数万天使陪同哲卜拉伊勒天使颁降与哲卜拉伊勒天使独自颁降的章节；降示给前代使者的经文与仅降示给先知穆罕默德的章节；《古兰经》降示的情形；论《古兰经》名称与各章章名；《古兰经》的汇集与章节编排；《古兰经》章、节、单词与字母的数量；论《古兰经》背诵家与诵读传述家；论《古兰经》诵读传述人的级别；论众传诵读（Al-mutawātir）；论著名诵读（Al-mashhūr）；论单传诵读（Al-'āhād）；论常异诵读（Al-shādh）；论伪造诵读（al-mawdū'）；论穿插诵读（Al-

---

① 关于该书细目，参见哲拉鲁丁·苏尤蒂《古兰经学通论》，贝鲁特阿拉伯图书出版社 2003 年版，第 24—26 页。详细内容参见哲拉鲁丁·苏尤蒂《经注学大观》，开罗曼纳尔出版社 1986 年版。

mudraj）；论诵读的起始与停顿；阐明诵读时词汇相连而词义相隔的经文；偏读与开口符及介于两者之间的读法；叠读、显读、隐读与换读；长音与短音；轻读的海姆宰（Al-hamzah）；保护《古兰经》的方式；诵读《古兰经》的礼节与诵读家；论《古兰经》的生僻词汇；《古兰经》中非希贾兹语的词汇；《古兰经》中阿拉伯化的外来语；论《古兰经》中的多义词；论经注学家需要精通的各类工具词之意义；论《古兰经》的句法；经注学家务必精通的重点语法规则；明确与隐微经文；经文前置与后置；普指与特指经文；概要和阐明经文；先后停止经文；误认经义互相矛盾和差异的经文；绝对和限定经文；明确与内涵经文；呼唤经文的哲理；本义与转义经文；比喻与借喻经文；借代与暗示经文；限定句经文；简洁与周详经文；陈述句与祈使句经文；《古兰经》的各种辞藻；节文的尾韵；各章章首；各章章尾；章节的关联；隐晦经文；《古兰经》文辞的超绝性；源自《古兰经》的各类学科；《古兰经》中的譬喻；《古兰经》中的发誓；《古兰经》中的辩论；《古兰经》中的名称、代称与别号；经文奥义；因圣门弟子而降示的经文；《古兰经》的优越性；《古兰经》中最优越的章节；《古兰经》的词汇；《古兰经》的特殊性；《古兰经》的书写与规则；论《古兰经》注释及其重要性；论经注学家的条件与规则；怪异注释；经注学家的等级。[①]

从苏尤蒂研究古兰学的内容和体例来看，他在前 77 章中详细论述了古兰学和经注学大都予以分析的内容后，尤其以关涉经注的 3 章作为专著的结束。很大程度来讲，这就意味着前章内容既是古兰学的基本内容和研究对象，也在经注学范畴，并为经注学家从整体或局部角度，从纵向或横向层面，综合性或个案性地解析《古兰经》的文体语义，注释其经义经旨，奠定了深厚的学术基础，提供了丰富的注释元素。

综上，无论是历史上，还是现当代古兰学和经注学的各类文献和研究成果，基于古兰学和经注学的二元一体关系，都是对《古兰经》的深入注释，是《古兰经》注释成果中不可或缺的重要组成部分。毋庸置疑，古兰学与经注学的交叉互补和相辅相成，始终为推动《古兰经》注释学术工程向纵深发展，发挥着重大作用。

---

① 哲拉鲁丁·苏尤蒂：《古兰经学通论》，贝鲁特阿拉伯图书出版社 2003 年版。

第六章

注释《古兰经》的派别

先知穆罕默德去世后，圣门弟子就"创制"（Al-'ijtihād）见仁见智，成为伊斯兰教内部产生分歧的关键所在。其中，最重要的创制案例莫过于如下两点：

其一，圣门弟子围绕先知穆罕默德的继承人（Al-khalīfah）问题展开的争论。彼时，由于先知穆罕默德生前没有指定继承人，麦加的迁士（Al-muhājirūn）、麦地那的辅士（Al-'ansāriyyūn）、先知的圣族（'Ihl al-bayt）在他过世后，因哈里发职位之争而使新兴的穆斯林政府首次面临内部分歧和政治斗争。选举过程中各派政治力量的角逐，预示着伊斯兰教内部政治斗争的迭起，并将催生不同的教派。

其二，圣门弟子后期，他们就涉及教义问题"宿命论"的仁者见仁，预示着伊斯兰教在发展过程中，必将出现学理和法理层面的学术学派之争。

此外，先知穆罕默德去世后，相继发生的各种事件，如"塞基法会议"（'Ijtimā' al-saqīfah）、"奥斯曼被杀"、"《古兰经》仲裁"等政治事件，以及"宿命论之辨"、"哈桑·巴士拉师徒学理之争"等学术论辩，都是穆斯林内部分歧的表现形式。最终，导致了"逊尼派"、"什叶派"、"哈瓦利吉派"、"穆尔吉埃派"（Al-murji'ah，意为延缓者）、"穆尔太齐赖派"五大主要派别的诞生。五大派别各自又衍生出了诸如四大教法学派、艾什尔里学派（Al-'Ash'ariyyah）、马图里迪学派（Al-Māturidiyyah）、十二伊玛目派、栽德派、伊斯玛仪内学派（Al-bātiniyyah）、艾巴德派（Al-abādiyyah）等教派与学派。派别诞生，打破了伊斯兰教初期穆斯林在宗教、政治、社会,乃至学术等层面的统一格局。

随着穆斯林内部分歧的发展,先知穆罕默德至三传弟子时期的《古兰经》注释活动,到五大派别诞生时日,应时代、社会和世事发展,先期代代口耳相传的、统一的传闻注释格局,逐渐发生变化。其中,最显著的标志莫过于,学界基于创制精神,从"见解"角度注释《古兰经》大义的学术举措,因派别需要向着多元方向发展。各派学者为证明其教义的正统性、政治的合法性、学说的法理性,都无一例外地寻根问典,从《古兰经》中寻求依据。不仅如此,他们还根据各派思想学说和观点主张,阐释相关经文,正如,"艾哈迈德·本·穆赫塔尔·拉齐在其著作《古兰经中的证据》中说:'每个教派都能从《古兰经》中找到支持自己观点的依据;每个学派都拥有一批德高望重的学者,他们按照各自教派的信条著作,按照各自学派的教义立说,或为自己同伴举出的证据做出注释,每个人都认为自己的正确,认为对手陷入了深深的迷误之中,每个派别都为自己拥有的一切感到欢欣鼓舞。'"①

到19世纪时,世界局势的变化、社会的发展、科学技术的更新,以及伊斯兰文化面临的内外部挑战,都直接或间接地促使伊斯兰社会与文化必然要对此做出积极回应。在此背景下,诸如穆罕默德·阿布笃、穆罕默德·拉希德·里达等根据时代发展和社会需要,与时俱进地阐释着《古兰经》大义,形成了指导伊斯兰社会与文化与时俱进的近现代注释,时至今日概莫能外。

综上,先知穆罕默德去世后,因哈里发职位之争,"伊斯兰教内部分裂日益加深,随着各种教派、学派思想体系的相继建立和发展,编著《古兰经》注不仅是一桩阐发天经经义、传播伊斯兰教义、整理伊斯兰文化遗产的重要活动,而且也是当时教派和学派斗争的一种宣传手段、各派学者均按照自己的观点对《古兰经》有关内容加以注解,以期从神圣的启示中找到有利于自己的依据"②。如果细究这些派别留下的注释典籍和学术文献就不难发现,"任何一个时代的《古兰经》注,都不免受当时学

---

① 艾哈迈德·爱敏:《阿拉伯-伊斯兰文化史》(第8册),商务印书馆2007版,第104页。

② 宛耀宾总主编:《中国伊斯兰百科全书》,四川辞书出版社1994年版,第179页。

术活动的影响。《古兰经》注不啻是各时代的学术思想和宗教派别所反映出来的缩影。由伊本·阿拔斯到穆罕默德·阿布笃都没有例外。甚至研究任何一时代的经注之后，就可以知道当时学术活动的状况，以及当时所流行的学派、教派"①，"这些派别都有自己的政治、宗教见解和学术观点，它们都有一批造诣精湛的、建树卓越的学者、教法学家、经注学家，并且都有其丰富的成果。因此，各大教派、学派中都在《古兰经》的注疏领域作过贡献，对支撑本教派、学派的观点、主张起过重大作用。"②

千百年来，鉴于有些派别留下了丰硕的注释专著——有的以注释典籍的形式流传于世，有的则以学术研究的形式见诸文献，有的仅散见于本派的各类学术专著中，如果悉数研究各派各种形式的注释，难度在所难免。是故，笔者避重就轻，仅概要阐述留下注释专著的逊尼派、什叶派、哈瓦利吉派、穆尔太齐赖派和近现代的注释。

第一节　逊尼派注释

一　逊尼派概况

"逊尼派"，系阿拉伯语"Ahl al-sunnah"的音译。"逊尼"（Al-sun-nah）意为"行为"、"道路"、"传统习惯"等。在伊斯兰教专业术语中，"逊尼"被引申为"真主及其使者之道"，"逊尼派"即为"遵循真主及其使者之道者"，全称为"逊尼与大众派"（Ahl al-sunnah wa al-jamā'ah）。伊斯兰教历史进程中，逊尼派由于人数占据优势，得到大多数统治者的支持并将其作为政权的意识形态，故逊尼派自称伊斯兰教的"正统派"。

前文讲到，随着伊斯兰教先知穆罕默德于公元632年的与世长辞，各种政治力量围绕继承人问题展开长期而激烈的斗争。"塞基法会议"后，尽管艾布·伯克尔、欧麦尔、奥斯曼先后被推举为哈里发，但先知穆罕默德的女婿阿里的追随者认为，只有圣族中的阿里及其后裔才有资格担任哈

---

① 纳忠：《阿拉伯通史》下卷，商务印书馆1997年版，第265页。
② 林松：《古兰经知识宝典》，四川人民出版社1995年版，第119页。

里发之职，是合法继承人。是故，他们否认艾布·伯克尔、欧麦尔与奥斯曼担任哈里发职务的合法性，另组政治派别"什叶派"（亦称阿里派），一则有别于承认和接受艾布·伯克尔等哈里发领导的穆斯林大众，二则表示自己的政治立场和宗派思想，以帮助阿里取得合法继承人的地位。在哈里发职位之争的背景下，新生的穆斯林社团自然分为两派，少数拥护阿里者形成了"什叶派"。同样，多数承认和支持包括阿里在内的四大正统哈里发的穆斯林，随着时间推移，形成了与"什叶派"在教义教法、政治主张与学说思想上有一定差异的、具有政治色彩的宗教派别。由是，"逊尼派是在同不同的教派、学派、教法学派长期斗争中形成的一个具有自身文化传统的教派。"[①]

逊尼派因自然形成的性质、政治上的主导地位、各种学说的正统性，致使其社会基础由最初仅限于阿拉伯各部族穆斯林的布局，"随着阿拉伯哈里发帝国不断的对外扩张，亦包括依附于阿拉伯贵族的其他语族的穆斯林社团，如两河流域的伊拉克人，中亚的波斯人，西亚的突厥人，南亚的印度人，北非的柏柏尔人等，形成一个同一信仰的多民族的群体。历史上该派在政治和思想上长期居主导地位，曾建有伍麦叶王朝（661—750）、阿拔斯王朝（750—1258）、奥斯曼帝国（1298—1922）等幅员广阔的伊斯兰国家及世界各地的地方伊斯兰政权，影响相当广泛、深远。"[②] 历史上，从人口数量和分布的广度来讲，逊尼派毋庸置疑是伊斯兰教五大派别中的主流派，其信徒约占全世界穆斯林人口总数的80%，分布广泛，遍及世界。

教义上，逊尼派学者一致认为，"逊尼派的信仰代表着那些坚定信仰真主独一，顺从真主，信仰天使、经典、使者、末日、前定，以及研习与遵循其他业已确立的教义与教法事务的穆斯林的信仰。"[③] 逊尼派学者强调，先知穆罕默德就是"逊尼与大众派"信仰体系的建立者，因此是"正统派"。他们之所以称为"逊尼派"信仰，是因为圣门弟子及其后人都严守先知穆罕默德的"逊尼"（圣道）；之所以称为"大众派"，是因

---

① 宛耀宾总主编：《中国伊斯兰百科全书》，四川辞书出版社1994年版，第624页。
② 同上。
③ 《宗教、学派与党派简明百科全书》，利雅得世界伊斯兰青年协会出版社2003年版，第36页。

为这是穆斯林大众的信仰，他们恪守经训，坚持真理，信仰一致，追求正道，在关涉信仰的任何问题上都没有逾越原则。逊尼派的根本教义主要表现在：务必坚守六大信条；务必恪守五大功修；教义之源来自《古兰经》、圣训与先贤公议；来自《古兰经》的一切都是针对全体穆斯林的法令，务必领受确凿无疑的圣训；先知穆罕默德业已阐明了教义的根本，故任何人都没有资格新生教义；公开与隐秘时都要顺从真主及其使者，不得以任何理由与任何之言违背经训；正确的理性符合优良的传统，两者根本上相辅相成；务必遵循教义之言，避免异端之言；正确的思辨是教义许可的，不得就教义禁止的事物进行无谓的辩论；逊尼派教义规定的其他细枝末节问题。①

教法上，逊尼派在发展过程中，逐渐形成了四大教法学派——哈乃斐学派、沙菲仪学派、马立克学派与罕百里学派。各派在教法原则（Al-'uṣūl）问题上保持一致，在教法细则（Al-furū‘）问题上大同小异，求同存异。各派均"以《古兰经》、圣训、公议、类比为四大法源或法理依据。其中《古兰经》和圣训为主要法源，公议和类比为次要法源；一件行为是否合法、得体，首先看该行为是否符合经、训的有关规定。如经、训中无先例可循，则可由专司解释律法的教法学家或穆夫提，根据类似的经、训原文或原判例，类推出结论，经大多数教法学家的公议认可后，成为必须遵循的律例。此外，创制（伊智提哈德）、优选（伊斯提哈桑）、公益（伊斯提斯拉赫）等辅助法源，也为个别教法学派所承认，以增强教法的活力。教法学说方面，逊尼派穆斯林以早期四大教长的著作、后世学者们的诠释和权威教法学家发布的正式法律见解（法特瓦）为依据，四大教法学派的学说同为正统，相辅相成、互为补充，法学思想较为灵活、变通、宽容，尤为重视遵循本学派的传统，反对'标新立异'（比达阿）"②。

政治上，逊尼派自"阿拔斯王朝以来的历代教法学家和伊斯兰学者根据早年'正统哈里发时期'（632—661）的历史经验，结合现实情况

---

① 《宗教、学派与党派简明百科全书》，利雅得世界伊斯兰青年协会出版社 2003 年版，第 36 页。

② 宛耀宾总主编：《中国伊斯兰百科全书》，四川辞书出版社 1994 年版，第 625 页。

提出一套较系统的理论学说。内容涉及伊斯兰教与政治制度、国家体制、社会制度、民众生活方式的关系等方面。认为伊斯兰教确认的唯一合法的政治制度是政教合一的哈里发制度，国家的绝对主权仅属于真主，以神圣的沙里亚（即伊斯兰教法）为最高原则，哈里发国家是为了弘扬伊斯兰精神、维护穆斯林大众的根本利益联合而成的一种信仰者的共同体（即乌玛），尊重民意、为民做主、保卫边防、维护穆斯林民众的物质福利为国家的基本宗旨；国家首脑哈里发通过民主推举或协商产生，为绝对主权者真主的使者在世间的代理人，唯有德高望重、主持正义、虔诚、博学多才的穆斯林才有资格当选，其职责是弘扬伊斯兰教、保卫国家的安全和穆斯林民众的合法权益。民众有义务遵从哈里发，不得举兵反叛"[①]。

学术上，逊尼派自圣门弟子定本《古兰经》后，至 10 世纪时，相继建立了代表伊斯兰教传统学科的古兰学、圣训学、教法学和教义学。该派学者以收集整理成册各大圣训集为契机，构建了收集、考证和编纂圣训的圣训学（'Ilm al-Hadīth）；以注释《古兰经》经义经旨为雏形，构建了研究《古兰经》方方面面的古兰学（'Ulūm al-Qur'an）；以研究经训命令禁令、认知伦理道德和行为准则为宗旨，构建了规范、规矩与指导穆斯林社会生活和日常举止的教法学（'Ilm al-Fiqh）；以研究本体论、宇宙论、认识论、《古兰经》地位、前定与自由、哈里发或伊玛目地位为基础，构建了指导与制衡穆斯林信仰和思想的教义学（'Ilm al-Kalam）。逊尼派基于这些传统学科，随着社会和时代发展，逐渐构建了其他主体学科如哲学、史学、文学、经济学、教育学等人文社会科学，以及地理学、天文学、数学、医学等自然学科。这些学科的建立，促使逊尼派的宗教学说、教义学说、教法学说、苏菲学说、政治学说、思想学说、社会学说、经济学说、教育学说、伦理学说、自然学说等，逐步学说化与学术化，规范化与系统化。

综上，逊尼派是伊斯兰黎明时期穆斯林因哈里发职位之争之故，至阿拔斯王朝时期逐渐形成的一个集宗教、政治、学说于一身的宗教派别复合

[①] 宛耀宾总主编：《中国伊斯兰百科全书》，四川辞书出版社 1994 年版，第 624—625 页。

体，既是伊斯兰教的主流派别，也是伊斯兰教的重要载体和主要表现形态。① 无论是历史上，还是近现代以来，学界通常言及伊斯兰教时，很大程度上都将逊尼派作为伊斯兰教的重要代表来看待。同样，它的意识形态、教义主张、思想观点、理论学说等，也是世界范围内学界研究伊斯兰教的核心内容。一言以蔽之，世人言伊斯兰教，必先言逊尼派。

二 逊尼派注释

逊尼派作为伊斯兰教的正统派别和主流派别，由于延续先知穆罕默德、圣门弟子、再传弟子与三传弟子注释《古兰经》的精神与风格、方法与内容，以及注释《古兰经》的量和质，决定了他们的注释成为历代穆斯林学界研究和注释《古兰经》的主流。逊尼派的注释，很大程度上也就相应地代表着伊斯兰世界对《古兰经》的注释。

逊尼派注释《古兰经》，主要是指"伊斯兰教逊尼派学者以正统思想观点诠释《古兰经》的著作的统称"②。该定义明确指出，逊尼派注释的出发点一如该派的思想主张，是建立在"正统思想观点"之上。换言之，逊尼派所主张的意识形态、教义学说、教法学说、社会学说和思想学说等根本理念，决定了该派学者注释经文的主导思想、学术定位、注释方向和注释内容。如果要明确界定逊尼派注释的话，不妨认为，从伊斯兰文化注释《古兰经》的整体格局，以及流传于世的注释文献的质和量来讲，非逊尼派运用各派思想注释《古兰经》之外的任何形式的注释典籍，大体都在逊尼派注释的范畴内。

逊尼派学者注释《古兰经》，重在三个"正统"。其一，思想的"正统性"，即将经训作为本派思想的渊源，根据经训原则阐发思想，依据经训精神实施创制法则和引用公议类比原则。其二，观点的"正统性"，即将经训原则视为本派理论学说和观点主张的根据，在渐进发展过程中所推出的任何观点，都务必符合经训要求和主张，不得逾越经训原则。其三，注释的"正统性"，亦即，除部分哲学注释和苏菲注释因受外来思想而具

---

① 艾哈迈德·爱敏：《阿拉伯—伊斯兰文化史》第 8 册，商务印书馆 2007 年版，第 96 页。
② 宛耀宾总主编：《中国伊斯兰百科全书》，四川辞书出版社 1994 年版，第 625 页。

有商榷外，其他注释大体既严格遵循了注释学的法理和学理，也符合了注释学的学术规范和学科要求；既"遵循圣门弟子和再传弟子之道，对《古兰经》中的隐微的节文不予深究，也不作详解，而是将其知悉权完全交给真主"①。

三个"正统"相辅相成，思想和观点是否"正统"，直接影响和决定着注释的"正统"与否。反之亦然，"正统"的思想和观点，也决定了注释的"正统"。基于此，逊尼派认为"正统性"的注释即为，注释家在对《古兰经》从文体到内容，从语言到思想，从方法到理论，从沿袭传统（即传闻注释）到创制演绎（即见解注释）等进行注释时，都要严格遵循先知穆罕默德及其门弟子业已确立的注释圣行、注释精神和注释原则的传统，力求"释经而不越经"地解读其经义经旨。因此，无论从哪个角度来讲，只要注释符合了逊尼派认同的"正统"，也就自然符合了经训精神指导下的注释法理和学术学理。

大体来讲，逊尼派的"正统"注释，与什叶派注释、哈瓦利吉派注释、穆尔太齐赖派注释截然不同的是，它大体上注重《古兰经》的表义（Al-zāhir），并且相对其他派别而言更加慎重阐发《古兰经》的隐义（Al-bātin）和隐微经文（Al-mutashābihāt）。② 因此，逊尼派的正统注释，尤其表现在两大层面上：

其一，体现在注释《古兰经》的表义层面上。亦即，该派在经训原

---

① 艾哈迈德·爱敏：《阿拉伯—伊斯兰文化史》第8册，商务印书馆2007年版，第96页。
② 关于阐发《古兰经》的隐微经文，逊尼派的两大教义学派艾什尔里学派和马图里迪学派对其各执己见，存在分歧。"分歧的关键在于对以下经文的理解：'他降示你这部经典，其中有许多明确的节文，是全经的基本；还有别的许多隐微的节文。心存邪念的人，遵从隐微的节文，企图淆惑人心，探求经义的究竟。只有真主和学问精通的人，才知道经义的究竟。他们说：'我们已确信它，明确的和隐微的，都是从我们的主那里降示的。唯有理智的人，才会觉悟。'（3：7）马图里迪派将这节经文中'只有真主和学问精通的人，才知道经义的究竟'中的'真主'和'学问精通的人'断开理解，认为只有真主才知道经义的究竟。艾什尔里派则把'真主'和'学问精通的人'并列理解，认为只有真主和学问精通的人才知道经义的究竟。基于这种理解上的差异，马图里迪派主张，对于《古兰经》中出现的'手'、'脸'等经文，只信其真，不求其解，只有真主才知其究竟。而艾什尔里派却认为，那只是一种比喻，如将'手'比喻为能力、将'脸'比喻为实在、将'眼睛'比喻为目光、将'升上（宝座）'喻为统治、将'双手'比喻为全能、将'降示'比喻为善举和恩赐、将'笑'比喻为宽恕，等等。"——参见艾哈迈德·爱敏《阿拉伯—伊斯兰文化史》第8册，商务印书馆2007年版，第93页。

则允许的范畴内,对《古兰经》的文体结构、收集定本、章节排序、辞藻语义、词法句法、降示背景、先后停止、简略详述、各种诵读、信仰纲领、伦理道德、教法律例、传说故事和经义经旨等需要注释的经文,作学理分析和法理注释,以帮助读者明晰和认知《古兰经》的方方面面,从而能够严格遵循《古兰经》教诲引导,正确运用《古兰经》处事处世。此外,该派的正统注释还严格要求注释家不得涉足经训、教义、教法和注释法理严格禁止的注释领域,如牵强附会地注释"章首字母、真主之手"等隐微经文(Al-'āyāt al-mutashābihāt)。因此,逊尼派的注释家"每当面对内容隐微的《古兰经》节文或'圣训'时,总体上说他们是相信的,他们将知悉权交付真主,对节文不加注释、不深究、不增加、不删减。每当他们听到关于真主的手或指等字眼,如'真主亲手调制了制作阿丹的泥土'、'信士的心在普慈的真主的两指之间'等这样的字眼时,他们说,我们知道,手和手指是由肉、骨、筋组成的,而肉、骨、筋都是物体的,我们也确信,真主并不是物体的,也不是抽象的,因此真主的手和手指与物体绝无关联,我们将知悉权交付真主及其使者"①。

其二,彰显了该派自始至终以正统思想观点注释经文的学术举措,促使其注释集中反映出,他们认同与接收"四大哈里发到奥斯曼帝国统治的合法性,吸收了从哈桑·巴士里、四大伊玛目到艾什尔里、安萨里等人的宗教学说和主张。对于涉及信仰问题的经文,他们主张遵从字面意思,不随意解释,认为'信仰'问题应遵从《古兰经》,而不能用解释《古兰经》迁就'信仰'。在教法方面,基本以圣训和四家教法学派的主张为依据解释《古兰经》有关经文;同时他们借助宗教学科和自然科学的研究成果阐发经文含义"②。

由上,逊尼派自然形成的正统性,决定了该派注释《古兰经》的起源与发展——口耳相传与文字记载两大历史时期——的正统性。很大程度来讲,逊尼派注释《古兰经》的历史沿革,代表着穆斯林学者注释《古兰经》的发展史。其发展过程为:

1. 先知穆罕默德是注释的始源者——领受《古兰经》启示并成为注

---

① 艾哈迈德·爱敏:《阿拉伯—伊斯兰文化史》第 8 册,商务印书馆 2007 年版,第 99 页。
② 宛耀宾总主编:《中国伊斯兰百科全书》,四川辞书出版社 1994 年版,第 625 页。

释经文的第一人。

2. 圣门弟子是注释奠基者——构建注释《古兰经》的注释渊源和基本方法。

3. 再传弟子是注释延续者——创立《古兰经》注释学校，并以此为学术平台大力弘扬注释。

4. 三传弟子是注释拓展者——将注释列为圣训学范畴而使其向着学科方向发展。

5. 四传弟子是注释学建立者——泰伯里的《古兰经注释总汇》代表注释学业已形成。

6. 自四传弟子以降是注释的推动者——注释全面发展，其标志主要有以下几个层面：

（1）学科要求完善——注释《古兰经》的15门学科及各种学术要求和条件完善。

（2）注释方法多元——分析注释法、概括注释法、专题注释法、比较注释法。

（3）注释种类多样——传闻注释、见解注释、示意注释、专题注释、科学注释。

（4）注释内容丰富——语言学注释、法学注释、哲学注释、苏菲注释、古兰学式注释等。

（5）源语外语共注——阿拉伯语注释与非阿拉伯语注释，如英文注释、乌尔都文注释、土耳其文注释、中文注释等各语种注释，共同构建了世界范围内解读《古兰经》经义经旨的整体格局。以上5个层面的概况，笔者已在上述诸章中做了阐述，兹不赘述。

（6）注释典籍浩繁——从古至今，逊尼派在各个时期注释《古兰经》的文献典籍不胜枚举。尤其在传闻注释、见解注释、示意注释、专题注释、科学注释、语言学注释、法学注释、哲学注释、苏菲注释、古兰学式注释等领域，推出了丰硕的注释成果。这些层面笔者在前面各章中均已阐述。此外，该派的代表性注释典籍，除传闻注释和见解注释典籍外，笔者均已在上述各章中作了不同程度的提及。至于传闻注释和见解注释中的代表典籍，笔者将在下章中阐述。

（7）古今注释交织——近现代以来，社会变化和时代进步，促使该派注释家在延续、吸收和借鉴前人注释基础上，广征博引地沿袭前人注释传统，宏观微观地研究和注释经义经旨的同时，也因时代要求、社会发展、知识更新需要，将注释工程推向了新的发展阶段。"例如在社会主张方面，认为诸如男女平权、人类平等、限制私人资本、反对压迫侵略，等等，都是《古兰经》基本思想所包含的内容，因此召唤穆斯林加强团结，对敌斗争，维护自己的独立与自由；在自然科学方面，强调学习科学知识，提高思辨能力，探索宇宙奥秘，开发并利用自然界宝藏，等等，都是《古兰经》所肯定和鼓励的行为。许多经注还列举近现代科学研究的若干成果与结论，《古兰经》中已有记载，但只有随着科学水平、认识水平的提高，才有可能理解经文中某些在千百年前难以领会的内容，如地球与其他天体的关系、物质均有阴阳之分，等等。此外，在饮食禁忌方面，新的经注还援引了现代医学研究和实验的结论，证明禁食猪肉、严禁饮酒对防止疾病、保护健康的必要性，表明《古兰经》确实蕴涵着许多微妙的知识。"①

8. 注释媒介互补——注释家既运用传统的纸质材料传承着注释，也运用现代媒体传播着注释。如沙特阿拉伯、科威特、埃及、巴基斯坦等国家的广播与电视等媒体的专业节目，在定期、定时、定量地播放经文的同时，也传输对所播章节的注释。尤为指出的是，当代注释家充分利用网络媒体，将自己的最新注释成果发布到网络上，方便了网络读者学习和认知《古兰经》。例如，埃及注释家宰格鲁勒·南贾尔（Zaghlūl al-nanjār）博士，在埃及金字塔网站（http://www.ahram.org.eg）的"Qadāyā wa 'ārā'"（问题与见解）栏目中，按照《古兰经》的章节顺序，定期发表自己的注释成果《古兰经的奥妙》（'Asrār al-qur'ān）。同样，也门学者成功研制的"《古兰经》语法软件"，用三种不同颜色标示出每节经文的名词、动词和虚词，有利于计算机读者方便快捷地运用计算机技术研究和学习《古兰经》语法。此外，埃及爱资哈尔大学于 2006 年开设的"《古兰经》注释网站"（http://www.altafsir.com），不仅以阿英两种文字上传了该派百余部代表性注释典籍，也上传了什叶派的代表性注释名著。同样，该网站还将当下研究和注释《古兰经》的最新成果公之于世，供读者免费浏览。

---

① 林松：《古兰经知识宝典》，四川人民出版社 1995 年版，第 126—127 页。

概而言之，逊尼派基于经训原则与教义精神所确立的正统性，决定了《古兰经》注释的正统性，及其在注释整体格局中的主流性。阿拉伯伊斯兰国家各类图书馆中收藏的有关《古兰经》注释的文献典籍，其中绝大部分来自逊尼派注释家，并被注释学界一致界定为"受赞扬的注释"（Al-tafsir al-mamdūh）。鉴于这样一个宏大背景，以上诸章节（第5章第2节中栽德派和十二伊玛目派教法注释除外）的研究内容，都属于逊尼派注释范畴，因此笔者在本节中对逊尼派注释不予详细阐述。

第二节　什叶派注释

一　什叶派概况

什叶派，系阿拉伯语"Ahl al-shi'ah"的音译，"Al-shi'ah"意为"追随者、派别、同党"。伊本·赫勒敦在《历史绪论》中就"什叶"的语言学和术语学意义讲道："'什叶'的语言学意义为同伴和跟随者，在古往今来的法学家们和教义学家们的术语中，意为追随阿里及其后裔的人们。什叶派人一致认为，伊玛目（Al-'ilāmah）不是按照乌玛的观点和他们的委任而得以委任和授权的公共人物，伊玛目是宗教的基础、伊斯兰教的基石。先知既不会忽略伊玛目，也不会将其授权给乌玛，而他必然要为伊斯兰乌玛委任伊玛目。伊玛目是从大小罪过中得到保护的，阿里（愿真主喜悦他）就是先知以圣训明文——什叶人根据他们派别需要而代代相传且加以阐释，但为逊尼派评论家所不认同和传述的明文——所委任的伊玛目。"[①]

什叶派是伊斯兰教的主要派别之一，是仅次于逊尼派的伊斯兰教第二大教派。据统计，该派人数约占世界穆斯林人口的15%左右，主要分布在伊朗、伊拉克、印度、巴基斯坦、也门、叙利亚、黎巴嫩、阿富汗、土耳其、巴林等地区。什叶派曾在历史上建有独立的国家和王朝，如埃及的法蒂玛王朝（909—1171）、北非的伊德里斯王朝（788—974）、叙利亚的哈姆丹王朝（905—1003）、伊朗的布韦希王朝（945—1055）等。1502

---

① 伊本·赫勒敦：《历史绪论》，贝鲁特阿拉伯遗产复兴出版社1999年版，第196页。

年，伊朗萨法维王朝（1502—1722）兴起，大力推行什叶派主流支派十二伊玛目派，大兴土木，修寺建校，鼓励什叶派学术研究，使该派至今在伊朗占据统治和主导地位，成为今伊朗的国教。什叶派的主要圣地是位于伊拉克的纳贾夫、卡尔巴拉、萨马拉、卡兹米耶，以及位于伊朗的马什哈德、库姆等。

什叶派的雏形，是在先知穆罕默德去世后，因伊斯兰教内部争夺哈里发职位而产生。彼时，支持阿里及其后裔并组成"阿里党"的赛勒曼·法尔斯、艾布·达尔（Abu al-dardā', 伊历？—32）等少数圣门弟子认为，阿里得到了来自圣训的明文遗嘱，故他是先知穆罕默德之后的伊玛目，哈里发职位理应由他来担任，先知穆罕默德遗嘱的执行者非阿里及其后裔莫属。阿里党人认为，哈里发职位一旦由他人担任，其因不外乎有二，一是不义的强占者夺取了哈里发职位；二是应当担任哈里发职位者表面上放弃哈里发权利，实质上他隐蔽了自己的哈里发身份，以保护自己与追随者免遭迫害。基于这个出发点，阿里党人原则上否定前三任哈里发，并致力于拥戴阿里为合法哈里发的斗争中。

公元656年，第三任哈里发奥斯曼遇刺身亡，阿里当选哈里发。阿里党势力随之壮大，伊斯兰教的首都也从麦地那迁至库法。661年，穆斯林内部的政治矛盾日益激烈，以叙利亚总督穆阿维叶为代表的反对阿里的人，拒不承认阿里的哈里发地位，举兵反抗，旨在篡位。双方在幼发拉底河畔的隋芬平原发生激战，穆阿维叶方在战事失利情况下提出"《古兰经》裁判"的停战要求。阿里方主战派由于对裁判结果——罢免双方领导人所任职务，将穆阿维叶置于和阿里平等地位——极为不满，于是大约有12000人脱离阿里阵营，与其为敌，并产生了"哈瓦利吉派"（意为出走派）。"哈瓦利吉派"不仅极大削弱了阿里党势力，而且刺杀了阿里。

阿里去世后，库法阿里党人拥戴阿里长子哈桑·本·阿里（Hasan ben 'Alī, 约624—670）继位哈里发。6个月后，哈桑被逐渐控制了局势的穆阿维叶强迫弃位，穆阿维叶夺取了哈里发职位，建立伍麦叶王朝，定都大马士革，中国史称白衣大食。阿里党人迫于新建王朝的压力四散逃逸，秘密致力于反对伍麦叶王朝的斗争中，逐渐形成和发展为与伍麦叶遵奉的逊尼派在宗教思想、政治主张、思想学说上具有一定差异的什叶派。此后，在屡次斗争中，一系列重大事件的发生，如阿里次子侯赛因·本·

阿里（Husayn ben 'Alī，约 626—680）于 680 年惨死卡尔巴拉，侯赛因之孙栽德·本·阿里（Zayd ben 'Ali, 698 – 740）于 740 年战死库法起义，阿拔斯人于 750 年杀害出身什叶派的开国元勋艾布·穆斯林（Abu Muslim, 718—755），这些事件都促使什叶派自 8 世纪中叶起，逐渐从政治斗争转向宗教研究，由此使该派从"早期的政治派别发展成宗教派别。在同逊尼派长期的宗教论争中，将伊斯兰教的教义同其宗教政治主张相结合，吸收了苏菲派、穆尔太齐赖派的有关学说，并将新柏拉图主义等外来的宗教哲学思想加以改造，经过发展和演变，于 10 世纪确立了自己系统的教义、教法学说和礼仪制度"①。

什叶派在发展过程中，因部分什叶人在"基本原则"（al-Mabādi'）和"伊玛目传系"（Ta'yyīn al-'imāmah）方面的思想分歧和观点差异②。致使什叶派逐渐衍生出三大支派：栽德派（Zaydiyyah）、十二伊玛目派（Al-'imāmiyyah al-'ithnā 'sharīyah）与伊斯玛仪派（Al-Isma'iliyyah）。什叶派则是"伊斯兰教内凡承认拥护阿里及其直系后裔为先知穆罕默德合法继承人的诸多派别的统称"③。

什叶派分化为三个主要支派后，各派均形成了本派的教义主张和思想观点。

栽德派的教义主张主要有三。其一，哈里发学说——承认前三任哈里发，认为阿里是最优秀的哈里发。其二，伊玛目学说——认为伊玛目是人而不具神性，是虔诚的、尊奉经训教法、引导穆斯林尊奉真主之道的正确导师和精神领袖，否认伊玛目隐遁说。其三，教义学说——主张信士的信仰与实践必须相辅相成，任何犯大罪者不再属于穆斯林公社成员，反对苏

---

① 宛耀宾总主编：《中国伊斯兰百科全书》，四川辞书出版社 1994 年版，第 510 页。
② 关于"基本原则"所产生的分歧是，部分什叶人过度崇敬伊玛目。在他们看来，但凡违背阿里及其党派者即为异教徒。同样，部分什叶人则对"什叶"持公允态度，相信伊玛目权威性的同时，认为凡违背伊玛目者为犯错者，但不致达到异教徒的程度。
关于"伊玛目传系"产生的分歧是，什叶人众口一词地认同阿里、哈桑、侯赛因的伊玛目地位，但在侯赛因被杀后出现了很多观点。其中，有些人认为侯赛因死后哈里发职位应归于侯赛因的叔叔穆罕默德·本·阿里（Muhammad ben Ali），故这些人效忠于穆罕默德·本·阿里。另一些人则认为哈里发职位应归阿里与先知穆罕默德之女法蒂玛的后裔，故因效忠于阿里与法蒂玛的后裔。
③ 宛耀宾总主编：《中国伊斯兰百科全书》，四川辞书出版社 1994 年版，第 509 页。

菲神秘主义和崇拜圣墓，反对塔基亚原则（即受迫害时可隐瞒信仰）。

十二伊玛目派的教义主张主要有四。其一，伊玛目受保护学说——伊玛目因受真主保护而永不犯大小罪过和任何错误。其二，马赫迪学说——隐遁的伊玛目将于末日降临人间铲除暴虐和邪恶，代之以正义与公平。其三，复临学说——隐遁的马赫迪出现后，先知穆罕默德、阿里、哈桑、侯赛因，甚至所有的伊玛目都将返归人间。同样，他们的对手如艾布·伯克尔与欧麦尔也将返归人间，然后一起死亡并在末日复活。其四，"塔基亚"（Al-taqiyyah）学说——秘密制度，亦即信士遇到重大危险时可暂时隐瞒自己的身份，向对方表示服从，一旦势力强大时，即刻公开自己的身份并发动武装起义，反对暴虐，恢复正义。

伊斯玛仪派的教义主张主要有五。其一，伊斯玛仪之说——第六代伊玛目贾法尔·萨迪格（Ismā'il ben Ja'afar al-Sadiq，699－765）的伊玛目职位将归于先他而逝的长子伊斯玛仪·本·贾法尔·萨迪格（Ismā'il ben Ja'afar al-Sadiq,？－750），伊斯玛仪去世后伊玛目职位归于其隐遁的儿子穆罕默德——首位隐遁的伊玛目，直至伊玛目阿卜杜拉·马赫迪（'Abd Allah al-mahdiyy）出现之日。其二，隐义之说——认为《古兰经》既有表义也有隐义，但隐义是经文的终极目的。表义就是对经文的明义如法律等进行解释和延伸，并随着时代的变化有所变化，而隐义是隐藏在经文和教法中的奥义，是经文的真正内涵和真理，它不会随着时代的变化而变化，唯有通过秘传者的阐释和示意等方法才能揭示其奥义。其三，数字"7"之说——他们认为，受真主之命的教法发言人为7人，即阿丹、努哈、易卜拉欣、穆萨、尔萨、穆罕默德、隐遁的伊玛目穆罕默德·马赫迪。在每两位发言人中有7位伊玛目，承上启下地传承教法。其四，隐遁伊玛目复临说——接受十二伊玛目学说，认为第七代伊玛目伊斯玛仪或其子穆罕默德·本·伊斯玛仪暂时隐遁，他们具有真主赋予的神智和隐秘知识，将以马赫迪的身份复临世间惩治邪恶，主持正义。其五，宇宙流溢说——认为真主是第一和最高存在，超越任何存在和非存在物，真主创造了宇宙理性，宇宙理性流溢出宇宙灵魂，宇宙灵魂流溢出7个天体，各天体的星宿自我运转，天体运转中的干、湿、冷、热等因素的混合流溢出土、水、空气、以太四元素，这些合成物的结合流溢出具有灵魂的植物，植物流溢出具有灵魂的动物，动物又流溢出具有理性灵魂的人。

尽管什叶派分化为三大支派，且各个支派都有自己的教义主张、思想观点和理论学说，但细究各派的教义主张、思想观点和理论学说，不难发现这些都是在什叶思想总纲的范畴，各支派的思想主张等不外乎是什叶思想总纲的衍生，万变不离其宗。是故，三大支派的教义主张合而为一，即为大一统的什叶派的系统教义、教法学说，以及据此形成的什叶派的礼仪制度。换言之，什叶派基于信仰真主独一，先知穆罕默德为使者，伊玛目为先知继承人，忠诚、洁净、礼拜、天课、斋戒、朝觐与吉哈德为伊斯兰教七大基石，构建了有别于逊尼派的主要教义信条——伊玛目学说、隐遁伊玛目和马赫迪思想、《古兰经》隐义说、塔基亚原则；基于《古兰经》与本派汇编的四大圣训经，构建了什叶派教法学说。

二 什叶派注释

如上所述，什叶派在发展过程中，因内部思想主张的不同，逐渐分化为三大支派。各派为体现自我派别的正统性与合法性，均在《古兰经》中寻求证据。他们引证经文时，对能够作为本派证据的经文给予相应注释。至于那些不符合本派思想主张的经文，他们亦竭尽所能地通过注释，使经文经义与本派思想主张相符合。各派对《古兰经》的注释，构成了什叶派经注的整体图景。

（一）十二伊玛目派注释

十二伊玛目派是什叶派的主流支派。鉴于该派作为什叶派主流支派的特殊地位，以及时至今日在什叶派领域的主导地位，故它对《古兰经》的注释很大程度上亦处于什叶派的主导地位。犹如逊尼派，该派注释家亦从《古兰经》的语言文字到经文内容，作了不同程度的注释。仅从注释典籍的量来看，什叶派注释是伊斯兰教各派别中仅次于逊尼派的注释。

总体而言，十二伊玛目派将其教义思想建立在经训基础的同时，视伊玛目问题——既是该派的重要教义和信仰特色，也是和逊尼派的主要区别所在——为本派的核心问题。因此，该派注释《古兰经》时，很大程度上将注释的主导思想与伊玛目学说有机结合后展开注释。换言之，该派的教义思想决定了注释内容的重心所在。笔者避重就轻，因繁就简，仅从该派的思想主张角度，对该派的《古兰经》注释做宏观透视，主要体现在以下几个较为突出的层面上。

1. 基于伊玛目学说的注释

十二伊玛目派认为，作为先知穆罕默德的继承者，"'伊玛目和真主之间的精神联系带有先知和使者那种性质。使者是哲卜勒伊来为之降示默示者，他能看见天使，听到天使讲话，默示便降到他身上，也许是在梦中看见天使的，像易卜拉欣的梦一样；先知也许能够听见天使的声音，也许能看见他的形体但听不见他的声音；伊玛目仅能听到天使的声音但看不见他的形体。'由此可见，伊玛目也是受默示者，尽管其受示方式不同于先知和使者。'至尊的真主是伟大的，不会让大地上没有公正的伊玛目。在信士们狂热时，伊玛目予以降温；在信士们动摇时，伊玛目使其坚定。他是真主对众仆的证据，若无伊玛目——真主对大地的证据，大地便不复存在。大地上即使只剩下两人，其中必有一个权威，他就是伊玛目。'信仰伊玛目是信仰的一部分。"①

据此，十二伊玛目派将伊玛目视为先知穆罕默德之后的权威，认为伊玛目与真主之间具有精神纽带关系。因此，他们认为，先知穆罕默德授权阿里及其后裔，在他去世后代他处理宗教与世俗的一切事务，人们务必要凡事顺从他们，这是基于经训的不可变更的真理和原则。在他们看来，真主尤其授予伊玛目阐明权——阐明律例、发布教令、注释经文。他们既有权阐明经义，也有权保持沉默。伊玛目如果事出需要，可以根据自己的意志，有权以公开和隐秘（Al-taqiyyah）的方式视情阐释经义。这就意味着，他们的断言都是千真万确且不能轻易改变的真理。对此，什叶派学者穆罕默德·库莱尼（？—941）在《宗教学大全》（*Al-kāfi fi ʻilm al-dīn*）中②。从个案角度给予说明："三个人就《古兰经》的一节经文请教伊玛目萨迪格，他分别以不同答案回复了每一个人。那么，一个问题的三种答案，或者是根据'隐蔽'而定，或者是根据'授权'而定。"此外，十二伊玛目派还认为，先知穆罕默德和伊玛目还有来自真主的另一种授权——先知或伊玛目既有权以"沙里亚法"的表义去判定事物的合法与否，也

---

① 艾哈迈德·爱敏：《阿拉伯—伊斯兰文化史》第4册，商务印书馆1995年版，第192—193页。
② 穆罕默德·本·雅古柏·库莱尼是什叶派著名学者和领袖之一，其地位相当于布哈里在逊尼派中的地位。《宗教学大全》是什叶派的四大圣训经之一。该书3卷，第1卷阐述原理，第2和第3卷阐述具体问题。

有权放弃表义，代之以自己的主见或真主的默示来判决事物。

十二伊玛目派在阐释自己的教义主张和伊玛目学说时，根据经文断言了伊玛目受真主保护而不会犯罪犯错、隐遁的马赫迪、复临之说和塔基亚原则，并根据自己的思想阐释了相应的经文。他们对关涉其思想主张的经文的注释，归根结底都是围绕着"伊玛目是先知的合法继承者"这一核心问题展开。这旨在说明，"伊玛目的地位相当于先知，是合法的继承人。伊玛目是真主和使者的继承人，处在穆民领袖的地位，是哈桑和侯赛因的继承人。伊玛目是宗教的中坚、穆民的支柱、世界的砥柱、信士的骄傲。伊玛目是不断发展的伊斯兰的基础，也是其中高贵的部分。依靠伊玛目，才能完成礼拜、天课、斋戒、朝觐、圣战，才能增加战利品及其施舍，才能制定法令、实行裁决，才能防止疏漏和偏差。伊玛目准许真主之所准，禁止真主之所禁，立真主之法度，卫真主之宗教，并以智慧、良好的劝诫、有力的证据呼吁真主的正道。伊玛目如光照大地的太阳，冉冉升起在地平线上，手摸不到，眼看不见。伊玛目是光芒四射的圆月，是烁烁的夜明灯，是闪闪的光芒，是黑夜中的启明星，是无垠的大地，是澎湃的海洋。伊玛目是久渴者的甘泉，是正道的指引者，是灾难的避难所。伊玛目永无过错，学识渊博，宽厚仁慈，他是宗教的支柱、穆民的骄傲，他给伪信者以愤怒，给叛教者以毁灭。伊玛目独步天下，无人能与之相比，无学者与之相等，无人能够取代……伊玛目是无所不知的学者、永不退缩的传教者，是神圣、圣洁、虔敬、苦修、知识和崇拜的源泉。主的仆人，如果真主选择他管理众仆之事，真主就会使他心胸开阔，就会赐给他源源不绝的智慧，启发他知识，使他不再迷误，不再脱离正道。他是得到保佑的，得到扶持的，他是成功的、坚毅的。他永不犯错，永无过失。真主使他如此，就是要让他成为真主对于众仆的证明，对于万物的证人。'这是真主的恩惠，他用来赏赐他所意欲的人。真主是宽大的，是全知的。'（5：54）"①

基于伊玛目学说的主导思想，该派在阐释很多经文时，往往自觉不自觉地使某些经文的经旨符合他们的思想主张。诸如，他们将经文"你们当服从真主，应当服从使者和你们中的主事人"（4：59）中的"主事人"，注释为伊玛目阿里、哈桑与侯赛因。他们将经文"一个人，原是死

---

① 艾哈迈德·爱敏：《阿拉伯—伊斯兰文化史》第4册，商务印书馆1995年版，第194—195页。

的，但我使他复活，并给他一道光明，带着在人间行走，难道他与那在重重黑暗中绝不走入光明的人是一样的吗？"（6：122）中的"光明"，注释为"光明就是伊玛目，伊玛目生活在光明里"。他们将经文"行善的人将获得更佳的报酬，在那日，他们将得免于恐怖。做恶的人，将匍匐着投入火狱：'你们只受你们的行为的报酬'"（27：89—90）中的"行善者"，注释为承认圣裔与热爱圣裔者；将"做恶者"注释为否认圣裔与仇视圣裔者。他们将经文"赛法和麦尔维，确是真主的标识"（2：158）中的"赛法山"注释为先知穆罕默德，将"麦尔维山"注释为伊玛目阿里。他们将经文"苏莱曼继承了达乌德"（27：16）注释为伊玛目阿里继承了先知穆罕默德的知识。诸如此类注释，不胜枚举。

2. 基于穆尔太齐赖派观点的注释

该派许多学者师从穆尔太齐赖学者的原因，促使"该派的学者在肯定前期伊玛目教义的前提下，摒弃了以前的将真主拟人化及灵魂转世说等极端思想，确立了以穆尔太齐赖派理性主义为教义的基础"[①]。因此，受教于穆尔太齐赖派学者的注释家，在阐释经文言及的教义问题时，大量运用穆尔太齐赖派观点阐释经文，从而促使很多注释观点和内容与穆尔太齐赖的注释观点和内容如出一辙。其中，代表学者如哈桑·阿斯凯里（Al-hasan al-'askariyy，伊历 231—260）、谢里夫·穆尔泰达（Al-sharīf al-murtadā，伊历 355—436）、艾布·阿里·法德里·泰伯尔西（Abu Ali al-fadl al-tabrasiyy，？－1153）等，不仅强调以穆尔太齐赖派的理性和"启示"为教义及教法的共同基础，并且借鉴与运用穆尔太齐赖派的思想观点阐释涉及信仰教义的有关经文。尤其是谢里夫·穆尔泰达，不惜通过注释，极尽所能地将阿里视为穆尔太齐赖人，甚至视其为穆尔太齐赖的领袖和伊玛目。诸如此类的注释，毫无疑问是受到穆尔太齐赖派的深刻影响之结果。

3. 基于法学原理与法学思想的注释

总体而言，该派在教法上以《古兰经》、"四大圣训经"、公议与理性证据为立法基础。其教法学的基本原则是，"第一，逊尼派教法学中违反什叶派信仰和观点的原理和具体规定一概不予接受，代之以符合什叶派信

---

① 宛耀宾总主编：《中国伊斯兰百科全书》，四川辞书出版社 1994 年版，第 507 页。

仰的原理和具体规定；第二，拒绝接受来自非什叶派伊玛目、学者和传述者的任何圣训或'意见'。一切法学规范均根据什叶派对《古兰经》的注释和什叶派传述的圣训；第三，反对将'伊制马仪'（公议）作为一项立法原则，以免采纳非什叶派的观点；反对'格亚斯'（类比），因为'格亚斯'即'意见'，而伊斯兰教来自真主、使者和受保护的伊玛目，是不承认'意见'的。"[①] 该派对前两项基本原则保持一致，但对"伊制马仪"（公议）和"格亚斯"（类比）则有不同意见，并形成了两大法学学派，即"乌苏勒派"（Al-'usūliyyah），该派拥护思辨方法，赋予宗教权威即伊玛目以个人权力，将权威者个人的理性见解视为法律的规范。以及"阿赫巴尔派"（Al-'ahbāriyyah），该派主张只有《古兰经》和圣训集（即阿赫巴尔）才能作为法律的源泉，不接受宗教权威的个人见解。从各派的追随人数来讲，前者占主导地位，约为80%。

人数上占绝对优势的乌苏勒派在注释涉及律法的经文时，宗教权威——伊玛目的个人理性见解发挥着主导作用。他们认为，由于伊玛目的地位和权利由真主确定，因此他们是全体穆斯林的精神领袖和导师，不仅不会犯错犯罪，而且还具有真主赋予的灵知和真光，故只有他们才能明晓和注释《古兰经》的隐义，才有创制教法的权利。是故，该派学者通过注释《古兰经》来确立宗教权威伊玛目受真主保护而丝毫不犯罪犯错的"无罪"地位，由此及彼地定性了伊玛目在教法领域和阐释法律经文的权威作用。他们认为，"伊玛目是教法的保护人，他必须享有真主的庇佑，才能受到被保护者的信任，否则，教法就需要另一个保护人"[②]。基于这样的法学观点和注释理念，该派在遵循《古兰经》和"四大圣训经"确立的教法的同时，尤其重视宗教权威伊玛目对经训的阐释。例如，伊玛目为先知穆罕默德的合法继承者、允许临时婚姻、遗产继承制度等，以及其

[①] 艾哈迈德·爱敏：《阿拉伯—伊斯兰文化史》第4册，商务印书馆1995年版，第230页。
[②] 艾哈迈德·爱敏：《阿拉伯—伊斯兰文化史》第4册，商务印书馆1995年版，第204页。事实上，反对这种观点者认为，"伊玛目非保护者，而是执行者，教法的保护人是伊斯兰学者，因为至高无上的真主说过：'一般明哲和博士，也依照他们所奉命护持的天经而判决，并为其见证。'（5：44）他还说：'你们当做崇拜造物主的人，因为你们教授天经，诵习天经。'（3：79）假设受真主庇佑是必要的，则每个国家和地区都应有受庇佑的人，因为成年人遍布各地，靠一个人保护是不够的，指派代表也无济于事，因为代表是不受庇佑的。"——参见艾哈迈德·爱敏《阿拉伯—伊斯兰文化史》第4册，商务印书馆1995年版，第204—205页。

他关涉"创制"的一系列教法法令,都是通过宗教权威伊玛目以个人见解注释有关经文的方式得以完成。

一言以蔽之,在逊尼派学者看来,十二伊玛目派为利于自己的法学思想与主张,"他们就涉及教法及其原理的经文所持的观点,达到了顽固不化的程度,甚至不惜使经文作为他们主张的证据,服从他们的派别。同样,他们亦注释了那些与他们思想主张不相符合的经训,甚至有时候给经文增加了一些原本没有的意义,并断言这是来自圣裔家族的理解。事实上,这是他们强词夺理的见解,以及陷于有违经义与违犯教法常规的表现。"①

4. 基于《古兰经》隐义说的注释

诚然,十二伊玛目派不可能在《古兰经》中找到有利于本派思想主张的所有经文。因此,他们为使某些经文符合本派思想主张,采取四种方式,使人们知道他们的教义源自《古兰经》,《古兰经》是他们的思想基础和学说根本。其一,他们断言《古兰经》有表义和隐义,甚至绝大部分经文的终极经旨在于隐义而不在于表义,只有众伊玛目知晓《古兰经》的一切,无论涉及表义的经文,还是关涉到隐义的经文。同样,为了将解释权归伊玛目所有,禁止人们未经来自伊玛目的解释,不得擅自理解经义,不得对《古兰经》说三道四。其二,他们断言,整部《古兰经》,或者绝大部分经文是既支持他们的伊玛目,也驳斥反对他们者,以及那些与他们主见不合者。其三,他们断言,《古兰经》在先知穆罕默德时代业已遭到篡改。② 其四,他们不惜伪造圣训、假言圣裔之语、诽谤圣门弟子——绝大部分圣门弟子存在宗教和道德层面上的缺陷,以便从中能够找到伪造圣训的空间,以此来杜绝圣门弟子传述的确凿圣训,然后通过伪造的圣训来断言和注释《古兰经》的经义经旨所指。③

该派通过以上四种方式,给他们主张的《古兰经》隐义学说提供了

---

① 穆罕默德·侯赛因·扎哈卜:《古兰经注释与注释家》卷2,开罗知识出版社2001年版,第27页。

② 穆罕默德·库莱尼的《宗教学大全》记载,哲卜拉伊勒天使传达给先知穆罕默德的《古兰经》是17000节,而现存于世的《古兰经》则是6263节,其余节文则由阿里整理后保藏在圣裔家族中。

③ 穆罕默德·侯赛因·扎哈卜:《古兰经注释与注释家》卷3,开罗知识出版社2001年版,第95页。

相应的法理和学理基础，从而根据隐义学说展开注释。他们认为，《古兰经》有表义和 70 种隐义，甚至不限于此。在他们看来，真主使《古兰经》表义的核心在于认主独一、先知身份和使者使命，而使《古兰经》隐义的重心在于伊玛目和圣族（Al-wilāyah），以及与其相关的所有问题。他们认为，"隐义是隐藏在经文和教法中的内在奥义，它是经文的真正内涵，是伊斯兰教的真谛，在任何时代不会变更。《古兰经》的隐义凡人无法知晓，只有伊玛目才能知晓和领悟其全部奥秘。每代伊玛目都将其奥义传给继承人，各代伊玛目通过接受他的秘传者（即代理人或知秘人）对经文加以阐释或用譬喻、暗示、象征等方法加以阐释，揭示其内在奥义，达到领悟内在真理的境界。其隐秘的含义被表面意义的帷幕所掩盖，未获得秘传者与不具备内学知识和解密方法的人，无法探究宗教的奥秘。什叶派的经注学家还认为，《古兰经》的隐义，除章首字母、预言、比喻、暗示的经文、难解的词语、论断为隐秘经文外，它还包括真主启示全部经文的玄机、安拉的创世、宇宙的起源、创造者和被创造者的关系、安拉的本体、安拉的前定和人的行为、先知的使命、伊玛目的神性、马赫迪的降临等关于信仰的全部隐义。"①

该派注释家主张《古兰经》具有表义和隐义的同时，为使"古兰表义与隐义"这一原则深入人心，遂在表义和隐义之间寻求联系。例如经文"敬畏的人们所蒙应许的乐园，其情状是这样的：其中有水河，水质不腐；有乳河，乳味不变；有酒河，饮者称快；有蜜河，蜜质纯洁；他们在乐园中，有各种水果，可以享受"（47：15）。他们认为，该节经文的表义是真主的旨意，但同时还有隐义——众伊玛目的各种知识。表义和隐义的合二为一，就是充分运用经文的双重意义，以便经文不因表义而失去真主对其特殊意义的旨意所指。②

同样，他们在力求经文表义与隐义有机联系的同时指出，这样的联系满足不了人们遵行什叶，于是从信仰教义的高度定性了隐义的作用和价值。他们就此讲道，"正如人们必须信仰经文的明确之义与隐微之义、经文的先

---

① 宛耀宾总主编：《中国伊斯兰百科全书》，四川辞书出版社 1994 年版，第 511 页。
② 穆罕默德·侯赛因·扎哈卜：《古兰经注释与注释家》卷 3，开罗知识出版社 2001 年版，第 96 页。

后停止那样，人们务必信仰经文的表义及其隐义，并等而视之。如果圣裔知识齐备的话，则务必由圣裔详细阐述隐义，如果不能详细阐述，概要阐释亦可。在任何情况下，人们不得否定隐义，必须服从圣裔的阐释，即使不能理解其义也罢。如果人们信仰表义而否定隐义，亦否定了表义。"①

此外，为了使隐义的解释权归伊玛目所有，以及禁止其他人自由研究《古兰经》文，该派断言，《古兰经》所有经义——无论是表义还是隐义——的解释权，唯属先知穆罕默德及其之后的众伊玛目。众伊玛目知晓《古兰经》的一切，因为《古兰经》就降示在他们的家里，而圣裔最知家中一切。至于其他人，则穷其知识也既不能知晓隐义的丝毫，也不能理解绝大部分经文的表义。因此，人们只能通过伊玛目来理解经义。这也就意味着，真主既授权伊玛目注释《古兰经》的权限，也赋予他们治理伊斯兰乌玛事物的权利。

综上，十二伊玛目派为使伊玛目成为先知穆罕默德的合法继承者，以及促使历代穆斯林忠实效忠伊玛目，遂采取《古兰经》隐义说来阐释经文，并成为该派注释的重要手段和主要内容。换言之，该派主张的《古兰经》隐义说为宗教权威伊玛目提供了广阔而自由的注释空间，使该派在任何时空和情况下，都能使《古兰经》为其所用，合其教义，适其意图，顺其思想，利其政治，而不因《古兰经》不符合该派的教义主张和思想观点就被其所困。

作为什叶派注释《古兰经》的主体和主流派别，十二伊玛目派留下了丰硕的注释成果，有完成的注释典籍，也有未竟的注释典籍；既有古代的注释典籍，也有现代的注释典籍；既有流传至今的注释典籍，也有早已散逸的注释典籍。这些注释典籍的核心思想，大体都无一例外地以他们的信仰教义为中心展开注释。

该派注释典籍的代表作主要是：哈桑·阿斯凯里（Al-hasan al-'askariyy，伊历231—260）的《阿斯凯里经注》（*Tafsir Al-hasan al-'askariyy*），全一册，业已出版，埃及国家图书馆藏有该书。伊历3世纪学者穆罕默德·本·麦斯欧德·本·穆罕默德·本·安雅欣（Muhammad

---

① 穆罕默德·侯赛因·扎哈卜：《古兰经注释与注释家》卷3，开罗知识出版社2001年版，第97页。

ben mas'ūd ben Muhammad ben 'ayyāshī）的《安雅欣经注》（*Tafsir 'ayyāshī*），系什叶派注释《古兰经》的重要著作，是该派很多注释家的蓝本。伊历4世纪初期学者阿里·本·易卜拉欣·古米（Ali ben 'ibrāhīm al-qumiyy）的《阿里·本·易卜拉欣·古米经注》（*Tafsir Ali ben 'ibrāhīm al-qumiyy*），该书是一部简明注释本，是什叶派很多学者赖以溯源的注释典籍，全一册，业已出版，埃及国家图书馆藏有该书。艾布·贾法尔·穆罕默德·本·哈桑·阿里·图西（Abu ja'far Muhmmad ben al-hasan ben Ali al-tūsiyy，伊历？—460）的《经注详解》（*Al-tibyān*），该书共20册，已在伊朗纳杰夫出版。注释家艾布·阿里·法德里·泰伯尔西以该书为蓝本，著作了《经义汇解》（*Majma' al-bayān*）。艾布·阿里·法德里·泰伯尔西的《经义汇解》，该书2大卷，业已出版，埃及国家图书馆和爱资哈尔大学图书馆分别藏有该书。穆拉·穆赫辛·卡欣（Mulā muhsin al-kāshiyy，？-1090）的《古兰经真注》（*Al-sāfī fī tafsir al-qur'ān al-karīm*），全一册，业已出版，埃及国家图书馆藏有该书。穆拉·穆赫辛·卡欣的《古兰经精义》（*Al-'asfā*），该书是《古兰经真注》的缩印本，全一册，业已出版，埃及国家图书馆和开罗大学图书馆分别藏有该书。哈希姆·本·苏莱曼·本·伊斯玛仪·侯赛因·巴哈拉尼（Hāshim ben sulaymān ben 'ismā'īl ben al-husaynī al-bahrānī，伊历？—1107）的《明证》（*Al-burhān*），共2册，业已出版，埃及国家图书馆藏有该书。阿布杜·莱提夫·卡兹拉尼（Mawlā 'abd al-latīf al-kazrānī）的《光明之境与奥秘之龛》（*Mir'āt al-'anwār wa mishkāt al-'asrār*），该书已散逸，仅存前言部分，共一卷，埃及国家图书馆藏有该书。伊历12世纪学者穆罕默德·穆尔塔迪·侯赛因（Muhmmad murtadī al-husaynī）的《注述》（*Al-mu'allaf*），该书手稿为一小册，埃及国家图书馆藏有该书。赛义德·阿卜杜拉·阿拉维（Mawlā sayyīd 'abd Allah ben Muhammad ridā al-'alawī，伊历1188—1242）的《古兰经注释》（*Tafsir al-qur'ān*），该书为一大卷，业已出版，埃及国家图书馆藏有该书。伊历14世纪学者素丹·穆罕默德·呼罗珊（Sultān Muhammad al-khurāsāniyy）的《阐明功修等级的幸福》（*Bayān al-sa'ādat fī maqāmāt al-'ibādat*），共两卷，业已出版，埃及国家图书馆藏有该书。穆罕默德·坚瓦德·本·哈桑·纳杰夫（Mumammad jawwād ben hasan al-najafiyy，伊历？—1352）的《古兰经注释中的至仁主恩典》（'ālā' al-rahmān fī Tafsir al-qur'ān），作者注完第1章至第4章（妇女章）第56节经文后就撒手人寰。埃及国家图书馆藏有该书第1册。

(二) 伊斯玛仪派注释

伊斯玛仪派是什叶派的主要支派之一，产生于8世纪中叶，9世纪末形成独立的教义学说和组织形式。该派源于第七代伊玛目伊斯玛仪，认为伊玛目传系只有7位，即从第一代伊玛目阿里到第七代伊玛目伊斯玛仪，因此该派又称"七伊玛目派"。该派衍生出若干分支派别，如11世纪后在叙利亚和黎巴嫩产生的德鲁兹派，埃及产生的穆斯塔利派，波斯和叙利亚产生的尼扎尔派，土耳其和叙利亚产生的努赛尔派，伊拉克、巴林、阿曼产生的卡尔马特派等，以及19世纪中叶在伊朗产生的巴布派和巴哈伊派。时下，该派人数约为700多万，主要分布在伊拉克、伊朗、阿富汗、叙利亚、巴基斯坦、印度、巴勒斯坦、黎巴嫩等国家。

该派为了论证其教义主张和思想观点是以真主启示的真理为依据，提出了《古兰经》隐义说，并从隐义角度"越经"地阐释了有关经文，以确立本派的宗教权威。在正统派看来，该派的教义主张严重有违经训原则和精神。该派吸收新柏拉图主义的流溢说、穆尔太齐赖派的唯理论、毕达哥拉斯的数论而使其教义和思想神秘化，因此学界又将其称为"内学派"（Al-bātiniyyah，音译为巴颓尼叶派）。"隐义注释"与"拿来主义"的相辅相成，使该派思想观点与《古兰经》义理和伊斯兰精神不相符合，从而被正统的逊尼派和穆斯林学界定性为什叶派中的极端派别——该派根据它所提出的"《古兰经》隐义说"，极端地、肆意地、越位地注释了《古兰经》的有些经文，促使《古兰经》的本义面目全非，经义丧失殆尽。

较之十二伊玛目派，该派阐发经文隐义达到了有过之而无不及的地步，他们重视经文隐义远胜于其表义，"伊斯玛仪人不重视《古兰经》的字面意义，而从该书的字里行间寻找隐秘的含义。认为经文有表里两面的意义，其'里面'真义唯识者知之，应当用注释和比喻的方法了解它，故逊尼派穆斯林称之为'巴颓尼叶派'，即'里面派'或'暗示派'。他们把对教义的领悟分为七种境界，相应地也将其成员分为七个等级。只有宗教上层的人才能达到最高境界。"①

该派认为,《古兰经》的"表义包括对经文的明义公认的解释以及根据经文所确定的教法;这种解释和教法,随先知和时代的不同会发生一定的变化。隐义是隐藏在经文和教法中的内在的奥义,隐义是经文的真正内涵,才是伊斯兰教的真理。隐义是任何时代也不会变更的,它只有通过受秘传者的阐释或用譬喻、暗示、象征等方法加以解释,才能揭示出其奥义,达到领悟内在真理的境界。而阐释这种隐义,唯有赖于获得对经文字母和数字隐秘含义的神秘方法的秘传。由于经文中关于宗教真理的内在含义被表面的形式所掩蔽,没有受过秘传的人,不能揭示它的帷幕,无法探究宗教的奥秘。该派的传教师和经注学家,为了给此说寻找根据,他们对《古兰经》的章节编排、章首的缩写字母、各章节经文的内容,均作了附会其教义主张的解释,并论证了其教义的来源是《古兰经》的隐义"②。

根据穆罕默德·侯赛因·扎哈卜教授的研究,时至今日,伊斯玛仪派既没有一部注释《古兰经》的独立典籍,也没有发现该派任何学者或注释家根据《古兰经》的章节顺序,著作出一部综合性的注释典籍。学界了解该派的《古兰经》注释,只能通过散见在涉及该派历史沿革、教义主张、思想观点等的各类文献典籍。换言之,学界只有通过其他文献,才能了解该派阐述本派教义主张和思想观点时对《古兰经》所持的立场和见解。例如法学家、教义学家阿布杜·嘎希尔·巴格达迪（'Abd al-qāhir al-baghdādiyy,? –1038）的《教派的歧异》（Al-farq bayn al-firaq）、艾布·穆兹菲尔·艾斯法拉伊尼（Abu al-muzfir al-'asfarāyiyy,伊历? —471）的《宗教阐释》（Al-tabsīr fi al-dīn）、安萨里的《内学派的缺陷》（Fadā'ikh al-bātiniyyah），以及伊历5世纪中叶学者穆罕默德·本·马立克·耶玛尼（Muhammad ben mālik al-yamāniyy）的《揭示隐义的奥秘》（Kashif 'Asrār al-bātiniyyah）等。穆罕默德·侯赛因·扎哈卜教授认为,该派之所以没有出现一部完整的注释典籍,原因在于其信仰教义和思想主张无法符合《古兰经》的每一节经文。如果他们试图根据本派思想主张和理论观点逐章逐节地注释整部《古兰经》,一来难度可想而知;二来如果硬

---

① 王怀德、郭宝华:《伊斯兰教史》,宁夏人民出版社1992年版,第255页。
② 宛耀宾总主编:《中国伊斯兰百科全书》,四川辞书出版社1994年版,第700页。

性地注释每节经文，势必漏洞百出，错误难免，且互相矛盾，前后不一。因此，他们选择性地注释了那些有利于本派教义主张和思想观点的经文。

由于该派没有一部完整的注释典籍，而该派自古至今又衍生出众多分支派别，且各派都根据各自教义主张和思想观点，不同程度地解读了有些经文，因此如果逐一叙述各分支派别关于《古兰经》的观点和见解，势必难以面面俱到。鉴于此，现仅以伊斯玛仪派所持教义主张和思想观点的总纲角度出发，从案例角度概而言之地阐述该派的《古兰经》注释。换言之，明确了伊斯玛仪派的总体思想观点和主要理论学说，也就一定程度上明确了各分支派别如巴布派和巴哈伊派[1]等对《古兰经》的见解与观点，可谓万变不离其宗，大体都是伊斯玛仪派的总体思想和注释总纲的结

---

[1]　巴布派亦称巴布教派运动。19 世纪中叶，由伊朗设拉子商人出身的什叶派谢赫学派学者米尔扎·阿里·穆罕默德（1820—1850）创立。因他自称"巴布"（即信仰之门），故名。巴布派的思想先驱是 18 世纪初在伊朗产生的什叶派的谢赫学派。阿里·穆罕默德曾到伊拉克卡尔巴拉朝谒侯赛因陵墓，结识了谢赫学派领袖赛义德·卡兹姆·拉西提（？—1843），成为该学派忠实信徒。1843 年被推举为谢赫学派首领。1844 年，阿里·穆罕默德提出："第十二伊玛目和他的信徒之间，存在着中介，这个中介的原型即四道相继的'巴布'，通过这些门，第十二伊玛目在其隐遁期间保持与其信徒的联系"，并公开宣称自己就是"巴布"，人们通过这座"知识之门"，即可了解期待降临的"马赫迪"的旨意。1845 年，他公开宣称自己为"马赫迪"，其使命是铲除人间不平，建立平等、公正与幸福的"正义王国"。他的传教遂吸引了大批下层毛拉和商人成为其追随者。该派 18 人的传教师到伊朗各省传布其教义，信众日增。阿里·穆罕默德企求通过道德感化的方式，使伊朗卡扎尔王朝统治者接受其关于社会和宗教改革的主张，但未成功，反遭压制。官方什叶派学者则视其教义为"异端"，予以抨击。伊朗国王慑于该派日益增长的势力，于 1847 年将阿里·穆罕默德逮捕囚禁。1847—1848 年，阿里·穆罕默德在大不里士狱中，仿照《古兰经》用波斯文写成《默示录》（《白彦》，意为"宣言"）。该书系统阐述了巴布派的教义学说、律法、礼仪及宗教社会改革的主张，被该派信徒视为与《古兰经》同样神圣的经典。巴布在该书中宣称，伊斯兰教旧时代已结束，巴布教派开创的新纪元已经到来。认为人类社会各个时期依次按周期循环，当每一旧周期循环结束之时，取而代之的是新周期循环的开始。安拉在每一个历史时期周期循环结束时，派遣一位新先知，引领世人毁灭旧世界，重建一个新世界。每个时代皆有特定的制度和律法，旧的制度和律法必将随着时代的结束而被废止，代之以新的制度和律法。但新的制度和律法不能由"凡人"制定，只能由真主派遣的"新先知"颁布。认为摩西及《旧约全书》、耶稣及《新约全书》、穆罕默德及《古兰经》都曾代表一个时代，但都以相继被取代而成为过去。巴布宣称他即是真主派遣而降世的新先知，《默示录》是高于一切而代替《古兰经》的新经典，现存的一切制度和律法都应按照《默示录》的精神加以修订。巴布教派认为，真主的本体是绝对存在的、超自然的，它有 7 种属性，即前定、注定、意定、意愿、允准、末日与启示。安拉利用这 7 种属性，创造自然界、人和现象世界。该派认为，数字"19"是表示神性和圣性的统一的数字，是安拉本体的数量表征。故将每年定为 19 个月，每月为 19 天，每天都用表

第六章 注释《古兰经》的派别　　423

果。同样，各分支派别关于《古兰经》的言论和观点，很大程度上是对伊斯玛仪派思想的进一步延伸和扩展。如果伊斯玛仪的注释符合《古兰经》义理和伊斯兰教义，以及教法学的法理和注释学的学理，则其分支派别的注释也就正确无误，反之亦然。

（接上页注①）征安拉德性的 19 个名称命名，并组成 19 人为成员的宣教组织。该派否认伊斯兰教法规定的宗教功课及教律，主张简化教法中有关礼拜、斋戒、净礼等规定，主张不必要在规定的时间或在清真寺举行集体礼拜，各人可在其方便的时候就地礼拜，规定每年只需斋戒 19 天，净礼不属教法规定，仅属于嘉许行为，故可以简便。该派严禁信徒饮酒、赌博和乞讨，禁止向乞丐施舍，禁止随意伤害人命、破坏社会治安和违犯社会公德。允许男女均可离异及再婚，男女有同等财产继承权，废除妇女戴面纱。该派还提出了一系列有关社会改革的主张，如承认贸易和签订合同的绝对自由，允许对赊欠的货款收取一定利息；废除一切苛捐和劳役，主张消灭私有制，没收统治者财产分给贫民，统一币制等。——宛耀宾总主编：《中国伊斯兰百科全书》，四川辞书出版社 1994 年版，第 73—74 页。

　　巴哈伊派，是巴布教派中衍生出的世界性伊斯兰教新兴派别。"巴哈"系阿拉伯语，意为"光辉"、"荣耀"。19 世纪中叶伊朗人米尔扎·侯赛因·阿里（1817—1892）所创。他自称"巴哈乌拉"（Baha'ullah，意为"安拉的光辉"），故称为"巴哈派"。米尔扎是巴布的最早信徒，1852 年巴布派起义失败被捕，次年被释放后流亡到巴格达，同年 4 月宣布他是巴布所预言的"新使者"。后因与其族弟争夺教权到达土耳其，旋被奥斯曼政府监禁于巴勒斯坦的阿克。1871—1874 年写成阐述其教义的《克塔布·艾格代斯》（al-Kitab al-Aqdas）即《至圣书》，共 472 节，据称可取代《古兰经》和巴布的《默示录》（al-Bayan）。该派教义崇拜独一、全知、全能的安拉，认为"一切宗教基础相同"，故无论哪一宗教，信仰的都是安拉，只是其名称不同而已。因此，该派承认伊斯兰教、印度教、犹太教、琐罗亚斯德教、佛教、基督教的创始人和巴布、巴哈都是安拉的使者，一切人都是安拉的"儿女"，因之人类应该统一和谐，实现世界大同。该派也有天园、火狱、灵魂、神迹、永生等说，但阐释不同，如能顺从安拉赋予的法则行事从而获得幸福，便是"天园"，反之产生苦恼即是"火狱"。它也重视今世，其社会、伦理主张主要有：拥护政府的法律和政策，以维护社会秩序和社会发展，发扬各民族文化，以丰富人类新的综合文化；实行男女平等，放弃一切偏见和争斗，提倡个人道德和友爱精神，以维护和平，实现人类大同，建立其"世界新秩序"和"正义王国"；认为宗教和科学并行不悖，主张寻求真理，普及教育。在教义方面，简化了伊斯兰教的礼仪，如"净礼"只洗手、脸、脚或清水浸浴；"念礼"可诵上述先知或该派的任何经典，礼拜每日只礼晨、晌、宵礼，旅途中甚至只叩一头等。该派将一年分为 19 个月，每月 19 天，另有闰日，每年最后一月为斋月，期满过元旦。此外不主张施舍，反对苦修，提倡生活享受，婚礼可不诵祷词，仅由"灵体会"派人证婚。《至圣书》还制定了遗产法，要求每人必须预立遗嘱，主张自由贸易、开银行、放高利贷、严惩盗窃等。该派还规定信徒必须履行 9 项宗教义务：每日祈祷；斋戒；勤奋工作；传播"安拉的事业"；禁烟禁毒；遵守该派婚姻制；服从政府；不参与政治，不得中伤他人。奉行该派"圣日"，即巴哈受命纪念日、巴布受命纪念日和巴布、巴哈的诞辰与忌日，均称为"灵宴节"。该派的主要经典有：《至圣书》、《默示录》、《意纲经》（al-Iqan）、《隐言经》（al-Kalimat al-Maknunah）和《哈夫·瓦迪》。——宛耀宾总主编：《中国伊斯兰百科全书》，四川辞书出版社 1994 年版，第 73—74 页。

总体而言，伊斯玛仪派基于经文"在那日，伪信的男女，将对信道的男女说：'请你们等候我们，让我们借你们的一点光辉！'有人将要对他们说：'你们转回去寻求光辉吧！'于是，彼此之间，筑起了一堵隔壁来，隔壁上有一道门，门内有恩惠，门外有刑罚"（57：13）。提出了他们的内学思想，并使这节经文作为他们注释经文隐义的理论渊源。他们就此讲到："《古兰经》既有表义也有隐义，经文目的在于其隐义，而不是众所周知的语言表义。隐义之于表义，类似核仁之于皮壳的关系。遵循经文表义者犹如拿书而不知其内容的人，而经文的隐义能够致使人们弃表遵内。"①

根据穆罕默德·侯赛因·扎哈卜教授对该派注释的综合研究，以及《宗教、学派与党派简明百科全书》中"伊斯玛仪派"词条对该派的定性，② 伊斯玛仪派的注释本质上与《古兰经》义理和伊斯兰法理背道而驰。究其原因，该派为了给本派立论立说，不惜"破坏所有法律，尤其是伊斯兰教法律。是故，他们致力于破坏伊斯兰教的坚固基础——《古兰经》"③。该派破坏《古兰经》和伊斯兰法律的具体措施，就是揭示他们认为的经文隐义，以便使本派信徒质疑《古兰经》，坚信他们阐释的教义主张和宗教原则以及教法解释都是正确的。该派早期领导人欧拜杜拉·盖尔瓦尼（'Ubayd Allah al-qayrwāniyy）致苏莱曼·坚纳尼（Sulaymān al-jannāniyy）的信件内容，充分说明了伊斯玛仪派注释《古兰经》的目的："我命令你让人们怀疑《古兰经》、《讨拉特》、《宰逋尔》、《引支勒》。你号召他们废除一切法律，否定末日归宿和坟墓复生，否定天上的天使和地上的精灵。我命令你号召他们承认，阿丹之前还有人类生存，因为这有助于你断言世界的古有。"④ 欧拜杜拉·盖尔瓦尼令人怀疑《古兰经》的言论，集中体现了伊斯玛仪派教义思想的本质所在，以及该派伊玛目注释

---

① 穆罕默德·侯赛因·扎哈卜：《古兰经注释与注释家》卷3，开罗知识出版社2001年版，第112页。

② 《宗教、学派与党派简明百科全书》，利雅得世界伊斯兰青年协会出版社2003年版，第383—389页。

③ 穆罕默德·侯赛因·扎哈卜：《古兰经注释与注释家》卷3，开罗知识出版社2001年版，第111页。

④ 同上书，第112页。

《古兰经》的观点。伊斯玛仪派为鼓励本派信徒相信并接受他们伊玛目的注释，界定了伊玛目及其注释经文隐义的合法性与权威性，"众伊玛目就是这样一些人，真主使他们知晓真主的秘密及其隐藏的宗教，为他们揭示了这些表义经文中蕴涵的所有隐义。遵循正道与摆脱迷误就是回归《古兰经》与圣裔。因此先知对问他——你之后真理何以得知——的人说：'难道我没有给你们留下《古兰经》和我的后裔吗？'先知的后裔就是那些给穆斯林解读《古兰经》的伊玛目。"①

伊斯玛仪派根据其教义主张和思想观点，对《古兰经》的注释令穆斯林学界瞠目结舌。例如，关于命令穆斯林礼拜前必须净礼的经文，该派做了与经文本义截然不同的解释。他们将经文"信道的人们啊！当你们起身去礼拜的时候，你们当洗脸和手，洗至于两肘，当摩头，当洗脚，洗至两踝。如果你们是不洁的，你们就当洗周身。如果你们害病或旅行，或从厕所来，或与妇女交接，而得不到水，你们就当趋向清洁的地面，而用一部分土摩脸和手"（5：6）中的"小净"（Al-wuḍū'），解释为"喜爱伊玛目"；将"土净"（Al-tayanmim）解释为"伊玛目隐遁时的许可"；将"洗涤"（Al-ghasl）解释为"凡无目的地泄露本派秘密者需重新信教"。此外，他们将"礼拜"（Al-salāh）解释为"发言人即先知"；将"天课"（Al-zakāh）解释为"以本派的思想观念净化心灵"；将"天房"（Al-ka'bah）解释为"先知穆罕默德"；将"天房的门"解释为"伊玛目阿里"；将"萨法山"解释为"先知穆罕默德"；将"麦尔维山"解释为"伊玛目阿里"。

关于《古兰经》提及的历代先知的"奇迹"（Al-mu'jizāt），他们一概不予承认②，并以本派的教义思想和"否定表义与肯定隐义"的隐义观注释了有关经文。例如，他们将先知努哈时期的"洪水"（11：40）注释为"知识的洪水淹没了坚守圣道即伊斯玛仪派思想的人们"；将"努哈船"注释为保护该派信徒的避难所；将"火烧易卜拉欣"（21：68—69）解释为易卜拉欣时期的国王"奈姆鲁德（Namrūd）的愤怒"，而不是真正

---

① 穆罕默德·侯赛因·扎哈卜：《古兰经注释与注释家》卷3，开罗知识出版社2001年版，第110页。

② 在伊斯兰教教义中，否定"历代先知奇迹"意味着否定《古兰经》。因为穆斯林相信，《古兰经》是真主赋予先知穆罕默德的首要奇迹。

的火；将先知穆萨时期的天灾"洪水、蝗虫、虱子、青蛙"（7：133）解释为穆萨质问法老的问题；将先知尔萨令死人生还（3：49）解释为"凭借知识的生命复活愚昧的死亡"。该派甚至肆无忌惮地认为，众先知都是喜欢领导民众的人，他们以先知和伊玛目的身份出现，凭借法律和计策治理普通民众。

关于《古兰经》言及的"天使"、"恶魔"、"大骗子旦扎里"（Al-dajjāl）与"雅朱者和马朱者"（18：94），他们也一概予以否定。他们认为，天上没有天使，因此否定天使带着真主的启示降至大地。在他们看来，《古兰经》提及的"天使"是他们的"传道者"；地上没有"恶魔"，《古兰经》提及的"恶魔"是"反对他们的人"。他们将"伊布里斯（恶魔）与阿丹"分别注释为艾布·伯克尔与阿里，因为真主命令艾布·伯克尔给阿里叩头并顺从阿里，但艾布·伯克尔拒绝叩头并骄傲自大。他们将"大骗子旦扎里"解释为艾布·伯克尔，认为他是个独眼人，仅看到外表而不知内里。他们将"雅朱者和马朱者"解释为仅仅注释《古兰经》表义的人们。

关于宗教功修义务，他们凭借经文"你应当崇拜你的主，直到那无疑的消息来临"（15：99）认为，但凡认识功修意义的人，就可免去宗教功修如礼拜、封斋、朝觐等。这是因为，他们将经文中的"无疑的消息"与"认知注释"相提并论，认为知晓了关于宗教功修的经文的意义，就等同于身体力行地完成了各项宗教义务。① 此外，他们即使礼拜，也是为了隐遁的伊玛目伊斯玛仪，并且不在他派穆斯林修建的清真寺里举行礼拜。同样，他们虽然朝觐，但认为"天房"是伊玛目的标志。②

穆罕默德·侯赛因·扎哈卜等学者在研究诸如以上不胜枚举的、与经义经旨大相径庭的注释后总结到，"伊斯玛仪派对《古兰经》的注释是破坏性注释，是没有任何基础和证据的注释，只是一些荒诞的谬论。他们借此使那些理智薄弱的人陷入泥淖而脱离伊斯兰教，加入叛教者的行列而与

---

① 参见穆罕默德·侯赛因·扎哈卜《古兰经注释与注释家》卷3，开罗知识出版社2001年版，第113—118页。
② 《宗教、学派与党派简明百科全书》，利雅得世界伊斯兰青年协会出版社2003年版，第387页。

恶魔为伍。"① 艾哈迈德·爱敏教授在《阿拉伯—伊斯兰文化史》中指出，伊斯玛仪派对《古兰经》的注释是颠覆性的、破坏性的注释。这是因为，他们"根据精诚兄弟社所传述的、关于新柏拉图派的著作，创制自己的理论，其论点分为九个步骤，首先掀起非难的问话，对伊斯兰教加以怀疑。如问'朝天房中的'投石'是什么意思？''在索法与麦尔瓦两山中疾走，是什么意思？'最后破坏伊斯兰教，并由伊斯兰教的各种束缚中解脱出去。他们任意注解，认为默示不过是'内心的澄清'而已。一切宗教的仪式是为大众而设的，特殊的人不必遵行。历代先知跟普通大众相等。只有'圣贤'才是特殊的人物。读《古兰经》的人不必拘泥它的字面。《古兰经》不过是有识者所知道的事物的一些符号，应该用注解、比喻的方式去了解它。《古兰经》含着表面的和内容的两种意思，应该揭开物质的帷幕，以达到最纯洁的精神境界"②。

(三) 栽德派注释

作为什叶派的三大支派之一，栽德派的教义思想和法学主张由于接近逊尼派，被认为是什叶派中的温和派。

就栽德派的教义思想和法学主张而言，"该派在教义上吸取穆尔太齐赖派的'意志自由说'和理性主义原则，在教法上有选择地接受哈乃斐学派的主张和教律，对什叶派的伊玛目教义阐发了与十二伊玛目派及伊斯玛仪派不同的观点。"③ 据此，细究栽德派和逊尼派，两者之间很大程度上没有甚大分歧，甚至从原则来讲，两者之间存在的分歧较之十二伊玛目派和逊尼派之间的分歧，几乎不值一提。④

鉴于栽德派的教义思想和法学主张接近逊尼派，因此栽德派的注释，较之十二伊玛目派和伊斯玛仪派的注释，亦接近逊尼派注释。换言之，栽德派的教义主张决定了该派注释的思想和内容，大体上没有逾越逊尼派遵

---

① 穆罕默德·侯赛因·扎哈卜：《古兰经注释与注释家》卷3，开罗知识出版社2001年版，第124页。

② 艾哈迈德·爱敏：《阿拉伯—伊斯兰文化史》第1册，商务印书馆1982年版，第289—290页。

③ 宛耀宾总主编：《中国伊斯兰百科全书》，四川辞书出版社1994年版，第722页。

④ 穆罕默德·侯赛因·扎哈卜：《古兰经注释与注释家》卷2，开罗知识出版社2001年版，第280页。

循的注释原则范畴。诚然，尽管该派的思想因奠基者栽德·本·阿里师从穆尔太齐赖派奠基者瓦绥勒·本·阿塔（Wāsil ben 'atā'，699－749），受到穆尔太齐赖派思想的影响，但该派注释总体上是在注释学理和注释法理的框架内，其注释如逊尼派注释——正统。最为显著的例证莫过于该派的经典之作、注释家穆罕默德·本·阿里·本·阿卜杜拉·邵卡尼（Muhammad ben Ali ben 'abd Allah al-shawkāniyy，伊历 1173—1250）的综合性注释典籍《全能主的胜利》（Fath al-qadīr）。从该部注释典籍受到逊尼派注释学界的认可和学术定性，就不难看出该派注释的严谨性，以及注释内容中折射的学理性。

穆罕默德·侯赛因·扎哈卜教授在查阅大量资料和访谈相关学者后得出结论，栽德派的《古兰经》注释典籍，除邵卡尼的《全能主的胜利》外，还有数部注释典籍，主要是：穆加提勒·本·苏莱曼的《大注释》（Kitāb al-tafsir al-kabīr）和《注释珍闻》（Kitāb nawādir al-tafsir）。艾布·贾法尔·穆罕默德·本·曼苏尔（Abu ja'far Muhammad ben mansūr）的《大注释》（Kitāb al-tafsir al-kabīr）与《小注释》（Kitāb al-tafsir al-saghīr）。栽德·本·阿里的《注释古兰经的生僻词汇》（Tafsir gharīb al-qur'ān）。伊斯玛仪·栽德（'Ismīl al-zaydiyy，伊历?—420）的《伊斯玛仪注释》（Tafsir 'Ismīl al-zaydiyy）。穆赫辛·本·穆罕默德·本·卡拉迈（Muhsin ben Muhammad ben karāmah，伊历?—494）的《训导》（Al-tahdhīb），该书注释了整部经文，注释的方式依次为：经文的诵读规则→词法剖析→句法分析→修辞解析→经义经旨→各家之注→降示背景→经文律法。阿廷耶·纳季瓦（'Atiyyah al-najwāniyy，伊历?—665）的《阿廷耶注释》（Tafsir 'Atiyyah），该书汇集了栽德派的各种知识。哈桑·本·穆罕默德·纳赫瓦（Hasan ben Muhammad nahawiyy，伊历?—791）的《简明注释》（Al-taysīr fi al-tafsir）。伊本·艾格代姆（Ibn al-'aqdam）的《伊本·艾格代姆注释》（Tafsir Ibn al-'aqdam）。伊历 8 世纪学者侯赛因·艾哈迈德·纳吉尔（Husayn 'ahmad al-najry）的《注释五百节经文》（Sharh al-khamsahmi'ah 'āyah）。舍姆斯丁·本·优素福·本·艾哈迈德的《成熟的果实 明确的律例》（Al-thamarāt al-yāni'ah wal-'ahkām al-wādihah al-qāti'ah）。伊历 11 世纪学者穆罕默德·加希姆（Muhammad al-qāsim）的《终极经旨——注释律法经文》（Muntahā al-

marām, sharh 'āyāt al-'ahkām）。伊历 13 世纪学者加迪·本·阿布杜·拉哈曼·穆扎希德（Al-qādī ben 'abd al-rahmān al-mujāhid）的《加迪·本·阿布杜·拉哈曼·穆扎希德注释》（*Tafsir Al-qādī ben 'abd al-rahmān al-mujāhid*）。

以上这些注释典籍，除邵卡尼的《全能主的胜利》，以及舍姆斯丁·本·优素福·本·艾哈迈德的《成熟的果实 明确的律例》出版发行外，其余典籍有的传世至今但没有出版，有的典籍是否流传于世，尚待学界进一步考证和研究。笔者将在下章概要介绍《全能主的胜利》。

第三节 哈瓦利吉派注释

一 哈瓦利吉派概况

"哈瓦利吉"，系阿拉伯语复数名词"Al-khawārij"的音译，在语言学层面，意为"出走的人们"。在伊斯兰宗教术语层面，它是伊斯兰教早期出现的一个宗教政治派别。

哈瓦利吉派的诞生，本质上是因"哈里发"问题。公元 656 年第三任哈里发奥斯曼遇刺身亡后，阿里得到许多穆斯林的支持，尤其是自先知穆罕默德去世后就致力于为阿里争取哈里发职位的人们更加活跃，纷纷效忠阿里。阿里在绝大多数穆斯林的支持下，宣誓就职哈里发。与此同时，穆阿维叶、泰拉赫·本·欧拜杜拉（Talaha ben 'ubayd Allah, ? -656）、祖拜尔·本·安瓦姆（Al-zubayr ben al-'awwūm, ? -656 年）极力反对阿里。[①] 手握重兵的叙利亚总督穆阿维叶，一方面拒绝效忠阿里并交出叙利亚总督的权力，另一方面认为阿里是杀害其堂兄奥斯曼的支持者，要求阿里惩办凶手。阿里为了争取叙利亚的支持，遂与 657 年春天亲往叙利亚边境幼发拉底河的隋芬，同穆阿维叶谈判。谈判无果而终后，双方军队于同年 7 月在隋芬平原展开激战。穆阿维叶在战事失败情况下，命令叙利亚

---

① 泰拉赫·本·欧拜杜拉因在 625 年的吴候德战役中的出色表现而被誉为"吴候德之鹰"。656 年，他与祖拜尔·本·安瓦姆一起战死于骆驼战役。

士兵用枪尖挑起《古兰经》并高呼"让真主裁决"的口号，以停止战斗，举行和谈。阿里阵营也因此分为主站派与主和派。无奈中同意停战的阿里，遭到出身台米姆部族（Tamīm）的少数主战派的极力反对。于是，约有12000人从阿里阵营中分离出去，成为哈瓦利吉派形成的雏形。由于自发"出走的人们"皆出自军队，故哈瓦利吉派也被称为"军事民主派"。①

658年1月，僵持中的双方试图通过谈判解决内部争端。阿里选择艾布·穆萨·艾什尔里为谈判代表，穆阿维叶选择阿慕尔·本·阿斯为谈判代表，举行仲裁。仲裁结果是不仅免除了穆阿维叶担任的所有职务，尤其免除了阿里的哈里发职位，不承认阿里的哈里发地位。然而，仲裁不仅没有解决根本问题，反而激发并促使阿里方原本不满仲裁但仍站在阿里方的人纷纷加入了哈瓦利吉的行列，哈瓦利吉派的势力随之壮大，阿里阵营遭到极大削弱。"出走的人们"高呼"仲裁只归真主"（Lā ḥukm ʼillā lillah）的口号发难阿里，要求阿里或者承认错误并拒绝"古兰经仲裁"，或者接受"古兰经仲裁"并承认自己叛教。他们明确讲到，如果阿里承认"古兰经仲裁"，他们就与他战斗到底。"出走的人们"遭到阿里拒绝后，聚集在库法附近一个名为"海鲁拉伊"（Ḥarūrāʼ）的村庄，任命阿卜杜拉·本·瓦赫布·拉希卜（Abud Allah ben wahab al-rāsibi，？－658）为首领，并与阿里在位于库法与巴士拉之间的"奈赫鲁旺"（Al-nahrawān）发生激战，阿里方胜利，阿卜杜拉·本·瓦赫布·拉希卜战死。全面败北的哈瓦利吉派自此对接受仲裁的阿里更加恨之入骨，遂于661年预设机谋，派阿布杜·拉哈曼·穆尔哲姆（Abud al-rahmān ben muljim）暗杀了阿里，同时刺伤了穆阿维叶。

阿里去世后，伍麦叶王朝建立。哈瓦利吉派"对于伍麦叶王朝的态度成为战争的、否认的态度。在他们看来，伍麦叶王朝的人是犯下重大的罪恶的，所以他们全部是异教徒，对待伍麦叶王朝的人，应如对待多神教徒一样，不应承认他们的哈里发政权，因为哈里发的第一个条件必须是'信士'。哈瓦利吉派认为不但不应承认伍麦叶王朝，更应积极地同他们

---

① 该词词源一说出自《古兰经》文："谁从家中出走，欲迁至真主和使者那里，而中途死亡，真主必报酬谁。"（4：100）

战争，一直到他们加入哈瓦利吉派"①。是故，哈瓦利吉派与伍麦叶人展开锲而不舍的斗争，在几次战役中几乎消灭了伍麦叶王朝。然而势均力敌，哈瓦利吉派终被强大的伍麦叶人镇压下去。到阿拔斯王朝时期，军事上早已受到重创的哈瓦利吉派，经过与阿拔斯政权的数次交战后渐次衰微，军事势力也被阿拔斯王朝彻底摧毁。自此，经过连绵不断战争创伤的哈瓦利吉派，除其分支派别艾巴德派外，逐渐销声匿迹，退出伊斯兰宗教和政治的历史舞台。

哈瓦利吉派诞生以来，由于派内人士主见不合等多种因素，促使内部思想逐步分化，此前统一的阵线也渐次瓦解，衍生出20余个分支派别，其中最著名的有四派：

阿扎里加派（Al-'azāriqah）。该派是纳菲阿·本·艾兹勒格（Nāfi' ben al-'azraq, ? -685）的追随者，7世纪末被伍麦叶王朝消灭。该派主要信条为：视瓦利吉派之外的所有穆斯林为异教徒；禁止食用外人屠宰的牲口；禁止与外人通婚；不允许与外人发生继承遗产关系；对待其他穆斯林犹如对待多神教徒与异教徒，如他们不重新履行本派入教仪式，就连同他们的妇孺一并杀之；不主张以石击杀通奸者；不主张鞭笞冤枉他人者，而代之以断手；不主张"塔基亚"原则。

纳吉迪耶派（Al-najdāt）。该派是纳吉迪·本·阿米尔（Najdah ben 'āmir, ? -688）的追随者，8世纪上半叶被伍麦叶王朝消灭。该派主要信条为：信奉独一的真主及其使者，承认先知穆罕默德带来的一切，每个成年穆斯林必须要遵循之；因无知犯罪并悔改者可以得到宽恕；界定撒谎为大罪，视撒谎比饮酒与通奸的罪更大；主张实施"塔基亚"原则；将穆斯林的宗教行为分为"基要"和"非基要"，如"创制"属于"非基要"，偶尔错误也可得到宽恕，但屡错者则属于"基要"罪行；主张犯"非基要"罪者悔改后可进入乐园，而犯"基要"罪者则属于叛教，必入火狱。

苏夫里耶派（Al-sufriyyah）。该派是齐亚德·本·艾斯法尔（Ziyād ben al-'asfar）的追随者，于10世纪下半叶被艾巴德派吞并。该派主要

---

① 艾哈迈德·爱敏：《阿拉伯—伊斯兰文化史》第1册，商务印书馆1982年版，第307页。

信条为：犯大罪者（Kabā'ir）为多神教徒（Mushrik，又译以物配主）；① 不赞成杀害反对他们者的妇孺；可以暂时停止对其他教派穆斯林的战争；主张实行"塔基亚"原则。该派中有人主张，犯罪的穆斯林，如果其罪行在教法中有明文规定的惩罚，则不应视其为叛教者或多神教徒，而应称为"杀人者（Al-qātil）、盗窃者（Al-sāriq）、行恶者（Al-fāsiq，或译为悖逆者）、诽谤者（Al-qādhif）"等，如果没有明文规定的惩罚如放弃礼拜，则视其为异教徒。但无论哪种情况，都不能将犯罪者称为"信士"。同样，该派中亦有人主张，不能轻易地将犯罪者判定为异教徒，而是将其交给官长（Al-wālī），由其惩罚，并判定其为异教徒。

艾巴德派（Al-'ibādiyyah）。该派是阿卜杜拉·本·艾巴德（Abud Allah ben 'ibād,? –705）的追随者，主要分布在阿曼、也门的哈德拉毛（Hadar mawt）、马格里卜地区，② 非洲的桑给巴尔等地区，是哈瓦利吉派中延续至今的分支派别。该派是哈瓦利吉派中最为温和的一派，其训导和主张最接近逊尼派。该派一致认为，反对哈瓦利吉的穆斯林既不是多神教徒，也不是信士，而是异教徒。该派允许接受其他派别穆斯林的证词，允许与其他派别的穆斯林通婚，可以与他们发生遗产继承关系。③

哈瓦利吉派在历史进程中，尽管分化为以上述四派为主流支派的20余个分支派别，且各个支派之间的教义信条与原则主张互有差异，但所有分支派别的思想主张都不外乎建立在三大基本原则上：其一，判定奥斯曼、阿里、两仲裁者、参与骆驼战役者④、所有接受仲裁的人均为异教徒；其二，必须脱离暴虐执政者的阵营；其三，犯大罪者即为异教徒

---

① "大罪"，伊斯兰教法专用术语。阿拉伯语"凯比莱"的意译，指"严重罪行"。伊斯兰教法规定穆斯林违反《古兰经》、圣训和教义、教法而犯的罪行分为大罪和小罪两大类。大罪是以物配主、相信巫术、忤逆父母、活埋女婴、无故杀人、男盗女娼、放高利贷、侵吞孤儿财产、临阵逃脱、诬陷贞女、制造伪证和饮酒赌博等。犯了大罪的人应受各种不同惩罚，其中"以物配主"被认为是失去"伊玛尼"（信仰）的重罪，必须予以严惩。——宛耀宾总主编：《中国伊斯兰百科全书》，四川辞书出版社1994年版，第124页。

② 指北非的利比亚、阿尔及利亚、突尼斯和摩洛哥。

③ 详见宛耀宾总主编《中国伊斯兰百科全书》，四川辞书出版社1994年版，第39—40页。

④ 骆驼战役：伊斯兰教历史上发生的第一次内战。时值公元656年，圣门弟子泰拉赫·本·欧拜杜拉与祖拜尔·本·安瓦姆联合圣妻阿伊莎，举兵反对刚刚就任第四任哈里发的阿里，两军在巴士拉附近发生激战，阿里方大获全胜。此次战役因阿伊莎坐在护以装甲的驼轿里参加战斗而得名。

(Al-Kāfir)。① 毋庸置疑,这三大基本原则,实质上就是哈瓦利吉派发展宗教教义和衍生政治主张的总纲领。可以说,哈瓦利吉派所有的观点主张万变不离其宗,都是这三大基本原则的衍生品,各分支派别都无一例外地围绕这三大基本原则,展开对本派教义信条、政治观点、思想主张、理论学说等的阐发和演绎。

总而言之,哈瓦利吉派是因伊斯兰教早期穆斯林争夺哈里发职位而形成的、具有政治主张和军事色彩的宗教政治派别。关于政治主张,哈瓦利吉派"在伊斯兰史上第一次提出了政治权利的基础和范围的问题,认为所有的穆斯林都是平等的,哈里发或伊玛目应由选举产生,任何笃信伊斯兰教并熟知其教理的穆斯林,即使是黑人或奴隶,都有资格当选。他们承认第一任和第二任哈里发,认为第三任哈里发奥斯曼有背叛真主的行为,不予承认"②。"该派还反对不赞同他们政治观点和教义的穆斯林,认为除哈瓦利吉派的信徒外,其他穆斯林都是'背离主道'的叛教者,异己的穆斯林在后世不能得救;处死'背离主道'的人不仅无罪,而且是信徒的职责,是'真主喜悦的事情'。"③

关于宗教学说,因该派产生的时间与栽德派、穆尔太齐赖派的产生处于同一时代,故又直接或间接受到栽德派与穆尔太齐赖派的思想见解和观点主张的影响,甚至相一致。"该派认为,真主是独一的,无影无形,无方位;对真主必须笃信和虔诚,任何怀疑和动摇都是大罪,是叛教者,今世应给予严厉的惩罚,死后将堕入火狱。它认为《古兰经》除第 12 章(优素福章)为被造之作外,其他章节均属真主言语,必须按原意信守,不得擅自加以解释和变动。在信仰与行为的关系上,它强调信仰必须伴以行为,认为穆斯林仅有信仰是不够的,必须以宗教行为表明自己的信仰。认为宗教行为包括履行五项宗教功课,参加圣战和遵守教法教规,强调'礼拜、斋戒、诚实、公正都是信仰的一部分。'同时也严格要求信仰的纯正,认为必须思想纯净,斋戒、礼拜才能有效。因此该派成员为表明自己信仰虔诚而加重苦行,延长礼拜时间,增加叩头次数,直至额生胼胝,

---

① 穆罕默德·侯赛因·扎哈卜:《古兰经注释与注释家》卷 2,开罗知识出版社 2001 年版,第 301 页。
② 陈中耀:《阿拉伯哲学》,上海外语教育出版社 1995 年版,第 82 页。
③ 宛耀宾总主编:《中国伊斯兰百科全书》,四川辞书出版社 1994 年版,第 203—204 页。

故又被称为'有胼胝者'。念诵《古兰经》,当读到天园时就激动流涕,企望天园恩泽降于自己;读到火狱时,就喘息吁吁,表示恐惧。在前定与自由问题上,该派的一些主要支派主张有意志自由,认为人的行为决定于自己的意志,人类应对自己的行为负责,不承认定命论。该派还规定了苦修和禁欲的有关教规,如禁止饮酒,禁止一切娱乐活动,禁止剃须,禁止哀悼亡人,禁止与本派以外的人通婚和发生继承关系。"①

哈瓦利吉派的政治观点和宗教主张,深深影响到了该派的思想意识和理论学说等。由此及彼,其宗教主张和政治观点、思想意识和理论学说等发挥多米诺效应,深深影响到了他们对《古兰经》的认识、理解和注释。换言之,该派的政治观点和宗教主张决定了他们如何看待和注释《古兰经》的态度,他们的注释内容也就自然成为该派思想主张的具体反映和深刻显现,两者息息相关,密不可分。很大程度来讲,明晰了哈瓦利吉派的思想主张和政治观点等,也就明确了该派对《古兰经》的注释。

二 哈瓦利吉派注释

如上所述,哈瓦利吉派在历史进程中,逐渐分化为若干分支派别,各派思想观点和主张见解不尽相同,各有差异。然而,"溯源伊斯兰教和信仰同《古兰经》"这一根本原则,促使各支派都以《古兰经》为依据,将其信条原则和各类训导建立在《古兰经》根本上,尤其是涉及教义教法、政治观点和思想主张的问题时,必要追溯《古兰经》。如果找到有助于本派思想主张的经文就遵循之;如果本派思想主张不符合有关经文的经旨经义,就通过注释使其思想见解和观点主张符合经义。从宏观角度来讲,该派的《古兰经》注释主要体现在以下几个基本层面上(或称之为该派注释《古兰经》的几个主要特点)。

(一) 注释基于宗派主义

通过哈瓦利吉派历史及其注释《古兰经》的思想和出发点不难得知,该派宗派主义和政治取向,在其思想意识和社会生活领域中始终占据着主导地位。是故,他们对待《古兰经》的态度,几乎都是基于本派具有政治取向的宗派主义思想。以该派绝大部分人主张的"犯大罪者为异教徒

---

① 宛耀宾总主编:《中国伊斯兰百科全书》,四川辞书出版社 1994 年版,第 204 页。

并永居火狱"为例，但凡谈及该派的文献资料，莫不涉及它的这一根本观点。如穆尔太齐赖派学者、诗人伊本·艾布·哈迪德（Ibn abu al-hadīd，1190－1257）在《辞章之道注释》（Sharh nahj al-balāghah）中，一方面为人们引述了该派为求证其思想主张——犯大罪者为异教徒——的正确性而遵循的经文，以及根据宗派主义观点对这些经文的注释；另一方面对该派依赖的证据，逐一给予学理探究，以解析该派的理论观点，彰显了该派运用经文求证其思想观点达到无所不尽其极的程度。现试举几例，从中窥见该派思想主张和政治观点：

该派根据经文"凡能旅行到天房的，人人都有为真主而朝觐天房的义务。不信道的人〔无损于真主〕，因为真主确是无求于全世界的"（3：97）主张，凡没有履行朝觐功课者即为异教徒。

该派根据经文"你们不要绝望于真主的慈恩，只有不信道的人们才绝望于真主的慈恩"（12：87）认为，屡犯不改的"行恶者"（Al-fāsiq）就是绝望于真主的慈恩者，故他就是异教徒。

该派根据经文"谁不依照真主所降示的经典而判决，谁是不信道的人"（5：44）主张，但凡没有依照真主的经典而判决的人就是犯大罪者，即为异教徒。

该派根据经文"那日，有些脸将变成白皙的，有些脸将变成黧黑的。至于脸色变黑的人〔天神将对他们说〕：'你们既信道之后又不信道吗？你们为不信道而尝试刑罚吧'"（3：106）认为，"行恶者"不应当属于脸色白皙的人，而应当属于脸色黧黑的人，因此应将其称为"异教徒"，因为真主说"由于你们不信道"。

该派根据经文"至于悖逆者，他们的归宿，只是火狱，每当他们要想逃出，都被拦回去。有声音对他们说：'你们尝试以前你们所否认的火刑吧'"（32：20），将"悖逆者"（即行恶者）视为撒谎者——撒谎在他们看来，其罪过较之饮酒与奸淫更大，是犯了不可恕之罪。

该派根据经文"我确已知道：他们所说的话必使你悲伤。他们不是否认你，那些不义的人，是在否认真主的迹象"（6：33）断定，"不义者"（Al-zālim）就是"否认者"（Al-jāh id），"否认者"就是"异教徒"，因为异教徒的特征之一就是否认真主的迹象。

该派根据经文"凡善功的分量重的，都是成功的；凡善功的分量轻的，都是亏损的,他们将永居火狱之中。火焰烧灼他们的脸,他们在火狱中痛得咧着嘴。难道我的迹象没有对你们宣读过,而你们否认它吗"(23:102—105)认为,善功分量轻的人就是"撒谎者","行恶者"的善功分量是轻的,故他就是"撒谎者",而但凡"撒谎者"就是"异教徒"。

该派根据经文"他曾创造你们,但你们中有不信道的,有信道的;真主是鉴察你们的行为的"(64:2)认为,但凡不是"信士"的人就是"异教徒","行恶者"绝不是信士,故他必定是"异教徒"。①

以上这些经文,不仅是哈瓦利吉派用来支持他们对"犯大罪且没有忏悔者为异教徒"观点的权威证据,而且最大限度地通过注释这些经文,来批驳那些与他们的政治主张和思想观点相左的穆斯林与伊斯兰其他派别。

同样,哈瓦利吉派各主流支派,亦通过注释经文来支持本派的宗派主义思想。诸如,不主张实施"塔基亚"原则的阿扎里加派,其创建者纳菲阿·本·艾兹勒格将经文"当真主以抗战为他们的定制的时候,他们中有一部分人畏惧敌人,犹如畏惧真主,乃至更加畏惧"(4:77)作为该派禁止实施什叶派遵循的"塔基亚"原则的根据,并给予相应的阐释。反之亦然,主张实施"塔基亚"原则的纳吉迪耶派的创建者纳吉迪·本·阿米尔,则根据经文"法老族中一个秘密归信的信士说……"(40:28)允许实施"塔基亚"原则。一言以蔽之,哈瓦利吉派基于宗派主义的所有注释都充分说明,"该派民众是一些宗派主义思想极其严重的人们,他们通过信仰动力和教派政治来推行本派的思想。"②

(二) 注释基于断章取义

透过哈瓦利吉派的一些注释不难发现,该派看待《古兰经》时,通常不深入理解经文的细微意义和终极目标,仅停留在经文的文字辞藻层面上。换言之,由于一些经文既不符合他们的思想,也与他们所需要的目的没有直接联系,故他们通过表面化、字面性地理解经文,以便支持本派思想主张,实现本派目的。他们看词汇,不重经义;取词义,不顾经旨。该派甚至为了使经文与他们的观点相一致,不重视经文词汇在节文中、在前

---

① 转引自穆罕默德·侯赛因·扎哈卜《古兰经注释与注释家》卷2,开罗知识出版社2001年版,第306—307页。

② 同上书,第307页。

后文中的意义，达到了断章取义而武断经义的违教程度。诸如经文"真主严禁你们娶你们的母亲、女儿、姐妹、姑母、姨母、侄女、外甥女、乳母、同乳姐妹、岳母，以及你们所抚育的继女，即你们曾与她们的母亲同房的，如果你们与她们的母亲没有同房，那么，你们无妨娶她们。真主还严禁你们娶你们亲生儿子的媳妇，和同时娶两姐妹，但已往的不受惩罚。真主确是至赦的，确是至慈的"（4：23）。该派的分支派别麦姆宁耶派（Maymūniyyah）的创建者迈蒙·阿季里迪（Maymūn al-'ajridiyy），① 竟然无视该节经文具有的以点带面的涵盖意义和深邃经义，仅从经文的文字角度荒唐地主张，男人可以娶自己的孙女和兄弟姐妹的孙女，他为此求证性讲道："真主在《古兰经》明文中仅仅禁止男人娶母亲、女儿、姐妹、姑母、姨母、侄女、外甥女，而没有禁止娶外孙女和家孙女，以及侄孙女。"同样，阿扎里加派亦仅从文字层面看待经文意义。例如，凡诽谤贞洁妇女的人，他们裁定诽谤者必须受惩罚；凡诽谤贞洁男子的人，就不必受惩罚，这是因为《古兰经》讲到了惩罚诽谤贞洁妇女的人，而没有言及惩罚诽谤贞洁男子的人："凡告发贞节的妇女，而不能举出四个男子为见证者，你们应当把每个人打八十鞭，并且永远不可接受他们的见证。这等人是罪人。"（24：4）

诸如此类注释，阿布杜·嘎希尔·巴格达迪的《教派的歧异》、艾布·穆兹菲尔·艾斯法拉伊尼的《宗教阐释》等文献资料，都逐一作了辩解和批驳。他们旨在明确，哈瓦利吉派仅仅根据文字就望文生义、断章取义地注释经文，不仅与经义经旨大相径庭，而且严重违背了《古兰经》精神、伊斯兰教理法理。

（三）注释受训议观影响

众所周知，圣训是对《古兰经》的权威注释和进一步延伸，伊斯兰教和伊斯兰文化的第二根据，伊斯兰立法的次要法源。公议则是"伊斯兰教教法学家和思想家对于《古兰经》、圣训中无明文规定的宗教、社会行为所作出的一致意见和判断，无论是肯定的或否定的，穆斯林社会的全体成员都必须遵守，违者即违反教法"②。从伊斯兰立法来讲，公议是伊

---

① 阿布杜·嘎希尔·巴格达迪在《教派的歧异》中，将该派视为非穆斯林派别。
② 宛耀宾总主编：《中国伊斯兰百科全书》，四川辞书出版社1994年版，第162页。

斯兰教的第三法源，其地位仅次于经训。更为重要的是，公议很大程度上也是伊斯兰学界，尤其是法学界根据经训原则精神进行的"创制"结果和具体反映。总而言之，如果说圣训是对《古兰经》的权威注释和延伸，那么公议一定程度上则是对圣训的具体运用和权威延伸。两者相辅相成，在伊斯兰文化、社会、立法、思想等领域中发挥着重要的杠杆作用。基于此，圣训和公议（合称训议）之于理解和注释《古兰经》的作用可谓举足轻重。伊斯兰社会如果离开了圣训和具有创制性质的公议，则穆斯林对《古兰经》的理解和注释无疑会出现不可估量的各种缺失。是故，学界解读经文，尤其是立法经文时，都将圣训和公议（创制）视为解读经义经旨的必然工具和不可或缺的依据。

然而，哈瓦利吉派从"宗派主义"和"断章取义"的角度看待和注释《古兰经》的态度，促使他们无视圣训和公议在理解和注释经文中的作用。关于圣训，哈瓦利吉派不顾圣训对经文的注释和延伸（如圣训对《古兰经》中个别法律节文的停止、圣训对具有普遍意义的经文的特殊化、圣训对个别节文律例的补充等），而仅本着宗派主义和断字取义的原则理解经文。由此，他们中部分人不惜假借伪造的圣训——"你们将在我之后分派裂党，来自我的，你们就以它解释真主的经典；有违真主经典的，则不属于我"——来佐证本派观点的正确。至于公议，哈瓦利吉派亦从"断字取义"、"重字轻义"的角度，不但无视公议作用，而且他们在理解经义时没有给予公议应有的地位，尽管公议是以经训为依据，而既不是伊斯兰教的异端现象，也没有脱离伊斯兰教的根本原则。

伊本·古太白的《对各种圣训的注释》（*Ta'wīl mukhtalif al-hadīth*）①，以 10 页篇幅辨析了该派有违圣训和公议的各种律例判断。② 如哈瓦利吉派就"石击刑"（Al-rajm）讲道："《古兰经》反驳了石击刑的律令……你们传述，真主的使者实施了石击刑，他之后的众伊玛目亦实施了石击刑。但真主关于奴婢的问题讲道：'她们既婚之后，如果做了丑事，那么，她们应受自由女所应受的刑罚的一半。'（4∶25）石击刑是令

---

① 该书对伊斯兰教各派圣训学家所汇集的圣训进行了评论和辨伪，并从学理角度严厉批驳了伪造圣训的人，以及歪曲解释圣训的观点。此外，该书还不惜笔墨批评了一些教义学家对圣训学家的责难，充分定性了圣训学家的历史功绩和学术成就。

② 伊本·古太白：《对各种圣训的注释》，库尔德斯坦出版社 1889 年版，第 241—250 页。

人毙命而不能分而处之的刑罚,故如何对奴婢实施一半的刑罚呢?他们就此断言,这节经文证明,对作奸犯科的已婚妇女的处罚是鞭笞。"[1]

根据伊本·古太白的研究,哈瓦利吉派诸如此类的断法,不仅严重有违圣训精神和公议原则,而且直接违背了《古兰经》的经旨义理。如果依照哈瓦利吉派的观点,圣训和公议不仅不是针对《古兰经》的注释和解读,而且与《古兰经》背道而驰。鉴于哈瓦利吉派如此注释经文和裁决律例带来的恶劣影响和不良结果,伊本·古太白为防微杜渐,在《对各种圣训的注释》中,罗列了该派关于一些经文的武断注释的同时,亦根据经训和公议的精神与原则,对此逐一作了学理批驳。

(四)注释文献少之又少

较之留下大量注释专著的逊尼派,以及相对逊尼派较少的什叶派和穆尔太齐赖派而言,哈瓦利吉派早期对《古兰经》的注释可谓少之又少。换言之,该派早期对《古兰经》的注释,只是他们对《古兰经》一些节文的理解。这些理解很大程度上不是为注释而注释,而是他们与他派穆斯林就有些问题进行理论和辩论时所持思想主张的反映与结果。这些注释,鲜以独立成册的专著形式出现,只是散见在伊斯兰各派的各类文献典籍中。

为深入探究该派注释《古兰经》的详情,穆罕默德·侯赛因·扎哈卜教授带着问题——哈瓦利吉派对《古兰经》的注释为何如此之少?是否留下很多注释专著但随着岁月流逝而散逸,殆尽?——访谈了当代艾巴德派穆斯林、埃及国家图书馆文学部职员筛海·易卜拉欣·伊特菲什(Al-shaykh 'ibrāhīm 'itfīsh)先生。根据伊特菲什先生的研究,哈瓦利吉派的注释较之其他派别的注释可谓少之又少。尤为指出的是,伊斯兰图书馆仅仅收藏的少量注释中的少部分,都是艾巴德派的古今注释。这就意味着,今人了解哈瓦利吉派对《古兰经》的具体注释,除通过阿布杜·嘎希尔·巴格达迪的《教派的歧异》、艾布·穆兹菲尔·艾斯法拉伊尼的《宗教阐释》、伊本·艾布·哈迪德的《辞章之道注释》等大体记载了该派一些注释的典籍外,主要是通过艾巴德派的注释典籍。艾巴德派的古今注释典籍主要有:伊历3世纪学者阿布杜·拉哈曼·鲁斯图姆('Abd al-

---

[1] 穆罕默德·侯赛因·扎哈卜:《古兰经注释与注释家》卷2,开罗知识出版社2001年版,第313—314页。

rahmān ben rustum）的《阿布杜·拉哈曼·鲁斯图姆注释》（*Tafsīr 'Abd al-rahmān ben rustum*），该书业已逸失。伊历 3 世纪学者呼德·本·穆赫基姆·胡瓦里（Hud ben muhkim al-huwārī）的《呼德·本·穆赫基姆·胡瓦里注释》（*Tafsir Hud ben muhkim al-huwārī*），该书共 4 册，在马格里卜地区的艾巴德派穆斯林中流传，第 1 册内容是《古兰经》第 1—6 章，第 4 册内容是第 39—114 章。伊历 6 世纪学者艾布·雅古卜·沃勒基拉尼（Abu ya 'qūb al-warjilānī）的《艾布·雅古卜注释》（*Tafsir Abu ya 'qūb*），逊尼派中专于校勘文献典籍的学者指出，该书从研究、校勘和语法角度来讲，堪称哈瓦利吉派历史上的一部不可多得的优秀注释典籍，但令学界遗憾的是，该书业已散逸。伊历 14 世纪注释家穆罕默德·本·优素福·伊特菲什（Al-shaykh Muhammad ben yūsuf 'itfīsh，伊历 1236—1332）的三部著作，分别是《期望彼岸》（*Dā 'iy al- 'amal li yawm al-' amal*），作者欲以 32 册的巨篇来注释《古兰经》，但因专于另一部注释典籍《后世之本》（*Himyān al-zād 'ilā dār al-ma'ād*）的工作而告终，仅注释了第 29 卷和第 30 卷，以及其他个别章节；《后世之本》，该书已出版发行，共 13 大册，埃及国家图书馆藏有该书；《简明注释》（*Taysīr al-tafsir*），该书已出版，共 7 册，埃及国家图书馆亦藏有该书，鉴于它从内容到思想，从行文到风格都与《期望彼岸》同出一辙，因此它实质上就是《期望彼岸》的缩印本。

哈瓦利吉派其他分支派别之所以没有留下任何注释专著，原因就是这些派别从诞生到消失可谓迅即，因此也就没有注释典籍留世。然而问题在于，从整体角度来讲，哈瓦利吉派自诞生以来，无论是对一些节文的片段注释，抑或对《古兰经》的整部注释，何以如此之少，原因何在？甚至是延续至今的艾巴德派，其注释也是凤毛麟角？穆罕默德·侯赛因·扎哈卜教授在全面研究哈瓦利吉派的历史沿革及其《古兰经》注释状况后，得出如下结论：

第一，哈瓦利吉派的绝大多数追随者属于游牧的阿拉伯人，尤其出身台米姆部族的人更为如此，大体上都是目不识丁的普通信众。尽管他们中有少数人曾居住文化发达的巴士拉和库法，但由于仍保留着游牧部落的习惯和风尚，故较之其他阿拉伯人而言，他们是阿拉伯人中最远离宗教文化、科技文化和社会文化的群体。此外，自该派诞生以来，其信徒始终保持着伊斯兰初期的质朴和本然，没有受到相邻民族文化的影响。因此，游牧的文盲、思想的单纯、知识的单一、文化的边缘，成为他们不能大量注释《古兰经》的首要因素。

第二，哈瓦利吉派自诞生以来，就处于连续不断的残酷战争状态中，使他们无暇致力于学术研究和著书立说。哈瓦利吉派与阿里交战、与伍麦叶和阿拔斯王朝的屡次交战，都使他们濒临灭亡。至10世纪末，除艾巴德派外，其主要支派都在战争中消亡。

第三，尽管哈瓦利吉派人数较少，但他们对哈瓦利吉派忠心耿耿，锲而不舍地坚守着本派的信仰教义，不逾章，不越制。他们认为，撒谎是罪恶之首，因此在他们看来，很多人因撒谎而走出了信士们的阵营。该信条产生的结果之一就是致使他们不轻易涉足《古兰经》注释，而是回避对经文大义的深入研究和注释。这是因为，他们害怕没有认知到《古兰经》的真理，反而对真主说谎而失去信士资格。诸如，某学者对询问他为何不注释《古兰经》的人讲道："当我读到经文'假若他假借我的名义，捏造谣言，我必以权力逮捕他，然后必割断他的大动脉。'（69：44—46）时，我就没有涉足注释。"①

鉴于以上原因，哈瓦利吉派没有留下丰硕的注释典籍。该派不仅在注释学领域如此，在其他学科领域亦如此。它在诸如教义学、圣训学、哲学、法学、文学等学科领域遗留下的学术成果和文化典籍，大体都来自其分支派别——延续至今的、受穆尔太齐赖等派影响、与文化学术和社会发展同步亦趋的艾巴德派。从文化和学术的传承角度来讲，如果以注释典籍看待派别注释，因为艾巴德派留下注释典籍，所以该派的注释典籍，很大程度上代表着哈瓦利吉派的注释。笔者将在下章中概要介绍该派注释的代表作、注释家穆罕默德·本·优素福·伊特菲什的《后世之本》。

第四节 穆尔太齐赖派注释

一 穆尔太齐赖派概况

"穆尔太齐赖派"是8世纪至12世纪产生的伊斯兰宗教哲学派别，

---

① 穆罕默德·侯赛因·扎哈卜：《古兰经注释与注释家》卷2，开罗知识出版社2001年版，第317—318页。

西方学界称为"唯理主义派"。学界根据该派奉行的信条主张，还冠以"盖德林耶派"（Al-qadriyyah）、"公正派"（Al-'adliyyah）、"认一派"（Al-tawhīd）、"公正与认一派"等名称。

如果说逊尼派、什叶派和哈瓦利吉派的产生与政治息息相关，是集宗教与政治于一身的宗教教派，那么，"穆尔太齐赖派"与这三派截然不同的是，它是一个因纯宗教问题而产生的具有浓郁学术学说色彩的宗教学派，思辨的大都是关于宗教教义和宗教哲学的问题。因此，历史上学界将该派的归属定性为宗教学派，而非宗教教派。

"穆尔太齐赖"，系阿拉伯语"Al-mu'tazilah"的音译，意为"分离者"。关于该名称来源，学界有两种观点。一是该名称因讨论宗教信仰问题如对犯大罪者的定性而产生，原因有三：其一，再传弟子哈桑·巴士里某日在清真寺讲学，有人请教他："宗教的伊玛目，我们这个时代有这样一些人，他们（即哈瓦利吉派）视犯大罪者为异教徒，还有一些人（即穆尔吉埃派）延缓了对犯大罪者的定性，认为犯罪不妨碍信仰，正如昧信者的顺从毫无裨益一样。那么，请你为我们裁决，我们对此如何信仰呢？"哈桑·巴士里正在思考，其弟子瓦绥勒·本·阿塔先他讲道："我既不认为犯大罪者为绝对的信士，也不断其为纯粹的异教徒。"他说完后站在清真寺的圆柱旁，让哈桑·巴士里的学生们承认和接受他的答案——犯大罪者既不是信士也不是异教徒，而是居于"两者之间的中间地位"。他讲道："信士是一个可赞颂的名称，行恶者不应受到赞颂，故他既不是信士也不是异教徒，因为他既承认关于信仰的两个'证词'①，也做了其他善事。如果他无忏悔地辞世，就永居火狱，因为后世只有两伙人，一伙人在乐园，另一伙人在火狱。但较之异教徒，犯大罪者的罪过为轻，其等级高于异教徒的等级。"瓦绥勒讲完后，主张"犯大罪者只是罪人但不失为信士"的哈桑·巴士里说："瓦绥勒分离了我们。"瓦绥勒及其追随者遂被称为"穆尔太齐赖"。其二，瓦绥勒等人断定，穆斯林必须要分离犯大罪者且与其断绝关系，故得名。其三，瓦绥勒等人因主张犯大罪者既不是信士也不是异教徒，而是居于"两者之间的中间地位"，此主张因"分

---

① "作证词"（Al-shahādah）是穆斯林表白信仰的证词：我作证万物非主唯有真主，独一无二无配偶；我作证穆罕默德是真主的仆人与使者。

离"穆斯林众说而被称为"穆尔太齐赖"。

二是"分离"名称是因政治因素而生。有两种说法，一说是阿里党中有人分离哈桑·巴士里而得名；一说是他们在阿里党与穆阿维叶党之间保持中立，分离两派而得名。

以上两种观点是学界对该派名称由来的界定。然而，穆尔太齐赖派历史学家嘎迪·阿布杜·坚巴尔·哈姆丹（Al-qādī 'abd al-jabbār al-hamdānī,？—1025）则认为，"穆尔太齐赖派"并不是一个新生派别、新生团体或新生事件，而是该派对先知穆罕默德及其众弟子的继续而已。这个名称之所以冠名给他们，是因为他们遵循经文"我将退避你们，以及你们舍真主而祈祷的"（19：48），以及圣训"凡避及罪恶者就已获福多多"而分离"罪恶"（Al-sharr），故他们自先知穆罕默德时代就成为"分离罪恶的人们"。①

尽管学界对该派名称来源所持见解不尽相同——无论是教义异见还是政治分歧；无论是在先知穆罕默德时代业已有之，抑或在哈桑·巴士里师徒意见相左时期，其起因都是围绕着"犯罪"问题而生的争论。基于此，学界中较为流行的说法是，瓦绥勒与老师哈桑·巴士里就"犯大罪者归属问题"意见相左后的另立门户，成为该派诞生的重要由来。

如果将瓦绥勒分离老师而另立门户作为该派起源的话，该派起源时间当为伍麦叶王朝时期，结束于阿拔斯王朝时期。换言之，该派的发展历经两大时期：

伍麦叶王朝时期。该时期，自瓦绥勒分离哈桑·巴士里后，穆尔太齐赖派的"主要学者通过各自的演说、辩论和讲学传播其思想主张，在教义学问题上其思想观点各异，尚未形成统一的学说。在宗教思想上，该派大多数学者主要反对贾卜利耶派关于人类的善恶行为由真主前定的主张，提倡人类意志自由和运用理性自由讨论教义。在政治上，该派对伊斯兰教相互对立的政治派别，采取中立态度，对反对伍麦叶王朝的哈瓦利吉派和什叶派等均提出批评，客观上支持了伍麦叶王朝的统治，深得哈里发耶济德二世（720—724年在位）和麦尔旺二世（744—750年在位）的崇奉，

---

① 《宗教、学派与党派简明百科全书》，利雅得世界伊斯兰青年协会出版社2003年版，第64页。

其地位日益提高。但该派少数激进学者，坚持安拉独一观，否定逊尼派赋予安拉拟人化的诸多德性，因之伤害了一般穆斯林的宗教感情，遭到逊尼派教义学家的强烈谴责，斥该派为'异端邪说'。同时因在政治上主张恢复伊斯兰教初期哈里发的选举制度，故伍麦叶王朝的统治者对该派的激进学者严加防范。该派主要活跃在巴士拉、巴格达，传播到伊拉克全境，其学说先在宗教学者、知识阶层流传，后波及到市民阶层和什叶派穆斯林中"①。

阿拔斯王朝时期。尽管伍麦叶王朝对该派的激进学者严加防范，但它并没有因王朝更替而停滞不前，反而因受到新朝几任哈里发基于政治和宗教需要的支持，呈现一派欣欣向荣景象，并一度占阿拔斯王朝的主导地位，几近为该朝的官方信仰。该时期，"该派著名学者艾布·胡栽勒（约752—849）提出了关于信仰的五条基本原则，奠定了该派教义学体系的理论基础。因对教义学有关问题解释不同，遂分成巴士拉派和巴格达派两大支派。主要代表人物有巴士拉派的艾布·胡栽勒、奈萨姆（？—845）、贾希兹（？—869）和巴格达派的伊本·穆尔台米尔（？—825）、穆阿迈尔（？—840）等。他们深受希腊哲学思想影响，反对逊尼派的传统教条，以唯理主义思想论证教义，提出'理性是信仰的最高原则'的论断，使伊斯兰教简单的信条系统化、理论化。同时该派还反对当时流行的摩尼教的二元论和基督教的三位一体说对伊斯兰教的影响，坚持真主独一性的原则，以维护伊斯兰教的基本信仰。阿拔斯王朝哈里发马蒙（813—833在位）出于政治和宗教的需要，对穆尔太齐赖派的学说十分赞赏，任命该派教法学家伊本·艾布·杜尔德（776—854）为大法官，以法律手段推广该派学说。827年马蒙敕令，宣布'《古兰经》被造说'为官方信条；833年再次发布敕令，凡反对《古兰经》被造说者均不能担任法官，并设立宗教裁判所（即米哈奈），审判和迫害对该信条的反对者。从此，该派盛极一时，其学说得到广泛传播和发展，波及叙利亚和伊朗各地。马蒙的两位后继者穆尔台绥姆（832—842年在位）和瓦西格（842—846年在位）继续奉行这一信条，迫害逊尼派。哈里发穆泰瓦基勒（847—861年在位）执政次年，宣布穆尔太齐赖派的学说为非法，重新树立正统派的权威。10世纪，艾什尔里（873—936）脱离穆尔太齐赖派，反戈一击

---

① 宛耀宾总主编：《中国伊斯兰百科全书》，四川辞书出版社1994年版，第381—382页。

成为穆尔太齐赖派的劲敌。后以艾什尔里派为代表的逊尼派教义学说又占了主导地位。12世纪，穆尔太齐赖派虽在组织形式上消失，但其学说依然流行于伊斯兰世界，对逊尼派和什叶派产生过一定影响，在中世纪伊斯兰教思想史上占有重要地位。"①

穆尔太齐赖派诞生的初期，主要教义信条和思想主张有二：一是人类有绝对的行为自由。该派的大马士革籍教义学家盖兰·本·穆斯林（Ghaylān ben muslim,？-723）等人主张，真主没有创造人类的行为，人类是自己行为的创造者。二是犯大罪者既不是信士也不是异教徒，而是罪人。该派认为，犯大罪者在现实居于"两者之间的中间地位"，在后世，他因在前世没有作过进入乐园的善功，故不能进入乐园而要永居火狱。此外，由于他表白了伊斯兰信仰和诵念了作证词，故不妨称他为"穆斯林"（Muslim），但不能称他为"信士"（Mu'min）。

随着时代发展和社会演进，穆尔太齐赖派的教义在坚持和发展这两项核心信条的同时，受到希腊与印度哲学，以及犹太教与基督教教义的不同程度影响。是故，该派"继承了早期盖德里耶派的意志自由论，并吸收了古希腊哲学的唯理主义，将新柏拉图主义的'流溢说'、亚里士多德的逻辑学和毕达哥拉斯的'灵魂论'与伊斯兰教教义学说加以结合，运用理性观点注释《古兰经》，讨论圣训学和教法学问题，形成了具有唯理主义思想倾向的宗教哲学思想体系"②。

细究穆尔太齐赖派具有"唯理论"的教义主张和哲学思想体系，其核心主要基于五项原则：认主独一原则、公正原则、恩威并施原则、犯重罪者介于异教徒和信士之间原则、劝善戒恶原则。这五项原则，一方面成为穆尔太齐赖派发展其教义学说和思想主张的根本纲领和系统学说；另一方面，穆尔太齐赖派将这五大原则视为衡量穆斯林是否为"穆尔太齐赖"的杠杆和标准，正如该派思想家艾布·侯赛因·哈亚特（Abu al-husayn al-khayyāt,伊历？-300）所言："任何人都不应享有穆尔太齐赖称号，直到他同时主张认主独一、公正、恩威并施、犯大罪者介于异教徒和信士之间、劝善戒恶这五大原则。如果他主张了这些原则，才能成为穆尔太齐

---

① 宛耀宾总主编：《中国伊斯兰百科全书》，四川辞书出版社1994年版，第382页。
② 同上。

赖人。"①

认主独一原则（Al-tawhīd）。该原则是穆尔太齐赖派所有原则中的核心。诚然，尽管伊斯兰所有派别的穆斯林都高度承认伊斯兰教的这个核心主张，但该原则与穆尔太齐赖派有着一种特殊的关系。换言之，该派根据"任何物不像他"（42：11）等经文认为真主超绝万物的同时，基于这一原则阐发了与伊斯兰教正统教义相违背的一些主张，如"信士在末日不可能享见真主"、"否定真主具有属性而只有本体"、"《古兰经》乃被造之作"，等等。

公正原则（Al-'adl）。公正是该派第二个至关重要的原则，也因坚守这个原则而被称为"公正派"。毋庸置疑，所有穆斯林都信仰真主公正，但穆尔太齐赖派对"公正"的定性与逊尼派截然不同。在他们看来，真主既没有创造人类的一切行为，也不喜欢恶事。反之，人类根据真主赋予他们的能力，履行真主命令，远离真主禁令。真主仅命令他所意欲的事务，只禁止他所厌恶的事务。真主是他所命令的任何善事的维护者，与他所禁止的任何恶行都毫无干系。真主不给人类委以他们难以胜任的工作，不欲他们执行他们无法完成的工作。该派关于"公正"原则得出许多结论，其中最关键者莫过于三：一是真主引导万物达其目的，并造福于万物；二是因为真主不欲行恶，故他也不允许人类行恶；三是真主不是人类善行或恶行的主动者，人有意志自由，因此人是个人行为的主动者，其结局也当善有善报，恶有恶报。

恩威并施原则（Al-wa'd wa al-wa'īd）。该派认为，真主以善恩赐行善者，以恶惩罚行恶者。真主既不饶恕没有忏悔的犯大罪者，也不接受他人替犯大罪者说情，任何犯大罪者都不能走出火狱。他们认为，真主必须赏赐顺从者，务必惩罚犯大罪者。犯大罪者一旦没有忏悔就弃世而去，真主就不必饶恕他，因为真主在《古兰经》中许诺要严惩犯大罪者。假设真主没有惩罚犯大罪者，则必须延迟惩罚。这就意味着，在他们看来，赏善罚恶是真主务要遵守的必然法则。对此，他们引证经文"不然，凡作恶而为其罪孽所包罗者，都是火狱的居民，他们将永居其中"（2：81）断言，犯大罪者永居火狱，即使他承认真主独一，信仰众使者。

---

① 穆罕默德·艾布·祖赫尔：《辩论史》，埃及知识出版社1934年版，第208页。

犯大罪者介于异教徒和信士之间原则（Al-manzilah bayn al-manzilatayn）。该原则是穆尔太齐赖派产生的起因，具有学派的始源意义。该派认为，犯大罪者介于"信仰和逆信"之间，既不是信士，也不是异教徒，而是介于两者之间，为罪人。

劝善戒恶原则（Al-'amr bi al-ma'rūf wa al-nahy'an al-munkar）。该原则虽然是所有穆斯林公认的教义与道德、政治与行为准则，但穆尔太齐赖派却此原则夸大化，从而与正统派对此的主张形成差异。亦即，他们主张，劝善戒恶之事，心劝足矣，心不足以劝诫则以言行之，言不足以劝诫则以手行之，手不足以劝诫则以剑行之，这是因为真主说："如果两伙信士相斗，你们应当居间调停。如果这伙压迫那伙，你们应当讨伐压迫的这伙，直到他们归顺真主的命令。如果他们归顺，你们应当秉公调停，主持公道；真主确是喜爱公道者的。"（49：9）据此，正如他们在己所认知的宗教原则与本派信条主张之间不加区分那样，他们的劝善戒恶亦不分王权与庶民。事实上，穆尔太齐赖派正是根据这一原则主张，如果执政者违背民意与背离真理，就必须背叛他，起而伐之。[1]

鉴于该派从起源到消失、从学术到学说、从传统到理性、从宗教到政治等各个层面具有的复杂性，中外学界从多向度对该派的研究可谓面面俱全。是故，笔者根据中外文献的研究成果如《中国伊斯兰百科全书》、《阿拉伯—伊斯兰文化史》、《宗教、学派与党派简明百科全书》和《古兰经注释与注释家》等文献资料，仅就该派的名称由来、历史沿革和核心教义这三个关涉《古兰经》注释的层面做了概要介绍，以便由此及彼地概要阐述该派的《古兰经》注释。

二 穆尔太齐赖派注释

穆尔太齐赖派注释是指"穆尔太齐赖派经注学家按照本派思想观点对《古兰经》所作的注释。因该派主张安拉公道的必然性，安拉本体与属性的统一性，人类意志自由，理智具有辨别善恶的能力，犯大罪不能使

---

[1] 关于这五大原则及穆尔太齐赖派教义信条，详见艾哈迈德·爱敏《阿拉伯—伊斯兰文化史》第4册，商务印书馆1995年版，第21—63页；王家瑛《伊斯兰文化哲学史》，宗教文化出版社2007年版，第14—89页。

信徒失去信仰等，而对《古兰经》中凡同他们的这些基本主张不一致的经文，都离开经文表面的意思加以解释，以维护他们的主张"①。

以上定义开宗明义，大致界定了穆尔太齐赖派注释《古兰经》的核心主题和主要范畴。如果对该派注释做条分缕析式的归纳，则主要体现在以下几个层面上。

(一) 注释基于五大原则

如上所述，穆尔太齐赖派将它的教义信条和思想主张建立在五大根本原则上。这五大原则与逊尼派对此的教义主张具有差异，因此该派自然将逊尼派视为其学说的对立面。该派为与逊尼派进行学术性、法理性和派系性的思辨和争论，必然要将本派属性及其训导建立在以《古兰经》为核心的宗教基础上，并以经文为证据辩驳对方。是故，他们根据本派教义主张看待《古兰经》的同时，竭尽全力使经文服从他们的教义信条和思想主张，他们对《古兰经》的注释自然也就与他们的信仰教义相辅相成，互不矛盾。

让注释服从教义必然要通过极高的学术能力和思辨推理来完成。这就意味着，穆尔太齐赖派注释经文时依靠理性（Al-'aql）的程度，必然远胜于依靠传闻（Al-naql）的程度。他们唯有放弃传统式的传闻注释，代之以思辨式的理性注释，才能根据《古兰经》完成对本派教义信条和思想主张的演绎和发展，使其体系化和学说化。

尽管伊斯兰教根据经训强调理性的重要性及其在伊斯兰文化与社会发展中的作用，敦促穆斯林务必运用理性进行思考和研究。但是，伊斯兰教也防微杜渐地指出，理性是具有限度、范畴和原则的，而不能随心所欲地任意发挥，如关于真主的本体和属性、灵魂和末日、乐园与火狱等理性不能明晰的事务，不能妄加揣测地运用理性给予分析、研究和定性，以免因理性过度而伤教伤己。圣训学家、法学家、教义学家、历史学家穆罕默德·本·艾哈迈德·赛法利尼（Muḥammad ben 'ahmad al-safārīnī，伊历？—1188）对此讲道："真主创造了理性，并赋予它思考的力量。但真主也为理性设定了界限，以此明确理性能够思考何事何物，而不致与真主的恩赐相对立。如果理性在能思考的范畴内进行思考

---

① 宛耀宾总主编：《中国伊斯兰百科全书》，四川辞书出版社1994年版，第383页。

且符合真理的话，就凭借真主的准许而正确无误。如果理性思考了其范畴之外的事物，且无视真主为其设定的界限，则会陷入迷误，如迷路之驼。"①

然而，一贯主张理性主义的穆尔太齐赖派认为，人的理性能够对与真主有关的事物提出论据，只要论据可靠就万无一失，因为理性能够找到真理。对此，该派注释家宰迈赫舍里在《启示真相揭示》中，注释经文"在他们的故事里，对于有理智的人们，确有一种教训。这不是伪造的训辞，却是证实前经，详解万事，向导信士，并施以慈恩的"（12：111）中的"详解万事"时，将他们认为具有"无限作用"的"理性"置于仅次于《古兰经》的地位。他讲道："在宗教中，人们需要《古兰经》，因为它是圣训、公议和类比在理性证据后所要依赖的法则。"② 这就说明，在穆尔太齐赖派看来，理性的地位次于《古兰经》，先于其他宗教依据。理性既是他们理解伊斯兰教的重要原则，也是注释《古兰经》和解读圣训的必然工具，因此理性在宗教中发挥着无与伦比的巨大作用。对此，嘎迪·阿布杜·坚巴尔·哈姆丹在《五大原则解释》（Sharh al-'usūl al-khams）中给予强调。他在定性理性务必先于传闻的同时，阐明了理性在理解《古兰经》中的地位和作用。他讲道："须知，证据有四：《古兰经》、理性证据、圣训与公议，唯有借助理性证据方能认知真主。"③

鉴于穆尔太齐赖派视"理性"为其重要原则之一，故该派主张，注释《古兰经》务必要通过"理性"来完成。基于此出发点，该派的"唯理论"在注释领域发挥着无所不及的作用。注释家通过理性注释，使《古兰经》中原本与他们主张不相一致的经文大义，由此与其教义主张几近相辅相成，不相矛盾。

穆尔太齐赖派在有机处理和定性了"理性"之于经注的作用后，首先从理性思辨角度注释了其核心教义"五大原则"。但凡与其教义信条

---

① 塔希尔·马哈茂德·穆罕默德·雅古卜：《古兰经注释中的错误因》第1卷，利雅得伊本·焦泽出版社2004年版，第293页。
② 宰迈赫舍里：《启示真相揭示》第2卷，贝鲁特学术图书出版社1995年版，第491页。
③ 嘎迪·阿布杜·坚巴尔·哈姆丹：《五大原则解释》，埃及瓦哈卜出版社1968年版，第88页。

相矛盾的字面辞藻，以及那些不允许注释的"隐微经文"（Al-mutashābihāt）等，他们都从理性角度予以注释，一则与逊尼派遵循的传自圣门弟子与再传弟子的传闻注释相区别，二则从他们的派性角度给予理性注释，以完成对经文的综合解读和具体运用，达到为我所用之目的。

以"认主独一"原则为例，他们在解释"真主独一"时，利用理性思辨对"'真主是超绝万物的'观点作了哲学分析，阐明了真主的属性，并以人的思维所具有的明确性解释了'真主唯一'的含义，对至高无上的真主所说'任何物不似像他'（42：11）作了最为透彻深刻的说明。在此基础上，他们对其他经文一一加以解释，对于至高无上的真主所说：'犹太教徒说："真主的手是被拘束的。"但愿他们的手被拘束，但愿他们因为自己所说的恶言而被弃绝！其实，他的两只手是展开的；他要怎样费用，就怎样费用。'（5：64）这句话，他们是这样解释的：犹太教徒说'真主的手是被拘束的'，其意为'真主是吝啬的'。而真主所说'其实，他的两只手是展开的'则是一种借喻，'说明真主极其慷慨，否认真主吝啬的说法，这是因为慷慨大方者总是尽其手中所有施惠于人'。借喻便由此而来。"① "当他们以其特有的方式证明了'真主超绝万物'的性质后，便诸段分析了说明真主的方位、真主的四肢、真主和人相似的经文，分析了那些字面上可能违反'真主独一'的所有经文和圣训。如为了否定真主的方位说，他们说：'肯定方位就必须肯定地点，肯定地点就必须肯定实体，所以一切字面上表明方位的经文均应加以分析，如"在那日，在他们上面，将有八个天神，担负你的主的宝座"（69：17）"他治理自天至地的事物，然后那事物在一日之内上升到他那里，那一日的长度，是你们所计算的一千年。"（32：5）"众天神和精神在一日之内升到他那里。"（70：4）"难道你们不怕在天上的主使大地在震荡的时候吞咽你们吗？"（67：16），他们还照此分析了表明真主实体如脸和双手的经文，他们说：'证明至高无上的真主没有躯体的理由是：一切躯体都是被造的，因为躯体需要长、宽、方位等表象；一切有变化的东西也都是被造的。因此，使人们感到真主有

---

① 艾哈迈德·爱敏：《阿拉伯—伊斯兰文化史》第4册，商务印书馆1995年版，第24页。

实体的经文均须加以解释。'"①

从上面所举实例不难看出,诸如叙述真主存在、真主本体和真主属性等经文,穆尔太齐赖派认为,人们无法通过感觉和直观来认识这些问题。人们欲想对此进行深入了解、认知和研究,唯有通过逻辑推理以及理性注释,才能知其究竟。

一言以蔽之,穆尔太齐赖派注释那些涉及教义信条的经文时,其出发点便是基于他们的"五大原则"。可以说,"五大原则"是他们理解经文的核心思想和标准,尤其是他们对本派主张的诸如"认一论"、"宇宙论"、"认识论"、"公正论"、"赏罚观"、"善恶观"、"《古兰经》被造说"、"真主没有属性只有本体"、"信士在末日不能享见真主"、"犯罪人地位"、"意志与自由"等观点的注释,几乎都不出其右——囿于"五大原则"的教义主张和指导思想,给予《古兰经》思辨式和哲学性的理性注释。

(二) 注释基于语言学原理

穆尔太齐赖派在将"五大原则"视为其注释《古兰经》的首要原则的同时,亦将语言学原理视为注释《古兰经》的另一重要原则。换言之,该派注释《古兰经》时,力所能及地运用语言学原理诠经释义。

精通阿拉伯语言学及其分支学科是任何注释家必备的学术条件,但语言学原理在穆尔太齐赖派注释《古兰经》中发挥着尤为重要的作用。究其原因,他们在注释过程中,但凡遇到与他们的思想主张不相一致的经文时,就通过语言学的辩解和巧释来达到其目的。该派采取的方式是,首先从宏观上对有些经文做出符合他们思想主张却与经文本义相去甚远的解释,接着运用语言学原理对这些经文的辞藻词义给予语言学分析和界定,最后再排除这些经文中的隐微而使经文大义最终符合本派的教义主张。另外,该派运用语言学界定经文语义的同时,还大量引证阿拉伯古典诗歌作为他们运用语言学原理释读经文词义的有力证据。穆尔太齐赖派通过语言学原理这样一个程序的转换解读,完全将有些经文大义的理解权和阐释权,限定和掌握在了本派教义信条和思想主张的范畴,从而无论是宏观注

---

① 艾哈迈德·爱敏:《阿拉伯—伊斯兰文化史》第 4 册,商务印书馆 1995 年版,第 25—26 页。

释还是微观注释，都能游刃有余，使所注经文的大义始终不离其右，为其所解，利其所见，供其所用。

诸如，关于信士在末日"眼见真主"的经文"在那日，许多面目是光华的，是仰视着他们的主的"（75：22—23）"靠在床上注视着"（83：23），他们注释这几节经文时，就置圣训和正确传闻于不顾，而是根据语言学原理作出与逊尼派截然不同的注释①，目的就在于使他们摆脱深陷其中的窘境——经文言辞大义不符合他们的思想主张：用肉眼看见真主是不可能的，信士们只能在心里看见和认知真主。② 故此，他们的注释是："眼见真主意为希望和期盼真主的恩惠和慷慨。"③ 他们如此注释经文，求证的正是语言学原理。他们讲道："在阿拉伯语里，观看事物并不限定于肉眼观看。"并引证诗歌作为佐证："真主啊！当我看你时，你给我增加大海都不及的恩典吧！"④ 毋庸置疑，运用语言学原理而忽略注释经文需要的其他学科如法理学、教律学、圣训学与教义学等，使"穆尔太齐赖派一致承认，真主不可能用肉眼看见，因为视力只能看见颜色和形状，即一切物质性的东西。从定义上说，真主是非物质的。他根本不在我们视力范围之内。另外，视力是人的五个感官之一，所以，如果认为人能见到真主，随之也应该说，人也能够听到、感觉到、触摸到和品尝到真主。而这种说法显然是一种真主与物质受造物纯然同化之论，属于多神论和背信行为；如果是这样，真主与物质受造物便不再有所区别。事实上，人们不可能见到没有一切偶性的实体。因为，人们的实力仅能发现那些只属于偶性的如颜色和形状。而在真主之内，无任何偶性，因为他是单一实体，所以我们不可能见到他"⑤。

在语言学界看来，尽管穆尔太齐赖派为使经文符合他们的思想主张，对有些经文仅从语言学原理角度注释《古兰经》的举措，很大程

---

① 逊尼派认为："眼见真主，就理性而论是可能的，就经典而论，是必然的，因为经典中有信士在后世必见真主的证据。"——详见赛尔顿丁《教典诠释》，马坚译，中国伊斯兰教协会出版1988年版，第59—63页。

② 艾哈迈德·爱敏：《阿拉伯—伊斯兰文化史》第4册，商务印书馆1995年版，第28页。

③ 塔希尔·马哈茂德·穆罕默德·雅古卜：《古兰经注释中的错误因》第1卷，利雅得伊本·焦泽出版社2004年版，第230页。

④ 宰迈赫舍里：《启示真相揭示》第4卷，贝鲁特学术图书出版社1995年版，第650页。

⑤ 王家瑛：《伊斯兰宗教哲学史》上，民族出版社2003年版，第194—195页。

度上有失经训义理和注释法理而导致歧义。然而,从纯语言学角度来讲,值得肯定的是,穆尔太齐赖派重视和深入研究语言学并运用语言学注释《古兰经》的做法和过程,有力推动了阿拉伯语言学和修辞学的发展,对语言学和修辞学的体系化和学科化发挥了很大的辅助作用。

(三) 注释中的修辞隐喻法

穆尔太齐赖派一如将语言学视为其注释《古兰经》的重要原则,也将修辞学及其隐喻法(Al-majāz)作为注释有些经文的手段和方法。管窥穆尔太齐赖派的注释,不难发现隐喻注释比比皆是,宰迈赫舍里的《启示真相揭示》堪为最。

不言而喻,注释家运用修辞学注释《古兰经》中的各类修辞是其必然工作之一,由此通过修辞学来折射《古兰经》典雅风格的优美性与超绝性,并且推出了一些符合注释学理和伊斯兰法理的优秀注释成果。这本无可厚非,但在逊尼派看来,穆尔太齐赖派之所以大量运用修辞学中的隐喻法注释有些经文,主要是因为这些经文辞藻的本义(Al-khaqīqah)与他们的思想主张不相符合,故他们只能通过隐喻手段来达到与其思想主张相协调的目的。即使这些经文的本义本就一目了然,无须运用隐喻法加以解释,但"他们认为《古兰经》中用了很多比喻,不少是隐喻,不能简单地按字面意思理解。他们反对当时在什叶派中流行的'安拉拟人化'和圣训派严守经文字面意思的主张,认为《古兰经》中关于安拉有手,有脸,有宝座等都是借喻,是借说明人类的完美和权能的言词,而来形容安拉的完美和威严,但不能以此相信安拉有如人类的手、面、宝座等"[1]。

事实上,该派权威学者嘎迪·哈姆丹曾就一味运用隐喻手法注释有些经文持禁止和反对态度:"真主的语言,只要能够通过本义明晰,就不需要将其本义转化为隐喻。"[2] 然而,在具体运用中,该派注释中依然出现了大量的隐喻性注释,"这种做法不仅与嘎迪·哈姆丹的禁止之语相背,而且注释了那些含有真主各种名称及其属性的经文。[他们]以停止经文

---

[1] 宛耀宾总主编:《中国伊斯兰百科全书》,四川辞书出版社1994年版,第383页。
[2] 嘎迪·阿布杜·坚巴尔·哈姆丹:《五大原则解释》,埃及瓦哈卜出版社1968年版,第738页。

修辞中应有本义的证据,使《古兰经》有些词义失去了其本义,代之以隐喻之义和比喻之义,并且振振有词地认为,隐喻之义可以替代本义之义。"① 基于此,他们对于自认表义生僻的经文,必然给予隐喻注释。例如经文"当时,你的主从阿丹的子孙的背脊中取出他们的后裔,并使他们招认。主说:'难道我不是你们的主吗?'他们说:'怎么不是呢?我们已作证了。'〔我之所以要使他们招认〕,是因为不愿你们在复活日说,'我们生前确实忽视了这件事。'"(7:172)"我确已将重任信托天地和山岳,但它们不肯承担它,它们畏惧它,而人却承担了——人确是不义的,确是无知的。"(33:72)他们认为这两节经文中蕴涵着隐喻,因此他们不仅不言其表义,也无视其应有本义,反而通过隐喻注释辩驳了那些坚持和遵循其本义的注释家。因为这些注释家断言:"我们丝毫不怀疑类似这两节经文中表述的真主大能,因为关于真主如何从阿丹的子孙背脊中创造他们的后裔并使他们认主、如何将重任信托于天地而天地不敢承担等事,我们都无法深究其要,所以务必将知晓其实质的权限交给伟大的真主。"②

(四) 注释中的变换读法

穆尔太齐赖派为了本派的信仰教义,但凡有可注之机,就充分加以利用。其中,该派与逊尼派截然不同的另一个注释层面,体现在对《古兰经》诵读的解读上。换言之,逊尼派注释《古兰经》经文的诵读,旨在使穆斯林正确理解和学习《古兰经》的诵读规则和方法,以及通过正确读音来准确界定经文的辞藻大义。穆尔太齐赖派则不然,他们为了本派的教义信条和思想主张,不惜偏离传自先知穆罕默德及其圣门弟子对《古兰经》的正确读法,而代之以他们的读法,以求经文与他们的教义主张相一致。

现仅以经文"真主曾与穆萨对话"(4:164)(为便于分析,笔者将该句经文音译为:Wa kallam Allah Mūsā taklīmā)为例给予说明。从句式来讲,该句经文是动词句,其结构是,"kallam"(对话)是三母复式动

---

① 塔希尔·马哈茂德·穆罕默德·雅古卜:《古兰经注释中的错误因》第1卷,利雅得伊本·焦泽出版社2004年版,第241页。
② 穆罕默德·侯赛因·扎哈卜:《古兰经注释与注释家》卷1,开罗知识出版社2001年版,第383页。

词，词尾标开口符；"Allah"（真主）是名词，系动词句的主语，词尾标合口符；"Mūsā"（穆萨）是名词，系动词句的宾语，词尾标开口符；"taklīmā"为词根，词尾标开口鼻音符，是强调动词"kallam"的程度状语。该派认为其教义主张不符合这句经文——词根"taklīmā"旨在强调动词"kallam"的程度及排除隐喻的可能性，故他们通过变换经文读音而使经文与其主张相辅相成。他们中部分学者将该句经文中单词"Allah"的词尾合口符变读为开口符，从而使原先的主语变成为宾语；将"Mūsā"的词尾开口符变读为合口符，从而使原先的宾语变成为主语。如此变换读音后的经文，由于主宾格换位，成为"穆萨曾与真主对话"，意义也就相应地发生变化。

穆尔太齐赖派的另一部分学者尽管没有变换该句经文中主语与宾语的读法，使其保持原读音和原格位，但他们对动词"kallam"的读音解释，与经文本义大相径庭。他们认为，三母复式动词"kallam"出自三母简式动词"kalam"，而"kalam"的同义词为三母简式动词"Jarah"（意为伤害、中伤和损伤），该词的三母复式动词为"Jarrah"。他们欲使经文大义发生变化，就必须用三母复式动词"Jarrah"解释经文中的三母复式动词"kallam"。经过读音解释的转换过程，该句经文大义就发生变化，由原先的"真主曾与穆萨对话"变为"真主使穆萨饱尝各种艰难困苦"。[①] 由此不难窥见，穆尔太齐赖派正是运用对该句经文的转换读音式注释，成功摆脱了与他们信条相左的经文结构带给他们的信条困境。[②]

穆尔太齐赖派运用改变经文单词读音的方式来注释《古兰经》，其目的就是服务于他们主张的"真主只有本体没有属性"和"《古兰经》被造说"等信条。这是因为，穆尔太齐赖派否定了真主之语的古有——本体属性，他们只确定以"音体"（Al-'ajsām）成立的所有字母和一切声音，而不确定以本体（Al-dhāt）成立的字母和声音，故他们以否定本体之语和否认真主与穆萨对话的特殊性来反驳逊尼派的观点——《古兰经》

---

① 宰迈赫舍里：《启示真相揭示》第1卷，贝鲁特学术图书出版社1995年版，第578页。
② 穆罕默德·侯赛因·扎哈卜：《古兰经注释与注释家》卷1，开罗知识出版社2001年版，第377页。

是真主的言语，不是真主所造的。① 首先，他们将动词"Jarrah"的词根"Al-tajrīh"（伤害）与"kallam"的词根"Al-taklīm"（对话），在语言学结构和大义层面的相提并论作为理论根据。② 其次，穆尔太齐赖派为证明其理论的正确性，根据"五大原则"的"认主独一"原则就此进行了分析。他们讲到，"如果真主及其属性是不会变化的整体，则《古兰经》不可能是真主的言语（此处'言语'的含意为真主的一种属性）。因为如果是这样，则真主的言语、真主的本体和其他属性均应是一个整体。但我们看到《古兰经》中有命令和禁戒、有提供信息和打听消息、有许诺和恐吓，这些都是不同的事情，具有不同的性质，'独一'的概念不可能包含具有不同性质，如命令和禁戒这样相互矛盾的各种事物。"③ 穆尔太齐赖派为坚持和论证他们所主张的"《古兰经》被造说"这一根本信条，就此进一步论证到："《古兰经》是真主创造的一种语言，《古兰经》之所以被称为真主的语言，是因为它是真主不经中介而直接创造的，这就是真主的语言和我们的语言之间的区别。我们的语言和我们的词汇都属于我们，而《古兰经》却是真主直接创造的，我们用来书写和诵读《古兰经》的字母则是我们创造的。我们应该尊崇这些字母，因为它证明了真主的创造物。因此，说真主是说话人，其含义是：真主创造了语言，又使用了语言。语言不过是说话人用来向受话人传达知识的行为。从这个意义上说，真主也是说话人，即他是向受话人传达其愿望的主动者，受话人是被创造者。"④

综上，穆尔太齐赖派为了在他们的派性和经义之间找到必然协调，遂运用包括"语言原理"和"变换诵读"在内的各种方法阐经释义，以求两者相合。然而，他们变换经文诵读的做法，受到伊本·古太白的批驳。伊本·古太白在《对各种圣训的注释》中，通过案例分析方式，对逊尼派和穆尔太齐赖派关于经文读音的注释给予学理辩解后，明确指出了孰对

---

① 赛尔顿丁：《教典诠释》，马坚译，中国伊斯兰教协会出版1988年版，第48页。
② 宰迈赫舍里：《启示真相揭示》第1卷，贝鲁特学术图书出版社1995年版，第578页。
③ 艾哈迈德·爱敏：《阿拉伯-伊斯兰文化史》第4册，商务印书馆1995年版，第33—34页。
④ 同上书，第36页。

(逊尼派）孰错（穆尔太齐赖派）。①

（五）注释中的否定圣训

如前所述，将"理性"作为基本原理的穆尔太齐赖派，正如运用理性方法注释那些与其教义信条和思想主张相异的经文那样，也运用理性方法对待那些有异于其教义基础和派性根本的圣训。在逊尼派看来，穆尔太齐赖派如此做法的结果是，既否认了那些与其主张相左的圣训，也影响到了对《古兰经》的注释。换言之，由于以训注经在《古兰经》注释领域内的地位仅次于以经注经，因此穆尔太齐赖派否认某些圣训也就意味着他们否定了这些确凿圣训对《古兰经》的注释。②

诸如，关于"眼见真主"的圣训，他们以经文"众目不能见他，他却能见众目"（6：103）否定圣训"先知说：'末日，你们将眼见真主，就像你们看到月满时的月亮一样，你们不会因见真主而遭亏枉。'"他们之所以否认这段圣训，是因为它违反了他们遵循的经文。圣训违反经文也就意味着违反了他们的信条——信士在末日不能眼见真主。事实上，他们对有关"眼见真主"的经文，仅从文字否定的角度出发，采取舍此取彼的方法——通过舍弃肯定性经文"在那日，许多面目是光华的，是仰视着他们的主的"（75：22—23）遵循否定性经文"众目不能见他，他却能见众目"。（6：103）由此否认这段圣训对《古兰经》的权威注释和进一步延伸。③

再如，关于"指月裂开"的圣迹，他们亦持否定态度。该派思想家、逻辑学家奈萨姆（Nizām，777 - 845）等人，"谴责直传弟子传述错误的史料，甚至指责他们撒谎。奈萨姆说：'伊本·麦斯欧德声称，他看到月亮裂开了，这完全是当众撒谎，因为真主不会为他人或他的伙伴而使月亮裂开。真主如果使月亮裂开，一定是为了使这件事成为昭示众人的迹象和传教师的证据，成为提醒众人的警告和证据。既然如此，为什么世上的人

---

① 伊本·古太白：《对各种圣训的注释》：库尔德斯坦出版社1889年版，第80—84页。
② 穆罕默德·侯赛因·扎哈卜：《古兰经注释与注释家》卷1，开罗知识出版社2001年版，第373页。
③ 伊金塔斯·焦莱德·塔斯希尔：《注释古兰经的伊斯兰派别》，开罗圣训出版社1955年版，第126页。

都不知此事？为什么历史没有记载？诗人没有吟诵？为什么没有一个异教徒因受到感悟而皈依伊斯兰教？也没有一个穆斯林以此向异教徒论证？'"①

穆尔太齐赖派否认一些与其主张相异的圣训，并不是说该派违背所有的确凿圣训，以及全盘否定传闻注释。问题在于，他们的主张促使他们相对地看待传闻注释，绝对地运用理性证据来与同时代的他派学者与注释家进行学术交锋和学理论辩，旨在使本派穆斯林认可本派的注释，接受本派的教义信条。基于此，他们将原本依据传闻、感性和无须深究就能明晰和界定的注释，转化为基于理性证据和逻辑推理的注释，以此来说明理性的力量和思考的作用。正如该派代表人物贾希兹所见，"他主张用理性论证伊斯兰教义，认为只有理性才能认识造物主的存在。知识是信仰的基础，只有用理性说明教义，才能达到思想上对真主的确信。他把人们对事物的认识分为两种：一是感官的认识，它只能认识事物的表象；二是理性的认识，它才能认识事物内在真谛。把感官的知识和理性的知识联系起来，才能获得宗教和自然的真谛。凡是符合理性的知识就是真理。"②

总而言之，穆尔太齐赖派"既然推崇理性，在注释《古兰经》时便以理性证明为主，引经据典的文字考据为辅。其注释都是建立在真主超绝、意志自由、公正及真主只做有益的事这些观点之上。以前，人们遇到文字上相互矛盾的经文，便满足于引证圣门弟子的言论；看到含混不清的文字，只好缄口不语，把责任推给真主。穆尔太齐赖派则不同，他们往往用理性来分析那些含混的文字。推崇理性权威的主张使他们不承认那些与这一原则相左的圣训和史料，这是造成该派和圣训学家之间严重对立的原因之一"③。

(六) 注释中的武断经旨

穆尔太齐赖派注释的另一特点是，他们根据理性主义和创制见解断言，他们对任何事物或任何问题的判断，都是创制家的创制结果，这个创

---

① 艾哈迈德·爱敏：《阿拉伯—伊斯兰文化史》第 4 册，商务印书馆 1995 年版，第 80—81 页。
② 宛耀宾总主编：《中国伊斯兰百科全书》，四川辞书出版社 1994 年版，第 256 页。
③ 艾哈迈德·爱敏：《阿拉伯—伊斯兰文化史》第 4 册，商务印书馆 1995 年版，第 68 页。

制结果追根溯源，是来自真主赋予创制家的权利和真理。[①] 他们如此断言的理论根据是，他们认为《古兰经》中很多经文都有数种解释。是故，他们由此及彼地断定，他们在解答与分析《古兰经》中各种问题时付出的种种努力、各种创制和不同注释，都是来自真主的意志，并非个人所见使然。这就意味着，他们对经文的理性注释，不可能有违他们的各种原则和所有主张，具有权威性且不可推翻。[②]

显而易见，穆尔太齐赖派的这种观点，与逊尼派观点大相径庭。逊尼派认为，《古兰经》的各节经文只有真主意欲的终极意义，除此之外的任何或然性意义，都是来自注释家根据经训义理和注释原理的创制性注释和尝试性理解，旨在尽力获悉真主的经旨，具有不确定性。逊尼派主张的目的在于说明，注释家运用创制注释经文时，创制往往具有正反两面性——或者正确，或者错误。创制无论对错，尽管都能得到来自真主的恩赐和报酬，但任何人不能就此断言，他对《古兰经》的创制注释是来自真主的绝对旨意，因为这仅仅是个人的理解所见而已，具有或然性和不定性。[③]

据上，穆尔太齐赖派的创制观点——创制家的创制结果出自真主意志，决定了他们运用创制注释《古兰经》的观点——创制永远正确，没有错误。以此类推，如果创制作为理性思考的结果正确无误，那么他们的理性注释也就千真万确。但在逊尼派看来，这种观点以及由此而生的一些注释结果，不言而喻是对《古兰经》经义经旨的武断。

（七）注释中的否认教理

穆尔太齐赖派与逊尼派持有不同观点的另一个层面，反映在该派对一些业已由经训确定的宗教真理（Al-haqā'iq al-diniyyah）所持的观点上。亦即，他们否认有些宗教真理，并根据自己的教义主张就这些宗教真理，与逊尼派展开学理争辩。论辩的重要表现形式之一，就体现在对《古兰经》有关经文的注释中。

诸如，逊尼派根据经训明确论断的"精灵"（Al-jinn）存在及其对人

[①] 伊本·甘伊姆·焦泽：《阐释目的和矫正规则》第 2 卷，贝鲁特伊斯兰出版社 1985 年版，第 118 页。

[②] 穆罕默德·侯赛因·扎哈卜：《古兰经注释与注释家》卷 1，开罗知识出版社 2001 年版，第 375 页。

[③] 同上。

的影响并与人类发生接触,以及"真主之友"('Awliyā'Allah,或音译为"卧里")所显现的各种显迹(Al-karāmah)等宗教真理,在将注释与理性——衡量宗教真理的标准——进行有机联系的穆尔太齐赖派看来,都属于迷信,是逊尼派违反自然法则的想象。①

关于精灵,穆尔太齐赖派的一些学者如奈萨姆、宰迈赫舍里等,不认可《古兰经》47次提到的"精灵"存在这一事实②,并反对那些论断精灵对人类具有的影响。是故,他们既对有违他们理性主张的、提到精灵的数节经文给予理性注释,也对言及精灵的确凿圣训给予理性分析。例如,《布哈里圣训实录全集》记载的圣训:"精灵中的一个恶魔出现在正在礼拜的先知面前,想要干扰他的礼拜,但真主使他克服了恶魔的干扰。"他们对诸如此类的经训,都一律加以否定,认为这都是迷信和人的想象,由于违反自然规律和法则而不能被理性认可和接受。

关于"真主之友"彰显的各种显迹(Al-karāmah),穆尔太齐赖派也认为这是玄不可信的事情。宰迈赫舍里就此以经文"他是全知幽玄的,他不让任何人窥见他的幽玄,除非他所喜悦的使者,因为他派遣卫队,在使者的前面和后面行走"(72:26—27)为例给予解释。他认为,"真主仅让他所喜悦的人——具有特殊使命而被选择的先知穆罕默德——窥见他的幽玄(Al-ghayb),而不是每一个受真主喜悦的人都能窥见幽玄。这就否认了其他人彰显的各种显迹,因为这节经文所能涉猎的人们,即使是受喜悦的真主之友也罢,他们并不是使者。真主唯以窥见幽玄使众使者成为受喜悦的人们,否认了卜卦者和占星者。因为卜卦者和占星者是远离真主喜悦的人们,是最令真主恼怒的人们。"③ 透过宰迈赫舍里的注释不难看出,在穆尔太齐赖派看来,只有真主派遣的使者才有能力展现各种显迹,除他们之外任何人都不可能有这种能力。使者之外的任何人所展现的显迹,都是来自不受真主喜爱的占星者的伎

---

① 穆罕默德·侯赛因·扎哈卜:《古兰经注释与注释家》卷1,开罗知识出版社2001年版,第383页。

② 《古兰经》的牲畜章、高处章、夜行章、山洞章、石谷章、蚂蚁章、故事章、赛伯邑章、奉绥来特章、沙丘章、播种者章、至仁主章、呼德章、信士章、叩头章、列班者章、精灵章和人章,分别提到了精灵。

③ 宰迈赫舍里:《启示真相揭示》第4卷,贝鲁特学术图书出版社1995年版,第578页。

俩，是受真主恼怒和谴责的行为。

简言之，弘扬理性的穆尔太齐赖派主张，诸如上述之类的宗教真理，由于不符合理性证据和逻辑推理，因此也就不符合他们的教义信条。故此，他们通过理性注释，使自己认为的这些"迷信传说"与逊尼派认可的"宗教真理"截然两立，以彰显双方在各个层面的互异。同时，他们通过理性注释，在剥离和否定与其主张不相符合的宗教真理后，力求在《古兰经》与他们的教义信条之间寻找契合点，从而使他们的纯洁信仰远离一切瑕疵。

综上所述，穆尔太齐赖派根据本派的教义信条和思想主张，从以上几个主要方面对《古兰经》做了细微注释，以求通过注释使本派的教义体系化、学说化和理论化。该派在借助《古兰经》注释使其教义体系化进程中，涌现出一批注释家，主要有艾布·伯克尔·艾桑姆（Abu bakr al-'asamm，伊历？—240）、穆罕默德·本·阿布杜·瓦哈卜·塞拉姆（Muhammad ben 'abd al-wahābb ben salām，伊历？—303）、艾布·加西姆·凯尔斌（Abu al-qāsim al-ka'biyy，伊历？—319）、艾布·哈希姆·吉巴伊（Abu hāshim al-jibā'ī，伊历？—321）、艾布·穆斯林·伊斯法罕（Abu muslim al-'asfahānī，伊历？—322）、艾布·哈桑·鲁玛尼（Abu al-hasan al-rumānī，伊历？—384）、欧拜杜拉（Ubayd Allah，伊历—387）、嘎迪·阿布杜·坚巴尔·哈姆丹、谢里夫·穆尔泰达（Al-sharīf al-murtadā，伊历？—436）、阿布杜·塞拉姆·格兹韦尼（'Abd al-salām al-qazwaynī，伊历？—483）、宰迈赫舍里。

上述注释家中，仅有三位注释家的典籍流传于世（笔者将在下章中给予概要阐述），其他人的注释典籍早已散逸。根据逊尼派的研究，这些注释典籍无论存世与否，无一例外展现出的穆尔太齐赖派观点见解，违背了伊斯兰教义信条，因此其注释受到逊尼派学者的关切和批驳。逊尼派中诸多学者在深入研究该派的注释后认为，该派注释因迎合其派性之需求和教义之偏爱，使经义经旨发生了根本变化，失去了经文的应有本义。① 鉴于此，逊尼派注释学界整体上将穆尔太齐赖派的注释列为"受贬责的见

---

① 穆罕默德·侯赛因·扎哈卜：《古兰经注释与注释家》卷1，开罗知识出版社2001年版，第385页。

解注释"（Al-tafsir bi al-ra'y al-madhmum）。①

先为穆尔太齐赖派人，后改奉逊尼派的教义学家艾布·哈桑·艾什尔里（Abu al-hasan al-'ash'ri, 873 – 936）在处理"信仰和理性"关系问题时，学理性地批驳了穆尔太齐赖派肆意运用"唯理论"注释经文的做法。艾什尔里"主张信仰（天启）高于理性。他认为，真主对人的'启示'是获得真理性认识的源泉。人类认识的对象和目的就是体认造物主的存在、独一和万能，以坚定信仰，绝对顺从真主的意志。对真主的认识，个人的认识能力是无法达到的，只能通过启示和信仰才能认识。认为人的理性仅能作为认识真主实在的工具，理性无法获得可靠的知识。但知识不能违背信仰，理性必须顺从和维护信仰。他还主张对一切事物的认识和判断应以《古兰经》和圣训为准则，反对用理性思想注释《古兰经》"②。因此，艾什尔里注释典籍《宝库》（Al-mukhtazan，该书已散逸）的前言中，从学术和宗教双重层面，批驳性界定了穆尔太齐赖派基于"唯理论"的注释："偏离正道和迷入歧途的人们，根据自己的见解和私欲注释了《古兰经》。这种注释，不是真主所降本义，既无凭据，也没明证。他们没有传述众世界之主的使者、优秀的圣族、圣门弟子和再传弟子对《古兰经》的注释。他们给真主妄加谎言，他们确已迷误，不得正道。"③

伊本·泰米叶主张，《古兰经》是穆斯林信仰的最高准则和标准杠杆，因此对经义经旨的注释务必严谨和正确，绝不能妄加推测和穿凿附会。为此，他在《注释学原理》前言中，就穆尔太齐赖派有悖经训义理、教义原则和注释原理的注释作了批驳。他说："像这些人，他们相信一种见解，然后就按照这种见解注释《古兰经》。他们既没有传述先贤即圣门弟子与再传弟子，以及穆斯林的众伊玛目的注释，也没有这些人的见解和注释。穆尔太齐赖人的所有谬注，体现在多个方面中。这些方面又蕴涵在两大层面中：彰显他们谬论的知识、折射他们注释的谬理——或者是对他

---

① 穆罕默德·侯赛因·扎哈卜：《古兰经注释研究论集》，开罗圣训出版社 2005 年版，第 417 页。
② 宛耀宾总主编：《中国伊斯兰百科全书》，四川辞书出版社 1994 年版，第 57 页。
③ 转引自穆罕默德·侯赛因·扎哈卜《古兰经注释与注释家》卷 1，开罗知识出版社 2001 年版，第 385 页。

们言论的证明，或者是对他者的回答。这些人中不乏能言善辩与巧言令色者如宰迈赫舍里等人，他们的注释因语言优美而混淆视听，使绝大部分人不明就里，甚至不信他们谬注的人也对此模棱两可。我已从穆尔太齐赖派注释家的典籍，以及提及该派注释的其他学者的文献中，看到了符合穆尔太齐赖原则的注释，这些原则的谬误与不为正道已是尽人皆知。"①

法学家伊本·甘伊姆·焦泽（Ibn qayyim al-jawziyyah, 1292 – 1350）在《法学家的路标》('A'lām al-muwaqqi'īn）中，亦批驳了穆尔太齐赖派的注释："穆尔太齐赖派的注释污染着人们的头脑，侵蚀着人们的思想，混淆着人们的见解，蛊惑着人们的心胸。他们借注释令黑白颠倒，使人心怀疑，让世界紊乱。但凡有主见的人都知道，导致世界紊乱的因素之一，就是人们让个人见解高于真主启示，让个人欲望胜于理智。"②

第五节　近现代注释

18世纪末，随着伊斯兰教近代史的开始，《古兰经》注释的学术活动也随之进入新的发展时期，形成了"近现代注释"（Al-tafsir fi al-'aṣr al-hadīth）。

事实上，近现代注释从其本质来讲，并不属于派别注释的范畴，因其既无派别之要素，也无派别之标识，更无派别之性质。然而，笔者之所以将近现代注释归入派别注释进行叙议，其原因主要在于：

其一，笔者出于三个因素的考量——就时间而论，古今时代变化巨大；就社会而论，古今社会不能同日而语；就注释而论，注释内容侧重不一。是故，笔者将近现代以来的几个重心注释都统一放在"近现代"这个具有时间概念的范畴内给予研究，而不再另辟专章叙述，以利于行文方便。

其二，纵观《古兰经》注释史，虽然近现代以前的注释家因教派、

---

① 转引自穆罕默德·侯赛因·扎哈卜《古兰经注释与注释家》卷1，开罗知识出版社2001年版，第386页。

② 同上书，第387页。

学派和学科等需要，已从各个层面和不同角度对《古兰经》进行了精深细微的系统注释且成果显著，但由于古今注释在时代性、社会性、思想性、知识性等层面上具有不同程度的差异性和复杂性，因此近现代注释与以往注释亦具有相应的差异。究其原因，"进入近代以来，伊斯兰世界由于殖民主义、帝国主义的入侵和科学技术的传播，兴起了民族独立解放运动和伊斯兰改良运动。伊斯兰教学者为了对付外来势力的挑战、维护伊斯兰教的传统地位，批驳西方传教士对《古兰经》和伊斯兰教的歪曲，便吸收了近代科学中对自己有用的因素，用理性主义注解《古兰经》，给《古兰经》增添了现代色彩。例如，在社会问题方面，认为《古兰经》的基本思想包含了人类平等、男女平等、限制私人资本、反对侵略压迫等主张，并号召穆斯林团结对敌，保卫自己的独立和自由等。在自然科学方面，提倡科学文化，认为《古兰经》本来就号召人类'运用自己的理智进行思维'、'观察天地的奥秘和各种自然现象'，'开发利用自然界的一切，是符合《古兰经》的教训的'；进而指出，《古兰经》原文本身就具有诸如化学、数学、天文、医学等方面的基本知识。他们还指出近现代科学所发现的有关地球形成以及地球同其他天体的关系、原子不是最小的物体、所有物质均有阴阳之分、空气及风能使植物杂交等道理，早在《古兰经》中已有记载说明（见 21：30、10：61、51：49、15：22）；他们还认为《古兰经》禁食猪肉、禁止饮酒的道理，已为近现代医学经验所证实等等，以此说明'《古兰经》是包罗了古今一切知识的天启经典'。"[①]

　　基于以上诸因素，笔者在设计章节结构时，将近现代注释列入派别注释，而不为他故。

　　较之以往，近现代以来的注释家除了沿袭古已有之的注释外，尤其从新的角度继续注释着《古兰经》的各个层面。其中的主要特征是，时代发展和社会需要，以及新生事物的层出不穷和学科知识的分类细化，促使注释家运用新观点和新方法注释《古兰经》。同样，一如历史上曾经出现叛教注释那样，近现代以来亦有之。穆罕默德·侯赛因·扎哈卜教授在系统研究近现代注释后总结出，近现代注释沿袭和继续以往注释的同时，尤其体现在四个重心层面上，即科学、派别、叛教与社会四个层面的注释。

[①] 宛耀宾总主编：《中国伊斯兰百科全书》，四川辞书出版社 1994 年版，第 261 页。

一 科学层面的注释

《古兰经》注释史上，注释家根据经训教导，基于已知的自然现象和既成的科学事实，从科学角度注释经文的学术举措，始终随时代发展和科学进步继往开来。笔者在第4章第5节中，已就注释学界对科学注释的定义和学理分歧，以及学术成果三个层面给予概要阐述。

近现代以来，科学技术的突飞猛进及其成果的日新月异，以及很多穆斯林学者，尤其是注释家对科学注释《古兰经》符合伊斯兰法理要求和注释学理条件的大力主张，促使科学注释的学术活动较之此前大有发展，成果层出不穷，形成了近现代的科学注释（Al-lawn al-'ilmiyy）。由是，笔者此节中仅罗列近现代以来科学注释《古兰经》的代表典籍，以便从该角度进一步叙述科学注释，一则彰显科学注释在近现代注释领域中具有的重要地位、学术价值和社会效果所在，二则以点带面地折射近现代以来注释家从科学角度注释经文的具体情况，从而将从古到今注释学界从科学角度注释《古兰经》的学术活动情况概而全之。

近现代以来，尽管学术界从科学角度，研究性地注释《古兰经》的学术成果层出不穷且数量可观（参见第4章第5节），但具有代表性的典籍主要是：

伊历13世纪医学家穆罕默德·本·艾哈迈德·亚历山大（Muhammad ben 'ahmad al-'askandarāniyy）的《揭示古兰经中光的奥秘——天体之光、地球之光、动物之光、植物之光、矿物之光》（*Kashf al-'asrār al-nūrāniyyah al-qur'āniyyah fimā yata'allaq bi al-'ajrām al-samāwiyyah wa al-'ardiyyah wa al-hayawānāt wa al-nabātāt wa al-jawāhir al-ma'adaniyyah*）。该书三大册，埃及瓦哈布出版社于伊历1297年出版发行，埃及国家图书馆藏有该书。从该书名称可以看出，作者尽可能涉猎了《古兰经》中涉及天体、地球、动物、植物和矿物的经文，并根据现代科学知识给予详尽阐释。

阿卜杜拉·巴沙·菲克里（'Abd Allah bāshā fikrī）的《阿卜杜拉·巴沙·菲克里论集》（*Risālah 'Abd Allah bāshā fikrī*），该书是一部研究性注释《古兰经》中涉及天文学经文的论集，于伊历1315年在埃及开罗出版发行。

阿布杜·拉哈曼·凯瓦基布（'Abd al-rahmān al-kawākibī, 伊历？—1320）的《专制的秉性 奴役的死谷》（Tabā'i' al-'istibdād wa masāri' al-'isti''bād）。作者是叙利亚伊斯兰学者、社会学家、社会改革家。从该书名称和部分内容不难看出，尽管它是一部关乎社会的典籍，但作者在书中极其青睐《古兰经》中涉及宇宙、自然和生命的经文，并不惜笔墨地从科学角度给予重点解读。他在高度界定"《古兰经》是所有科学知识的太阳，是一切智慧的宝库"的同时①，还对那些一味沿袭先辈传统注释《古兰经》的学者们给予了一定的学理批驳。他认为，"这些学者之所以对《古兰经》中告知的各种恩惠和宇宙万物，以及蕴涵的各科知识的解读畏缩不前，原因就在于，他们害怕违背了一些先辈的主张而遭到否定。"②他在分析了那些固执己见的学者不敢越雷池半步的原因后讲道："殊不知，这是一个揭示《古兰经》奇迹的问题，是伊斯兰教的至关重要的问题。他们没有能力给予它应有的研究，而仅局限于一些先辈的言论，即阐释《古兰经》语言的精练、《古兰经》修辞的奥妙。"③作者在书中表述了自己对科学注释《古兰经》的观点，主张《古兰经》蕴涵着肯定《古兰经》奇迹的所有科学理论。他讲道："假如学者们思想开放且深入细微地研究《古兰经》，就能在数千节经文中窥见数千奇迹，每一天都能发现经文中的每节经文与时俱进、与事同行。因为每件事情都在证实着《古兰经》的奇迹：'真主那里，有幽玄的宝藏，只有他认识那些宝藏。他认识陆上和海中的一切；零落的叶子，没有一片是他不认识的，地面下重重黑暗中的谷粒，地面上一切翠绿的，和枯槁的草木，没有一样不详载在天经中。'"（6：59）对此，他举例说明，近几个世纪的许多科学发现都已在《古兰经》中有所表述。如科学家发现宇宙的元素以太（Ether），《古兰经》就对此已予表述："然后，他志于造天，那时，天还是蒸汽。"（41：11）再如，科学家发现宇宙万有都是在持续不断的运动中，《古兰经》也对此早已言及："他们有一种迹象，我使白昼脱离黑夜，他们便忽然在黑暗中。太阳疾行，至一定所，那是万能的、全知的主所预定的。月

---

① 阿布杜·拉哈曼·凯瓦基布：《专制的秉性 奴役的死谷》，叙利亚阿拉伯东方书局1957年版，第22页。

② 同上书，第23页。

③ 同上。

亮，我为它预定星宿，直到它再变成像干枯的椰枣枝一样。太阳不得追及月亮，黑夜也不得超越白昼，各在一个轨道上浮游着。"（36：37—40）作者最后讲到，诸如此类经文已经揭示了各种自然现象和科学事实，那么其他经文所蕴涵的科学奥妙也必将在未来岁月中被各种科学发现予以证实。是故，注释家有责任、有必要精深细致地研究和注释这些经文，以彰显《古兰经》的各种奇迹，利于社会发展和科学进步。①

穆斯塔法·萨迪格·拉斐尔（Mustafā sādiq al-rāfi'，1880－1937）的《古兰经奇迹》（'I'ajāz al-qur'ān）。该书中，作者专门辟章"古兰经与科学"，运用现代科学知识解析《古兰经》中言及的宇宙、自然、人体、心理等科学知识的经文。作者在界定《古兰经》"自伊斯兰有史以来至世界末日，都是人类科学史上的根本奇迹"的同时②，引证前辈如哲拉鲁丁·苏尤蒂在《古兰经学通论》、艾布·法德里·穆尔萨在《包罗万象的古兰经》（'Ishtimā al-qur'ān 'alā sā'ir al-'ulūm）中对科学的言论，根据现代科学知识阐释科学性经文。他以科学知识解读有关经文，根据经文证实自然现象和现代科学，如基于经文"Rafi' al-darjāt"（40：15）演绎出关于时间的各种学问——时间学（'Ilm al-mawāqīt）。对于解读类似这样的经文，作者一言蔽之地指出："一些科学家从《古兰经》中挖掘和证实了那些涉及科学现象，以及我们原本不甚明确的自然科学的经文，并对此给予详细阐释，从而使我们能够深入研究。这些经文仅仅是指示，如果人们深入思考《古兰经》，就能借助现代科学知识明确这些经文的微言大义。《古兰经》指出了所有科学知识的起源、发展和结果：'我将在四方和在他们自身中，把我的许多迹象昭示他们，直到他们明白《古兰经》确是真理。难道你的主能见证万物还不够吗？'（41：53）据此，人类所有的知识无一不在经文'四方和在他们自身中'所指的范畴内。"③

阿布杜·阿齐兹·伊斯迈尔（'Abd al-'azīz 'ismā'īl）的《伊斯兰教与现代医学》（Al-islam wa al-tibb al-hadīth）。作者是医学家，该书是

---

① 阿布杜·拉哈曼·凯瓦基布：《专制的秉性 奴役的死谷》，叙利亚阿拉伯东方书局1957年版，第23—25页。
② 穆斯塔法·萨迪格·拉斐尔：《古兰经奇迹》，埃及盖拉斯出版社2005年版，第108页。
③ 同上书，第124—126页。

他在《爱资哈尔》(Al-'azhar) 杂志上发表的有关论文的专集，埃及伊尔提玛德出版社于伊历1357年出版发行。该书中，作者开宗明义，首先强调"《古兰经》绝不是一部医学书，不是一部工程学书，不是一部天文学书，而是指出了自然规律，这些规律都要归结于这些学科知识"①。作者接着说明，"《古兰经》中很多经文的微言大义，唯有通过现代科学研究才能明晰。"② 作者在言简意赅地指出了科学注释对于解读《古兰经》有关经文的重要性和必然性后，以大量案例注释了很多经文。

谭塔维·焦海里的《焦海里经注》，鉴于该部经注是近现代科学注释《古兰经》的扛鼎之作，故笔者将在下章中予以概要介绍，兹不赘述。

近现代以来，除上述6部重要典籍外，解读《古兰经》科学知识经文的注释典籍或研究专著还有：艾布·阿扎伊姆的《科学奇迹》，阿布杜·哈里姆·迈哈姆德的《伊斯兰教的艺术观、科学观和哲学观》，穆罕默德·塔希尔·阿舒尔的《科学注释》，穆罕默德·纳济姆·奈希姆的《古兰经中的医学》，穆斯塔法·迈哈姆德的《解读时代的古兰经》，穆罕默德·陶菲格·苏迪格的《研究宇宙万物的规律》，哈乃斐·艾哈迈德的《科学注释古兰经中的宇宙性经文》、《古兰经描述宇宙万物的奇迹》，穆罕默德·艾哈迈德·阿德瓦的《天际中的真主迹象》，穆罕默德·本·艾哈迈德·亚历山大的《解析植物、矿物和动物中的奥秘》、《阐释动物真相中的明证》，欧麦尔·本·艾哈迈德·米勒巴里的《珠玑中的古兰经奇迹》，穆罕默德·布海特·穆提尔的《鼓励人类理解古兰经中的宇宙性和文明性经文》，加齐·艾哈迈德·穆赫塔尔·巴沙的《古兰经的奥妙》，萨义德·基拉米特的《古兰经与欧洲对自然、天文和宇宙的研究结论完全一致》，穆罕默德·阿菲夫的《古兰经与气象学》，穆罕默德·苏迪格的《天文学与古兰经》，穆罕默德·艾哈迈德·盖姆拉维的《科学时代的伊斯兰教》、《真主的宇宙规律》，穆罕默德·哲马鲁丁·凡迪的《真主与宇宙》，穆罕默德·优素福·哈桑的《诸天地的故事》，阿布杜·俄宁耶·拉吉哈《伊斯兰思想观中的地球与太阳》，莫里斯·比卡尔的《基于

---

① 阿布杜·阿齐兹·伊斯迈尔：《伊斯兰教与现代医学》，埃及伊尔提玛德出版社伊历1357年版，第1页。

② 同上。

现代科学研究天启经典》、《人类的起源是什么》，阿里·阿布杜·阿济姆的《天地的王权》，阿卜杜拉·阿布杜·兰扎格·苏欧德的《牙刷与保护牙齿》、《古兰经中的医学奇迹——蜂蜜》，萨拉丁·海什拜的《科学与信仰》，纳伊姆·哈姆西的《思考古兰经的奇迹》，穆罕默德·穆罕默德·易卜拉欣的《地层学中的古兰经奇迹》，阿布杜·兰扎格·瑙菲勒的《真主与现代科学》、《伊斯兰教与现代科学》、《古兰经与现代科学》、《古兰经中的数字奇迹》，穆斯塔法·迪巴格的《古兰经奇迹的哲理》，穆罕默德·阿布杜·加迪尔·费根的《古兰经与环保》，陶菲格·阿莱瓦奈的《预防静脉瘤症中的古兰经奇迹》，穆罕默德·阿里·布尼的《古兰经与医学之间的蜜蜂与蜂蜜》，阿布杜·穆奈伊姆·阿什里的《注释古兰经中的宇宙性经文》，穆罕默德·奥斯曼·海什特《伊斯兰教与现代学科观中的男女不同》，曼苏尔·穆罕默德·哈塞布·纳斌的《宇宙与古兰经中的科学奇迹》、《古兰经与现代科学》、《古兰经对极速与相对速的示意》、《古兰经中的宇宙百科全书》，阿布杜·阿里姆·海德尔的《科学与古兰经之间的地理现象》、《信仰概要：研究古兰经中的宇宙》、《古兰经中的宇宙规律》、《古兰经与科学之间的水与生命》，卡里姆·赛义德·加尼姆的《蜘蛛的奥秘》、《古兰经中的宇宙示意：研究与实践》、《古兰经与圣训中的家畜奶》，陶菲格·穆罕默德·因兹·丁的《古兰经与现代科学中的精神证据》，穆罕默德·萨义德的《伊斯兰教的树木观》，塔希尔·陶菲格的《古兰经与创造人类的奇迹》，阿布杜·哈米德·塔哈玛兹的《古兰经蚂蚁章中的奇迹》，阿布杜·迈吉德·赞达尼的《创造主的独一》，穆罕默德·巴尔的《医学与古兰经之间的人类起源》、《医学与法学之间的酒》、《禁食猪肉的哲理》、《子宫的周期》，阿布杜·哈米德·阿布杜·阿齐兹的《古兰经真理与医学之间的人》、《医学观中的伊斯兰功修》，艾哈迈德·阿布杜·瓦哈比的《伊斯兰遗产中的原子学》，等等。①

二 派别层面的注释

伊斯兰教早期，因政治分歧和学说异见等因素促使派别林立的局面，

---

① 《时代进程中的古兰经奇迹》，http：//www.55a.net/firas/arabic/? page = show_ det&id = 685&select_ page = 17 ［2009 - 9 - 10］。

到中世纪后期渐次衰微。除逊尼派和什叶派成为两大主流派别继续发展外，其他自成一家的派别或已消失殆尽，如穆尔太齐赖派已荡然无存；或一派多支的派别仅有一个分支派别传至今日，如哈瓦利吉派仅有艾巴德派延续至今。

正如历史上各派根据自己的教义信条、思想观点和主张学说不遗余力地注释《古兰经》那样，近现代以来，伊斯兰各派注释家亦遵循本派教义信条，恪守本派思想原则，继承前人注释遗产，继往开来地延续和发展着注释的学术事业，使其绵延不绝，成果不断问世。

逊尼派作为伊斯兰教的最大派别，自然形成和开国建朝致使信徒众多和分布广泛等因素，自认教义信条和思想观点为正统等主张，社会学说和学术活动占据伊斯兰教主导地位等特点，促使该派学术研究和学术成果自始至终成为伊斯兰教学术活动的主流，很大程度上代表和引领伊斯兰教学术研究的整体发展。同理，在《古兰经》注释的学术活动领域，逊尼派一如历史上成为伊斯兰教各派注释《古兰经》的主流那样，近现代以来该派学者对《古兰经》的注释，依然成为伊斯兰教整体注释《古兰经》的主流和主导派别，该派学者也成为世界范围内穆斯林学者注释《古兰经》的领军人物。他们恪守经训原则，遵循教义主张，基于文化需要，根据学科特点，对《古兰经》各个层面做出了符合时代要求，顺应社会发展，回答现实问题，解决信众疑难的注释，各类精深细微的注释成果亦斐然卓著。

什叶派作为伊斯兰教的第二大派别，自其形成以来，在伊斯兰学术研究领域的贡献仅次于逊尼派，时至今日概莫能外。什叶派三大支派中，伊斯玛仪派自始至终没有注释专著，栽德派虽在历史上留下注释专著如邵卡尼的《全能主的胜利》，以及谢姆斯丁·本·优素福·本·艾哈迈德的《成熟的果实 明确的律例》，但该派在近现代史上还没有注释文献问世。因此，近现代以来，十二伊玛目派作为什叶派的主流支派，在包括《古兰经》注释在内的各个方面占据着什叶派的主导地位，该派学者对《古兰经》的注释也就整体上代表着什叶派注释。该派注释家素丹·本·穆罕默德·呼罗珊在《阐明功修等级中的幸福》、穆罕默德·坚瓦德·本·哈桑·纳杰夫在《古兰经注释中的至仁主恩典》，均根据本派教义主张和思想学说，注释着《古兰经》的微言大义。尤应指出的是，"现代什叶派学者穆罕默德·

侯赛因·塔巴塔巴仪编著的《古兰经注之准衡》（Al-myzan fi tafsir al-qur'ān）很有影响，全经注共20卷，300余万言，除了经义解释和选引以往什叶派著名经注中的材料外，据著者所说，这是一部包括教义学、哲学、历史、社会和伦理各方面研究的综合巨著，它在取材广泛和涉及当时伊斯兰社会问题方面，可与逊尼派的《光塔经注》相媲美。"①

至于哈瓦利吉派中唯一存在的艾巴德派，历史上既是哈瓦利吉派中最为温和、最接近逊尼派的分支派别，近现代以来尤为如此。该派"在政治方面，认为先知穆罕默德及哈里发艾布·伯克尔、欧麦尔执政时期是伊斯兰教的最理想时代；主张穆斯林社会应公开推选自己的领袖；任何虔诚信徒只要能主持正义并有公认的才能，均有资格被推举为领袖；认为领袖的职责是忠于真主的诚命，执行教法，主持正义、公道、抗击敌人，保护教民。在宗教信仰方面，主张'五项天命功课'是伊斯兰教的基础；强调信仰的要素包括口头表白、内心坚信和行为实践；主张严奉《古兰经》中关于真主'任何物不似像他'的启示，坚信真主的本体存在及其各种行为和德行，认为真主的德行既非本体，也非本体以外之物；反对按照《古兰经》字面意义为真主塑造形象；对于经文中有关表述真主有感觉、思维以及手脸等拟人的借比用词，应以'最符合真主完美性'的意义加以解释。在教法方面，奉行贾比尔的法学主张，视《古兰经》和可靠的圣训为立法的首要依据；尊崇伊玛目赖比尔·本·哈比布辑录的《圣训实录》的同时，也承认其他教派辑录圣训中所公认的可靠圣训；除经训外，还认为'公议'亦是立法的依据之一；主张必要时可运用'推理'进行立法，并把'类比'和艾布·哈尼法的'唯善'及马立克的'公益'等原则包括在'推理'的范畴之内；教法主张上接近哈乃斐学派"②。近现代以来，艾巴德派的注释家基于历史以来业已形成的政治学说、教义学说和教法学说的总体思想和观点主张，没有停止对《古兰经》注释的学术活动。该派代表人物，伊历14世纪注释家穆罕默德·本·优素福·伊特菲什所注的《期望彼岸》、《后世之本》与《简明注释》，即为近现代以来该派在《古兰经》注释领域内的最新学术成果。

---

① 宛耀宾总主编：《中国伊斯兰百科全书》，四川辞书出版社1994年版，第512页。
② 同上书，第39页。

综上简而言之，近现代以来，尽管时代变迁、社会发展和文化进步等因素，促使那些关乎社会、政治、经济、法学、科学等层面的注释虽然较之以往发生变化，具有鲜明的时代特色和深刻的社会印记，但各派自古至今的一脉相承性质，促使各派对《古兰经》的注释根本上万变不离其宗，而是在本派思想主张的总体范畴内开展注释活动，推动注释学术工程的繁荣发展。换言之，近现代各派注释家在延续前人注释传统，汲取前人注释精华的基础上，都能因社会发展、时代要求和文化进步，通过新角度，运用新理念，对《古兰经》的方方面面，作出基于教义法理和注释学理的灵活注释，以便使《古兰经》始终指导伊斯兰教与伊斯兰文化，以及穆斯林社会与时俱进。如逊尼派注释家、"埃及伊斯兰改革家穆罕默德·阿布笃的两个学生穆罕默德·拉希德·里达的《光塔古兰经注》和谭塔维·焦海里的《焦海里经注》，都根据现代社会向伊斯兰教提出的问题，吸取前人经注精华，对经文进行广泛阐发，为当时风行一时的伊斯兰教改革运动服务，影响颇大"①。

三　叛教层面的注释

根据伊斯兰史学界、文化界和注释学界的研究，伊斯兰教在发展过程中，始终面临别有用心者对伊斯兰教的歪曲，对伊斯兰文化的曲解。其中的惯用手法之一，就是借助违背《古兰经》经义经旨、符合他们需求的荒谬注释来达其目的。历史上有之，近现代以来亦不绝于耳。令注释学界喜忧参半的是，这样一些违背伊斯兰教义教理和注释学理的叛教注释（Al-lawn al-'ilhādiyy），虽被极少数不明真相和不辨真伪的人接受，但绝大多数穆斯林因能对其一目了然而能明辨是非曲直。尤其是学术界和文化界的权威学者更责无旁贷，通过著书立说和发表论文等学术举措，捍卫《古兰经》，保护伊斯兰教与伊斯兰文化。

注释学界研究指出，近现代以来，《古兰经》注释领域之所以出现叛教注释的情况，主要由以下三项因素引起：②

---

① 宛耀宾总主编：《中国伊斯兰百科全书》，四川辞书出版社1994年版，第261页。
② 穆罕默德·侯赛因·扎哈卜：《古兰经注释与注释家》卷2，开罗知识出版社2001年版，第522—523页。

其一，沽名钓誉者冒天下之大不韪，假借"创新"（Al-tajdīd）之名批评前辈注释家由于保守落后，致使以往注释落伍且不为时代所认同，而代之以他们对《古兰经》的"创新注释"。事实上，他们的"创新注释"，只是个人对《古兰经》微言大义的妄想臆猜，甚至对《古兰经》经文本义肆意地篡改。它既不符合《古兰经》语义的要求，也没有任何教义法理和注释学理根据。

其二，才疏学浅者自命不凡，认为自己学贯古今，遂无证无据、无理无识地任凭其思想在《古兰经》注释领域肆意阐发。事实上，根据注释学理的要求，他们既对《古兰经》的语言阿拉伯语的知识知之甚少，也对伊斯兰教的教义教理不甚知之。由于他们的学识水平没有达到注释《古兰经》的学术条件，其注释也就相应地违背了注释学理的学术要求，从而不为阿拉伯语言学家和穆斯林学者所认同。

其三，宗教信仰尚未明确者，由于其思想意识中充斥着各种宗教信仰的主张和观点，故这些互相混淆的主张和观点自然而然为其所用，并以其注释古兰经义，解读伊斯兰教义。事实上，这些人对《古兰经》的如此注释，无论就其出发点而言，还是从其注释文来讲，都与伊斯兰教的教义教理，以及注释学的法理和学理相左。

注释学界研究指出，上述三种人在不具备《古兰经》注释学十五项基本学科要求与相关原理原则，以及违反伊斯兰教义教法的情况下，肆意涉足《古兰经》注释领域，并以论文和专著形式记录了这些叛教注释。现以案例对此予以说明。

案例一，长篇论文《古兰经与注释家》（al-qur'ān wa al-mufassirūn）。该论文中，作者否定性批驳了注释史上严谨的注释家，甚至在全文中没有赞扬和肯定任何一位注释家。作者认为，历代注释家由于受其所奉教派的教义思想影响，而使经文注释倾向于他们的观点与主张。例如，学术严谨的注释家根据经训对《古兰经》中历代先知故事的注释，都是确凿的"传闻注释"。然而，该文作者不仅批评前代注释家在诠释历代先知生命历程时，常常满足于叙述那些无凭无据的"以色列传闻"，而且对此的注释也与其他正统注释家的注释截然不同，并断言只有他的注释才符合《古兰经》的经义经旨。毋庸置疑，仅从该文对先知故事的荒谬注释和错误见解就不难窥见，他的注释不仅完全背离了《古兰经》本义，而且以"创新注释"名义致力于反驳以往注释，否定那些权威注释家的见解。鉴于该文在注释学界与伊斯兰文化领域的恶劣影响，爱资哈尔大学教授穆罕默德·海德尔·侯赛因（Muhammad al-khadr husayn, 1876 – 1958）于1937年，在《伊斯兰正道》（Al-hidāyat al-ialamiyyah）杂志上，先后发表5篇论文，对此给予学理批驳，以正视听。①

案例二，论文《伊斯兰法中的埃及法》（Al-tashrī' al-misriyy wasaltuh bi al-fiqh al-islamiyy）。该论文中，作者以违背经训教义的"创新"名义，注释了《古兰经》中涉及法律的经文。诸如经文"淫妇和奸夫，你们应当各打一百鞭。你们不要为怜悯他俩而减免真主的刑罚，如果你们确信真主和末日"（24：2）。以及"偷盗的男女，你们当割去他们俩的手，以报他们俩的罪行，以示真主的惩戒。真主是万能的，是至睿的。谁在不义之后悔罪自新，真主必赦宥谁，真主确是至赦的，确是至慈的"（5：38—39）。这两节经文已分别对"盗窃罪"与"通奸罪"的刑罚做了明确规定，但该文作者认为《古兰经》所指的两种刑罚是"可以免罪的"（Al-'ibāhah），而不是"必须施行的"（Al-wujūb）。仅此不难看出，该文对诸如此类关乎法律经文的注释观点，既违背了经训明文，也与法学家的注释相对立；既背离了伊斯兰教义学，也偏离了伊斯兰法理学。因此，该文受到了爱资哈尔大学诸多教授的学理批驳，如穆罕默德·海德尔·侯赛因教授于1937年在《伊斯兰正道》上发表论文，给予批评。

案例三，受哲学思想影响的个别人，否定了经训确立的宗教真理。例如经文"你说：我曾奉到启示：有几个精灵已经静听，并且说：'我们确已听见奇异的《古兰经》，它能导人于正道，故我们信仰它，我们绝不以任何物配我们的主。'（72：1—2）"他们在注释经文中言及的精灵（Jinn）时，既对其给予符合哲学观念的注释，也认为"精灵是古代阿拉伯的一个部落"。② 实质上，如此注释背离了经训教义，因为精灵是"《古兰经》中记载的一种与人类并存而不为人所见之物。据《古兰经》载，精灵存在于宇宙之中，是有质而无形、理智发达的被创造物，有男女性别

---

① 穆罕默德·侯赛因·扎哈卜：《古兰经注释与注释家》卷2，开罗知识出版社2001年版，第523—527页。

② 同上书，第532页。

之分和好坏善恶之别；在今世与人类同时并存，在后世同人类一起接受真主的审判"①。

案例四，专著《以经注经中的正道与知识》（Al-hidāyah wa al-'arfān fī tafsir al-qur'ān bi al-qur'ān）。该书中，作者否定和批驳了所有注释家和注释典籍，认为"任何一部注释典籍都充斥着没有任何经文根据的伪造传闻，但注释家们却丝毫没有觉察"②。通观全书，该书的叛教注释主要体现在这几个层面上：其一，否定了《古兰经》提及的历代先知与使者如先知尔萨、穆萨、达乌德、苏莱曼所显现的各种迹象，以及先知穆罕默德登霄的奇迹。其二，否定了《古兰经》言及的天使、精灵和恶魔的性质。其三，否定了《古兰经》中的一些教律，如盗窃与奸淫、多妻与离婚、利息与天课等。该书在否定经文中这些教法的同时，还对此作了违背《古兰经》经义经旨的注释。毋庸置疑，由于该书思想偏激和注释怪异，以及严重违背了伊斯兰教义教法而在学术界引起轩然大波。对此，爱资哈尔大学专门组织了一个由若干权威学者组成的学术委员会，对该书进行研究、批驳和定性。该委员会在将研究报告提交爱资哈尔大学筛海做出最终决议后，发表在《伊斯兰之光》（Nūr al-islam）杂志1958年第3—4期上。该学术委员会认为，"该书作者为沽名钓誉而造谣生事。在他看来，实现叛教目的，再没有比篡改真主的经典更容易的方法了。因此，他借此使人们对他刮目相看，津津乐道。"③ 此外，穆罕默德·海德尔·侯赛因教授在《改革使命》（Rasā'il al-'islāh）中，亦对该书给予法理定性和学理批驳。

四 社会层面的注释

近现代以来，时代变化和社会发展，促使一些穆斯林学者主张对伊斯兰教实行一定程度的改革，以适应时代发展和社会进程的需要。其中，以哲马鲁丁·阿富汗尼（Jamāl al-dīn al-'afghānī, 1838 – 1897）、穆罕默德·阿布笃、穆罕默德·拉希德·里达、穆罕默德·穆斯塔法·穆拉吉

---

① 宛耀宾总主编：《中国伊斯兰百科全书》，四川辞书出版社1994年版，第740页。
② 穆罕默德·侯赛因·扎哈卜：《古兰经注释与注释家》卷2，开罗知识出版社2001年版，第533页。
③ 同上书，第532页。

(Muhammad mustafā al-murāghī, 1881—1945) 为代表的学者, "主张在坚持伊斯兰教基本信仰的前提下, 倡导运用理性和科学对《古兰经》作新的解释, 使传统的宗教观念理性化, 使宗教和科学、信仰和理性相协调。在教法上, 主张打开'传统教法关闭的大门', 依据《古兰经》和圣训的基本精神, 教法学家可运用理智和独立判断, 创制新的教法律例, 改革陈旧的教律, 以适应社会发展的新变化。主张采用新的思想和科学方法, 对政治、经济和社会弊端进行适度的改良。"[1]

穆罕默德·阿布笃等人在对伊斯兰社会、政治、经济和教育等实行适度改良时, 具体举措之一就是从《古兰经》中寻找依据, 并对《古兰经》中的相关经文给予符合时代要求和社会发展的注释, 最终形成了具有鲜明时代特色的"社会注释"。根据穆罕默德·扎哈卜·侯赛因教授的研究, 以穆罕默德·阿布笃为代表形成的穆罕默德·阿布笃学派(Al-madrasah), 对《古兰经》的注释, 既有优点也有缺点。但总体上, 优点大于缺点, 利大于弊。该学派注释《古兰经》的优点和特点主要是:

(一) 注释中没有教派印迹

该学派注释《古兰经》时, 没有基于所奉教派主张看待经文, 而是从经文本义出发, 对经文给予应有注释。这与以往很多注释家有所不同。以往很多注释家往往受所属教派影响, 使《古兰经》经文大义附和该教派的主张与观点。

(二) 明确批评"以色列传闻"

这些学者一改往昔一些注释家运用以色列传闻注释相关经文的做法, 既不引述以色列传闻, 也对以色列传闻持批评态度。他们认为, 以往一些注释家引述伪造的以色列传闻的做法, 既有损《古兰经》的神圣性和文辞的超绝性, 也给诽谤《古兰经》的人提供了可乘之机。

(三) 没有引证羸弱圣训或伪造圣训

该派学者在引证圣训注释经文时极其谨慎, 只引证确凿圣训。在他们看来, 引证羸弱圣训, 尤其是伪造圣训的举措深深影响到《古兰经》注释的质量。

---

[1] 宛耀宾总主编:《中国伊斯兰百科全书》, 四川辞书出版社1994年版, 前言第27页。

(四) 注释态度严谨

该派注释中,既没有深入界定隐微经文的终极经义,也没有刻意注释经文中言及的"幽玄之事",而是强调穆斯林必须对"幽玄之事"坚信不疑。该学派主张,注释家不得对"隐微经文"和"幽玄之事"进行深入注释,无论是宏观层面,还是微观层面,以防穆斯林的理智和信仰受到危害。

(五) 避免难解术语

该派在注释中,没有运用很多学科的专业术语,避免了只有专业人士才能理解的晦涩术语,从而能够使普通读者通过朴实的释文就能对经义一目了然。

(六) 关怀社会发展

该学派注释经文时,既能延续注释传统揭示《古兰经》的修辞奇迹与阐明经文的经义经旨,也在释文中展现了《古兰经》蕴涵的宇宙常道——宇宙起源、自然规律、日月星象、气候变化、昼夜更替等,以及社会制度——人类同宗、男女平等、文化大同、互相尊重、反对压迫、禁止侵略、团结互助等;既从微观层面探究了穆斯林社会存在和面临的种种问题,也从宏观角度反映了整个世界面临的各种难题;既为穆斯林阐明了如何全面了解、准确理解和正确运用《古兰经》的问题,也根据确凿证据反驳了那些误读《古兰经》,歪曲伊斯兰教的错误观点。概言之,该学派通过注释《古兰经》大义,明确指出《古兰经》是一部与时俱进的经典,始终随着人类社会的发展,发挥着它应有的时代作用、文化价值与社会功能。[①]

该学派注释《古兰经》的主要缺点是,由于它崇尚理性自由主义,故用理性主义注释《古兰经》有关经文的做法,使注释中出现了穆尔太齐赖派式的唯理论观点和理性主张。[②] 例如,以理性论证信仰的穆罕默德·阿布笃,"他从穆尔太齐赖派唯理论观点出发,认为理性为伊斯兰传统所固有,《古兰经》尊重理性,把理性提高到首要地位,这表现在'判

[①] 穆罕默德·侯赛因·扎哈卜:《古兰经注释与注释家》卷2,开罗知识出版社2001年版,第548—549页。

[②] 同上书,第549页。

断何为真理,何为谬误,何为有益,何为有害方面,理性具有最后的权威'。人完全有能力通过理性来确证信仰,印证真主的存在和独一,从而确信'宇宙之外有一个无所不在、无所不知、无所不能的创造者'。如果理性与圣训传说的字面意义相悖,则应服从理性的判断。但他又认为天启是不谬的,理性有时是易错的,理性离不开天启的指导。理性至多只能够认识事物偶然的、次要的本质。"①

一如伊斯兰历史上正统派学者对穆尔太齐赖派的理性注释持批驳态度,穆罕默德·侯赛因·扎哈卜等当代学者亦认为,该派学者运用理性主义注释有关经文的做法不可取。究其原因,理性注释经文致使经文明确提到的一些宗教真理(Al-haqā'iq al-shar'iyyah)转化为"隐喻"(Al-majāz),从而使释文染有理性色彩而与经文本义出现了一定程度的偏差。②

综上,以穆罕默德·阿布笃为代表的学者在注释《古兰经》时,尽管运用理性注释经文的做法使他们的注释具有相应的瑕疵。然而,瑕不掩瑜,如果将释文中的理性色彩排除在外,从总体角度来讲,则该学派的注释当之无愧是近现代以来注释学界从社会角度注释《古兰经》的典范之注,尤其为未来的《古兰经》注释提供了新的视角、方法和范式。

笔者将在下章中,就穆罕默德·阿布笃、穆罕默德·拉希德·里达和穆罕默德·穆斯塔法·穆拉吉的注释成果作概况介绍。

---

① 宛耀宾总主编:《中国伊斯兰百科全书》,四川辞书出版社 1994 年版,第 383 页。
② 穆罕默德·侯赛因·扎哈卜:《古兰经注释与注释家》卷 2,开罗知识出版社 2001 年版,第 549 页。

第七章

著名注释家及其典籍

《古兰经》注释史上，自泰伯里以文字形式注释《古兰经》的首部典籍《古兰经注释总汇》问世以来，历代注释典籍不断问世，难以计数。本章基于前辈史料，就注释学界公认的具有代表性的部分注释典籍及其特点做概要叙述，以便以点带面地了解《古兰经》注释的丰硕成果。①

第一节 传闻注释家及其典籍

一 泰伯里的《古兰经注释总汇》

泰伯里，全名穆罕默德·本·杰里尔·本·耶济德·本·哈立德·泰伯里（Muhammad ben jarīr ben yazīd ben khālid al-tabrī, 838—923），号艾布·贾尔法（Abu ja'far），祖籍波斯，生于里海南岸的阿迈勒·泰伯里斯坦（今伊朗马赞德兰省），以出生地"泰伯里"著称于世。中世纪注释学家、圣训学家、教法学家、历史学家，阿拉伯编年体史书鼻祖。

泰伯里自幼接受伊斯兰传统教育，7岁时背完《古兰经》。早年随父耶济德·本·哈里德（yazīd ben khālid）学习伊斯兰基础知识，15岁后赴赖伊（今伊朗德黑兰郊区）伊斯兰学校接受伊斯兰文化系统教育。结束赖伊的学业后，负笈游学于波斯和伊拉克等伊斯兰文化学术中心，访名

---

① 本章第一节"传闻注释家及其典籍"和第二节"见解注释家及其典籍"，均指逊尼派注释而言。

师、求贤达。他曾前往巴格达，欲投师罕百里法学派创始人罕百里，但在抵达前得知罕百里去世而未能如愿，遗憾终身。泰伯里一如当时阿拉伯学术旅行蔚然成风的文化名流，足迹遍及波斯、伊拉克、叙利亚、埃及和阿拉伯半岛各地，作学术考察，求教于各地著名学者，问师于各界名流。泰伯里每到一地，就广泛搜集史料，整理经训，收集阿拉伯和伊斯兰历史、民间传说和逸闻，也因精通波斯语而能旁及古代东方各国的历史、文物、典章和制度，为著书立说和治学育人奠定了深厚的学术底蕴，终成阿拉伯伊斯兰文化学术泰斗。仅从泰伯里自称"我由于父亲的资助一度延迟而被迫变卖身穿大氅以资度日"可以看出，泰伯里为学术旅行考察，不惜一切地终其所愿。①

泰伯里秉承逊尼派沙菲仪法学派，并以该派法学观诠释教法和裁决律例10年，后意图独创法学学派，虽未成就，但其弟子仍采用其观点裁决律例。泰伯里信仰虔诚，秉性温和；不畏权贵，维护真理；为人笃实，不惧责骂；治学严谨，文如其人。泰伯里毕生致力于教学研究和著书立说，门生众多，著作等身，涉猎伊斯兰教宗教学科如《古兰经》诵读学、注释学、圣训学、法学、教义学等，阿拉伯语言文学如语言学、词法学、句法学、修辞学和诗歌韵律学等，以及历史学、逻辑学、医学等学科，并留下了《古兰经注释总汇》、《历代民族与帝王史》、《圣训考证》、《法学家的分歧》、《法官守则》、《各城市学者的分歧》、《学者的层次》，以及其他未完成的如《古迹的教育》或散逸的经典性鸿篇巨制。由于泰伯里在伊斯兰教经训学、注释学、法学、历史学领域的杰出贡献和伟大成就，学界冠以他"经注学的长老"、"阿拉伯历史学的奠基者"的尊称。②

《古兰经注释总汇》（Jāmi' al-bayān fi tafsir al-Qur'ān）是泰伯里的代表作之一，也是《古兰经》注释史上最著名的注释典籍之一，全书历时7年完成，共30册。作为伊斯兰文化史上第一部文字记录《古兰经》注释的专著，这部具有开先河意义的典籍，在专于"传闻注释"的注释家看来，它是赖以溯源的首部权威典籍。同样，该部经注由于创制教律、评述众注、侧重某家之言、发挥个人见解而被长于"见解注释"的

---

① 泰伯里：《历代民族与帝王史》，贝鲁特国际思想出版社2004年版，第6页。
② 金忠杰：《泰伯里及其历代民族与帝王史》，载《阿拉伯世界研究》2006年第1期。

注释家视为必须依据的蓝本。注释学界研究指出，该书具有以下主要特点：

(一) 注释整部《古兰经》

泰伯里根据《古兰经》章节顺序，逐章逐节逐词地注释了整部经文，他采取的注释方式是，首先说明"真主之语的注释是如此如此"，接着求证圣门弟子或再传弟子对这节经文的注释，以从传闻角度注释每节经文大义。如果一节经文有两种或多种传闻，则逐一罗列。他在评述各家之言后侧重其中的一家之言，作为自己的最终注释。最后，如果该节经文中有生僻难解的词汇和句子，则从语法角度给予解析。同样，如果该节经文涉及教法律例，则尽可能求证经训创制律令。

(二) 评议见解注释

泰伯里在引证前人注释时，对于那些忽略圣门弟子与再传弟子注释，而仅凭个人理解注释经文的前代或当世注释家给予法理评议。他认为，溯源圣门弟子与再传弟子的注释，是注释正确的标志。如果注释家仅凭语言知识就以个人见解注释经文，则往往会使注释出现不同程度的瑕疵。

(三) 鲜明的传述观

泰伯里的传述观主要表现在两个方面。其一，他遵循传述系统但不深究它的正确与羸弱。尽管他引证前代注释时严格罗列了传述系统，将各家之言溯至源头，但他往往不深究传述系统的正确与否。他认为，每一位传述人肯定是在研究前代传述人的人品学品后才予以传述，因此没有必要对传述系统作二次考证。其二，尽管他总体上不深究传述系统，但有时候则对一些不信任的传述人持批评态度并反驳他们的传述内容，赞扬他认为的一些权威传述人并肯定其传述内容。

(四) 高度评价公议

泰伯里在其经注中，高度评价和定性了穆斯林学者的公议作用和学术价值，认为公议是学者们共同智慧的结果。因此，他在注释诸如涉及法律的经文时，往往以学者们对此的公议结论作为自己的最终注释。

(五) 苛刻的诵读观

由于泰伯里本身就是一位权威诵读学家，并为此著述了一部18卷册的诵读学专著（该书已散逸），因此他认为，如果注释家将经文词汇的音符读错注错，经文大义也随之发生变化。基于此，他力求以最精确的诵读界定经文大义。此外,他在引述其他注释家对经文词汇诵读的注释时,极其苛刻地给予考证和评述,以有力证据反驳了那些没有依据权威诵读学家的各种诵读和注释。

(六)引述"以色列传闻"

泰伯里在其经注中,引述很多以色列传闻注释了有关经文。诚然,尽管他引述了以色列传闻,但他恪守传述系统的基本原则,必将传闻内容追溯至原传述人,如阿卜杜拉·本·赛拉穆与凯尔布·本·艾哈巴尔等皈依了伊斯兰教的原犹太与基督学者。后期学者认为,即使泰伯里罗列了传述系统,他本人也对很多以色列传闻进行了评论,但他引述的以色列传闻也需要后学的全面考究,以便进一步去伪存真。

(七)对无益之事不予重点注释

泰伯里注释经文时,对于那些没有必要深究的问题,一般不予重点注释,只是一笔带过。例如,关于经文"麦尔彦之子尔撒说:'真主啊!我们的主啊!求你从天上降筵席给我们,以便我们先辈和后辈都以降筵之日为节日,并以筵席为你所降示的迹象。求你以给养赏赐我们,你是最善于供给的'"(5:114)。他在注释该节经文时,引述前人关于筵席食物种类的各种传述后,阐述了自己对此的观点。他认为,关于筵席食物说法的正确性,就在于筵席上有可食食物,它可以是鱼和面包,也可以是乐园的果实。穆斯林知道它没有任何神益,不知道它也无任何伤害。

(八)引证阿拉伯常用语和古典诗歌解析经文词义

泰伯里在注释那些难以理解的经文词句,以及侧重各家之言时,采取的一个常规方法就是,引证阿拉伯人的常用语和古典诗歌解析经文词义。他认为,《古兰经》是阿拉伯语,因此真主用阿拉伯人最常见和最熟悉的词汇传达经义,以便阿拉伯人能够理解经旨。同样,泰伯里效仿圣门弟子伊本·阿拔斯的做法,大量引证阿拉伯的古典诗歌解析经文句意,例如在注释经文"……所以你们不要明知故犯地给真主树立匹敌"(2:22)中的"匹敌"('Andādā)时,首先解析"'Andādā"是"Nidd"的复数形式,"Nidd"意为"平等、类同",接着引证韩萨·本·萨比特(Hansān ben thābit,?-673)的诗句对此予以证明。

(九)重视语法学派对经文词句的解析

泰伯里在解释一些经文句子的语法结构和词型构成时,经常引述两大语法学派——库法学派和巴士拉学派——对同一节经文语法的不同解释，并理论分析了各家之言。他根据经文句意的具体情况，有时侧重巴士拉学派的解释，有时侧重库法学派的阐释。如果他对两家之见举棋不定时，则引证阿拉伯常用语和古典诗歌予以说明，以求在两个学派之间进行学理调和，排除两派对经文解释的不同见解，以便尽可能使经文原义展现在读者面前。诸如他对第 14 章（易卜拉欣章）第 18 节经文的注释，就是一个鲜明的例子。鉴于该书涉及了大量语法与词法内容，故被阿拉伯语言学界视为本学科的语言宝库和学术渊源之一。

（十）演绎教法与探讨教义

管窥该部经注不难发现，泰伯里不仅从法律经文中演绎了一些教律条例，而且对各家之见给予评议。对于各家对某节法律性经文的纷争观点，泰伯里往往依据最有学术价值的法理证据，从中选择出他认为最好的法学观点，然后给予侧重说明，并以此演绎该节经文中具有的法律条规。例如他对第 16 章（蜜蜂章）第 8 节经文的注释，就极具代表性。

同样，作为深谙教义学的专家，泰伯里亦对那些涉及教义的经文作了不同程度的注释。对此，他采取的方式是，如果教义原理符合经文原则，就从教义角度给予实践性解读。如果各教义学家对某节经文持不同意见，则对各家之见予以深入讨论。尤须指出的是，作者讨论教义问题的前提是，教义纷争、实践教义和探讨教义都要符合逊尼派对此的根本见解。例如，他在注释第 1 章（开端章）第 7 节经文时，根据逊尼派的有力证据和观点，就反宿命论问题（Qadriyyah）展开讨论，并对反宿命论者给予学理反驳。此外，他亦根据逊尼派的主张批驳了穆尔太齐赖派的观点。例如逊尼派主张穆斯林在末日能够亲见真主，但穆尔太齐赖则从唯理论角度不予认可，因此他根据逊尼派的观点，对此予以学理反驳。[①]

综上，泰伯里的"这部经注，集前人经注之大成，吸收其最好的传述资料，选择了其中最好的例证。概括了伊本·阿拔斯、阿里、伊本·麦斯欧德和艾布·本·凯尔卜等学派的观点，还采撷了伊本·朱赖吉、苏迪和伊本·伊斯哈格等人经注中的长处。此外，还得益于和他同时代的语法

[①] 穆罕默德·侯赛因·扎哈卜：《古兰经注释与注释家》卷 1，开罗知识出版社 2001 年版，第 210—221 页。

和法学的成就。他既传述了直传弟子和再传弟子的成果,也传述了当时改奉伊斯兰教的基督教徒的著作"①。哲拉鲁丁·苏尤蒂在《古兰经学通论》中评价该书时讲道:"泰伯里的这部经注,是最伟大的一部经注。他在书中梳理了各家之见,侧重了各家之说,分析了语法词法,演绎了教律。他以这部书涵盖了以往的所有注释。"② 哈非兹·谢姆斯丁·达乌德(Hāfiz shams al-din al-dāwudī,伊历?—945)在《古兰经注释家的级别》中,转述了历史学家艾布·穆罕默德·阿卜杜拉·本·艾哈迈德·法勒加尼(Abu muhammad 'abd Allah ben 'ahmad al-farghānī,伊历?—699)对《古兰经注释总汇》的评价:"泰伯里的这部著作流芳百世,他在经注中阐明了经文律例、先后停止经文、隐微经文、生僻词汇及其大义、注释家们和学者们对法律经文的分歧并侧重了正确之见、经文语法,他谈及了违背教义的注释,讲到了各种故事、民族与末日的信息,以及经中所蕴涵的各种智慧和奇迹。总之,他逐章逐节逐词地注释了整部《古兰经》。"③

二 萨迈尔甘迪的《知识之海》

萨迈尔甘迪,全名纳赛尔·本·穆罕默德·本·易卜拉欣·萨迈尔甘迪(Nasr ben Muhammad ben 'ibrāhīm al-samaraqandi,伊历?—373或375),号艾布·莱斯(Abu al-layth),撒马尔罕人,哈乃斐学派教法学家、注释家,以"正道的伊玛目"(Imām al-hudā)著称于世。萨迈尔甘迪师从法学家艾布·贾法尔·罕达瓦尼(Abu ja'far al-handawānī)学习经训、教法和经注。他的主要著作有《知识之海》(Bahr al-'ulūm)、《法学纷争》(Al-nawāzil fi al-fiqh)、《法学宝库》(Khizānah al-fiqh)、《醒世录》(Tanbīh al-ghāfilīn)、《果园》(Al-bustān)。《知识之海》是他在《古兰经》注释领域的唯一作品,该书三大册,埃及国家图书馆藏有作者的该书手稿。

萨迈尔甘迪在前言中,首先引证前代学者的言论和传闻,阐述了

---

① 艾哈迈德·爱敏:《阿拉伯—伊斯兰文化史》第3册,商务印书馆1991年版,第142页。
② 哲拉鲁丁·苏尤蒂:《古兰经学通论》,贝鲁特阿拉伯图书出版社2003年版,第862页。
③ 哈非兹·谢姆斯丁·达乌德:《古兰经注释家的级别》第1卷,贝鲁特学术图书出版社1983年版,第23页。

《古兰经》注释在伊斯兰文化领域的重要性和优越性,并鼓励穆斯林学习经注。然后他定性式讲到,任何人在无知注释学,不懂阿拉伯语知识,不通《古兰经》降示背景的情况下,不得仅凭个人见解贸然注释《古兰经》。最后他指出,一个人如果不懂阿拉伯语的各种知识,不通《古兰经》降示背景学,那么他就务必学习注释和背诵注释,而且不妨原原本本地传述前代注释家的注释。萨迈尔甘迪在前言中阐明了注释的相关事项后,开始逐章逐节地注释《古兰经》。

总体来讲,萨迈尔甘迪注释《古兰经》的重要方法是,基于以经注经和以训注经的基本原则,引证前人的"传闻"注释经文。该部经注具有以下主要特点:

(一)引证传闻注释

作者大量引用来自圣门弟子、再传弟子及三传弟子的各种传述注释经文。尤为指出的是,作者引证前人传闻时,没有叙述传述系统,而是直接将传闻溯源至首位传述人如"圣门弟子伊本·阿拔斯传述……",省略了传述系统中的其他传述人。此外,作者但凡叙述各家言论和各种传述时,既没有评议传闻内容,也很少侧重传闻内容。显然,他的这种做法与泰伯里有所不同。

(二)解析经文读法和语法

作者根据诵读学原理,尽可能引述每节经文的各种诵读,如对第2章(黄牛章)第124节经文的注释,引述了7家诵读中每位诵读家对该节经文词汇的不同诵读。同样,作者既运用语法和词法知识解释有关经文的句意和词义,也分析经文中的语法和词法。

(三)引述以色列故事

作者引述以色列传闻注释某些经文,但很少对这些故事进行评议,而只说:"这些人如此如此说,那些人如何如何讲"。同样,萨迈尔甘迪对其中的有些故事也没有界定究竟孰对孰错。

(四)引述羸弱传闻

萨迈尔甘迪有时引述一些来自凯尔布·本·艾哈巴尔和苏迪等人的羸弱传述。此外,他还反驳了一些读者不易明白的羸弱传述,并给予理论解答。如在第2章(黄牛章)第28节经文的注释中,就从理论角度回答了那些不明确的传述。

(五) 解析经文相同但经义有异的经文

作者认为《古兰经》中存在一些经文相同但经义互异的经文。因此，为了让读者不致误解经文，详细解释了这类经文，如对第 2 章（黄牛章）第 29 节经文的解析。①

萨迈尔甘迪的《知识之海》在传闻注释领域，是一部具有学术价值的优秀作品。该部经注"囊括了传闻注释和见解注释，但是其中的传闻注释远多于见解注释，因此，我们将其列为传闻注释典籍的代表作之一"②。哈吉·哈里发（Hājī khalīfah，伊历？—1067）在《解惑》（Kashf al-zunūn）中，评价《知识之海》时讲道："艾布·赖斯的《知识之海》，是一部著名的、珍贵的、裨益读者的经注。"③

三 塞阿莱卜的《古兰经注阐释》

塞阿莱卜，全名艾布·伊斯哈格·艾哈迈德·本·易卜拉欣·塞阿莱卜·内沙布尔（Abu 'ishāq 'ahmad ben 'ibrāhīm al-tha'labī al-nīsābūrī，伊历？—427），内沙布尔人，注释学家、诵读学家、宗教演讲家。塞阿莱卜师从多名学者求学读经，研习包括《古兰经》注释在内的伊斯兰教传统学科。塞阿莱卜的主要著作有《古兰经注阐释》（Al-kashf wa al-bayān 'an tafsir al-qur'ān）和《历代先知传》（Kitāb al-'arā'is fī qisas al-'anbiyā'）等。

《古兰经注阐释》是"传闻注释"的代表作之一，爱资哈尔大学图书馆藏有作者的手稿，但仅有 4 册。其中，该书第 4 册的注释内容截至《古兰经》第 25 章（准则章），第 26 章到第 114 章的注释册本已经散逸。伊本·赫里康在《名人传》中，就塞阿莱卜的注释讲道："在《古兰经》注释领域，塞阿莱卜在他那个时代可谓独树一帜，他著述了一部超越了其他注释的典籍。"④ 雅古特·海姆维（Yāqūt al-hamwī，伊历？—626）在《文学家辞典》（Mu'jam al-'udbā'）中，高度评价了塞阿莱卜及其注

---

① 穆罕默德·侯赛因·扎哈卜：《古兰经注释与注释家》卷 1，开罗知识出版社 2001 年版，第 225—226 页。
② 同上书，第 226 页。
③ 哈吉·哈里发：《解惑》第 1 卷，埃及米苏尔出版社 1857 年版，第 234 页。
④ 伊本·赫里康：《名人传》第 1 卷，开罗阿米尔出版社 1882 年版，第 37—38 页。

释典籍:"艾布·伊斯哈格·塞阿莱卜是诵读学家、注释学家、宗教演讲家、文学家、权威学者、《古兰经》背诵家。其名著之一《古兰经注阐释》对人们裨益颇多,如阐释经义及经文示意、解析经文辞藻、分析经文语法、理论经文诵读等。"①

塞阿莱卜在《古兰经注阐释》的前言中,首先阐述了他的注释思路和注释方法,接着分析了前代注释家们的各种注释,如评议吉巴伊(Al-jibā'ī)和鲁玛尼(Al-rumānni)的注释中有异端色彩,艾布·伯克尔·贡法勒(Abu bakar al-guffāl)的注释因引述伪造故事而使其注释黯然失色,艾布·雅古卜·伊斯哈格·易卜拉欣·罕宰里(Abu ya'qūb 'ishāq ben 'ibrāhīm al-hanzali)的注释仅限于传述而没有个人见解和评议,泰伯里的注释过多地引述了传闻,穆扎希德等人的注释没有涉及教法律例,等等。作者指出,由于自己没有在前代注释典籍中发现一部集大成者的注释典籍,故他为了满足人们的需求,基于百部注释典籍和近三百位权威学者的言论,从14个方面著述了《古兰经注阐释》:注释的基本问题和学术要求;经文节数;经中故事;经文诵读;经文降示背景;经文语言;经文语法;经文释义;经文大义;大义不明经文;经中教律;经中哲理和示意;经中奇迹;各种传闻和评述。最后,作者明确指出,他所引证的传闻来自两个方面,一是将自己引述的前人传闻追溯至原注释人或原传述人,如先知穆罕默德、圣门弟子和再传弟子的注释等。二是自己在注释中引述了同时代其他注释家的注释,并逐一说明了注释出处。塞阿莱卜在阐述完这些问题后,开始逐章逐节地注释《古兰经》。② 大体上,该部经注有以下几个主要特点:

(一)引述前人注释但忽略考证

作者引证大量传闻时,通常仅叙述每个传闻的首位传述人或几个传述人。至于详细的传述系统,除在前言中作总体交代外,注释行文中简略了传闻的详细传述系统——所有传述人。此外,作者没有深入细致地考究和鉴别所引述的前人注释是对是错。

---

① 雅古特·海姆维:《文学家辞典》第5卷,尔萨·海勒比出版社1936年版,第37页。
② 穆罕默德·侯赛因·扎哈卜:《古兰经注释与注释家》卷1,开罗知识出版社2001年版,第228—229页。

（二）解析经文语法

作者深入阐释了经文中的语法问题。例如，作者在阐释经文"他们为此而出卖自己，他们所得的代价真恶劣"（2:90）时，详细分析了褒贬动词"Ni'ma"（真好）和"Bi'sa"（真坏）的语法结构、具体用法及其意义，以及贬义动词"Bi'sa"在该节经文中的哲理等。

（三）引证诗歌解析经文辞藻结构

作者注释时，常常求证阿拉伯诗歌解释部分经文的词汇构造和变格。例如，作者引证诗歌构造及其用法，详细分析了第2章第171节和第173节经文中个别词汇如"Yan'iq"和"Bāgh"的构造、变格及其意义。

（四）详细阐释涉及教法的经文

塞阿莱卜注释那些涉及教法的经文时，竭尽全力从各个方面注释和演绎经文中具有的教法律例，并大量引述了法学家们的各种分歧、见解和证据。

（五）叙述各种故事和"以色列传闻"

作者撰著《历代先知故事》（Qisas al-'anbiyā'）的缘故，促使他喜好注释《古兰经》中的一些先知故事。例如经文"当时，有几个青年避居山洞中，他们说：'我们的主啊！求你把你那里的恩惠赏赐我们，求你使我们的事业完全端正'"（18:10）。他在阐释该节经文时，引述了传自凯尔布·本·艾哈巴尔、苏迪和瓦哈卜等人关于该节经文的言论，如避居山洞的青年名字、他们的数目、他们逃离家园的原因。此外，作者在该部经注中，还大量引述了以色列传闻，并且没有深入探究被引传闻的真伪。

（六）引述伪造圣训阐释《古兰经》各章的尊贵

作者在每章结尾时，通常不加辨别地引证圣门弟子乌班耶·本·凯尔卜传述的注释，以及什叶派为阿里和圣裔伪造的圣训，以便总结性地言及各章的尊贵和优越。

（七）谴责前人注释典籍

作者由于认为前人的注释典籍都不全面，故谴责了他们中的绝大部分注释典籍，甚至泰伯里的《古兰经注释总汇》也不例外。[①]

[①] 穆罕默德·侯赛因·扎哈卜：《古兰经注释与注释家》卷1，开罗知识出版社2001年版，第229—234页。

四 拜鄂瓦的《启示华貌》

拜鄂瓦（Al-baghwā），全名艾布·穆罕默德·侯赛因·本·迈斯欧德·本·穆罕默德（Abu muhammad al-husayn ben mas'ūd ben muhammad,？—1122），号"圣训的复兴者"（Muhyi al-sunnah）与"宗教的支柱"（Rukn al-dīn），以拜鄂瓦著称于世，呼罗珊人，沙菲仪学派圣训学家、注释学家、教法学家。拜鄂瓦师从嘎迪·侯赛因（Al-qādī husayn）等研习经训教法。拜鄂瓦著述颇多，主要作品有《启示华貌》（Ma'ālim al-tanzīl）、《圣训释读》（Sharh al-sunnah fi al-hadīth）、《圣训明灯》（Al-masābīh fi al-hadīth）、《两大圣训集汇集》（Al-jam' bayn al-sahihayn）、《法学训导》（Al-tahdhīb fi al-fiqh）等。

《启示华貌》全一册。根据伊本·泰米叶的研究，该部经注是拜鄂瓦对塞阿莱卜的《古兰经注阐释》的择要，但剔除了《古兰经注阐释》中的伪造圣训和以色列传闻，以及其他不符合经训教义教法的内容和见解。伊本·泰米叶在《注释学原理》和《教法诠释大全》中讲道："拜鄂瓦的注释是塞阿莱卜注释的择要本，但拜鄂瓦从他的经注中剔除了伪造圣训和异端见解。"

总体而言，"拜鄂瓦就注释《古兰经》而作的《启示华貌》，是一部中型注释典籍，书中传述了圣门弟子、再传弟子及后代注释家的注释，塔吉丁·艾布·纳赛尔·阿布杜·瓦哈卜·本·穆罕默德·侯赛因（伊历？—875）对该书做了择要。"[①] 基于以上学者的研究，该部经注除释文措辞简明扼要易于理解、引述赢弱注释、扼要阐释经文各种诵读、不侧重语法注释外，还具有以下几个特点：

（一）引述前人注释，省略传述系统

作者出于行文简略的要求，引证传闻时将其传述系统直接追溯至第一传述人，如"伊本·阿拔斯如此如此讲了"，"穆扎希德如何如何说了"，而没有罗列详细的传述系统。究其原因，作者在其经注前言中，总体交代了详细的传述系统，故他在行文中没有叙述每个传闻的传述系统。如果他在前言中没有交代某些传闻的传述系统，那么就在行文中叙述它的传述

---

① 哈吉·哈里发：《解惑》第2卷，埃及米苏尔出版社1857年版，第285页。

系统。

（二）引述"以色列传闻"

作者引述了个别以色列传闻注释，但没有对其进行深入探究。例如，第2章第251节经文中讲述的"达五德杀死查鲁特"的故事，作者虽然引述了以色列传闻，但他没有考究该传闻是否真实可靠。

（三）探究不解经文

作者在注释中探讨了一些不易理解的经文大义，如对经文"他是天地的创造者，当他判决一件事的时候，他只对那件事说声'有'，它就有了"（2：117）做了明确注释。

（四）引述各家之说但没有侧重

作者引述了前人注释中的分歧，以及传自他们的各种传述，但没有侧重其中的任何传述，究竟孰对孰错。①

五 伊本·阿廷耶的《天经注释编要》

伊本·阿廷耶，全名艾布·穆罕默德·阿布杜·罕戈·本·加利卜·本·阿廷耶（Abu muhammad ʻabd al-haqq ben ghālib ben ʻahtiyyah，伊历481—546），安达卢西亚人，马立克学派教法学家、教法诠释总官、圣训学家、注释学家、语言学家、语法学家、文学家、诗人。伊本·阿廷耶出身书香门第，自幼聪颖好学，酷爱读书，先师从父亲艾布·伯克尔·加利卜（Abu bakr ghālib），后负笈游学，师从艾布·阿里·甘萨尼（Abu Ali al-ghasānī）、苏夫达（Al-sufdā）等著名学者研习语言文学和经训教法。

《天经注释编要》（Al-muharrar al-wajīz fī tafsir al-kitāb al-ʻazīz，又译《伊本·阿廷耶经注》）是伊本·阿廷耶的代表作，也是使他享誉学界的成名作。该部经注原作共10卷，埃及国家图书馆藏有作者手稿的4卷（第3、5、8、10卷）。摩洛哥宗教部于1991年出版了该书全文，分订为16册。伊斯兰权威学者研究该部经注后指出，它在《古兰经》注释领域具有很高的学术价值。注释家艾布·哈雅尼在其经注典籍《海洋》（Al-

---

① 穆罕默德·侯赛因·扎哈卜：《古兰经注释与注释家》卷1，开罗知识出版社2001年版，第236—237页。

bahr al-muhīt）的前言中就此讲道："伊本·阿廷耶是最伟大的注释家，最优秀的评论家和编辑家。"伊本·赫勒敦在《历史绪论》中讲道："伊本·阿廷耶著述了一部传闻注释典籍，研究了其中最接近经义的正确传闻。"[①]

穆罕默德·侯赛因·扎哈卜教授研究该部经注后总结出，它的主要特点是，逐章逐节地注释了《古兰经》；先叙述《古兰经》节文，然后再以简明浅显的词句注释经文；引述前人传闻，尤其是泰伯里的注释，并深入探讨和辨析了被引传闻；大量引证阿拉伯诗歌解读经文辞藻；重视对经文语法构造的注释；解析经文中的各种诵读及其哲理；采用侧重法界定注释——作者引述各种传闻对同一节经文的注释时，采用侧重法给予界定。如关于"行善者将受善报，且有余庆"（10：26）的注释，一部分注释家根据经文"在那日，许多面目是光华的，是仰视着他们的主的"（75：22—23），以及艾布·伯克尔等圣门弟子传述的圣训，认为经文中的"善报"（Al-husnā）即为"乐园"，"余庆"（Ziyādah）即为"眼见真主"。另一部分注释家根据经文"真主加倍地报酬他所意欲的人"（2：261）认为，"善报"就是"报酬"，"余庆"就是"但凡善事都有700倍的报酬"。对于两种截然不同的注释，伊本·阿廷耶侧重了后者的注释。[②]

六 伊本·凯西尔的《伊本·凯西尔古兰经注》

伊本·凯西尔，全名艾布·菲达·伊玛敦·丁·伊斯迈尔·本·阿穆尔·本·凯西尔（Abu al-fidā' 'imād al-dīn 'imā'īl ben 'amrū ben kathīr, 1302-1373），叙利亚人，注释学家、教法学家、历史学家。伊本·凯西尔师从伊本·舍赫奈（Ibn al-shahnah）、阿迈迪（Al-'āmadī）、伊本·阿萨克尔（Ibn 'asākir）、伊本·泰米叶学习经训、教义、教法、历史。他的主要著作有《自始至终》（*Al-bidāyah wa al-nihāyah*，或译《始与末》）、《勤研创制》（*Al-'ijtihād fi talab al-jihād*）、《十大传述汇集》（*Jāmi' al-masānīd al-'asharah*）、《伊本·凯西尔古兰经注》（*Taf-*

[①] 伊本·赫勒敦：《历史绪论》，贝鲁特阿拉伯遗产复兴出版社1999年版，第491页。
[②] 穆罕默德·侯赛因·扎哈卜：《古兰经注释与注释家》卷1，开罗知识出版社2001年版，第240—241页。

sir al-qur'ān al-'azīm）等。

《伊本·凯西尔古兰经注》（又译《伟大的古兰经注》），被认为是传闻注释领域中的权威著作，其地位仅次于泰伯里的《古兰经注释总汇》，并且选材比《古兰经注释总汇》更为严慎。哲拉鲁丁·苏尤蒂在《古兰经学通论》中，对该书的评价是："再没有人撰写过类似这样的经注了。"该书最初与拜鄂瓦的《启示华貌》合订出版，后独立出版，共4大册。近代以来，阿拉伯伊斯兰世界的多家出版社不仅数次印行了该书，而且还发行了6位学者对该书的择要本。其中，最为著名的择要本是艾哈迈德·沙基尔（Ahmad shākir）教授的《伊本·凯西尔经注精华》（Al-taysīr khulāsah tafsir ibn kathīr），贝鲁特知识出版社于1985年出版；穆罕默德·纳西卜·鲁法尔（Muhammad nasīb al-rufā'ī，伊历？－1413）教授的《伊本凯西尔经注择要》（Taysīr al-'aliyy al-qadīr li 'ikhtisār tafsir ibn kathīr），利雅得知识出版社于1986年出版。

伊本·凯西尔著作该经注的方法是，他首先根据伊本·泰米叶的《注释学原理》前言，撰写了一个长篇绪论，详细阐释了关于《古兰经》及其注释的方方面面，然后引证经训和前人传闻，注释了整部《古兰经》。

细究该部经注特点，主要是：先叙述经文后扼要注释；以经注经；以训注经；侧重传闻；否定"以色列传闻"；注释教法经文；引证传闻——作者如果在经训中都找不到相应的材料，就引证前人的传闻注释，如采用圣门弟子、再传弟子、三传弟子等学者的言论注释经文。此外，伊本·凯西尔引证的大部分传闻来自泰伯里的《古兰经注释总汇》、伊本·阿廷耶的《天经注释编要》，以及前人的其他权威注释典籍。伊本·凯西尔先经后训再学者言论的注释特点，成为后期很多注释家遵循的基本方法。①

七　赛阿利卜的《古兰经注释精华》

赛阿利卜，全名艾布·宰德·阿布杜·拉哈曼·本·穆罕默德·本·迈赫鲁夫·赛阿利卜（Abu zayd 'abd al-rahmān ben muhammad ben

---

① 穆罕默德·侯赛因·扎哈卜：《古兰经注释与注释家》卷1，开罗知识出版社2001年版，第242—247页。

makhlūf al-tha'ālibī，伊历？—876），阿尔及利亚人，马立克法学派注释学家、圣训学家、教法学家。赛阿利卜在多部著作中自述，他先后在阿尔及利亚、埃及和突尼斯等地，师从多位名师求学习经。赛阿利卜的主要著作有《古兰经注释精华》（Al-jawāhir al-hussān fī tafsir al-qur'ān）、《古兰经生僻词汇精义》（Al-dhahab al-'ibrīz fī gharā'ib al-qur'ān al-'azīz）、《古兰经部分经文语法详解》（Tuhfat al-'ikhwān fī 'i'rāb ba'd 'āyāt al-qur'ān）《教法典籍中的教律大全》（Jāmir al-'umahhāt fī 'ahkām al-'ibādāt）等。

《古兰经注释精华》是赛阿利卜的代表作，该书在阿尔及利亚出版发行，共4册。作者在该书的前言中开宗明义，他根据泰伯里、伊本·凯西尔、伊本·阿廷耶等注释家的百部典籍，撰著了这部经注。他在引述前人注释时，一方面保留了原注释，另一方面增注了经文具有的许多裨益。由于他引证伊本·阿廷耶的注释最多，后人又将其经注视为是伊本·阿廷耶的《天经注释编要》的择要本。作者在该部经注的前言中，从三个方面说明了他的传闻方法和传闻来源。

其一，如果在每句话的结尾处标有字母"Al-tā'"，就代表这不是引自伊本·阿廷耶的注释，而是引自其他人的注释，读者可以查找原作，明确其中的不解之处。如果标有字母"Al-'ayn"，就代表这是引自伊本·阿廷耶的注释。如果标有字母"Al-sād"，就代表这是引自萨法吉西（Al-safāqisī）的语法解释。如果标有字母"Al-mīm"，就代表这是引自艾布·哈雅尼的注释。至于"我说"，则代表自己的注释。

其二，他对引证的圣训出处作了说明。他指出，但凡关于"赞念词和祈祷词"的圣训，不是引自《布哈里圣训实录全集》、《穆斯林圣训实录全集集》、《艾布·达乌德圣训集》与《提尔米兹圣训集》，就是引自穆哈伊丁·脑威（Muh' al-dīn al-nawawiyy，1233-1277）的《脑威圣训四十段》（Al-'arba'ūn al-nawawiyyah）与伊本·伊玛目·穆罕默德·本·穆罕默德（Ibn al-'imām muhammad ben muhammad）的《保护信士》（Silāh al-mu'mnīn）。但凡关于"报喜、警告和末日"的圣训，绝大部分引自古尔泰卜的《劝诫》（Al-tazkirah）与阿布杜·罕戈（'Abd al-haqq，伊历？—581）的《归宿》（Al-'āqibah）。

其三，他根据伊本·阿廷耶的《天经注释编要》的前言，叙述了

《古兰经》的优越、《古兰经》注释与《古兰经》语法的优越、注释学家的级别、学者们对先知穆罕默德言及的七家诵读的分歧、《古兰经》提到的外来词、《古兰经》名称解析、《古兰经》的章节等。

赛阿利卜在前言中，详细阐述了他所引传闻的细节后，开始逐章逐节地注释《古兰经》。作者在注释完整部《古兰经》后指出，他根据伊本·阿廷耶的经注完成了这部著作，但他在该部经注中，删除了伊本·阿廷耶经注中的重复部分和烦琐注释。此外，他还在经注的最后，附录了生词解析字典，以及圣训传述人的名字。

纵观该部经注，除简明扼要外，还具有几个主要特点：以字母表示所引传闻的出处；解析一些经文的不同诵读；根据前人注释解析经文语法；引证诗歌阐释一些经文的语法与词法；省略了传闻的详细传述系统；叙述一些"以色列传闻"，但既无评议，也没有甄别其正确与否。[①]

八　哲拉鲁丁·苏尤蒂的《经训经注辑珍》

哲拉鲁丁·苏尤蒂，全名哈菲兹·哲拉鲁丁·艾布·法德里·阿布杜·拉哈曼·本·艾布·伯克尔·本·穆罕默德·苏尤蒂（Al-hāfiz jalāl al-dīn abu al-fadl 'abd al-rahmān ben abu bakr ben Muhammad al-suyūtī, 1445—1505），埃及人，沙菲仪法学派注释学家、圣训学家、历史学家、语言学家。哲拉鲁丁·苏尤蒂5岁丧父，8岁通背《古兰经》，14岁开始负笈游学，先后到麦加、麦地那、约旦、叙利亚、巴勒斯坦、也门、摩洛哥、印度等地访师求学，师从伊里门丁·拜勒盖尼（'ilm al-dīn al-balqayn）、穆哈伊丁·卡费吉（Muh' al-dīn al-kāfijī, 伊历？—879）、哲拉鲁丁·马哈里（Jalal al-Din al-Mahalli,？—1459或1460）等近51位著名学者研习经训、教法、历史、语言、文学等。1462年，撰著了处女作《阐释求护词与太斯米》（Sharh al-'isti'āzah wa al-basmalah），[②] 时年17岁。哲拉鲁丁·苏尤蒂40岁时，结束学术旅行，潜心修行，著书立

[①] 穆罕默德·侯赛因·扎哈卜：《古兰经注释与注释家》卷1，开罗知识出版社2001年版，第247—251页。

[②] "求护词"是："我求真主保佑，免遭受驱逐的恶魔的毒害"，"太斯米"是："奉至仁至慈的真主之名"。

说，至 1505 年去世时，著作已达 500 余部。[1]

哲拉鲁丁·苏尤蒂的《经训经注辑珍》（Al-durra al-manthūr fī al-tafsir al-ma'thūr）共 6 册。作者自我阐述了他著作该部经注的缘由和成书过程。他先在《古兰经学通论》中讲道："我撰写了一部著作，书中传述了先知穆罕默德对《古兰经》的所有注释，里面有一万多段圣训。当这部著作完成时，共有 4 册，我将它命名为《古兰经释义》（Turjumān al-qur'ān）。"然后他又在《经训经注辑珍》的前言中进一步讲道："我写完《古兰经释义》——传自先知穆罕默德的注释——后，发现该书中源自其他著作中的所有传闻，都不能让人一目了然地直接阅读圣训原文，而必须要阅读那些冗长的传述系统，于是我就省略了传述系统，直接援引了学界认可的典籍中的圣训原文，将它命名为《经训经注辑珍》。"从这两段话中不难看出，《经训经注辑珍》是《古兰经释义》的择要本。作者择要的方式是，省略每段圣训的传述系统，仅指出圣训的出处。

基于哲拉鲁丁·苏尤蒂的自述，《经训经注辑珍》的特点是，所有注释都传自前人的传闻，而没有任何个人评论。换言之，作者在引述传闻时，既不侧重某一传闻，也不指出传闻的正确和羸弱。通常，哲拉鲁丁·苏尤蒂引证的传闻主要来自六大部圣训集，以及泰伯里、伊本·艾布·哈提姆（Ibn abu hātim，伊历？—327）、阿布杜·本·哈米德（'Abd ben hmīd，伊历？—249）、伊本·艾布·敦亚（Ibn abu al-dunyā,？-894）等注释学家和圣训学家的典籍。

尤为指出的是，如果将《经训经注辑珍》和上述 7 部传闻注释典籍试做比较的话，不难发现，上述各部典籍都或多或少带有作者的个人见解，而这部经注则没有作者的任何见解。因此可以说，本节所列的传闻注释典籍中，《经训经注辑珍》是唯一一部真正意义上的"传闻注释"典籍。诚然，在《经训经注辑珍》中，尽管哲拉鲁丁·苏尤蒂以汇集和传述各种传闻见长，但由于他没有深入考究所引传闻的正确与否，尤其是前人注释典籍中的一些传闻，故该书中难免存在或多或少的失真情况，因此

---

[1] 穆罕默德·侯赛因·扎哈卜：《古兰经注释与注释家》卷1，开罗知识出版社2001年版，第252页。

第二节　见解注释家及其典籍

一　法赫鲁丁·拉齐的《幽玄之钥》

法赫鲁丁·拉齐，本名艾布·阿卜杜拉·穆罕默德·本·欧麦尔·拉齐（Abu'abd Allah muhammad ben'umar al-rāzi, 1149–1209），号法赫鲁丁·拉齐（Al-fakhr al-din al-rāzi，意为"伊斯兰教的光荣"），波斯人，沙菲仪法学派注释学家、教义学家、哲学家、语言学家。法赫鲁丁·拉齐青年时代师从父亲迪亚文丁（Diyā'al-din）学习教义学、教法学和法理学，后周游花剌子模、呼罗珊等地师从凯玛里·塞姆阿尼（Kamāl al-sam'ani）、马吉德·吉里（Majd al-jīli）等，研习经训、教法、语言，钻研哲学、数学、医学和自然科学。法赫鲁丁·拉齐学术涉猎广泛，在《古兰经》注释学领域的作品有《幽玄之钥》（Mafātīh al-ghayb）、《古兰经开端章注释》（Tafsir sūrah al-fātihah）；在教义学领域的作品有《终极目标》（Al-matālib al-'āliyyah）、《反驳迷悟者的明证》（Kitāb al-bayān wa al-burhān fi al-radd'alā' ahl al-zaygh wa al-tughyān）；在法理学领域的著作有《收获》（Al-mahsūl fi'ilm al-'usūl）；在哲学领域的著作有《总结》（Al-mulakhass）、《解读伊本·西那的各种指示》（Sharh al-'ishārāt li ibn sinā）、《解读智慧之泉》（Sharh'uyūn al-hikmah）、《宗教原理四十题》（Al-a'rb'īn fi'usūl al-dīn）、《凯拉姆学五十问题》（Al-masā'il al-khamsūn fi'usūl al-dīn）、《本体类别》（'Aqsām al-dhāt）；在苏菲领域的著作有《理性的终结》（Nihāyah al-'uqūl）；在医学领域的著作有《医学大全》（Al-Tibb al-kabir）。此外，法赫鲁丁·拉齐的著作还有《东方论题》、《科学范例》、《几何书》、《非难哲学家》、《古今科学家、哲学家和凯拉姆学家思想成就》等。

法赫鲁丁·拉齐的代表作《幽玄之钥》，是见解注释《古兰经》的典

---

① 穆罕默德·侯赛因·扎哈卜：《古兰经注释与注释家》卷1，开罗知识出版社2001年版，第253—254页。

范著作。究其原因，作者"对伊斯兰教义学、教法学和哲学、天文学、医学、自然科学等均有精深的研究，故他第一个将自然科学引入伊斯兰经注学。他认为，在哲学、神学和其他学科中都找不到比《古兰经》所包含的更有益于人类的知识，因之，他致力于运用哲学、天文学、宇宙学乃至动植物学、人体解剖学的各种知识来阐释《古兰经》的奥义，经过多年努力，终成此巨著，在伊斯兰经学领域独树一帜，影响颇大。该注释被认为极富有理性和哲理，其中包含编著者个人的大量见解，属于'意见经注'的典范"①。

《幽玄之钥》根据不同版本，册数也不相同，有的出版社将其印行为8大卷，有的将其印行为16卷，分订32册。伊本·赫里康在《名人传》中记载，法赫鲁丁·拉齐没有注释完整部《古兰经》，只注释到第21章（众先知章）。哈吉·哈里发在《解惑》，伊本·哈哲尔·阿斯格拉尼在《108位学者的珍宝》中也对此予以记载，并且指出法赫鲁丁·拉齐的弟子希哈卜丁·本·哈里里·胡万耶（Shihāb al-din ben khalīl al-khuwayy，伊历？—639）继承老师未竟事业，继续注释《幽玄之钥》，但没有注释完就撒手人寰。其后，注释学家纳吉门丁·格姆利（Najm al-dīn al-qamūlī，伊历？—727）接着注释该部经注，终完成了《幽玄之钥》。尽管《幽玄之钥》历经三位注释家之手完成，但它从行文到方法，从措辞到内容等，自始至终如同出自一人之手。因此，该部经注风格和行文如一，促使读者既难以分辨原注和补注，也似乎无法界定原作者法赫鲁丁·拉齐注释的量，以及两位补注者注释的量。有鉴于此，即使该部经注历经三人完成，但学界通常都将其视为法赫鲁丁·拉齐的注释。大体而言，《幽玄之钥》的主要特点如下：

（一）重视《古兰经》各章和各节之间的关联性

作者注释经文时，首先遵循了"以经注经"的基本原则。因此，他在注释每章和每节经文时，不仅能够叙述与此互有关联的章或节，甚至能够叙述互有关联的多章和多节经文，以从中找出多章和多节经文之间的大义契合点，然后对其给予相应的注释。

---

① 宛耀宾总主编：《中国伊斯兰百科全书》，四川辞书出版社1994年版，第304页。

（二）擅长运用哲学、数学、自然科学知识注释经文

作者注释经文时，常常能够"吸收他那时代的天文、地理、医学和解剖学等科学方面的有关知识，用以论证经文的'天启性'"①。同样，作者也已反驳的态度，根据符合逊尼派主张的观点和理性证据，就某些哲学家对一些经文的哲学式注释给予学理辨析。

（三）批驳穆尔太齐赖派的观点

在该部经注中，法赫鲁丁·拉齐基于逊尼派的教义学主张和各种证据，批驳了穆尔太齐赖派的一些注释观点。

（四）注释涉及教法的经文

法赫鲁丁·拉齐但凡注释那些关乎法律的经文时，一方面对其给予详尽地注释，另一方面叙述各派法学家的不同观点。尤为指出的是，作为沙菲仪法学派的学者，他在注释法律性经文时，其侧重点往往倾向于所奉学派的教法观。

（五）叙述教义问题、语法问题和修辞问题

尽管法赫鲁丁·拉齐在注释中，运用哲学、自然科学和数学知识注释经文占据了大量篇幅，但他对经文中需要注释的教义、语法和修辞问题，都给予一定的重视和注释。

综上，《幽玄之钥》是一部集大成者的注释典籍，作者擅长创制和发挥个人见解的优点，促使该部经注涵盖了多门学科知识，内容涉猎广博，从而使该部经注俨然一部百科全书式的经注典籍。然而，从纯粹的注释学角度来讲，该部经注中的注释内容不及其他注释典籍，因此艾布·哈雅尼在《海洋》中讲道："伊玛目法赫鲁丁·拉齐在他的经注中汇集了很多注释学不需要的内容，因此部分学者说：'该部经注应有尽有，但就没有注释。'"②

二 拜达维的《启示光辉和经义奥秘》

拜达维，全名纳绥尔丁·艾布·海尔·阿卜杜拉·本·欧麦尔·拜达

---

① 宛耀宾总主编：《中国伊斯兰百科全书》，四川辞书出版社1994年版，第144页。
② 穆罕默德·侯赛因·扎哈卜：《古兰经注释与注释家》卷1，开罗知识出版社2001年版，第294—296页。

维（Nasir al-din abu al-khayr 'abd Allah ben 'umar al-baydāwī, ? —1286），波斯人，沙菲仪法学派教法学家、注释学家、教法诠释总官。拜达维的主要著作有《法学原理的方法与解释》（Al-minhāj wa sharhah fī 'usūl al-fiqh）、《宗教原理的特征》（Al-tawāli' fī 'usūl al-din）、《启示光辉和经义奥秘》（'Anwār al-tanzīl wa 'asrār al-ta'wīl）。

拜达维的代表作《启示光辉和经义奥秘》是见解注释的典范之作，以《拜达维古兰经注》（Tafsir al-baydāwī）著称。该部典籍系中型经注，问世以来被多次印行刊发，成为包括中国伊斯兰教经堂教育在内的东方逊尼派经院教育的讲学教材之一。作者在该部经注的前言中，叙述了他的著作动机："我自我鼓励，要在《古兰经》注释领域著述一部作品，它吸收著名圣门弟子与再传弟子的注释精粹，以及前人注释典籍中的精华。"① 作者在注释完整部《古兰经》后讲道："这部囊括了诸多裨益的经注终于完成了，它汇集了著名伊玛目们和知名学者们关于注释的精粹言论与菁华见解。它阐释了《古兰经》大义，揭示了《古兰经》的生僻词汇，解析了《古兰经》结构的奇迹。它简明扼要，没有缺陷；概括精练，没有遗失。它就是《启示光辉和经义奥秘》。"②

作者在该部经注中，根据阿拉伯语语言规律规则，基于逊尼派教义主张的各种证据，全面注释了《古兰经》。细究该部经注，除作者个人的见解注释外，还有三个来源：一是作者择要了宰迈赫舍里的《启示真相揭示》中的部分注释内容。例如，作者在注释完每章时，都要引证圣训谈及该章的优越，诵读该章者将得到真主的惠赐。事实上，作者根据《启示真相揭示》所引证的这些圣训，被圣训学界认定为伪造圣训。二是作者根据法赫鲁丁·拉齐的《幽玄之钥》，注释了关乎宇宙和自然的一些经文。三是根据拉吉布·艾斯法哈尼的《拉吉布·艾斯法哈尼古兰经注》（Tafsir al-rāghib al-'asfahānī）③，引述了部分传自圣门弟子与再传弟子的

---

① 拜达维：《启示光辉和经义奥秘》第1卷，贝鲁特阿拉伯图书出版社1912年版，第6页。
② 拜达维：《启示光辉和经义奥秘》第5卷，贝鲁特阿拉伯图书出版社1912年版，第204页。
③ 《拉吉布·艾斯法哈尼古兰经注》的特点有三：一是大量引述了语言学家对《古兰经》的注释；二是大量引述了注释学界认可的《古兰经》注释典籍中的内容；三是汇集了很多注释《古兰经》经文的经典妙语。

传闻注释，解析了很多经文的句法、词法和修辞。①

通观该部经注，其主要特点是，释文流畅，结构严谨，逻辑严密；大量注释一些经文的各种诵读；简明扼要地解析一些经文的语法构造；以沙菲仪法学派观点，通俗易懂地注释了关乎教法的经文；引述各派对教义经文的注释——作者注释涉及教义原理的经文时，分别阐述逊尼派、穆尔太齐赖派和哈瓦利吉派之间的分歧，并侧重逊尼派教义主张；鲜有以色列传闻——作者很少叙述以色列传闻，即使叙述了某一传闻，也必须以"有人传述或有人说"的行文，指出该传闻的出处，以示该传闻的赢弱和不可信；科学注释——作者受《幽玄之钥》影响并汲取其中的精华部分，注释那些涉及宇宙和自然的经文；在每章章尾，不加深究和甄别真伪地引述言及该章优越的圣训；有所取舍地采用《启示真相揭示》的一些内容——作者择要了《启示真相揭示》中的部分内容，但原则上剔除了《启示真相揭示》中的穆尔太齐赖派观点和主张，而仅汲取该部经注中诸如语法和修辞的精华部分。②

鉴于《启示光辉和经义奥秘》在见解注释领域的地位及其具有的较高学术价值，很多学者对此予以高度评价。哈吉·哈里发在《解惑》中讲道："毋庸讳言，拜达维的这部经注是一部伟大的经注，他在经注中摘要了《启示真相揭示》中关于经文句法、大义和修辞的注释；摘要了《幽玄之钥》中关于哲学和教义学的注释；提炼了《拉吉布·艾斯法哈尼古兰经注》中关于词汇词源、不明经文和示意奥妙的注释。"

该部经注问世以来，就受到注释学界同人的研究和阐释，有的学者对该部经注中的某一章注释作了注疏，有的学者对其中部分章的注释作了注疏，有的学者对整部经注作了注疏。据载，对该部经注进行注疏的著作达40部，其中最为著名者当数嘎迪·扎德（Qādī zādah, ? —1544）的《嘎迪·扎德注疏》（Hāshiyah qādī zādah），1865年在土耳其出版发行，共4册；希哈卜·赫法吉（Al-shihāb al-khafājī, 1569—1659）的《希哈卜·赫法吉注疏》（Hāshiyah al-shihāb al-khafājī），1854年在伊斯坦布尔出版

---

① 穆罕默德·侯赛因·扎哈卜：《古兰经注释与注释家》卷1，开罗知识出版社2001年版，第297—298页。

② 同上书，第298—300页。

发行；筛海·穆罕默德·本·穆斯塔法·古奈维（Al-shaykh muhammad ben mustafā al-qūnawī,？—1544）的《古奈维注疏》（*Hāshiyah al-qūnawī*），1866年在伊斯坦布尔出版发行，共4册。

三　奈塞菲的《启示解知和经义真谛》

奈塞菲，全名艾布·拜尔卡特·阿卜杜拉·本·艾哈迈德·本·迈哈姆德·奈塞菲（Abu al-barkāt 'abd Allah ben 'ahmad ben muhmūd al-nasafī, 伊历？—701），伊拉克人，哈乃斐法学派教法学家、教义学家、圣训学家、注释学家。奈塞菲师从沙姆斯·阿银迈·库尔迪（Shams al-'a'immah al-kurdī, 伊历599—642）、艾哈迈德·穆罕默德·阿塔比（'Ahmad Muhammad al-'atābī）等多位学者，学习经训、教法学、教义学、注释学。奈塞菲的主要著作有《教法细节明文大全》（*Matn al-wāfī fi al-furū'*）、《卡菲大解》（*Sharh al-kāfī*）、《法学详解宝库》（*Kanz al-daqā'iq fi al-fiqh*）、《法学原理光塔》（*Al-manār fi 'usūl al-fiqh*）、《宗教原理要点》（*'Umdah fi 'usūl al-din*）、《启示解知和经义真谛》（*Madārik al-tanzīl wa haqā'iq al-ta'wīl*）等。

《启示解知和经义真谛》共4册。该书是作者对拜达维的《启示光辉和经义奥秘》与宰迈赫舍里的《启示真相揭示》的择要。需要指出的是，该部经注与《启示真相揭示》在两个方面具有差别。其一，虽然作者在其经注中汲取了《启示真相揭示》中关于修辞、句法、辞藻、诵读的精华注释，但他放弃了该部经注中的穆尔太齐赖派观点和主张，代之以逊尼派的教义主张。其二，作者在该部经注中，虽然采取了宰迈赫舍里对有些经文的问答式注释，但他没有采取前者的行文方法——"如果有人说……我说……"而是使他的问答方式常常与释文浑然一体。

作者在该部经注的前言中，简明扼要地叙述了自己著作该部经注的动因与方法："一个必须要求我回答的人，请求我著述一部中型注释典籍，它汇集经文中各种句法与各种诵读的哲理，包含修辞学和经文示意的精义，引述逊尼派的言论，避免迷误者的谬论，既不冗长烦琐也不过于简单。我由于在注释领域的才疏学浅而对此踌躇不前，唯恐陷入错误泥淖。最终，我凭借真主的援助开始注释《古兰经》，但困难重重。我用不长的时间就完成了注释，将它命名为《启示解知和经义真谛》。"

该部经注除释文简明扼要外，其主要特点是：解析语法问题——作者在解析经文中的语法问题时，通常都分析经文语法的关键所在，而不深究语法的细枝末节；解析经文读法——作者阐释经文的七种诵读，并且将每种诵读的渊源必须追溯至七大诵读学家；注释教法经文——作者引述四大法学派对教法经文的不同注释的同时，尤侧重哈乃斐学派的主张，并且有时候反驳与哈乃斐法学观点相左的教法学家；鲜明的"以色列传闻"观——在该部经注中，奈塞菲很少引述以色列传闻，即使引述也采取必要的方法，亦即，如果被引传闻与信仰教义不相抵触就不予评判，如果与信仰教义相违背则给予批驳；剔除了《启示真相揭示》中的伪造圣训。①

四　哈兹尼的《启示真义释萃》

哈兹尼（Al-khāzin），本名阿拉丁·艾布·哈桑·阿里·穆罕默德·本·易卜拉欣·本·欧麦尔·本·哈里里（'Alā' al-dīn abu al-hasan Ali ben muhammad ben 'ibrāhīm ben 'umar ben khalīl，伊历678—741）。伊拉克人，沙菲仪法学派教法学家、圣训学家、注释学家、苏菲修士。哈兹尼师从伊本·达瓦利比（Ibn al-dawālībī）、嘎西姆·本·穆兹菲尔（Al-qāsim ben muzfir），以及女学者瓦齐尔·斌特·欧麦尔（Wazīrah bint 'umar）学习经训、教法学和注释学。哈兹尼在伊斯兰宗教学领域留下了丰硕的成果，主要有注释学领域的《启示真义释萃》（Lubāb al-ta'wīl fi ma'ānī al-tanzīl），教法学领域的《教法要点诠释》（Sharh 'Umdah al-'ahkām），圣训学领域的《领受传闻》（Maqbūl fi al-manqūl）。②

哈兹尼的《启示真义释萃》共7册。该部经注中，作者既择要了拜鄂瓦的《启示华貌》的精华部分，也汲取了前人其他注释典籍中的精粹。该部经注与《启示华貌》不同的是，作者选择性地引述了《启示华貌》中的主要注释内容，省略了详细的传述系统，避免了烦琐叙述。

作者在其经注的前言中，叙述了他的注释动因和方法："拜鄂瓦的

---

① 穆罕默德·侯赛因·扎哈卜：《古兰经注释与注释家》卷1，开罗知识出版社2001年版，第306—308页。

② 《领受传闻》共十卷，分门别类地汇集了沙菲仪的《穆斯奈德圣训集》、艾哈迈德的《穆斯奈德圣训集》，以及《六大部圣训集》、《穆宛塔圣训集》中收录的一些圣训，以及先知穆罕默德的历史。

《启示华貌》是注释学领域最优秀、最伟大的一部经注。它汇集了各种正确言论,避免了错误和晦涩,引证了先知的圣训,阐释了教法律例……于是,我决定选择性地引述该部经注中的诸多精华,我避免了冗长和烦琐,省略了传述系统而使注释内容直接展现出来。但凡先知注释经文或阐明教律的圣训和信息,我都溯源它的出处,说明传述者的姓名,并且以字母作为标示,以便让读者能够容易地认知它。圣训传述人前面的字母'Al-khā',代表该段圣训出自《布哈里圣训实录全集》;字母'Al-mīm'代表圣训出自《穆斯林圣训实录全集》;字母'Al-qāf'代表两大圣训集同时收录的圣训;出自艾布·达乌德、提尔米兹和奈萨伊圣训集的圣训,我都言及圣训收录者的名字,而没有用字母表示。上述圣训集中都没有收录但在拜鄂瓦的《启示华貌》中出现的圣训,我就以'拜鄂瓦独自传述'或'拜鄂瓦传自塞阿莱卜'的行文方式给予说明。至于出自其他典籍中的圣训,我则在学者们公认的典籍中竭尽全力寻找并给予确认,如哈米迪的《两大圣训集汇总》和伊本·艾希尔·加兹利的《原则大全》。然后,我在省略传述系统的情况下,补充性解释了不易理解的圣训,以及与此相关的问题,以便完善该部经注的诸多优点,方便读者。我尽最大努力,使释文简单明了,结构错落有致。诚然,每个注释家都使他的著作不失五个特征——解析难解经文、汇集经义分散的经文、解释大义不明经文、释文结构合理、避免冗长晦涩。我希望我的这部经注也不乏这些特征。我将它命名为《启示真义释萃》。"[1]

　　哈兹尼在说明这些事项后,分5个层面阐述了关于《古兰经》的相关问题。其一,《古兰经》的优越、诵读与教授《古兰经》的优越;其二,警告无知者以个人见解对《古兰经》说三道四,警告背记后忘记《古兰经》者;其三,《古兰经》的收集、《古兰经》文的降示顺序、《古兰经》以七种方言降示;其四,《古兰经》按照7种方言降示以及对此的各种说法;其五,注释的意义。哈兹尼详细阐述这些问题后,基于拜鄂瓦的《启示华貌》,开始逐章逐节地注释《古兰经》。该部经注具有以下主要特点:

---

[1] 穆罕默德·侯赛因·扎哈卜:《古兰经注释与注释家》卷1,开罗知识出版社2001年版,第311—312页。

（一）引述"以色列传闻"

作者大量引述了其他注释典籍中的"以色列传闻"，但没有评议和界定这些传闻的真伪。鉴于此，该部经注中的以色列传闻一定程度上影响了它的注释质量，因此需要学界对它作进一步地勘正，以去伪存真。

（二）叙述历史事件

作者在注释有关经文时，叙述了先知穆罕默德时期发生的很多战役，如注释第33章（同盟军）第9节经文时，详细阐述了公元627年发生的壕沟战役。

（三）注释教法经文

哈兹尼但凡注释教律性经文时，一方面引述四大法学派的证据和观点，另一方面详细阐述教法中的很多细节问题。

（四）从苏菲角度注释劝善经文

哈兹尼引证警告性圣训，注释具有劝善戒恶性质的经文。哈兹尼的苏菲修行背景深深影响了他，故他在注释有关经文时，自然侧重于从劝善角度注释有关经文。[①]

五 艾布·哈雅尼的《海洋》

艾布·哈雅尼，全名艾西尔丁·艾布·阿卜杜拉·穆罕默德·本·优素福·本·阿里·本·优素福·本·哈雅尼（'Athīr al-dīn abu 'abud Allah muhammad ben yusūf ben Ali ben yusūf ben hayān, 1256—1344），以艾布·哈雅尼著称，安达卢西亚人，沙菲仪法学派学者，精通《古兰经》诵读学、诗歌学、语言学、语法学、词法学、注释学、圣训学、历史学（尤其擅长马格里卜历史和人物传记）。艾布·哈雅尼先后师从阿布杜·罕戈·本·阿里（'Abd al-haqq ben Ali）、艾布·贾法尔·本·提巴尔（Abu ja'afar ben al-tibā'）、艾布·阿里·本·艾布·艾哈瓦斯（Abu Ali ben abu al-'ahwas）专攻《古兰经》诵读学。艾布·哈雅尼在安达卢西亚、开罗和亚历山大等地游学时，前后师从450人学习语言学、文学、圣训学、注释学等学科。同样，艾布·哈雅尼的学生也是桃李满天下，他

[①] 穆罕默德·侯赛因·扎哈卜：《古兰经注释与注释家》卷1，开罗知识出版社2001年版，第312—316页。

在世时，学生中就不乏著名学者和伊玛目。艾布·哈雅尼著作等身，代表作主要有《海洋》(Al-bahar al-muhīt)、《古兰经的生僻词汇》(Gharīb al-qur'ān)、《简易注释》(Sharh al-tasihīl)、《语法的极限》(Nihayah al-'i'rāb)、《修辞精华》(Al-khulāsah al-bayān) 等。

艾布·哈雅尼的《海洋》是见解注释典籍中的一部集大成著作。该书共 8 卷，多次被印行刊发。作者在该书前言中阐述了他的注释方法："在该部经注中，我的注释次序是：首先解析每节经文中需要分析的单词构造和语法规律。如果有的单词有两种或多种意义，我就运用其中最符合经文大义的意义。然后我开始注释经文，叙述经文的降示背景，解析经文的停止与否，分析经文的上下文关联，汇总经文的各种诵读及其用法，阐释经文在语言学中的哲理，传述前人和当世人对经文的理解，解读明显经文和隐微经文，阐述经文中的难解语法，详解经文中的美妙修辞。在前面注释中业已分析的问题，我在后面的注释中不再重复。如果出现重复注释的话，则是对经文中更多裨益的补充。在注释那些涉及教法的经文时，我传述了四大法学学派的言论，引证了法学著作中的证据。同样，我还求证语法学专著，阐释了经文中的语法规则……最后，我根据修辞学家的见解，总结性地注释了一些经文的修辞，并以散文般的语句阐释了经文大义……我使这种方法成为想要注释《古兰经》者仿效的方法。此外，我还根据一些经文的辞藻大义，理解了一些苏菲的语句，我没有传述他们的很多话语，同样避及了内学派的违教言论，而是阐释了单词本身具有的阿拉伯语语义。"[①]

《海洋》的最大特点体现在语法角度注释《古兰经》。因此，该部经注是那些从语法学角度阐释《古兰经》者的首要和最重要的参考文献。《海洋》中，作者注释经文语法的同时，大量探讨了语法学中的各种问题，梳理了语法学家们的学术分歧。注释学界由此认为，该部经注近于语法专著的性质远胜于近于注释典籍的性质。正如作者在该部经注前言中所说，他在经注中彰显语法特点的同时，也没有忽略其他方面的注释，并形成了该部经注的特点：分析经文单词的语言学意义；叙述经文的降示背

---

① 穆罕默德·侯赛因·扎哈卜：《古兰经注释与注释家》卷1，开罗知识出版社2001年版，第319—320页。

景；分析经文的先后停止；阐述经文的各种诵读方法，并给予理论分析和侧重；解析经文中的修辞奥妙；注释和演绎经文中的教法律例；解析经文语法——作者引述了宰迈赫舍里的《启示真相揭示》和伊本·阿廷耶的《天经注释编要》中的一些语法解释，并给予学理辩驳。

值得一提的是，艾布·哈雅尼一方面赞扬《启示真相揭示》中的修辞注释堪称该领域的典范之作，例如在第 7 卷第 85 页中的阐述；另一方面由于他不喜欢哲学和不接近穆尔太齐赖派，只遵循逊尼派的主张，促使他在经注中尖锐地批驳了宰迈赫舍里的穆尔太齐赖派观点，例如在第 2 卷第 276 页和第 7 卷第 85 页中所言。

由于艾布·哈雅尼在《海洋》中大量评述了宰迈赫舍里和伊本·阿廷耶的注释言论，他的学生塔仲丁·艾哈迈德·本·阿布杜·嘎迪尔·本·迈克图姆（Tāj al-dīn 'ahmad ben 'abd al-qādir ben maktūm，伊历？—749）对《海洋》撰著了择要本《海洋探珍》（Al-durr al-laqīt min al-bahar al-muhīt），详细梳理了艾布·哈雅尼对《启示真相揭示》和《天经注释编要》中有关问题的探讨和对后两者的批驳。爱资哈尔大学图书馆藏有作者的该书手稿。同样，摩洛哥的筛海·叶哈亚·沙维（Shaykh yahyā al-shāwī，伊历？—1096）也著述了《艾布·哈雅尼和宰迈赫舍里之间》（Bayn ibn hayān wa al-zamakhsharī），汇集了艾布·哈雅尼对宰迈赫舍里的所有反驳，爱资哈尔大学藏有该书。①

六 内沙布尔的《古兰经妙义览胜》

内沙布尔，本名艾布·哈桑·本·穆罕默德·本·侯赛因·内沙布尔（Abu al-hasan ben Muhammad ben al-husayn al-nisābūrī），以"尼加姆·艾尔勒吉"（Al-nizām al-'a'raj）著称，内沙布尔人，伊历 10 世纪语言学家、诵读学家、注释学家、苏菲学家。内沙布尔的主要著作有《阐释伊本·哈吉卜的词法学》（Nizām al-sharhah）、《阐释华哲·纳赛尔·明莱的天文学》（Tawdīh al-tazkirah）、《算学论集》（Rasā'il fi 'ilm al-hisāb）、《古兰经妙义览胜》（Gharā'ib al-qur'ān wa raghā'ib al-furqān）。

---

① 穆罕默德·侯赛因·扎哈卜：《古兰经注释与注释家》卷 1，开罗知识出版社 2001 年版，第 318—320 页。

《古兰经妙义览胜》是内沙布尔的成名作。较之其他经注典籍而言，该部经注具有"双重身份"，一是内沙布尔的苏菲修行和苏菲主张深深影响了注释，故该部经注中出现的苏菲"示意注释"，使它成为"苏菲注释"领域的经典作品之一。二是作者在经注中大量运用个人见解注释经文的举措，又使该部经注成为见解注释的代表作。尽管该书具有双重身份，但从分类来看，示意注释也是见解的结果，因此学术界从宏观角度出发，将它列为"见解注释"典籍的范畴。

从该部经注中的部分内容来源看，内沙布尔主要择取了法赫鲁丁·拉齐的《幽玄之钥》和宰迈赫舍里的《启示真相揭示》的精华内容，引述了其他注释典籍中引证的圣门弟子与再传弟子的注释。不同的是，内沙布尔无论是择要法赫鲁丁·拉齐的注释，还是引述宰迈赫舍里等人的注释，都不是照搬转述，而是发挥个人见解对被引内容进行评议。如果被引内容不符合经训主张，他就给予勘正；如果被引内容具有缺陷，他就给予补充。此外，如果他引述宰迈赫舍里的注释时首先指出，"《启示真相揭示》如此如此说；或宰迈赫舍里如何如何说"，接着再引证法赫鲁丁·拉齐对宰迈赫舍里注释的反驳，最后发表个人意见，评判两位前辈的注释。例如，他在注释经文"复活日，大地将全在他的掌握中，诸天将卷在他的右手中"（39：76）时，引述宰迈赫舍里和法赫鲁丁·拉齐的不同注释和观点后，发表了自己的看法，评议和比较了两位前辈的注释："法赫鲁丁·拉齐从教义学角度作了注释，宰迈赫舍里从修辞学角度作了注释。"①

内沙布尔在《古兰经妙义览胜》的前言中，阐述了他与众不同的注释方法和特点。他注释经文时，首先叙述《古兰经》的原节文；接着分析该节经文的各种读法，并将每种读法溯源于原诵读家；然后阐释每节经文的上下文关系；最后再注释经文——展现经文大义、分析经文代词、解析隐微经文、明确经文暗喻、界定经文借代和隐喻、阐释经文中的教律并理论各法学学派的证据。内沙布尔在其经注的最后指出，他的这部经注涵盖了法赫鲁丁·拉齐的《幽玄之钥》的精华，汲取了宰迈赫舍里的《启示真相揭示》的精粹。此外，他还明确阐述，尽管他采撷了《启示真相

---

① 穆罕默德·侯赛因·扎哈卜：《古兰经注释与注释家》卷1，开罗知识出版社2001年版，第324页。

揭示》中的部分内容，但他注释《古兰经》的思想出发点是基于逊尼派的教义主张。同样，内沙布尔还就他引述的一些内容，如圣训、诵读方法、先后停止经文、语法、词法、修辞、教律等来源做了说明，明确指出了释文出自何处。

细究《古兰经妙义览胜》的总体特点，除作者在前言中阐述的一些外，尤其具体反映在以下几个主要层面上：

（一）深入阐释教义问题

内沙布尔但凡注释涉及教义的经文时，都要叙述逊尼派、什叶派、穆尔太齐赖派、哈瓦利吉派的主张和观点。然而，他的落脚点则是以逊尼派的教义主张为准，并且反驳了其他教派或学派的观点。

（二）注释关乎宇宙和哲学的经文

内沙布尔根据《幽玄之钥》，解读了经文中涉及宇宙自然和哲学智慧的经文。作者在引证《幽玄之钥》时，不仅照本宣科，而且对法赫鲁丁·拉齐的一些观点表示了异议。

（三）鲜明的苏菲示意注释

如前所述，内沙布尔的苏菲背景深深影响了他对《古兰经》的认知，因此他在注释经文时，往往根据自己的体悟对一些经文作了示意注释。此外，他在注释过程中，还引述很多催人泪下的劝善言论和至理名言，注释了相关经文。

（四）经注中没有什叶倾向

作者出身什叶派圣地库姆的背景，没有影响到他的逊尼派教义主张。例如经文"信道的人们啊！你们中凡叛道的人，真主将以别的民众代替他们，真主喜爱那些民众，他们也喜爱真主"（5：54）。他在注释时，就依理据证地反驳了什叶派的"阿里观"。即使他在经注的结尾处（第30册第224—228页）叙述了穆斯林尊重阿里的必要性，但他强调，他的逊尼派教义主张是毋庸置疑的。[①]

七 哲拉鲁丁·马哈里和哲拉鲁丁·苏尤蒂的《哲拉莱尼古兰经注》

《哲拉莱尼古兰经注》（*Tafsir al-Jalalayn*），又译《简明古兰经注》，

---

① 穆罕默德·侯赛因·扎哈卜：《古兰经注释与注释家》卷1，开罗知识出版社2001年版，第325—328页。

是由两位注释家——哲拉鲁丁·马哈里与哲拉鲁丁·苏尤蒂——相继完成的一部注释典籍。关于哲拉鲁丁·苏尤蒂，前文已作简介，此处仅介绍哲拉鲁丁·马哈里。

哲拉鲁丁·马哈里，全名哲拉鲁丁·本·穆罕默德·本·艾哈迈德·本·穆罕默德·本·易卜拉欣·马哈里（Jalāl al-dīn Muhammad ben'ahmad ben Muhammad ben 'ibrāhīm al-mahallī, 1389—1460），埃及人，沙菲仪法学派教法学家、教义学家、语法学家、逻辑学家。哲拉鲁丁·马哈里师从拜德尔·迈哈姆德·阿格萨拉尼（Al-badr mahmūd al-'aqsarānī）、布勒哈尼·拜朱利（Al-burhān al-bayzūrī）、谢姆斯·拜萨提（Al-shams al-basātī）、阿拉·布哈里（'Alā' al-bukhārī）等习文释典。哲拉鲁丁·马哈里的主要著作有《原理全解》（Sharh jam' al-jawāni' fi al-'usūl）、《沙菲仪法学方法阐释》（Sharh al-minhāj fi fiqh al-shāfi 'iyyah）、《教义原理详解》（Sharh al-waraqāt fi al-'usūl），以及《哲拉莱尼古兰经注》等。

《哲拉莱尼古兰经注》名称中的"哲拉莱尼"，是双数名词，亦即这是一部由两个名为"哲拉尼"（即哲拉鲁丁）的注释家完成的典籍，故可译为《两个哲拉尼经注》。其中，哲拉鲁丁·马哈里注释的顺序是，他先从第18章（山洞章）注释至第114章（世人章），然后注释了第1章（开端章）。哲拉鲁丁·苏尤蒂在哲拉鲁丁·马哈里辞世后接着注释，并于40日内完成了第2章（黄牛章）至第17章（夜行章）的注释，并再次注释了第1章，附于哲拉鲁丁·马哈里所注"开端章"的释文后。此外，两位注释家都没有注释各章首的经文"奉至仁至慈的真主之名"。[①]

尽管该部经注出自两位注释家之手，但纵观整部经注，除两人在不到10处释文中具有细微差异外，整部经注的特点主要表现在，"释文观点不仅相同，文字体例也相近。注解包括对经文词汇、句子的阐释，简明扼要，通俗易懂，多引用圣训参证。各章均标明所属类别（'麦加'类或'麦地那'类）、全章所含的节数，以及颁降的次序。对章首字母，一律不随意解释、引申，只注明'真主至知'字样。对《古兰经》中涉及的

[①] 穆罕默德·侯赛因·扎哈卜：《古兰经注释与注释家》卷1，开罗知识出版社2001年版，第334页。

事件，包括正文中省略而不提的人名、地名，则据史实或传说予以补充。此外，续成者苏尤蒂的释文中，还增加了一项新内容：把某些章节颁降的缘由作了必要的交代，以便研习者了解当时的社会环境和历史背景。"①

该部经注自问世以来，不仅被多次印行刊发，而且不乏注疏本问世，最著名者当数《加迈勒注疏》（Hāshiyah al-jamal）与《萨维注疏》（Hāshiyah sāwī）。此外，"该简注对初学《古兰经》者颇有帮助，400多年来，被逊尼派穆斯林广泛采用，影响很大，在中国穆斯林经堂教育中，一直被列为研习《古兰经》的必读课本，手抄或翻刻者甚多。中国伊斯兰教协会于1982年以黎巴嫩贝鲁特刊印本为蓝本，影印发行。该本每页中间是《古兰经》正文，注释文字按节次刊载于正文左、右两侧，有关段落的'颁降缘由'作为脚注附于页尾。"②

八　海推卜·舍尔拜尼的《明灯》

海推卜·舍尔拜尼，全名谢姆斯丁·穆罕默德·本·穆罕默德·舍尔拜尼（Shams al-dīn Muhammad ben Muhammad al-sharbaynī，伊历？—977），埃及人，沙菲仪法学派教法学家、注释学家。海推卜·舍尔拜尼师从筛海·艾哈迈德·拜尔莱斯（Al-shaykh 'ahmad al-barlasī）、努尔·马哈里（Al-nūr al-mahallī）、拜德尔·马什哈德（Al-badr al-mashhadī）、希哈卜·拉姆利（Shihāb al-ramlī）等习经释典。海推卜·舍尔拜尼的主要著作有《米奈哈吉阐释》（Sharh kitāb al-minhāj）、《唤醒书》（Kitāb al-tanbīh）、《明灯》（Al-sirāj al-munīr）。

《明灯》，全名为《帮助认识真主的一些语义之明灯》（Al-sirāj al-munīr fi al-' i ' ānah ' alā ma ' rifah ba ' d ma ' ānī kalām rabbinā al-hakīm al-khabīr），共4册。

细究该部经注的特点，主要是：引述传闻并予以侧重；分析经文语法；引述七位著名诵读家对经文的各种诵读；引证确凿圣训注经——作者引证圣训注释经文时，仅引证"健全圣训"（Al-hadīth al-sahīh）和"优良圣训"（Al-hadīth al-hasan）；引述前人注释并给予学理分析——作者引

---

① 宛耀宾总主编：《中国伊斯兰百科全书》，四川辞书出版社1994年版，第733页。
② 同上书，第734页。

述了宰迈赫舍里、拜达维和拜鄂瓦的传闻注释,如果作者认为传闻正确就表示赞同,如果认为传闻不符合经训就给予辩驳,此外作者还逐一指正了前人注释中的伪造圣训;释文妙语连珠——作者注释经文时,对释文的措辞极其考究,因此释文中不乏箴言妙语,令读者朗朗上口;揭示难解经文——作者在其经注中,以"注意"和"别人说……我说……"的行文,揭示了部分不易理解的经文大义;解析关联性经文——作者引述证据,解析经中的关联性经文,并给予理论分析;注释教法经文——引证各法学学派的证据和言论,阐发涉及教法律例的经文,只释教法原则,不析律例细则;不辨真伪和不加甄别地叙述了一些以色列传闻;大量引述了法赫鲁丁·拉齐在《幽玄之钥》中的注释精粹。[1]

九 艾布·苏欧德的《古兰经览胜导读》

艾布·苏欧德,全名艾布·苏欧德·穆罕默德·本·穆罕默德·穆斯塔法(Abu al-su'ūd Muhammad ben Muhammad ben mustafā,伊历894—982),突厥人,哈乃斐法学派教法学家、注释学家、修辞学家、文学家。艾布·苏欧德出身书香门第,师从父亲伊本·穆罕默德等多位著名学者研习语言文学、教法经注等。艾布·苏欧德结束学业后,执教突厥多所学校。艾布·苏欧德担任法官8年,并任突厥"总穆夫提"(教法诠释总官)达三十年之久。他任穆夫提之间,如果请教问题的人以诗歌形式提问,他则以同样押韵的诗歌行文给予回复;如果提问者以散文形式提问,他则以对称的散文行文做出解答。艾布·苏欧德终生由于执教与担任教法诠释总官之故,"忙里偷闲"著述了《古兰经览胜导读》('Irshād al-'aql al-salīm ' ilā mazāyā al-kitāb al-karīm)、《启示真相揭示评注》(Al-hawāshi 'alā tafsir al-kashshāf)。

《古兰经览胜导读》是艾布·苏欧德的代表作,共5卷。作者在该部经注的前言中,讲述了他著作该书的过程。作者讲到,由于执教与执法缘故,他利用业余时间,分两个阶段完成了该部经注。第一阶段的注释结束于伊历973年,范围是第1—38章(萨德章),由于工作原因而搁浅。第

---

[1] 穆罕默德·侯赛因·扎哈卜:《古兰经注释与注释家》卷1,开罗知识出版社2001年版,第340—345页。

二阶段从第 39 章（队伍章）注释至最后一章（世人章），于伊历 975 年完成。

《古兰经览胜导读》，是一部以修辞学见长的典籍。作者基于宰迈赫舍里的《启示真相揭示》和拜达维的《启示光辉和经义奥秘》，汲取他们经注中的精华部分注释了《古兰经》，并成为见解注释和修辞注释《古兰经》的典范之作。因此，后人认为，继宰迈赫舍里和拜达维之后，没有任何人的修辞注释能达到艾布·苏欧德的地位。① 诚然，虽然作者在书中高度赞扬了宰迈赫舍里、拜达维及其注释，但他只引证后者经注中的修辞注释内容，而没有倾向和引述穆尔太齐赖派的教义观点。艾布·苏欧德与后两者相同的是，他也在每章章尾引述伪造圣训，说明《古兰经》各章的优越，以及诵读各章者得到的真主惠赐。《古兰经览胜导读》的总体特点如下：

（一）揭示经文中的修辞

作者由于精于修辞学，故他竭尽全力阐释了经文中的修辞奥妙、修辞风格和修辞结构，尤其详细分析了经文的分断与连接、经文的简洁与周详、经文的前置与后置、经义的呈现与补义。从修辞角度注释《古兰经》，是该部经注的最大特点。

（二）解析经文的关联性，分析经文的诵读法

作者注释经文时，往往注重经文之间的互相关联及其内在含义。同样，作者有时候也言简意赅地分析部分经文的各种诵读。

（三）很少引述"以色列传闻"

该部经注中，作者很少引述以色列传闻，即使提及，也已"据说、有人传述"的行文给予说明，以示以色列传闻的不正确。

（四）引述部分伪造故事

作者在该部经注中，根据凯尔布的传述，引述了一些令人匪夷所思的伪造故事。但他在引述完故事后，以"真主至知"的行文，表示了他对故事真伪的质疑。

（五）很少叙述教法中的细节问题

作者注释涉及教法的经文时，既很少叙述教法问题，也不涉足法学学

---

① 穆罕默德·侯赛因·扎哈卜：《古兰经注释与注释家》卷 1，开罗知识出版社 2001 年版，第 347 页。

派之间的争论和各自的证据，只是引述他们的观点而已。

（六）解析部分经文的语法哲理

如果一节经文含有多种语法哲理，作者就逐一分析和说明，并据理据证地侧重其中的一种哲理，作为最终解释。①

十 阿鲁西的《古兰经义精华》

阿鲁西，全名艾布·塞纳·萨义德·迈哈姆德·希哈卜丁·阿鲁西（Abu al-thanā' al-sanyyid mahmūd shihāb al-dīn al-'alūsī, 1802—1854），伊拉克人，沙菲仪法学派圣训学家、注释学家、苏菲修士。阿鲁西师从哈立德·纳格什班迪（Khālid al-nagashbandī）、阿里·苏韦德（Ali al-suwaydī）等习经识训、研习教法、潜修苏菲。阿鲁西 13 岁起，就开始授学著述，门生众多，著作颇丰，主要有《古兰经义精华》（Ruh al-ma'ānī fī tafsir al-qur'ān al-'azīm wa sab' al-mathānī）、《逻辑阐释》（Sharh al-silm fī al-mantiq）、《伊拉克人对拉哈尔人的问题之回答》（Al-'ajwibah al-'irāqiyyah 'an al-'as'ilah al-lālūriyyah）、《伊拉克人对伊朗人的问题之回答》（Al-'ajwibah al-'irāqiyyah 'an al-'as'ilah al-'irāniyyah）等。

《古兰经义精华》是阿鲁西的代表作。1847 年，阿鲁西卸任法官后，致力于注释《古兰经》。他白天授课解律，晚上冥思注释，次日将手稿呈递给门客学者，供他们评论勘正后定稿。阿鲁西昼夜如此，于 1851 年完成了整部《古兰经》的注释，并请时任宰相阿里·里达·巴沙（Ali ridā bāshā）命名为《古兰经义精华》后，将它呈献给奥斯曼帝国素丹阿布杜·马吉德·汗（'Abd al-majīd khān, 1839—1861 年在位），得到了他的肯定和褒奖。

《古兰经义精华》的总体特点是，该部经注集传闻注释与见解注释于一身。作者在经注中，既引述了伊本·阿廷耶、艾布·哈雅尼、宰迈赫舍里、艾布·苏欧德、拜达维、法赫鲁丁·拉齐等注释家的精粹注释，并明确指出了被引传闻出自何书。同样，作者也发表个人见解，细致地评述了

---

① 穆罕默德·侯赛因·扎哈卜：《古兰经注释与注释家》卷 1，开罗知识出版社 2001 年版，第 349—352 页。

每段传闻。诸如,他反驳了艾布·苏欧德、拜达维和艾布·哈雅尼等人的一些观点和看法,根据哈乃斐法学派观点批驳了法赫鲁丁·拉齐关于教法问题的见解。该部经注的主要特点如下:

(一) 鲜明的逊尼派观点

作者在注释有关信仰教义的经文时,往往根据逊尼派教义主张和观点,旗帜鲜明地批驳了穆尔太齐赖派、什叶派和哈瓦利吉派的主张,以维护逊尼派的正统性,如对第 2 章(黄牛章)第 15 节经文的注释。

(二) 注释宇宙性经文

作者在其经注中,引证天文学家的研究成果注释了那些关乎宇宙自然的经文。阿鲁西对于自己满意的天文学观点,给予肯定;对于自己不满意的观点,给予辩驳。例如对第 36 章第 38—40 节经文的注释。

(三) 阐释教律经文,注释经文语法

作者引证四大法学派的理论和证据,注释了涉及教法的经文。尤为指出的是,尽管作者有沙菲仪法学派的背景,但他引证时不偏重任何一家的教法主张,只是以"马立克主张……沙菲仪论断……哈乃斐说……"的行文给予说明。例如对第 2 章(黄牛章)第 228 节经文的注释。此外,作者有时候大量分析一些经文语法的程度,达到了使其经注几近为语法专著的程度。

(四) 批驳"以色列传闻"和"伪造故事"

作者在经注中,据理据证地严厉批驳了错误引述以色列传闻和伪造故事的注释家。例如在注释第 5 章(筵席章)第 12 节经文时,就辩驳了拜鄂瓦不加甄别的错误传述。

(五) 示意性地注释经文

阿鲁西作为苏菲,他的这部经注几乎是在夜深人静的时候完成的,因此苏菲修行和内心体悟自然影响到了他对《古兰经》的注释。阿鲁西每当注释完经文的表义后,就致力于揭示经文中的"示意"。因此,一如内沙布尔的《古兰经妙义览胜》具有双重身份,阿鲁西的《古兰经义精华》也具有"示意注释"和"见解注释"的"双重身份"。尽管如此,但该书的主旨并不在于"示意注释",而在于注释经文中的方方面面,因此它被注释学界视为一部具有较高学术价值的百科全书式注释典籍,被列入见解注释的范畴。

除以上特点外，作者还解析了经文中的各种诵读、关联性经文、经文的降示背景。同样，作者也引证阿拉伯诗歌，分析了部分经文单词在语言学层面的意义。①

第三节　穆尔太齐赖派注释家及其典籍

一　嘎迪·阿布杜·坚巴尔的《完美无缺的古兰经》

嘎迪·阿布杜·坚巴尔，全名艾布·哈桑·阿布杜·坚巴尔·本·艾哈迈德·沙菲仪（Abu al-hasan 'abd al-jabbār ben 'ahmad al-shāfi'ī，伊历？—415），穆尔太齐赖派学者，精通教义学、教法学、注释学。嘎迪·阿布杜·坚巴尔师从艾布·哈桑·塞利麦·本·敢塔尼（Abu al-hasan ben sanlimah ben al-gattān）、阿卜杜拉·本·贾法尔·本·法里斯（'Abd Allah ben ja'far ben fāris）等习经释典。嘎迪·阿布杜·坚巴尔学术涉猎广泛，著作颇丰，教义学领域有《分歧与一致》（Kitāb al-khilāf wa al-wifāq）、《麦卜苏特》（Kitāb al-mabsūt）；教法学领域有《终极与要素》（Al-nihāyah wa al-'umdah）；伦理学领域有《法学家的忠告》（Nasīhah al-mutfaqqihah）；注释学领域有《完美无缺的古兰经》（Tanzīh al-qur'ān 'an al-matā'in）。伊本·凯西尔认为，嘎迪·阿布杜·坚巴尔的最重要的学术成果是《启示的证据》（Dalā'il al-nubuwwah）。

《完美无缺的古兰经》是穆尔太齐赖派在《古兰经》注释领域流传于世的三部代表作之一，全一册。作者在前言中，叙述了他的注释目的和方法。他讲到，他的注释目的不在于逐章逐节地注释整部《古兰经》，而在于三个方面：其一，明确界定《古兰经》中的明确和隐微经文，以及两者之间的区别；其二，阐释隐微经文的大义；其三，基于穆尔太齐赖观点，解析逊尼派对隐微经文的错误注释，并给予辩驳。基于此目的，他的注释方法是，从头至尾注释《古兰经》的114章，但不注释每章中的每节经文；以问题方式注释每章中的若干节经文，每个问题又包含若干难题

---

① 穆罕默德·侯赛因·扎哈卜：《古兰经注释与注释家》卷1，开罗知识出版社2001年版，第356—361页。

和解答。作者解答难题的方式是，有时候从语言学角度解析经文结构，有时候从教义学角度给予分析。① 该部经注的特点如下：

（一）语言学注释

作者基于语言学原理，解读了有关节文蕴涵的词法和句法哲理。此类注释在该部经注中所占篇幅不小。

（二）注释教义经文

作者根据穆尔太齐赖派观点，注释了涉及教义的经文，如"正道与迷误"、"恶魔对人的影响"、"末日眼见真主"、"人的行为自由与否"、"犯大罪者既非信士也非异教徒，而是居于两者之间的中间地位"等。作者对诸如此类问题的注释，占据了该部经注的大部分篇章。换言之，作者通过对这些问题的深刻阐释，全面展现了穆尔太齐赖派的教义主张和思想观点。

（三）修辞注释，旨在隐义

作者借助修辞学者中的隐喻法和比喻法，使一些经文的释义与经文本义相去甚远。作者注释时，如果经文不符合穆尔太齐赖派主张，就通过修辞手法，使经文失去本有表义，代之以隐义，如对第7章（高处章）第172节经文的注释。

诚然，尽管嘎迪·阿布杜·坚巴尔处于维护穆尔太齐赖派之目的，在注释过程中，使有些经文失去了它应有本义。然而，从学术价值来讲，作者运用他深厚的语言学功底和修辞学素养，揭示和界定经中很多隐微经文，以及分析经文辞藻与经文结构的优美性和超绝性的学术贡献，不容置疑。②

二 谢里夫·穆尔泰达的《裨益之贵和项链之珠》

谢里夫·穆尔泰达（Al-sharīf al-murtadā），哈里发阿里后裔，本名艾布·嘎西姆·阿里·本·塔希尔·艾布·艾哈迈德·侯赛因（Abu al-qāsim 'Ali ben tāhir abu ' ahmad al-husayn, 966–1044），伊拉克什叶派

---

① 穆罕默德·侯赛因·扎哈卜：《古兰经注释与注释家》卷1，开罗知识出版社2001年版，第393页。

② 同上书，第393—403页。

领袖，穆尔太齐赖派教义学家、圣训学家、注释学家、文学家、诗人。谢里夫·穆尔泰达师从筛海·穆非德（Al-shaykh al-mufīd）、赛海里·迪巴哲（Sahl al-dībājī）习文识典。谢里夫·穆尔泰达基于什叶派教义和穆尔太齐赖派原则，著有多部著作、论文和诗集。其中，《裨益之贵和项链之珠》（Ghurar al-fawā'id wa durar al-qalā'id）是他的代表作。

《裨益之贵和项链之珠》，又名《谢里夫·穆尔泰达讲稿录》（'Amālīyy al-sharīf al-murtadā），是穆尔太齐赖派的三部存世经注之一，是作者80场讲座的讲稿汇集本，内容涵盖了穆尔太齐赖派观点的注释，以及圣训和文学。作为一部涉猎广泛的讲稿集，谢里夫·穆尔泰达没有注释整部《古兰经》，仅注释了部分关乎信仰教义的经文。该书中的经注内容，一则彰显了作者所处时代穆尔太齐赖派注释《古兰经》的具体情况，二则说明以谢里夫·穆尔泰达为代表的一些人，竭尽全力通过注释，在穆尔太齐赖派的观点和不符合该派教义的经文之间寻求一致。

该书中，谢里夫·穆尔泰达注释经文的思想基点和注释宗旨，在于借助文学修辞手法和语言学方法，通过注释使那些与本派思想观点相左的经文失去应有本义，转而符合他们的主张，切合他们的要求。学界研究，《裨益之贵和项链之珠》的注释特点主要体现在：

（一）注释教义经文，阐释经文隐义

谢里夫·穆尔泰达注释关乎教义原则的经文，通常体现在"末日眼见真主"、"人的意志与行为自由"等层面上。作者处于本派目的之需要，还否认了一些经文的表义，代之以隐义注释。

（二）语言学和修辞学注释

作者运用语言学和修辞学手法，尤其是大量引证语言学经典案例和阿拉伯古典诗歌解释了有关经文。作者认为，从语言学角度注释《古兰经》，唯有引证古典诗歌能解释清楚。至于没有依据古典诗歌的纯粹式注释，他是拒绝认可的。

（三）解答疑难经文

作者注释经文时，不仅局限在派性层面上，而且也运用他高深的语言学学术素养，阐释了那些经文表面互相有异的经文，并给予细致入微的解答，从而使读者能够明白其中蕴涵的哲理。

(四) 界定穆尔太齐赖派思想来源

作为什叶派领袖,谢里夫·穆尔泰达通过注释和引证,将穆尔太齐赖的原理溯源于圣裔和什叶派的众伊玛目。因此他断言,穆尔太齐赖派的原理来自什叶派第一任伊玛目、圣门弟子阿里,以及其他伊玛目。例如,他在第10讲(第1卷第103—104页)中讲道:"须知,认主独一论和公正原则,来自信士们的长官阿里之语……"换言之,在谢里夫·穆尔泰达看来,什叶派众伊玛目的言论,是穆尔太齐赖派的思想之源。①

三 宰迈赫舍里的《启示真相揭示》

宰迈赫舍里,全名迈哈姆德·本·欧麦尔·本·穆罕默德·本·欧麦尔·宰迈赫舍里(Mahmūd ben 'umar ben muhammad ben 'umar al-Zamakhshari, 1075—1144),号"真主的邻人"(Jār Allah),因出生于花剌子模的宰迈赫舍尔村(今乌兹别克斯坦境内的乌尔根奇)而以"宰迈赫舍里"著称,注释学家、圣训学家、教法学家、教义学家、语法学家、修辞学家、文学家,穆尔太齐赖派后期主要学者。宰迈赫舍里在巴格达、呼罗珊、布哈拉、麦加等地,先后师从艾布·曼苏尔·奈斯里(Abu mansūr al-nasl)等多位名师求学深造,钻研语言、经训、教法、教义、文学。宰迈赫舍里于1119年开始著书立说,学术涉猎广泛并留下多部著作,主要有《阿拉伯语法详解》(Al-mufassal fi al-nahw)、《阿拉伯语的单一词和复合词》(Al-mufrad wa al-murakkab fi al-'arbiyyah)、《语法问题辩论》(Al-muhājāt fi al-masā'il al-nahwiyyah)、《修辞学基础》('Asās al-balāghah fi al-lughah)、《圣训冷僻辞语解》(Al-fā'iq fi tafsir al-hadīth)、《教法首要问题》(Ru'ūs al-masā'il fi al-fiqh)、《启示真相揭示》(al-kashshaf 'an haqa'iq al-tanzil)等。此外,宰迈赫舍里不仅为语法学家西拜韦(Sibawayh,?—796)的古典诗和典雅的阿拉伯成语与格言作过很多注疏,自己也写有不少诗篇,如《木卡姆》(Al-maqāmāt)诗文集。同样,在辞书编纂学方面,宰迈赫舍里创立了用阿拉伯语字母顺序排列词条的新方法,为阿拉伯伊斯兰文化的词典学发展,作出了应有贡献。

---

① 穆罕默德·侯赛因·扎哈卜:《古兰经注释与注释家》卷1,开罗知识出版社2001年版,第405—429页。

《启示真相揭示》，通称《卡沙夫古兰经注》（*Tafsir al-kashshāf*），共4卷。该部经注既是宰迈赫舍里最重要的学术成果，也是穆尔太齐赖派在《古兰经》注释领域中三部留世作品的扛鼎之作。该书在穆尔太齐赖派注释领域中的的学术地位，堪与泰伯里的《古兰经注释总汇》在逊尼派经注领域的学术地位相媲美。换言之，"如果说泰伯里的《古兰经注释总汇》达到了传统注释的顶峰，宰迈赫舍里的经注就是理性注释的最高典范。"[①]

作为既有重大学术价值，也备受争议的一部具有唯理主义观点的注释名著，《启示真相揭示》中的诸多鲜明特点也就贯穿于整部经文的释文中，主要如下：

（一）细致入微地解读经文修辞

作者运用他深厚的修辞学素养，深入细致地解读了《古兰经》中的各种修辞现象，如借代、隐喻、比喻等，此类案例不胜枚举。

（二）语言学注释

作者借助语言学理论解析经文语义，旨在使那些与穆尔太齐赖派观点相左的经文，最终与他们的观点相一致，如对第75章（复活章）第22节和第23节经文的注释。

（三）假定比喻法

作者为使一些经文符合穆尔太齐赖派观点，遂采取假定经文隐喻的方法，使经文本义消失殆尽。同样，作者借助比喻方法注释一些经文的举措，也相应地体现了本派主张，如对第33章（同盟军章）第72节经文的注释。

（四）关联法注释

作者采取将隐微经文与明显经文相提并论的方法，使不符合穆尔太齐赖派观点的节文大义，与本派主张相辅相成，如对第3章（仪姆兰的家属章）第7节经文的注释。

（五）界定穆尔太齐赖派的正确性

该部经注充分彰显了穆尔太齐赖派观点的正确性。作者通过注释经中与穆尔太齐赖派的五项基本原则有关的节文，说明和定性了本派思想观点

[①] 艾哈迈德·爱敏：《阿拉伯—伊斯兰文化史》第6册，商务印书馆1999年版，第34页。

的正确性。诸如，作者认为穆尔太齐赖派对"犯大罪者"的观点绝对正确，并反驳了逊尼派的观点，如对第 4 章（妇女章）第 93 节经文的注释。作者认为穆尔太齐赖派关于"理性有善恶"的观点是正确的，如对第 4 章（妇女章）第 165 节经文，以及第 17 章（夜行章）第 15 节经文的注释。作者认为穆尔太齐赖派对"魔术"（Al-sihr）和"精灵"（Al-jinn）的观点是正确的，认为两者都不存在，这与逊尼派的观点截然相反，如对第 12 章《优素福章》第 28 节经文，以及第 113 章（曙光章）的注释。作者认为穆尔太齐赖派主张的"人的意志自由和行为自由"的观点是正确的，如对第 5 章（筵席章）第 41 节经文的注释。

（六）批驳逊尼派

宰迈赫舍里在该部经注中，充分反映了他与逊尼派在教义主张层面上的重要分歧，并在释文中批驳逊尼派。他以"宿命论者"、"反宿命论者"、"废话连篇者"等不同称谓，称呼和贬责逊尼派学者，认为他们愚昧无知。

（七）注释教法经文

作者以客观公正、不唯任何法学学派的立场，言简意赅地注释了涉及教法的一些经文。

（八）鲜明的"以色列传闻"观

作者很少叙述以色列传闻，即使叙述，也是以"据说"的行文加以标示，以此说明以色列传闻的伪造性。①

综上，尽管宰迈赫舍里运用唯理思辨的思想方法和穆尔太齐赖派的学术观点写了《启示真相揭示》，并受到正统的逊尼派的辩驳，但他成功地"把语言学、修辞学运用于注解《古兰经》，堪称创举。他的注解，使某些经文的含义更易为人们的现实生活和正常理智所接受，进而表现了《古兰经》文词的典雅风格，对以后各派经注均有影响"②。诸如，逊尼派的注释学家拜达维、艾布·苏欧德、奈塞菲、艾布·哈雅尼、内沙布尔、海推卜·舍尔拜尼、阿鲁西等，在回避那些与逊尼派不相符合的穆尔太齐

---

① 穆罕默德·侯赛因·扎哈卜：《古兰经注释与注释家》卷 1，开罗知识出版社 2001 年版，第 443—482 页。

② 宛耀宾总主编：《中国伊斯兰百科全书》，四川辞书出版社 1994 年版，第 383 页。

赖派观点后，都不同程度地引证了《启示真相揭示》中的精华部分，尤其是该部经注中的语言学和修辞学注释。同样，什叶派注释家泰伯尔西亦根据宰迈赫舍里的观点，解读了个别经文。

《启示真相揭示》问世以来，历代学界见仁见智，从不同角度评判了《启示真相揭示》。著名学者筛海·海德尔·海尔维（Al-shaykh ḥaydr al-harawi，伊历？—717）、艾布·哈雅尼在《海洋》、塔吉丁·塞拜基（Tāj al-dīn al-sabakī，伊历？—771）在《重建幸福与消除怨恨》（Mu'īd al-ni'am wa mubīd al-niqam）、伊本·赫勒敦在《历史绪论》中，从宰迈赫舍里运用修辞学和语言学注释《古兰经》的精湛角度，评价了《启示真相揭示》的学术价值。同样，伊本·泰米叶、伊本·甘伊姆·焦泽、伊本·穆尼尔（Ibn al-munīr，伊历？—683），则从穆尔太齐赖派教义主张与逊尼派教义主张相左的角度，批驳了《启示真相揭示》。

第四节 什叶派注释家及其典籍

一 阿布杜·拉提夫·卡兹拉尼的《光明之镜与奥秘之龛》

阿布杜·拉提夫·卡兹拉尼（'Abd al-laṭīf al-kazrānī），纳杰夫人，十二伊玛目派注释家。关于他的生平，阿拉伯文献记载甚少。

卡兹拉尼的《光明之镜与奥秘之龛》（Mir'āh al-'anwār wa mishkāh al-'asrār），是十二伊玛目支派的主要注释典籍，也是了解该派思想的重要来源。由于该书大量引述了十二伊玛目派遵奉的众伊玛目的言论，因此等同于逊尼派中的传闻注释典籍。该书业已逸失，注释学界对该书的了解，只能通过该书的一卷序言来了解其概貌。

卡兹拉尼在注释经文前，首先为该书撰写了三个序言，每个序言又分门别类地阐述了注释的各方面。读者通过该部经注的三个序言，就能大体明晰该部经注的结构、风格、内容和思想。

在序一中，卡兹拉尼首先从六个方面阐述了他的这部经注：解析经文内涵（每节经文都有77种隐义），分析前人没有传述众伊玛目注释的原因，汇集圣裔的传闻注释并解析传闻的内涵，阐述注释目的，界定注释的五种方法，经注命名原因。然后，卡兹拉尼用三篇概论，阐述了他的注释主旨。第一篇概论共分五个部分：（1）引证圣裔言论，说明《古兰经》有很多隐义，每节经文有多种解释。（2）引述注释《古兰经》隐义的各种正确传闻。（3）阐释表义经文之间的关联性，分析经文之间的内在隐义关系。（4）人们务必相信经文有表义和隐义之说。（5）唯有伊玛目才有资格注释《古兰经》。第二篇概论也分五个部分：（1）阐明十二伊玛目派学者的地位以及他们言论的权威性，指出凡否定他们者即为异教徒。（2）阐释有关圣裔继承哈里发职位的法定性、喜悦和顺从他们的各种传述，指出这些都是信仰正确、功修成功的核心和条件。（3）阐释有关承认伊玛目合法性的言论，指出承认伊玛目等同于承认先知穆罕默德，承认伊玛目是宗教信仰正确的前提。（4）阐释关于伊玛目是先知穆罕默德合法继承人与"认一论"之间关系的言论。（5）阐释关于先知穆罕默德与众伊玛目是众生中首先被造者、是众生中最优越最完美最尊贵的人、众天使因服务他们而荣耀等言论。第三篇概论根据各种传闻，阐释了《古兰经》中言及伊玛目的经文隐义。

在序二中，卡兹拉尼阐明了《古兰经》部分经文发生改变的原因，指出其中奥妙在于，逊尼派运用修辞手法中的隐喻、替代和指示，掩盖了关于伊玛目合法继承权、圣裔优越，以及顺从伊玛目的法理性的经文。对此，他从四个方面论述了有关经文改变的细节：（1）根据众伊玛目著作中的各种传闻，叙述了《古兰经》的收集、《古兰经》的不完整、《古兰经》的改变。（2）根据反对派著作中的各种传闻，叙述了《古兰经》的收集、《古兰经》的不完整、《古兰经》的改变，以及反对者们对此的分歧。（3）阐明了经文改变的奥秘在于，通过指示和替代手法，掩盖了伊玛目合法继承权的经文。（4）阐述了什叶派学者关于《古兰经》改变与否的精粹言论。

在序三中，卡兹拉尼主要阐述了传自众伊玛目注释《古兰经》的各种传闻，并将这些传闻分为三类：一是针对性地阐释某个单词或某节经文；二是从宏观角度阐释某个单词或某节经文；三是从微观角度阐释某节经文。该序中，卡兹拉尼运用两篇概论和一篇结语，对其经注的其他方面做了说明。第一篇概论中，卡兹拉尼首先阐明，部分注释因其蕴涵的诸多裨益，以及绝大部分注释都属于隐喻、省略传述系统、暗喻、替代范畴，因此要进行单列叙述。卡兹拉尼接着从7个部分论述了相关问题：

（1）根据各种传闻，阐述经文的表义虽然一目了然，但其旨在于隐义，如关于伊玛目、什叶或非什叶人的经文。（2）根据各种传闻指出，真主常常运用呼唤语或形容语的形式，隐义性说明经文中蕴涵着伊玛目的合法继承性。（3）根据各种传闻指出，真主呼唤那些不能理解经文表义的人们，通过隐义注释去理解经旨。（4）根据各种传闻指出，人们也许不能理解经文中的代词所指，但借助隐义注释就能明晰代词的内涵，如关于阿里合法继承的代词。（5）经文中的过去式动词，往往具有现在式或将来式功能，因此过去式动词中的意义涵盖着现在或将来的事情。（6）根据各种传闻指出，经文中关于真主的各种复数词型和代词的奥秘在于，经文以隐喻形式将先知穆罕默德和众伊玛目也囊括其中，甚至主要指的是众伊玛目。（7）根据各种传闻指出，关于真主名称及其属性的数节经文，隐含着伊玛目的合法性及其地位，如真主的伟大、知识、喜悦、富有等属性相应地隐含着伊玛目具有的特点。在第二篇概论中，卡兹拉尼根据阿拉伯语的字母顺序，运用修辞学与词法学原理，阐释了一些经文词汇，旨在使这些经文符合什叶派的教义宗旨。在结语部分，卡兹拉尼就《古兰经》中部分章首字母的意义与经文中的一些裨益，做了简明扼要的阐释。

穆罕默德·侯赛因·扎哈卜教授根据文献，在研究该部经注的序言后指出，如果该部经注的全貌得以显现，将会是研究十二伊玛目派注释的重要资料。此外，扎哈卜教授还指出，该部经注中的注释思想和注释基础，充分体现该派教义主张的同时，反映了该部经注的主要特点：

（一）主张经文有表义和隐义

作者认为，《古兰经》既有表义也有隐义，甚至每节经文都有77种隐义。所有表义都是指向认主独一、先知使命、合法与非法等，所有隐义都是关于伊玛目的地位、继承权等。

（二）《古兰经》适应于各个时空

作者认为，《古兰经》大义并不局限于一个时代，而是每节经文都有适合各个时空的注释。

（三）《古兰经》的表义与隐义相辅相成

作者强调，人们必须同时相信经文的表义和隐义，凡否定其中之一者，则为异教徒。这是因为，经文中的表义和隐义相辅相成，不得舍此取彼。同样，人们必须相信传自众伊玛目的注释，即使不知所云。

（四）修辞注释

作者认为，经文中的隐义并不都是通过经文本义来显现，更多的是体现在经文修辞的隐喻、借喻、暗喻中，因此要从修辞角度予以解读。

（五）界定《古兰经》的注释权

作者认为，只有众伊玛目才有权力注释《古兰经》，伊玛目之外的任何人不得凭借自己的见解注释《古兰经》。

（六）《古兰经》的预言性

作者认为，《古兰经》降示后发生的一切事情，都能通过经文的注释来明确，这是言简意赅的《古兰经》的最大奇迹。

（七）界定《古兰经》的汇集

作者认为，阿里与继承他的众伊玛目汇集的《古兰经》才是真正的《古兰经》，除此之外的《古兰经》业已遭到篡改——但凡赞扬圣裔、贬责批评圣裔者的明确经文，都被取消或被篡改。

（八）界定特指经文和代词归属

作者认为，经文表义虽然具有普遍性，但实质上具有特殊性，因此有些经文特殊性地指出了关于伊玛目和什叶的地位。此外，作者通过注释，使经文中代词所指的隐义一目了然。

（九）界定经文中呼唤语的隐义

作者认为，经中以呼唤语或形容语形式指涉以往民族的经文，实质上指的是伊斯兰民族，并且隐义性界定了伊玛目的合法继承性。作者还强调，经文呼唤那些不能理解经文表义的人们，必须通过隐义注释去理解经旨。

（十）界定复数词型和复数代词的意义，延伸了真主名称的含义

作者通过修辞学中的隐喻法，指出经文中关于真主的各种复数词型和复数代词的表述方式，也包括先知穆罕默德和众伊玛目在内。同样，作者认为涉及真主名称及其属性的词汇，表面上指的是真主，实际上隐指伊玛目。①

---

① 穆罕默德·侯赛因·扎哈卜：《古兰经注释与注释家》卷2，开罗知识出版社2001年版，第46—78页。

二 哈桑·阿斯凯里的《阿斯凯里经注》

哈桑·阿斯凯里（Al-hasan al-'askarī），全名哈桑·本·阿里·哈迪·本·穆罕默德·贾瓦德·侯赛尼（Al-hasan ben Ali al-hādī ben Muhammad al-jawād al-husayn，845 或 846—873），阿里后裔，十二伊玛目派第十一任伊玛目，第十任伊玛目阿里·哈迪（Ali al-hādī，829—868）之子，第十二任隐遁伊玛目马赫迪之父。哈桑·阿斯凯里"生于麦地那。因随其父长住当时名为'麦地那·阿斯凯尔'（Madinah al'Askar，即军营城）的萨马拉，故有'阿斯凯里'（即阿斯凯尔人）之称。其父被迫移居阿拔斯王朝新都萨马拉时，他随同前往，长期生活在阿拔斯人的监视之下。其父逝世后被什叶派穆斯林拥立为伊玛目。因行动不自由，故同什叶派穆斯林群众的联系仍通过特别代理人进行。他恪守前辈遗训，虔修宗教功课，且举止谦恭，乐善好施，因而受到穆斯林的尊敬。逝世后萨马拉曾举城为之送葬"[①]。

《阿斯凯里经注》（Tafsir al-hasan al-'askarī），是由阿斯凯里用7年时间口授，其弟子雅古卜·优素福·本·穆罕默德·本·赞雅德（Yā'qūb yūsuf ben Muhammad ben zayyād）与艾布·哈桑·阿里·本·穆罕默德·本·穆罕默德·本·桑雅尔（Abu al-hasan Ali ben Muhammad ben muhammad ben sayyār）记录后，以《阿斯凯里经注》命名而成的一部经注，全一册，286页，埃及国家图书馆藏有该书。

雅古卜·优素福与艾布·哈桑在该部经注前言中，详细叙述了两人结识阿斯凯里并师从他研习经注和圣训的前因后果。至于该部经注，他们讲到，哈桑·阿斯凯里首先给他们口授了关于《古兰经》、教授和学习《古兰经》优越的圣训，然后用7年时间口授了他的注释。

哈桑·阿斯凯里并没有注释整部《古兰经》，只是注释了其中的一部分，即开端章和黄牛章绝大部分节文。其中，第1—236页是前言、求护词解读、首章和黄牛章第1—114节的注释；第236—254页是黄牛章第158—179节的注释；第254—267页是黄牛章第198—210节经文的注释；第267—286页是黄牛章第282—283节经文的注释。

[①] 宛耀宾总主编：《中国伊斯兰百科全书》，四川辞书出版社1994年版，第200页。

尽管哈桑·阿斯凯里的注释内容主要局限在黄牛章,但他的注释内容深刻体现了什叶派思想和主张。例如,他在注释第 3 节经文"……他们确信幽玄"时,引证一些伪造传闻,阐述圣裔的优越;注释第 8 节经文"有些人说:'我们已信真主和末日了。'其实,他们绝不是信士"时,引证前人传闻指出,该节经文隐含着"阿里是先知穆罕默德的合法继承人"的隐义;注释第 35 节经文"我说:'阿丹啊!你和你的妻子同住乐园吧!你们俩可以任意吃园里所有丰富的食物,你们俩不要临近这棵树;否则,就要变成不义的人'"时指出,经文中的"树"是知识之树,是先知穆罕默德及其圣裔的知识之树;注释第 38 节经文"……我的引导如果到达你们,那么,谁遵守我的引导,谁在将来没有恐惧,也不愁"时指出,历代先知及其民族都借助先知穆罕默德与圣裔之光而荣耀;注释第 163 节经文"你们所当崇拜的,是唯一的主宰;除他外,绝无应受崇拜的;他是至仁的,是至慈的"时指出,真主所怜悯的信士们是那些遵循了"塔基亚"原则的什叶人。

哈桑·阿斯凯里的注释除表现他的什叶思想外,还有两个重要特点,一是采用穆尔太齐赖派观点注释了一些涉及信仰教义的经文,如对黄牛章第 7 节经文的注释。二是根据什叶派法学思想,注释了教法性经文,如对黄牛章第 43 节经文的注释。[①]

三 泰伯尔西的《经义汇解》

艾布·阿里·法德里·泰伯尔西(Abu Ali al-fadl al-tabrasiyy,? – 1153),十二伊玛目派著名学者,教法学家、圣训学家、注释学家,以出生地"泰伯尔西"(伊朗境内)著称。泰伯尔西出身书香门第,自小受家庭学术氛围熏陶,及长后师从多位什叶派学者研习经训、教法与经注,完成学业后终生致力于教书育人和著书立说。其主要著作有《古兰经注释荟萃》(Jawāmi' al-jāmi')、《经义汇解》(Majma' al-bayān li'ulūm al-qur'ān)、《前人注释精粹》('Akhṣar min al-'awwalīn)、《正道名家》('I'lām al-wariyy bi'i'lām al-hudā)等。

---

① 穆罕默德·侯赛因·扎哈卜:《古兰经注释与注释家》卷 2,开罗知识出版社 2001 年版,第 79—98 页。

《经义汇解》是泰伯尔西的代表作，共两卷。泰伯尔西在其经注前言中，详细阐述了他著作《经义汇解》的动因和相关事项，主要是：（1）他以艾布·贾法尔·穆罕默德·本·哈桑·阿里·图西的《经注详解》（*Al-tibyān*）为蓝本，著作了《经义汇解》（*Majma' al-bayān*）。（2）他的经注行文简明，结构合理，内容丰富，如阐释经文中的诵读、语法、词法、隐微经文、经文大义及其哲理、经文降示背景、经文中的教律等。（3）他的注释方法和步骤依次是：界定每章的麦加章和麦地那章属性→学界对各章节数的分歧→经文诵读方法→每节经文的各种诵读及其理由与证据→经文语言哲理→经文句法和疑难句→经文降示背景→经文大义。（4）注释《古兰经》者务必知晓的7种知识，即《古兰经》的节文数目和了解节文数的益处；著名诵读学家和诵读传述家；解读经文大义，并在注释经文与允许见解注释之间进行有机调和；《古兰经》的各种名称及其大义；古兰学知识及其主要著作；叙述关于《古兰经》、通晓《古兰经》者优越的各种传闻；诵读家务必以最优美的声音诵读《古兰经》。泰伯尔西结束对以上逐项的阐述后，开始逐章逐节地注释整部《古兰经》。

通过泰伯尔西的前言不难看出，他的这部经注当之无愧是什叶派经注典籍的集大成者。逊尼派学界认为，如果将《经义汇解》中的什叶思想和穆尔太齐赖派观点剔除在外，它将是一部方法明确、结构合理、涉猎广泛、内容丰富，堪与逊尼派注释典籍相媲美的名作。细究该部经注，其重要特点如下：

（一）深刻反映了什叶派教义主张和思想观点

该部经注展现的什叶思想主要表现在以下几个层面上：

其一，伊玛目学说——伊玛目阿里及其后裔为先知穆罕默德的合法继承人，如对第5章（筵席章）第55节经文的注释。

其二，伊玛目受保护学说——众伊玛目因受保护而不会犯任何罪，如对第33章（同盟军）第33节经文的注释。

其三，复临学说——隐遁的伊玛目马赫迪出现后，先知穆罕默德、阿里、哈桑、侯赛因，甚至所有的伊玛目都将返归人间，如对第2章（黄牛章）第56节经文的注释。

其四，马赫迪学说——伊玛目马赫迪虽隐遁世间，但他将在末日来临时返归人间主持正义与公道，如对第2章（黄牛章）第3节经文的注释。

其五，塔基亚学说——信士在非常时期可隐瞒自己的信士身份，以保护自我，如对第3章（仪姆兰的家属章）第28节经文的注释。

（二）折射什叶派法学思想

作者根据十二伊玛目派教法主张，注释了涉及教法的经文。例如，作者在注释第4章（妇女章）第24节经文时，允许临时婚姻；注释第5章（筵席章）第6节经文时，允许穆斯林小净中以摩脚代替洗脚；注释第2章（黄牛章）第221节经文时，不允许与有经人（犹太教徒与基督教徒）结婚；注释第8章（战利品章）第41节经文时，详细阐述了战利品的分配和有资格接受战利品的人；注释第4章（妇女章）第59节经文时，主张在不违背伊玛目言论的情况下，可以采取公议形式判断教法。

（三）注释受穆尔太齐赖派影响

作者受穆尔太齐赖派教义主张的影响，注释了有关信仰教义的经文，以支持什叶派教义学说。诸如，泰伯尔西根据穆尔太齐赖派的观点，解读了第6章（牲畜章）第125节经文中的"正道与迷误"，第2章（黄牛章）第3节经文中的"信仰的实质"，第75章（复活章）第22—23节经文中的"目视真主"，第2章（黄牛章）第102节经文中的"魔术"，第2章（黄牛章）第48节经文中的"说情"，并表达了与穆尔太齐赖派的不同见解；等等。

（四）引用伪造圣训注释经文

作为什叶派的圣训学家，泰伯西尔并没有完全引用正确圣训，而是为了强调什叶派关于先知穆罕默德和圣裔的正确主张，引证了什叶派伪造的一些圣训。如引用伪造圣训注释第13章（雷霆章）第7节经文、第42章（协商章）第23节经文。

（五）大量引述"以色列传闻"

该部经注中，泰伯尔西引述很多以色列传闻时，尽管大体上不加甄别真伪地将传闻溯源至原传述人，但在引述那些与什叶教义相左的传闻时，还是明确指出了它的伪造性质。如注释第38章（萨德章）第21—53节经文时，就明确界定了以色列传闻的真伪。

（六）注释经文的隐义

泰伯尔西注释经文时，即使其释文大体上与经文中一目了然的表义相辅相成，但他还是根据什叶教义，从隐义角度注释了某些经文。如经文

"真主是天地的光明，他的光明像一座灯台，那座灯台上有一盏明灯，那盏明灯在一个玻璃罩里，那个玻璃罩仿佛一颗灿烂的明星，用吉祥的橄榄油燃着那盏明灯；它不是东方的，也不是西方的，它的油，即使没有点火也几乎发光——光上加光——真主引导他所意欲者走向他的光明"（24：35）。他认为该节经文中的隐义是，"明灯"是指先知穆罕默德心中的知识之光；"玻璃罩中的明灯"是指阿里的心胸，先知穆罕默德的知识传到了阿里心中，因此阿里的知识就是先知的知识；"吉祥的橄榄油"是指知识之光；"它不是东方的，也不是西方的"是指既不是犹太的也不是基督的；"它的油，即使没有点火也几乎发光"是指，圣裔中的学者在请教者请教之前就几乎知道问题和答案；"光上加光"是指圣裔中得到知识和智慧之助的伊玛目，他们自阿丹到末日，始终是真主委托在大地的代治者，每个时代都有伊玛目出现。泰伯尔西最后指出，该节经文隐义的实质就是，经文中的"吉祥树"是虔敬、喜悦、正道和信仰之树，树根是先知使命，树梢是众伊玛目，树杈是启示，树叶是注释，树木的园丁是哲卜拉伊勒和米卡伊勒天使。

（七）相对公允的什叶思想

在逊尼派看来，难能可贵的是，泰伯尔西的注释思想尽管基于什叶教义，但他的注释较之阿布杜·拉提夫·卡兹拉尼等人而言，相对公允。他的注释中，既没有过激的见解，也没有刻意表现他的宗派主义思想，更没有批判任何圣门弟子，将他们中的某人判定为异教徒。如对第4章（妇女章）第58—59节经文，以及第43章（金饰章）第57节经文的注释。[①]

四 穆拉·穆赫辛·卡希的《古兰经真注》

穆拉·穆赫辛·卡希（Mulā muhsin al-kāshiyy，伊历？—1090），本名穆罕默德·本·沙·穆尔泰达·本·沙·迈哈姆德（Muhammad ben shāh murtadā ben al-shāh mahmūd），十二伊玛目派教义学家、圣训学家、教法学家、注释学家、文学家、诗人。他出身书香门第，父亲穆尔泰达（Al-murtadā）、哥哥努尔丁（Nur al-dīn）与毛拉·阿布杜·阿夫尔（Al-

---

[①] 穆罕默德·侯赛因·扎哈卜：《古兰经注释与注释家》卷2，开罗知识出版社2001年版，第99—144页。

mawlā 'abd al-ghafūr) 都是著名学者。卡希受父兄学术陶冶和多位名师传授，终成著作等身的什叶派著名学者，其著作和论文达二百部之多，如《四圣书全解》(*Kitāb al- wāfī fī jam ' al-kutub al-'arba 'ah ma ' sharh 'ahādīthihā al-mushkilah*)、《修道路上的成功者之船 (*Safīnah al-nujāh fī tarīqah al-'amal*)、《古兰经真注》(*Al-sāfī fī tafsir al-qur'ān al-karīm*)、《古兰经精义》(*Al-'asfā*) 等。

《古兰经真注》是卡希根据十二伊玛目派教义主张著述的一部两卷本经注，《古兰经精义》是该部经注的择要本。卡希在切入经文注释前，首先撰写了十二篇序言，每篇序言就某一论题展开叙述，发表自己的观点。例如，卡希在第一篇序言中阐述了《古兰经》的降示与相关问题，主要是：(1) 引证圣训界定，圣裔是最通晓《古兰经》的人们，他们精通古兰学，深知经文大义，熟知经文隐义。(2) 除圣裔最知经文奥义外，那些虔诚顺从真主、使者及圣裔，并通过他们汲取而精通知识的学者，才有资格成为注释家。(3) 传述圣裔的注释才是最理想的注释，因为圣裔比他人更知《古兰经》。此外，他在肯定圣裔注释为理想注释的同时，贬责了其他圣门弟子的注释，认为圣族之外的圣门弟子都思想僵化，迷失了正道，因此他们的注释不可取。(4)《古兰经》中的绝大部分经文都是为圣裔、他们的朋友和敌人而降示。卡希根据十二伊玛目派编纂的圣训认为，但凡赞扬性质的经文，都是为圣裔及其支持者而降；但凡贬责和警告性质的经文，都是为反对圣裔的人而降。(5) 引证圣训阐明，阿里是第一个汇集《古兰经》节文的人，他所汇集的《古兰经》是完整的，没有遭到丝毫篡改。

再如，卡希在第十二篇序言中阐述了他的注释方法：解析经文词汇→阐明疑难经文→阐释经文经旨→叙述经文降示背景→解读经文的先后停止。卡希在阐释完这些问题后，将其释文的最终落脚点限定在了十二伊玛目派的教义主张和思想观点上。

大体来讲，卡希在十二篇序言中，对他的经注主旨与思想做了详细叙述。至于他的注释特点，除大量引述伪造圣训和伪造传闻注释有关经文外，主要是：

(一) 释文简明，文字精练

卡希的文学修养，使他的释文一目了然。例外的是，卡希只有在注释涉及教义、《古兰经》故事，以及先知穆罕默德时期发生的战役的经文时，才不惜笔墨，引经据典，详加解释。

（二）释义与十二伊玛目派的教义相辅相成

卡希的释文始终紧扣什叶教义主题展开，主要表现在：(1)《古兰经》与圣裔。卡希注释经文时，竭尽全力将那些与圣裔没有任何关系的经文，通过注释使两者之间具有内在联系，如对第2章（黄牛章）第34节经文的注释。(2) 释文中诽谤圣族外的圣门弟子与伍麦叶人，旨在维护圣裔和什叶派教义。如注释第2章（黄牛章）第84—85节经文时，诽谤了第三任哈里发奥斯曼；注释第9章（忏悔章）第40节经文时，诽谤了首任哈里发艾布·伯克尔；注释第66章经文（禁戒章）第1节经文时，诽谤了圣妻阿伊莎和哈芙赛（Hafsah, 604 – 665）、圣门弟子艾布·伯克尔和欧麦尔；注释第80章（皱眉章）前5节经文时，认为经文不是批评先知穆罕默德，而是批评第三任哈里发奥斯曼，或伍麦叶家族中的某人。(3) 想方设法通过注释捍卫十二伊玛目派的教义原理。(4) 界定阿里的合法继承权，如注释第5章（筵席章）第55节经文时，引证传闻认为，阿里是先知穆罕默德亲自指定的继承人。(5) 穆斯林必须顺从主事者——出身圣裔的众伊玛目，如对第4章（妇女章）第59节经文的注释。(6) 每位伊玛目亲自指定了继承人，如对第4章（妇女章）第58节经文的注释。(7) 主张"复临学说"，如求证第2章（黄牛章）第55—56节经文，说明复临学说的正确。(8) 但凡穆斯林，都要相信复临学说，认为相信复临学说就是相信"幽玄"，如对第2章（黄牛章）第2—3节经文的注释。(9) 支持"塔基亚"原则，如注释第3章（仪姆兰的家属章）第28节经文时，肯定了塔基亚原则的正确性和必然性。

（三）注释教法经文

卡希基于本派法学思想，注释了涉及教法的经文。例如，注释第4章（妇女章）第24节经文时强调了临时婚姻的合法性；注释第2章（黄牛章）第221节经文时，反对与有经人结婚。此外，卡希还指出，只有众伊玛目才有资格和能力创制教法，因为他们是受真主保护的人。

（四）注释受穆尔太齐赖派教义影响

卡希运用穆尔太齐赖派观点，注释了有关信仰教义的一些经文，如"行为自由"（6：123）、"目视真主"（75：22—23）、"末日说情"（2：

48）等经文，都按照穆尔太齐赖观点予以阐释。①

五　赛义德·阿卜杜拉·阿拉维的《古兰经注释》

赛义德·阿卜杜拉·阿拉维，全名赛义德·阿卜杜拉·本·穆罕默德·里达·阿拉维（Sayyīd 'abd Allah ben Muhammad ridā al-'alawī，伊历 1188—1242），纳杰夫人，十二伊玛目派教法学家、圣训学家、注释学家。阿拉维师从父亲穆罕默德·里达（Muhammad ridā），以及赛义德·穆赫辛·阿尔拉哲（Sayyīd muhsin al-'a'rajī）等学者研习经训、教法、注释等伊斯兰传统学科。阿拉维终生致力于传道授业，著书立说，主要著作有《来自真主、使者、众伊玛目和贤哲们的劝善辑珍》（Al-durar al-manthūr fi al-mawā'īz al-ma'thūr'an Allah wa al-nabiyy wa al-'a'immah wa al-hukmā'）、《圣道工作》（'A'māl al-sunnah）、《列圣故事》（Qisas al-'anbiyā'）、《论哲学家的美丑之证》（Risālah fi hujiyyah al-'aql wa al-hasan wa al-qabh al-'aqliyyīn）、《辞章之道阐释》（Sharh nahj al-balāghah）、《古兰经注释精华》（Safwah al-tafsir）、《古兰经注释》（Tafsir al-qur'ān）。

《古兰经注释》是阿拉维根据十二伊玛目派教义著述的一部典籍，成书于伊历 1239 年，全一册，业已出版，埃及国家图书馆藏有该书。该部经注言简意赅，行文优美，堪与逊尼派的《哲拉莱尼古兰经注》相媲美，其主要特点如下：

（一）引述传闻

阿拉维注释时，首先引证传自圣裔的言论注释经文，以支持本派教义的原理和细则。此外，他引证被引传闻时，没有逐一说明传闻出处。

（二）采用各派教义观点

阿拉维注释那些与教义有关的经文时，有时候运用逊尼派教义主张，但前提条件是要符合什叶派的基本教义；有时候引用穆尔太齐赖派的教义观点，如"目视真主"（7：143）、"行为与意志自由"（2：7）等。阿拉维引证时，也根据什叶观点对他派的观点给予反驳，如关于"饶恕犯罪"

---

① 穆罕默德·侯赛因·扎哈卜：《古兰经注释与注释家》卷 2，开罗知识出版社 2001 年版，第 145—185 页。

（4∶48）的问题，就与穆尔太齐赖派的注释截然不同。

（三）语言学注释

阿拉维根据语言学原理，注释了有些经文的修辞、句法和词法。此外，还对那些结构相同但经义有别的经文作了不同程度的解析。

（四）彰显什叶教义

阿拉维根据什叶派教义观点，注释了有助于十二伊玛目派的经文，主要体现在"伊玛目合法继承权"（5∶55）、"每个伊玛目指定了继承人"（4∶85）、"各个时代都有受保护的伊玛目"（4∶59）、"伊玛目复临人间"（2∶56）、"塔基亚原则"（3∶28）、"古兰经受到篡改"（49∶9）、"谴责圣门弟子"（9∶40）、"维护圣裔"（66∶4）、"只有圣裔最知经义"（3∶7）等。

（五）注释教法经文

阿拉维根据十二伊玛目派的教法主张和教法思想，注释了言及教法的经文，并给予理性创制。例如，他对"临时婚姻"（4∶23）、"战利品"（8∶41）、"历代先知继承财产"（19∶5—6）、"与有经人结婚"（5∶5）的主张，明显是基于十二伊玛目派的教法思想。①

六 素丹·穆罕默德·呼罗珊的《阐明功修等级的幸福》

素丹·穆罕默德·呼罗珊（Sultān Muhammad al-khurāsāniyy），呼罗珊人，伊历14世纪十二伊玛目派注释学家。关于他的生平，注释学界知之甚少。

《阐明功修等级的幸福》（*Bayān al-saʻādat fī maqāmāt al-ʻibādat*），成书于1893年，是近现代以来十二伊玛目派的代表性注释典籍。该部经注业已出版，埃及国家图书馆藏有该书。

如果说什叶派上述几部注释典籍的共同点是，各部注释典籍仅基于十二伊玛目派原理，程度不同地展现了本派的教义主张，那么《阐明功修等级的幸福》则与众不同。在该书中，作者独辟蹊径，不仅将其注释建立在本派教义主张上，而且运用苏菲原理和哲学理论注释了有关经文，从

---

① 穆罕默德·侯赛因·扎哈卜：《古兰经注释与注释家》卷2，开罗知识出版社2001年版，第186—198页。

而使该部经注富有浓郁的苏菲色彩和鲜明的哲学特点。鉴于该部经注具有苏菲色彩的性质，故被视为什叶派的苏菲注释典籍。细究该部经注，其重要特点大体如下：

（一）彰显十二伊玛目派教义

该部经注中，无论作者从哪个角度注释，都万变不离其宗，主旨是服务于十二伊玛目派的教义主张。具体表现在：十二伊玛目和隐遁伊玛目马赫迪；《古兰经》与圣裔互为证明，《古兰经》是无声伊玛目，圣裔是有声伊玛目；唯有先知穆罕默德及其遗嘱继承人最通晓《古兰经》微言大义；《古兰经》是为众伊玛目及其支持者，以及为反对他们者而降示，即三分之一为众伊玛目而降，三分之一为反对他们者而降，三分之一为教律和圣道而降；强调阿里是先知穆罕默德的合法继承人；伊玛目复临之说；等等。

（二）苏菲示意注释

作者借助苏菲原理，对很多经文做了示意注释。尽管如此，但他的目的是从另外一个角度强调和支持本派的教义主张。

（三）哲学理论注释

作者根据哲学理论注释了有关经文。例如经文"赞美真主，超绝万物，他在一夜之间，使他的仆人，从禁寺行到远寺。我在远寺的四周降福，以便我昭示他我的一部分迹象。真主确是全聪的，确是全明的"（17：1）。作者从哲学的感性和理性角度，否认逊尼派的观点——先知穆罕默德的灵魂和身体同时从麦加禁寺夜行到耶路撒冷远寺后登霄，而是认为先知穆罕默德的灵魂登霄，但身体丝毫未动，仍在麦加。再如，作者从理性角度出发，认为各种传闻表明，前代民族都知道先知穆罕默德及其后裔，并因他们而荣耀。

（四）注释《古兰经》故事

作者在注释《古兰经》叙述的历代先知故事时，并不是为了再现经文中告知的历代先知的生命历程及其使命，而是借注释阐发故事中具有的示意，以支持本派学说主张。

（五）公允的圣门弟子观

在逊尼派看来，该部经注难能可贵的一点是，作者既没有批驳圣族外的任何圣门弟子，也没有将他们中的任何一位判定为异教徒。

（六）注释教法经文

作者但凡注释涉及教法的经文时，仅根据十二伊玛目派的法学主张和思想，言简意赅地给予宏观性阐释，而不详加赘述。例如对"临时婚姻"、"与有经人结婚"、"战利品分配"等的注释，都是点到为止。

（七）受穆尔太齐赖派影响

作者受穆尔太齐赖派教义观影响，运用该派原理注释了涉及教义的一些经文，如"目视真主"、"犯大罪者的地位"等。此外，作者对穆尔太齐赖派的有些观点表示赞同，有些表示反对。

（八）引证逊尼派经注内容和波斯文语句注释

作者注释有关经文时，不仅引证什叶派注释典籍中的内容，也引述逊尼派的注释典籍内容，如拜达维的《启示光辉和经义奥秘》。此外，作者在注释有些经文的辞藻句子时，还常常引证波斯学者的精妙语句，佐证他的分析和注释。①

七　邵卡尼的《全能主的胜利》

邵卡尼，全名穆罕默德·本·阿里·本·阿卜杜拉·邵卡尼（Muhammad ben Ali ben 'abd Allah al-shawkāniyy，伊历 1173—1250），也门萨那人，以出生地"邵卡尼"（Al-shawkāni）著称，栽德派圣训学家、注释学家、教法学家。邵卡尼师从父亲阿里·本·阿卜杜拉（Ali ben 'abd Allah），以及其他名师习经释典，著书立说，其主要作品有《全能主的胜利》（Fath al-qadīr）、《圣训解读》（Nayl al-'awtār sharh muntaqā al-'akhbār fi al-hadīth）、《创制与传统》（Al-qawl al-mufīd fi 'adillah al-'ijtihād wa al-taqlīd）。②《全能主的胜利》既是邵卡尼的代表作，也是栽德派在《古兰经》注释领域的扛鼎之作，成书于伊历 1223—1229 年，全5册。

如前所述，栽德派教义主张和教法观点因接近逊尼派，成为什叶派中的温和派。因此，该派的温和主张完全展现在邵卡尼的《全能主的胜利》

---

① 穆罕默德·侯赛因·扎哈卜：《古兰经注释与注释家》卷2，开罗知识出版社 2001 年版，第 199—234 页。

② 《创制与传统》在也门萨那教法学界引起轩然大波，主张因循守旧和主张创制的教法学家们围绕教法的"传统"与"创制"展开辩论。

中。此外，该部经注因其集"传闻与见解"于一体的优点，被注释学界视为是《古兰经》注释领域的重要参考文献。

邵卡尼在其经注的前言中，论述了他著述该部经注的方法，以及其他注释事项，主要是：（1）他的方法是先引证传闻注释经文，然后再发表自己对经文的理解。（2）他基于伊本·阿廷耶的《天经注释编要》，古尔泰卜的《古兰经教律总汇》，宰迈赫舍里的《启示真相揭示》，艾布·贾法尔·努哈斯的《古兰经词义》、《古兰经的语法分析》、《古兰经文的先后停止》，哲拉鲁丁·苏尤蒂的《经训经注辑珍》，以及其他著名注释典籍，完成了《全能主的胜利》。（3）他引证先知穆罕默德、圣门弟子、再传弟子或权威学者对《古兰经》的注释时，没有叙述每段确凿传闻的详细传述系统。（4）他引证圣训时，没有叙述每段圣训的详细传述系统，而仅溯源至第一传述人。（5）他指出，哲拉鲁丁·苏尤蒂的《经训经注辑珍》虽然最大限度地引述了先知穆罕默德、圣门弟子与再传弟子的传闻注释，但还是有纰漏之处。因此，他的这部注释典籍，一方面要对此予以概要补充，另一方面还要补充《经训经注辑珍》等经注中没有阐明的传闻注释的裨益。邵卡尼在阐述了这些事项后指出，他基于以上思路，将该部经注命名为《全能主的胜利——传闻与见解注释总汇》（*Fath al-qadīr——Al-jāmi' bayn fannay al-riwāyah wa al-dirāyah min 'ilm al-tafsīr*），简称《全能主的胜利》。该部经注的主要特点大体如下：

（一）先经后训再见解

邵卡尼注释时，首先根据经训注释经文；如果经训中都没有依据，就引证先贤传闻注释；最后发挥个人见解，解析经文大义、分析经文之间的关联性及其哲理所在。

（二）语言学解读和经文诵读解析

邵卡尼根据艾布·宰凯里雅·凡拉厄的《古兰经大义》、艾布·欧拜德的《古兰经的隐喻法》等典籍，解析了经文中的词法、句法和修辞。同理，但凡经文中涉及信仰教义的难解辞藻，他都从语言学角度，给予学理分析和哲理阐释。此外，他还据证解析了一些经文的不同诵读及其哲理所在。

（三）注释教法经文

邵卡尼引述各派法学家的不同见解、分歧和证据，注释了教法经文。

在注释中，他一方面评议了各家之言并侧重其中的一家之见，另一方面发挥个人见解，演绎了经文中蕴涵的教律条规。同时，他还评议了那些因循守旧的教法学家，认为他们放弃了经训精神，没有根据时代发展和社会需要，对教法经文做出与时俱进的注释。

（四）引述伪造和羸弱传闻

尽管邵卡尼根据权威典籍引述的绝大部分传闻确凿无疑，但他还是引述了一些伪造或羸弱传闻。例如经文"你们的盟友，只是真主和使者，和信士中谨守拜功，完纳天课，而且谦恭的人"（5：55）。即使他深知什叶派为求证阿里系合法继承人而伪造了很多传闻，但他还是引述了伪造圣训注释了这节经文。

（五）反驳穆尔太齐赖派观点

栽德派深受穆尔太齐赖派影响，教义上汲取了该派的"意志自由说"和"理性主义原则"，邵卡尼却反其道而行之。他不仅没有采纳穆尔太齐赖派的观点注释经文，而且据理批驳了该派的很多观点，如批驳该派关于"犯大罪者地位"、"《古兰经》被造说"等观点。[①]

第五节　哈瓦利吉派注释家及其典籍

一　穆罕默德·本·优素福·伊特菲什的《后世之本》

穆罕默德·本·优素福·伊特菲什（Al-shaykh Muhammad ben yūsu' itfīsh，伊历 1236—1332），摩洛哥人，哈瓦利吉派艾巴德支派注释学家、圣训学家、教法学家。伊特菲什自 16 岁起，就开始教书育人，著书立说，著作达 300 部之多，涉猎古兰学、注释学、圣训学、教法学、教义学、语言学、修辞学、句法学、词法学、天文学、遗产学等。在《古兰经》注释领域，伊特菲什著有三部经注，依次是《期望彼岸》、《后世之本》、《简明注释》。

《后世之本》（Himyān al-zād ' ilā dār al-ma'ād）共 13 册，既是艾

[①] 穆罕默德·侯赛因·扎哈卜：《古兰经注释与注释家》卷 2，开罗知识出版社 2001 年版，第 285—299 页。

巴德派在伊斯兰学术领域的典范之作，也是哈瓦利吉派在《古兰经》注释史上的代表作。该部经注的主要特点大体表现在以下几个层面上：

（一）基于前人注释典籍

作者汲取前人注释典籍内容，尤其是宰迈赫舍里的《启示真相揭示》和拜达维的《启示光辉和经义奥秘》中的精粹内容，注释了相关经文。

（二）注释内容广泛

该部经注内容丰富，涉猎广泛，主要表现在，在章首叙述该章节文数与该章属性（麦加章或麦地那章）；引证伪造圣训阐释《古兰经》的章节之优越；阐述章节之裨益；全面阐释每节经文中的语法、词法、修辞、教法和教义等；阐释经文中的不同诵读；不加甄别地大量引述以色列传闻；引述先知穆罕默德时期发生的所有战役的细节。

（三）维护艾巴德派教义

伊特菲什但凡注释一节经文，都力求使经文主旨符合艾巴德派教义，尤其是关系到"信仰的实质"（2：2—3）、"犯大罪者地位"（2：81）、"真主饶恕罪恶"（3：129）、"末日说情"（2：48）、"目视真主"（5：55）、"行为自由"（6：107）等教义问题时，都充分展现了艾巴德派的教义主张。此外，他还反对什叶派主张的阿里合法继承权（5：55），以竭力维护哈瓦利吉派的基本思想。

（四）苏菲注释

伊特菲什在注释诸如"他们确信幽玄，谨守拜功，并分舍我所给予他们的"（3：3）经文时，采用苏菲主义的相关观点对其给予注释。[①]

第六节　近现代注释家及其典籍

一　谭塔维·焦海里的《焦海里经注》

《焦海里经注》（*Al-jawāhir fī tafsīr al-qur'ān*）是埃及学者谭塔维·焦海里（Tantāwī jawāhir, 1870—1940）的代表作，共 25 卷。该书是作者

[①] 穆罕默德·侯赛因·扎哈卜：《古兰经注释与注释家》卷 2，开罗知识出版社 2001 年版，第 319—336 页。

在将《古兰经》中各类内容与人文社会科学与自然科学相联系后,阐发《古兰经》微言大义的一部百科全书式的注释典籍。该部经注不仅是近现代以来科学注释《古兰经》的扛鼎之作,也是自法赫鲁丁·拉齐的《幽玄之钥》以来,注释学界从科学角度注释《古兰经》的代表作。

谭塔维在该部经注的前言中,多次讲述了他的注释动因。他认为,《古兰经》内容包罗万象,《古兰经》哲理蕴涵一切,尤其是经中言及宇宙奇迹和自然现象的经文更是绝妙至极。然而,很多学者对这些经文内容及其哲理,没有给予足够的重视、研究和注释。对此,谭塔维·焦海里以教律经文为例作了说明。他讲到,尽管《古兰经》中直接涉及法律的经文数量相对有限,但穆斯林只重法学经文知识而不重经文中的科学知识是不正确的,"为什么法学方面的专著层出不穷,而科学知识的著作相对有限,《古兰经》中几乎每一章都有关于科学知识的经文,直接涉及于此的经文多达750节,此外还有很多间接涉及的经文。无论在理性,还是在法理层面,穆斯林何以专注少量经文涉及的知识,而忽略大量经文涉及的知识呢?"[①] 基于这个出发点,谭塔维相继撰著了《世界规律与各民族》(*Nizām al-'ālam wa al-'umam*)、《科学的本质》(*Jawāhir al-'ulūm*)、《桂冠》(*Al-tāj al-murassar*)、《美丽世界》(*Jamāl al-'ālam*)、《规律与伊斯兰教》(*Al-nizām wa al-islām*)、《伊斯兰民族及其生活》(*Al-'ummah wa hayātuhā*),以便将《古兰经》与宇宙相联系,使真主的启示证明宇宙万有的存在,自然现象佐证真主的启示,两者相辅相成,互为佐证。然而,谭塔维发现这些著作尽管多次再版,并被译为一些外国语言,但还是没有达到他预期的效果。于是,他决定撰著一部注释《古兰经》的巨著,将人类所有学科知识囊括在内。

谭塔维在开罗大学师范学院(Dār al-'ulūm)任教期间,开始注释《古兰经》。其中,一部分注释是他给学生的授课内容,另一部分注释是他为 *Al-malāji' al-'abāssiyah* 杂志撰写的文章。他将两部分内容合二为一,进行整理后,将其命名为《焦海里经注》,成为一部具有跨学科和学科交叉性质的著名注释典籍。该部经注具有以下主要特点:

---

① 雅希尔·希扎兹:《伊斯兰的哲人——谭塔维·焦海里》,http://www.islamonline.net/arabic/famous/2005/09/article03.shtml [2005 - 09 - 12]。

（一）先解词后释义

谭塔维注释时，首先言简意赅地解析经文的词汇大义，然后再分门别类，根据现代科学知识，如植物学、动物学、医学、物理学、化学等学科原理，广泛阐释相关经文。例如，关于经文"当时，你们说：'穆萨啊！专吃一样食物，我们绝不能忍受，所以请你替我们请求你的主，为我们生出大地所产的蔬菜——黄瓜、大蒜、扁豆和玉葱。'他说：'难道你们要以较贵的换取较贱的吗？你们到一座城里去吧！你们必得自己所请求的食物'"（2：61）。他注释该节经文时，先分析了该节经文中的辞藻，然后阐释了该节经文的医学意义，最后根据现代医学业已定论的医学理论，阐释该节经文的大义，及其蕴涵的科学奥妙。

（二）根据现代科学成果解读经文经旨

谭塔维最大限度地汲取教内外与东西方的各类科学研究成果，注释了相关经文，促使该部经注内容丰富，涉猎广泛。因此有评论家认为，该部经注内容应有尽有，唯一缺乏的就是注释。

（三）穿插大量图片

谭塔维穿插了一些动物、植物、自然景物和科学实验的图片，以便读者通过图片能够直观地理解经义。严谨的学者认为，谭塔维在经注中穿插图片的做法不可取。

（四）引用《新约》内容

谭塔维在注释经中涉及基督教的经文时，有时候引证《新约》中的内容，以佐证他的注释内容。

（五）引证柏拉图的《理想国》

谭塔维依据柏拉图的《理想国》，注释了《古兰经》中大量有关宗教真理的经文。评论家认为，从法理来讲，这是不允许的。因为《古兰经》以其纯粹的、永恒的真理而立，而不是柏拉图式的哲学理想。

（六）引证《精诚兄弟社论文集》

谭塔维引证《精诚兄弟社论文集》中的内学派思想，注释了相关经文。尽管该论文集不乏违背经训明文的内容，但从谭塔维引证的态度和行文来看，他将自己对论文集的肯定与偏爱展现给了读者。

（七）引用字母数值计算法

谭塔维注释有关经文时，运用不能达到永恒真理的字母数值计算方式，演绎了一些或然性知识。①

《焦海里经注》一经问世，各方评论不绝于耳。有的学者认为，该部经注在现代社会向伊斯兰教提出诸多问题的背景下，作者勇于创新，汲取前人注释精华，运用各种科学知识，广泛阐发《古兰经》微言大义的学术举措，是值得肯定的，该部经注的重要性更是不容否认。但有的学者则认为，从注释《古兰经》应遵循的学理原则来讲，由于作者一味运用自然科学原理注释那些涉及天体、地球、动物、植物、矿物等经文的举措，一定程度上与注释学界定的普遍原则和基本要求有所出入，故该部经注具有相应的瑕疵。②

二 穆罕默德·阿布笃的《古兰经注》

《古兰经注》（Tafsir al-qur'ān）是近现代埃及伊斯兰教学者、宗教和社会改革家穆罕默德·阿布笃（Muhammad 'abduh, 1849–1905）的主要著作，也是穆罕默德·阿布笃学派的主要代表作。

《古兰经注》成书于1899—1905年，是穆罕默德·阿布笃接受弟子穆罕默德·拉希德·里达的建议，先后在埃及爱资哈尔大学，以及阿尔及利亚、贝鲁特等地清真寺，运用新观点和新方法讲解《古兰经》，并由拉希德记录编纂而成的一部经注。该部经注的注释范围，仅为《古兰经》的7卷，分两个部分，第一部分是第1章至第4章第126节经文（约6卷），是作者在爱资哈尔大学六年的授课内容，拉希德整理后陆续发表于《光塔》（al-Manarah）杂志。第二部分是《古兰经》第30卷，在贝鲁特等地授课而成。

该部经注很大程度上体现了穆罕默德·阿布笃及其学派的学术思想和社会主张，其主要特点如下：

（一）发挥理性作用，主张开拓创新

穆罕默德·阿布笃是爱资哈尔大学近现代以来，首位号召穆斯林开拓创新、发挥理性、改良穆斯林社会的学者。因此，他"提倡应用新的经

---

① 哈立德·阿布杜拉·哈曼·俄克：《古兰经注释原理》，贝鲁特纳法伊斯出版社2003年版，第253页。
② 穆罕默德·侯赛因·扎哈卜：《古兰经注释与注释家》卷2，开罗知识出版社2001年版，第505—517页。

注学理论解释《古兰经》，应把属于基本信仰的启示和属于社会立法性的启示加以区别。从《古兰经》和可靠的圣训中寻求类似现代思想的因素，自由运用理智进行新的教法演绎，创制新的律例和新的'公议'原则"①。基于这个出发点，穆罕默德·阿布笃在《古兰经注》中付诸实施，充分展现了他对创新和理性的主张。此外，穆罕默德·阿布笃在讲解注释前有个习惯——不查阅前人的任何注释，以免前人注释影响到他的理性发挥。

（二）受唯理论影响，通过注释调和理性与宗教的关系

穆罕默德·阿布笃"从穆尔太齐赖派唯理论观点出发，认为理性为伊斯兰传统所固有，《古兰经》尊重理性，把理性提高到首要地位，这表现在'判断何为真理，何为谬误，何为有益，何为有害方面，理性具有最后的权威'。人完全有能力通过理性来确证信仰，印证真主的存在和独一，从而确信'宇宙之外有一个无所不在、无所不知、无所不能的创造者'。如果理性与圣训传说的字面意义相悖，则应服从理性的判断。但他又认为天启是不谬的，理性有时是易错的，理性离不开天启的指导。理性至多只能够认识事物偶然的、次要的本质"②。

（三）《古兰经》不附和信仰，信仰当遵循《古兰经》

穆罕默德·阿布笃认为，《古兰经》是衡量信仰的准则，因此穆斯林当视其为原理原则，借此确立信仰，演绎学说。他反复强调，《古兰经》是涵盖伊斯兰教各个派别和各种学说之根本，因此各派别和各学说当使各自的派别主张和思想学说符合《古兰经》经旨要求，而不应通过注释，使《古兰经》切合本派的主张观点。他在注释《古兰经》第1章时，就此做了详细阐述。

（四）没有引述以色列传闻

穆罕默德·阿布笃一改以往很多注释家引述以色列传闻来解析经文的做法，没有引述任何以色列传闻。他认为，《古兰经》没有责成穆斯林细化性地注释经文，因为人们无法解读它的终极经旨，因此不必借助以色列传闻，牵强附会地加以解释。

（五）语言学注释有限

穆罕默德·阿布笃将《古兰经》注释分为两种：其一，远离经文终

---

① 宛耀宾总主编：《中国伊斯兰百科全书》，四川辞书出版社1994年版，第389页。
② 同上书。

极旨意的注释。他认为，以往一些注释家局限在解析经文词法、句法、修辞等层面上的注释，不是注释《古兰经》的目的，而只是对经文语言艺术的研究。其二，指导穆斯林坚守信仰，教导穆斯林遵行教法，引导穆斯林两世幸福的注释，才是真正的注释，也是注释的首要目的。因此，其注释中的绝大部分内容都是阐释经义经旨的内容，而很少见到解析经文词法、句法和修辞等内容。

尽管如此，穆罕默德·阿布笃的这个主张，并没有使他忽略对个别辞藻的解析，而是在必不可少的情况下，溯源前人的语言学注释，以揭示《古兰经》言辞具有的超绝性。

（六）引证圣训注释经文

穆罕默德·阿布笃根据圣训注释了一些经文，其目的在于，如果某段圣训契合了某节经文，那么他就以该段圣训注释该节经文，以求两者之间的相通性，使人们更加明白经文的旨意所在。

（七）关注社会问题

穆罕默德·阿布笃但凡注释一节经文，都力求通过注释来分析和梳理穆斯林社会面临的各种问题。因此，他"主张改革伊斯兰教传统中不适应社会发展的陈规陋习和教律。他把伊斯兰教义区分为基本和辅助两部分。基本部分也称为'基本教旨'，它包括《古兰经》及真实圣训，此外均属辅助部分。前者是永恒的、绝对的、不可动摇的，适用于一切时代，后者则是相对的、暂时的，要随时间、地点、条件的变化而变化。他主张简化烦琐的宗教礼仪，使伊斯兰教摆脱旧的清规戒律的束缚，改革一夫多妻、蓄奴制等封建制度，反对一切陈规陋俗，'把思想从盲目信仰的牢笼里解放出来'，给伊斯兰教以新的生机"[①]。例如，他在注释仅有3节经文的第103章（时光章）时，旁征博引，辅以案例，用7天的授课时间（每天不少于两个小时），详细分析了该章蕴涵的社会哲理，分析了"时光"对于社会整体和个人个体的重要性，以及"行善、真理、坚忍"等具有的社会义理等[②]。由此可见，通过注释，关注和分析社会问题是该部

[①] 宛耀宾总主编：《中国伊斯兰百科全书》，四川辞书出版社1994年版，第389页。

[②] 穆罕默德·侯赛因·扎哈卜：《古兰经注释与注释家》卷2，开罗知识出版社2001年版，第552—575页；阿卜杜拉·沙哈特：《伊斯兰教经学》，埃及公共图书社1998年第3版，第138—156页。

经注的重心所在。

三 穆罕默德·拉希德·里达的《光塔古兰经注》

《光塔古兰经注》（Tafsir al-manārah）是埃及学者、宗教和社会改革家穆罕默德·拉希德·里达（Muhammad Rāshid Ridā, 1865—1935）的代表作。它既是穆罕默德·阿布笃学派在《古兰经》注释领域的扛鼎之作，也是近现代以来世界范围内观点最新颖的《古兰经》注释典籍之一。

就《光塔古兰经注》的渊源来讲，它是穆罕默德·拉希德·里达在整理和刊载穆罕默德·阿布笃注释的基础上，根据自己的理解，结合现代知识并加以发挥，提出新的见解后形成的一部经注。该经注因1900年起在《光塔》杂志陆续发表而被命名为《光塔古兰经注》（又称《拉希德古兰经注》）。《光塔古兰经注》由于里达的去世成为一部未完的作品，注释范围为第1章至第12章（优素福章）第101节经文（该章共111节经文），共12册。其中，第12册以第12章第53节经文为结束，拜赫哲特·拜塔尔（Bahjat al-baytār）教授此后补注了该章第54—111节经文，并独立成册出版发行，署名为穆罕默德·拉希德·里达。此外，穆罕默德·拉希德·里达还注释了《古兰经》中的部分短章，主要是第108—114章。

毋庸置疑，穆罕默德·拉希德·里达对业师穆罕默德·阿布笃发表在《牢不可破的关系》（Al-'urwah al-wuthqā）上的文章，选用《古兰经》文并加以相应注释来论证现实社会问题的做法十分钦佩，认为远远超过前辈注释家的见解。因此，他建议业师注释《古兰经》，并在业师去世后沿着他的未竟事业，继续注释《古兰经》。由此，两者之间的注释，从结构到方法，从行文到内容，从思想主张到注释目的，大体上如出一辙。《光塔古兰经注》的主要特点如下：

（一）注释渊源清晰

拉希德经注的首要特点，体现在他注释时溯源的依据上，依次为：（1）以经注经，即借助一节经文理解另一经文，尤其是在那些同一专题范畴的经文之间进行互相注释。（2）以训注经，即采取确凿无误的圣训注释有关经文。（3）采取圣门弟子与再传弟子的确凿传闻注释经文。（4）借助阿拉伯语的风格和语义注释经文。（5）借助前人的理性注释，尤其是他的业师穆罕默德·阿布笃的观点解读一些经文。此外，拉希德在注释经文前，一般不参照前人的见解注释，以避免受到影响，而是在注释完经文后，才参照前人注释。如果他对经文的理解在前人的注释中没有出现，便将自己的注释呈现给同人和家人，以便共同分享注释成果，然后再在《光塔》杂志上予以发表。

（二）注释目的鲜明

拉希德认为，"《古兰经》不是世俗法典、医典、人类史书，更不是艺术作品，而是人类社会的指南，它指导人们获得今、后两世幸福。"[①]基于这个出发点，他没有像其他注释家那样，大量引证前人传闻，阐发教义主张，引述以色列传闻，解析大义不明经文（Al-mubhimāt），评议伪造圣训，汇集各科知识，运用学术术语。反之，拉希德以新颖的方法和简明的措辞，阐明了隐微经文，揭示了《古兰经》正道，排除了他者对《古兰经》的非议，捍卫了《古兰经》尊严，阐释了经文立法，解析了真主的常道。拉希德在此基础上，梳理和分析了穆斯林社会存在的不良症状，并号召穆斯林"改造阿拉伯社会，促进穆斯林新的觉醒，使伊斯兰教与现代世界发展潮流相结合，教义与科学相协调"[②]。

（三）理性注释经文

如同穆罕默德·阿布笃，拉希德将他的注释也大体建立在理性见解层面上。例如，他从理性角度认为，"阿丹吃禁果"（2∶31）代表着人能够行善与作恶；"天使"是在人体内导人至善的一种力量；等等。

（四）注释经文修辞

拉希德效仿业师穆罕默德·阿布笃，以及穆尔太齐赖派的做法，运用修辞学中的隐喻法和比喻法，注释了一些经文，从而使经文失去了应有本义，代之以隐义。例如，从他对"魔术"、"恶魔"、"精灵"、"天使"、"先知穆罕默德奇迹"等的修辞式注释中就可见一斑。

（五）创制教法

拉希德但凡注释涉及教法的经文时，就最大限度地演绎和创制经文中的教律。在教法学家看来，由于拉希德过度创制，致使他创制的教律与众

---

① 宛耀宾总主编：《中国伊斯兰百科全书》，四川辞书出版社1994年版，第393页。
② 同上书。

教法学家创制的教律相左。读者从他对第 2 章（黄牛章）第 180 节经文的注释中就可见一斑。

（六）根据《旧约》和《新约》解析经文

尽管拉希德严厉批驳了那些引述以色列传闻的注释学家们，但他还是不能例外，引述了《旧约》和《新约》中的一些传闻。尽管如此，他引述的主要目的在于，一是借此解析一些大义不明经文（Al-mubhimāt）；二是反驳一些注释家对以色列传闻的偏爱言论。

（七）维护伊斯兰教和捍卫《古兰经》

拉希德经注的一个鲜明特征就是，通过注释来维护伊斯兰教和捍卫《古兰经》，排除围绕二者产生的怀疑和各种非难，以还原伊斯兰教真相和《古兰经》的本来面貌。①

四 穆罕默德·穆斯塔法·穆拉吉的《穆拉吉经注》

《穆拉吉经注》（Tafsir al-murāghī）是埃及现代学者、宗教和社会改革家穆罕默德·穆斯塔法·穆拉吉（Muhammad mustafā al-murāghī，1881—1945）教授的代表作，同样也是穆罕默德·阿布笃学派在《古兰经》注释领域的重要著作之一。

学术界研究指出，在穆罕默德·阿布笃学派的诸多学者中，尽管穆拉吉伴随穆罕默德·阿布笃的时间不长，但再也找不出比穆拉吉更受穆罕默德·阿布笃精神影响的人；再也没有任何人像穆拉吉那样追随穆罕默德·阿布笃，致力于穆斯林社会改良和创新事业中；再也没有任何人能像穆拉吉教授那样，引经据典地净化伊斯兰教，捍卫《古兰经》。

穆拉吉曾两度出任爱资哈尔大学筛海职位，第一次是 1928—1930 年，第二次是 1935—1945 年。期间，他效仿业师穆罕默德·阿布笃，经常举行不同内容的学术讲座。他的讲座由于内容新颖和观点独特，吸引了社会各界人士，上至国家元首，下至平民百姓，都纷纷前来聆听他的精彩讲座。其中，穆拉吉关于《古兰经》注释的讲座，在伊斯兰文化圈引起强烈反响，其讲稿被结集命名为《穆拉吉经注》后出版，受到各方好评。

---

① 穆罕默德·侯赛因·扎哈卜：《古兰经注释与注释家》卷 2，开罗知识出版社 2001 年版，第 576—589 页。

没有注释整部《古兰经》，是穆罕默德·阿布笃学派在《古兰经》注释领域的共性，《穆拉吉经注》概莫能外。较之穆罕默德·阿布笃与拉希德的注释量而言，穆拉吉的注释量不仅少，而且没有集中在某一卷，甚至某一长章中。他的经注范围，根据讲座时间依次为：第 2 章（黄牛章）第 177 节经文；第 3 章（仪姆兰家属章）第 133—138 节经文；第 42 章（协商章）第 13—14 节经文；第 6 章（牲畜章）第 151—153 节经文；第 2 章（黄牛章）第 183—186 节经文；第 8 章（战利品章）第 24—29 节经文；第 49 章（寝室章）；第 57 章（铁章）；第 31 章（鲁格曼章）；第 6 章（牲畜章）第 160—165 节经文；第 7 章（高处章）199—206 节经文；第 41 章（奉绥来特章）第 30—34 节经文；第 7 章（高处章）第 1—9 节经文；第 11 章（呼德章）第 112—123 节经文；第 4 章（妇女章）第 58—59 节经文；第 13 章（雷霆章）第 17 节经文；第 28 章（故事章）第 83—88 节经文；第 25 章（准则章）第 1—10 节经文；第 25 章（准则章）第 63—77 节经文；第 103 章（时光章）；第 67 章（国权章）。

以上内容，是穆拉吉自 1937—1945 年，分别在开罗、亚历山大等地，围绕《古兰经》注释举行的 21 次讲座或演讲，每次选择的章节，都具有相应的专题内容和注释目的。尽管穆拉吉的 21 次讲座内容，大体上针对上述所列经文，但在具体讲解中，也穿插引用了其他章中的不同节文。

毋庸讳言，《穆拉吉经注》的注释量较之其他注释典籍，可谓少之又少，但这些注释以点带面地说明了穆拉吉的思想和主张。换言之，假设穆拉吉生前潜心注释整部《古兰经》，那么他的注释思想和观点，与现有注释并无根本差别。该部经注的主要特点大体如下：

（一）注释渊源错落有致

穆拉吉讲解《古兰经》所依据的渊源，依次是：《古兰经》→圣训→圣门弟子与再传弟子注释→阿拉伯语义→前人注释。穆拉吉在引证前人注释时，充分肯定了他们在《古兰经》注释领域的学术贡献。

（二）注释主题风格鲜明

穆拉吉每次讲座时选择的经文内容，都具有鲜明的主题风格，大体表现在彰显真主伟大、折射人类正道、反映劝善戒恶等层面上。

（三）没有解析不明经文

穆拉吉采取他的老师穆罕默德·阿布笃的方法，对大义不明经文

(Al-mubhimāt)不予深入注释,更没有引述以色列传闻或伪造圣训加以解释。

(四) 重视经文立法奥妙

穆拉吉的注释,深刻体现了经文立法具有的奥妙和哲理。穆拉吉之所以彰显经文的立法奥妙,目的就是告诉穆斯林天启经典立法的必然性、稳定性和时空性,从而由此及彼地折射了《古兰经》引导穆斯林两世幸福的终极目标。

(五) 深刻关注社会问题

深受穆罕默德·阿布笃影响的穆拉吉,时刻关注着穆斯林社会的发展。因此,他引经据典,通过注释有关经文,分析穆斯林社会存在的各种问题和不良症状,梳理穆斯林衰落的原因所在。此外,他还在注释中发表了自己的观点和看法,号召穆斯林致力于社会改良和文化创新等事业中。从他对第42章(协商章)第13经文的注释中,就能看到他的社会主张和思想观点,以及他对伊斯兰教、对国家、对穆斯林民族的热爱和忠诚。

(六) 调和《古兰经》与科学

穆拉吉在讲座中,还以《古兰经》与现代科学为主题,选择有关经文做了讲解。他认为,《古兰经》与现代科学不相矛盾,而是相辅相成,穆斯林应当将《古兰经》有关经文与现代科学结合起来,从事科学研究和技术开发。穆拉吉同时强调,注释《古兰经》的目的不在于阐释宇宙世界和自然现象,而在于通过注释来展现真主的常道和大能,以便让穆斯林从中汲取殷鉴,开拓创新,诸如对第31章(鲁格曼章)第13—14节经文的注释。

(七) 个人理性见解自由

正如穆罕默德·阿布笃学派中的其他学者那样,穆拉吉注释《古兰经》时,也不免思想开放,理性自由。因此,他的注释既没有囿于前人注释,也没有专注于某一教派,而是根据自己的理解,结合现实状况,发挥理性作用,注释了有关经文。诸如,穆拉吉对第2章(黄牛章)第184节经文的注释,就充分说明了他的思想解放和理性自由。[①]

[①] 穆罕默德·侯赛因·扎哈卜:《古兰经注释与注释家》卷2,开罗知识出版社2001年版,第590—609页。

第 八 章

《古兰经》注释在中国

伊斯兰教传入中国后,《古兰经》也如影随形地传入中国。史学界较为普遍的说法是,伊斯兰教传入中国的时间当在唐高宗永徽二年（公元651）。尽管业已定本的《古兰经》册本传入中国的时间晚于这一时间,但从先知穆罕默德首次领受《古兰经》启示即标志着《古兰经》问世的角度来看,唐永徽二年前后,第一批阿拉伯穆斯林进入中国,也就意味着《古兰经》传入了中国,即使没有非常明确的时间界定。

《古兰经》传入中国的形式有两种,分两个时期。前者是唐宋时期来华的阿拉伯和波斯穆斯林通过口诵心传的方式代代相传《古兰经》。后者是蒙元时期（约1255—1259）撒拉族祖先阿合莽和尕勒莽两位穆斯林将军,从撒马尔罕用骆驼驮入中国的牛皮封面的整部手抄本《古兰经》（现收藏于青海省循化县街子清真寺）,标志着文本形式的《古兰经》传入中国。[1] 尤需指出的是,1318年（元仁宗延祐五年）,"一部中国人用阿拉伯文书写的《古兰经》手抄本完成,被完整地保存在北京东四牌楼清真寺。抄写人署名为：穆罕默德·本·艾哈迈德·本·阿布都拉哈曼。它虽然不见得是中国最早的手抄本,但却是第一部被完整保留的手抄本"[2]

《古兰经》传入中国后,中国文献对其局部内容和精神的最早记载,当是唐人杜环（生卒年不详）所撰《经行记》中关于"大食法"（即伊斯兰教义教法）的描述。诸如,"其大食法者,不食猪、狗、驴、马等

---

[1] 林松：《古兰经在中国》,宁夏人民出版社2007年版,第439页。
[2] 同上书,第440页。

肉，不拜国王父母之尊，不信鬼神，祀天而已。""女子出门，必定拥蔽其面。无问贵贱，一日五时礼天。食肉作斋，以杀生为功德。断饮酒、禁音乐……"①

《古兰经》传入中国数百年后，注释典籍也逐渐传入中国。根据刘智的《天方性理》和《天方典礼》采辑的书目看②。明清时期业已形成的中国伊斯兰教经堂教育的典籍书目中，就有《古兰经》（即刘智著作中的《宝命真经》）及其注释典籍的书目和科目，如《特福西尔嘎最》（原作译为《嘎最真经注》）、《特福西尔咱吸提》（原作译为《咱吸德真经注》）、《特福西尔白索义尔》（原作译为《大观真经注》）。明清以降时至新中国成立，尤其是1978年改革开放以来，中阿关系发展和文化交流日益频繁，更多著名注释典籍传入中国，如泰伯里的《古兰经注释总汇》、古尔泰卜的《古兰经教律总汇》、伊本·凯西尔的《伊本·凯西尔古兰经注》，等等不胜枚举。

明清以来出现在中国的《古兰经》注释典籍反映出，《古兰经》注释的若干部典籍已在中国穆斯林中广泛流传和研读，并由此及彼地昭示着《古兰经》译注活动必将在中国的发轫和发展。换言之，明清以来，中国穆斯林由口传心授研习《古兰经》及其注释典籍的方式，逐步转向了文字译注《古兰经》的学术方式，涌现出了相对可观的译注成果。

第一节　《古兰经》的中文译注

《古兰经》中文译注在中国的发展，历经两个阶段，即先翻译后译注——译和注兼而有之——的渐进过程。换言之，如果没有翻译活动的开始，也就没有译注活动的发轫。中国中文学界翻译《古兰经》的学术举措，为《古兰经》的译注活动奠定了前期基础，这与世界范围内其他语种出现《古兰经》译注的方式大致相同。因此，言注必先言译。

---

① 林松：《古兰经在中国》，宁夏人民出版社2007年版，第438页。
② 关于刘智《天方性理》和《天方典礼》所采辑的阿拉伯文与波斯文书目，详见［澳］唐纳德·丹尼尔·莱斯利，穆罕默德·瓦塞尔《刘智所使用的阿拉伯文和波斯文资料》，王东平、邵红英译，载《回族研究》1998年第4期。

第八章 《古兰经》注释在中国

一 《古兰经》的中文翻译

根据我国穆斯林学者、《古兰经》研究专家林松教授的研究，中国的《古兰经》翻译活动，"主要是从零星摘译、到重点选译，发展到全文统译"，共有三个阶段，用三种方式，呈现三种类型。①

（一）零星摘译阶段

这种翻译方式并见诸文献的译文，主要是清初学者如王岱舆、马注、刘智等回族穆斯林学者著书立说时零星摘译的经文片段。彼时，这些学者虽感到译介《古兰经》的重要性和迫切性，但他们对《古兰经》神圣性的尊崇，致使他们对翻译《古兰经》始终持谨慎态度，故没有将译介《古兰经》纳入他们的学术日程活动。即使是著述颇丰的一代宗师刘智，也因认为"天经圣谕，皆本然文妙，勿庸藻饰。兹用汉译，或难符合。勉力为之，致意云尔"②，而仅仅在《天方至圣实录》的卷7、卷13和卷15中，如履薄冰地翻译了《古兰经》的三个微型短章，即第1章、第110章和第111章。毋庸置疑，刘智对这三个短章的翻译，是中国学者翻译《古兰经》整章的尝试和开始，其价值与意义，堪与波斯籍圣门弟子赛勒曼·法尔斯首翻《古兰经》首章在《古兰经》翻译史上的价值和意义相媲美。我们仅从刘智对《古兰经》第1章的翻译，不难窥见那个时代的著名穆斯林学者对经义的理解程度和精确把握，以及直接将阿拉伯语的经文大义转换为中文大义的精深学术造诣（见表6）：③

表6　　　　　　　　刘智翻译的《古兰经》首章

节数	译文
1	世赞归主，化育万物
2	普慈独慈
3	执掌公期

---

① 林松：《古兰经在中国》，宁夏人民出版社2007年版，第10—16页。
② 刘智：《天方至圣实录》，中国伊斯兰教协会1984年版，第9页。
③ 同上书，第114页。

续表

节数	译文
4	吾唯拜主，唯求主助
5	导吾正路
6	是夫人路，主福之者
7	非祸之者，亦非迷路

（二）重点选译阶段

这种翻译方式，主要是中国穆斯林学界重点性地选译一些中国穆斯林易于背诵、诵读和理解的经文，通常选译的范围是《古兰经》第1章、第2章的前5节，以及第30卷中的一些短章。此外，亦不乏学者从分类角度，针对性地选译一些经文。重点选译的翻译成果主要有：1924年北京牛街清真书报社出版的李廷相（1884—1937）的《天经译解》，内容是第1章和第2章前5节。1941年香港中国回教学会出版的伍特公（1886—1961）的《汉译古兰经第一章详解》，约15万字。香港穆斯林布道会印刷的马达五（生卒年不详）译述的《法谛哈》与《古兰选读》（出版年不详），内容包括第1章、第2章若干节和最后若干短章。1899年马联元（1841—1895）翻译《孩听译解》以来，先后出现了7种不同版本的《古兰经》选译本——《孩听》①，主要内容是中国穆斯林通常熟知的"18个索来"（Al-sūrah，章）和相关章节，即《古兰经》第1、36、67、86、87、93、94、97、99、102、105、106、107、108、109、110、111、112、113、114章，以及第2章的前5节。北京伊斯兰教协会于1992年出版的杨品三编译、陈广元校订的《古兰经分类选译》，该选译本将《古兰经》内容分为105类，每类选译数节甚至十节经文。民族出版社于1993年出版的刘飞茂、纳锦文、林涛、王颖宜合编的《古兰经箴言》，选译了579节经

---

① 7种版本分别是：1899年昆明刻印的马联元的《孩听译解》、1921年上海本刻的杨敬修的《亥贴注解》、刘锦标的《可兰经选译本笺注》（出版年不详）、1928年北京刻印的《琐雷释义》（翻译者不详）、中国伊斯兰教协会研究部与上海外国语学院阿拉伯语言文化研究室于1981年出版的《古兰经选》、1981年北京外语教学与研究出版社出版的林松的《古兰经文选》，以及云南大理地区刊印的纳广运的《亥听译讲》。

文，分"世俗生活篇"和"宗教生活篇"两类，译文采用林松先生的《古兰经韵译》。美国华裔穆斯林高浩然阿訇选编的阿汉文对照本《古兰经每日一句》（*Everday study of qur'ān*），1987年由美国伊斯兰古兰经研究中心出版发行。该本所选译的经文节数与伊斯兰教教历的354天大体相等。此外，该译本还附有星期五聚礼日和有关节日的选读经文。

（三）全经统译阶段

中国最早尝试全文统译《古兰经》的学者是清末穆斯林经师马复初（1794—1879），他根据《古兰经》章节顺序翻译了《古兰经》的前20卷，命名为《宝命真经直解》。遗憾的是，《宝命真经直解》的大部分译稿毁于火灾，仅存5卷。这5卷译稿，几经周折后，终在1927年由上海中国回教学会刊行问世。

马复初尝试统译整部《古兰经》后，中国学界统译《古兰经》的学术活动，至20世纪20年代末期才开始。第一部和第二部统译本《古兰经》，分别出自汉族学者李铁铮先生和姬觉弥先生之手。自李铁铮和姬觉弥统译《古兰经》以来，中国穆斯林学者相继开展了统译《古兰经》的学术活动。截至2008年，我国先后出版的《古兰经》中文统译本如表7所示：

表7　　　　　　　　　《古兰经》中译本一览表

序号	译本名称	译者	出版年	出版社
1	《可兰经》	李铁铮	1927年	北平中华印刷厂铅印本
2	《汉译古兰经》	姬觉弥	1931年	上海广仓学窘铅印本
3	《古兰经译解》（甲种本）	王静斋	1932年	北平中国回教俱进会铅印本
4	《古兰经译解》（乙种本）	王静斋	1942年	宁夏石印红线装本
5	《古兰经汉译附传》	刘锦标	1943年	北平新民印书局铅印本
6	《古兰经译解》（丙种本）	王静斋	1946年	上海永祥印书馆铅印本
7	《古兰经大义》	杨仲明	1947年	北平伊斯兰出版公司铅印本
8	《古兰经国语译解》	时子周	1958年	台北回教研究所铅印本

续表

序号	译本名称	译者	出版年	出版社
9	《古兰经》	马 坚	1981 年	中国社会科学出版社
10	《古兰经韵译》	林 松	1988 年	中央民族大学出版社
11	《中阿文对照详注古兰经》	仝道章	1989 年	南京译林出版社
12	《古兰经》	马振武	1995 年	北京宗教文化出版社
13	《古兰经译注》	李静远	2005 年	世界华人出版社
14	《古兰经译注》	马金鹏	2005 年	宁夏人民出版社
15	《古兰经简注》	马仲刚	2005 年	宗教文化出版社
16	《古兰解注精华》	李鸿鸣	2008 年	河北省伊斯兰教协会

表 7 中的译本，"无论是直接翻译或间接翻译，也无论是否出自穆斯林之手笔，借用马坚教授的话来说，可谓'见仁见智，各有特色，亦各有价值'。这些译本从译笔上来看，有的用凝练典雅的文言体，给人以深奥含蓄之感；有的用通俗畅达的白话文，给人以简明易懂之便；有的用寺院教学中世代沿袭的经堂语，使受过熏陶的父老乡亲乐于接受；有的用顺口悦耳的带韵散文体，使人借以联想音韵铿锵的原文风貌。"①

综上，自刘智小心谨慎地翻译《古兰经》三个短章以来，《古兰经》的中文译本历经两百余年发展，可谓"丰富多彩，弥足珍贵。回顺起来，摘译、选译、通译、分类，无所不包；摘引、译述、注释、引证、循序渐进；体裁、风格、语言、版式，各有千秋"②。

二 《古兰经》的中文译注

中国穆斯林译注《古兰经》，经历了先翻译后译注的过程。换

---

① 林松：《古兰经在中国》，宁夏人民出版社 2007 年版，第 16 页。
关于《古兰经》的中文翻译，详见林松《古兰经在中国》，宁夏人民出版社 2007 年版；林松《古兰经知识宝典》，四川人民出版社 1995 年版，第 164—186 页；杨怀中、余振贵《伊斯兰与中国文化》，宁夏人民出版社 1995 年版，第 426—536 页。

② 杨怀中、余振贵：《伊斯兰与中国文化》，宁夏人民出版社 1995 年版，第 542 页。

言之，译注《古兰经》是在翻译《古兰经》的基础上得以展开。此外，译注《古兰经》不仅仅孤立地建立在翻译基础上，而且也是译注家对传入中国的阿拉伯语和波斯语的《古兰经》注释典籍的研习结果。

中文译注《古兰经》，是译和注兼而有之的学术活动。表7所列译本，只有译文没有注文的《古兰经》译本有4种，分别是李铁铮翻译的《可兰经》、姬觉弥翻译的《汉译古兰经》、杨仲明（杨敬修）翻译的《古兰经大义》、马振武翻译的《古兰经》。至于其他译本，译者在翻译《古兰经》的同时，对有关经文作了或多或少的注释。

最早注释《古兰经》零星节文的是清初穆斯林学者，如刘智在《天方典礼》中，对个别节文作了注释。例如经文"呜乎，信者，如宣礼于聚日，即趋念主，弃营艺，斯于尔至善，若尔知"（62:9）①。刘智作了如下注释："此真主垂告穆民当聚之辞也。信者，指穆民；即趋，随闻随赴也；念主，即聚礼自趋至己之功；营艺，乃营为家国之事也。真主呼穆民而告之曰：'如赞教宣礼于聚日，尔众即以念主为事，赴趋聚所，毋更事家国之营为，唯弃家国而念主，在尔民为至善，若尔民知道营为家国之事小，而念主赴聚之大益也。'经文首呼信者，则凡信者必赴，而不赴者难言信矣。末信若尔知，则凡知者必赴，而不赴者未可云知矣。呼，今之人不知而不赴者，固多矣。赴而不知者，亦甚不少也。知而不赴，其知如何？"②

最早既译且注整部《古兰经》的中文译注家是王静斋阿訇。他的丙种本《古兰经译解》，开中文注释整部《古兰经》的先河。毫无疑问，就中文的《古兰经》译注而言，《古兰经译解》的价值与意义，丝毫不亚于侯赛尼·卡希斐的波斯语《侯赛尼经注》在《古兰经》译注史上的价值与意义。王静斋以后，陆续出版的中文译注本，都或多或少地带有注释条目，如表8所示：

---

① 该节经文的马坚译文是："信道的人们啊！当聚礼日召人礼拜的时候，你们应当赶快去纪念真主，放下买卖，那对于你们是更好的，如果你们知道。"

② 刘智：《天方典礼》，天津古籍出版社1988年版，第197页。

表8　　　　　　　　《古兰经》中文译注一览表

序号	译注本	译注家	注释量
1	《古兰经译解》（丙种本）	王静斋	1943 条
2	《古兰经汉译附传》	刘锦标	706 条
3	《古兰经》	马　坚	前 8 卷
4	《古兰经国语译解》	时子周	2117 条
5	《古兰经韵译》	林　松	1904 条
6	《中阿文对照详注古兰经》	仝道章	209 条
7	《古兰经译注》	马金鹏	11000 条
8	《古兰经简注》	马仲刚	整部注释
9	《古兰解注精华》	李鸿鸣	整部注释

香港天马出版社 2006 年出版了肖天福汇编的《古兰经汉译注释汇集》，将表 8 中马坚翻译的《古兰经》正文，以及王静斋、刘锦标、马坚、时子周、林松和仝道章的注释文悉数汇集成册。该书三册，共计 2600 千字，是国内首部收录了六家注释的中文汇集本。该汇集本第一册的总目录前，附有王静斋、刘锦标、马坚、时子周、林松和仝道章译注本的彩页封面，林松教授的题诗及其序言，中国伊斯兰教经学院副院长高占福的序言，以及肖天福的汇集说明。另外，2008 年，宗教文化出版社出版了杨振业阿訇编集的《古兰经韵译注释荟萃》，该书内容的顺序依次是《古兰经》原文→林松译文→王静斋、马坚和林松的释文，因此这是一部三合一的汇集本。卷首有杨宗山先生的"序言"，卷末有杨振业阿訇的"后记"。

根据《伊斯兰与中国文化》一书的研究，表 8 中所列《古兰经》中文译注典籍，宏观上主要具有以下三个鲜明特点：[1]

（一）注释的共异性

上述各家注释基本相同或相近的地方，多属对历史背景、事件、人物

---

[1] 杨怀中、余振贵：《伊斯兰与中国文化》，宁夏人民出版社 1995 年版，第 544—546 页。

的介绍，颁降场所和缘由，以及对若干教义、教法的共识等方面，无可争议。但也有不少注释、引证，确实差距很大，反复参照，自能发现。例如对经文中带有传奇色彩的故事，即便以译文几乎相同的王静斋丙种本和时子周译本而论，引证资料不同，剖视角度互异，结论也就截然有别。一般说来，涉及某些神妙奇迹，王静斋译本主要沿用往昔经学注疏家的传统解释，从纯宗教的、维护原文表述的立场态度加以发挥，时子周译本则更多地汲取现代注疏本的观点，突出地排除传奇因素而作纯理性分析。诸译本注释中，类似情况不少。最突出的实例，如第17章《夜行》第1节所涉及的穆罕默德登霄夜游的事件，译释者引证材料不同，或确认是实体升霄，或释为系幻觉梦游。

(二) 注释各有依据

尽管诸译家释文不尽相同，出入颇大，但都事出有因，各有所本，引有所据。① 古往今来，在《古兰经》流传的1300多年来，经学家、注疏家争相解释。历史在发展，时代在前进，有不少原先不甚理解的微言寓意，经过世代相传的经注家反复琢磨体会，总是不断有所发现，有所领悟，而把自己的心得体会附注于释文中，种种解说，自然越来越丰富。诸译家都是根据自己所征集的新旧注释本，按照自己的理解从中筛选择取，基本上持严肃的态度，读者当然也有必要以慎重态度去考虑、思辨。当然，应以领会原文为主，参阅释文为辅，不舍本逐末，才不致扑朔迷离，进退维谷。

(三) 发挥个人见解

在带注的汉译本中，也有译注者的个人见解，视之为各自研习的心得体会，也是正常现象，不足为怪。何况有些言之有据、述之成理的看法，有特定的针对性，确实必要，也有积极意义。例如王静斋丙种本中，不时针对一些群众显然受其他文化影响的歪风邪俗、陈规滥调进行语重心长的批评，就珍贵可取，实际上也是对《古兰经》精神的维护与捍卫。再如马坚先生的前8卷带注本，针对不同教派中的一些细枝末节、鸡毛蒜皮的

---

① 例如，王静斋阿訇参考了13种阿拉伯文的注释典籍，马坚先生参考了包括注释典籍在内的30种阿拉伯语和英语文献，马金鹏先生参考了7种阿拉伯语的注释文献，马仲刚先生参考了10种文献。

分歧发表议论，如对诵读经文究竟是高声好还是低吟好，提出了旨在加强团结、切忌纠缠的高见，力避偏袒倾斜，值得赞扬。又如时子周译本对"性灵"发展的三个阶段进行较系统深入的说明，有助于读者参悟深思。当然，发挥个人见解，绝不容许不着边际的任意泛滥，与经文无关或相违背的"注释"，危害不浅。

综上，尽管中文注释《古兰经》的时间，远远滞后于世界其他语种诸如波斯语、土耳其语、英语、乌尔都语等语种的注释时间，注释的深度和广度、注释的量和质，很大程度上既不能与这些语种的注释相提并论，更不能与阿拉伯语的注释典籍同日而语。然而，《古兰经》中文注释典籍的问世，毋庸置疑成为世界范围内《古兰经》注释成果中不可或缺的重要组成部分，是《古兰经》注释整体格局中的一个主要分支。同样，《古兰经》中文注释典籍的问世，既推动了中国伊斯兰教及其学术活动向纵深发展，也成为深入了解和研究中国伊斯兰教及其学术活动整体发展的一个平台。

第二节 《古兰经》译注名典举要

一 王静斋的《古兰经译解》

王静斋（1879—1949），子文清，经名耶尔古卜（Ya'qūb），天津回族穆斯林，现代中国伊斯兰教经学家、翻译家。王静斋出身经学世家，8岁从父王兰庭阿訇习读阿拉伯文，后投师李长贵、马玉麟、于志诚、金连荣、刘绪魁、海思福等研习经训、教义、教法。26岁毕业后，历任河北、北京、辽宁、黑龙江、天津、山东、台北等地10余所清真寺教长，传道授业，门生众多。1922—1923年，王静斋携弟子马宏道赴埃及爱资哈尔大学进修，期间赴麦加朝觐，并到埃及、沙特、土耳其等地考察伊斯兰教现状，收集抄录了600余种阿拉伯文献，带回国内。1927年，王静斋创办并主编《伊光》月报，介绍伊斯兰学术文化、中国穆斯林生活和"遵经革俗"的主张。同年，王静斋与杨敬修等在天津创办新式中阿文大学。1936年，王静斋在北京组织中国回教典籍编译社组织穆斯林学者著述、翻译、出版伊斯兰经籍。

王静斋精通阿拉伯语、波斯语，对古汉语、英语亦有一定造诣。他学识渊博、通晓《古兰经》注释学、圣训学、教法学、凯拉姆学（教义学）及伊斯兰教历史，毕生致力于弘扬伊斯兰文化事业，力主改革经堂教育，实行新式教学，培养中阿文兼通人才，以教育兴教。

王静斋终生致力于伊斯兰教学术研究，翻译伊斯兰经典，译著极富，被誉为"现代中国伊斯兰教经学大师"、"学通古今中外、品学兼优的伊玛目"。他历经 20 年潜心译著，四易译稿，先后以文言文、经堂语、白话文翻译出版甲、乙、丙本 3 种不同文体的《古兰经译解》。其中丙种译本附有"略解"、"附说"及 1943 条注释，深受海内外穆斯林信赖与欢迎，被视为最实用的汉译《古兰经》之一。王静斋的其他译著有《回耶辨真》、《中亚字典》、《中阿双解新字典》、《欧母代序文》、《选译详解伟戛业》、《真境花园》等，发表文章《五十年求学自述》、《我之译经小史》、《中国近代回教文化史料》、《发扬伊斯兰文化之必要》、《巡礼游记》等。1949 年 5 月 25 日，王静斋旅经贵阳时病逝，安葬于贵阳郊区白桦山回民公墓。①

王静斋对《古兰经》的注释，主要体现在他的丙种本《古兰经译解》中。该部译注是王静斋三种译本中最为成熟、流传最广的一种。该部译注自上海永祥印书馆于 1946 年出版发行以来，多次被海内外辗转翻印、影印或重排。2006 年，经中国伊斯兰教协会审定后，东方出版社出版发行了《古兰经译解》的最新版本，全经共 1000 千字，872 页。新版目录前分别附有中国伊斯兰教协会会长陈广元阿訇的序言、译者述、中国伊斯兰教协会研究部撰写的《古兰经译解》校订重印说明、例言。书末附有"注文所采取的经名简称对照表"（共计 13 种）、阿拉伯文的"向海内外同人说几句话——为什么翻译《古兰经》"，以及中国伊斯兰教协会研究部撰写的后记。

通观《古兰经译解》，其译注具有以下鲜明特点：

（一）参考权威文献

王静斋的丙种本《古兰经译解》，参考了包括《古兰经》注释典籍在

---

① 参见宛耀宾总主编《中国伊斯兰百科全书》，四川辞书出版社 1994 年版，第 580 页。关于王静斋阿訇，详见《伊斯兰文化研究》之"纪念王静斋阿訇归真 60 周年纪念专辑"，2009 年第 4 期。

内的阿拉伯语和波斯语的文献资料，共计13种，分三类：

其一，《古兰经》注释典籍，分别是：土耳其著名学者伊斯玛易·哈吉（Ismāʻīl al-hāj，伊历？—1136）的《辞义之魂》（Rūh al-bayān），即对照表中的《鲁白》；哈兹尼的《启示真义释萃》，即对照表中的《哈金注》；拜达维的《启示光辉和经义奥秘》，即对照表中的《噶追》；拉齐的《幽玄之钥》，即对照表中的《罗机经注》；侯赛因的波斯语经注《胡赛尼经注》，即对照表中的《侯注》；阿鲁西的《古兰经义精华》，即对照表中的《鲁埋》；《哲迈利经注》（Tafsir al-jamal），即对照表中的《哲注》，未注明原书作者；《简易注释》（Awdah al-tafāsīr），即对照表中的《奥注》，未注明原书作者。

其二，著名宗教典籍，分别是：安萨里的《宗教学科的复苏》，即对照表中的《圣道重光》；拉希德·里达的《穆罕默德的启示》，即对照表中的《卧穆》；《穆罕默德生平》，即对照表中的《哈穆》，未注明原书作者。

其三，英文的《古兰经》译注本，分别是：穆罕默德·阿里译注的《古兰经译注》，即对照表中的《阿注》；优素福·阿里译注的《古兰经译注》，即对照表中的《郁注》。

以上参考资料说明王静斋译注《古兰经》的严谨学术态度。他所引证的权威注释典籍、宗教典籍和译注典籍，折射出他是基于注释学、古兰学和翻译学等学科的学理和法理开展《古兰经》的译注工作。他在"注释"、"略解"和"附说"中引证并标明出处的各家释文，定性了其注释的权威性——既在"传闻注释"的范畴内，"见解注释"也符合它的法理和学理要求。

（二）释文形式多样

王静斋在《古兰经译解》中，首先在每章章首，用音译方式音译章名的同时，亦在括号中注明了章名原意，章名下又注明该章的节数和颁降经文的地点。然后，注者采取灵活多样的方式注释了有关经文。注释的形式主要有：

1. 夹注

夹注即翻译经文时，穿插在正文译句中的注释，多半是简释词汇、短语，连贯上下文，说明代词所指事物，或配合书眉提要彼此呼应。夹注一般仅寥寥数字，亦偶有七八十字者，改用小字检排成双行列于译文之下。

例如经文"敬慎的人"(2:2)的夹注是:"敬慎就是守正,不作非理的事情。"此类夹注,旨在扫清阅读正文之障碍,相当于词语解释,细致周到。①

2. 注释

注释分别附于译文段落之尾,即尾注。尾注的内容主要涉及经文中的人物、事件、典故、传说及其丰富的内涵,比夹注详细具体,少则数十字,多者达几百字、近千字甚至远远超过千字,如注释经文"吃利息的人,要像中了魔的人一样,疯疯癫癫地站起来"(2:275)的第159条尾注,长达1500多字。②

整部译注中,共有1943条注释,是《古兰经译解》中的注释主体。有的章节有注释,有的章节无注释,例如第111章无注释。此外,长注多反映时代背景、故事本末、有关传说。中短型注释的主要内容是:挖掘原文内在含义;阐明某些特殊称谓来由;介绍与经文相关之情节;引述各家注释作参证;抒发译者之见解。③

3. 略解

略解是尾注之外的引申或补充,内容多限于某一专门议题,具有专题注释的性质。例如,作者在注释第104章（诽谤者章）时,通过略解形式说明了该章经文的降示背景。再如,作者注释第110章（援助章）时,以该形式说明先知穆罕默德解放麦加后伊斯兰教的发展态势,以及他的去世时间:"在攻下墨克（即麦加）以后,各方面的人纷纷来归伊斯兰。在这章天经颁下后,穆圣一再赞颂真主,求他饶恕,自知不久于人世了。攻取墨克,是在纪元后第八年'来默臧'月（即斋月）。圣人殁于第十年'勒比欧尼洛奥卧卢'月（即伊斯兰教历3月）。"④

整部译注中,有的章中有略解,有的章中没有略解。略解有长有短,长者达千余字,如对第113章（曙光章）的略解;短者则字数有数十字者,亦有数百字者。

4. 附说

附说内容丰富多彩,应有尽有,涉猎范围广,篇幅也较长,一般均有

---

① 杨怀中、余振贵:《伊斯兰与中国文化》,宁夏人民出版社1995年版,第459页。
② 王静斋:《古兰经译解》,东方出版社2006年版,第67—69页。
③ 杨怀中、余振贵:《伊斯兰与中国文化》,宁夏人民出版社1995年版,第459页。
④ 王静斋:《古兰经译解》,东方出版社2006年版,第861页。

数百字，最长者达四五千字。这是丙本的精华所在，出现较多，也是中国穆斯林特别赞赏的部分。由于附说多联系实际，故常结合现实生活中存在的问题，有时还针对社会舆论的曲解与非难，有的放矢地发挥。① "附说"性注释既有作者援引的"传闻注释"，如第 86 章（启明星章）中的"附说"，② 也有注者基于原理原则的"见解注释"，如在注释第 4 章（妇女章）第 36 节经文时，针对"民本主义"发表的见解。③ 类似这样的附说不胜枚举，注者引经据典，有史有论，叙议结合，短者可谓心得体会，长者可谓专题论述。

5. 眉批

眉批一般见诸译文、释义或附说上端，位置显著，概况提示重点，文字更简洁，一目了然，且贯穿始终。④ 例如经文"的确，一般归信者、犹太教徒、基督教徒、沙便人，其信真主和末日并作善举的人，可在养主御前获得自己报酬，在他们无惧无忧"（2：62）。王静斋对该节经文译文处的眉批是："不论何教人皆有善恶之分。"⑤

6. 备考

备考是带有考据性质的注释，偶尔夹杂于"略解"和"附说"之间。例如，在第 12 章（优素福章）中，作者以"备考"形式，考证该章中引诱优素福的贵妇"竹赖哈"时讲道："竹赖哈其人，不见阿拉伯正史。传埃及王后竹赖哈曾梦见优素福，故在园林内一见倾心等情，只见私人撰述。注解家未加深考，辗转传述。说埃及王后调戏优素福这段事实，确是有的。至于埃及王后引诱优素福的地点，据一般的传说，依然存在。译者留居开罗的时候，走到某一市街，同行的教友某氏，遥指一处高墙对余曰：此就是当年优素福被埃及王后引诱的所在。现有英兵驻扎，禁止入内游览。"在这段备考文字的旁边，还附有眉批："当年埃及王后调戏优素福的地方迄今保存。"⑥ 再如，注者在注释第 37 章（列班者章）第 146 节

---

① 杨怀中、余振贵：《伊斯兰与中国文化》，宁夏人民出版社 1995 年版，第 460 页。
② 参见王静斋《古兰经译解》，东方出版社 2006 年版，第 831 页。
③ 同上书，第 118 页。
④ 杨怀中、余振贵：《伊斯兰与中国文化》，宁夏人民出版社 1995 年版，第 460 页。
⑤ 王静斋：《古兰经译解》，东方出版社 2006 年版，第 13 页。
⑥ 同上书，第 339 页。

经文"我在它的上面生长出葫芦树来"时,亦备考性地注释了"葫芦树":"葫芦为草本植物,似乎不可加一'树'字,但是阿拉伯人对于凡属有枝有茎的,一概称其为树,更称一切有根的为树。若蒜者,也称为蒜树。这是地方习惯上的不同,不足为奇。"①

二 马坚的《古兰经》译注

马坚(1906—1978),字子实,经名穆罕默德·麦肯(Muhammad Makīn),云南省个旧市沙甸村回族穆斯林。马坚少年时就读于云南回教俱进会振兴社创办的回教高等经书并授学校,及长后师从宁夏固原经学大师虎嵩山(1879—1956)阿訇研习波斯语及其经典《侯赛尼经注》,1928年就读于上海伊斯兰师范学校,攻读阿拉伯语及伊斯兰经训典籍。1931年12月,马坚被中国回教学会选派至埃及留学,先后就读于爱资哈尔大学和开罗大学师范学院,专攻阿拉伯文、伊斯兰教经典和哲学,期间将《中国回教概观》、《论语》、《茶神》、《河伯娶妻》、《中国格言谚语》翻译为阿拉伯语。1939年,马坚学成回国后,先后在上海、重庆、云南等地从事伊斯兰文化教育事业,致力于《古兰经》的翻译工作。马坚自1946年至1978年去世,一直担任北京大学东方语言文学系教授、阿拉伯语教研室主任。

马坚通晓阿拉伯文、波斯文和英语,学术底蕴深厚,学识渊博,治学严谨。他终生致力于阿拉伯语教学、伊斯兰学术文化的研究和译著活动。其译著范围涉猎广泛,内容包括阿拉伯伊斯兰历史、教义、教法、哲学、教育、语言文学、天文历算等学科领域。他的主要译著有《古兰经》、《回教哲学》、《回教真相》、《伊斯兰哲学史》、《教义学大纲》(即《教典诠释》)、《教义读本》、《回教基督教与学术文化》、《回教教育史》、《穆罕默德的宝剑》、《回历纲要》、《阿拉伯简史》、《阿拉伯通史》、《阿拉伯文学概况》、《阿拉伯概况》、《阿拉伯语法教材》等,并主持编写了中国第一部《阿拉伯语汉语词典》。②

---

① 王静斋:《古兰经译解》,东方出版社2006年版,第627页。
② 参见宛耀宾总主编《中国伊斯兰百科全书》,四川辞书出版社1994年版,第333页。关于马坚先生,详见李振中《学者的追求——马坚传》,宁夏人民出版社2000年版。

翻译和注释《古兰经》是马坚毕生追求和为之奋斗的学术事业。20世纪30年代初，上海《伊斯兰学生杂志》创刊号发表了他的《国语古兰经》第一卷译稿（1931年1月出刊），这是他始译《古兰经》的尝试，时年24岁。1939年，马坚留学归国后，着手《古兰经》的通译工作。一方面，他与伍特公、沙善余先生一道，用文言文翻译《古兰经》，另一方面自己专注于用白话文翻译《古兰经》，并与1945年完成译本初稿。他在翻译《古兰经》的同时，亦致力于《古兰经》的注释工作。1949年初，北京大学出版社和商务印书馆出版了马坚附有注释的白话文《古兰经》（前八卷），13万余字，1952年再版。1981年，中国社会科学出版社首次刊行了马坚的全译本《古兰经》，1996年和2003年分别再版。伊斯兰世界联盟采用马坚的《古兰经》译本，由麦地那《古兰经》印经局，面向全世界出版发行了《古兰经》阿汉对照本。

马坚翻译《古兰经》时认为，"《古兰经》原文简洁明确，但启示《古兰经》的时代，阿拉伯人自有其特殊的历史、政治、经济和社会背景，为使读者彻底明了经义，不能不略加注释。"[①] 因此，他在翻译的同时，亦着眼于注释工作。后因种种原因搁浅，他仅完成了《古兰经》前八卷的注释，成为中国学术界译注和研究《古兰经》的一大遗憾。对此，马坚夫人马存真在《古兰经》通译本"后记"中不无遗憾地讲道："翻译和注释《古兰经》，是子实回国后主要从事的一项学术研究工作……至于注释工作，到1949年只搞完三分之一。北大出版社和商务印书馆出版的《古兰经》上册，只是前八卷的译文和注释。子实原来准备待全部注释完以后再出版其余部分，但是后来因为工作忙，再加上其他种种原因，注释工作就停了下来。"[②]

马坚对《古兰经》的注释，仅体现在1949年北京大学出版社出版的《古兰经》前八卷中，即第1章至第6章（牲畜章）第165节经文。该版本卷首附有"译者序"，阐述《古兰经》的影响、我国清代以来翻译《古兰经》的概况和自己的译经过程。有"例言"8则，说明了《古兰经》的性质、思想内容与语言艺术，以及译者对一些翻译问题的处理原则和方

[①] 余振贵、杨怀中：《中国伊斯兰文献著译提要》，宁夏人民出版社1993年版，第15页。
[②] 《古兰经》，马坚译，中国社会科学出版社1981年版，第491页。

法。有一篇约为 19000 字的"古兰简介",从 8 个层面概要介绍了《古兰经》,分别是:《古兰经》的启示和记录;《古兰经》的整理和保管;《古兰经》的统一和流传;《古兰经》形式的演变;《古兰经》的纲要和特色;《古兰经》对于阿拉伯语文的贡献;欧洲作家对于《古兰经》的评论;尾语。有两个"古兰经各章次第表",表一是按《古兰经》统一的通行本编排章序,表二是按照《古兰经》各章降示的时间先后列目。最后附录了"阿拉伯文、英文参考书目",共计 30 种。

通观马坚对《古兰经》前 8 卷的注释,其鲜明特色如下:

(一) 参考权威文献

治学严谨的马坚,不仅强调《古兰经》"译文中的每个字都是经过推敲的,每一个句都是经过锻炼的"(例言第八条),而且"在注释的时候,不敢牵强、附会、穿凿"[①]。这主要是取决于他译注经文时,参考了大量的阿拉伯语和英语的权威文献。他所参考和引证的权威文献,一方面使他的翻译"忠实原文",注释"言必有据",另一方面权威性地肯定和决定了他的注释符合注释学学理和伊斯兰法理。这 30 种参考资料由以下 8 类构成。

1.《古兰经》注释典籍,共 13 部,分别是伊本·哲利尔·塔巴里的《古兰详解》;扎姆赫什里的《降启事实揭秘》;伊本·凯西尔的《伊本·凯西尔注释》;法赫尔丁·拉齐的《古兰全释》;戛迪·贝达维的《降启之光》;奈斯菲的《奈斯菲注释》;艾布·苏欧德的《艾布·苏欧德注释》;哲拉鲁丁·马哈里和哲拉鲁丁·苏尤蒂的《吉拉里注释》;乌鲁西的《内容之精》(鲁哈麦阿尼);拉希德·里达的《光塔注》;拉厄布·伊斯法哈尼的《古兰难词注解》;伊勒米·扎达·麦格达西的《古兰索引》;伊本·哈吉尔·阿斯格拉尼的《古兰索引》。

2. 圣训注释,即奈沃维的《穆斯林圣训实录注释》。

3. 宗教典籍,共 4 部,分别是西班尼的《台西尔乌苏勒》;伊本·盖依姆的《来世珍储》;安萨里的《宗教学的复兴》;西德·穆罕默德·拉希德·利达的《穆罕默德的启示》。

4. 历史传记,共 2 部,分别是哈勒比的《哈勒比传记》(西拉特哈勒

[①] 《古兰经》,马坚译,中国社会科学出版社 1981 年版,第 4 页。

比）；伊本·西萨姆的《先知传记》。

5. 古兰经学，即苏尤蒂的《古兰学问之精解》。

6. 语法修辞，共两部，分别是伊本·西萨姆的《智者愿足》；叶海亚·本·哈姆扎的《蒂拉兹书》。

7. 辞典辞海，共两部，分别是伊本·曼祖尔的《阿拉伯语》；费鲁兹阿巴迪的《辞海》。

8. 英文译注，共5部，分别是茂尔维·穆罕默德·阿里的《古兰经》译注本；阿布杜拉·优素福·阿里的《古兰经》译注本；马马杜克·皮克萨尔的《古兰经大义》；乔治·塞尔的《古兰经》译本；J. M. 罗德威尔的《古兰经》译本。①

  从以上列举的8类参考书目来看，马坚译注时参考的典籍囊括了注释《古兰经》需要的各方面文献，既有注释学文献，也有古兰学文献；既有圣训文献，也有圣传典籍；既有教义学典籍，也有教律学文献；既有语法学文献，也有修辞学典籍；既有宗教文献，也有历史典籍。同样，这些参考文献的类别，很大程度上折射了马坚译注中注释内容的核心所在——注释和解析经文中的词法语法、修辞奥妙、教义教法、历史典故、降示背景、宗教比较等。此外，作为译注家，他不仅仅参考权威的阿拉伯语典籍，而且参考世界范围内公认的英文版《古兰经》译本，以便英文的《古兰经》译注方法，从外语的译注角度，有助于他的译文和注文更加忠实《古兰经》的原文和原意，达到"信、达、雅"。

（二）基于传闻注释

  从以上所列参考书目来看，马坚译注《古兰经》时，他的注释原则是基于传闻注释，即"以经解经，或引证穆罕默德的圣训，以及圣门弟子和再传弟子们的解释"②。例如，他在注释经文"他们中间将有一个屏障"（7：46）时，运用以经注经的方式，注释了这句经文："乐园与火狱之间的屏障，就是二者之间的隔壁。古兰经描写这堵隔壁说：'在那日伪信的男女将对信道的男女说：'请你们等候我们，让我们借你们的一点光

---

① 《古兰经》，马坚译，中国社会科学出版社1981年版，第488—490页。原文中每部典籍都有阿汉和英汉对应名称，其中英语书名标示了出版地点和出版时间。另，笔者此处仅抄录汉语原译的名称。

② 余振贵、杨怀中：《中国伊斯兰文献著译提要》，宁夏人民出版社1993年版，第15页。

辉!'有人将要对他们说:'你们转回去寻求光辉吧!'于是,彼此之间,筑起了一堵隔壁来,隔壁上有一道门,门内有恩惠,门外有刑罚。'"(57:13)① 再如,他在注释经文"否认我的迹象的人,我要使他们不知不觉地渐趋于毁灭"(7:182)时,既以经注经,也以训注经:"据伊本·竹赖支的传述:'穆圣说:"这是我的教民,他们本真理而判决,本真理而授受。"(伊本·哲里尔古兰经注)据改塔德的传述,穆圣说:"这是叙述你们的,在你们之前的人,也有具备这种德性的。""穆萨的宗族中,有一伙人,本真理而引导他人,因真理而主张公道。"(7:159)'"②

(三) 援引前人注释

马坚注释经文时,不仅参考上述所列书目,而且还引证了其他著名注释家的注释资料,尽管他在参考文献中没有罗列出参考的文献名称。例如经文"你说:'在我所受的启示里,我不能发现任何人所不得吃的食物;除非是自死物,或流出的血液,或猪肉——因为它们确是不洁的——或是诵非真主之名而宰的犯罪物。'凡为势所迫,非出自愿,且不过分的人,[虽吃禁物,毫无罪过],因为你的主确是至赦的,确是至慈的。"(6:145)他在注释这节经文时,就直接援引了哲拉鲁丁·苏尤蒂在《经训经注辑珍》(马坚先生译为《素优兑散珠集》)中的释文,并注明了出处:"伊本·阿拔斯说:'蒙昧时代的阿拉伯人,把食物分为两类,一类认为是干净的,可食的;一类认为是污秽的,不可食的。真主派遣先知,降示经典,规定什么是合法的,什么是不合法的。凡真主定为合法的,都是合法的;凡真主定为不合法的,都是不合法的;凡真主没有提及的,都是他所不究的。'他诵读这节明文:'你说:在我所受的启示里,我不能发现任何人所不得吃的食物……'他接着说:'除此以外的,都是合法的。'(《素优兑散珠集》)"③

(四) 发挥个人见解

林松教授在研究马坚的注释时,引证实例指出,马坚在作详细注释时,往往紧扣经文主旨,旁征博引,发挥个人见解注释有关经文。这些见

---

① 《古兰经》(前八卷,马坚译),民间版本,无出版年月,第184页。
② 同上书,第206页。
③ 同上书,第175页。

解注释，综合起来就是 8 个类型：阐释伊斯兰教律令的科学根据；阐发伊斯兰教提倡的人伦道德观；举例表述经文中的语句；对原经中的不同提法或措辞，进行细致入微的琢磨和挖掘；对注疏家诸说不一的、有待考证的问题，仅客观引述资料以供参考，不作结论；列举事实，以加深原经中概括语句的印象，使读者获得感性认识；联系现实，结合经文内涵，作议论性发挥；借释文号召国内穆斯林教亲把握经文精神实质，消除分歧隔阂，增强团结。①

（五）解析词义辞藻

马坚注释《古兰经》中有关词汇时，对其作了解析。例如，他在注释经文"他们有心却不用去思维"（7：179）时，分析了该句经文中的单词"心"："［心］字原文是［盖勒卜］（qulub），有心脏和心灵二义，与汉文的［心］字和英文的 heart 一样。"②

（六）题写内容提纲

马坚译注《古兰经》时，为便于读者掌握经文内容，特意在译注前列了一个各章节的内容提纲，这种做法具有"专题注释"中明确经文要旨和点明题意的作用。例如，他在译注第 2 章（黄牛章）时，题写了"信道者和不信道者的情况；伪信者的情况；向怀疑《古兰经》的人挑战……"。在译注第 3 章（仪姆兰的家属章）时，题写了"真理的意义；《讨拉特和引支勒》；明确的节文和隐微的节文……"等等，不胜枚举。

（七）引《圣经》解经文

马坚在译注《古兰经》中关于犹太教和基督教的经文时，常常援引《圣经》中的原文说明经文要旨所在，并着重强调了《古兰经》的本义要旨，以及伊斯兰教的根本主张。这种做法，一定程度上来讲，既有宗教比较的性质，也有引述"以色列传闻"注释经文并具有甄别孰对孰错的作用。例如经文"他抽出他的手来，那只手在观众的眼前忽然显出白光"（7：108）。马坚在注释这节经文时，既援引《圣经》原文，也阐明了伊斯兰教的主张："这是母撒的两件奇迹，奇迹是反常的，是很难以常理说明的。当日埃及地方魔术盛行，故母撒的奇迹，在埃及人看来，简直就是

---

① 详见林松《古兰经在中国》，宁夏人民出版社 2007 年版，第 137—142 页。
② 《古兰经》前八卷，马坚译，民间版本，无出版年月，第 205 页。

两件魔术,所以他们称他为'高明的术士',并且建议召集全国的术士对付他。结果一般术士都承认母撒所表演的并不是魔术,因而信仰了他的使命,圣经上叙述母撒表演奇迹的时候,只提及一件奇迹说:'耶和华晓谕摩西、亚伦说,法老若对你们说,你们行件奇事吧,你就吩咐亚伦说,把杖丢在法老面前,使杖变作蛇。摩西、亚伦进去见法老,就照耶和华所吩咐的行,亚伦把杖丢在法老和臣仆面前,杖就变作蛇。'(出埃及记7:8—11)这个记载是不正确的,因为母撒本来有两件奇迹,圣经上说'耶和华对摩西说,你手里是什么?他说是杖。耶和华说,丢在地上。他一丢下去,就变作蛇。摩西便跑开。耶和华对摩西说,伸出手来拿住他的尾巴,他必在你的手中仍然变为杖……耶和华又对他说,把手放在怀里。他就把手放在怀里。及至抽出来,不料,手长了大麻疯,有雪那样白。耶和华说,再把手放在怀里。他就再把手放在怀里。及至从怀里抽出来,不料,手已经复原,与周身的肉一样。'(出埃及记4:2—7)他还奉到命令,叫他在第一件奇迹不奏效的时候表演第二件奇迹。圣经说:'又说,倘若他们不听你的话,也不信头一个神迹,他们必信第二个神迹。'(出埃及记4:8)摩西当然要把两件法宝都拿出来证明他的使命,这是毫无疑问的。"①

根据以上几个主要特点,不难看出马坚的深厚学术功底和学识素养。他对伊斯兰教义学、教法学、古兰学、注释学等伊斯兰传统学科知识的掌握,充分体现和发挥在《古兰经》注释中。林松教授在研究马坚的《古兰经》注释后总结到,马坚的"注释类型与实例当然远不止此。还有不少详尽具体的释文,如记述历史事件、反抗压迫之战争,以及对教义、律例细则的说明等。所举者皆属独具特色的释例。正因为带注本特色显著,深入浅出,引证丰富,通俗易懂,所以受到广大教亲欢迎,同时,人们也为通译本未能继续完成全经注释工作而惋惜、遗憾"②。

三 林松的《古兰经韵译》

林松(1930—),经名叶哈雅·萨纳拜尔(Yahyā sanawbar),云南省

---

① 《古兰经》(前八卷,马坚译),民间版本,无出版年月,第193—194页。
② 林松:《古兰经在中国》,宁夏人民出版社2007年版,第142页。

个旧市沙甸村回族穆斯林，中央民族大学教授，当代中国穆斯林学者。林松出身书香门第，父亲林兴华和叔叔林兴智均系20世纪30年代初期埃及爱资哈尔大学留学生。林松在新中国成立前就读于沙甸养正学校，后曾受教于中国著名穆斯林学者马坚，中国著名史学家、回族史、伊斯兰教史专家白寿彝（1909—2000）和著名阿訇哈德成（1888—1943）。林松50年代初到北京工作，1975年在北京师范大学参加白寿彝先生主持编纂的《中国通史》的编写，1979年任职中央民族学院（今中央民族大学）中文系（现为文学与新闻传播学院），从事古典文学的教学与研究，并任古典文学教研室主任、教授、硕士生导师。

出身哈吉世家的林松，受环境与家庭熏陶和影响，对伊斯兰学术文化抱有浓厚兴趣。因此，他在从事古典文学研究与相关专业教学的同时，亦致力于回族历史与伊斯兰文化的研究。尤应指出的是，对于当代中国穆斯林而言，林松在翻译、译注和研究《古兰经》方面，作出了卓有成效的贡献。他的主要成果有《古兰经文选》、《古兰经韵译》、《汉译古兰经史话》、《古兰经知识宝典》、《古兰经在中国》、《古兰经故事》（合著）、《朝觐漫记》、《斗篷之歌》、《麦达艺海》、《回回历史与伊斯兰文化》、《孟子译注》等。此外，他还发表了20篇关于郑和研究的论文，为有关书籍和专著撰写了80余篇序和跋，发表了约200篇散论、杂文和诗词。

林松的《古兰经韵译》，1988年由中央民族学（现中央民族大学）院出版社出版发行，系阿汉对照本，上下两册，共计1162页，1641千字。《古兰经韵译》的卷首附有《例言》10则，《关于各章目录的说明》。卷末附有《有关诵读的几种符号说明》，《阿拉伯文的祈求词和译文》、《〈古兰经韵译〉各卷章节一览表》，《六十年来汉译〈古兰经〉版本简介》，《古兰经韵译〉后记》，以及白寿彝教授的题词，回族学者、郑和研究专家李士厚的题诗。

林松在《后记》中，就其韵译《古兰经》做了说明。他讲道："对韵译的摸索，绝不是标新立异，独辟蹊径，事实上国外早有先例可循。我的主观动机不过是想把它富于韵味感的特征，借用我国音韵丰富的汉语尽力转达。在尝试过程中，常感到作茧自缚之苦，亦有词难近意之憾，更有因韵损意之忧，但又有甘愿磨炼之乐。因而常处于犹豫矛盾状态，试译工作时勤时懒，亦曾几度中辍。历经甘苦，克服惰性，勉力振作，终于把初稿完成。修润复查时，仍感到有不少长期搁置的歧疑难关，不易突破。虽曾查证寻据，求教师友，参照他译或注疏而酌情抉择，还是感到远远没有表达原文美妙的色泽光辉。"①

《古兰经韵译》附有注释，通观该部译注中的注释，其特点大体如下：

（一）题解点要

林松在每章章末，以"题解"形式，"说明章名之由来、出处，或其他版本对该章之别称，有时简析章名之含义。题解或详或略，视需要而定。"② 例如，第2章（黄牛章）的题解是："这是《古兰经》中最长的一章，前后跨越三卷，篇幅约占全经总量的十三分之一。有关伊斯兰教的许多典章、制度、律例，包括宗教礼仪与世俗生活的各个方面，几乎都已全面涉及。本章中第67—71节讲述了有关黄牛的故事情节，章名即源于此。"③

（二）章名备考

这种形式的注释，"附于目录之后。其内容有两项：a. 对少量同章异名者，于目录及正文中采用通见章名，而在目录后附录少量存在异名者，分别意译与音译；b. 对局部经文的颁示岁月不同而被交替分类者，分别加以说明。众所周知，《古兰经》各章按公布时间被分为两大类别，以公元622年先知穆罕默德从麦加迁徙麦地那为界限，在此以前颁示的经文，列为'麦加类'；在此以后者被列为'麦地那类'。故每章后均附以所属类别，但其中有39个章（麦加类34章，麦地那类5章），在汇编时有少量经文因其内容或分韵而两类夹杂合编，此韵译本目录后均有概况说明，并在有关章节中以尾注列举被夹杂合编的经文。这样，可使各节经文所属类别（即颁示时间）一目了然。"④

（三）简明尾注

《古兰经韵译》中共有1904条尾注，是该部译注的注释重心所在。作者在卷首的《例言·五》中，就其注释意图做了说明。事实上，译者说明的注释意图，很大程度上即为其注释内容和特点所在——既有传闻注

---

① 林松：《古兰经韵译》，中央民族出版社1988年版，第1161页。
② 同上书，例言，第1页。
③ 同上书，第82页。
④ 杨怀中、余振贵：《伊斯兰与中国文化》，宁夏人民出版社1995年版，第517—518页。

释也有见解注释；既解析经文词汇也注释经义经旨。具体是：简介社会背景及有关原则——注释经文的降示背景（传闻注释）；提示可供参考之有关章节——以经文注释经文（传闻注释）；补充译文措辞之不足与缺陷——译文和注文互补；说明人称代词或指示代词所指之对象——解析经文词汇辞藻；解释某些音译词汇或特殊句式之含义——注释经文词义句义；综述某些节次或段落之主旨——注释经文大义与节文间的关联性及其经旨；考证不同版本在卷次划分、章类说明方面之出入——解析关于《古兰经》章节编排和划分的各家之见；交代译者对少量特殊语句与词汇之个人见解——以见解注释经文。①

由上，读者通过作者的意图就不难窥见其严谨的学术态度，以及对释文质量的要求。"从释文看，态度谨慎。如对某些章的章首出现的阿拉伯字母（凝缩短语），即含义隐晦玄妙之经文，虽择引了注疏家种种揣释，但仍逐一声明并非定论，仅供参考；又如对一些寓言故事或传奇性情节，只是客观地介绍了注家从纯宗教立场或理性分析角度进行的解释……以便读者了解不同类型的诠释家对《古兰经》研究的见解和成果。"②

四 马金鹏的《古兰经译注》

马金鹏（1913—2002），经名伊斯梅尔（Ismā'īl），山东济南回族穆斯林，当代中国穆斯林学者。马金鹏毕业于济南成达师范学校（1925—1932），1932年赴埃及爱资哈尔大学留学，1936年回国后任教成达师范学校，1950年任上海福佑路清真寺教长。1953年起，马金鹏执教于北京大学东语系阿拉伯语教研室，其主要学术成果有《伊本·白图泰游记》、《衮衣颂新译》、《穆圣传记》、《古兰经译注》等，参与编写了《阿汉词典》、《汉阿大词典》和《成语词典》。

马金鹏的《古兰经译注》，2005年由宁夏人民出版社出版，系阿汉对照本，全一册，共计838页，828千字，卷末附有"译者的话"，以及其子女马博华和马博孝撰写的"后记"。《译者的话》，由7个部分组成："个人经历"，讲述自己的成长和求学生涯；"我学习《古兰经》"，讲述

---

① 林松：《古兰经韵译》，中央民族出版社1988年版，例言第2页。
② 杨怀中、余振贵：《伊斯兰与中国文化》，宁夏人民出版社1995年版，第518—519页。

首次接触《古兰经》、启蒙老师、经堂教育的功过、学好阿拉伯的方法之一就是高声朗读和听念《古兰经》，以及学术和译注《古兰经》的准备工作；"通过学习和实践提高自己"，主要罗列了译者的学术成果；"按照《古兰经学》办事"，主要介绍了哲拉鲁丁·苏尤蒂的《古兰经学通论》、《古兰经》注释者应有的志向、著名圣门弟子注释家、《古兰经》的注释和翻译者应具备的15项基础知识；"选用《古兰经》注释中最好的注释范本"，介绍了译注者参考的权威注释文献；"其他工具书和参考书"，罗列了其他参考书目；"奉献于世的两项成果"，即《古兰经译注》和《译经偶拾》。此外，译注者就译注内容的来源作了说明。

通观《古兰经译注》中的11000余条注释，主要特点大体如下：

（一）参考权威文献

马金鹏引证和参考的如下文献资料，反映了其学术素养和注经态度，并由此及彼地定性了其注释的权威性。正如译注者自己所言，其译注工作是基于对阿拉伯语和汉语的掌握，在古兰学和注释学所要求的框架下完成："之所以题名为《〈古兰经〉译注》，这不但是根据《古兰经学》办事，也是依据自己阿、汉语文水平，实事求是地去实践，绝不是择轻就易。"[①]

1. 注释典籍，共7部，分别是泰伯里的《泰伯雷注释》；拜达维的《贝达威注释》；耐赛菲的《耐赛菲注释》；哲拉鲁丁·马哈里和哲拉鲁丁·苏尤蒂的《两哲俩伦丁注释》；法赫鲁丁·拉齐的《未见之钥》；穆罕默德·阿布杜·赖推夫的《简明注释》；阿里·萨布尼的《注释菁华》。

2. 圣训典籍，共4部，分别是《布哈里圣训集》；《穆斯林圣训集》；《圣训珠玑》；《清廉人的花园》。

3. 穆圣传记，共3部，分别是《努尔·耶给尼》；《伊本·习沙姆穆圣史》；《伊斯兰民族史讲座》（穆圣史部分）。

4. 教法典籍，共3部，分别是《教法总汇》；《沙米教法》；《四家教法学派总汇》。

5. 工具书籍，分4类。其一，阿拉伯语工具书，分别是《艾洛·穆尔哲姆·洛吾习图》，即《中型字典》，共两册；《艾洛·卡姆斯·穆赫

---

① 马金鹏：《古兰经译注》，宁夏人民出版社2005年版，第835—836页。

图》，即《辞详》，两卷四册；《扣即得》，全一册。其二，阿拉伯语和汉语词典，分别是王静斋所编《中阿新字典》；北京大学东语系阿拉伯语教研室所编《阿拉伯语汉语词典》；北京大学阿拉伯语教研室所编《汉语阿拉伯语词典》。其三，汉语词典，分别是商务印书馆1982年出版的《新华字典》；中国社会科学院语言研究所词典编辑室所编《现代汉语词典》。其四，百科全书等，分别是《阿拉伯语简易百科》（埃及开罗）；《中国伊斯兰教百科全书》；《米素巴哈·伊赫瓦尼》，即《古兰经》章节索引；马坚的《回历纲要》。

（二）题注各章属性

马金鹏在每章章首，注明了该章的属性，即麦加章或麦地那章。例如，他在注释第1章时，说明该章系"麦加降"。

（三）注释说明并举

马金鹏在对个别章进行注释的同时，还进一步以"说明"形式，就有关事项作了说明。注释与说明并举的情况，主要反映在第1章中。作者在注释完第1章后，进一步"说明"："念完法谛哈后，应低声念阿米奈。由于'阿米奈'不是《古兰经》文，故不写在经文内。该词的意思是'哎主哇，求你允准吧！'"①

（四）他注自注分明

马金鹏在《译者的话》中，就他的注释来源做了说明："注释词条11000多条，绝大部分是从各种'注释'本上选译的，我不敢妄加注释。一部分是从各种参考书上摘取后注解的，以'译者'署名与所译注释加以区别。"② 这就意味着，马金鹏的注释是由两部分组成，一是运用翻译"他注"的方式注释有关经文，这是其注释的主要构成部分，每页比比皆是。诚然，尽管译注者没有说明每个"他注"的出处，但这都是他援引和翻译其他权威注释家注释的结果，其权威性也就不言而喻——传闻注释。二是参考和综合各家之见后，自我进行总结式注释，并以"（……。——译者）"的形式给予说明——见解注释。例如经文"他们问你酒和赌博。你说：'其中既有大罪，也对人们有一些益处。'"（2：219）

---

① 马金鹏：《古兰经译注》，宁夏人民出版社2005年版，第1页。
② 同上书，第836页。

对于该节经文,作者先援引并翻译"他注",然后在括号中叙述了"自注",以有别于"他注":"'酒中有片刻的乐趣,有愉快,赌中可轻易取得财物等。'(取得不劳之财,实是骗取别人的。——译者)"①

(五) 注释内容详尽

马金鹏无论是翻译"他注"还是"自注",其内容都清晰可见,主要表现在:

其一,界定代词归属。他译注经文时,清楚地指明了每节经文中出现的各种代词,从而使读者能够借助释文,明确经文中大量出现的代词所指称的准确对象。

其二,解析单词词义。他进一步说明经文中某些词汇的大义和所指,如将经文"真主引导所要的人至正道"(2∶213)中的"正道",注释为"真理之道"。②

其三,交代降示背景。例如经文"他们问你有关在禁月中的战争"(2∶217) 的降示背景是:"穆圣派人马去阻挡古来氏人的商队,于6月末将领队人杀死,麦加人对此横加指责,妄称穆斯林们破坏了禁月中不准战争的禁律,故降示了此节经文。"③

其四,援引圣训注释。他注释经文时,援引和翻译圣训注释经文。例如经文"的确,我把考赛尔给了你"(108∶1)中的"考赛尔",他采取以训注经的方式给予注释:"考赛尔一词,有许多注释。其一是根据《圣训》的,据传:'考赛尔是我的养主许给我在天堂中的具有许多福的一条河流,它比蜜甜,比奶白,比雪还凉,比酥油还软……谁喝它一口,则永不口渴。'"④

其五,援引先贤注释。他引译圣门弟子的注释,解析了有关经文。例如经文"当天自行裂开"(84∶25) 的注释是:"即天带着云自行裂开。据阿里传达:'天从银河系自行裂开。'"⑤

其六,说明教法律例。他在注释有关教法的经文时,就教法问题做了

---

① 马金鹏:《古兰经译注》,宁夏人民出版社2005年版,第43页。
② 同上书,第42页。
③ 同上书,第43页。
④ 同上书,第818页。
⑤ 同上书,第783页。

说明。例如他在注释经文"哎归信的人们呀！如果你们要履行拜功时，你们应洗脸，洗手至两肘，应摸你们的头和［洗］你们的两脚至两踝骨"（5：6）中的"头"时，讲道："即将洗过有水的手抹头部。按哈耐非派的主张是抹头部的四分之一是必须的。抹头部的全部是圣行。"[①]

根据笔者管窥所及的以上特点，不难看出马金鹏的注释质量。事实上，作者自己在《译者的话》中就此作了总结："我致力于这部《〈古兰经〉译注》工作的基础条件，一是翻译工作基于《古兰经学》所规定的原则下进行的。基于我毕生对《古兰经》进行系统研究的积累，翻译时抛开了各种非阿拉伯语译本，并对过去非阿拉伯语译本的不当之处予以纠正，力求做到翻译准确，注释公正，力图使之成为当前最具权威的《古兰经》汉译注释本。二是译注中所依据的注释参考书，都是从多种阿拉伯文版本中选出来的，是伊斯兰世界公认的经典著作，有些还是中外清真寺教育的教材，以确保译文的质量。三是北京大学这一高等学府藏有许多可供参阅的珍本书籍，各种中文和阿拉伯文的工具书也很多，这是翻译《古兰经》一书得天独厚的有利条件。四是经过努力，完成译解注文11000余条，尤其对有关历史事件的背景、一些词语的含义及典故等均有注释。同时，为方便读者，译文中如需要阿拉伯文原词时，都用汉语作了注音。"[②]

五 马仲刚的《古兰经简注》

马仲刚（1961—），经名穆罕默德·谢里夫（Muhammad sharīf），云南省昭通市回族穆斯林，当代中国穆斯林学者。马仲刚"出生于穆斯林家庭，生活在穆斯林聚集区，自幼耳濡目染，虔信圣教。1982 年毅然辞去中学英语教师工作，考入中国伊斯兰教经学院学习，1987 年毕业后回到昆明伊斯兰教经学院工作至今。多年来一直在潜心学习和讲授《古兰经》与《圣训》，因此具备译经及以《圣训》注释的有利条件。《古兰经简注》自 1990 年动笔至 1995 年底译完。经 7 次修改，2004 年初终于定稿，前后历时十余载"。

---

① 马金鹏：《古兰经译注》，宁夏人民出版社 2005 年版，第 132 页。
② 同上书，第 825 页。

马仲刚的《古兰经简注》，2005 年由宗教文化出版社出版发行，全一册，阿汉对照本，670 页，1600 千字。《古兰经简注》卷首附有中国伊斯兰教协会会长希拉伦丁·陈广元阿訇的序言。卷末附有四项内容，分别是：

其一，《古兰经简注》主要内容查阅索引，共计 23 项。

其二，《古兰经》简介，由 12 部分组成，分别是：《古兰经》零星降示的哲理；《古兰经》的降示背景；《古兰经》与《古德西圣训》的区别；麦加章与麦地那章；明示的经文与隐晦的经文；停用的经文；《古兰经》的搜集与整理；《古兰经》的注释及其学者；诵读与恭听《古兰经》的贵重及其礼节；《古兰经》中的故事；《古兰经》中的比喻；《古兰经》在中国。

其三，主要参考书目。

其四，后记。

通观马仲刚的《古兰经简注》，其主要特点如下：

（一）参考注释文献

马仲刚在《后记》中讲道，"译者在翻译时，力求忠实于古兰原文，注释所参考经典少而精，以确保观点一致，使读者一目了然，便于领会经文含义。"[①] 正如译者所言，他参考的文献虽然少，仅有 10 部，但其中既有最权威的《古兰经》中英文译本，也有最权威的圣训经典，更有最精华的注释典籍。这 10 部参考书目，是世界范围内任何翻译和注释《古兰经》者必然要参考的文献，由此说明了《古兰经简注》的学术质量所在。该部译注的参考文献，主要由三部分构成：

1. 《古兰经》译本，共 2 部，分别是《古兰经》（*THE NOBILE QU-RAN*），麦地那伊斯兰大学的 Dr. Muhammad Taqi-Din Al-Hilali 与 Dr. Muhammad Muhsin Khan 合译，2002 年沙特利雅得平安出版社；《古兰经》的马坚译本，伊历 1407 年麦地那法赫德国王古兰经印刷厂。

2. 圣训经典，共 5 部，分别是《布哈里圣训实录》，1985 年贝鲁特阿拉伯出版社；《穆斯林圣训实录》，1998 年开罗圣训出版社；《塔志圣训》，1961 年贝鲁特阿拉伯遗产复兴出版社；《古德西圣训四十段》，1983

---

① 马仲刚：《古兰经简注》，宗教文化出版社 2005 年版，第 668 页。

年贝鲁特古兰经出版社；《脑威圣训四十段》，1977 年大马士革古兰经出版社。

3.《古兰经》注释典籍，共 3 部，分别是《泰伯里古兰经注》，1983 年贝鲁特古兰经出版社；《古尔图比古兰经注》，1985 年贝鲁特古兰经出版社；《伊本·凯西尔古兰经注》，1981 年贝鲁特古兰经出版社。

（二）注释形式分明

马仲刚注释《古兰经》时所采取的三种注释方法，使读者一目了然其注释所在。

其一，题解。注者注释每一章时，首先以"题解"形式，说明该章章名来源，该章属性（麦加章或麦地那章）及其节数。以首章为例：【章名解释】本章阿拉伯语音译为"法提哈"，意为"开端"，故列于全经之首，有"《古兰经》的根本"之称，阐述了全经的中心思想，是穆斯林宗教生活中最常用的一章经文，是礼拜时每拜开始必念的一章经文。麦加降示，全章共 7 节。①

其二，夹注。译者在翻译《古兰经》原文时，往往以"夹注"形式，详略得当地解释了有些经文，以方便读者进一步理解原文。译者为了使夹注有别于译文，不仅将夹注文置于方括号中，而且使夹注文的字号小于译文的字号。例如经文"真主已封闭他们的心［故他们不能辩真伪］和听觉［如聋子一样］，他们的眼上有层膜［如瞎子一样］，他们必受重大的刑罚"（2：7）。②方括号中的字即为夹注。此外，夹注的重大作用还在于，译者明确说明了经文中大量代词的确切指称对象。例如经文"真主赐予他［达伍德］王权和智慧，并把所意欲的［知识］教授他"（2：251）。③译者指出，经文中的"他"是指先知"达伍德"。

其三，尾注。《古兰经简注》中的注释，主要体现在尾注中，释文标号清楚，易于阅读，兹不赘述。《古兰经简注》中的尾注内容，除绝大部分出自译者所列参考书目外，也不乏译者的"自注"，并以"［译者］"的形式明确标示了自注，以有别于他注。例如经文"受赐［宗教］知识

---

① 马仲刚：《古兰经简注》，宗教文化出版社 2005 年版，第 1 页。
② 同上书，第 3 页。
③ 同上书，第 41 页。

和'伊玛尼'[信仰]者将说：'根据真主的前定，你们确已停留到复活日。'"(30：56)译者自注了"前定"："信前定列于六大信仰之末。前定是'盖德尔'的意译。信前定即承认宇宙间万事万物，如人在今世的生死寿限、富贵贫贱、吉凶福祸等均是真主的预先安排，人并不知道。各派学者在对前定的解释上意见分歧。逊尼派认为，真主预定了人的生死寿限等，但人在今世仍有自由主动行事的权利，一个人是信主还是不信主，是行善还是作恶，皆由人自行选择，每个人都要对自己的行为负责。[译者]"①

（三）注释内容精确

《古兰经简注》的最大特色是"以训注经"，但凡尾注，译者都援引圣训注释经文，是典型的"传闻注释"。可以说，该译本是中国首部"传闻注释"典籍——以圣训注释《古兰经》的典籍。对此，马仲刚在《后记》中讲到："以《圣训》注释《古兰经》，在《古兰经》注释中的权威性仅次于'以《古兰经》注释《古兰经》'。至尊真主启示：'凡是使者教给你们的，你们当接受；凡事使者禁止你们的，你们当戒除。'（59：7）至尊真主进而强调：'谁服从使者，谁确已服从真主。'（4：80）伊斯兰教的许多教义教规，真主只作了总的、概要性的命令，具体细节则留给穆圣解释，如怎样洗大小净、礼拜、封斋和朝觐等，因而穆圣对一切事物的裁决，均是理解《古兰经》的结果。这些律例，如果没有穆圣的进一步阐释，则广大穆斯林不知道如何去遵行。以《圣训》注释《古兰经》，这在我国尚无先例，难度之大，非一般读者所能想象，其原因是有些经文难以找到相关的《圣训》来注释。由于《古兰经》中存在此处简述的经文，彼处加以详述或重述的情况，因而同一段《圣训》在注释中也存在重复使用的情况。"②

此外，译者为了详细而明确地注释经文，往往引证两节或多节圣训注释一节经文。例如经文"因此，凭真主的旨意，他们打败了敌人，达伍德杀死了杰鲁特"（2：251），作者援引并翻译了三段圣训注释了这节经文。③

---

① 马仲刚：《古兰经简注》，宗教文化出版社2005年版，第410页。
② 同上书，第670页。
③ 参见马仲刚《古兰经简注》，宗教文化出版社2005年版，第41页。

(四) 释文出处明确

马仲刚引证每段圣训注释经文时，都明确标示出了该段圣训的来源，即书名、卷册、段号。例如，经文"如果你未昭示他们一种奇迹，他们就说：'你为什么不创造一种奇迹呢？'你说：'我只遵行我的主启示我的经典［古兰经］。'"（7：203）译者在注释这节经文中的"奇迹"时，明确标示了释文译自何处："艾奈斯传述：'麦加人请求真主的使者让他们看见一种奇迹，因而他便让他们看见了月亮破裂。'"（《布哈里圣训实录》第四卷第831段）[1]

马仲刚在《后记》中总结了《古兰经简注》的主要特色："此译本具有以下特色：一是以《圣训》注释《古兰经》；二是紧扣《古兰经简注》之'简'字作注释，使之简明易解，通俗易懂；三是尽量避免用读者难以理解的生僻字来注释，以便人人都能读懂《古兰经》的大意；四是对容易混淆的人称代词，不厌其烦地详加注释；对难以理解的经文，在经文中视需要用方括号以小号字作夹注，以示经文与注释之区别，避免无意中曲解经文之义，误导读者。译本所附的'主要内容查阅索引'，则按中国穆斯林的传统习惯，以'六大信仰、五大功修……'的次序编排，以便读者查阅方便。篇末注释内容的数量既考虑经文注释的需要，又兼顾中文的排版。"[2]

第三节 《古兰经》的维吾尔文译注

中国信仰伊斯兰教的十个少数民族，分别是回族、东乡族、撒拉族、保安族、维吾尔族、哈萨克族、塔吉克族、乌孜别克族、柯尔克孜族、塔塔尔族。这十个穆斯林民族，有的通用汉语，如回族等；有的民族拥有本民族语言和文字，并不能普遍通用汉语，如维吾尔族等。

为使不通汉语的中国穆斯林能够通晓《古兰经》经文大意，维吾尔学者阿吉·买买提·赛来、哈萨克族学者哈再孜和马哈什、柯尔克孜学者

---

[1] 马仲刚：《古兰经简注》，宗教文化出版社2005年版，第176页。
[2] 同上书，第669页。

第八章 《古兰经》注释在中国　581

玉赛因·哈吉·阿散阿勒乌鲁，分别出版了三种语言的《古兰经》通译本，既满足了新疆穆斯林民族读者的要求，也为构建中国《古兰经》译注整体格局作出了应有贡献，推动了中国伊斯兰文化的纵深发展。

由于语言文字的障碍，笔者只能根据中国研究《古兰经》专家林松教授的《〈古兰经〉知识宝典》和《〈古兰经〉在中国》，杨怀中先生主编的《伊斯兰与中国文化》，以及《中国伊斯兰教百科全书》的相关资料，仅就《古兰经》维文译注本做概要介绍。究其原因，维吾尔文是新疆地区维吾尔族、哈萨克族、塔吉克族、乌孜别克族、柯尔克孜族、塔塔尔族能所通吃的通用文字。因此，《古兰经》的维文本，既是新疆维吾尔族穆斯林的财富，也是能够使用维文的其他穆斯林民族的共同财富。

维吾尔文属于阿尔泰语系突厥语族，是维吾尔族的通用文。在新疆，由于维吾尔族是信仰伊斯兰教的六个少数民族中的大族，因此，《古兰经》维文版首先问世，并出现过多种注释本或选译本，主要成果有：

玉素甫大毛拉在塔城肉孜阿訇的倡议和协助下，节选并诠释了《古兰经》的若干章节，命名为《古兰经译注》。泰剑立·萨依布所译《古兰经注释》。大毛拉汗买提·泽尔甫哈热阿吉完成的《古兰经译注》初稿。沙比提大毛拉选译并命名为《至理名言》的《古兰经》。大毛拉谢木思丁的《古兰经译诠》。买买提·赛来译注的《〈古兰经〉维吾尔文译注本》。

笔者根据文献资料，仅通过介绍买买提·赛来的《〈古兰经〉维吾尔文译注本》（قۇرئان كەرىم ئۇيغۇرچە تەرجىمىسى），大致了解维文版的《古兰经》译注。

译注者买买提·赛来，伊斯兰教经名穆罕默德·萨利赫，出身伊斯兰学者世家，父亲萨里哈是大毛拉。买买提·赛来1962年毕业于中国伊斯兰教经学院，精通维吾尔文、阿拉伯文、波斯文和土耳其文，熟悉阿拉伯文化、突厥文化。20世纪90年代，买买提·赛来担任新疆伊斯兰教经学院院长。

买买提·赛来的《〈古兰经〉维吾尔文译注本》，是经过1982年修订的以阿拉伯字母为基础的维文译注版，卷首是译注者的前言，卷末附有13位学者和大毛拉联名推荐的文章。正文共计611页，第612—633页是名词和术语解释，以及所附28本参考文献。该译本是目前流传最广、最受欢迎的维阿文对照、16开精装版《古兰经》译注本。该译注本自1986年初版于北京民族出版社以来，多次重印，累计印数达到219500部。此外，沙特阿拉伯麦地那《古兰经》印经局出版了维阿文对照本。

译者为了使其译注本达到信达雅的基本要求，访名师，求贤达，征询意见，收集材料，历时六年完成了这部皇皇巨译，既获得了新疆许多维吾尔族大毛拉和伊斯兰教协会负责人的一致好评，更得到了母语为维吾尔文，以及能够使用维吾尔文的维吾尔族、哈萨克族、塔吉克族、乌孜别克族、柯尔克孜族、塔塔尔族的广大穆斯林的赞同。从译注本所附新疆伊斯兰教界 13 位大毛拉和学者集体所写的署名评论，以及 1991 年埃及宗教部在纪念先知穆罕默德诞辰大会上因其译注《古兰经》而颁发给他的学术勋章，就不难看出该译本的价值和意义。

根据林松教授的研究，该译本的特点主要是：

第一，译文典雅。译注者为了使译文符合《古兰经》原文的典雅，译解经文时，既重视《古兰经》的典雅风格，也因语言精练、文字流畅而使译文符合现代维吾尔文学语言的表达习惯。尽管该译本很大程度上达到了信达雅的要求，但译注者仍在序言中不无谦虚地写道："《古兰经》原文在艺术风格、表现技巧上都绝妙超凡。任何语种的译文都比不上原文，甚至离原文有很大差距。这是译经家们的共同看法。我的译文自然也不例外"。

第二，通俗易懂。译注者运用新疆穆斯林群众喜闻乐见的表达方式和语言习惯，译注了《古兰经》。因此，该译本译文准确，明白流畅，简单易懂，对于只能阅读《古兰经》原文而不懂其义的新疆维吾尔族等穆斯林民族的群众而言，其价值和地位等同于世界其他语种的《古兰经》译本对于各穆斯林民族的价值，具有非常重要的作用。

第三，译文精确。译者深厚的维吾尔语和阿拉伯语功底，促使该本译文精练，措辞准确，用词贴切，经义准确。

第四，原文直译。该译本主旨在于译介原文。因此，译注者一方面根据《古兰经》卷次和章序翻译每节经文时，力求译文与原文严格对应，逐词直译，从而尽可能地保证内容的准确；另一方面没有罗列详细的注释，只对个别译句作必要的简释，加上括弧夹注于译文之中，这充分反映了译者忠实原文的严肃态度和学术慎重。

第五，参阅文献。译注者解读有关经文时，除直接引述《古兰经》的阿拉伯文经注典籍外，还参考了阿拉伯文、波斯文、土耳其文等多种版本的《古兰经》词语大全和百科全书,力求保持《古兰经》原貌原义,体现其独特的艺术风格。

第六,传闻和见解注释兼而有之。译注者翻译和注释《古兰经》时,认真研读了阿拉伯文的 27 种不同注释文本,诸如泰伯里的《古兰经注释总汇》、法赫鲁丁·拉齐的《幽玄之钥》、宰迈赫舍里的《启示真相揭示》、伊本·凯西尔的《伊本·凯西尔古兰经注》、哲拉鲁丁·苏尤蒂的《经训经注辑珍》、拜达维的《启示光辉和经义奥秘》、哲拉鲁丁·马哈里和哲拉鲁丁·苏尤蒂的《哲拉莱尼古兰经注》、伊本·阿拔斯的《伊本·阿拔斯经注》、阿鲁西的《古兰经义精华》、哈兹尼的《启示真义释萃》、穆罕默德·拉希德·里达的《光塔经注》等权威经注,作为其注释的主要依据。译注者根据传闻注释和见解注释的原则,采用选译前人释文的方法,遵照多数经注学家的主张,对经中含义隐晦的经文,如 29 个章首出现的字母经文,不做任何揣测性注释,只做原样照录。

第七,脚注注释。译注者在经文中重要词语后,以括号形式选译了权威经注家们的注释,对部分词语做了脚注。

第八,附注注释。译注者在解读经中有关人物传说、历史人物、部分章名和典故时,以附注形式做了简明扼要的解析。

结　论

　　行文至此，当笔者根据中外文献，通过以上篇幅肤浅阐述了《古兰经》注释的主体层面时，不禁浅思，笔者阐述《古兰经》注释"本体"时，尤应以一定篇幅对《古兰经》注释蕴涵的其他层面，如注释中的文化性、宗教性、社会性、思想性、学术性、教育性、科学性与时代性等，以及对于伊斯兰教和穆斯林而言至关重要的宇宙观、社会观、自然观、文化观、教育观、经济观、政治观、生态观、法律观、人生观、认识观、价值观、伦理观、道德观、生活观、行为观等，应该做出必要反映和应有总结，而不应仅局限在阐述时只言片语中。因为只有如此才能彰显出，《古兰经》注释的学术价值和现实意义并不囿于注释"本体"——以注就注和以释论释，而是有其潜在的内涵与必然的外延，因此需要进一步对其进行挖掘、梳理、分析、研究和定性。有鉴于此，笔者由于知识学养的浅薄和学术视野的限制，只能从个案角度，结合《古兰经》注释"本体"和本书研究内容，提纲挈领性式地总结《古兰经》注释中蕴涵的几个具有代表性的特点，权作本书的简单结论。

第一节　《古兰经》注释的文化性

　　"伊斯兰文化是伊斯兰教产生后阿拉伯人和广大穆斯林的文化，是以阿拉伯人穆罕默德在公元 7 世纪初创立伊斯兰教为标志的一种崭新文化。伊斯兰文化产生于阿拉伯半岛的麦加和麦地那。它是在传承阿拉伯人固有文化的基础上，借鉴了半岛周边的希腊罗马文化、犹太、波斯文化等外族文化的长处，结合阿拉伯人当时的状况与需求创立的。它是扬弃旧有文化的弊端、融合相对先进的文化的产物。"①

伊斯兰文化在渐进过程中，根据经训精神与教导，在不断发展、丰富和完善本体文化的同时，也本着开放不自闭的精神，兼收并蓄，博采众长，汲取了其他民族的先进文化，如叙利亚文化、古希腊文化、波斯文化、印度文化和中国文化，最终成为一种世界性的文化体系。伊斯兰教体制与伊斯兰文化体系的形成，不仅建基于其渊源经典《古兰经》，而且是建立在该文化体系对原理原则的《古兰经》的注释上。换言之，《古兰经》亘古不变，变化的是对它的不断注释。因此，历代穆斯林学者注释《古兰经》微言大义的文化活动和学术举措，以及取得的丰硕成果，就是对《古兰经》内容内涵和经义经旨的延伸与拓展。由此及彼，对《古兰经》经义经旨的内涵与外延的解读，既是伊斯兰文化发展和丰富的一种表现形式，也很大程度上成为伊斯兰文化的主要表现形式和承载方式，是伊斯兰文化的一个微观缩影。

伊斯兰文化体系对《古兰经》所作注释中显现的文化因素和文化内容，可谓庞杂纷繁、百花争艳。笔者因笔力所及和管窥所见，只能试着从以下几个方面，以点带面地总结《古兰经》注释具有或蕴涵着的部分文化特性。

一 《古兰经》注释是伊斯兰文化的最早实践

伊斯兰文化体系形成前的文化学术活动，较之文化体系形成后较为单一，主要就是定本《古兰经》、整理圣训、阐经释义、传述圣训、解读训喻、创制教律、叙述历史、布道传教等。在这些文化活动中，最早并且至关重要的一项文化活动是注释《古兰经》。《古兰经》注释与《古兰经》降示几乎同步。因此，伊斯兰文化体系早期注释《古兰经》的学术举措，成为穆斯林实践，甚至构建伊斯兰文化及其学术活动的最早范例。

同样，《古兰经》注释成果借助圣训学家搜集和整理圣训成册的平

---

① 国少华：《阿拉伯—伊斯兰文化研究》，时事出版社2009年版，第26页。

台，不仅作为伊斯兰文化体系中最早见诸文献的学术成果问世，而且形成了独立的文化学科——《古兰经》注释学，既是伊斯兰文化体系中最早形成的主干学科，也成为伊斯兰文化的传统学科之一。

学界认为，由于注释《古兰经》的学术活动是伊斯兰文化的最早实践，因此研究《古兰经》的早期注释，亦是考察和考量伊斯兰早期文化学术活动的原始资料和学术途径。

二 《古兰经》注释构建了伊斯兰文化机构的雏形

伊斯兰文化体系形成过程中，清真寺之于伊斯兰教和伊斯兰文化的重要性不言而喻。首先，《古兰经》28次直接提及清真寺（Masjid），[①] 15次以"房屋"（Bayt）指称"清真寺"，[②] 分别"与建设、教育、稳定、安宁、提升信仰、完美道德、陶冶情操等内容紧密相关"。[③] 其次，先知穆罕默德在宗教与社会生活中对清真寺从言论到行为、由理论到实践的"圣行"，赋予它无与伦比的地位。先知穆罕默德在麦地那创建圣寺后，使它成为穆斯林履行宗教功修场所的同时，也利用它从事文化教育、政治经济、对外交流等活动。单就文化教育而言，先知穆罕默德在清真寺"举行形式多样的教育活动，讲授《古兰经》、解释《古兰经》经文、圣门弟子在寺内记录他的训谕。在先知寺的一角，矗立着一个讲台，作为活动的中心地点，以方便旨在了解信仰、祈祷和其他事物的人。这是极其简单的教学方式，但以后就形成了一种有组织、固定的教学方式"[④]。据此，先知穆罕默德是伊斯兰文化教育与学术研究机构的奠基者和实践者。继他之后，第二任哈里发欧麦尔秉承"圣行"，"在清真寺组织教学活动并视之为政府的责任。一位穆斯林历史学家记载了伊历17年各清真寺学生满

[①] 这些经文分别是：2：114、144、149—150、187、196、217；5：2；7：29、31；8：34；9：7、17—19、28、107—108；17：1；18：21；22：25、40；48：25、27；72：18。

[②] 这些经文分别是：2：125、127、158、189；3：96、97；5：2、97；8：35；10：87；14：37；22：26、29、33；106：3。

[③] 祁学义：《从伊斯兰史上的著名清真寺看清真寺功能的多样性》，载《阿拉伯世界研究》2007年第1期。

[④] 哈立德·阿拉维：《清真寺的社会职能》，金忠杰译，伊斯兰堡伊斯兰研究院出版社2004年版，第13—14页。

堂的情景。当时,欧麦尔派遣教师到各伊斯兰城市求学。"① 清真寺"在伊历三世纪和四世纪呈现出一幅欣欣向荣的教学活动图景。大马士革、巴格达、开罗以及内沙布尔的著名清真寺,都作为文化教育中心享誉而立"②。"穆斯林城市所有的清真寺,差不多都用作重要的教育中心。一个游客,来到一个新城市的时候,只要走进当地举行聚礼的清真寺,就一定能够听到圣训学的课程。每个穆斯林,都可以自由地到清真寺里去听讲,这种教育制度,跟伊斯兰教的学校一起,保存到十一世纪。"③

追溯经训渊源,清真寺具有的文化教育与学术研究功能,成为早期伊斯兰文化机构的雏形。彼时,圣门弟子与再传弟子在麦加禁寺、麦地那圣寺与伊拉克的清真寺创建了传授伊斯兰知识、传播伊斯兰文化的"学校"(Madrasah)。如饥似渴求知的穆斯林们纷纷师从尚在世的圣门弟子,聆听他们讲解《古兰经》、传述先知圣训、教授宗教知识、叙述先知历史等,并在不同城市形成了规模不等的学校或学派,"圣门弟子与再传弟子的学术造诣,各不相同,他们派到各地之后,都依照自己的思想与学识建立学校,传授学问;结果地方受了他们的影响,都依循着他们的途径。于是各地自成派别。"④ 这种学校的形式就是圣门弟子在清真寺的一个角落居中而坐,再传弟子环绕他们形成一个"讲席"(Al-halqah),"不仅讲授宗教学科,而且讲授语言学和诗学。"⑤ 在各科"讲席"中,尤为著名者莫过于《古兰经》注释的讲席,终形成了现代术语所称的"《古兰经》注释学校"。毋庸置疑,《古兰经》注释学校依托清真寺的建立,是早期伊斯兰文化机构建立的雏形,也是伊斯兰文化体系逐渐形成的一个标志。

三 《古兰经》注释是伊斯兰文化的综合体现

在伊斯兰文化义理中,无论从整体还是个体层面看待《古兰经》,均

---

① 哈立德·阿拉维:《清真寺的社会职能》,金忠杰译,伊斯兰堡伊斯兰研究院出版社2004年版,第14页。
② 同上。
③ 希提:《阿拉伯通史》,马坚译,商务印书馆1995年版,第489页。
④ 艾哈迈德·爱敏:《阿拉伯—伊斯兰文化史》第1册,商务印书馆1982年版,第182页。
⑤ 希提:《阿拉伯通史》,马坚译,商务印书馆1995年版,第489页。

需注释。注释是全面了解、正确理解和具体运用《古兰经》的必然途径。同样，《古兰经》内容丰富的性质，决定了注释内容的广博。可以说，《古兰经》宗教与社会的二元一体结构，涵盖了信仰哲学、教义教律、宗教义务、社会义务、伦理道德、行为规范、社会制度、政治经济、文化教育、人文社科、自然科学、工农牧商、故事教诲、对话辩论等内容。这些内容，几乎囊括了伊斯兰文化从精神到物质的各个层面。因此，历代注释家无论从宏观与微观层面，还是从整体与个案角度——诸如语言学、法学、哲学、苏菲学、科学、历史学、经济学等人文社科和自然科学，对《古兰经》所作的或详尽或简略，或整体或局部的注释，都是伊斯兰文化的一种综合体现和具体反映。

四 《古兰经》注释是伊斯兰文化合流的体现

穆斯林根据《古兰经》认为，伊斯兰文化是开放的、跨国界、跨民族的文化，不是封闭的文化。因此它在和其他文化体系交流过程中，不免汲取其他文化因素丰富本体文化。伊斯兰文化在吸收其他文化养分过程中，《古兰经》注释受到或深或浅的影响也就在所难免。诸如，哲学家法拉比和伊本·西那等受希腊哲学影响，借用希腊哲学观点注释有关经文。诚然，尽管学术界对借用希腊哲学观点注释《古兰经》的做法见智见仁，但不容忽视的是，这无疑是伊斯兰文化渊源合流的一个具体反映。换言之，《古兰经》注释是穆斯林学术界在解析古兰经义、阐发伊斯兰义理的基础上，延伸和拓展伊斯兰文化的平台。它不断吸收人类文明的先进文化学术成果，丰富着伊斯兰文化的内涵与外延，推动着伊斯兰教与伊斯兰文化的整体发展。

此外，就伊斯兰文化体系内部而言，各穆斯林民族注释经文的学术活动，共同构建了《古兰经》注释的整体格局。因此，穆斯林各民族用母语注释《古兰经》的成果，是全体穆斯林共同创造的文化结晶和学术成果。首先，从注释家所属民族角度来讲，既有阿拉伯民族的学者用母语注释《古兰经》，也有其他民族的学者用阿拉伯语注释《古兰经》，如出身波斯的泰伯里和法赫鲁丁·拉齐等，"都受过阿拉伯语教育的巨大影响，精通阿拉伯语；他们的著作都是用阿拉伯语写作的，而且都是在'伊斯兰旗帜'下产生的,都打上了'伊斯兰精神'的烙印。"① 这些学者精通并熟练运用阿拉伯语注释《古兰经》的学术活动,极大地丰富了阿拉伯语的《古兰经》注释典籍的量和质。其次,从注释《古兰经》的语言角度来讲,既有源语——阿拉伯语——的注释典籍,也有外语的注释成果。诸如,波斯语、土耳其语、乌尔都语、英语、德语、汉语界的《古兰经》译注家,他们分别用母语注释《古兰经》的做法,催生了一批卓有成效的注释学术成果。

据上,无论是学者们采用其他文化的观点注释《古兰经》,还是各穆斯林民族用不同语言注释《古兰经》的成果,都是伊斯兰文化渊源合流的一种体现形式。

五 《古兰经》注释推动伊斯兰文化学术发展

在伊斯兰文化史上,《古兰经》注释不仅发展为独立的学科体系,其成果绵延不绝,各类注释典籍百花纷呈。而且,它的学科性质也成为伊斯兰文化的学术理论宝库,极大地推动着其他学科学术的发展,无论是与其相关的交叉学科,还是受其影响大力发展的学科。

首先,《古兰经》注释学的形成,要求凡注释《古兰经》者,必须精通注释学界定和需要的15门学科,如语言学、语法学、词法学、字源学、修辞学、诵读学、教义学、法理学、教律学、圣训学等。由于注释学精深细微的要求所致,注释学与这15门学科呈现学科交叉和互补互用的格局。因此,注释学界为精确和准确注释《古兰经》,遂致力于这些学科的发展,使其精益求精,更加完善,以便成为注释《古兰经》的必然学术工具。

其次,公元9世纪,阿拉伯哈里发国家奉行推动伊斯兰文化全面发展的政策,教义学、教法学、历史学、哲学、语言学、文学等人文学科,以及数学、医学等自然学科达到空前的繁荣,涌现出一批批优秀的学术成果。《古兰经》注释的学术成果即是其中之一,涵盖了伊斯兰文化的重要学科领域。如果说《古兰经》是这些学科的渊源,《古兰经》注释则是对

---

① 艾哈迈德·爱敏:《阿拉伯—伊斯兰文化史·译者序言》第1册,商务印书馆1982年版,第8页。

各学科领域的具体解读，以及推动学术发展与文化繁荣的直接而具体的反映。诸如，人文学科方面，法学家艾哈迈德·本·阿里·拉齐·贾萨尼德等从法学层面，哲学家法拉比、伊本·西那、伊本·阿拉比等从哲学层面，泰伯里和塞尔莱布等从史学层面，伊本·哈雅尼等从语言学层面，宰迈赫舍里等从修辞学层面注释《古兰经》，都取得了丰硕的成果。尤其公元9世纪以降，以天文学、地理学、数学、医学为主的自然科学的发展，为注释《古兰经》提供了新的空间，增添了新的内容，使《古兰经》注释得以全面深化和大力发展，如法赫鲁丁·拉齐的《幽玄之钥》，从自然科学层面注释《古兰经》，堪称该领域的典范并被后人称为"百科全书式的经注"。透视这些学科的注释文献，分别反映着注释家对《古兰经》从文字到内涵的研究成果和学术思想。同时，注释家受时代影响借鉴了与伊斯兰教相关联的学术领域的学术成果，如哲学领域的注释家受希腊哲学影响在其注释中有希腊哲学思想的烙印。可以说，《古兰经》注释既是各时代伊斯兰文化学术活动的结果，也是对伊斯兰文化及其学科体系的丰富和延伸，两者相辅相成，是彼此影响、互相衬托的学术结晶。

六 《古兰经》注释是伊斯兰各派争鸣的反映

《古兰经》注释自始至今，不仅是解释音韵词义、分析降示背景、阐释教义教法的纯宗教学科，也发展成伊斯兰各教派和各学派借以支持本派观点和理论的必要措施和重要手段。

在伊斯兰教发展进程中，因穆斯林思想主张的不同与观点看法的差异，形成和催生了宗旨不同的宗教派别和学术派别。各派为维护其思想、观点和主张的合法性、正统性与法理性，皆从《古兰经》中寻求符合和支持本派的经文加以阐释，通过注释宣扬其合法性，论证其观点和主张的正确性。逊尼派的四大法学学派与苏菲，什叶派的十二伊玛目与栽德派，以及穆尔太齐赖派和哈瓦利吉派等派的学术观点和思想主张，都概莫能外。以穆尔太齐赖派为例，该派带有浓厚的神学理论和理性主义色彩。他们根据自己主张的五项基本原则——关于真主本体与属性的统一性、真主公平的必然性、人类意志自由、犯大罪是否具有信仰、理智具有辨别善与恶的能力，通过注释《古兰经》的有关经文，尽力使他们的思想主旨和观点主张与经义相一致。如果找不到支持他们观点的经文，就脱离经文的表层意思，发挥理性加以解释，以维护和服务于自己的主张。由此可见，任何教派与学派对《古兰经》的解析和阐发，无论正确与否，都无一例外地折射着历代教派争鸣、学派理论的实际情况，"《古兰经》注不啻是各时代的学术思想、宗教派别所反映出来的一个缩影。由伊本·阿拔斯到穆罕默德·阿布笃都没有例外的甚至研究任何一时代的经注之后，就可以知道当时学术活动的状况，和当时所流行的学派、教派。"①

七 《古兰经》注释是研究伊斯兰文化的重要途径

纵观《古兰经》注释的千年发展史，它从口耳相传注释到文字记载注释，经历了由表及里，由浅入深的注释过程。注释家们从诵读韵律、文字辞藻、句法结构、降示背景等表层进行注释，并根据所属派别、学派及学科的不同，从宗教教义、学术思想、社会与自然科学等层面深入注释着《古兰经》。历代的《古兰经》注释，面对复杂的社会环境和不同的时代，总能表现出生生不息的活力。它引导着穆斯林如何正确理解和具体运用《古兰经》，阐述了《古兰经》宗教内涵与社会应用相结合的二元一体性，揭示出其丰富的文化内涵与深刻的现实意义，回答了伊斯兰教如何适应社会发展和时代变迁。可以说，《古兰经》注释是穆斯林阐发经文内涵、宣扬伊斯兰义理、整理伊斯兰文化的一项重要学术活动。它丰富和发展了伊斯兰文化，被认为是综合研究《古兰经》、伊斯兰教与伊斯兰文化必不可少的珍贵文献，是穆斯林追求知识、探索真理、创新文化的具体体现，"每一部完整的经注都是在某一时代的文化学术活动的影响下出现的，它不仅保存了古兰经研究和伊斯兰文化的有关资料，并为穆斯林学习《古兰经》提供了必要的知识，而且它还从某一个侧面反映了那个时代的教派和学派的斗争情况，因而古兰经注历来被认为是研究伊斯兰教必不可少的方面。"②

八 《古兰经》注释是伊斯兰文化传承与创新的体现

在伊斯兰文化领域，两个至关重要的术语，始终影响着伊斯兰教与伊

---

① 艾哈迈德·爱敏：《阿拉伯—伊斯兰文化史》第 1 册，商务印书馆 1982 年版，第 220 页。
② 宛耀宾总主编：《中国伊斯兰百科全书》，四川辞书出版社 1994 年版，第 180 页。

斯兰文化的发展和延伸。一是"传承"（Al-naql，又译为承继和传述），一是"理性"（Al-'aql）。"Al-naql"（传承）的相应词是"Al-riwāyah"（传述），"Al-'aql"（理性）的相应词是"Al-ra'y"（见解）。

"传承"意味着伊斯兰文化的循古性和保守性，"理性"意味着伊斯兰文化的创新性和发展性。这两个术语的作用，在《古兰经》注释领域得到了充分体现。

"传承"在《古兰经》注释领域，是指注释学界溯源和继承前人的注释，它既具有循古的内涵，也具有文化保护的意义。换言之，传承是注释学界溯源前人注释，严格遵循他们的注释内容，从循古角度代代延续和固守《古兰经》的早期注释（先知穆罕默德、圣门弟子与再传弟子的注释），并因此形成了专业的学术术语——传闻注释。

"理性"则是注释学界在遵循经训教义，以及教法法理与注释学理的原则基础上，面对新的历史条件下出现的新情况、新问题和新事物时，运用个人理性，发挥个人见解，本着创新原则与发展精神，注释和阐发《古兰经》的经义经旨，从而推动《古兰经》注释与时俱进地发展，也因此形成了专业的学术术语——见解注释。

那么，如果从界定《古兰经》注释种类的宏观角度来看，注释不外乎两大类型，即传闻注释和见解注释。所谓见解注释就是传闻注释之外任何形式的注释，皆在它的范畴内。据此，《古兰经》注释展现了它独特的文化价值和学术作用——注释学界通过循古式的"传承"方法，完全继承了前人的注释学术传统和学术思想，保护性和循古性地延续了伊斯兰早期的注释学术成果。同样，注释学界通过具有原则的、创新式的"理性"方法，发挥他们的学术创新精神，随着社会发展、时代变迁、文化进步和科技发展等因素，不断更新学术思想和扩延学术眼光，最终达到没有因为循古式传承而忽略理性式创新注释的目的——既循古也创新。

鉴于"传承"与"理性"的特殊关系和学术作用，学界认为，如果没有循古式的"传承"注释，《古兰经》注释将会因失根失据而出现偏颇甚至错误和失真的现象；如果没有基于原则的创新式"理性"注释，《古兰经》注释就不能与时俱进地发展，注释内容及其内涵与外延，也必会受到制约和障碍，甚至会有"注释僵化"和"僵化注释"的情况。因此，"传承"与"理性"在《古兰经》注释领域的有机调和所形成的既相辅相成和互为依托，又彼此作用和相互牵制的格局，有效保障了伊斯兰文化体系"信经而不僵经，释经而不越经"的注释图景。同样，两者共同推出的卷帙浩繁的注释成果，成为伊斯兰文化体系"传承文化与创新文化"的坐标和体现。

第二节 《古兰经》注释的社会性

伊斯兰文化视阈中，《古兰经》是一部集宗教与社会于一身的宗教经典。它的"宗教性"体现在它昭示于人的信仰、思想和精神等内部层面上；它的"社会性"体现于引导人的社会生活、行为、制度等外部层面上。因此，从宏观角度看，它因两大内容而具有二元一体特点；从微观角度讲，它因伊斯兰社会中的多元归一而又具有多元一体特征。

伊斯兰教认为，《古兰经》降示的宏大背景是恢复"认一论"信仰，确立伊斯兰教，树立社会规范。因此，其实质就是在阐明人与真主关系的基础上，解决人在社会的一切问题，涵盖了诸多方面。然而，《古兰经》又是一部原理原则的经典，不能事无巨细地逐一谈及人类社会的方方面面。因此，穆斯林学界只能通过注释的方法来解析《古兰经》中的社会性。由此及彼，《古兰经》注释自然也含着"社会性"，主要是以注释经文的社会主张，以及通过注释阐发各种社会主张来完成。

一 注释《古兰经》的社会主张

《古兰经》作为伊斯兰社会原则、社会学说与社会主张的源泉，提出不少关于社会规律、社会制度、处事原则、法律法规等引导与规约人的社会行为、社会生活、社会交际等原理原则。诸如，宗教信仰自由、法律严明公道、政治勤政为民、缩小贫富差距、合理开发自然、保护生态平衡、社会正义风尚、秉公处理事务、人类一律平等、男女地位相等、褒奖信守诺言、严禁背信弃义、凡事当行中道、公平买卖经营、驳斥非法牟利、禁止盘剥盗抢、提倡安分守己、杜绝腐化淫靡、鼓励自食其力、号召行善济慈、主张两世兼顾、赞同团结互助、强调博爱大同、是非善恶分明等等。这些社会原理原则，既针对穆斯林内部之间的社会行为，也针对穆斯林与非穆斯林之间的社会行为；既昭示穆斯林社会，也引导穆斯林社会正确处理与非穆斯林社会之间的社会关系。

注释家在解读《古兰经》中涉及社会原则的经文时，或在综合注释典籍中宏观地泛泛而注，或在专题注释典籍中微观地具体而释。无论是宏观还是微观，其共性是无一例外地解析了有关经文中的"社会性"。这种"社会性"又表现在不受时空限制，不分宗教派别，不唯民族身份，不限语言文化。换言之，此类注释中的"社会性"具有"在经言经"特点，它只针对《古兰经》的社会主张本身而言，因此注释家仅仅运用注释学原理原则，最大限度和最大程度地解析与阐发经文蕴涵的社会主张的内涵与外延。由此，穆斯林根据"社会性"的注释就能明晰《古兰经》中的各种社会主张，引导他们个体明确他们在社会中的行为规范和处事原则等；指导他们整体在社会事物中如何正确处理各种社会关系，以及应该承担的社会责任和社会义务等。

总之，《古兰经》注释中的"社会性"解读了经中的社会主张。如果从另一角度来讲，注释中的社会性在完善着伊斯兰教的社会主张，其内容也成为伊斯兰社会学说的主要组成部分。同理，《古兰经》注释中的社会性，既是伊斯兰社会主张的反映，也是对伊斯兰社会主张的总结。

二 通过注释阐发各种社会主张

如果说历代注释家不唯派别、不局思想、客观公正、实事求是、就经论经地对《古兰经》中直接或间接涉及社会主张的经文所作的注释，是对伊斯兰社会主张的阐释和总结，那么，在伊斯兰教发展进程中，历史上教派的诞生和各种主义的出现，促使一些注释家根据所属派别和所持主义的思想观点和主张见解，对有关经文的注释，则是《古兰经》注释蕴涵社会性的微观显现，并且更大程度上具体体现着《古兰经》注释中的社会性。

伊斯兰教各派根据《古兰经》阐释了他们的社会主张。例如，历史上逊尼派的"经注中反映了承认从四大哈里发到奥斯曼帝国统治的合法性，吸收了从哈桑·巴士里、四大伊玛目到艾什尔里、安萨里等人的宗教学说和主张。对于涉及信仰问题的经文，他们主张遵从字面意思，不随意解释，认为'信仰'问题应遵从《古兰经》，而不能用解释《古兰经》

迁就'信仰'。在教法方面，基本以圣训和四家教法学派的主张为依据解释《古兰经》有关经文，同时他们借助宗教学科和自然科学的研究成果阐发经文含义"[1]。同样，什叶派"在经注中宣传尊崇阿里及其后裔、反对奥斯曼和伍麦叶王朝的思想，甚至有些人把注释《古兰经》，作为一种反对自己政敌的手段"[2]。同样，什叶派根据《古兰经》在构建"伊玛目学说"、"隐遁伊玛目和马赫迪思想"、"《古兰经》隐义说"、"塔基亚原则"和"教法学说"时，都通过注释《古兰经》中的有关经文，阐述了他们的社会主张和社会学说。[3]

近现代，19世纪末期出现的现代主义，使《古兰经》注释更加受到重视。现代主义努力振兴伊斯兰教并使伊斯兰教与西方科学传统中可取之处互相调和，提倡回到纯洁不朽的伊斯兰教教义上去，因而十分重视解释伊斯兰教义的最古老而原始的来源。最近新的思想兴起，印度穆斯林学者大毛拉·阿布尔·卡里姆·阿扎德（1888—1958）在所著乌尔都文《古兰经》注释中，提出一些原则。他说：解释《古兰经》，必须结合当时的环境。这样可以有助于了解《古兰经》对于受启示者的具体意义。[4]

同样，近代埃及社会改革家穆罕默德·阿布笃通过注释经文，分析和解读了穆斯林社会面临的各种问题。因此他"主张改革伊斯兰教传统中不适应社会发展的陈规陋习和教律。他把伊斯兰教义区分为基本和辅助两部分。基本部分也称为'基本教旨'，它包括《古兰经》及真实圣训，此外均属辅助部分。前者是永恒的、绝对的、不可动摇的，适用于一切时代，后者则是相对的、暂时的，要随时间、地点、条件的变化而变化。他主张简化烦琐的宗教礼仪，使伊斯兰教摆脱旧的清规戒律的束缚，改革一夫多妻、蓄奴制等封建制度，反对一切陈规陋俗，'把思想从盲目信仰的

---

[1] 宛耀宾总主编：《中国伊斯兰百科全书》，四川辞书出版社1994年版，第625页。

[2] 同上书，第512页。

[3] 现当代，逊尼派和什叶派分别有学者从社会角度注释《古兰经》的专著。逊尼派如阿布杜·哈米德·巴迪斯（'Abd al-hamid ben badith）的《伊本·巴迪斯经注》（Tafsir ibn badith），茂杜迪的《理解古兰经》（Tafihim al-qur'an），哲马鲁丁·嘎希姆（Jamalu al-din al-qasimi）的《嘎希姆经注》（Tafsir al-qasimi）等。什叶派如穆罕默德·侯赛因·塔巴塔巴仪编著的《古兰经注之准衡》等。

[4] 《不列颠百科全书》（卷14），中国大百科全书出版社1999年版，第92页。

牢笼里解放出来',给伊斯兰教以新的生机"①。例如,他在注释第103章(时光章)时旁征博引,详细注释了该章蕴涵的社会哲理,分析了"时光"对于社会整体和个人个体的重要性,以及经文中言及的"行善、真理、坚忍"等具有的社会义理。②

20世纪20年代末出现的伊斯兰社会主义,其理论代表人物如印度伊斯兰教逊尼派学者欧拜杜拉·辛迪、哈菲兹·拉赫曼·希瓦维,巴基斯坦伊斯兰学者阿卜杜勒·哈吉姆等主张,伊斯兰社会主义源自《古兰经》。因为《古兰经》中所蕴涵的人类大同、社会平等、缩小贫富、分配公允、经济平衡、反对霸权、反对压迫等原则,就是伊斯兰社会主义的基础。因此,他们基于《古兰经》宣称,以《古兰经》为基础的社会主义制度是理想的社会制度。③

以上案例说明,注释《古兰经》有关社会的经文,是伊斯兰教各个教派与各种主义的学者,阐述他们思想观点和社会主张的共同举措和主要手段。他们借助《古兰经》注释,使他们的社会主张法理化、学说化和社会化。可以说,《古兰经》注释中的社会性,一方面是伊斯兰教派别争鸣的切实体现,以及伊斯兰各派别与各主义发展中的思想活动和学术成果的反映。另一方面,它也是穆斯林学术界通过注释理论和注释方法,推动伊斯兰社会发展和改革的一种必然举措,正如埃及学者阿布马格德在《世界新格局下的伊斯兰教》一文中所认为,穆斯林完全可以调整伊斯兰教理论以适应现代生活的要求。他指出:"首先,《古兰经》和《圣训》都不包含现代社会组织所必需的法律规范,它们仅仅明确地阐述了广泛的理路和基本的价值观,它们需要通过人们制定规范对其进行联结和补充。面对形势已发生重大变化的社会,穆斯林可以自由地调整以《古兰经》和逊奈为基础的基本理论。第二,因为在伊斯兰法理学发展的早期,穆斯林学者就已经认识到了以其他渠道补充《古兰经》和《圣训》的必要性。

---

① 宛耀宾总主编:《中国伊斯兰百科全书》,四川辞书出版社1994年版,第389页。
② 穆罕默德·侯赛因·扎哈卜:《古兰经注释与注释家》卷2,开罗知识出版社2001年版,第552—575页;阿卜杜拉·沙哈特:《伊斯兰教经学》,埃及公共图书社1998年第3版,第138—156页。
③ 参见宛耀宾总主编《中国伊斯兰百科全书》,四川辞书出版社1994年版,第683—684页。

他们认识到了公议原则、类比原则、依靠公共利益或社会福利的重要性。"①

第三节 《古兰经》注释的思想性

鉴于《古兰经》之于伊斯兰教和伊斯兰文化的重要性,《古兰经》不可避免地成为伊斯兰教和穆斯林、伊斯兰文化和穆斯林社会的思想基础和思想源泉。伊斯兰思想史表明,伊斯兰教历代的思想活动和思想潮流,无一例外地都围绕着《古兰经》运转和进行。穆斯林认为,《古兰经》之所以是他们取之不尽用之不竭的思想宝库,其重要表现形式就体现在学术界对它的注释上。因此,如果细究历代的《古兰经》注释,就不难窥见伊斯兰教历史上发生的各种思想活动、思想纷争和思想潮流的印记。历代注释家"通过为经作注,不仅反映了作者对《古兰经》从文字到思想的研究成果及其学术思想,而且还吸收了同时代与伊斯兰教有联系的哲学、神学、历史学、伦理道德学等领域的学术成果,从而丰富了古兰经注的内容,深化了经义的研究"②。

《古兰经》注释中展现的思想性可谓精彩纷呈,归纳起来,就是以下两大主体。

一 注释反映着《古兰经》催生的各种思想

根据伊斯兰教义,《古兰经》蕴涵着催发伊斯兰教各种"思想"的"思想源"。穆斯林学术界通过解读这些原理原则的思想源,构建了伊斯兰教的各种思想。

首先,《古兰经》是"宗教经典"的本质,决定了穆斯林学者从宏观层面,阐发了经中叙述的"宗教思想"。他们基于《古兰经》义理和思想渊源,解释了其中彰显的伊斯兰教各种思想观念。因此,从思想源角度看,伊斯兰教和伊斯兰文化中的各种思想观念,其基调通常具有"宗教

---

① 转引自张宗奇《伊斯兰文化与中国本土文化的整合》,东方出版社 2006 年版,第 15 页。
② 宛耀宾总主编:《中国伊斯兰百科全书》,四川辞书出版社 1994 年版,第 180 页。

义理"性质，诸如宗教观、宇宙观、社会观、自然观、文化观、生态观、法律观、历史观、人生观、认识观、价值观、伦理观、道德观、生活观、行为观等，都具有伊斯兰的思想义理和宗教成分在内。同样，《古兰经》中尤其是麦加章反映的宗教义理中，大量蕴涵着有关"真主"、"人"、"灵魂"、"世界"、"善恶"、"意志自由"和"彼岸生活"，以及伊斯兰教六大"信条"等基本教义问题。那么，注释学界在解读这些关乎教义问题和各种观念的经文时，宏观地阐发了经文中的教义哲理思想，并由此形成了伊斯兰教和伊斯兰文化的"思想宝库"。

其次，注释学界尤从微观角度，专而精、细而究地阐发了经文催生的各种思想。诸如，伊斯兰教的宗教思想、文化思想、教义思想、哲学思想、苏菲思想、社会思想、法律思想、伦理思想、学术思想、政治思想、中道思想、教育思想、艺术思想、文学思想、经济思想、科学思想、自然思想、物质思想等，都能从注释中找到深刻的思想印迹。现仅以历史思想、社会思想、经济思想和哲学思想为例，说明《古兰经》注释中蕴涵着的思想性。

历史思想：注释学界根据《古兰经》叙述的世界起源、人类发展和历史人物，阐发了伊斯兰教的历史思想，"穆斯林史学家多以《古兰经》的观点解释历史，认为人类社会的一切是真主预先安排好的，历史的变迁是真主意志的体现。治史的目的是以史为鉴，维护哈里发帝国政教合一的政权，弘扬伊斯兰文化，教化人民，认识真主是宇宙和人类历史的创造者和主宰者，坚定对真主的信仰。"[1] 是故，注释学家、宗教学家和历史学家为了注释《古兰经》中叙述的宇宙的发生、世界的有始、人类的起源、先知与帝王、阿拉伯各部族变迁、阿拉伯人反抗埃塞尔比亚人和波斯人入侵，以及犹太教、基督教和祆教、伊斯兰教兴起史等，遂根据《古兰经》和圣训，对这些史实展开注释，形成了伊斯兰教的史学观。诸如，注释学家、"阿拉伯史学鼻祖"泰伯里，在《古兰经注释总汇》中解析涉及历史的经文时，展现了伊斯兰教的史学思想。

社会思想：近代，印度的赛义德·艾哈迈德汗（1817—1898）、穆罕默德·伊克巴尔（1873—1938）、埃及的穆罕默德·阿布笃等人主张，伊

---

[1] 宛耀宾总主编：《中国伊斯兰百科全书》，四川辞书出版社1994年版，第690页。

斯兰教在坚持基本信仰和原则的前提下，提倡运用理性和科学对《古兰经》做出新的符合时代要求和社会需要的解释，从而使传统的宗教观念理性化，使宗教与科学、信仰与理性、继承与创新互相协调，彼此佐证，互为作用。例如，穆罕默德·阿布笃从社会角度对有关经文的解读，深刻体现了伊斯兰教的社会思想。

经济思想：穆斯林学术界根据《古兰经》，制定了伊斯兰教的经济思想，并对涉及经济、金融、商业、贸易等关于经济问题的经文做了"经济式"注释。例如，他们根据"天地万物，都是真主的"（53：31）等经文，构建了伊斯兰教的"财产思想观"；根据"伤哉！称量不公的人们。当他们从别人称量进来的时候，他们称量得很充足；当他们量给别人或称给别人的时候，他们不称足不量足"（83：1—3）等经文，构建了伊斯兰教的"商事思想观"；根据"真主准许买卖，而禁止重利"（2：275）等经文，构建了伊斯兰教的"金融思想观"；根据"赈款只归于贫穷者、赤贫者、管理赈务者、心被团结者、无力赎身者、不能还债者、为主道工作者、途中穷困者；这是真主的定制"（9：60）等经文，构建了伊斯兰教的"税制思想观"、"慈善思想观"和"宗教基金思想观"（瓦格夫思想和制度）；根据"男子得享受父母和至亲所遗财产的一部分，女子所得享受父母和至亲所遗财产的一部分，无论他们所遗财产多寡，各人应得法定的部分"（4：7）等经文，构建了伊斯兰教的"遗产继承思想观"。这些思想观点的形成，无一例外地得益于学界对有关经文的注释。换言之，学界对这些关乎伊斯兰经济原则和渊源的经文的注释，深刻体现着伊斯兰教的经济思想。

哲学思想：伊斯兰历史上，多有集教义学、哲学和注释家于一身的学者，诸如肯迪、伊本·西那、法拉比和安萨里等哲学家，针对"《古兰经》中关于真主绝对独一、反对多神信仰的思想，关于真主本体与属性关系的思想，关于真主创世及宇宙生成的思想，关于造物主与被造物关系的思想，关于真主前定的思想，关于以赏善罚恶为核心坚持顺从、坚忍、公正、平等、宽恕的伦理思想，关于今、后世并重的两世幸福的思想，关于灵魂不灭和末日审判的思想"[1]。他们从哲学角度的解释，充分彰显了

---

[1] 宛耀宾总主编：《中国伊斯兰百科全书》，四川辞书出版社1994年版，第694页。

《古兰经》注释中蕴涵的哲学思想。

二 《古兰经》注释是伊斯兰教思想争鸣的体现

伊斯兰教教派和学派的产生，促使各派在"真主独一无二"、"只有一部《古兰经》"、"只有一位先知穆罕默德"、"只有一个伊斯兰教"的前提下求同存异，形成了思想上的百家争鸣。其中，最显著的特征是，各派由于派别观点和主张见解的差异，在理解和分析《古兰经》有关经文时存在思想分歧。

首先，《古兰经》注释中的思想争鸣，主要体现在伊斯兰教的派别层面上，即逊尼派注释、什叶派注释、哈瓦利吉派注释、穆尔太齐赖派注释。各派从本派主张角度，对《古兰经》进行符合本派思想的解读举措，不仅使各派注释深深烙上派别思想印迹，而且在各派之间形成了思想分歧。这种思想分歧，既体现在派与派之间，例如逊尼派和穆尔太齐赖派之间就"《古兰经》被造问题"与"前定与自由"等教义问题产生的思想交锋，逊尼派和什叶派就"哈里发（伊玛目）问题"的思想争鸣。同样，它也体现在各派内部之间，例如逊尼派四大教法学派对有关法律经文的不同思想主张导致注释也存在相应差异，什叶派三大支派因对"伊玛目传系问题"与"塔基亚原则"的各执己见而产生了思想分歧。无论是派与派之间的思想争鸣，还是各派内部的思想分歧，都能在《古兰经》注释中得以显现，形成了《古兰经》注释中思想争鸣的景象。

其次，《古兰经》注释中的思想争鸣体现在学派层面上，即各学派根据本学派的主张，以有别于他派的思想观点注释有关经文。例如，逊尼派两大教义学派艾什尔里学派和马图里迪学派，两者在阐释涉及教义问题的经文时产生了思想纷争。诸如，马图里迪学派认为艾什尔里学派阐释有关教义的经文时，理性成分过多，有违先知穆罕默德时代的原旨教义，因此两派之间形成思想争鸣。其中最鲜明的案例就是关于前定论的各家之见。艾什尔里学派认为真主命人行善，并非事物本身性善；真主止人作恶，并非事物本身性恶；或善或恶是处于真主的意志。因此，在后世，真主的奖惩与行为者的道德没有关系。然而，马图里迪学派则不然，他们认为，人有意志自由，因此人就是个人行为的主动者而非被动者，必须要对自己的善恶行为的后果负责，其终极归宿也就在后世或受到真主的奖赏，或受到真主的惩罚。

再如,伊斯兰教的不同哲学派别——经院哲学、苏菲哲学、自然哲学和近现代哲学,由于"提出了不同的思想观点和理论形态,他们对《古兰经》及伊斯兰教义进行了不同的解释,对外来的各种哲学流派的思想,各取所需,加以剪裁。对哲学的基本问题,各派观点各异,展开论战,互相攻讦。在方法论上,采用不同的概念、命题和论证方法,以说明本派的正确性"[1]。各派哲学家如肯迪、伊本·法拉比、伊本·西那、安萨里、法赫鲁丁·拉齐等,以及精诚兄弟社,在溯源经文作为本派证据时,均根据各派理论主张和见解观点,注释了有关经文。如此,他们的注释中也就相应地展现了各学派的哲学思想和哲学主张,出现了各派之间思想争鸣的图景。

第四节 《古兰经》注释的时代性

史料表明,《古兰经》亘古不变,变化的是对它的注释。因此,注释学界具有原则性地变化注释,以及取得的注释成果,成为推动伊斯兰教与伊斯兰文化发展的一种必然措施和具体手段。究其原因,一方面,随着社会发展,时代前进,情况变化,许多新问题和新现象在仅仅是原理原则的《古兰经》中找不到既成答案。对此,学术界唯有根据经训原则、教义精神和创制原理,对那些具有以点带面性质的经文,做出符合社会发展和时代要求的解释。另一方面,伊斯兰教体制的形成和伊斯兰文化体系的完善,促使注释《古兰经》的学术活动和学术研究,也因时代发展而发展,因学术繁荣而繁荣。文化发展和学术繁荣的表现形式之一是,《古兰经》注释在可变情况下因时而变,因境而异。是故,《古兰经》注释因时空因素和学术发展要求,有形无形地具有了别具一格的"时代性"特点。《古兰经》注释的时代性,很大程度上也就彰显着伊斯兰教的生命力、伊斯兰文化的适应力、伊斯兰社会的发展力。

《古兰经》注释的"时代性",表现在多层面、多角度、多方位上。

---

[1] 宛耀宾总主编:《中国伊斯兰百科全书》,四川辞书出版社1994年版,第695页。

但从大的方面来看，其时代性尤其体现在以下层面上。

一　注释内容的时代性

　　管窥《古兰经》注释的时代性，它首先体现在注释内容的时代性层面上。换言之，《古兰经》注释的内容始终在与时俱进，其内涵不断丰富，外延不断拓展。

　　早期的《古兰经》注释内容相对有限，主要是解析辞藻，阐释教法。随着社会发展和时代变化，尤其注释学科的形成，促使先前单一的注释内容，得以深入延伸和拓展。8世纪阿拉伯哈里发国家的政通人和、社会稳定、经济繁荣推动了包括《古兰经》注释和宗教学研究在内的文化学术发展。学术界对《古兰经》的研究，又深化了阿拉伯语文的研究和语法学、修辞学、字典学、教义学、教法学、历史学等学科的研究。9世纪以降，伊斯兰天文学、地理学、数学、医学、动物学、植物学为主的自然学科也相继发展起来。人文学科和自然学科的繁荣，给《古兰经》注释增添了新的内容和注释元素。一批学有专长的注释家，各自从学科角度注释《古兰经》的举措，使注释内容从前期相对局限的解读经文辞藻大义与演绎相关教法层面，延伸到具有学科性质的语言学、法学、教义学、苏菲、哲学、历史学、科学、社会学、经济学等专业学科层面的注释上。注释学家"有的侧重于从语法修辞、句法结构等语言文字方面解释经文，有的侧重于从信条和神学思想方面进行注解，有的侧重于从教法律例和道德规范方面进行注解，有的侧重于从历代先知们的故事等历史传说方面进行注解，而后来的经注大师则兼收并蓄、旁征博引并吸收当代其他学科之有益因素，将古兰经注编写成包罗万象的伊斯兰知识文库"①。

　　据上，注释学界因从不同学科角度注释《古兰经》，使注释内容因时代发展而与时俱进。诸如，科学注释《古兰经》是凸显注释内容具有时代特征的鲜明例证。科学注释经历了从无到有，从单一到多样的发展历程。12世纪法赫鲁丁·拉齐的科学注释，19世纪的科学注释，以及20世纪下半叶以来的科学注释都说明，每个时代的科学技术发展和成果，决定了各个时代的科学注释截然不同。尤为重要的是，注释内容

---

①　宛耀宾总主编：《中国伊斯兰百科全书》，四川辞书出版社1994年版，第179—180页。

逐渐呈现的丰富景象，意味着《古兰经》注释内容经历了一个线性发展过程——词汇→经义→内涵→义理→目的。它由近及远、由浅入深地将《古兰经》的微言大义，始终因时代发展和社会需要展现在穆斯林面前，引导着他们的宗教生活、社会生活和文化生活。反之，如果《古兰经》注释内容停滞不前，伊斯兰教、伊斯兰文化和伊斯兰社会的发展必将受到局限，甚至是阻碍。

二 注释方法的时代性

从方法论来讲，伊斯兰教体制和伊斯兰文化体系形成前，伊斯兰文化的学术方法总体上未见显明。《古兰经》注释尤为如此。

《古兰经》注释学形成前，它的注释方法处于未明状态，注释方法就是注释渊源。重要的是，即使将注释渊源作为注释方法，也因渊源单一而使方法处于单一状态。这种情况持续到伊斯兰文化体系形成时才得以改观。在伊斯兰文化体系形成的大背景下，伊斯兰各学科尤其是宗教学领域的学科如圣训学、注释学、古兰学、教义学、教法学相继形成，学科的方法也渐趋完善。可以说，伊斯兰文化的时代发展，促使《古兰经》的注释方法也因时而变，逐渐多样。

注释学的形成和完善，一方面将注释《古兰经》的渊源和注释方法处于两分而两明状态。尽管两者具有彼此影响和相互作用的性质，但注释方法与注释渊源地二元分立，其作用在于，其一，注释方法的确立使注释学术工程更快发展，由此使注释内容更加鲜明，注释典籍更加丰富。其二，很大程度来讲，注释学科框架内的注释渊源基本定型。然而，注释的方法始终能够与学术发展和时代变化相辅相成，处于待变不定状态。其三，鲜明的注释方法，促使读者既能一目了然地明晰注释渊源和注释方法的共性和差异性，也能全面了解、正确理解和具体运用注释。另一方面，注释学科自身发展的同时，也因社会发展和时代需要，逐渐向着多元和系统的方向发展。截至目前，学界已从宏观上，将注释《古兰经》的方法总结归纳为四大类，即分析注释法、概括注释法、专题注释法、比较注释法。毋庸置疑，随着时代发展和学术推进，注释学界将本着学术"创新"精神，更新注释方法，以便运用适合时代发展的新方法去深入研究和解读《古兰经》，从而使穆斯林更容易通过释文进一步认知《古兰经》的微言大义，引导他们解决现代人生活中面临的各种问题。

三　注释样态的时代性

《古兰经》注释在发展进程中，它的样态也因时代前进而变化，烙有深刻的时代印记，并主要体现在以下五个具有代表性的层面上。

第一，注释样态的时代性体现在注释种类的多样性上。《古兰经》注释的早期，注释种类基本出于单一状态，即传闻注释。然而，随着阿拉伯伊斯兰哈里发国家疆域的不断扩大、新入教穆斯林的大幅增多等现象，出现了很多前所未有的新情况和新问题。在此情况下，此前单一的传闻注释已不能完全满足历代的社会需要和时代发展，因此出现了基于原则的各种见解注释。此外，学术的繁荣和学科的完善，促使学术界从学科发展角度看待注释。前后两种情况的相合，使得注释的种类逐渐向着多元方向发展，最终出现了传闻注释、见解注释、专题注释、示意注释和科学注释的多类型的注释样态格局。

第二，注释样态的时代性体现在注释派别的多样性上。《古兰经》注释的早期，注释活动几乎是铁板一块。然而，伊斯兰教派与学派的产生，促使早期的注释因时因事地逐渐向着派别注释的方向发展。可以说，伊斯兰教派和学派的多少，决定了《古兰经》注释派别的多少。例如，教派和学派层面的逊尼派、什叶派、哈瓦利吉派和穆尔太齐赖派；哲学层面的经院哲学、苏菲哲学、自然哲学和近现代哲学；教义学层面的艾什尔里学派、马图里迪学派；时代层面的古代注释和近现代注释，都从各自主张角度注释着《古兰经》。尤为重要的是，在历史进程中，注释也随着派别的发展而发展，不断烙有各派的时代印迹。

第三，注释样态的时代性体现在伊斯兰主义的多样性上。《古兰经》作为伊斯兰教的"根"，在伊斯兰社会发展中，它的"根"始终发挥着作用。由"根"而"枝"，衍生出了各种主义，互相之间既有独立性，又有关联性，互为作用。例如，近现代以来，伊斯兰世界在寻求现代化进程中受西方现代思想影响而产生的伊斯兰现代主义，回归传统的"原教旨主义"，以及当代伊斯兰复兴运动，均深深烙有伊斯兰教之"根"——《古兰经》及其注释的印记。

第四，注释样态的时代性体现在注释语言的多样性上。《古兰经》是阿拉伯语，故精通阿拉伯语的穆斯林学者，用阿拉伯语注释《古兰经》是理所当然之举。然而，随着其他民族的信仰伊斯兰教，用源语注释《古兰经》已跟不上形势需要。于是，非阿拉伯民族的穆斯林知识精英，责无旁贷地用外语译注《古兰经》。在此情况下，注释《古兰经》的语言也就随着时代发展而不断扩大，形成了源语与外语共同注释《古兰经》的图景，基本上满足了全体穆斯林理解《古兰经》经义经旨的精神需求和文化需要。

第五，注释样态的时代性体现在记录手段的多样性上。伊斯兰文化体系记载《古兰经》注释的方式，因时代发展而经历了口耳相传→文字记载→网络媒体→电子书籍的过程。其中，两种情况促使《古兰经》注释的早期传承以口耳相传形式开始。其一，伊斯兰初期，穆斯林为保障《古兰经》的启示性、原始性和纯洁性，《古兰经》之外的任何文字记录都出于"冻结"状态。其二，伊斯兰文化体系形成前的早期，所有学术活动都出于起步阶段，文化传承方式都是口耳相传形式，注释亦不例外。《古兰经》定本成册后，穆斯林方开始整理圣训。他们将注释作为圣训组成部分进行辑录的举措，揭开了文字记载注释的"纪元"，成为传承注释的重要手段，时至今日概莫能外。20世纪以来，互联网的兴起，促使穆斯林学界通过现代媒介传承注释。他们一方面开设了包括注释在内的专于《古兰经》的各类网站，另一面出版了《古兰经》注释的各种电子出版物。总而言之，历史发展进程中，口耳相传→文字记载→网络媒体→电子书籍记载和传承《古兰经》注释的过程，从另一视角折射着《古兰经》注释的时代性。

参考文献

一 阿文文献

1. القرآن الكريم
2. موسوعة الحديث الشريف _ الكتب الستة، دار السلام للنشر والتوزيع، الرياض، 2000م
3. إبراهيم مدكور ويوسف الكرم: دروس في تاريخ الفلسفة: فلاسفة اليونان والإسلام واوروبا الوسطية والحديثة ، دار ومكتبة بيبليون ، بيروت، 2004م
4. ابن الأثير: الكامل في التاريخ، بيت الأفكار الدولية، 2004م
5. ابن تيمية: مقدمة في أصول التفسير ، دار الترقي ، دمشق، 1939م
6. ابن خلدون: تاريخ ابن خلدون ، دار احياء التراث العربي، بيروت _ لبنان، 1999هـ
7. ابن الخلكان: وفيات الأعيان و أنباء أبناء الزمان ، دار الأمير، القاهرة، 1882م
8. ابن فرحون: الديباج المذهب في معرفة أعيان علماء المذهب ، مطبعة السعادة، القاهرة، 1329هـ
9. ابن قتيبة: تأويل مختلف الحديث ، دار الكردستان، 1889م
10. ابن القيم الجوزي: توضيح المقاصد وتصحيح القواعد ، المكتب الإسلامي ، بيروت، 1985م
11. ابن كثير: تفسير القرآن العظيم ، دار المعرفة، بيروت _ لبنان، 1987م
12. ابن منظور: لسان العرب ، دار لسان العرب، بيروت
13. ابن هشام: السيرة النبوية ، دار احياء التراث العربي ، بيروت _ لبنان، 2000م
14. أبو إسحاق إبراهيم السري: تهذيب معاني القرآن وإعرابه، المكتبة العصرية،صيدا _ بيروت،1427هـ
15. أبو إسحاق إبراهيم بن السري: معاني القرآن وإعرابه ، عالم الكتب، بيروت،1408هـ
16. أبو اسحاق الشاطبي: الموافقة في أصول الشريعة ، مطبعة المكتبة التجارية، 1996م
17. أبو بكر جابر الجزائري: أيسر التفاسير لكلام العلي الكبير ، دار نهر الخير،جدة، 1990م

18. أبي بكر محمد بن عبد الله المعروف بابن العربي: أحكام القرآن ، دار الكتاب العربي، بيروت _ لبنان، 2004م

19. أبو جعفر محمد بن جرير الطبري: مختصر تفسير الطبري ، دار القرآن، 1329م

20. أبو جعفر محمد بن جرير الطبري: جامع البيان عن تأويل القرآن ، دار المعارف، القاهرة، 1388هـ

21. أبو جعفر محمد بن جرير الطبري: تاريخ الأمم والملوك ، بيت الأفكار الدولية، بيروت، 2004م

22. أبو الحسن علي بن أحمد الواحدي النيسابوري: أسباب النزول ، دار الإصلاح، الدمام، 1411هـ

23. أبو حيان: البحر المحيط ، دار السعادة، القاهرة، 1328هـ

24. أبو زكريا بن زياد الفراء: معاني القرآن ، مطبعة دار الكتب المصرية،القاهرة، 2001م

25. أبو سليمان الخطابي: بيان إعجاز القرآن ، دار المعارف، القاهرة، 1968م

26. أبو عبد الله الحاكم النيسابوري: المستدرك على الصحيحين ، دار الكتب العلمية، بيروت

27. أبو عبد الله محمد بن أحمد بن أبي بكر القرطبي: الجامع لأحكام القرآن ، مؤسسة الرسالة، بيروت _ لبنان، 2006م

28. أبو عبيد القاسم بن سلام الهروي: الناسخ والمنسوخ ، مكتبة الرشد، الرياض، 1411هـ

29. أبو علي بن سينا: رسائل ابن سينا ،مطبعة هندية، 1908م

30. أبو علي الحسن بن أحمد الفارسي: الحجة في علل القراءات السبع ، مطبعة دار الكتب المصرية ، القاهرة، 2000م

31. أبو الفرج عبد الرحمن بن علي بن الجوزي: زاد المسير في علم التفسير ، المكتب الإسلامي، بيروت، 1404هـ

32. أبو القاسم اسماعيل بن محمد بن الفضل بن علي التيمي: الخلفاء الأربعة ، مطبعة دار الكتب المصرية، القاهرة، 1999م

33. أبو القاسم هبة الله بن الحسن بن منصور الطبري اللالكائي: شرح أصول اعتقاد أهل السنة والجماعة ، دار طيبة، الرياض، 1420هـ

34. أبو محمد الحسين بن مسعود الفراء البغوي: معالم التنزيل ، دار المعرفة، بيروت، 1406هـ

35. أبو محمد بن عبد الله بن محمد بن السيد البطليوسي: الإقتضاب في شرح أدب الكتاب ، مطبعة دار الكتب المصرية، القاهرة، 1996م

36. أبي منصور الثعالبي: كتاب فقه اللغة وسر العربية ، دار الكتاب العربي، بيروت _ لبنان، 1996هـ

37. أبو الوفا الغنيمي التفتازاني: مدخل إلى التصوف الإسلامي ، دار الثقافة للطباعة والنشر، القاهرة، 1979م

38. أبو الوليد القرطبي الأندلسي:بداية المجتهد والنهاية المقتصد مكتبة العصرية، صيدا _ بيروت، 2004م

39. أبو يعلي الخليل بن عبد الله الخليلي: الإرشاد في معرفة علماء الحديث ، مكتبة الرشد، الرياض، 1409هـ

40. إجنتس جولد تسهر: مذهب التفسير الاسلامي ، مطبعة السنة المحمدية، القاهرة، 1955م

41. أحمد أمين: ضحى الإسلام ، مطبعة لجنة التأليف والترجمة والنشر، القاهرة، 1933م

42. أحمد أمين: فجر الإسلام ، مطبعة لجنة التأليف والترجمة والنشر، القاهرة، 1935م
43. أحمد بن أبو بكر الرازي الجصاص: أحكام القرآن ، دار البيهي، مصر، 1347هـ
44. أحمد بن على الخطيب البغدادي: الكفاية في علم الرواية،دائرة المعارف العثمانية، الهند، 1357هـ
45. أحمد بن محمد بن أحمد السمرقندي: المدخل لعلم تفسير كتاب الله تعالى ، دار القلم، دمشق، 1408هـ
46. أحمد جمال العمري: دراسات في التفسير الموضوعي للقصص القرآني، مكتبة الخانجي، مصر،1406هـ
47. أحمد شوقي إبراهيم: موسوعة الإعجاز العلمي في الحديث النبوي ، نهضة مصر للطباعة والنشر والتوزيع، القاهرة،2003م
48. أحمد شوقي الفنجري: القرآن والطب الحديث مع المقارنة بالتوراة والإنجيل ، الهيئة المصرية العامة للكتاب، القاهرة، 2000م
49. أحمد طاهر عبد الرحمن النقيب: منهج المدرسة الظاهرية في تفسير النصوص الدينية ، مكتبة ودار ابن حزم للنشر والتوزيع، 2004م
50. أحمد عمر أبو حجر : التفسير العلمي للقرآن في الميزان ، دار قتيبة، بيروت، 1991م
51. أحمد فؤاد الأهواني: الفلسفة الإسلامية ، الهيئة المصرية العامة للكتاب، القاهرة، 1985م
52. إخوان الصفا: رسائل إخوان الصفاء ، دار العرب، القاهرة، 1928م
53. أسامة على الخضر : القرآن والكون من الإنفجار العظيم إلى الإنسحاق العظيم ، المكتبة العصرية، صيدا _ بيروت، 2006م
54. أمين الخولي: المجددون في الإسلام ، الهيئة المصرية العامة للكتاب، القاهرة، 2000م
55. أنوار الجندي: الموسوعة الإسلامية العربية ، دار الكتاب اللبناني، بيروت، 1982م
56. بحوث مؤتمر عالمي عن مناهج تفسير القرآن الكريم وشرح الحديث الشريف، دار التجديد للطباعة والنشر والترجمة، ماليزيا، 2007م
57. بدر الدين محمد بن عبد الله الزركشي: البرهان في علوم القرآن ، دار المعرفة، بيروت، 1391هـ
58. برهان الدين أبي الحسن إبراهيم بن عمر البقاعي: نظم الدرر في تناسب الآيات والسور ، دار الكتب الإسلامي، القاهرة
59. بكار الحاج جاسم السوري: الأثر الفلسفي في التفسير ، دار النوادر، دمشق،2008م
60. البيضاوي: أنوار التنزيل وأسرار التأويل ، دار الكتب العربية،1912م
61. الجاحظ: البيان والتبيين، دار هارون،مصر،2003م
62. جلال الدين السيوطي: الإتقان في علوم القرآن ، دار الكتاب العربي، بيروت _ لبنان، 2003م
63. جلال الدين السيوطي: تاريخ الخلفاء ، دار الكتاب العربي، بيروت _ لبنان، 1999هـ
64. جلال الدين السيوطي: التحبير في علم التفسير ، دار المنار للنشر والتوزيع، 1986م

65. جلال الدين السيوطي: طبقات المفسرين ، دار الكتب العلمية، بيروت، 1403هـ
66. جلال الدين السيوطي: كتاب أسماء المدلسين ، دار الجيل، بيروت _ لبنان، 1992م
67. جلال الدين المحلي، جلال الدين السيوطي: تفسير الجلالين ، دار المعرفة، بيروت، 2003م
68. جمال الدين محمد محمود: أصول المجتمع الإسلامي ، دار الكتاب المصري، القاهرة، 1992م
69. حاج خليفة: كشف الظنون ، دار المصرية، مصر، 1857م
70. الحافظ شمس الدين محمد بن علي بن أحمد الداوودي: طبقات المفسرين ، دار الكتب العلمية، بيروات _ لبنان 1983م
71. حسن بن محمد القمي النسابوري: غرائب القرآن ورغائب الفرقان ، شركة مطبعة ومطبعة مصطفي البابي الحلبي، 1381هـ
72. حسن طبل: أسلوب الإلتفت في البلاغة القرآنية ، دار الفكر العربي، القاهرة، 1998م
73. حسن كامل الملطاوي: الصوفية في الهامهم ، مطابع دار الجمهورية للصحافة، القاهرة:1992م
74. حسين بن علي بن حسين الحربي: قواعد الترجيح عند المفسرين دراسة نظرية تطبيقية ، دار القاسم ، الرياض، 1996م
75. الحسين بن محمد الدامغاني: قاموس القرآن _ أو_ إصلاح الوجوه والنظائر في القرآن الكريم ، دار العلم للملايين، بيروت، 1985م
76. حسين حسن سلامة: في نور القرآن ، الهيئة المصرية العامة للكتب، 1992م
77. حسين محمد مخلوف: كلمات القرآن تفسير و بيان ، دار ابن زيدون، بيروت، 1988م
78. حسين محمد فهمي الشافعي: الدليل الكامل لآيات القرآن، مطابع الأهرام التجارية، القاهرة، 1972م
79. حمزة محمد قاسم: شرح مختصر صحيح البخاري ، مكتبة دار البيان، دمشق، 1990م
80. الخازن: لباب التأويل في معاني التنزيل ، شركة مكتبة ومطبعة مصطفى البابي الحلبي، مصر، 1375هـ
81. خالد عثمان السبت: قواعد التفسير جمعا ودراسة ، دار ابن عفان
82. دي لاسي أوليري: الفكر العربي ومركزه في التاريخ ،دار الكتاب اللبناني، بيروت، 1972م
83. الراغب الأصفهاني: المفردات في غريب القرآن، دار الأنجلو المصرية، القاهرة، 1961م
84. الراغب الأصفهاني: مقدمة التفسير ، دار الجمالية، القاهرة، 1329هـ
85. زغلول النجار: الإعجاز العلمي في السنة النبوية ، الهيئة المصرية العامة للكتاب، القاهرة، 2002م
86. الزمخشري: تفسير الكشاف عن حقائق غوامض التنزيل وعيون الأقاويل في وجوه التأويل،دار الكتب العلمية، بيروت،1995م
87. سعود بن عبد الله الفنيسان: إختلاف المفسرين أسبابه وآثاره ، مركز الدراسات والإعلام، دار أشبيليا، الرياض، 1997م
88. سفيان بن سعيد الثوري: تفسير سفيان ثوري ، دار الباز، مكة المكرمة، 1403هـ
89. سليم بن عيد الهلالي ومحمد بن موسى آل نصر: الاستيعاب في بيان الأسباب ، دار ابن الجوزية، 1425هـ

90. سيد قطب: في ظلال القرآن ، دار الشروق، القاهرة، 1985م
91. السيد يوسف: جمال الدين الأفغاني والثورة الشاملة ، الهيئة المصرية العامة للكتاب، القاهرة، 1999م
92. شهاب الدين السيد محمود الألوسي: روح المعاني في تفسير القرآن العظيم والسبع المثاني ، دار الفكر، لبنان، 1408هـ
93. شهاب الدين عبد الرحمن بن إسماعيل: المرشد الوجيز إلى علوم تتعلق بالكتاب العزيز ، دار صادر، بيروت، 1395هـ
94. شوقي أبو خليل: أطلس القرآن أماكن_أقوام_أعلام ، دار الفكر المعاصر، بيروت _ لبنان 2005م
95. شوقي ضيفي: تاريخ الأدب العربي ، دار المعارف، القاهرة ، 1981م
96. الشيخ خالد عبد الرحمن العك: أصول التفسير وقواعده ، دار النفائس للطباعة النشر والتوزيع، 2003م
97. الشيخ طاهر بن العاشور: تفسير التحرير والتنوير ، دار التونس،1984م
98. الشيخ عبد الرحمن بن حسن الشيخ: فتح المجيد شرح كتاب التوحيد ، المكتبة الفيصلية،مكة المكرمة
99. الشيخ عبد الرحمن بن ناصر السعدي: قواعد الحسان لتفسير القرآن ، دار ابن الجوزي، الدمام، 1413هـ
100. الشيخ محمد الخضري: نور اليقين في سيرة سيد المرسلين ، دار إحياء التراث العربي، بيروت _ لبنان
101. صبري المتولي: منهج أهل السنة في تفسير القرآن الكريم ، دار الثقافة للنشر والتوزيع، مصر، 1986م
102. صفي الرحمن المباركفوري: الرحيق المختوم ، مؤسسة التاريخ العربي ، بيروت _ لبنان، 1996م
103. صلاح الدين التجاني: الكنز في المسائل الصوفية ، الهيئة المصرية العامة للكتب، 2000م
104. صلاح الدين عبد التواب: الصور الأدبية في القرآن الكريم ، الشركة المصرية العالمية للنشر، لونجمان_مصر، 1995
105. طاهر محمود محمد يعقوب: أسباب الخطأ في التفسير ، دار ابن الجوزية ، الرياض، 2004م
106. طنطاوي جوهري: الجواهر في تفسير القرآن الحكيم ، مطبعة مصطفي الحلبي،1340-1351هـ
107. عاطف العراقي: الفيلسوف ابن رشد ، مطابع الهيئة العامة لشؤون المطابع الأميرية، القاهرة، 1993م
108. عباس عوض الله عباس: محاضرات في التفسير الموضوعي، مكتبة الخبتي الثقافية، بيشة السعودية ، 1424هـ
109. عباس محمود العقاد: الإنسان في القرآن ، دار نهضة مصر للطباعة والنشر، الفجالة _ القاهرة، 2001م
110. عباس محمود العقاد: الفلسفة القرآنية ، دار نهضة مصر للطباعة والنشر، الفجالة _ القاهرة، 2001م
111. عبد الحميد ابراهيم سدحان: الوحي والقرآن ، الهيئة المصرية العامة للكتاب، 1993م
112. عبد الرحمن بن صالح بن سليمان الدهش: الأقوال الشاذة في التفسير نشأتها وأسبابها وآثارها ، سلسلة إصدارات الحكمة (19)، 2004م
113. عبد الرحمن بن محمد عوض الجزيري: كتاب الفقه على المذاهب الأربعة ، دار احياء التراث العربي، بيروت _ لبنان،
114. عبد الرحمن بن منصور علي شار: موسوعة سين وجيم في القرآن الكريم مجموعة من الأسئلة والأجوبة في القرآن الكريم ، دار الطويق للنشر والتوزيع، الرياض، 2004م

115. عبد الرحمن الكواكبي: طبائع الإستبداد ومصارع الإستعباد، دار الشروق العربي، سوريا، 1957م
116. عبد الرزاق القاشاني: تفسير ابن عربي(تأويلات القاشاني)، دارالاميرية، 1383هـ
117. عبد الرزاق نوفل:الله وعلم الحديث ، دار الشروق، القاهرة، 1998م
118. عبد العزيز اسماعيل: الإسلام والطب الحديث ، دار الإعتماد، مصر،1357هـ
119. عبد القادر شيبة الحمد: تفسير آيات الأحكام ، مكتبة العبيكان، الرياض، 1425هـ
120. عبد الله بن محمد الجوعي: قواعد وفوائد لفقه كتاب الله تعالى ، دار الوطن، الرياض،1414هـ
121. عبد الله بن مسلم بن قتيبة المروزي: تأويل مشكل القرآن ، دار الكتب العلمية، بيروت، 1401هـ
122. عبد الله بن هشام الأنصاري المصري: مغني اللبيب عن كتب الأعاريب ، دار احياء التراث العربي، بيروت _ لبنان، 2001هـ
123. عبد الله شحتة: آيات الله في الكون تفسير الآيات الكونية بالقرآن الكريم ، نهضة مصر للطباعة والنشر والتوزيع،2003م
124. عبد الله شحتة: أهداف كل سورة ومقاصدها في القرآن الكريم ، الهيئة المصرية العامة للكتاب، القاهرة، 1998م
125. عبد الله شحتة: علوم التفسير ، دار الشروق، القاهرة، 2001م
126. عبد الله شحتة: علوم الدين الإسلامي ، الهيئة المصرية العامة للكتاب، 1998م
127. عبد المجيد عزيز الزنداني: كتاب التوحيد ، المكتبة التجارية، مكة المكرمة
128. عثمان أمين: محمد عبده ،مطبعة عيسى الحلبي،1944م
129. عزيزة يونس بشير: النحو في ظلال القرآن ، دار مجدلاوي، عمان، 1998م
130. على عبد الواحد الوافي: فقه اللغة ، دار نهضة مصر للطباعة والنشر، الفجالة _ القاهرة، 1945م
131. عماد الدين أبي الفداء إسماعيل بن عمر بن كثير القرشي الدمشقي: المصباح المنير في تهذيب تفسير ابن كثير ، دار السلام للنشر والتوزيع،2000م
132. الغزالي: إحياء علوم الدين، مطبعة لجنة نشر الثقافة الإسلامية ، القاهرة، 1937م
133. الغزالي: تهافت الفلسفة ، دار المعارف ، القاهرة، 1972م
134. الغزالي: جواهر القرآن ، دار الكردستان ، 1911م
135. الفخر الرازي: التفسير الكبير ، دار احياء التراث العربي، بيروت _ لبنان، 1999هـ
136. الفرابي: فصوص الحكم ، مطبعة السعادة، القاهرة،1907م
137. فهد بن عبد الرحمن بن سليمان بن الرومي: اتجاهات التفسير في القرن الرابع عشر ، مطابع دار طيبة،الرياض،1986م
138. فهد بن عبد الرحمن بن سليمان بن الرومي: أصول التفسير ومناهجه ، مطابع دار طيبة، الرياض، 1424هـ
139. فهد بن عبد الرحمن بن سليمان بن الرومي: منهج المدرسة العقلية الحديثة في التفسير ، مطابع دار طيبة، الرياض،1983م

140. القاضي عبد الجبار بن أحمد الهمداني: شرح الأصول الخمسة ، دار الوهاب ، مصر، 1968م
141. القرآن الكريم علوم وآفاق، المؤتمر العلمي والثقافي للمستشارية الثقافية للجمهورية الاسلامية الايرانية في دمشق، 1994م
142. القشيري: لطائف الإشارات تفسير صوفي كامل للقرآن الكريم ، الهيئة المصرية العامة للكتاب ، القاهرة، 2000م
143. لجنة السنة: الأحاديث القدسية ، المجلس الأعلى للشؤون الإسلامية ،وزارة الأوقاف، مصر، 1999م
144. مجد الدين أبي السعادات المبارك بن محمد الجزري ابن الأثير: النهاية في غريب الحديث والأثر ، دار ابن الجوزية، 1421هـ
145. مجد الدين محمد بن يعقوب الفيروزآبادي: القاموس المحيط ، مؤسسة الرسالة، بيروت، 1986م
146. محمد ابراهيم الحفناوي: دراسات في القرآن الكريم ، دار الحديث، مصر
147. محمد أبي زهرة :تاريخ الجدل ، دار العلوم، مصر، 1934م
148. محمد أديب صالح: التفسير النصوصي في الفقه الإسلامي ، المكتب الإسلامي، بيروت،1404هـ
149. محمد بن إدريس الشافعي: أحكام القرآن ، دار الكتب العلمية، بيروت، 1400هـ
150. محمد بن عبد العزيز بن أحمد الخضري: الإجماع في التفسير ، دار الوطن للنشر، الرياض،1999م
151. محمد بن علي بن محمد الشوكاني: فتح القدير ، دار الكتب العربي، بيروت ـ لبنان، 2005م
152. محمد بن محمد أبو شهبة: الإسرائيليات والموضوعات في كتب التفسير ، مكتبة السنة دار ثقافية للنشر والتوزيع والبحث العلمي، القاهرة ، 1971م
153. محمد بن مطر الزهراني: تدوين السنة النبوية نشأته وتطوره من القرن الأول إلى نهاية القرن التاسع الهجري ، مكتبة الصديق، الطائف، 1412هـ
154. محمد جمال الدين الفندى: مع القرآن في الكون ، الهيئة المصرية العامة للكتاب، 1992م
155. محمد حسن حسن جبل: وثاقة نقل النص القرآني من رسول الله إلى أمته ، دار الصحابة للتراث ،2001م
156. محمد حسن الحمصي: القرآن الكريم تفسير وبيان مع أسباب النزول للسيوطي مع فهارس كاملة للمواضع والألفاظ ، دار الرشيد، دمشق بيروت، 1987م
157. محمد حسين الذهبي: الإسرائيليات في التفسير و الحديث ، مكتب وهبه، القاهرة، 1990م
158. محمد حسين الذهبي: بحوث في علوم التفسير والفقه والدعوة ، دار الحديث، القاهرة،2005م
159. محمد حسين الذهبي: التفسير والمفسرون ، دار المعارف، القاهرة، 2001م
160. محمد حسين الذهبي: علم التفسير ، دار المعارف، القاهرة
161. محمد رجب البيومي:خطوات التفسير البياني للقرآن الكريم ،مجمع البحوث الإسلامية، الكتاب الثاني والأربعون، 1391هـ
162. محمد رشيد رضا: تفسير المنار ، دار المعرفة، بيروت، 1973م

163. محمد سالم محسن: تاريخ القرآن ، دار الأصفهاني للطباعة، جدة، 1393هـ

164. محمد سيد طنطاوي: تفسير سورة النور ، الهيئة المصرية العامة للكتاب، القاهرة، 2000م

165. محمد سيد طنطاوي: معجم إعراب ألفاظ القرآن الكريم، مكتبة ناشرون، لبنان _ بيروت،1998م

166. محمد صادق الأرجون: نحو منهج لتفسير القرآن ، دار السعودية،جدة،1992م

167. محمد الصباغ: لمحات في علوم القرآن واتجاهات التفسير ، دار الكتب الإسلامية، بيروت،1973م

168. محمد عبد الرحمن البصار: بحوث دراسات القرآن الكريم ،دار المصرية، القاهرة، 1971م

169. محمد عبد القادر حاتم: الإعلام في القرآن الكريم ، الهيئة المصرية العامة للكتاب، 2000م

170. محمد علي الصابوني: التبيان في علوم القرآن، المكتبة الحقانية، بشاور _ باكستان ، 1390هـ

171. محمد علي الصابوني: روائع البيان تفسير آيات الأحكام ، دار الغزالي، دمشق، 1980م

172. محمد علي الصابوني: صفوة التفاسير ، دار القلم، بيروت _ لبنان،1986م

173. محمد عمارة: المدرسة الفكرية والمشروع الفكري ، نهضة مصر للطباعة والنشر والتوزيع، القاهرة،1997م

174. محمد عمارة: الوسيط في المذاهب والمصطلاحات الاسلامية ، دار مصر للنشر والتوزيع، 2000م

175. محمد الغزالي: كيف نتعامل مع القرآن الكريم ، دار نهضة مصر للطباعة والنشر والتوزيع، 2003م

176. محمد الغزالي: نحو تفسير موضوعي لسور القرآن الكريم ، دار الشروق، القاهرة، 2005م

177. محمد فؤاد عبد الباقي: المعجم المفهرس لألفاظ القرآن الكريم ، دار الحديث، القاهرة، 2001م

178. محمد محمد المدني: وسطية الإسلام ، مطابع دار الجمهورية للصحافة، القاهرة:1991م

179. محمد مصطفى محمد: الفهرس الموضوعي لآيات القرآن الكريم ، المكتب الإسلامي، دمشق بيروت،1994م

180. محمد معبد : الملخص المفيد في علم التجويد ، دار السلام، مكة المكرمة، 2003م

181. محمد نعمان جلال: الإسلام والمسلمون ، الدار المصرية اللبنانية، 2007م

182. محمود خليل الحصري: أحكام قراءة القرآن ، دار البشائر الإسلامية، مكة المكرمة،1999م

183. محمود الشربيني: القضاء في الإسلام ، الهيئة المصرية العامة للكتاب، 1999م

184. محمود شلتوت: تفسير القرآن الكريم ، دار الشروق، القاهرة، 1974م

185. محمود محمد ربيع: أسرار التأويل ، الهيئة المصرية العامة للكتاب،1993م

186. مساعد بن سليمان الطيار: التفسير اللغوي ، دار ابن الجوزية، الرياض، 2001م

187.مساعد بن سليمان الطيار: فصول في أصول التفسير ، دار النشر الدولي، الرياض، 1423هـ

188.مساعد بن سليمان الطيار: مقالات في علوم القرآن وأصول التفسير ، دار المحدث للنشر والتوزيع، الرياض، 2005م

189.مساعد مسلم آل جعفر ومحي هلال السرحان: طرق المفسرين، وزارة التعليم العالي، العراق، 1980م

190.مصطفي رجب: فيض المنان في علوم القرآن ، المكتب المصري للتوزيع والمطبوعات،2000م

191.مصطفى صادق الرافعي: إعجاز القرآن ، دار غراس للنشر والتوزيع، 2005م

192.مصطفى مسلم: مباحث في التفسير الموضوعي ، دار القلم، دمشق، 2005م

193.مكي خليل حمود الزبيدي: الحركة الباطنية ـ المنطلقات والأساليب ، مطابع دار الشؤون الثقافية العامة، 1989م

194.مناع القطان: تاريخ التشيع الإسلامي ، مكتبة المعارف للنشر والتوزيع، الرياض،2002م

195.مناع القطان: مباحث في علوم القرآن ، مكتبة المعارف للنشر والتوزيع، الرياض، 1996م

196.المنجد في اللغة والإعلام، دار المشرق، بيروت _ لبنان، 2000م

197.منصور محمد حسب النبي: الإسلام والعلم ، دار المعارف، بيروت، 2002م

198.الموسوعة الميسرة في الأديان والمذاهب والأحزاب المعاصرة، دار ندوة العالمية للطباعة والنشر والتوزيع ، الرياض، 2003م

199.موسى إبراهيم الابراهيم: تأملات قرآنية ـ بحث منهجي في علوم القرآن الكريم ، دار عمار، عمان _ الأردن،1989م

200.مونتجمري وات: القضاء والقدر في فجر الإسلام وضحاه القرون الثلاثة الأولى ، الهيئة المصرية العامة للكتاب، 1998م

201.نجاح محمد الغنيمي: معالم تاريخ الفكر الفلسفي ،دار المنار للطباعة والنشر والتوزيع، القاهرة،1989م

202.هادي عطية مطر الهلالي: الحروف العاملة في القرآن الكريم بين النحويين والبلاغيين ، دار عالم الكتب، لبنان 1406هـ

203.هند شلبي: التفسير العلمي للقرآن الكريم بين النظريات والتطبيقة ، دارقرطاج، تونس، 1985م

204.وهبة الزحيلي: الإعجاز العلمي في القرآن الكريم ، دار الكتب، دمشق، 1997م

205.ياقوت الحموي: معجم الأدباء ، مطبعة عيسي الحلبي، 1936م

206.يوسف القرضاوي: كيف نتعامل مع القرآن العظيم؟ ، دار الشروق، القاهرة، 2000م

二　中文文献

（一）著作

1. 阿卜杜·拉哈曼·曼苏尔·沙尔：《古兰经百科问答》（第 1 部），金忠杰译，甘肃人民出版社 2010 年版。

2. 艾哈迈德·爱敏：《阿拉伯—伊斯兰文化史》（第 1—8 册），纳忠等译，商务印书馆 1982、1990、1991、1997、2001、1999、2007 年版。

参考文献

3. 艾哈迈德·雅西尔·法鲁克编著：《古兰经故事》，袁松月译，宁夏人民出版社 2004 年版。
4. 《布哈里圣训实录全集》，祁学义译，宗教文化出版社 2008 年版。
5. 《不列颠百科全书》（卷 14），中国大百科全书出版社 1999 年版。
6. 陈广元等：《古兰经百问》，今日中国出版社 1994 年版。
7. 《辞海》，上海辞书出版社 1999 年版。
8. 陈中耀：《阿拉伯哲学》，上海外语教育出版社 1995 年版。
9. 蔡伟良：《灿烂的阿拔斯文化》，上海外语教育出版社 1997 年版。
10. 蔡伟良：《中世纪阿拉伯伊斯兰文化》，上海外语教育出版社 2006 年版。
11. 《大美百科全书》（卷 15），外文出版社、光复书局 1994 年版。
12. 丁士仁：《简明圣训学》，宗教文化出版社 2008 年版。
13. 第·博尔：《伊斯兰哲学史》，马坚译，中华书局 1958 年版。
14. 法土拉·葛兰：《穆罕默德的生平面貌》，宗教文化出版社 2006 年版。
15. 傅和德：《旧约背景》，宗教文化出版社 2002 年版。
16. 尕迪·安雅德：《心灵的良丹》，马效佩译，中国社会科学出版社 2008 年版。
17. 《古兰经》（前八卷注释），马坚译，民间版本，无出版年月。
18. 《古兰经》，马坚译，中国社会科学出版社 1981 年版。
19. 国少华：《阿拉伯—伊斯兰文化研究》，时事出版社 2009 年版。
20. 哈立德·阿拉维：《清真寺的社会职能》，金忠杰译，伊斯兰堡伊斯兰研究院出版社 2004 年版。
21. 何兆国主编：《古兰经概述》，宁夏人民出版社 1991 年版。
22. 侯赛尼·卡希斐：《侯赛尼经注》，李元珍译，民间版本，2005 年版。
23. 季羡林：《东方文化史》，合肥黄山书社 1987 年版。
24. 金宜久主编：《伊斯兰教小辞典》，上海辞书出版社 2001 年版。
25. 金宜久主编：《伊斯兰教》，中国社会科学出版社 2009 年版。
26. 金宜久主编：《伊斯兰教史》，江苏人民出版社 2006 年版。
27. 李兴华等：《中国伊斯兰教史》，中国社会科学出版社 1998 年版。

28. 李振中、王家瑛主编：《阿拉伯哲学史》，北京语言学院出版社 1995 年版。

29. 林松：《古兰经在中国》，宁夏人民出版社 2007 年版。

30. 林松：《古兰经知识宝典》，四川人民出版社 1995 年版。

31. 林松：《古兰经韵译》，中央民族出版社 1988 年版。

32. 刘桢：《解读古兰经》，内蒙古人民出版社 2004 年版。

33. 刘智：《天方典礼》，天津古籍出版社 1988 年版。

34. 刘智：《天方至圣实录》，中国伊斯兰教协会印 1984 年版。

35. 马崇义：《穆罕默德——伊斯兰教至圣、世界历史伟人》，中国社会出版社 1994 年版。

36. 马坚：《古兰简介》，载《古兰经》马坚译本，中国社会科学出版社 1981 年版。

37. 马坚译：《回教哲学》，商务印书馆 1934 年版。

38. 马吉德·法赫里：《伊斯兰哲学史》，陈中耀译，上海外语教育出版社 1992 年版。

39. 马金鹏：《古兰经译注》，宁夏人民出版社 2005 年版。

40. 马明良：《简明伊斯兰教史》，经济日报出版社 2001 年版。

41. 马明良：《伊斯兰文明与中华文明的交往历程和前景》，中国社会科学出版社 2006 年版。

42. 马通：《伊斯兰思想史纲》，宁夏人民出版社 2003 年版。

43. 马仲刚：《古兰经简注》，宗教文化出版社 2005 年版。

44. 穆罕默德·本·侯赛因·谢里夫·莱迪选编：《辞章之道》，张志华译，宗教文化出版社 2003 年版。

45. 穆罕默德·胡泽里：《穆罕默德传》，秦德茂、田希宝译，宁夏人民出版社 1983 年版。

46. 穆罕默德·侯赛因·海卡尔：《穆罕默德生平》，王永方、赵桂云译，新华出版社 1986 年版。

47. 穆罕默德·肖天福：《古兰经汉译注释汇集》，香港天马出版社 2006 年版。

48. 穆萨·穆萨威：《阿拉伯哲学——从铿迭到伊本·鲁西德》，商务印书馆 1996 年版。

49.《穆斯林圣训实录全集》，余崇仁译，宗教文化出版社 2009 年版。

50. 纳忠：《阿拉伯通史》，商务印书馆 1997 年版。

51. 钱学文：《简明阿拉伯伊斯兰史》，宁夏人民出版社 2005 年版。

52. 赛尔顿丁：《教典诠释》，马坚译，中国伊斯兰教协会 1988 年版。

53. 赛尔顿丁：《白亚尼》，马能湘译，甘肃省临夏市穆斯林文化服务中心 2003 年版。

54. 赛义德·菲亚兹·马茂德：《伊斯兰教简史》，吴云贵等译，中国社会科学出版社 1981 年版。

55. 沙宗平：《伊斯兰哲学》，中国社会科学出版社 1995 年版。

56. 孙承熙：《阿拉伯伊斯兰文化史纲》，昆仑出版社 2001 年版。

57. 筒井俊彦：《伊斯兰教思想历程》，秦惠彬译，今日中国出版社 1992 年版。

58. 宛耀宾总主编：《中国伊斯兰百科全书》，四川辞书出版社 1994 年版。

59. 王怀德：《伊斯兰教教派》，中国社会科学出版社 1994 年版。

60. 王怀德、郭宝华：《伊斯兰教史》，宁夏人民出版社 1992 年版。

61. 王家瑛：《伊斯兰宗教哲学史》，民族出版社 2003 年版。

62. 王家瑛：《伊斯兰文化哲学史》，宗教文化出版社 2007 年版。

63. 王静斋：《古兰经译解》，东方出版社 2006 年版。

64. 王俊荣、冯今源：《伊斯兰教学》，当代世界出版社 2006 年版。

65. 王新生：《古兰经与伊斯兰文化》，宁夏人民出版社 2009 年版。

66. 王宇洁：《伊朗伊斯兰教史》，宁夏人民出版社 2006 年版。

67. 王有勇：《阿拉伯语言风格学》，上海外语教育出版社 2000 年版。

68. 汪耀楠：《注释学纲要》，语文出版社 1991 年版。

69. 吴冰冰编：《什叶派现代伊斯兰主义的兴起》，中国社会科学出版社 2004 年版。

70. 吴云贵：《伊斯兰教法概略》，中国社会科学出版社 1993 年版。

71. 吴云贵：《真主的法度——伊斯兰教法》，中国社会科学出版社 1994 年版。

72. 吴云贵：《伊斯兰教义学》，中国社会科学出版社 1995 年版。

73. 希提：《阿拉伯通史》，马坚译，商务印书馆1979年版。

74. 希提：《阿拉伯通史》（第十版），马坚译，新世纪出版社2008年版。

75. 杨怀中、余振贵：《伊斯兰与中国文化》，宁夏人民出版社1995年版。

76. 杨启辰主编：《古兰经哲学思想》，宁夏人民出版社2000年版。

77. 杨振业编：《古兰经韵译注释荟萃》，宗教文化出版社2008年版。

78. 伊本·西那：《论灵魂》，商务印书馆1963年版。

79. 余章荣主编：《阿拉伯语修辞》，外语教学与研究出版社1993年版。

80. 余振贵、杨怀中：《中国伊斯兰文献著译提要》，宁夏人民出版社1993年版。

81. 张秉民主编：《简明伊斯兰哲学史》，宁夏人民出版社2007年版。

82. 张美芳：《翻译研究的功能途径》，上海外语教育出版社2005年版。

83. 张文建：《信主独一：伊斯兰教》，世界知识出版社1999年版。

84. 张志刚：《宗教文化学导论》，东方出版社1996年版。

85. 张治江、哈吉满敬恒主编：《伊斯兰教文化》，长春出版社1992年版。

86. 张宗奇：《伊斯兰文化与中国本土文化的整合》，东方出版社2006年版。

87. 《中国大百科全书》（宗教卷），中国大百科全书出版社1988年版。

88. 周国黎：《伊斯兰教育与科学》，中国社会科学出版社1994年版。

89. 周烈：《阿拉伯语语言学》，外语教学与研究出版社1995年版。

90. 周烈：《阿拉伯语与阿拉伯文化》，外语教学出版社2001年版。

91. 周燮藩：《真主的语言——〈古兰经〉简介》，中国社会科学出版社1994年版。

92. 周燮藩：《伊斯兰教的先知——穆罕默德》，中国社会科学出版社1998年版。

93. 朱威烈：《站在远东看中东》，上海外语教育出版社2000年版。

（二）论文

94. 艾布·嘎迪尔：《伊玛目艾布·哈尼法是否再传弟子考》，金忠杰译，《伊斯兰文化》（第1辑），甘肃人民出版社2008年版。

95. 白志所：《哈塔米的文明对话思想》，《回族研究》2005年第3期。

96. 丁俊：《古兰经名称考释》，《阿拉伯世界》2005年第3期。

97. 丁俊：《古兰经注疏概观》，《西北民族学院学报》1999年第1期。

98. 丁俊：《论古兰经经注学》，《伊斯兰文化》第2辑，甘肃人民出版社2009年版。

99. 丁俊：《穆圣与古兰经注疏》，《西北史地》1999年第4期。

100. 海宗元：《哲俩伦丁和简明古兰经注》，《中国穆斯林》1992年第5期。

101. 金忠杰：《略谈古兰经中有关立法的特点》，《中国穆斯林》2004年第3期。

102. 金忠杰：《泰伯里及其历代民族与帝王史》，《阿拉伯世界研究》2006年第1期。

103. 李华英：《楷模长逝 风采犹存——为纪念安士伟大阿訇归真10周年而作》，《回族研究》2008年第2期。

104. 李兴华：《浅谈回族文化》，《回族研究》2007年第4期。

105. 马春贞：《漫谈早期的古兰经注及经注学者》，《中国穆斯林》2001年第5—6期。

106. 马贤：《古兰经注释刍议》，《中国穆斯林》1985年第2期。

107. 马贤：《古兰经翻译概述》，《中国穆斯林》1987年第1期。

108. 穆萨·马斌：《蜚声伊斯兰世界的伟大经注——泰伯里及其〈经注大全〉》，《中国穆斯林》1995年第6期。

109. 祁学义：《从伊斯兰史上的著名清真寺看清真寺功能的多样性》，《阿拉伯世界研究》2007年第1期。

110. 唐纳德·丹尼尔·莱斯利、穆罕默德·瓦塞尔：《刘智所使用的阿拉伯文和波斯文资料》，王东平、邵红英译，《回族研究》1998年第4期。

111. 希文：《漫谈伊斯兰教的经与注》，《世界宗教文化》2004 年第 4 期。

112. 杨怀中：《回回民族二元一体的文化结构》，《回族研究》2006 年第 6 期。

113. 优素福·胡来夫：《古兰经注释的各派学说》，《世界宗教文化》1987 年第 1 期。

114. 朱威烈：《伊斯兰文明与世界》，《世界经济与政治》2007 年第 7 期。

115. 朱威烈：《缅怀阿语教育先辈　推进阿语学科建设》，《回族研究》2008 年第 1 期。

116. Dr. Ibrahim M. Abu Rabi：《对几部西方伊斯兰复兴运动著作的评述》，杨桂萍译，《伊斯兰文化研究》2008 年第 3 期。

三　中外网站

1. http：//www. gulanjing. com.

2. http：//www. janobiyat. com.

3. http：//www. 55a. net.

4. http：//www. islamonline. net.

5. www. quran. org.

6. www. quran. org. uk.

7. http：//www. motheer. net.

8. http：//www. makuielys. info/guran. htm.

9. http：//www. altafsir. com.

10. http：//www. ahram. org. eg.

11. http：//www. qaradawi. net.

12. http：//www. nooran. org.

13. http：//www. al-eman. com/islamlib.

14. http：//www. qurancomplex. org.

15. http：//www. shamela. ws.

16. http：//www. norislam. com.

17. http：//www. kitabullah. com.

附录 《古兰经》注释结构图

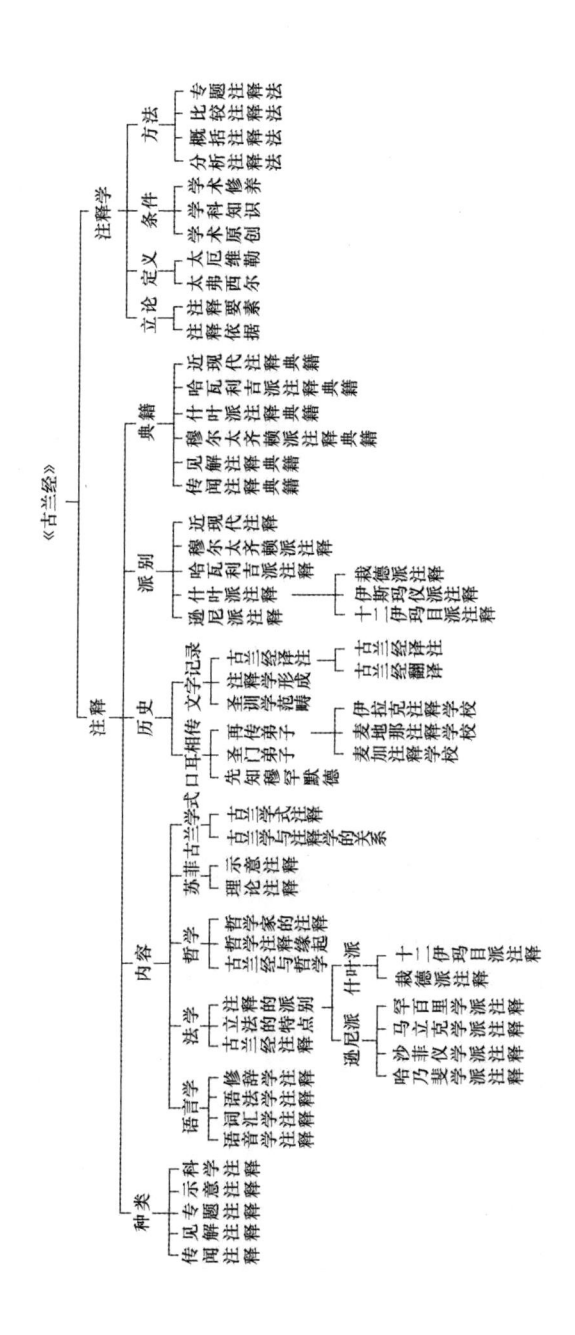

《古兰经》注释
- 种类
  - 传闻见解注释
  - 专题意旨注释
  - 示科注释
- 语言学
  - 语音学注释
  - 词汇学注释
  - 语法学注释
  - 修辞学注释
- 法学
  - 古兰立法注释
  - 经注释派的特点派别
  - 逊尼派
    - 哈乃斐学派注释
    - 沙菲仪学派注释
    - 马立克学派注释
    - 罕百里学派注释
  - 什叶派
    - 栽德派注释
    - 十二伊玛目派注释
- 哲学
  - 古兰哲学注释
  - 哲学家的经注
  - 古兰经与哲学起源
- 苏菲
  - 理论注释
  - 示意注释
  - 苏菲古兰学与注释学的关系
- 内容
- 历史
  - 先知口耳相传式
  - 圣门弟子再传弟子穆罕默德
  - 注释学形成
  - 圣训学蓬勃
  - 古兰经译注
  - 麦加那注释学校
  - 麦地那注释学校
  - 古兰经翻译
- 派别
  - 逊尼派注释
  - 哈瓦利吉派注释
  - 穆尔太齐赖派注释
  - 什叶派注释
    - 栽德派注释
    - 十二伊玛目派注释
  - 近现代注释
- 典籍
  - 传闻见解注释典籍
  - 穆尔太齐赖派注释典籍
  - 哈瓦利吉派注释典籍
  - 什叶派注释典籍
  - 近现代注释典籍
- 注释学
  - 立论
    - 注释定义
    - 注释依据
    - 注释要素
    - 太弗西尔
    - 太尼维勒
    - 木原创意
  - 条件
    - 学术科知识修养
  - 方法
    - 分析注释法
    - 概括注释法
    - 比较注释法
    - 专题注释法

后　记

　　早在2001年，全国哲学社会科学规划办公室发布的国家社会科学基金项目课题指南中，就有关于"《古兰经》和圣训研究"的信息。2006年，我以"《古兰经》注释研究"为题，成功申报了国家社会科学基金青年项目。历经三年有余的研究，课题最终成果以专著形式通过五位专家鉴定后，全国哲学社会科学规划办公室审核结项。

一

　　从注释学角度来讲，这是一部关于《古兰经》注释研究的学术汇编——它一定程度上囊括了我在该领域笔力所及的一些主要研究成果，应该说是《古兰经》注释研究的"学术传闻"；这又是一部关于《古兰经》注释研究的学术专著——它是借我拙笔而将古今中外研究《古兰经》注释专家的主要学术成果，转化为中国伊斯兰文化在该领域的学术小著，应该说是《古兰经》注释研究领域的"学术见解"。

　　诚然，读书和写作，治学和研究，对于正尝试着步入学术轨道的我而言，其艰其难不言而喻。尤为重要的是，《古兰经》内容包罗万象，其注释涵盖学科广、注释历史跨度长、注释典籍纷繁杂、注释资料丰富、伊斯兰教派别多等，使"《古兰经》注释研究"成为一项艰难的学术工作，特别是该研究在国内尚处于起步阶段，个人知识学养的不足、理论基础的缺乏和学术视野的限制，致使本研究一定程度上缺乏深层次的理论分析和学理归纳，严格的结构规范和资料提炼，也因此使得本研究内容像是撮风一毛，截麟一趾，研究质量距离国家社会科学基金的高标准和严要求还存在一定差距。这不但需要我自己在不断成长的学术之路上继续完善本研究，更需要中国伊斯兰教学术界更多同人参与和关注该项研究，推出更多更好的成果，服务中国伊斯兰教学术发展，并为构建和完善具有中国特色的伊斯兰教学科建设和学术研究提供学理支持。

二

2003年，我结束国外的本硕连读后回国执教宁夏大学，在教学科研实践中，深感知识缺乏，学养不足，学识浅薄，治学滞后。于是，我再次离乡别亲，踏上学术之路的又一个起点，就读上海外国语大学中东研究所，师从学识渊博且人品学品令我仰慕已久的恩师朱威烈先生，从学从研阿拉伯学。

2007年9月11日入学第一天，恩师开门见山，就我学业的考核结果——博士论文，与我展开交流和沟通。最终，他高屋建瓴地指出，将来的毕业论文可与我主持的国家社会科学基金青年项目"《古兰经》注释研究"进行有机结合。究其原因，一是"《古兰经》注释"的研究，在国内尚属空白，该题目的确立达到了博士论文的学术创新要求；二是能够通过论文提升课题质量，使其精益求精；三是有限时间内很难再立新题，因此要想兼顾课题和论文按时、按质顺利完成，莫过于两者相辅相成。基于此，自2007年12月20日起，我在恩师的精心指导下，夜以继日地向着"做好课题，写好论文"的目标，亦步亦趋地前行着。

庆幸的是，无论是在"课题和论文兼而顾之"的研究阶段，还是在论文答辩阶段，始终得到课业老师和答辩专家如张曙光、李振中、孙承熙、蔡伟良、马丽蓉、王有勇、刘中民等教授的不吝赐教。他们的慷慨点拨，令我每遇学术"瓶颈"时往往能够茅塞顿开，化解难题。在此深表谢意！

尤为铭记的是，三年博士生学业生活，在导师儒雅的学术风范引导下，严肃的学术精神指导下，严谨的学术态度影响下，甚至是"恨铁不成钢"的学术要求下，我本着近乎"三年不窥远"而孜孜以求的学习态度，攀知识之山，望学术之峰。恩师在课题论文的思路设计、布局结构、章节编排、资料运用、行文论述和归纳总结中的悉心指导，促使本书终能得以成形。同样，母校"格高志远，学贯中外"的校训精神和业师循循善诱的谆谆教诲，必将成为我学术精神的家园！因此，我要深谢古今中外我学术课业的神交老师们，正是在他们的学术成果基础上，本书得以付梓出版！

三

国家社科基金鉴定专家充分体现着中国哲学社会科学研究的"国字号"水平。五位鉴定专家不仅认真细致地通读了课题成果，而且在运用他们深厚的理论基础和广博的学科知识，较为客观地肯定本书优点的同时，指出了课题的欠缺和不足，提出了中肯的修改意见，显示出严谨的工作态度和深厚的学术修养。在此，我衷心感谢他们以栽培后学的"树木"态度、一丝不苟的"啄木鸟"治学精神为本书提出的宝贵意见。本书出版之际，我将五位专家的鉴定意见作为本书不是序言的"序言"录如后记。对我而言，这是最珍贵的序言！

专家一

《古兰经》是伊斯兰教的根本经典，由相关注释演绎而成的经注学，是伊斯兰教的基础性宗教学科之一，也是后来形成的古兰学的主要组成部分。经注研究向来是伊斯兰教研究的基础理论研究。不过，我国学术界迄今尚无系统深入的研究成果，系伊斯兰教研究的学科建设尚须完成的课题。因此，该成果的选题有填补空白的开拓意义。从总体看，该成果的基本框架和分类概述尚属可取。其中对经注学的发展历史、经注学内容的分类、经注学的派别、著名经注学家及其著述等方面，有认真详尽的梳理和介绍，尤其是在当代阿拉伯文的经注学著述及其有关资料方面用力较多，有的不乏新意，对于国内的经注学研究及学科建设，应有一定的理论价值和借鉴意义。

专家二

《古兰经》注释研究构成伊斯兰教经学的基础，对学科建设和穆斯林信众的精神文化生活和社会生活具有不可替代的指导作用。由于种种原因，《古兰经》注释研究在我国宗教学术界长期滞后，只有少量的零散成果，这种落后状态急待改变。本研究成果在占有丰富资料特别是阿拉伯文原始资料的情况下，借鉴国内外已有研究成果，就这一主题进行了较为全面系统的研究，达到了一定的学术水平。诚如本书稿作者自我评价的，这部成果基本上体现了选题新、资料新、内容新、结构新四个特点，它的完成和出版在某种程度上结束了这一领域"无书可读"的状况，从无到有，可以说是某种创新。本书稿内容充实，资料翔实，文字流畅，条理清晰，论述和引证符合公认的学术规范，达到了较高的水准。本书稿的完成和出版，将对我国伊斯兰教和宗教学学科建设，对指导中国穆斯林的精神文化生活和日常宗教生活，对中国伊斯兰教协会正在开展的"解经"工作，具有重要的促进作用。

专家三

本成果首次对伊斯兰文化传统学科之一的《古兰经》注释学及其发展历程做了较为详尽系统的描述和梳理，应是我国学术界伊斯兰教及伊斯兰文化研究领域的最新成果，弥补了相关领域的盲点和空白。

本成果搜集、引述了大量阿拉伯文原典材料，资料丰富翔实，引证规范。

本成果对于进一步开展伊斯兰教及伊斯兰文化的研究具有重要的开拓意义和学术价值。

本成果对于开展中外"注释学"的比较研究具有重要的理论参考价值。

本成果对于中国伊斯兰教经学思想的建设及中国伊斯兰教界解经工作的开展具有积极的促进作用和借鉴价值。

专家四

《〈古兰经〉注释研究》课题成果，作者选取伊斯兰教经典《古兰经》，运用宗教学、文献学、历史学、文化学、语言学的理论方法，在充分吸取阿拉伯文文献、汉文文献研究成果的基础上，对《古兰经》的问世、《古兰经》的注释学、《古兰经》注释发展史、《古兰经》注释的种类、《古兰经》注释的内容、注释《古兰经》的派别、《古兰经》著名注释家及经典、《古兰经》注释在中国等学术问题,进行了较为翔实的分析研究。

课题成果的学术价值较高,体现在掌握《古兰经》注释研究中外文献资料充分,作者的理论分析建筑在广泛阅读《古兰经》注释研究原始资料基础之上,作者对古兰学有长期的悉心考察,所得出的研究结论具有较强的说服力。对中外学者《古兰经》注释研究的历史,有一个比较全面的研究评述,成果填补了国内在此学术领域的空白。课题成果论述环环相扣,多层面、多维度地展示了《古兰经》注释研究的历史,《古兰经》与伊斯兰教义学的发展,并配以简明扼要的图表目录以说明之。

课题成果显示作者对《古兰经》注释研究的国际、国内成果,有较全面深入的掌握了解,作者做到了与《古兰经》注释研究国际话语的对接,作者的研究视角具有国际大视野,课题成果的学术价值体现在将中外古兰经学的研究提升到一个新的高度。伊斯兰教传入中国1000多年,经历了中国化的长期历史进程,已成为中华多元文化的一部分,本课题成果对中国多元宗教的研究,可谓是具有标志性的学术成果。课题成果有助于推动《古兰经》的研究,有助于进一步准确理解和把握伊斯兰教,在中国伊斯兰教领域有较高的学术价值。应该指出,在国家民族宗教管理部门对信仰伊斯兰教各民族宗教活动管理方面,本课题成果也具有重要的应用价值。

课题成果论证严谨,结构合理,文笔流畅,逻辑严密。成果引证注释规范,此反映该青年学者具有良好的学风和较为扎实的宗教学基本功。总之,《〈古兰经〉注释研究》课题研究成果创新程度较高,确实做到了选题新、资料新、内容新、结构新的创新。课题成果具有学术视角新、理论方法新的突出特色,是评审者近年所见国家课题研究中令人欣喜的成果。

专家五:

与国外相比,我国《古兰经》翻译和注释起步很晚,而《古兰经》注释研究,只是近年来才偶见几篇文章发表在相关杂志上。该成果以60多万字的篇幅,系统介绍了《古兰经》注释研究发展的历史、种类、内容、派别、著名注释家及其典籍等,填补了我国这项研究的空白。

该成果突出特色和主要建树主要有以下三点：一是系统详尽，从《古兰经》成书、内容、影响入手，对《古兰经》注释学的定义、《古兰经》注释学条件和方法，以及国内外《古兰经》注释研究发展的历史等做了全面的梳理和介绍，逻辑结构合理、清晰。二是学术立场公正、中道。该成果是在查阅大量资料，特别是阿拉伯语资料的基础上完成的，对前人的成果，尤其是各个教派和学派的成果和著作做了实事求是、客观公正的介绍，未加入不当评论。实际上这样更便于读者自己分析和判断。三是通俗易懂。《古兰经》注释学涉及的知识面很广，具有综合性和交叉性学科特点，作者采取了先整体后局部、先历史后现状、先成果后案例、先阐述后结论的表述方式，既完整全面，又通俗易懂。

从信仰者的视角看，《古兰经》是安拉的语言，它不仅是伊斯兰教信仰和教义的最高准则和立法的依据，而且是穆斯林世俗生活、宗教生活和道德行为的准绳，也是各学科和各派别学说赖以建立的理论基础。从学者的角度看，《古兰经》所蕴涵的宗教学、哲学、社会学、文化学、语言学、历史学等内容十分丰富，阅读、理解和研究《古兰经》是从事伊斯兰教各学科研究的基本功，从一定意义上讲，伊斯兰教文化本质上就是《古兰经》文化，对伊斯兰教研究的深度取决于对《古兰经》（当然也包含《圣训》）的深度。该成果是把《古兰经》及其注释学作为研究对象，且很有深度，对中国伊斯兰教各学科的研究来说无疑是向前迈出了关键而又扎实的一大步，其学术和理论价值也不言而喻。

近十年来，在中国伊斯兰教协会的组织下，全国各地穆斯林开展了卓有成效的解经活动，2011年召开的中国伊斯兰教第九次代表大会又进一步提出要加强伊斯兰教经学思想建设。《古兰经》注释研究的出版和发行，对中国伊斯兰教经学思想建设健康发展有着重要的现实意义。

四

家学渊源，使我较早地接触了阿拉伯语语言文学和阿拉伯伊斯兰文化的点滴知识。于是，遵父嘱，顺母命，最终将阿拉伯语语言文学与阿拉伯伊斯兰文化作为我的学术研究方向之一。慈母，送我留学半年后复命归真，再也不能与我一起分享我的酸甜苦辣；慈父，迎我归国后已步入耄耋之年，依然是我求学治学之路上的坚强后盾！《古兰经》云："你应当毕恭毕敬地服侍他俩，你应当说：'我的主啊！求你怜悯他俩，就像我年幼时他俩养育我那样。'"（《古兰经》夜行章：24）这些年来我牢牢地将父亲手把手地教我习经识典，上学路上母亲的一次一次送行，作为求学动力和精神支撑。所以，这本书是献给我的父母的，是献给上学路上言传身教、帮助和支持我的所有亲人、老师和朋友（恕我不能一一提及），是你们的无私帮助和精神鼓励，让我不断地成长和进步！同样，这本书要献给我的家乡宁夏回族自治区同心县韦州镇——一个因中国伊斯兰教经常教育奠基者胡登洲（1522—1597）弟子海太师（1560—1637）来此设帐讲学而400余年阿拉伯语教育史的山区小镇，它不仅是我的先辈们别离六朝古都南京后一路迁居的落脚点，也是我从学从研阿拉伯语语言文学与阿拉伯伊斯兰文化的起始点！

感谢宁夏大学，在我结束国家公派巴基斯坦国际伊斯兰大学与国立现代语言大学留学归国回乡后有了教学科研的平台。学校的大力支持和信任，使我不但有机会亲历并直接参与了外国语学院阿拉伯语系、阿拉伯学院、教育部区域和国别研究培育基地阿拉伯研究中心、阿拉伯世界与中国内陆向西开放协同创新中心（教育部"2011计划"）的成立、建设和发展，更能借助宁夏内陆开放型经济试验区、银川综合保税区及中阿博览会的春风，学有所用，效力家乡，服务祖国！阿语世家，至我一代，得此历史幸遇，弥足珍贵！

2011年为宁夏大学"学科建设年"，学校开展学科基层组织模式改革试点工作，文科学术方向中，重点支持以胡玉冰教授为首席专家组织的学术团队，联合开展"宁夏地方民族文献整理及阿拉伯伊斯兰文化研究"项目攻关，本书作为该项目子课题"阿拉伯伊斯兰文化研究"的重要研究成果。出版之际，感谢宁夏大学将本书列为宁夏大学"211工程"重点建设学科成果，教育部区域和国别研究培育基地宁夏大学阿拉伯研究中心成果，以及阿拉伯世界与中国内陆向西开放协同创新中心成果支持出版。

感谢我的学友李红梅博士，根据书稿绘制了"《古兰经》注释结构图"！

感谢本书责任编辑张林老师、特约编辑韩小群老师的专业敬业，保证了本书的顺利出版！

后记至此，以谢为记！

金忠杰

2012 年 12 月 20 日